四川省基础教育

立德树人创新实践

第三辑

四川省教育学会 编

四川教育出版社

图书在版编目（CIP）数据

四川省基础教育立德树人创新实践. 第三辑，2023 /
四川省教育学会编. -- 成都：四川教育出版社，2024.
8. -- ISBN 978-7-5408-9182-4

Ⅰ. G639.2

中国国家版本馆 CIP 数据核字第 2024K7P836 号

四川省基础教育立德树人创新实践·第三辑（2023）

SICHUAN SHENG JICHU JIAOYU LIDE−SHUREN CHUANGXIN SHIJIAN · DISANJI（2023）

四川省教育学会　编

出 品 人　雷　华
责任编辑　高　玲　李萌芽
责任校对　李霞湘
封面设计　许　涵
版式设计　武　韵
责任印制　李栩彤
出版发行　四川教育出版社
　　　　地　　址　四川省成都市锦江区三色路 238 号新华之星 A 座
　　　　邮政编码　610023
　　　　网　　址　www.chuanjiaoshe.com
制　　作　四川胜翔数码印务设计有限公司
印　　刷　成都新凯江印刷有限公司
版　　次　2024 年 8 月第 1 版
印　　次　2024 年 8 月第 1 次印刷
成品规格　787mm×1092mm　1/16
印　　张　39.25
字　　数　770 千
书　　号　ISBN 978-7-5408-9182-4
定　　价　98.00 元

四川省基础教育立德树人创新实践·第三辑（2023）

编 委 会

四川省教育学会是四川省教育厅领导下的一个重要学术社团，在全省基础教育领域拥有众多会员。自 1980 年成立以来，学会始终坚持党的领导，全面贯彻党的教育方针，围绕教育中心工作和教育改革发展热点、难点问题，谋划和组织了一系列卓有成效的学术活动，为推动四川基础教育改革发展和繁荣群众性教育科研发挥了积极作用，做出了重要贡献。2019 年第四届理事会换届成立以来，新一届学会领导班子继续坚持紧跟时代、服务大局，以新思想、新理念推动学会事业科学发展，确立了"规范建会、学术立会、服务兴会、开放办会、创新强会"的办会理念。从 2019 年开始，在全省基础教育领域组织开展"立德树人优秀创新实践案例的征集与展示"学术活动，并计划长期坚持，通过五至十年的努力，把该项活动打造成为具有广泛影响力的品牌学术活动。

"培养什么人，怎样培养人，为谁培养人"是教育的根本问题。立德树人是发展中国特色社会主义教育事业的核心所在，是培养德智体美劳全面发展的社会主义建设者和接班人的本质要求。党的十八大以来，习近平总书记多次强调，要"把立德树人融入思想道德教育、文化知识教育、社会实践教育各环节"。他在北京市八一学校考察时指出，中小学生要立志成才，必须勤奋学习、提高综合素质，努力做到修身立德、志存高远，勤学上进、追求卓越，强健体魄、健康身心，锤炼意志、砥砺坚韧。

"立德树人优秀创新实践案例的征集与展示"学术活动在 2023 年已进行到第五年，为指导和引领全省基础教育学校把立德树人根本任务落地、落实、落细，在编辑出版《四川省基础教育立德树人创新实践·第一辑（2019—2020）》《四川省基础教育立德树人创新实践·第二辑（2021—2022）》的基础上，我们决定将 2023 年征集评选出的立德树人优秀创新实践案例结集汇编，并以《四川省基础教育立德树人创新实践·第三辑（2023）》之名出版，以期推动基础教育领域立德树人工作的深入开展。

本书从 2023 年全省中小学校、幼儿园申报的 1755 个立德树人创新实践案例中，精选了 160 个优秀案例。这些案例从不同角度回答了如何在实践中落实立德树人、"五育"并举、"五育"融合等热点、难点问题，特色鲜明，可操作性强，值得学习借鉴。

本书的编辑出版得到了中共四川省委教育工委副书记，教育厅党组成员、副厅长崔昌宏同志的指导。四川省教育学会秘书处和学术委员会组织专家对精选的案例进行了完善和点评，最终由四川教育出版社出版。在此，我代表四川省教育学会表示衷心的感谢！

未来，四川省教育学会将继续聚焦立德树人有关重要理论和现实问题，不断提高学术研究、政策咨询、服务基层、对外交流等方面的专业能力，不断提高为广大会员服务、为基层学校服务和为政府决策服务的质量与水平，着力把"立德树人优秀创新实践案例的征集与展示"活动打造成四川省教育学会有影响力的品牌学术活动。

让我们携起手来，在四川省教育厅的坚强领导下，在各级领导和社会各界的关心支持下，齐心协力、砥砺前行，不断推动学会事业再上新台阶，为加快推进四川教育现代化，建设教育强省，全面推动四川基础教育高质量发展做出更大贡献！

四川省教育学会会长

2023 年 7 月 27 日

目录

1 / 课程育人篇

119 / 活动育人篇

237 / 文化育人篇

313 / **实践育人篇**

387 / 管理育人篇

447 / 协同育人篇

495 / 整体育人篇

课程育人篇

寓德于教，课程育人。如何让课程成为践行立德树人的有力载体，从区域到学校，从学校管理团队到一线教师，都进行了不懈的探索。

如果说，在过去一段时间还存在"有课程内容无育人目标、有育人目标无课程目标、有课程目标无目标管理"等课程设置与实施方面的问题，近几年来，我们欣喜地看到越来越多课程实现了"本地化""校（园）本化""班本化"，真实的生活和真实的问题成为创设课程的源头；课程育人不仅是一种理念，更成为一种机制、一种行动。在这个充满人文情怀的过程中，我们看到了广大基础教育工作者对"守好课程育人这段渠，种好培根铸魂责任田"的响应。

为此，我们撷取了四川省各市、州学校的课程育人优秀案例。其中既有基于学校文化的设计思考，也有具体的学科实施、学校管理相关内容。大思政课程体系、课程任务群、本土资源的活化再构、"五育"融合、学科设计……这些案例充分彰显了课程的生成性、境遇性、关系性和创造性，体现了学校在文化建设、课程设计、路径激活和管理更新上下的功夫。

更重要的是，通过这些案例，我们看到一种对"完整的人"的发展高度负责的教育情怀：课程对参与其中的每个人都发挥着积极作用。当实施过程与课程目标真正贯通，课程这条纽带将教师、学生、家长、社会勾连成一个互相影响、互相促进的整体，在协同、配合中为实现育人目标发挥集体力量。

"三环＋N链"铸就幼儿园思政课程体系

广元市市级机关幼儿园

教育部印发的《幼儿园保育教育质量评估指南》在"办园方向"中提及三个关键指标：党建工作、品德启蒙、科学理念。这三个指标虽然单列，但在真实的教育教学工作中相辅相成，彼此依托。广元市市级机关幼儿园立足幼儿、教师、家长三大主体，将培育和践行社会主义核心价值观融入幼儿一日生活，生成"七彩儿童""五心教师""四有家长"培育目标，形成"三环＋N链"思政课程体系。

一、第一环：培根育苗，塑造"七彩儿童"

让社会主义核心价值观浸润孩子的心田，帮助他们扣好人生的第一粒扣子、迈好人生的第一个台阶，是时代赋予教育人的伟大使命。

1. 建构一圈资源，发挥环境育人功效

广元是苴国故地，入蜀要塞，三国重镇。幼儿园巧妙地将广元多姿多彩的女皇文化、三国文化、红色文化、绿色文化与校园文化有机融合，结合幼儿园"凤凰里""广元港""女儿河""苴国里""童语宫""阳光农场"等户外区域，在幼儿园内呈现出一座微缩版"广元城"，并将丰富的教学活动与环境紧密结合，让城市文化扎根于园内，让孩子们的成长充满色彩。

2. 运用两个抓手，建构课程育人模式

课题研究和课程建设是幼儿园高质量发展的重要抓手。自 2015 年起，幼儿园聚焦幼儿规则意识培养，多个省市级课题先后立项成功，借助研究成果形成家庭、社会与学校携手育人的强大合力。

在"让童年之光多彩绽放"理念下，依托园所阳光文化，以社会主义核心价值观为导向，幼儿园构建阳光课程体系；以阳光自然、阳光生命、阳光心灵为内容，营造

每班有课程、班班有特色、各班有成果的课程建设氛围。

在课程建设过程中，幼儿园充分发挥共同体的示范、辐射作用，积极探索"总园＋集团园＋帮扶乡村幼儿园"一体三翼的课程建设共同体新模式，带动帮扶园所开展园本课程建设，实现优质学前教育资源共享；充分利用园（校）发展共同体资源，就目前课程建设取得的阶段性成果进行梳理、总结、归纳，形成"印象广元""织布鸟乐园""玩扑克"系列课程和《广元美食》《园子里的菜》《好好吃饭》等绘本。

3. 融通三项活动，激发活动育人潜能

（1）夯实日常德育

在入园、午睡、盥洗、喝水、餐点、离园这些环节，教师遵循"生活即教育，教育即生活"的理念，在充分观察儿童外在表现的基础上，抓住教育契机，引导儿童养成良好的生活卫生和行为习惯，教育幼儿珍惜生命、学会生存，成就美好生活。

（2）扎实开展主题德育

在课程游戏化背景下，整合五大领域的教育资源，推动实现"情感、态度、价值观"的教学目标。如开展"节能减排""世界地球日""书香广元·一木环保""节约用水，从我做起""珍惜生命，预防溺水""小眼睛，大世界""世界环境日""防灾减灾""爱在端午，品味习俗""光盘行动"等主题德育活动，提升德育工作的针对性和实效性。

（3）亮出德育特色品牌

幼儿园打造了"亲子故事汇"和"阳光体育"两大特色品牌。

园所连续十一年开展亲子故事表演活动。幼儿通过参演红色故事、寓言故事、童话故事、经典故事以及创编故事，直接参与团队协作，养成社会意识和规则意识，提升语言表达、表演表现等能力。

作为全国足球特色幼儿园、四川省幼儿体育基地园，园所结合阳光体育课程，开设篮球、足球、体操等特色课程和社团活动，培养幼儿强健的体格、坚强的性格、健全的人格，以及团结合作、不怕困难、坚持不懈等良好品质。

二、第二环：铸就师魂，锻造"五心教师"

在幼儿园里，每位教师都是面向幼儿的思政教师，他们通过思想、行动的引领自然成为孩子学习的榜样。幼儿园通过巧借形势、创新方法两个路径，探索出促进教师不断发展的"三进"机制。

1. 一进旅游景区，一景一文化

广元是一座旅游文化名城，结合园所文化，幼儿园联合广元市文化旅游投资集团，利用节假日开展"我的城市我推介"活动，教师走进旅游景区担当旅游大使，进一步了解广元本土文化，讲好家门口的故事，将宏大叙事与微观叙事相结合，在真人实事中体会真情、感悟真理。

2. 二进帮扶乡村，一期一主题

结合"三下乡""脱贫攻坚""乡村振兴""党史学习教育"等活动，针对教师技能全面、思维活跃、勇于尝试、敢于创新的特质，根据当前热点确定主题内容，给予教师充足的创意空间，定期或不定期开展"送文化下乡""推广普通话""党史知识竞赛"等主题活动，让教师在实现自我能力发展的同时不断为乡村振兴赋能。

3. 三进周边社区，一班一社区

为促进幼儿园与社区的联动，宣传科学的学前教育观念，园所组织教师进入社区，形成一班级负责一社区的模式，开展"缓解入园焦虑""家庭教育""科学育儿""幼小衔接"等专题活动，与家长充分联动，共思共研，促进家长教育观念更新。

三、第三环：赋能家庭，造就"四有家长"

家长是促进幼儿健康成长的重要力量源泉。园所通过家长教育讲座、育儿沙龙、家长会等多种形式，让家长用自己的行为为孩子树立榜样、作出示范。

1. 挖掘家长资源，组建多类别项目联合体品牌活动

让家长亲身走进课堂，以教师的视角审视学校教育，以家长的独特认知和经历开展有别于学校教育的活动，促进家长深化教育理念，更好与学校协同共育。

2. 创新课堂教学模式

促成课堂由幼儿课堂向亲子课堂的转型，为家长深度参与幼儿品德启蒙搭建平台，同步提升家长教育理念和教育水平。

3. 挖掘户外资源，打造"行走课程"品牌活动

园所为幼儿提供更多社会实践机会，也为家长提供更多亲子陪伴时刻。如组织家长与幼儿到旅游景区、工厂、医院、超市、银行等参观学习。

4. 尊重幼儿主体，打造"我们的约定"幼儿园园本主题品牌活动

幼儿成长过程中，家庭与幼儿园是幼儿成长的主要教育环境，对幼儿各方面意识的培养具有重要作用。家庭与幼儿园共同营造平等、和谐、民主、自由的"家园共育"环境能促进幼儿更好地适应日后的学习与生活。

5. 发放社会主义核心价值观亲子读本

读本以要点解读、名言名句、指导策略、故事讲解、童谣朗读等内容，以图文结合的形式，对幼儿和家长进行社会主义核心价值观引领，指导家长用正确行动、正确思想、正确方法教育、引导幼儿。

撰稿人：冯梅、王诗棋、廖国玲

(编)(辑)(手)(记) 🖊

　　做好思政教育，幼儿园课程"大有可为"——有太多资源可服务于幼儿的成长所需。但如何筛选、统整各类资源，使之成为目标明确、结构清晰的课程体系，仍需要我们不断探索。广元市市级机关幼儿园紧抓身边资源，由生活出发，将传统文化、区域历史、社会热点等作为课程内容的"矿石"，熔炼出自己的德育特色品牌课程体系；并以儿童为中心，生成儿童、教师、家长三个依次联动的"环"，实现家园共育共成长。

全视界杂志　邹蜜

"润育"劳动教育课程体系：以劳润心 以动育人

四川省成都高新区实验小学

一、展开"润育"劳动教育课程体系建构与实践的校本路径

四川省成都高新区实验小学立足实际，以校本化的劳动教育理念和育人目标为指导，培育校园劳动文化，建构"润育"劳动教育课程体系，注重劳动教育与学科融合、校内外实践基地融合创造、家校社协同劳动教育，全面提升劳动教育质量。

（一）培育校园劳动文化，营造劳动"润育"环境

学校将"以劳润心，以动育人"的理念融入校园环境，植入师生心灵，其基本内涵是：全面培育学生劳动核心素养，发挥劳动教育培根铸魂、启智润心、综合育人的独特功能，使劳动教育在生命价值的方向引导、生命品行与审美的素养提质、生命潜能的开发与个性发展上，彰显劳动育人价值。

根据这样的价值取向，学校把劳动核心素养校本化表达为"爱劳动、会劳动、育品质、塑精神"四个维度的育人目标。把劳动育人理念与目标融入校园劳动文化，建立劳动教育隐性课程，校园劳动环境注重劳动教育元素的点滴体现，利用校园环境、班级环创与主题环创等，展现个体与群体劳动教育特色，营造氛围浓厚的劳动育人环境。

（二）践行劳动育人本质，建构"润育"劳动教育课程体系

坚持培根铸魂、启智润心、锻造能力的劳动教育宗旨，学校以任务群为基本单元，分学段建立由自理劳动课程、服务劳动课程、生产劳动课程与创新劳动课程构成的"润育"劳动教育课程体系，课程共计十二个类别。

自理劳动课程让学生热爱生活、热爱劳动、自立自强，掌握维持生命活动必要的生活技能；生产劳动课程让学生了解职业，主动探索职业发展方向，尊重劳动并培养

正确的劳动价值取向；服务劳动课程让学生利用知识、技能、工具等在公益劳动、志愿服务、现代服务业等的劳动中强化社会责任感，培养良好的社会公德；创新劳动课程在前三类课程的基础上，注重学生创新精神、创美能力的培养，尤其是突出解决挑战性问题的创造性能力和生命个性的培养。

（三）聚焦劳动教育与学科融合，整体提升劳动育人价值

劳动教育与学科课程融合，是"润育"劳动教育课程实现知行合一的内在要求。加强劳动教育与学科融合，学校依托班级建设、社团活动、学科课堂、实践基地等创建学科劳动课程、班本劳动课程、校本劳动课程、基地劳动课程，整体提升劳动育人价值。

一是以班级角落为载体，创建班本劳动课程。例如，结合科学学科中"认识种子"的学习，在班级角落建设四季耕耘角，指导学生撰写生长日记，体会劳动的快乐，提高观察和写作能力。同时，在班级张贴"劳动之星"评选结果，展示创意手工制作成果，增强学生劳动学习的成就感和归属感。

二是以特色社团为依托，创建校本劳动课程。积极创建社团劳动课程，以"生活能力""扎染""衍纸""厨艺""陶艺"等劳动技能项目为基础，引导学生在"我是小当家""纸艺飞扬""文创实小""美陶坊"等社团实践场域中，主动参与、乐于探究、勤于动手，树立正确的劳动价值观，获得劳动的幸福感和成就感。

三是以课堂为阵地，创建学科融合劳动课程。一方面，立足教材，全面挖掘其中蕴含的劳动要素和育人价值，将其融入教学过程与活动之中。另一方面，以作业为载体，设计指向学科核心知识应用的劳动主题实践作业，助力学生增强劳动体验，养成劳动习惯，培养劳动能力，提升劳动素养。

四是以活动竞赛为平台，创建特色劳动课程。例如，结合"Yue 创元宵小达人"比赛，引导学生在语文课上了解节日的历史、风俗习惯等，在美术课上制作灯笼，进行花灯展评，在劳动课上做元宵、品元宵，让劳动教育融入不同学科教学。

（四）创建劳动教育实践基地，拓宽劳动教育时空场域

为促进校内外劳动教育的有机对接和融合，学校立足劳动实践基地，开展了一系列妙趣横生、行知结合的劳动教育实践活动，旨在拓展劳动教育空间，延伸劳动育人功能，使劳动教育更具育人性、连续性、广阔性、创生性。

第一，依托校园实践基地，深入开展劳动实践活动。在校园农场建设中，学校组织了各种层次的劳动实践活动，如"班级责任田""农场管理员""欢乐采摘节"等日常实践活动，"我的农场我设计""空中农场废旧轮胎环创活动"等项目式综合实践活

动，以及"建立太阳能源站""设计自动浇水装置"等科技创新活动。这些活动使学生在学习、劳动、体验、探究、创新中不断提升劳动素养。

第二，积极推进劳动协同教育，拓展校外实践时空。学校以"学习—实践—服务—创新"为导向，建立了农业劳动基地、工业实践基地、服务性劳动基地和科创教育基地。学校与省农科院、生物山地研究所合作，建立了校外农业劳动基地；依托学校家长博士工作站，根据博士家长的专业特长，构建了工业实践基地；与社区街道办、敬老院、动物救济站合作，建立了服务性劳动基地；联合博物馆、科技馆，建立了科技教育基地。

（五）促进劳动教育家校协同，形成劳动教育联动常态

班级依托微信群、公众号等平台，在家校互动、展评成果、榜样示范中更新和提升家长劳育理念；教师结合教学盘活家庭劳动教育资源，鼓励学生"日行常事""周行孝事""月有一技""年有一能"，使劳动教育体验常态化。

二、践行"润育"劳动教育课程评价，以评价赋能劳动育人价值

科学、高效的劳动课程评价，能进一步赋能劳动育人课程，提升劳动育人质量。教师要更多关注学生在真实劳动情境中的表现，包括学生如何完成劳动任务、解决与劳动相关的问题、实现预期劳动学习目标、进行劳动成果分享等。学校根据国家对学生劳动核心素养培养要求，以"以劳润心，以动育人"的劳动教育理念和育人目标为引领，确立了四维劳动教育评价路径。

三、总结"润育"劳动教育课程成果，以启示促发展

（一）主要成效

自主、合作、探究、融合、创新的课程不仅转变了学生的劳动观念和态度，增长了他们的劳动知识与技能，培养了良好的劳动习惯与美德，还助力他们在多个科技创新大赛、机器人大赛等活动中取得了优异成绩，荣获了多项省市级荣誉。同时，这些课程也拓展和丰富了学校的生长力课程，提高了学校的教育质量与品质，提升了教师的课程开发力、教学实践力、资源整合力、教育科研力。

（二）研究启示

一是劳动教育课程建构离不开校本化思想指导与主题统领。学校基于劳动教育核心思想确立劳动教育主题，将劳动教育核心素养转化为校本育人目标，以统领课程体系建构，为劳动教育指明方向、确定目标。

二是劳动教育课程落地必须整体融合实施。应全面培育劳动文化环境，推动劳动教育与学科融合，打通校内外劳动实践场域，促进家校社有效协同。

三是劳动教育课程育人质量提升需要科学精准评价。学校应把劳动核心素养转化为校本化评价标准，在形成性和终结性、定性和定量评价结合中达成评价目标。

撰稿人：兰长明、黄华、蒋小娟、何芳方

编辑手记 ✏️

四川省成都高新区实验小学立足校情，提出"以劳润心，以动育人"劳动教育理念，把党和国家确定的劳动核心素养转化为"爱劳动、会劳动、育品质、塑精神"的劳动教育目标，着力建构校园劳动文化，培育"润育"劳动教育课程体系。在课程建构和实施策略上，注重特色铸造和品质提升，着力推进劳动教育全学科、全方位、全过程育人，加强劳动教育与学科融合，创建校内外融合的劳动实践基地，促进家校社协同，培育、释放、涌现劳动教育的生机与活力。

全视界杂志　王渊

"健全人格"德育课程开发与实施的创新实践

成都市双流区立格实验学校

近年来，成都市双流区立格实验学校依托人格教育，聚合育人力量，将德育工作落细落实，从课程目标、课程内容、课程策略和课程评价四个方面着手，进行学校"健全人格"德育课程开发与实施的创新实践，培养学生的健全人格。

一、构建"健全人格"德育课程目标体系，引领育人方向

根据学生的人格发展需求，学校将学生的健全人格概括为"一核四维三层"的目标体系。其中"一核"是指以培养健全人格的中学生为核心目标；"四维"是指人与自我、人与他人、人与社会、人与自然四个目标维度；三层次是指学生随着年龄的变化而呈现出不同的健全人格水平层级。

二、形成"健全人格"德育课程内容体系，丰富德育内涵

根据"健全人格"德育课程目标体系及分层解读的水平层级，学校进一步完善基于健全人格培养的德育课程框架。该框架从学生的课堂生活、班队生活、校级生活、社区生活四种主要公共生活场景中，通过项目设定和问题探究，在学科教学、主题班会和超班级集体活动中进行相关课程群的构建和实施，培养学生的健全人格。

（一）整合人格培养目标与学科内容，构建学科课堂生活中的健全人格教育内容

针对不同学科的不同内容，有侧重地培养学生的健全人格品质。为此，各学科依据重点章节将学科课程育人核心要素与教材进行整合，形成了学科课程健全人格培养的核心内容与课程标准。

（二）整合人格培养目标与班会主题，构建班队生活中的健全人格教育内容

人格教育围绕"三学会、三管理、三教育"主线，涵盖学会学习、学会协作、学

会感恩、美德培养、自我管理、生涯规划、规则教育、安全教育、礼仪教育九大分支。遵从学生心理发展规律和成长要求，形成从七年级至九年级三年连续发展的教育内容。

（三）整合人格培养目标与超班级集体活动，构建校级生活、社区生活中的健全人格教育内容

在文明言行的基础养成方面，学校通过开学仪式、军事训练、入学规范教育、升旗仪式、国旗下演讲、节日活动、毕业典礼等方式，让学生了解学校，建设班级，理解个人与群体的关系，锻炼团体合作的意识与能力，养成良好的行为习惯。在个性特长自我探索方面，学生可以通过校团委、学生会、志愿者服务平台，服务同学，展示自我。在科技节活动中，学生通过相关活动培养稳定而持久的兴趣。在人文艺术节活动中，学生通过相关活动感知与欣赏审美对象，产生情感共鸣。

三、提炼"健全人格"德育课程实施策略，提升德育实效

（一）学科育人的实施策略

策略1："健全人格"德育课程的目标与学科内容整合，以课堂为载体，学生为主体，通过师生互动、生生互动等多种形式，让学生在学科课堂中获得知识的理解和人格的发展。

策略2：通过学科典型课例研磨、展示、评价反思，建设典型课例资源库。

策略3：紧扣时代，通过多学科对同一德育主题进行不同角度、不同方向的解读，增强德育时效性。回应社会重大事件，整合多学科内容，提高学生系统思维、价值判断、自我认知能力等。

策略4：依托"健全人格"德育课程形成特色学科课堂评价，促使教师在反思中既育人又育己，实现教学相长。

（二）主题班会课程的构建与实施策略

策略1：进行人格品质与主题内容的整合。根据学生的身心发展特点，遵循教育基本规律，形成不同年级主题螺旋上升、自主发展的主题班会序列。

策略2：开展主题班会课程人人献课活动，构建主题班会课程基本模式。

（1）"问题—情境—探究"的活动模式。即学生在教师的指导下，围绕一定的问题，根据教师所提供的材料或学生的亲身实例，通过自己的观察、思考和操作，在一定的问题情境中亲自探索、寻求答案，并从中获得启发和感悟。

（2）"活动—情境—体验"的活动模式。即教师在教学活动中创设情感和认知相互促进的教学活动情境，推动学生积极参与实践活动，让学生在轻松愉快的教学氛围中自

由释放自己，投射自己的内心世界，和同伴分享经验和感情，呈现、反思自身行为。

（3）"示范—体验—模仿"的活动模式。即教师有目的地将一定的示范情境作为有效刺激，以引起学生情感和认知的共鸣，使他们通过自觉模仿，有效地养成良好的心理品质和行为习惯。

策略3：形成主题班会课的活动组织实施流程。主题班会课包括"主题导入—主题的展开和深化—总结提升"三个阶段，学生通过深刻体会特定主题教育的内容，获得关于主题的态度、体验和经验的过程，深化他们的感受，提升他们的认识，从而进行价值引领，渗透健全人格培养要素。

策略4：进行"健全人格教育"主题班会课程的序列化推进。结合学生心理发展规律，形成连续性、框架式、螺旋型的主题班会课程。充分尊重学生心理发展规律和成长需求，形成"每月一主题，周周有活动"的特色主题班会课课程体系，为健全人格教育提供切实可行的路径。

（三）超班级集体活动序列微课程的构建与实施策略

策略1：开发超班级集体活动序列。该序列包括"文明言行基础养成系列""个性特长自我探索系列""全面发展环境建构系列"。在丰富多彩的德育主题活动中唤醒学生的自主意识，激发学生的道德情感，培养学生的健全人格。

策略2：围绕序列活动，打造公共空间，用文化浸润生命，丰盈学生的精神世界。校园内的一步一景都围绕学生健全人格培养目标精心设计。

策略3：进行劳动基地建设，打造实践专用场域。为通过劳动教育培养学生健全人格，学校打造了校外"综合实践活动基地"，在校内建立了"太阳能小屋""汽车系统结构与模型实验室""空中生态园""蔬香园""天象馆"等十三个劳动和综合实践活动专用场馆。

四、形成"健全人格"德育课程评价标准，引领师生成长

（1）探索"健全人格"的相关评价标准，形成针对学科教育、主题班会和超班级集体活动课程实施的评价量表。

（2）构建评价的证据来源，包括制作成长手册以对学生进行长期跟踪，通过课堂记录以便现场观察师生表现，跟踪活动开展情况以评估教育效果。

（3）使用多元的评价方法，从多个维度对学生完成的作品及表现进行多主体式的评价，以更全面、客观地了解每个学生的优势和不足，发现每位学生的闪光点。

撰稿人：王敏蓉

编辑手记 🖊

教育的高质量发展指向培育适应国家未来发展需要的高素质人才，对于一名高素质人才来说，健全的人格是必不可少的。成都市双流区立格实验学校从人与自我、人与他人、人与社会、人与自然和谐共生四个维度，构建了"健全人格"德育课程，融课程于日常，提升学生与自我、与他人、与社会、与自然相处的能力，塑造学生健全人格。

全视界杂志　王渊

品德启蒙快乐教育课程： 育德养趣 快乐成长

绵阳市花园实验幼儿园

一、品德启蒙：园本课程建设的逻辑起点与终点

　　幼儿阶段是奠定品格根基的起始阶段，具有"开一个好头""系好人生第一颗扣子"的重要意义。作为幼儿品德的启蒙地，幼儿园通过园本课程的构建与实施，让课程架起联通品德启蒙与教育实践的桥梁。因此，追溯园本课程建设的起点正是品德启蒙，是要在每日活动中涵养孩子们的各种良好品格，给孩子们积蓄有益于终身发展的精神力量。而以未来的眼光审视园本课程建设，其终点也是品德启蒙，即要引导孩子"踏踏实实修好品德，成为有爱、有德、有情怀的人"。

二、快乐教育课程：基于品德启蒙的园本课程实践

　　基于对品德启蒙与园本课程关系的再认识，我们探索出"快乐教育"的办学思想与课程框架。

（一）课程理念根基

　　快乐教育课程以"建设影响幼儿一生的乐园"为办园目标，秉持"让幼儿在生活中快乐成长"的办园理念和"以游戏为本，以快乐为源"的办园宗旨，致力培养乐传承、乐生活、乐交往、乐探究的"四乐"儿童。在课程实施过程中，我们也注重教师的成长，培养有温度、有宽度、有深度、有高度的"四度"教师。同时，我们也关注家长的发展，鼓励他们成为有时间陪伴、有共同爱好、有榜样示范、有理解支持、有底线意识的"五有"家长。

（二）课程内涵形态

1. 课程目标

　　快乐教育课程旨在将品德启蒙融入幼儿园的环境文化以及幼儿的一日生活，让幼

儿获得"四乐"的品格，最终指向"育德养趣、快乐成长"的生命状态。

（1）乐传承。快乐教育课程着重培育幼儿爱祖国、爱自然、爱家乡、爱亲人、爱同伴的意识与行为。

（2）乐生活。快乐教育课程期望让幼儿在生活中感知快乐，从而热爱生活。

（3）乐交往。快乐教育课程把"乐交往"作为"中轴"，期望让幼儿在生活化的感知、体验中提升人际交往的意识与技能。

（4）乐探究。快乐教育课程强调充分利用自然和实际生活机会，让幼儿在观察、操作、体验中，学会发现问题、分析问题和解决问题。

2. 课程特征

快乐教育课程为幼儿提供一个轻松愉快、自由的学习空间，使幼儿在有爱、欢乐的氛围下学习、认知、成长。课程特征如下：

（1）以游戏为课程实施的主要形式，注重提供幼儿感兴趣且充满乐趣的真实体验，激发幼儿兴趣，使其获得游戏乐趣。

（2）以民主和谐的环境为课程实施基础。一方面，我们把生活中真实的情境搬进园内，创设充满生趣、童趣、情趣的"乐雅"物质环境；另一方面，营造融洽和谐的"乐和"人文环境，让师幼轻松自在且有归属感。

（3）以合作交往为课程实施保障。在快乐教育课程实践中，我们让幼儿打破时间、空间的局限，在全园范围内参加活动，为幼幼、师幼交往互动创造丰富的契机。

（4）以有爱有趣的教师为课程实施的支撑。我们通过开展"花幼乐业教师"评选，组织各类文体活动，提高教师幸福指数，建设一支阳光快乐、充满活力的教师队伍，为快乐教育课程提供坚实的队伍保障。

3. 课程内容

快乐教育课程突出幼儿、教师、家长的全员、全程、全面培育，瞄准三个主体的发展目标，锁定"育德""养趣"两个指向，探索、构建、形成"四乐"幼儿课程、"四度"教师课程和"五有"家长课程。

（三）"四乐"课程实施路径

传承课程：该课程通过每日"值日生活动"、每周"主题晨会"、每月"主题德育"等多层级、多形式的德育实践活动得以实现。

生活课程：该课程包括"全员劳动日"、幼儿自主管理游戏区域环境、功能室生活体验等劳动教育活动，旨在将品德启蒙渗透于幼儿在园的一日生活全过程。

交往课程：该课程致力丰富和创新活动形态，为幼儿创造多元体验的交往环境与氛围。具体包括以下两个方面：

（1）儿童项目社团：将"项目式学习"与"社团活动"相结合，组建"项目社团"，作为幼儿人际交往发展的主要平台。每天以"任务"和"订单"为载体开展游戏，幼儿共商活动内容、共享活动空间、共研契约规则、共建学习经验，形成较稳固的"社群"合作关系，促进幼儿社会情感与行为的协调发展。

（2）走班活动：定期开展同龄、跨龄走班活动，以丰富幼儿的人际交往环境，增加幼儿与幼儿之间、幼儿与教师之间的持续互动机会，从而提升幼儿的人际交往、社会适应和自我意识等能力。

探究课程：该课程聚焦于培养幼儿的探究意识、方法和能力，同时不断拓展课程实施的载体和平台。

（1）儿童自创符号：将我园原创性改革项目"自创符号"作为课程实施的通用媒介，引导幼儿去亲近符号、了解生活、表达认知体会，从而促进他们的思维发展。

（2）自主探究活动：鼓励幼儿解决在各类活动中遇到的真实问题，与环境互动，进行各种探究活动，充分展现活力。

三、快乐品格：为师幼和课程的可持续发展奠基

（一）彰显快乐品格的生命样态

快乐教育课程遵循"立德树人"和"品德启蒙"的导向，将快乐品德融入幼儿园的环境文化和幼儿的一日生活中。当快乐成为师幼的一种生命样态时，它将促进各种积极品德的形成，并最终成为师幼生命成长的"密码"。

（二）形成"四园"融合的育人格局

通过快乐教育办学思想的孵化和课程的有效实施，"花园、乐园、学园、家园"的育人格局愈发显现。环境育人的功效显著，幼儿园成为幼儿享受童年的花园；以游戏为基本活动的特质在幼儿园课程中得以体现，幼儿园成为幼儿尽情游玩的乐园；"育德"和"养趣"的思想行为贯穿课程始终，幼儿园成为支持幼儿深度学习、快乐成长的学园；教师内外兼修，与幼儿心灵同频，家园合作共育成为常态，幼儿园成为幼儿、教师、家长和谐共长的家园。

（三）发挥快乐教育的辐射效应

快乐教育涵养了幼儿园"协同发展，共生共赢"的办学格局。近年来，我们依托教育部、省级、市级的各类平台，积极分享快乐教育办学理念及课程实施路径，凝炼办学思想，构建因地制宜的课程体系。

未来，我们将继续"为党育人，为国育才"的初心，带着"让幼儿在生活中快乐长大"的愿景，瞄准"建影响幼儿一生的乐园"的目标，让快乐教育继续向下扎根、向上开花，为儿童的终身发展奠基。

撰稿人：何云竹

编辑手记

在某种意义上，幼儿园的课程建设是对"课程来源于生活"最生动的注脚。当前，国家高质量发展战略指引下的幼儿园园本课程建设进入新阶段，回顾绵阳市花园实验幼儿园基于品德启蒙的快乐教育课程发展历程，我们看到学前教育工作者对于幼儿发展、课程体系的理解越发成熟。"快乐"不应只是将儿童本位作为课程设计的出发点，它同样应该成为衡量教师与课程融洽程度的标尺。诚如作者所言，只有"当快乐成为师幼的一种生命样态"，课程才真正实现了立德树人的教育使命。

全视界杂志　邹蜜

童心向党三部曲

资阳市雁江区青年林幼儿园

一、童心向党——感知

作为中共党员，我每天都会佩戴党员徽章。有一天，萌萌像发现了新大陆一样，朝我跑过来，热情地抱着我，指着我胸前的党员徽章问："老师，这是什么？"

"萌萌，这是中国共产党党员徽章。"

"中国共产党是什么？"

面对萌萌的追问，我瞬间不知道该用什么语言向她解释。

我抓住这一教育契机，以萌萌的问题"中国共产党是什么"让孩子们展开讨论。孩子们的回答天马行空。为了保持孩子们的好奇心和探索欲望，我没有直接把答案告诉孩子们，而是让他们和爸爸妈妈一起，通过查阅资料去了解党。在家园的配合下，党的形象在孩子们心中逐渐清晰起来。

《3-6 岁儿童学习与发展指南》在"社会"领域中提出相关教育目标，我们可以充分利用红色文化资源的教育价值，在日常保教活动中予以落实。运用幼儿喜闻乐见和能理解的方式激发幼儿爱家乡、爱祖国的情感。中国共产党这一概念对孩子来说可能是抽象的。然而，我们应该努力将抽象的概念具体形象化，让幼儿能够直观形象地感知这一概念。为此，我给孩子们讲述红色故事，让他们了解中国共产党的历史，组织班级幼儿观看红色电影，让幼儿了解英雄们为人民幸福生活而英勇牺牲的伟大精神。通过这种以"情"育"情"的情感培养方式，党伟大的形象深深地扎根在孩子们心里，党成为孩子们心中"榜样"的代名词。

二、童心向党——铸魂

随着我班红色教育主题活动的不断推进，"我要做小小共产党员"这句话时常挂在孩子们的嘴边。每当有孩子这样说时，他们的脸上都会洋溢着自豪。站在一旁观察孩子们的我，感受到了一枚党员徽章的力量，也意识到我应该用恰当的教育方式，给孩子树立正确的核心价值观。我向孩子们展示了名叫"我要做小小共产党员"的主题墙，上面贴有班级每个孩子的头像图片。我告诉孩子们，共产党员是我们的榜样，谁在生活和学习中能成为我们的榜样，就能在他的头像后面贴上一朵小红花。就这样，"我要做小小共产党员"的活动就开始了。

结合幼儿直接感知、实际操作、亲身体验的学习特点，我们采用激励性评价，帮助幼儿在亲身体验中形成正确的价值断，从而建立榜样意识。通过"唱支红歌给党听"活动，孩子们在升旗仪式上表演节目，抒发对党的热爱之情；通过"红色礼物献给党"美术作品展示，孩子们在动手操作中表达对党的爱；通过"党的故事我来讲"语言活动，孩子们表达了对党的崇敬之情。在各种活动中，孩子们对党的爱意得到了充分的展示和表达，我也看到了孩子们满脸的骄傲和自豪。

三、童心向党——表达

7月1日是中国共产党的生日，送什么生日礼物成为孩子们的心头事。在集体教学活动中，我和孩子们一起讨论起来。有的孩子说想画一幅画送给党，有的孩子说想唱一首歌送给党，还有的孩子说想跳一支舞献给党……在讨论中，我肯定了孩子们的想法，并告诉他们老师会帮助他们实现这些想法。孩子们听后都很高兴。

为了支持孩子们，我们在表演区、美工区、阅读区、建构区创设了主题为"中国共产党生日快乐"的红色文化环境，并在每个游戏区域投放了适宜的材料。一切准备就绪后，我告诉孩子们可以选择游戏区，在游戏区里制作送给党的礼物。孩子们欢呼雀跃，三五成群地来到游戏区，用自己的方式表达着对党的热爱和崇敬之情。

幼儿对党的热爱，应当适应他们的年龄特征，并通过行动来表达。在孩子们为党的生日敬献礼物的行动中，我们强化了他们对党的情感表达。此外，我们还引导幼儿在日常学习生活中践行党的革命传统，如"助人为乐""不怕吃苦""热爱劳动"和"节约粮食"等。例如，在"重阳节敬老爱老"活动中，孩子们为长辈端水、洗脚、捶背；在"我要做小小共产党员"主题墙上，孩子们的头像后面贴满了一朵朵的小红花。通过观摩、动手实践等不同形式的活动，我们让幼儿在做中学、在学中做，在表达对党的情感的同时，让红色基因深深植入孩子们的心中，践行社会主义核心价值观。

四、案例反思

（一）抓住教育契机，明确教育路径，树立爱国主义价值观

陶行知先生曾提出"一日生活皆教育"。在中班红色教育主题活动中，孩子们时常会在兴趣、疑问和活动过程中不断生成话题。幼儿教师需要具备敏锐的观察力、灵敏的听觉和智慧的心灵，观察、倾听和分析。我们要抓住一日生活中的教育契机，思考并采取相应的教育措施，让中班幼儿能在认识实践中实现知情意行的统一，从而在他们心中播下红色种子。

（二）整合教育资源，形成红色课程，培养爱国主义情怀

根据对中班幼儿在社会领域"运用幼儿喜闻乐见和能够理解的方式激发幼儿爱家乡、爱祖国的情感"的要求，我们整合了红色故事、红色绘本、红色电影、红色基地等资源，按照"感知""扎根""表达"三大板块主题，通过五大领域活动形成了班级红色主题教育课程，在生活、学习、运动、游戏中渗透红色教育。

（三）开展特色活动，拓展红色课程，践行爱国主义思想

班级开展特色教育活动，创设环境支持，观察幼儿，不断推进、升华情感。将看似距离幼儿较远的红色文化转换为近距离的感受及体验，使适合的红色文化资源成为有效的课程资源，培养幼儿的爱国主义情怀，使具备优秀价值观的行为能成为幼儿良好的习惯，从而终身受益。

撰稿人：熊高曼

编辑手记 ✏️

爱国教育是幼儿德育的重要组成部分。资阳市雁江区青年林幼儿园围绕"童心向党"这一主题，在日常园所活动中贯穿红色精神教育，通过传递红色精神来培养幼儿节俭、正直等优秀品格。这种教育让幼儿在实践中实现知情意行的统一，并在他们心中播下红色种子，不仅促进幼儿优秀品格的养成，同时也树立其社会主义核心价值观。

全视界杂志 王渊

高三"自主复习"课程构建的创新实践

四川省简阳中学

一、构建缘起

2013 年 4 月初,简阳市高三年级"二诊"成绩出炉。简阳中学的整体情况与所定目标尚有差距。如何及时调整,在两个月的冲刺期内实现目标?课堂上的问题最终要回到课堂中寻求解决方案。经过一周分析后,学校总结出高三课堂存在两个具体的问题:一是没有走出知识本身,课堂结构需要从片面关注知识体量转向学科系统;二是没有尊重学生选择,课堂结构需要从"我讲解你接受"转向关注学生主体的现实需求。

学校管理团队迅速做出大胆决定:从现在起的两周内,所有教师不准讲课、不准进教室、不准发试卷;学生自主复习,有问题随时向坐在教室外的教师提问。

两周后,校长召集毕业班领导小组以及年级部分教师座谈,结合学生问卷就过去两周的情况进行反思总结。通过大家的热烈讨论,简阳中学高三学生后阶段自主复习框架基本形成:四个自主复习阶段,每个阶段四至七天,学生按本阶段的系统任务自主完成,教师不准进教室,不准发试卷,不准讲课,只准在教室外进行"专家门诊式"答疑,把课堂完全还给学生。

这个"小小"的改变不仅让高三考生成绩大幅提升,沿用此复习方式的高一、高二学生期末成绩也明显好转。2013 年 11 月,结合课改的初步尝试,全国教育科学"十二五"教育部规划课题"普通高中'导引-生成'课堂教学改革研究"正式落户简阳中学。

二、构建过程

2015 年 7 月,简阳中学组建课堂调研中心,该中心成为"导引—生成"课堂教学在一线教学实践运行中各项决策的数据分析者。2016 年 5 月,学校建立学科督察组,负责"导引—生成"课堂教学运行的动态监察与问题反馈事宜，后续重点关注小组教学、高三自主复习和学生评价。经过调研和督查反馈，学校发现高三后期的课堂仍需解决"教师如何在'不讲'中发挥比'讲'更大的价值和作用"以及"学生如何在'不听'中发掘自主、合作、探究在系统建构中的潜力"两个问题。

学校推出"转变教师观念，迎接新高考""在实践中学习，在学习中进步，在研究中创新"和"新课程实施中'导引-生成'课堂教学改革探究"三场专题讲座，并通过"一帮一"师徒制、"高三教师发展计划""师生共同体计划""微项目计划"以及"自主出题计划"等多种方式来培训教师。

随后，教育研究中心对高三自主复习模式进行了进一步调整：高三后期阶段复习时间为一个半月，共分为七个自主复习阶段，每个阶段六天，均采用"一自主一检测一讲评"的模式。其中，"自主"环节四天三夜，学科组列出系统清单，学生按本阶段系统任务自主完成思维导图和重难点梳理，每天下午最后一节课小组集中研讨，列出小组问题，教师在教室外提供"专家门诊式"答疑，并随后将问题反馈给学科组。"检测"环节一天两夜，学科组根据学生自主复习内容和反馈的问题，设计有针对性的考查内容。"讲评"环节一天一夜，每个学科的讲评时间最多一节课，教师必须提前总结问题所在，有针对性地讲解。一节课内讲评总时间原则上不超过十五分钟，确保学生自主、合作、探究的时间不少于二十五分钟。

为提高自主、合作复习效率，学校采取行政手段强制执行要求：高一、高二所有班级都需按照学校的统一部署，推行六人小组教学方式。在这种方式下，所有课堂中教师的授课总时长不得超过十五分钟，而学生自主、合作、探究的总时间则不得少于二十五分钟。在年级统考中，考试前一天学生需完全自主复习；在区域统考中，考试前两天学生也需完全自主复习。在这些时段，教师只能在教室外答疑。

课堂的核心不仅仅包括学生，还有教师。在强调"以生为本"的同时，我们也需要关注教师的主导地位。课堂改革的真正核心应该是"人"。

三、构建效果

2017年，简阳中学申报的教育部规划课题"普通高中'导引—生成'课堂教学改革研究"正式结题。在结题评审中，一位专家对学校的高三自主复习模式表示了浓厚的兴趣，并私下向学校提出了一个问题：高三自主复习是否具备系统课程式的专业支撑？

在接下来的两年里，学校在原有的高三自主复习框架基础上，融合了目标设定、时空设计、支架供给、师生交互、学生分级、试卷自制、学科壁垒、组织体系、心理机制、反馈机制、评价机制和保障机制等多个元素，建立了更为完整的复习系统。

例如，高三复习分为三轮进行。在第一轮中，教师辅助学生搭建学科知识系统；在第二轮中，教师辅助学生分析试卷，并强化学科边界思维；在第三轮中，学生则依靠自主复习来梳理并解决学科问题系统。同时，复习评价机制也由微观的课堂观察和宏观的课堂评价两个方面共同实施。

1. 微观的课堂观察

第一部分是涵盖课堂结构、学习任务（问题）群、教师调控、学生状态四个维度的"导引—生成"课堂观察量表；第二部分是学习记录，观察员对教室外走廊上师生的言行进行详细记录并画像，学科督导组通过现场走访和摄像头监督教师动向。

2. 宏观的课堂评价

一是"导引—生成"课堂教学常规评价表。教师根据"学科核心问题"或"学生关键问题""导引过程"和"生成效果"三个维度，从学科核心问题（学生关键问题）、自主状态、合作状态、课堂调控、引导点拨、课堂评价和生成效果七个方面对课堂教学情况进行定性评价。

二是高三三种主要课型的教学过程评价表，即以问题设计和自主程度为评价中心的自主建构课程评价表，以系统元素和问题情境为评价中心的复习反思课程评价表，以问题归类和合作探究为评价中心的试卷评讲课程评价表。

高三自主复习课程建设不仅成为简阳中学整体课程建设中的一环，也启发了更多关于"教育"和"人"的思考，催生出省级课题"跨学科融合：城镇中学学科序列化活动课程的设计与实施研究"和预申报的国家级课题"五位一体：'通材'课程体系的设计与实施研究"。

不破不立，教师以"讲"代替教，眼中没有学生，此时禁止教师"讲"，本质是倒逼教师构架既符合时代要求又适应学生发展的知识框架和育人体系，促进学校管理机制体制的革新，进一步推动学校的内涵发展。教师面对的不仅是学生，更是一群生活在当下且即将生活在未来的"人"！

撰稿人：杨勇军、苏俊清、田刚

编辑手记 ✎

简阳中学的复习课程是一套独特的课程，专为高三学子的最后复习冲刺而设计。同时，这也是一套具有可复制性的课程，虽然最初是"专供"高三，但在高一、二年级实施后也取得了同样的成效。

　　然而，最值得关注的是，在课程研发、改进、完善的过程中，学校管理者和教师团队对"人"的深入思考：什么是真正以学生为本的学习？当教学方式发生变化时，教师的价值体现在哪里？他们该如何发挥自己的作用？

　　通过细微之处，我们可以看到更大的世界。希望我们有越来越多的课程观察者、发现者和研究者，能够基于学生的真实问题和需求，研发出具有真实效果的微课程。

全视界杂志　邹蜜

跳蚤市场之小鬼当家

高县硕勋幼儿园

一、课程缘起

《3-6 岁儿童学习与发展指南》明确指出，幼儿的社会性主要是在日常生活和游戏中，通过观察和模仿逐渐发展起来的。在与同伴相处和交往的过程中，幼儿不仅学会了如何与人友好相处，还不断发展了适应社会的能力。在我们的观察中，我们发现很多幼儿喜欢偷偷地把家里的玩具带来与小朋友分享或者进行"私下交易"。那么，我们是否可以将孩子们的这种个人行为转化为课程内容，以此来促进他们在社交、财商、劳动等多方面的能力和意识的发展呢？

幼儿园即将开展"淘精彩 智科技 迎新年"跳蚤市场活动。于是，我们顺势设计了"跳蚤市场之小鬼当家"班本活动课程。通过这个课程，我们让中一班的孩子们在活动中体验公平买卖、劳动的快乐，同时培养他们的理财观念、勤俭节约和自主自立的意识。

二、目标设定

根据育人目标和跳蚤市场活动的内容，我们将课程目标设定为以下几点：第一，初步了解人民币的用途，并尝试自主使用人民币。第二，体验公平买卖的乐趣，学习如何主动推销自己的商品，设计促销语，并培养初步的理财意识。第三，在买卖过程中，学会与同伴礼貌交往，通过语言交流来换取或购买自己喜欢的物品，从而培养幼儿的语言表达能力、计算能力和社交能力。第四，愿意与同伴分享和交换自己的新旧物品，懂得珍惜和爱护物品，能够对闲置和废旧物品进行有效的利用。

三、内容架构

"跳蚤市场之小鬼当家"班本活动课程按照顺序，分为"活动准备""活动进行时""活动后续"三个板块。

（一）活动准备

1. 学习活动：认识人民币

为了激发幼儿的探索热情，教师特意使用纸板制作了一个蓝色的小恐龙存钱罐，并将学具纸币放入其中。孩子们按照顺序从恐龙的肚子里摸出不同金额的"人民币"，在认识金额的同时，也对货币的购买力形成了初步的认知。有的孩子摸出了五元纸币，兴奋地说："五块钱可以买一包薯片！"而有的孩子则摸出了一元纸币，开心地说："一块钱可以买一根棒棒糖！"

在这个环节，幼儿们成功地认识了人民币的面额，并能勇敢地说出多少钱可以买到什么东西。尽管有些孩子说出的价格与实际价格存在一定的差异，但他们已经开始了初步的思考、比较和认识。

2. 家园共育活动：自主购物

教师设计家园共育任务，安排父母在购物时把钱交给幼儿，让其自主询价购买，引导幼儿学会简单的计算，让幼儿在实践操作中感受买卖的乐趣。

3. 讨论活动：跳蚤市场卖什么

活动开始前，教师和幼儿就跳蚤市场卖什么展开讨论，鼓励幼儿勇敢表达自己的想法。幼儿的想法丰富多彩，最终在综合大家的意见后，中一班孩子达成共识：从家里带一些自己愿意交换出去的玩具、看过的图书，去超市批发小朋友爱吃的零食，做一些手工作品等来卖。

4. 布置活动：我们的小卖部

售卖的物品收集齐全后，教师再次引导幼儿完善活动准备："要想生意好，我们就要把小卖部布置得更好看，再取个响亮的名字。小朋友们觉得我们该怎么布置呢？"幼儿提出各种想法，如用气球来装饰，用玩具做小花、小老虎、各种武器等，还可以自己用糖果、对联、鞭炮营造过年的气氛。教师就幼儿的建议布置成任务，让孩子们在分工合作中完成小卖部的装饰工作。

（二）活动进行时

1. 社交活动：售货员竞聘

就"谁来售卖"的问题，教师组织售货员竞聘活动，孩子们争先上台拿出自己的拿手戏，在手舞足蹈中展现自己的表达与交流能力。热闹的气氛中，平时比较内向的几个孩子也跃跃欲试。最后通过投票，排名前六的小朋友成功竞选为售货员。

2. 经营活动：整理和定价

幼儿对商品价格尚未形成明确的认知，因此，在将"商品"放置在价格区时，他们更多依据自己的喜好来进行整理和分类。在这个过程中，教师并没有给予任何提示，只是在旁边观察。

然而，中一班的孩子们很快就开始发现问题。有些孩子提出需要修改价格："AD钙奶在超市里要三块钱一瓶，所以不能放在一元区。旺旺雪饼四块钱一个太贵了，一块钱一个还差不多。"还有些孩子坚持自己的原则："这把冲锋枪是我带来的，我非常喜欢，一块钱我是不会卖的。"

这些意见促使孩子开始思考商品价值与价格之间的关系，并用自己的方式进行调整。教师趁机提出建议：大家可以在放学后去超市查看商品的标价，还可以在和父母一起购物时尝试询价、讲价、计算和购买，从而在实际操作中潜移默化地学习。

3. 经营活动：买与卖

跳蚤市场正式开市，买卖活动很快就开始了。孩子们从一开始的手忙脚乱到逐渐适应节奏，收钱、找零越发娴熟。善于观察的幼儿还根据销售情况，喊出"跳楼价"等吆喝内容。在这个过程里，教师发现了每个孩子的思考、行为特质，尽管小状况不断，但更多的是惊喜。

4. 经营活动：计算收益，收拾整理

活动结束后，售货员们在教师的帮助下清点收入。此时又出现了有趣的一幕：一名售货员认为销售所得应归自己，于是将货款放进自己包里。教师抓住这个小插曲，就"个体"和"集体"的关系，和孩子们展开小小的讨论。

5. 总结分享：售货员小结、幼儿分享交流

教师组织售货员总结售卖过程，鼓励小朋友用较完整的话表达"我用多少钱买了什么东西，还剩多少钱"，参与活动的孩子自愿上台分享自己的收获。三个没有买到东西的孩子也给全班幼儿留下深刻的印象，明白凡事要做好准备，自己的事要自己负责。

（三）活动后续

经过总结，教师引出新话题："挣到的钱你想用来干什么？"孩子们七嘴八舌地说出自己的想法，经过讨论，中一班决定追加一场零食分享会、一场糖葫芦自制活动，将分享、劳动、创新等育人内容延续到跳蚤市场之外。

此外，家园互动也是课程内容的一部分。幼儿园将活动制作成视频分享在家长群中，让家长更加了解幼儿园教育，并在生活中进行配合。

四、反思感悟

小小市场，点滴成长。每一次实践都是一次成长，都是孩子们童年美好的回忆。在活动中，每个孩子都有了自己的收获：有的成功卖出了物品，有的买到了心仪的东西，还有的进行了物品交换。

通过真实的交易体验，孩子们提高了语言表达能力、计算能力、组织能力、应变能力、理财能力，以及社会实践和社会交往能力。这样的活动培养了孩子们的交换意识，帮助他们树立了走向社会、走向市场的经营观念。

在这场跳蚤市场活动中，跳动的不仅仅是孩子们手中的商品，更是他们对生活的热情，以及他们在各种能力上的历练和鲜活的成长。

撰稿人：李玲

编 辑 手 记 🖊

以教为主的课程转变为以幼儿为主体自主探究互动的课程，需要教师善于观察：在一日活动中，挖掘幼儿的兴趣指向、热点话题以及偶发事件中的教育价值，将预设与生成互融。"跳蚤市场之小鬼当家"班本活动课程即是如此。更可贵的是，教师在设计和实施课程的过程中，相机进行补充和完善，将课程内容从活动中延续到活动外，从校园中延续到生活里，让课程的动态性得以充分体现。

全视界杂志　邹蜜

从生成走向深度：高中语文深度学习的十年实践

成都市大弯中学校

一、发现问题

2012 年的调查研究发现，虽然"自主、合作、探究"的语文学习方式被广大师生普遍接受并实践，但在学习过程实践中，由于学习方法不当，语文学习效果并不理想。主要体现在以下三个方面：重形式轻内容，思考意识缺乏，课堂生成的"度"不足；重知识轻能力，思维能力不强，课堂生成的"面"不广；重结果轻过程，思想内涵肤浅，课堂生成的"质"不高。

二、前期探索

（一）阶梯递进

第一阶段：尝试探索——提出"深度阅读""四生策略"。

申报市级课题"高中语文'深度阅读'教学实践研究"，提出了"四生式'深度阅读'策略"，形成了深度学习视域下高中语文课堂的教学策略雏形——"四生（生命、生活、生机、生成）策略"，得出了深度学习的起点在于"生成"的结论。

第二阶段：持续推进——提出"生成性教学""四环节四生成"。

申报市级课题"'生成性教学'在高中语文课堂中的实践研究"，在"四生策略"的基础上深入推进，完善了深度学习视域下高中语文课堂的教学策略——"四环节"（自主学习、合作探究、成果分享、归纳总结）和"四生成"（预设生成、碰撞生成、情境生成、提炼生成）。

第三阶段：深入探讨——"挑战性任务"。

总结出了深度学习视域下高中语文课堂的特点：生成与聚焦、组合与分享、体验与实践、持续性评价，注重学生"从低阶思维到高阶思维"的学习过程研究，得出深度学习在课堂上的操作核心在于设置"挑战性任务"的结论。

第四阶段：基本成熟——从生成走向深度的策略融合与重构。

结合前三个阶段的实践研究，提炼出了促进高中语文深度学习的教学范式——生成式教学行为链。根据生成式教学行为链，课题组进一步提炼了促进高中语文深度学习的教学策略——生成式深度学习风车模型。

（二）阶段反思

与人工智能领域的深度学习不同，以生成式教学行为链为核心的高中语文深度学习聚焦于学生的学情、教学流程和学科特点的有机结合。它重视学生的学习过程，强调学生在课堂中的思维发展和个性成长。其主要价值体现在以下几个方面：

第一，关注育人全过程。①关注起点：通过学生在课前、课中、课后的独立分析、探索、实践、质疑和创造等方法，教师能够判断学生的原有认知，并据此设定学习目标和制订教学计划。②关注过程：从学生的实际出发，生成教学内容。③关注终点：关注学生的深度学习过程中的知识能力、情感态度、个性探究、自主合作和高阶思维等要素在原生态基础上的成长。

第二，融合教学全过程。①融通教学环节：以学生学情为生成起点，决定课堂流程的始终。每一个教学环节既相互独立又相互循环融通。②融会师生成长：围绕"生成"，每一个教学环节中，教学内容在师生之间的交流中相互生成，师生的课堂成长在交流中融会。③融贯学情教情：深度学习的教学内容可由同学科教师或不同学科教师自由组合，根据学情而定，既发挥教师的专业和个性特长，又适应了学生思维发展，形成了学科特色，使学情教情得到高度融贯。

三、改革创新

（一）关注生命发展：明确"情境性任务"的教学目标

在明确不同学段的多维素养定位的基础上，有效设置教学目标。以送别诗为例，以学生耳熟能详的送别诗入手，激发学习情趣，从意象、情感、表现手法、风格、对象五个角度，引导学生初步掌握鉴赏古典诗歌的路径和方法，提高鉴赏古典诗歌的能力，着眼于学生核心素养的形成，丰富学生的生命内涵。

（二）接近生活源泉：选择"情境性任务"的教学内容

选择接近最近发展区的教学内容不是一件容易的事情，要结合教学目标。不是只有内容的深度才叫作深度。要能唤醒学生内生动力，引发思考领悟，让学生努努力、踮踮脚、伸伸手，实现学生思维层次上升的内容，才算得上是深度学习的教学内容。要让学生在学习内容的暗示诱导中，潜移默化地进入深度学习的状态。

（三）呈现学习生机：设置有具体操作路径的挑战性情境任务

以前期学生学习成果导入新课，激发学生学习兴趣，然后根据生活实践情境设置挑战性情境任务。这样的设计让学生动情、入情、出情，让学生自觉主动地参与到课堂教学中来。

（四）丰富生成形式：分享评价"挑战性情境任务"的学习成果

根据学生的不同层次，可以让学生选择不同形式的学习成果呈现方式，让每位学生在深度学习中享受快乐，享受心灵成长的幸福。为丰富生成形式，也可以通过设置"情境性任务"来完成。

深度学习应从学生生命本位出发，从生活到生机，再到生成，再由生成促进生命的内涵发展，从记忆、领会、运用走向分析、综合、评价和创造，将"挑战性情境任务"的设置贯穿其中，真正引领学生思维品质不断提升。

四、硕果累累

经过长期对高中语文教学真谛的不懈追求，我与学生的成长相伴，并因专业的成长而感到幸福。相关研究成果获得了全国第二届新时代语文教育学术展评活动一等奖、成都市第十八届科研成果评选二等奖等各级各类奖项共计十一项。此外，《深度学习视域下高中语文课堂教学策略探究》《从生成到深度：深度学习视域的语文课堂教学策略探究》等十七篇论文发表于《中学语文》《中学语文教学参考》等专业期刊上。同时，还有三十九篇优秀论文和教学案例获奖，十五节课例在各类教学比赛中获奖。课题组成员在全国鲁迅学校校际交流会、中国高等教育研究学会、师培通等各级交流平台进行了五十余次交流。

撰稿人：余永聪

编辑手记 ✏️

教育家雅斯贝尔斯说，一切教育的关键在于教学内容的选择，以及将学生引向事物本源的方式。教育关注的是如何调动并实现人的潜能发展，如何使内在灵性与可能性充分地生成。深度学习应从学生生命本位出发，从生活到生机，再到生成，再由生成促进生命的内涵发展，从记忆、领会、运用走向分析、综合、评价和创造，以"挑战性情境任务"的设置贯穿其中，真正引领学生思维品质不断提升。本案例中，从生成走向深度的高中语文深度学习教学实验研究，解放了学生的手脚，让学生的思维和个性不再受到禁锢，让学生成为学习的主人，变被动、单一的学习方式为自主、合作、探究的学习方式，培养学生的创新意识和实践能力，培养其独立自主的学习能力和质疑困难的精神，最终促进学生语文核心素养的形成。

全视界杂志　黄欢

以脑科学促进思维力培养

成都市双流区实验小学

将大脑研究应用于课堂教学，将对现有的课堂教学产生深远影响，不仅能提高课堂教学效率，还能促进儿童在情绪、认知和意志方面的深度发展。为了实现这一目标，笔者尝试将思维力分解为理解概括力、分析比较力、推理演绎力和批判创造力，并与团队成员合作，在课堂上进行有针对性的训练，通过激活大脑相关区域的活动，提升学生的思维力。

一、指向理解概括力的策略

（一）感统训练辅助策略

在学科教学中，通过潜移默化地渗透和浸润的方式，将感统训练要素融入相应的学习活动中，可以实现润物细无声的效果。例如，在体育课的运动项目中，随机将直线跑设计成障碍跑，可以达到刺激学生前庭能力发展的目的。在低年级四十分钟的课堂上，将感统训练要素融入课堂韵律操中，学生在完成课堂韵律操的过程中，潜移默化地进行了感统训练，从而激活大脑，促进思维发展。

（二）关键信息串联策略

人脑所获取的信息约有八成是通过视觉得来的。左脑在观察右脑所描绘的现象时，会将其符号化、语言化，这个过程伴随着思维活动。例如，学生在学习文本、阅读图示等活动中，通过勾画、批注等方式，可以更好地将注意力集中在关键和重要的词组上。意识的关注点也会集中到这些关键词上，同时，大脑会调动更多已有的存储信息来支持学生的阅读，从而加强对所接触文本的理解。让学生圈出课文的关键部分（如语句、问题、标点、插图等）的过程，实际上是信息的提取、理解和运用的过程，也是概括文本主要内容的过程。

（三）多重意象勾连策略

多重意象勾连策略是一种借形想象的思维模式。它通过设置悬念，激发学生的好奇心，引导他们想看、想知、想做。可引导学生从多个角度去发现、回忆、思考、描绘与之相关的意象（包括真实意象和虚拟意象），帮助学生理解所列事物。这种策略符合基于脑科学的"多感官教育"研究理论。小学生的大脑正处于"突发生长"的关键时期，调动越多的感官，就能利用越多的大脑通路，从而建立更多的神经连接。这种策略在语文诗歌教学中尤其常用。

二、指向分析比较力的策略

（一）关键提问直入策略

简单、明确的问题会让神经元快速产生反应，明确的学习目标有利于快速集中精神和促进思维积极参与。所以我们常常在课前的热身活动结束时，设计一个可以迅速连接学习任务或指向关键核心的问题。

（二）表格图示设计策略

从低年级开始，我们尝试引导学生使用表格，经历"摘取信息（文字）—设计表头—填写信息—分析信息—对比信息—整合信息"的思维过程，从而进行深度学习。从中年级开始，我们逐渐引导学生自主设计表格的表头。我们发现，设计表头是更高级的思维活动。在这个过程中，学生需要对所有信息进行结构化的处理，并运用同类归并的原则来设计横向和纵向的内容。

使用表格来梳理和呈现信息，可以使原本杂乱的内容变得系统、直观，更容易将这些知识纳入己有的认知体系。当下次需要寻找特定信息时，学生可以根据之前梳理的表格索引快速匹配目标信息，实现思维的视觉化处理，从而加快信息处理速度。

三、指向推理演绎力的策略

（一）导说策略

思维虽然是大脑的活动，但可以通过可视化、可感化和可听化的方式加以呈现，即实现思维外化。在教学中，将"说"作为思维发展的重要策略，可以引导学生通过"积极地说、有序地说、准确地说"来发展思维。

第一，说思路。例如，让学生描述三角形的面积推导过程，通过操作、观察、发现、推理和表达，启发学生运用自己理解的数学语言总结概括定义、法则和公式。长此以往，学生对数学语言的简洁、准确和严密等特征会有更深刻的认识，有助于他们实现从感性认识到理性认识的飞跃。

第二，说方法。在语文课堂中，老师们发现学生记忆生字往往有自己独特的方法，有时比老师的方法更直观、形象，更符合儿童特点。因此，我们也常引导学生之间互相交流识字方法。这不仅促进了知识复现，增强了学生脑内的神经回路，还实现了同龄人之间的顺畅语言交流。此外，这种方法还具有知识梳理功能，使学生在教别人的同时进一步巩固自己对知识的理解和把握，发展逻辑思维。

第三，说反思。当学生完成一道题目后，教师应要求他们反思和分享收获，达到一题一得的目标。反思是对自己思维和学习过程的自我意识与自我评价。在经历课堂知识探究和表达后，教师应及时引导学生反思和感悟，将经过"自我加工"的书本知识个性化地内化、理解和表达出来。这有助于学生感悟解决策略、完善认识结构、提升学习能力，从而获得"个人知识"。

第四，说疑问。学贵有疑，质疑是手段，释疑才是目的。教师应教会学生如何在新旧知识的衔接处、学习过程的困惑处、法则规律的结论处、教学内容的重难点处质疑。此外，也要让学生学会变换视角提问，可以从正面、反面或侧面提出问题。

（二）逻辑排序策略

低年级学生的形象思维比较活跃，但逻辑思维能力较差，需要着重训练学生思维的条理性。比如，引导学生观察事物时，要按照顺序进行，或由近及远，或自上而下（反之也可），或由整体到局部，或由现象的发生到结果。如此，获得的材料是有条理的，思路也随之条理化。

四、指向批判创造力的策略

（一）一问三答策略

一问三答的操作策略适用于每一个学科教学，问题的答案一般比较开放。比如，学校一位老师在教学"大脑专项课"时，启发学生思考矿泉水瓶有哪些用途，先让孩子们自己思考三个不同的答案，然后再进行交流。

（二）连续追问策略

问题可以激发学生思考，而连续性问题则可以促进学生深度解析一个问题背后隐藏的信息。在英语教学中，许多语法和词汇的学习都依托故事情境。因此，老师们经常使用"5W"提问法，启发学生从不同角度思考问题、提出问题并回答问题。当孩子们能够很好地复述故事后，再采用问题链的形式来激发他们思考故事背后的意义。通过这样的问题链，孩子们可以学会从不同角度看待问题，对故事角色形成自己的认知，并且培养创新思维能力。

撰稿人：闫瑾

编辑手记 🖊

知识爆炸、信息迭代、元宇宙、人工智能……在这个技术不断升级的信息时代，什么才是最好的学习和最好的教育？未来需要什么样的人才？也许我们可以从人脑的学习和发展的本质上去寻找答案。学习的目的是适应环境，学习的过程是塑造大脑。因此，未来的学习核心必然是培养强大的学习能力，遵循大脑的活动规律进行学习。本案例站在时代前沿，探索将脑科学与教育教学相结合，通过实施九大策略，实现学生理解概括力、分析比较力、推理演绎力、批判创造力的培养和提升。尽管目前仍处于摸索阶段，但本案例在脑科学与教育有机融合的征途上迈出了重要的一步。

全视界杂志　黄欢

"乐群"课程：让每一个儿童都精彩

成都高新区锦城小学

一、课程理念："五育"融合，落实儿童全面发展和个性化发展

成都高新区锦城小学将每个儿童都视为含苞待放的花蕾，并本着"让每个儿童都精彩"的学校发展目标，将"乐群"学堂提升至"乐群"课程构建的层次，形成了"乐群"课程理念。该理念致力于落实素质教育和立德树人的教育价值取向，以确保每个儿童都能在适宜的课程土壤中像花儿一样竞相绽放，展现出各自的独特精彩。

二、课程目标：乐学乐群，助力锦小儿童朵朵花开

学校依托国家课程和地方课程构建"乐群"课程，以培养"悦身心、会合作、善思辨"的锦小儿童为目标。"悦身心"强调身心健康和文化基础，"会合作"聚焦社会参与，"善思辨"突出自主发展。

三、课程结构：纵横交叉，构建五主题三层级课程

"乐群"课程的五主题、三层级纵横交错，课程间相互独立又融合通达，直指学生核心素养的立体建构。

1. 横向结构：注重内容统整，设置模块化主题

"乐群"课程适当打破学科课程边界，设置"思想与品德""安全与健康""思维与表达""艺术与审美""合作与创造"五个模块化主题，将内容维度统整为"悦心课程""悦动课程""悦思课程""悦美课程""悦劳课程"五大板块课程。

2. 纵向结构：注重能力层次，构建阶梯化序列

学校根据不同学科学习内容的深度，将"乐群"课程分设为学科基础课程、探究拓展课程和综合运用课程三个层级。学科基础课程注重儿童对学科本质的理解与掌握；

探究拓展课程注重学科实践，指向"学以致用"和"用以致学"；综合运用课程以超学科综合实践活动的方式，提升儿童的价值体认、责任担当、问题解决、创意物化等方面的意识和能力。

四、课程实施：采用"三化"策略，注重课程落地

为确保"乐群"课程的充分落实，学校制订了"三化"策略。

1. 课程实施路径多元化

学校积极与教师、家庭、社区、企业协同，寻找和利用各种资源，拓展课程实施渠道。如在课堂教学主渠道基础上开设多种精品社团，激发儿童的兴趣爱好；设置专项学习项目，锻炼儿童各项能力；举行各种仪式，激发儿童积极的情感态度；开展志愿服务，培养儿童的责任感；举办各项赛事，让儿童在比赛中实现精神成长，获得知识与技能；让儿童走出家庭、学校，走进社区、企事业单位，在现场体验中深化对课程的学习和理解；将家长、社会人士请进学校，现身说法。

2. 课程实施模式多样化

遵循"生活逻辑加学科逻辑"的原则，改进原有的"乐群"学堂四环节模式：个体独学，初步理解和把握课程内容，独立思考，发现或生成问题；小组合学，实现知识与技能的分享，提出更深层次和更高难度的问题；师生共学，形成问题解决能力；总结拓学，形成知识、技能和能力的结构网格。此外，学校还通过综合实践活动的"课前准备—课中实践指导—课后总结反思"模式、川菜博物馆等场馆学习的"看—听—学—做"模式、"线上＋线下"模式等，让课程真正走近儿童。

3. 课程实施方式综合化

学校采用综合化方式实施课程，如"悦·农场"课程中的"遇'稻'一粒米"水稻种植综合实践活动，以四季为轴线，经历"春插秧苗""夏观稻长""秋收稻谷""冬品稻味"，涉及生物、劳动、语文等多门学科的内容，多个学科教师参与，对儿童展开融合教学。

五、课程评价：遵循"四有"要求，过程与结果并重

学校提出"四有"课程评价要求，关注"乐群"课程的过程和结果评价。

1. 课课有规范——用评价表衡量课程学习

学校设计了"乐群"课程评价表，从学习习惯、综合实践能力、"乐群"品质等维度进行三星评价。学前，儿童从评价表看到学习要求及规范，明确学习目标，催生学习动力；学中和学后，儿童通过自评、互评和教师评等方式对学习过程及结果进行评

价，修正和完善学习过程。教师通过评价表，不断调整改进教学方式，优化教学环节和流程。

2. 月月有记录——用成长记录袋记录课程学习

在"乐群"课程实施过程中，将形成性评价与终结性评价有机结合，每门课程每个月都会选择最能凸显儿童课程学习过程和学习收获的材料装进成长记录袋中，使教、学、评三者有机结合。

3. 期期有总结——用展演、比赛等反映课程学习

学校针对科普小讲座、数学思维等思辨性、素养类课程，在课程学习结束时安排集中书面考查；针对花样跳绳、银杏少儿合唱团等社团、实践类课程，通过作品展示、才艺展示、实验操作、口头表达、模拟表演等方法总结和呈现；针对篮球、管乐团等特长类素质提升课程，结合展演、比赛、考级等方式进行考察。

4. 时时有评选——用评选活动彰显课程学习

学校为儿童搭建多样化的评价平台，如每月评选"阅读小明星""科普小达人""数学之星"，每季度评选"银杏舞台之星""运动小达人"，每学期评选"书香班级""锦小好少年""科技小博士""特色小能人"等。通过评选发现儿童的闪光点，为进一步促进儿童个性化发展找准起点。

六、课程效果：花开锦城，课程育人硕果累累

通过近四年的构建实践，锦城小学的课程育人目标已基本实现。

1. 儿童综合素质得到提升，促进了全面发展和个性化发展

"乐群"课程的实施，让锦城小学每个儿童都品格"高"起来、脑袋"富"起来、身体"动"起来、眼睛"亮"起来、双手"勤"起来，使其学有所得、学有所长。

2. 家长对优质教育的需求得到一定程度的满足

"乐群"课程的构建帮助锦城小学形成优质教育资源，一定程度上满足了家长对优质教育资源的需求。每学期末，针对"乐群"课程的调查问卷显示，家长的满意率都超过了98%。

3. 社会认可度得到进一步提升，多家媒体争相报道

锦城小学"乐群"课程自实施以来，得到社会各界的广泛关注。四川教育新闻网、四川教育在线、四川文明网等媒体多次对乐群课程实施的进程及结果进行报道。相关单位还与学校建立了长期稳定的合作关系。

4. 学校各项荣誉持续增多，形成了学校的办学特色

"乐群"课程的建构与实施，让学校获得全国自主教育联盟自主创新人才培养计划

实验校、四川省基础教育研究中心协同创新基地校、成都市第一批智慧课程发展联盟学校、成都市劳动教育试点学校等荣誉。

撰写人：李雪梅、吴秋菊、康涛霞

编辑手记 ✏️

　　课程是彰显学校办学特色的载体，不断进阶、完善的课程体系体现了学校高质量发展的成效。成都高新区锦城小学把课程发展放在了前所未有的核心发展位置，是新时代立德树人背景下学校对课程育人这一理念的深刻表达。从1.0版本的"乐群"学堂到2.0版本的"乐群"课程，展现了学校由"五育"并举走向"五育"融合的探索过程。

全视界杂志　邹蜜

"星火大思政课程"育人体系的建构与实施

成都高新区尚阳小学

一、课程背景

成都高新区尚阳小学构建"星火大思政课程"育人体系，以顺应新时代人才培育的目标要求，契合新时代思想政治教育的认知规律，回应学校思想政治工作的难点问题。坚持破立并举、协同创新的课程理念，以大协同、大联动、大整合为抓手，着力破解新时代背景下思政课程存在的现实问题，力求形成思政教育新格局。

二、课程理念

"星火大思政课程"育人体系坚持"善启·活用·树人"的课程理念，通过教育力量的大调动实现教育主体多元协同，通过资源要素的大调配实现课程时空有序延展，通过体系结构的大调整实现课程结构开放立体。主张教育主体多元协同，课程时空有序延展，课程结构开放立体。

三、课程目标

1. 总目标

以核心素养为导向，通过思想政治教育理论课、活动课和实践课培养学生的"政治认同、理想信念、组织意识、道德修养、全面发展"五大核心素养，努力将学生培养成有理想、有本领、有担当的时代新人。

2. 具体目标

一是政治认同；二是理想信念；三是组织意识；四是道德修养；五是全面发展。

四、课程内容

"星火大思政课程"育人体系以全员、全过程、全方位育人为方法论指引，实现了大思政课从理论上的"有字之书"到实践中的"有用之书"的转型升级。同时，聚焦课程五大核心素养，构建起大理论课、大活动课、大实践课三种课型融合互补的大思政课程体系，开发出"红色火种""红色基因""红色足迹"三大主题课程群。

（一）"红色火种"主题课程群

该课程群属于大理论课，是面向全校学生开设的必修课程。该课程群依托"党团队"一体化链条，通过《习近平新时代中国特色社会主义思想学生读本》《先锋少年——成都高新区尚阳小学少先队活动课读本》等课程资源坚定学生理想信念，增强学生政治素养。其中，《先锋少年——成都高新区尚阳小学少先队活动课读本》是"星火大思政课程"育人体系的校本教材，通过红领巾逐梦想、红领巾做榜样、红领巾心向党、红领巾系心中四维目标对学生进行组织意识教育，帮助学生树立正确的组织认同感和价值取向。

（二）"红色基因"主题课程群

该课程群属于大活动课。依托"家校社企"四维联动综合育人体系，通过"红众微党（队）课""红色少年团""红色训练营"等品牌活动增强学生组织意识，提升学生道德修养，培养有本领的"尚阳娃"。其中"红众微党（队）课"是面向全校师生的必修活动课，主要由学校、企业及社区优秀党员教师进行教学；"红色少年团"是学校与社区携手共建的以学生社团为主的选修课程，包括红色诗社、红色舞台剧、红色课本剧、红色文创、红歌会等多个学生社团。"红色训练营"是面向中高段学生开设的选修课程，课程聚焦学生心理素质与身体健康，分"情绪管理""红色军团训练"两大主题对学生进行身心教育。

（三）"红色足迹"主题课程群

该课程群属于大实践课。主张"创设真情境、触及真问题、助推真实践"，以学校对面的毛主席视察红光纪念遗址为课程资源点，通过"红领巾宣讲团""红领巾假日寻访"等社会实践课赓续学生红色血脉，促进学生全面发展。

五、课程实施

为加强"星火大思政课程"育人体系的高效建设，在进行课程实施时遵循"大课堂阵地、大资源平台、大师资体系"工作原则，充分发挥大思政课程的育人作用。

（一）创建大课堂阵地

（1）沉浸式体验营造大课堂氛围。以爱党、爱国、爱校文化为主线，通过震撼的视觉效果，形成从视觉到思想的沉浸，将思政教育的课堂融入学生的校园生活。

（2）情境化学习提升大课堂效能。充分考虑到思政课堂的情境化效应，打破传统课堂，将课堂空间延伸到教室外，解决传统思政课堂"内化于行"的教学难点，进一步提升课堂教学效果。

（3）社会性实践提升大课堂功能。加强校内外联动，逐渐形成合力，在落实好"社会大课堂"上下足功夫。教师不仅在课堂上向学生传授理论知识，还为学生提供走出课堂、亲身体悟的实践机会。

（二）搭建大资源平台

（1）就地取"材"，让课程资源"近"起来。在进行课程构建时，充分发挥学校周边思政教育资源优势，积极发掘课程资源。

（2）"家校社企"联动，让课程资源"统"起来。在进行思政教育时加强"家校社企"联动，构建思政教育资源共同体。

（3）数字化技术赋能，让课程资源"动"起来。有效利用互联网思政教育工作重要阵地，运用数字化技术赋能"星火大思政课程"，有效整合汇集各类教学素材和学习资源，搭建全方位、立体化的思政教学资源平台。

（三）构建大师资体系

（1）标准化准入，构建"1＋4"专兼职队伍。学校切实配齐建强师资队伍，打造一支政治强、情怀深、以专职为主、素质优良的中小学思政课教师队伍。

（2）专业化培训，全面提升专业素养。健全专题培训制度，加强中华优秀传统文化、革命文化、社会主义先进文化和相关学科知识的学习。通过"内培＋外训"和"线下＋线上"的混合式学习模式，建立思政教师队伍培训体系。研培结合，通过多种路径加强思政教师队伍的专业化培养。

六、课程评价

学生思想政治素养发展评价采用"纸笔测试"奠定素养基础、"成果展示"增强综合能力、"大数据跟踪"全面深度剖析的模式。

教师思政教学素养评价，采取"文本评估＋教学观察＋客体评价"的模式，通过三者的有机结合，实现对课程本身的科学评价。

撰稿人：徐红

编辑手记 🖉

　　成都高新区尚阳小学顺应立德树人新时代人才培养目标要求，契合新时代思想政治教育的认知规律，回应学校思想政治工作的难点，构建"星火大思政课程"育人体系，在内容上聚焦课程五大核心素养，构建起大理论课、大活动课、大实践课三种课型融合互补的大思政课程体系，开发出"红色火种""红色基因""红色足迹"三大主题课程群；在路径上遵循"大课堂阵地、大资源平台、大师资体系"工作原则，坚持破立并举、协同创新的课程理念，以大协同、大联动、大整合为抓手，力求形成思政教育新格局。

全视界杂志　王渊

"1351"德育课程体系：
赓续红色血脉 培育时代新人

四川省旺苍中学　广元市教育学会

作为一所普通农村中学，四川省旺苍中学（以下简称"旺中"）结合时代背景，综合校情、生情，立足县域特色，以立德树人成效为检验学校一切工作的根本准则，构建"1351"德育课程体系，为旺苍县域高中的德育生态模式提供了蓝本。

一、课程体系解读

（一）一条主线

"赓续红色血脉，培育时代新人"是旺中"1351"德育课程体系的主线。

（二）3C教育

3C是承、成、程三字的汉语拼音首字母的合称，指德育课程体系的核心部分。

1. 承——世承教育（回望过去）

以赓续红色血脉、传承民族精神为目标，融合非遗旺苍、茶乡旺苍等乡土文化资源和红色旺苍革命文化资源，逐步形成具有旺苍基础色、旺苍本土味的德育课程体系。

2. 成——习成教育（立足现在）

以"规范常态管理，培育学子良习"为目标，学校严格制定、认真落实并及时完善德育常规制度，编写《旺苍中学学生发展指导手册》，强化学生习惯的养成，督促学生文明言行的养成。以活动为引领，设计每月常规性习惯养成主题活动，促使学生在践行中将文明礼仪内化为自省、进取、文明的社会主义核心价值观。

3. 程——鸿程教育（展望未来）

以培育有大目标、大追求、大改变、大作为的时代新人为目标，通过励志教育类主题活动、丰富的社团课程活动和生涯规划，让学生明确自己未来前行的方向，促进学生自我成长。

（三）五步育人

学校围绕 3C 德育课程体系，在德育工作实施的具体过程中，将育人目标作为教学的评价指标之一，形成全员、全程、全方位的五条育人路径。

1. 全员育人

努力营造全员育人的良好局面，给每一位校园人渗透"人人都是德育工作者"的理念，让他们充分认识德育工作的重要性，立足本职岗位，做好"教学育人""管理育人""服务育人"。

2. 协同育人

坚持以学校教育为主体，以家庭教育为基础，以社区教育为依托，积极开展三合一教育活动，构建学校、家庭、社区三位一体的德育工作网络。

3. 课程育人

充分发挥思政课在德育工作中的关键作用，同时协同所有学科，坚持以课堂教育为主渠道，在课堂教学中结合学科内容、特点，挖掘教育素材，注重培养学生良好的学习态度、学习习惯及意志品格。

4. 活动育人

学校组织开展各种节日纪念活动，教育学生爱党爱国、铭记历史，弘扬中华优秀传统文化；举办师生艺术节、体育节等特有的活动，对学生进行人文熏陶；积极开展升旗仪式、开学典礼、毕业典礼、成人礼等主题教育和团队活动，对学生进行社会主义核心价值观、道德品质、理想信念等多维度的教育。

5. 文化育人

学校在公共区域创设阅读角、楼梯书吧、转角数学园地、校园种植箱、红色记忆栏、班级植物角、班级劳动教育墙、"凤凰之声"校园广播站，充分利用校园空间作为展示区、活动区、科普区，实现环境育人。

（四）一个核心

立德树人是德育工作的最终落脚点，也是德育工作的终极目标。旺中紧紧围绕"培养什么人""怎样培养人""为谁培养人"，坚持思想引领、活动驱使，完成育人目标。

二、课程实施多路径

（一）组织架构

旺中德育课程构建家校社共育的组织架构，把家庭作为常规点，建立健全学校家庭教育指导委员会、家长学校和家长委员会，落实学校开放日、家长接待日等制度；把校园作为主阵地，结合教师特长与学科要求，规划出德育课程管理组、研发组、执行组、评价组，让教师积极投入德育课程的建设；把社会作为资源库，统筹用好各类社会资源，积极拓展校外教育空间，并依据不同基地资源情况联合开发社会实践课程，结合共青团、少先队组织建设，常态化组织开展劳动教育、志愿服务、法治教育、安全教育等各类活动，满足学生多样化学习需求。

（二）特色课程

根据各学段学情，分别以"乡土情怀、中国根脉、世界眼光"的宗旨设置四门特色必修课程。初一为"红色旺苍传薪火 中国茶乡佑福泽"课程，初二为"旺苍山川孕人杰 自是蜀中一宝地"课程，高一为"传承红色基因 创造多彩未来"课程，高二为"乡土情怀育人本 世界眼光立壮志"课程。

（三）精品研学活动

一是高一、初一年级通过"中国红军城 木门军事会议"遗址研学活动，开展"红色＋主题"教育；二是高二、初二年级通过"探秘米仓山大峡谷"研学活动，开展"自然＋生态"教育；三是高二年级通过游米仓古道，开展"古道＋蜀汉文化"研学活动；四是初二年级通过走进木门黄茶小镇，开展"茶文化＋旺苍非遗"研学活动。

（四）课程评价

课程评价的根本目的在于促进学生的全面发展和教师的全面提高。评价内容的设置关注学生、教师、学校和课程在发展过程中的需要，并能激发学生、教师、学校和课程的内在发展动力，从而促进各项目标的实现。学校评价体系通过"计划、执行、检查、处理"四大环节，以阶梯上升的方式不断优化德育课程内容。

三、课程实施显成效

（一）学生维度

课程改变了学生活动单一、活动场所固定的局面，让学生得到全面发展，体会到成人成才的幸福，并获得多项殊荣，如科创教育创客社团汪建民同学荣获第五届全国青少年人工智能挑战赛金奖，话剧社团获四川省第十届中小学生艺术现场展演一等奖，等等。

（二）教师维度

新增德育管理人员，厚植"人人都是德育者，人人都是管理者"的理念，转变和提升教师教学能力。多名教师在省、市级赛课活动中获得一等奖。

（三）学校维度

学校教学质量显著提高，德育、体育、美育、劳育得到有效发展。近年来，学校先后获得全国青少年校园足球特色学校、四川省德育工作先进单位、四川省青少年科技教育示范校、四川省阳光体育示范学校、广元市艺术教育特色学校、旺苍县劳动教育示范基地等荣誉称号；四条精品研学线路被采纳，在旺苍县域中学得到大力推广并积极运用，为旺苍县落实立德树人贡献了更多旺中智慧。2023 年 3 月，在旺苍县德育论坛会上，学校进行德育课程示范案例经验分享，受到社会各界的高度肯定。

撰稿人：昝瀚棱、梁树超、任益

编辑手记 🖊

许多学校以"立德"完成"树人"的发展使命。与教育资源相对更丰富的城市普通高中相比，如旺苍中学一类的县域高中的发展更值得全社会关注。面对生源质量、教师发展、学校管理等诸多不利因素，旺苍中学以德育为突破口，用新的高中德育生态模式提供了解困思路。

全视界杂志 邹蜜

幼小衔接 成长"尚美"

成都市成华小学校

一、课程的开发背景

（一）响应时代呼唤

国家印发的各类相关文件给学校开展衔接课程提出了具体要求，我们必须坚持以儿童为本，通过幼小双向衔接，整合多方教育资源，促进儿童各学习发展阶段整体、协调、和谐发展。

（二）解决新生难题

儿童初入学能否适应，一定程度上决定着其今后对学校生活的态度和情感，并影响将来的学业成绩和社会成就。儿童要适应发展，需要接受较长时间有目的、有计划的科学、系统的幼小衔接教育。

（三）以"尚美"文化为引领

学校自建校起，一直坚持"以美育人"的办学方向，逐步形成了以"尚美"为核心的学校文化。由此，我们以爱为底色、以美为追求目标，开发了适应幼小衔接的尚美课程体系。

二、课程的建构与实施

（一）从爱出发，明确幼小衔接的尚美课程目标

结合教育部《关于大力推进幼儿园与小学科学衔接的指导意见》中有关幼小衔接的主要目标，我们以"心中有爱，行中有美"为课程总目标，具体目标为：通过参与课程学习，学生能做到"四适应"，即身心适应、生活适应、社会适应、学习适应。

（二）以爱为本，构建幼小衔接的尚美课程体系

我们开发了幼小衔接的尚美课程，确保小学新生在各方面都能够平稳过渡，实现无缝对接和快速发展。

1. 身心适应课程

围绕"爱的氛围""爱的约定""因爱了解"等主题，从了解相关纪律、行为规范、各种情况出发，设置系列专题教育，并通过德育常规的专项训练以及对校园环境的逐步熟悉，帮助小一新生更好地融入校园生活。

2. 生活适应课程

从学会照顾自己，适应日常生活，适应集体生活，养成良好生活、学习习惯等内容入手，通过学校与家庭配合、协调，帮助学生养成良好的生活、学习习惯以及建立良好的家庭氛围和亲子关系，帮助新生顺利度过关键期。

3. 社会适应课程

以爱自己、爱班级、爱祖国、爱少先队为主题设置课程，使学生认识自己，了解自己及自己的身份，从而在爱自己中学会爱同伴、爱班集体，进而激发爱祖国、爱少先队、爱家乡的爱国主义情怀。

4. 学习适应课程

以爱阅读、爱学习为主题，通过轻松、快乐的阅读，逐步规范阅读方式、明确阅读目标、完成阅读任务、提高阅读能力等，引导学生转变学习方式，树立学习目标意识、学习任务意识，适应新的学习内容。

（三）多位并进，保障幼小衔接的尚美课程实施

1. 强化课程管理，完善制度保障，稳步推进

第一学月管理实行"行政随班制"，每两个班级配一个行政随班管理员，对其负责的班级进行全面监管和指导。第一学月结束后，随班行政管理员将撤出班级管理，日常管理实行"年级行政分管制"，保证一年级新生衔接工作的稳步推进。

2. 提升队伍课程领导力，消融学科界限，理念一致

我们特别开发了一年级教师课程，校、园联合教研，对一年级教师展开通识培训、学科融合培训，召开模拟家长会，帮助教师了解一年级儿童的身心特点以及真实需求，更有针对性地帮助儿童完成调整、适应和过渡。

3. 开展家长系列培训，畅通沟通渠道，家校共育

新生报名后，学校通过四种形式（专家讲堂、校长讲堂、教师讲堂、家长讲堂）开展家长学校系列培训。学校每学年都会聘请区域内家庭教育专家对一年级新生家长

进行培训；安排校长讲座，让家长系统了解学校的育人理念、学校文化及育人目标，知晓如何配合学校做好学生在家的教育工作；在开学前召开各班家长会，让家长和学科教师充分交流，搭建好家校合育的平台和渠道；每学期还会邀请一位拥有先进育儿理念的优秀家长现身说法，与一年级家长进行经验分享。

4. 编制《新生衔接手册》，完善课程评价，以评促教

学校为每一个家庭、每一位孩子印制《新生衔接手册》，通过家长篇和学生篇实施课程评价。

（1）家长篇。通过书信的方式和家长建立初步的共同体关系，讲明衔接要求。在信中，我们让家长清楚地了解一年级孩子应该培养的习惯，明确要和孩子们共同完成的任务。除了共同准备工作，我们也要求家长给班主任写一封信，介绍孩子的情况和家长期许，以便班主任尽快熟悉每个孩子，并有针对性地做好幼小衔接工作。

（2）学生篇。学生篇从儿童的视角、需要和兴趣出发，用六岁孩子能看懂的文字和图片描述教师与学生的共同任务。例如，班主任给新生写信，拉近师生之间的距离；学生完成关于劳动、诚实、有序和专注方面的活动；学生在家长的协助下完成"给老师的一封信"；学生和父母一起学习新生衔接课程之文明就餐公约、课堂学习习惯公约和文明如厕公约等。

三、课程的实施成效

（一）学生更快地适应小学生活

衔接课程让六七岁的孩子能迅速适应新环境和新角色，融入"爱相伴、美相随"的大家庭，并在学习习惯、同伴交往、规则意识等方面取得显著的进步。在短短一个多月的时间里，一年级的孩子无论是行为习惯、课堂秩序，还是就餐、扫除等方面都表现出较好的适应性。在衔接课程的影响下，刚入学的孩子们成功蜕变为合格的小学生。

（二）家长对教师、学校更认可

在学校的指导下形成了家校合力，家长与学校携手共同陪伴孩子适应学校环境，帮助孩子成长。在这个过程中，家长更加了解孩子与学校，更加认同学校的办学理念与办学文化，更加支持学校开展的各项教育活动，也为以后的家校共育打下基础。

（三）教师专业能力不断发展

通过课程体系的实施，新上岗教师迅速与几十个孩子及家长建立起良好关系，有条不紊地进行班级管理，在陪伴孩子成长、见证孩子成长的过程中，教师的专业能力也获得不断提高。

撰稿人：唐莉、张永红、王睿

编辑手记 ✏️

  面对升学压力和竞争，学校需要正本清源，让幼小衔接回到儿童成长规律的轨道上。真正的幼小衔接课程体现于协同性、系统性、科学性，是多主体、做减法的重新思考。在这个过程中，成都市成华小学校以"尚美"为核心与开端，在幼小衔接课程建设中强化主体协同，增强科学意识，做好顶层设计，抓住主要矛盾，推动幼小衔接课程不断整合与调整结构。

全视界杂志　邹蜜

一切为了儿童的康复：
"康教医"发展性课程实践

攀枝花市特殊教育学校

秦承"一切为了儿童的康复"的理念，攀枝花市特殊教育学校在课程目标、内容、实施和评价方面将"康教医"进行融合，指向提高儿童动作、感知觉、沟通与交往、情绪与行为四大领域的能力，编写《学前智力障碍儿童发展性课程评量手册》，学校、家庭、医院协同育人，开发学前智力障碍儿童的潜能。

一、课程目标

特殊教育"融合式"课程目标是指教师对学生进行评价，医疗机构对学生进行医疗诊断；在评估与诊断的基础上对目标进行统整，为学生制订个别化目标；将个别化目标分解融合到各项活动中，形成"主目标＋次目标"的融合性教学目标，以最大限度实现跨领域教学的育人效果。

二、课程内容

发展性课程以康复训练为核心，抓住儿童三至六岁成长的关键期，将《培智学校义务教育课程标准》中的康复训练前移到学前教育阶段，其四大领域为动作训练、感知觉训练、沟通与交往训练、情绪与行为训练。

（一）"一日生活兼康复"理念

"一日生活兼康复"一是将生活中的内容系统地引入课堂教学中，二是将课堂教学内容延伸至日常生活中，二者相辅相成，互融互通，发展性课程内容就是二者的融合性体现。

（二）"生活·差异·游戏"原则

生活化原则：教学内容源于生活，回归生活，和儿童的学习生活实际密切相关，减少儿童知识迁移的难度。

差异性原则：有难易梯度，能够满足不同学生的差异需求，能力弱的学生完成基础部分，能力强的学生要完成拓展部分。

游戏化原则：以游戏活动为主，根据内容设计儿童在不同资源支持下的游戏活动，提高儿童参与的积极性和主动性。

（三）"分解—挖掘—设计—修订"编写策略

按照分解目标、挖掘素材、设计活动、实践修订的步骤，将动作、感知觉、沟通与交往、情绪与行为四个领域的内容分解为二三级指标，编写《学前智力障碍儿童发展性课程评量手册》。该手册既可以作为课程目标，也可以作为课程内容。

（四）"课内＋课外"校本课程资源

1. 课内资源——缺陷补偿，潜能开发

教师根据动作、感知觉、沟通与交往、情绪与行为四个领域的内容编写了《感知觉》《动作》《沟通与交往》等活动手册，其目标是培养儿童成长的关键能力，对弱势能力进行补偿或代偿，突出优势能力，并提高其综合素养。

2. 课外资源——能力巩固，拓展延伸

教师根据四大领域的内容，将内容延伸到学生的日常生活中，编写了《生活中的康复训练》和《康教融合故事集》等，让学生在家长和教师的支持下学习运用四大领域的基本技能，达到校内校外共同育人的效果。

三、课程实施

三位一体课程实施是指学校、家庭和医院按照儿童近期个别化目标，共同开展康复训练、家庭教养、医疗康复，以促进儿童综合能力的发展。

（一）个性化的学校教育

1. 课时安排

发展性课程围绕动作、感知觉、沟通与交往、情绪与行为四大康复领域开设相应的科目。其中，动作康复分为大动作和精细动作，大动作康复包括运动与保健、唱游与律动课，精细动作康复包括绘画与手工课。

2. 组织形式

（1）集体教学：教师根据课程目标和四大领域内容面向全班同学授课，根据学生

的能力差异为其制订个别化的目标，并采用恰当的方法满足儿童的需求。

（2）小组教学：教师根据儿童的能力现状按能力相近、需求相近的原则进行分组，依其康复训练需求开展认知、语言、动作、情绪与行为的训练。

3. 教学策略和方法

（1）讲授法：讲授法指教师采用讲授、示范等方式，为学生进行讲解，让其掌握基本的知识和要领。

（2）多层次教学法：教师根据儿童的个人能力，将能力相近的学生安排在同一层次，如 A 层、B 层、C 层，并为不同层次学生设计教学目标、教学内容，提供不同的教学支持，以满足集体教学中学生的个别化需求。

（3）焦点行为教学法：教师将个别化目标中需要儿童掌握的技能和概念融入具体活动中，引导儿童在互动中逐步形成相应的技能和行为。

（4）游戏治疗：采用游戏及活动方式对儿童相关能力进行干预，以提高其综合能力。根据幼儿年龄和能力特点，目前主要采用"罗伯特游戏治疗"中的"跟随我"方法。"跟随我"是教师不向儿童发出指导性指令，由儿童带领在房间里和教师一起玩游戏，教师通过游戏互动与儿童建立连接关系，以培养儿童相关能力的一种游戏治疗方法。

（二）生活化的家庭教养

家庭教养是指家长围绕动作、感知觉、沟通与交往、情绪与行为四大康复领域在实际生活中对儿童进行基本能力培养的过程。这主要包括晨间、午间、晚间、节假日等几个时间段。家长可以根据儿童的实际情况和教养需求，灵活调整每个时间段所涉及的主要核心领域。

1. 家庭正向教养

家庭正向教养是指家长秉承"一日生活皆教育"的理念，在一日生活中对儿童近期的关键能力进行培养，关注儿童的进步和成长，将课堂教学内容延伸到生活中，潜移默化地提高儿童的综合能力。

2. 嵌入式学习法

嵌入式学习法是指家长将儿童的个别化目标融入日常生活中，利用日常生活为儿童创造学习机会的方法。这种方法能够帮助儿童在自然环境中学习和成长，提高其适应能力和生活技能。

（三）个别化的医疗康复

医疗康复是由医院对儿童的身心状况进行诊断，根据儿童个别化目标给予药物、器具及康复训练，其主要形式为一对一个别化的训练方式，执行者为医生，每周训练一个半天，包括药物治疗、物理治疗、作业治疗、言语治疗等。

四、课程评价

发展性课程评价以《学前智力障碍儿童发展性课程评量手册》的四大领域能力为评估标准。根据前测数据和后测数据的对比，判定教育教学的效果。按照能力差距和辅助支持差异，评分分为零至五分五个等级，得分越高表示能力越好，等级逐级提高，辅助支持逐步减少。儿童未能完成的能力点可以作为下一阶段的目标，即第一阶段的终评是第二阶段的起点，第二阶段的终评是第三阶段的起点，以此类推，呈现阶梯状上升的状态。

撰稿人：姜小梅、王科、胡晓欢

编辑手记

特殊教育面对的是受到上帝特别宠爱的幼儿，每一个孩子都是一个天使，都有一双渴望飞翔的翅膀。攀枝花市特殊教育学校在实施"康教医"发展性课程的过程中，推进三位一体课程，学校、家庭和医院按照儿童发展需要，共同开展康复训练、家庭教养、医疗康复，以促进儿童综合能力的发展；整合校内与校外资源，将四大领域的内容延伸到一日生活中，实现了幼儿成长的个性化、生活化、个别化；以发展性评价对待幼儿，让每一朵花都开得灿烂。

全视界杂志　王渊

毕业课程说童年 梦未来

宜宾市叙府实验小学

一、课程背景

在儿童的成长历程中，总会有一些关键事件、关键任务、关键场景和关键书籍对他们起着重要的催化作用，比如说小学毕业就是孩子童年时期的关键经历之一。毕业并不是休止符，而是对明天的呼唤，是充满奋斗和希望的起点。让我们抓住这一教育契机，通过完美的仪式和庆典，为孩子们美好的小学时光画上一个完美的句号。

二、课程目标

（1）借助毕业课程，引导学生在课程实践中树立正确的人生观、价值观和人生目标。

（2）通过"9＋X"系列活动仪式，让学生深刻感受母校情、师生情、同学情，学会感恩、关爱，并树立良好榜样。

（3）利用毕业课程，帮助学生顺利完成小学到初中的过渡，以健康的心态和坚实的基础去迎接更美好的未来。

（4）通过课程实施，提高教师的课程研发能力、实施能力以及课程领导力，从而促进教师的专业发展。

（5）通过课程的实施，实现学校的育人目标，不断丰富学校的办学内涵，提升学校的品牌效应，并逐步形成学校独特的德育文化特色。

三、课程内容

宜宾市叙府实验小学毕业课程由"九个一"常规学科课程加特色仪式课程（X）组成。"九个一"包括一影、一书、一论、一创、一诗、一歌、一册、一节、一文。围绕"九个一"，学校开发了以诗词、童谣、电影、歌曲、童书等为主题的课程，体现各学科的课程资源，并在常规学科教学中完成毕业课程内容。

四、课程实施

（一）"九个一"学科课程实施

语文、数学、英语老师在晨诵、午读和暮省时段，与学生共同完成毕业课程中的童谣、诗歌（一诗）的学习和欣赏，共同阅读毕业主题书籍（一书），并一起观看青春励志电影（一影）。在班队课上，班主任组织学生以"毕业和梦想"为题展开演讲和讨论（一论），随后师生们共同撰写毕业感言、随笔等（一文）。

在音乐课上，师生们共唱《童年》《少年》《送别》《明天会更好》等毕业歌曲（一歌），共同感受歌曲中的情感和意义。美术课上，师生们一起剪纸、写书法、创作撕贴画，并将共同绘制的《20年后的我们》作品作为礼物赠送给母校（一创），表达对母校的感激之情。

在班主任的带领下，学生们动手汇编班级成长册和个人成长册（一册），以此纪念小学六年的点点滴滴，见证彼此的成长与收获。

在最后一节班队活动课上，各班分别举行"叙说童年 逐梦未来"毕业庆典活动（一节），活动分为成长、回忆、感恩三个篇章。在这个特别的时刻，师生们一起回顾六年来的成长，述说共同的感悟，并表达对后续学习生涯的期许和梦想。

（二）"X"活动课程实施

1. 回忆篇：我们的班级，我们的故事

六年的时光里，老师、同学以及美丽的校园共同见证了我们的成长。学校在毕业之际通过社交平台推出了《丁香花成长记》《小水滴成长记》《小脚丫成长足迹》《蒲公英的灿烂》《逐梦蓝天的幸福鸟》《七色花的绽放》等班级成长故事，以此回顾孩子们的小学生活。这些故事分为三个篇章。

班级文化：通过展示班名、班徽、班级愿景及班级静态文化布置等内容，呈现独特的班级风貌。

珍贵的记忆：回顾小学六年里的精彩瞬间和重要活动，共同见证孩子们的成长历程。

荣誉与收获：通过分享孩子们取得的成绩和荣誉，感受成长的喜悦，并学会感恩父母、老师、学校的辛勤付出。

2. 心理篇：向青春问好

青春期是充满变化和挑战的时期。学校为毕业班学生举办了"向青春问好"讲座和青春期困惑分享沙龙等活动，帮助学生了解青春期的身心变化，解决困惑，培养正确的价值观和行为习惯。

3. 传承篇：把爱留下来

学校通过一系列活动，让学生传承、发扬学校的优良传统和爱心文化。例如，通过传承校旗培养学生的使命感和责任感；通过赠送书籍鼓励学生热爱阅读，为书香校园建设贡献力量；通过捐赠校服给山区学校，传递爱心与关怀，让学生学会感恩和回报。

4. 记忆篇：珍藏童年，留影叙小

在毕业最后一周，美术老师与学生共同设计制作三棱柱展板，展示各班的特色。展板上展示了学生的毕业随笔、绘画作品、班级全家福和班级介绍等内容，打造出独特的班级风采展示区，为毕业季营造了温馨的氛围。

5. 梦想篇：为青春喝彩，为梦想加油

追逐梦想是毕业季永恒的话题，借助毕业这一契机，通过仪式和活动为学生埋下梦想的种子，是学校毕业课程的又一目的。为此，学校围绕主题设计开发了三个有关梦想的仪式活动。第一，通过为母校种下一颗梦想树，种下对母校的感恩和怀念，同时也种下梦想和希望。第二，学生参与设计自己的梦想毕业证书，成为活动的主体和中心。梦想毕业证书也成为孩子们实现自己梦想的见证，值得每位孩子珍藏。第三，跃龙门送别仪式是学校对学生美好的祝愿，也是一种积极面向未来的象征。通过走红毯、跃龙门，让学生感受到学校对他们浓浓的爱，学生也必将带着这份爱展望未来，走向幸福的每一天。

五、课程成效

学生在课程活动中获得了深刻的感悟，培养了感恩之心；家长通过参与课程活动，更深入地理解了学校、老师以及自己的孩子，并在学习中与孩子共同成长；教师在活动中不断更新教育理念，升华情感，并增强了专业素养和课程实施能力；学校则通过课程研发，打造了独特的学校文化，形成了品牌，并产生了深远的影响。2020年，学校小学毕业课程荣获全国新教育实验卓越课程奖，标志着学校在创建全省高品质领航学校的道路上迈出了坚实的一步。

撰稿人：牟正香、李玲、刘浈浈

编辑手记 ✎

　　今天的儿童将成为什么样的人，起决定作用的是如何度过童年，童年时代由谁携手领路，周围世界中哪些东西进入了他的头脑和心灵。为给孩子们留下不一样的童年记忆，在日常校园生活细节中实现育人，宜宾市叙府实验小学从"毕业不是休止符"理念出发，精心开展毕业教育，让孩子们在毕业季进一步学习珍惜时光、珍惜友谊、懂得感恩、拔节成长，更好地开始下一阶段的学习生活。

全视界杂志　王渊

"励德树能"四维育人创新实践

旺苍博骏公学

一、实践背景

旺苍博骏公学是一所涵盖小学、初中、高中的十二年一贯制高品质寄宿制学校，于 2018 年 9 月开始招生。作为一所占地约十三万平方米的新建学校，虽然功能场馆齐全、硬件设施一流，但在育人文化方面存在根基薄弱的短板。为了发挥学校育人主阵地的作用，核心战略无疑是快速积淀课程文化，打造高品质学校文化，并通过文化建设提升学校发展的软实力。

为此，学校在确保国家课程全面实施的基础上，依托博骏集团的课程框架指导，探索出"励德树能"养成教育路径。该路径包括习惯养成、视野格局、品格精神、能力素养四个维度，旨在全面培养学生的综合素质和能力。

二、实践过程

（一）创新习惯养成

儿童时期是培养习惯的黄金时期。基于这一认识，学校以财商课程为核心，通过"博骏行"（模拟银行）发行博骏币，以此促进学生良好习惯的养成。学校根据教育目标设计了五类与博骏币等值的奖励卡：好习惯卡、专注卡、友善卡、勤奋卡、进步卡。其中，好习惯卡由班主任和生活老师根据学生在就餐、就寝、队列、整理等方面的表现发放，其他奖励卡则由学科教师根据统一标准发放。学校实施每日评价、每周储值、每月评选"储蓄之星"的制度，这种将行为习惯培养与过程性评价相结合的方式，使学生从被动遵守规范转变为自我管理，显著提高了德育效果。在储蓄良好习惯的过程中，学生深刻理解到良好行为对人生的重要意义。

在财商课程中，储蓄和消费形成一个完整的循环。当学生累积了一定数量的博骏币后，可以在学校设立的模拟消费场所消费。例如，学生可以购买机会卡，如校园演艺卡、校长助理体验卡、消防体验卡、气象观测体验卡、法官体验卡等，这些体验活动不仅丰富了学生的课余生活，还能让他们更珍惜学校生活并努力培养良好的品行。

学校注重培养学生的创新意识和实践能力，鼓励学生独立思考、勇于探索。为此，学校开设了系列儿童创业课程，如"骏马快递""骏宝钱庄""多乐种植园"等。从"公司"注册、竞标、开业剪彩到日常运营，学生们全程参与，热情高涨。模拟"校园工商局"和"物价局"也随着这些儿童创业"公司"的兴起而设立，为学生提供了一个真实而富有挑战性的学习环境。

（二）拓展视野格局

学校通过与成都师范学院 STEAM 科创教育科普基地签署战略合作协议，借助集团的力量和大学的资源，有效提升了学校在科普、科教和科创教育方面的能力。同时，科创教育科普基地根据学校的地理位置和办学定位，为旺苍博骏量身定制了科创课程，指导学生参与各类科学技术活动。

在四川省科学技术协会的支持下，学校与四川省科技馆等建立了紧密的合作关系。学生们分批前往四川省科技馆，在志愿者的引导下，深入体验航空航天、虚拟科技、数学力学、激光技术等尖端科技的魅力。这种馆校合作、协同育人的模式，打破了双方的传统职能界限，共同促进了资源的开发与实施，为教师的教学和学生的学习提供了丰富的资源保障。这种跨越空间的教育资源共建共享，创造了社会教育的新形态。

除了"走出去"和"请进来"的策略，学校还非常重视日常课程的建设，常态化开设了时政大课、博知讲堂、科技大讲坛、朝闻天下等课程。例如，每学期举行两次的博知讲堂，充分利用各种教育资源，为学生们展现了一个更广阔的世界。在这个课堂上，维和战士分享了在苏丹实战维和的经历，让学生们近距离感受到战争的存在，看到被饥饿所困的儿童，从而更加珍惜和平、努力学习，明白建设现代化强国是每一个中华少年的责任。此外，还有银行职员结合学校的财商课程讲解货币流通的实用知识，交通警察传授交通安全知识，儿科医生讲解爱眼护眼、爱齿护齿的重要性等。

（三）涵养品格精神

优秀传统文化是中华民族的精神密码，它蕴含了中华民族的价值取向、道德规范、思想风貌及行为特征，为教育提供了丰富的素材。"儿童历史课程"是学校传承优秀传统文化的主要载体，首期以大唐盛世为主题，学生们通过英语表演、诗歌朗诵、歌舞器乐、美术科技展、历史讲解等多种形式，全员参与，共同感受大唐的繁荣与历史的辉煌。

"每日博骏少年说"是学校的一项特色活动，学生们在校园演讲台上向全校师生进行公开演讲。不同年级有不同的演讲主题，如一年级是"我是小帮手"，二年级是"中国传统文化"，三年级是"中国传统节日"，四年级是"二十四节气"，五年级是"中国近代史"，六年级是"世界历史"。除了晨间演讲，学生们还需小组合作，完成相关资料的收集与整理，并将学习成果转化为教室的环境创设作品。

学校还注重培养学生的社会责任感和感恩之心。每年重阳节，学校会组织学生走进敬老院，为老人们表演节目、整理房间，以实际行动传承和弘扬孝亲敬老的传统美德。在世界残疾人日，学校会带领学生走进特殊教育学校，与特殊儿童共同绘画、歌唱，并提供力所能及的物资帮助。通过与特殊群体的互动，学生们更加珍惜生命健康，也更加认识到自己应承担的社会责任。

（四）提高能力素养

学校充分利用家乡独特的资源，与当地的茶叶基地合作，让学生亲身参与茶叶的种植、采摘和制作过程。通过饮茶、诵茶、写茶、绘茶、售茶等系列活动，逐渐形成了博骏特色的"茶悦"课程。目前，学校已编撰了两本《写茶文集》，收录了学生的优秀作品五十余篇。同时，《茶乡美》《苍山飞雪》《米仓云踪》等多幅学生美术作品被旺苍图书馆收藏。这一系列举措不仅增强了学生对本土文化的自信，也培养了他们热爱家乡热爱祖国的情怀。

学校还积极组织学生走进红军纪念馆、木门会议旧址，通过走访老红军、聆听红军故事、重走红军长征路等活动，让红色基因在红色旺苍代代相传。

三、实践效果

励能、笃行、立德、致远，是博骏公学活动课程的出发点和育人宗旨。学校始终坚持从孩子们的实际出发，陪伴他们成长。五年来，学校推行养成教育，大胆探索、不断实践、及时整改，始终坚持"以文化经营学校"的理念。如今，这一理念已深入人心，形成了课程精品化、过程精细化的特色。这些举措在启迪学生智慧、开阔学生视野、优化学生人格等方面发挥了显著作用，赢得了家长和社会的一致好评。

撰稿人：秦梦、赵小容、侯勇到

(编)(辑)(手)(记) ✏

　　随着社会的发展，知识经济时代的到来，教育不再是简单地传授知识和技能，而是要培养学生具备更高的人文素质、道德伦理、个性品质等内在涵养。旺苍博骏公学结合学校办学实际和学情，以习惯养成、视野格局、品格精神、能力素养为旨归，探索实践"励德树能"四维育人路径，引导学生关注自身的身心健康、情感态度和道德修养，帮助学生学会如何生活、学习，如何与他人正常沟通合作，如何适应变化和面对挑战，其做法和经验值得借鉴。

全视界杂志　王渊

生态式"五育"课程的建构与实施

成都市天涯石小学逸景分校

课程是学校的核心，是学校实现教育目标的重要载体。作为百年名校成都市天涯石小学集团的一员，逸景分校传承天涯石小学"生态教育"文化，提出"天涯芳草，田园逸景"的办学理念，致力"追求生态的教育，享受教育的生态"，重构基于全人发展的生态式"五育"特色课程体系，整合长短课和必修、选修课程，以融合为路径，推动学校生态式"五育"课程的实施，走向全程育人。

一、课程结构

学校以《义务教育课程方案和课程标准（2022 版）》的培养目标为基底，围绕新课标中"有理想""有本领""有担当"的"三有"目标，融合学校生态教育理念，梳理课程总目标，明确了基于全人发展的生态式"五育"课程的定位。生态式指具有可选择性，有利于学生和谐自然发展。

该课程以促进全人发展为育人目标，不仅关注学生在智力和知识方面的进步，更强调学生人文修养的提升，心理健康的发展，道德、价值和信念的追求，以及现代社会公民责任感的培养。

课程体系分为必修和选修两个板块，必修课程由学科类课程和综合类课程组合而成，其中学科类课程以国家基础性课程如语文、数学等学科课程为主体，综合类课程围绕项目式学习活动、综合实践课程和德育系列课程展开。选修课程立足学校师资，从学生实际需要出发，开设可供学生选择的逸智、逸心、逸体、逸美四大类课程，主要培养学生的兴趣爱好，发展学生特长。

二、课程实施

好的课程，三分靠设计，七分靠实施。我们以"融合"为实施路径，推动学校生态式"五育"课程的实施，走向全程育人。

（一）学科内融合

《义务教育课程方案和课程标准（2022 年版）》把"五育"并举的要求落实于课程设置和教材，除了在课程结构中体现对德智体美劳的重视，更强调教师要在学科中进行"五育"融合。因此，教师的"教"不仅要关注学科知识体系，更要关注学科蕴含的价值观，充分发挥学科的育人功能和实践价值。

1. 挖掘学科功能，发挥育人价值

学校教师在课程实施中立足全人培养，发挥学科教学内容的载体功能和育人价值，主动思考和关联其他"四育"，做好学科渗透、融合育人。比如，在教学"圆的周长"这一课时，教师首先引导学生回顾旧知识并进行类比迁移，经历"猜想—验证"，学生在探索周长与直径倍数关系的过程中，亲历数学知识的产生，积累相关活动经验，习得学习方法；其次，教师由"周长与直径的倍数关系"展开，自然揭示圆周率，介绍圆周率的研究历史，渗透数学文化，进行爱国主义教育；最后，在了解"数学家是怎样计算圆周率"的过程中，学生体会数学家不怕苦、不怕累的劳作精神，感受人类坚持不懈地追求真理的精神。

2. 落实综合实践，发挥实践功能

《义务教育课程方案和课程标准（2022 年版）》更加凸显了对"五育"融合的要求，在课程结构上进行了优化，各学科均设置有跨学科主题学习活动，意在加强学科间的相互关联，强化综合育人效果。因此，学校在实践中充分发挥学科实践的价值功能，从现实问题出发，对接学生的经验世界，设计跨学科主题学习活动，让学生在做中学、感中悟、行中思，让"五育"自然融合于情境体验、项目学习和问题探究中，培养学生的核心素养，促进学生全面可持续发展。

（二）跨学科融合

义务教育新课标加强了各学科课程之间的融合，凸显"五育"融合的价值追求。由此，学校从目标、内容、方法等方面的融合入手，通过综合实践活动课程、德育系列活动课程和项目式学习活动，增强学生的社会责任感、创新精神和实践能力，培养学生价值体认、责任担当、问题解决、创意物化等方面的意识和能力。

以"学校小花园改造"项目式学习活动为例。项目组以此为主题开展了"闲逸美

致，景绣田园——小花园改造"项目式学习。该项目以美术学科的大概念——"以人为本的设计就是好的设计"为指导，将设计、创造与应用有机融合，整合数学、科学、语文等学科内容。在项目开始阶段，学生对小花园进行实地测绘，制作小花园平面图、3D模型；在项目实施过程中，学生充分调查和分析师生的需求，同时考虑学校环境布局的要求以及学校的办学理念，在此基础上学习研究了植物美学、色彩搭配、景观布局等，最终呈现出集功能性、美观性、实用性于一体的优秀设计作品；在项目结束时，通过评选会对优秀作品进行展示和评价，优胜作品成为学校小花园的改造设计方案。真实的问题情境、精准的学科核心概念的解读、跨学科的资源整合、项目式的学习方式，有助于学生在实践参与中培养核心素养。

选修课程包括逸智、逸心、逸体、逸美四大类课程，主要通过俱乐部、周末营、假期营等途径实施。

三、课程评价

逸景分校制订了课程实施"五有"标准，即有读本、有师资、有课时、有阵地、有评价，确保开足、开齐、开好"五育"课程。

建立多元评价体系，评价内容涵盖三个维度：正确价值观、关键能力、必备品格。着力将结果评价与过程评价相结合、定性评价与定量评价相结合，将教师评价、家长评价、同学评价以及学生自我评价相结合。

撰稿人：焦剑、于扬、吴逢春

(编)(辑)(手)(记) ✏

在集团化办学3.0时代，学校的课程建设有了更大的发展空间。作为成都市天涯石小学集团的成员校，逸景分校在传承本部校园文化的基础上，基于"五育"的育人目标与要求，结合校情，进行拓展和创生，构建了自己的生态式"五育"课程。学校重视课程实施——"三分靠设计，七分靠实施"，赋予育人生态更多含义：理想的育人生态不是一蹴而就、一成不变的，而是一个随时代之变、师生成长、学校发展而动态调整的育人过程。

全视界杂志 邹蜜

"三线建设精神" 浸润童心

攀枝花市实验幼儿园

攀枝花市实验幼儿园以"弘扬和传承'三线建设精神',落实立德树人浸润童心"为取向展开研究,充分利用攀枝花"三线建设"的宝贵资源,因地制宜开展"三线建设精神"教育活动。学校通过集教活动、游戏活动、亲子活动等形式,使孩子们近距离接触"三线建设"文化,缩短与先辈创业历史和奋斗精神的心理距离。充分发挥幼儿园的教育阵地和培育摇篮功能,着力开展以"三线建设精神"为灵魂的校园文化建设,构建具备攀枝花本土特色的幼儿园德育课程。

一、"三线建设精神"德育课程的核心价值

(一)推动落实国家"立德树人,'五育'并举"发展战略

幼儿期作为人生重要的奠基阶段,是培养幼儿形成良好品行的关键时期。学校是强化学生德育课程教育的主阵地、主渠道。目前的幼儿园没有统一的德育教材,开展弘扬"三线建设精神"活动是一个很好的契机。攀枝花作为 20 世纪"三线建设"的奇迹,有历史基因支撑,"三线建设精神"中蕴含着新时代需要大力弘扬的民族精神、奋斗精神。这些如英雄般的建设者,也许就是孩子的爷爷、奶奶。一个个真实鲜活的人物、故事、场景,是一部看得见、摸得着的活教材。

(二)促进幼儿社会性与归属感发展

作为 20 世纪"三线建设"的奇迹,攀枝花拥有丰富的可供开发的相关教育资源,但目前针对幼儿园的"三线建设精神"教育读本和内容却很贫乏,加之幼儿的接受能力有限,导致孩子们对"三线建设"的人和事都非常陌生,且感到抽象。因此,在 3 至 6 岁时期,结合攀枝花"三线建设"资源开展"爱家乡"教育实践,挖掘利用攀枝

花红色资源，传承利用好"三线建设"宝贵精神财富，汲取"三线建设"的经验和智慧，将"三线建设精神"具体化、形象化，遵循教育规律，用浅显易懂、喜闻乐见的形式让小朋友爱听、听懂，让幼儿直观形象地感受家乡的变化和发展，促进幼儿的社会性与归属感发展也就显得尤为重要。

（三）助推园所高质量发展

幼儿园的高质量既体现在育人的结果上，也体现在育人的过程中。幼儿园依托"三线建设"的精神文化内核以及"三线建设"各类资源，设计与实施"爱家乡"教育实践，形成成效显著的"爱家乡"德育园本课程，为幼儿、教师、家长、社区多维合力的德育提供参考和范本，也为幼儿园学前教育优质品牌打造积累经验。

二、"三线建设精神"德育课程与立德树人的创生落脚点

《幼儿园教育指导纲要（试行）》指出，"要充分利用社会资源，引导幼儿实际感受祖国文化的丰富和优秀，感受家乡的变化和发展，激发幼儿爱家乡、爱祖国的情感"。本课程属于应用实践性课程，遵循理论先行、科研领路、注重实践的思想，紧紧依托攀枝花市"三线建设"宝贵资源，采用"调研—开发—实践（架构）—反思—发展"的行动研究路径，利用三年时间逐步构建并实施。

（一）依托"三线建设"资源拟订各年龄段德育目标

通过挖掘"三线建设"的内涵、人文故事、历史资源，结合幼儿园社会领域、语言领域等发展目标，拟订出适宜幼儿园思政教育，容易被孩子们理解和接受的"三线建设"园本德育课程教育方案和目标，研究解决"为什么做"的问题。利用"三线建设"资源开展"爱家乡"教育实践需要与幼儿园整体课程相结合，不能脱离幼儿园园本课程，因此其目标的制订需要与基础课程的五大领域尤其是社会领域、语言领域以及艺术领域有效融合，较好地在这些领域促进幼儿发展。

（二）依托"三线建设"资源挖掘、整理德育内容

挖掘、整理"三线建设"的内涵、人文故事、历史资源，使其成为适合幼儿理解和阅读的绘本故事系列，研究解决"做什么"的问题。

幼儿园品德教育与成人的思想品德教育不同，幼儿特别喜欢听故事。幼儿园以绘本故事为载体，发动家长、教师、幼儿以多种形式收集、整理攀枝花"三线建设"的资料、文献，以绘本的形式将故事固化下来。基于幼儿园开展"读书节"活动积攒的相关经验，幼儿园、教师和家长共同努力，收集"三线建设"典型故事，自制绘本，为幼儿提供直观的感受和表达平台，建立良好的图像概念，让幼儿在阅读"三线建设"

绘本时看"三线故事"、讲"三线故事"、演"三线故事"，从一个个鲜活的故事中体会家乡的发展，感受身为攀枝花人的自豪。

（三）多方联动将课程内容落地实施

将挖掘、整理的"三线建设"绘本故事，通过幼儿园发动、家园联合推动、与社区联动等多种形式进行宣传、推广，将"三线建设精神"与幼儿"爱家乡"教育紧密结合，培养幼儿对家乡历史、家乡人文、家乡山水的热爱，研究解决"怎么做"的问题。

幼儿园运用"三线建设"资源进行"爱家乡"教育实践指的是幼儿园运用本地的自然资源、人文资源、人力资源开展园内活动、家园联合活动和家庭亲子活动，并在此过程中通过各种形式的园内活动（集体教育活动、区角游戏活动、日常活动）和园外活动（参观活动、主题日活动）让幼儿了解到自己的家乡与别处不同的特色，在此基础上建立起幼儿对家乡的认识，由此培养幼儿对家乡的热爱和自豪感。

三、课程实施取得的成效

幼儿园通过组织教职工参观攀枝花中国三线建设博物馆、大田会议纪念馆，开展"重走矿山路，弘扬三线建设精神"主题团建活动等，积极推进攀枝花"三线建设"宝贵资源在园所主题环境创设中的运用，将"三线建设精神"文化融入校园文化培育当中，促进校园文化的德育功能得到有效发挥。

以创建"玩美教育"品牌为引擎，积极构建"1＋3＋6＋N"德育工作体系。"1"是坚持"以思政引领发展，把'三线建设精神'融入发展，靠发展检验思想道德建设成效"的工作理念。"3"是三个园区、三个支部，把思政建设和园区发展结合起来，打造延续老"三线建设精神"、再创新辉煌的高质量特色发展之路。"6"是以"六大建设"（政治建设、思想建设、组织建设、作风建设、纪律建设、制度建设）为抓手，推动校园思政和业务工作新提升。"N"是创新"思政＋学习教育""思政＋安全""思政＋质量""思政＋服务""思政＋家园协作"等模式，使"三线建设精神"在更广大层面上得以弘扬。

撰稿人：刁玲、李艺

（编）（辑）（手）（记）✎

幼儿时期是性格形成和发展的重要阶段，也是塑造人格的初级阶段。《3-6岁儿童学习与发展指南》指出，应在这期间培养幼儿初步的归属感，"运用幼儿喜闻乐见和能够理解的方式激发幼儿爱家乡、爱祖国的情感"。攀枝花市实验幼儿园立足本土实际，利用当地的"三线建设"文化资源，通过在日常教学活动中融入"三线"元素、"三线建设精神"，帮助幼儿了解自己的家乡，以文化育人，培育幼儿对于家乡、祖国的归属感和认同感。

全视界杂志　王渊

立足班本课程　推进"五育"融合

屏山县金沙江幼儿园

2019 年，屏山县金沙江幼儿园以"五育"融合为核心，开展了以真实生活体验为主的班本课程研究。在班级教师的引导下，从儿童的兴趣出发，初步构建了课程目标、预设了活动轨迹。通过让幼儿在真实生活情境中围绕目标进行持续性的深入探究，自发地决定学习内容，自主引发主题的方向，全心参与探索，认真解决问题。在"发现问题—解决问题—反思再发现—整改再解决"的循环过程中，幼儿德智体美劳得到了全面、整体、融合性的发展和提升。

一、树立科学育人理念，拟定课程目标、内容

（一）课程目标

依据《幼儿园教育指导纲要（试行）》《3-6 岁儿童学习与发展指南》等文件的要求，结合园所的"四立"教育主张和"儿童为本、顺应发展、回归生活、浸润品格"的教育理念，将"五育"融入幼儿园的学习、游戏活动和一日生活的各个环节。通过形式多样、内容丰富的班级主题教育活动、集中教育活动、生活服务活动、社会实践教育活动、家长开放日活动、家园社共建共育活动、节庆（气）活动等活动课程，充分利用学校、家长、社区等资源，将德育、智育、体育、美育、劳育有机融合，最终实现"立德树人　全面发展"的课程目标。

（二）课程内容

以"生活体验"为重点，让幼儿在真实生活场景中通过"发现问题—真实体验—深入探究—解决问题—获取经验"的过程，获得不同程度的生长与发展。班本课程按照开展模式的不同，可分为主题式和生成式两类。

（1）主题式班本课程，即围绕近期主题教育中幼儿感兴趣的内容或者重大节庆（气）活动，有预设、有目的、有计划开展的班本课程，包括主题教育、节庆（气）活动班本课程等。如根据数学图形开展的小班主题教育课程"趣味圆圆"，根据冬至节气开展的大班节庆活动班本课程"冬至阳生春又来"。

（2）生成式班本课程，即在学习、游戏、生活、运动等各项活动中，根据幼儿感兴趣的话题、问题而随机生成的探究式班本课程，依照内容的侧重点又分为德育、智育、体育、美育、劳育五类。如小班以爱心培养为主的品格养成班本课程"爱要大声说出来"，中班以自然科学探索为主的养殖探索课程"我们的饲养故事"，大班侧重于体育内容的班本课程"关于跳绳那件事"等。

二、整合多方教育资源，健全组织管理机制

建立科学合理的班本课程管理机制，完善课程资源开发利用的激励机制和评价制度。

建立健全"前—中—后"三段审议机制和"幼儿园—年级组—班级"三级审议机制，在"实践—反思—修正—再实践—再反思—再修正"的循环中有效推进班本课程的实施。

建立幼儿园班本课程教研团队，形成教研型教师队伍，实现教师的递进式发展。在"实践—反思—实践"的过程中，促进教师专业和课程建设同步发展。

建立家园社共建共育机制，对家长、社区资源进行筛选和深层次挖掘，将社会资源的隐性教育价值转化为班本课程建设中的显性资源。

三、回归一日生活本真，助推儿童生长发展

二十四节气是中华民族的文化瑰宝，为了让幼儿了解每个节气代表的特殊意义和特别的传统习俗，蜜蜂中班开展了热闹非凡的"阳春三月闹春分"班本课程活动。

（1）一"闹"：家园合作定方案。教师、幼儿和家委会代表召开三方会议，商定方案。

（2）二"闹"：了解体验春分习俗。幼儿和父母一起了解春分习俗；教师开展集中教育，让幼儿了解春分的来历和意义；幼儿练习当"春官"，学说祝福语、学画春牛图，和父母准备春游食物。

（3）三"闹"：户外郊游闹春分。"话春分"，即幼儿扮"春官"向父母送祝福；"踏春分"，即幼儿与家长角色互换，带家长徒步郊游找春天；"玩春分"，即幼儿用各种方法尝试竖蛋；"绘春分"，即幼儿巧手绘彩蛋；"吃春分"，即幼儿和父母回家合作

做春菜。

在"阳春三月闹春分"的班本课程中，幼儿通过一系列体验活动，深入体验、了解了春分节气的习俗，感受了中华传统文化的魅力。同时，感受美、创造美、探索发现、感恩父母等教育都在活动中得以融合。

四、全面提升保教质量，推进"五育"融合发展

立足幼儿真实生活的班本课程的有效开展，既充分保证了幼儿在教育活动中的主体地位，又满足了幼儿个性发展的需要，有效促进了幼儿"五育"融合、全面发展。同时，班本课程的开展也有效地促进了教师的专业素质和教研能力的发展，并提升了幼儿园的保教质量。近年来，各级领导、专家多次到幼儿园进行调研指导，对幼儿园的各项工作尤其是班本课程和品格教育的开展给予了高度肯定；教师们撰写的课程故事、课程论文在各级各类比赛中频频获奖。

课堂应是向未知方向挺进的旅程，随时都有可能发现意外的通道和美丽的图景，而不是一切都必须遵循固定线路而没有激情的行程。这正是班本课程的魅力所在，它让幼儿的一切经验、收获、成长在班本课程的旅程中自然发生，让教师的付出、引导、支持在班本课程的实践中清晰可见，让"五育"在班本课程的日常展开中融合共生！

撰稿人：袁红、万雪梅、梁义琴

编辑手记 🖊

幼儿园班本课程是实现"课程追随儿童"理念的有效途径。一方面，它基于班级生态进行创生，教师在构建时必须考虑本地区、本园、本班的教育资源，对"本土生态"的优势进行创造性利用，整合各种生态因素；另一方面，随着课程管理从三级转为四级管理，教师可能尚未做好成为班级课程领导者的准备，这可能导致班本课程出现随意性、浅表化等问题。屏山县金沙江幼儿园则为我们提供了一条班本课程构建与实施的有效路径：在"五育"融合的育人道路上，班本课程有了"灵魂"，有了不断向下完善的"根基"。

全视界杂志　邹蜜

生命教育视域下的劳动教育"三三三"特色课程

成都市棕北中学西区实验学校

一、育人目标

（一）总体目标

在生命教育视野下审视劳动与劳动教育的价值，构建生命教育视域下的劳动教育"三三三"特色课程，促进学生的自然生命、社会生命和精神生命共同成长，最终达到"爱劳动、爱学习、爱生活、爱生命"的育人目标。

（二）分段目标

小学低段：以体验和观察为主。

小学中高段：以实践和操作为主。

初中阶段：以探究和服务为主。

二、主要内容

学校打造了生命教育视域下的劳动教育"三三三"特色课程，使中小学生劳动教育在实践中彰显独特的生命教育价值。在课程中，学校根据学生身心特点，将全校九个年级划分为了三个层级，以生命教育的三个阶段"认识生命·呵护生命·珍爱生命"为主线索，在三个阶段分别融入体现生命教育的劳动内容，以此全面落实劳动教育。

认识生命阶段：主要以生产劳动和服务性劳动为主，主要项目为植物种植、动物养殖、动物孵化、标本制作。

呵护生命阶段：包含生产劳动、服务性劳动、日常生活劳动，主要项目为植物养护、动物照顾、生活自理、环境保护等。

珍惜生命阶段：包含生产劳动和服务性劳动，主要以动植物生命延续、社区公益活动、志愿服务为主。

同时，1 至 3 年级以观察和体验为主，4 至 6 年级以实践和体悟为主，7 至 9 年级以探究和拓展为主。

三、实施途径

学校劳动教育充分利用了学校、家庭、社会资源，相互交叉和融合，共同促进劳动教育。

（一）校内独立开设劳动教育必修课

学校劳动课程分为基础劳动课、特色劳动课、个性劳动课，其中将基础劳动课设置进课表，作为每个学生的必修课；特色劳动课上课时间为每周的社团时间，即周四和周五下午 5 点到 6 点；个性劳动课是由德育处牵头组织开展的专项劳动课。

（二）在学科教学中有机渗透劳动教育

劳动教育开展过程中，学校从整体出发，在各个学科中挖掘与劳动教育的结合点，基本全覆盖了校内学科，并逐步形成了学校劳动教育的特色与亮点。

（三）在课外校外活动中安排劳动实践

将每天 20 分钟的自我收纳和清洁时间与每周一次的家庭劳动实践课相结合，每周的主题根据学校课程的安排或节假日主题，通过家庭教育丰富劳动教育的内容。

每学期安排一次全天的劳动实践课。社会劳动实践课主要以外出社会实践、职业体验、志愿服务三种形式进行。外出社会实践主要是走进成都各个文化特色场所，进行农耕教育、养殖教育、茶文化教育等。职业体验主要是以医院为核心进行职业体验，升华劳动教育内涵，让学生认识生命的意义。

（四）在校园文化建设中强化劳动教育

在学校的德育常规管理中，设置了"劳动示范班级"和"劳动之星"，利用每周的升旗仪式对"劳动示范班级"和"劳动之星"进行表彰；此外，还利用节假日开展劳动教育主题小报评选、特色节日活动（如"火锅节""土豆节""青菜节""劳动摄影展"等）；每学期组织一次以劳动教育为主题的班主任说课比赛；每学期开展一次劳动教育主题的学生演讲比赛。

四、保障措施

（一）加强管理

为确保学校劳动教育的顺利开展，学校成立了劳动教育领导小组，由德育处总体规划学校劳动教育活动，根据学校发展思路拟订学校劳动教育计划。学校坚持德育为基的思想，把劳动教育作为德育发展的特色和亮点。

学校劳动教育总体由德育处牵头，以学校特色项目的方式推进。每学期，学校会根据教师和学生的表现进行劳动教育的评价，并设置教师专项奖励和学生评优奖励。此外，学校还设置了学生劳动教育评价体系和教师专项管理评价机制。

（二）整合师资

为提高劳动教育的质量和效果，学校成立了劳动教育中心组，由德育主任担任组长，组员包括各个年级的骨干班主任、学科组骨干教师。同时，学校还成立了劳动教育工作组，由全体班主任组成，他们是具体实施劳动教育的主要人群之一。此外，学校还聘请高校教授作为学校劳动教育导师，以借助高校的专业优势对学校劳动教育进行更为专业的指导和培训。

（三）保障场地

为确保劳动教育的顺利实施，学校在实践中开辟了四个劳动教育场所：第一是已经建成的劳动教育实践基地；第二是位于教学楼顶楼的在建空中农场；第三是已经建成的昆虫博物馆；第四是计划建设的劳动科学实验室。

（四）保障经费

学校设置了劳动教育专项经费，专项经费分为三个部分：第一部分是劳动教育实践基地的建设费用，属于基建类劳动经费；第二部分是劳动教育活动经费，是每学期开展劳动相关主题活动的经费；第三部分是激励经费，主要用于奖励在劳动教育方面做出贡献和成绩的教师，以及对劳动优秀学生进行表彰。

（五）保障时间

在时间保障上，学校提出了"五个一"，以保证各种途径顺利实施劳动教育。即每周一节基础劳动课程，每周一节劳动社团课程，每学期一次全天劳动实践课，每周一次家庭劳动课，每个月一次主题劳动班会课。这些安排旨在从学校教育、家庭教育、社区教育的角度出发，合理安排学生劳动教育的时间，以确保劳动教育的落实。

五、主要亮点

（一）生命教育视域下的劳动教育"三三三"特色课程

学校在劳动教育实践中，构建了九年一贯制学校生命教育视域下的劳动教育"三三三"特色课程。该课程涵盖了三个学段的劳动教育总目标，形成了基于生命教育主题的劳动教育课程体系。同时，提炼了三个劳动教育类型中的生命教育内容，并在三个劳动教育类型中突出了生命教育的特性。通过生命教育的视角开展劳动教育，将劳动教育和生命教育充分结合。此外，学校还结合生命教育的三个步骤"认识生命—呵护生命—珍爱生命"开展劳动教育。

（二）以义务教育阶段为大单元总体设计劳动教育

以九年为大单元总体规划三类劳动教育。在开展劳动教育的过程中，学校充分考虑了学生的身体情况、心理情况、认知情况、理解能力、动手能力、年龄特征等多个因素，明确了各个学段劳动教育中凸显的生命教育的意义。同时，学校根据学生的发展规律和特点，清晰地设置了各个学段适合学生的劳动教育内容。

撰稿人：李鹏程、罗群、郑雨

编辑手记 ✏

以劳动教育为基础点，以生命教育为凸显点，生命教育视域下的劳动教育"三三三"特色课程的建设，围绕生命教育的三个阶段"认识生命·呵护生命·珍爱生命"提炼出劳动教育三个类型当中凸显生命教育的劳动内容，这种教育方式尊重了学生的生命发展规律。以九年为大单元总体规划，开展凸显生命教育的劳动教育特色课程，保证了劳动教育中的连贯性和整体性，以此带动学生的发展，达到"爱劳动、爱学习、爱生活、爱生命"的最终育人目标。

全视界杂志　黄欢

"跨学科学习"助力学科教学的"五育"融合

成都市武侯区教育科学发展研究院

一、"跨学科学习"的主要特征

"跨学科学习"就是将两门或两门以上的学科知识或学习方法进行有效融合,让学生通过复杂问题的整体思考,进而完成综合问题解决的一种教育教学方式。"跨学科学习"具有如下特点:

(1)真实性。学习内容往往来自现实生活,具有实际应用价值。

(2)问题性。以解决真实问题为导向,注重培养学生的问题解决能力。

(3)实践性。强调学生的实践操作和问题解决能力,鼓励学生在做中学。

(4)融合性。不同学科的知识和方法相互渗透、相互融合,形成新的认知和技能。

(5)创新性:鼓励学生创新思维,发挥想象力和创造力,推动知识、技能的更新和拓展。

二、"跨学科学习"教学案例

(一)运用"跨学科学习"组织教学内容

在高中物理"电能传输"的学习活动中,通过跨学科的学习方式,让德智体美劳"五育"课程内容有机融合,让"五育"素养在学生的跨学科融合式学习中得到浸润式培养。

1. 确定学科核心素养的关联

物理观念:了解交变电流从变电站到用户的输电过程,了解高压输电的原理。

科学思维:通过画远距离输电电路图,分析各物量之间的关系,培养学生的思考、分析和综合应用能力。

科学探究：通过探究降低输电损耗的路径以及分析高压输电的原理，培养学生的科学探究素养。

科学态度与责任：通过阅读材料了解我国远距离输电的概况，养成全面分析问题的科学态度、投身祖国建设的责任感。

2. 确定单元的"五育"目标

德育：观看白鹤滩水电站和"西电东送"的相关介绍短片，将立德树人融入学科教学中。

智育：从理论和实验探究角度分析减小两种损失的办法和途径。

体育：走访调查"输电干线、小型变压器和大型变压器"的分布情况，培养学生吃苦耐劳的精神。

美育：物理实验器材和实验设备的设计，要求设计美观实用。

劳育：自制物理实验器材和实验设备，培养学生的劳动意识。

（二）以核心任务规划"五育"融合路径

将"五育"融合作为一种实践方式、路径或策略来处理，才能突破制约育人质量提升的瓶颈，强化课程综合育人功能，从而建立学科间、跨学科内知识之间的内在关联，积极推进领域内的跨学科融合。在高中物理"电能传输"的学习活动中，安排以下教学任务：

任务一，观看白鹤滩水电站、输电干线、大型变电站和居民区的小型变压器设备的相关介绍短片。

任务二，探究输电线电阻对输电的影响。

任务三，分组讨论减小功率损失的可行性办法。

任务四，走访调查，用自制教具模拟高压输电，展现高压输电对减少电能损耗的作用。

（1）小组讨论：学生通过小组讨论，尝试画出高压输电的电路图，构建高压输电模型。

（2）交流展示：学生用投影仪展示高压输电电路图，选派代表阐述输电过程。教师作出评价，并画出规范的电路图。

（3）模拟高压输电：小组选派代表上台，在自制的教具上按电路图完成接线，教师适时指导。检查无误后，请一位学生打开电源开关，观察灯泡的亮度（相比低压输电灯泡变亮很多）。

任务五，学生自学。

（1）学生阅读教材：熟悉实际输电环节，了解电网的构成，以及我国输电技术的发展。

（2）设计"畅想未来"：技术进步呼唤电能输送的新格局。2013 年，全国光伏发电累计装机容量仅为 19.42GW，到 2018 年已经增长至 174.46GW。预计 2013—2019 年，全国光伏发电累计装机容量将增长 10 倍。

社会的发展呼唤电能输送的发展新方向，其中包括有线充电的新趋势——新能源汽车，光伏路面——边开边充。

（三）创设真实问题情境，提升"五育"融合实效

"电能传输"作为"交变电流"一章的重要内容，与生活、科技联系较多，学生对其感知较少。学习的障碍在于不能很好地将物理概念、规律和真实情境相关联。

1. 创设问题情境，培养科学探究兴趣

在课题引入环节，播放白鹤滩水电站短片，帮助学生初步建立远距离输送的物理模型。

2. 创设实验探究情境，简化物理问题研究

让学生运用自制教具模拟连接远距离输电线路图，让他们亲自去体验和操作，让远距离输电模型深深地刻画在同学们的头脑中。

3. 创设物理模型建构情境，培养科学思维

学生根据实验结果得出正确的结论，并用物理符号画出远距离输电模型，厘清远距离输电过程中各物理量之间的关系，掌握本节的核心知识。

4. 创设生活化的试题情境，提升学生应用知识的能力

通过提炼生活情境，建立物理模型，利用物理原理解决实际问题，提高学生的科学探究和科学思维能力，践行"从生活走向物理，从物理走向社会"的课程理念。

（四）聚焦现实，培养实践运用能力

在课堂拓展阶段，播放我国"西电东送"和特高压输电技术视频，让学生感受到物理学与科技、生活之间的密切联系。

布置课后作业，如上网查一查"中国'西电东送'的战略意义在哪里""中国特高压输电技术的发展情况"等，为学生开展项目学习打下基础。

三、"跨学科学习"的教学反思

本节课创设了真实的物理情境，引导学生从实验和理论的角度分析高压传输的原理。同时，引导学生在讨论减小传输电功率和电压损失的措施时，综合考虑经济效益、

自然环境以及架设输电线的可行性。这体现了教师对科学探究结果进行交流和反思的能力的关注，也体现了学生严谨认真、实事求是的科学态度，以及遵守道德规范、保护环境并推动可持续发展的责任感。这种教学方式促进了学生的科学态度与社会责任这一核心素养的养成和发展，实现了课堂教学的"五育"融合。

撰稿人：周諓、李雪凤

当前，努力构建德智体美劳全面发展的教育体系、培育德智体美劳全面发展的社会主义建设者和接班人的任务已成为全体教育人的共同目标。为落实"五育"并举、"五育"融合，成都市武侯区教育科学发展研究院以"跨学科学习"为抓手，通过构建真实的教学情境，在教学实践中融合多个学科知识点进行教学，激发学生学习的自主性，让学生在探究过程中体验知识的获得，提升学生的综合能力素养，其经验做法值得借鉴。

全视界杂志　王渊

生态体育架起以体促德的桥梁

成都市青羊区教育科学研究院　成都市草堂小学西区分校　成都市文翁实验中学

一、生态体育课程体系构建思路

生态体育课程体系的总体设计思路是以立德树人为根本任务，以国家要求以及四川省中小学生现实情况为基础，创造性地构建中小学生态体育课程体系。该体系以课程的目标体系、内容体系、实施体系、评价体系为基本架构。

二、生态体育课程目标体系构建

我国中小学生课程有关体育方面的目标体系主要包括横向领域目标与纵向学段目标两个维度。其中，横向领域目标由运动能力、体育品德、健康行为三个方面构成；纵向学段目标则是根据不同水平段学生的生理、心理及社会适应特征，按照学习发展的顺序设定阶段性学习目标。此外，为进一步凸显生态体验课程的"育德"功能，组织区内教师进行集中培训，强调德育功能在课程中的重要作用，并根据各水平段学生身心特点拟定相应体育品德目标点。

三、生态体育课程内容体系

生态体育课程内容体系包括课堂教学内容以及课外练习内容两个方面。课堂教学内容包括学（教会）、练（勤练）以及赛（常赛）三种形式。在内容选择上，又根据学生发展水平及学习成长规律安排形式多样的学练内容，合理划分学练内容的难度梯度，综合选取、运用各类学练内容，以达成以体促德的目的。此外，生态体育课程也通过对场地器材的改造，特意为学生提供了在课后、课间随时随地进行体育锻炼的条件。

目前，在生态体育课程中我们还独创性地设计出了课程链与课程魔方两个概念，对课程内容进行了进一步丰富。课程链是指由多个课程模块按照某一主线构建而成的具有逻辑层次关系的链式组合。课程链的基本单元是课程模块，每个课程模块在具体的实施中又可以分设若干生态体育主题项目。课程魔方是由诸多课程链构成的，能够根据学生需求的不同而重组生成新的课程链的课程模块系统。生态体育活动课程的内容总体包括室外课程魔方和室内课程魔方。

四、完善生态体育课程资源开发

深入开发生态体育课程资源。根据学校的场地器材情况和专项学习的场地器材安排情况，充分发挥场地器材的经济性和有效性。例如，利用学校室外的墙或成排的树制作网墙，采用多种练习形式，设计不同水平段的学练项目，如"引绳听语""一网情深""云梯巴士""软网式爬杆"等自制或改编的课程资源。由于此类课程资源具有新颖性和良好的安全性，所以深受学生喜爱。

五、建立生态体育课程实施方略

生态体育课程实施体系是指在生态体育课程理念的指导下，课程实施过程中由实施主体、实施途径、实施环境和实施效果构成相互关联的统一体。

深入挖掘体育课堂的"育德"点。首先，利用课堂常规育人。体育课实施课堂常规育人的过程，也是向学生进行文明礼貌、组织纪律、思想作风和安全意识教育的过程。例如，课堂常规要求上体育课不穿皮鞋，身上不带硬物，教师首先就要做到以身作则。其次，利用课终小结育人。课终小结是对学生进行思想道德教育的好机会，结合当堂课的学习内容、任务完成情况以及下次课的内容任务，肯定学生的成绩和表现，提出改进问题。通过小结，提出表扬和相应的批评教育，使体育精神扎根于学生的灵魂。

细心发现体育竞赛的"育德"点。生态体育课程大多以竞赛的方式进行，它具有很强的竞技性和竞争性，运动负荷也比较大，对选手的身体健康素质也有更高的要求。因此，在竞技的超越中，可以促进学生实现自我价值，增强自信，培养良好的心理素质；帮助学生协调人际关系，发泄和转移不良情绪，达到心理疏导的目的。

精心引导形成体育习惯的养成点。生态体育具有随时、随地、随性的特点，在家庭和学校也可以利用各种线条、图形进行锻炼，因此在教学过程中，教师需要引导学生积极自发、自觉参与体育锻炼，养成良好的体育锻炼习惯。

自生态体育课程实施以来，域内教师对体育的育德作用认识显著加深，学生对体育课堂也表现出了浓厚兴趣。积极参与体育锻炼不仅使学生的身体素质得到提高，心理素质也得到了良好发展。目前，以四川师范大学实验外国语学校（小学部）、泡桐树小学绿舟分校、文翁实验小学为龙头的生态体育课程体系已经建成，并逐渐辐射其他学校。

撰稿人：江华、吴丹平、岳雪娇

编辑手记 ✏

青羊区的生态体育课程体系将生态、绿色、文明、持续发展的体育思想融入体育中，这是对国家如何实现立德树人根本任务的又一探索。相比于一个学校的单打独斗，区域性的统筹设计可以在更短时间内盘活区域资源，汇聚多方力量，加强科研引领，从而实现区域内学校合作，推动区域内优质课程共建共享共生。有了区域性的策略指导，域内学校结合各自学情、校情，可以更快地改造、创生出适合自己的校本体育课程。

全视界杂志 黄欢

"五心"课程温暖每个生命

广元市特殊教育学校

广元市特殊教育学校以习近平新时代中国特色社会主义思想为指引，落实立德树人的育人目标，遵循教育规律，坚持以人为本，立足特殊儿童的身心特点与多元需求，开发"五心"课程，培养学生适应生活的能力，助力特殊孩子融入社会，点燃生命的亮光。

一、主要措施

（一）加强"五心"校园文化建设，营造良好育人环境

2018年9月，学校整体搬迁至新校区，认真梳理办学思想，加强"五心"校园文化建设。以"让每个生命都发出独特的亮光"为办学宗旨，以"培养自立自强、用心生活的新时代公民"为育人目标，开启了学校高质量发展新征程。学校充分发挥环境育人的作用，通过不断加强校园文化建设营造良好的校园文化氛围，使校园的一草一木、一砖一瓦、一石一阶、一窗一墙都富有教育意义，焕发出人性的光彩。

（二）构建"五心"课程体系，落实"五育"实施路径

"五心"课程体系包含心德、心智、心体、心美、心劳五大领域，涵盖七门必修课程、五门选修课程。改革着力点是医教结合、康教结合，提高生活质量，帮助学生高质量融入社会。

以提升品德为主的心德课程，主要有心理健康课、主题成长课、节日仪式课、乡土课等，引导学生爱国、爱校、爱家、爱他人、爱自己。教师定期进行心理关爱和辅导，及时化解学生遇到的各种烦恼和问题，让学生健康快乐成长。学校成立了心理工作坊，由专业心理学教师免费向家长提供心理咨询服务，并有针对性地开展减压活动。

以提升智力为主的心智课程，主要有益智课程、棋类活动、科学小实验等，促进

学生智力发展，培养认知和思维，提升学生的语言、思维和解决问题的能力。一年级的孤独症孩子小承上集体课时很难安静，总是大吵大闹，但是在益智课堂上仿佛变了一个人，完全被老师提供的益智教具吸引，能够安坐在座位上听从老师的指令完成教学任务。这明显的变化让我们看到了"五心"课程的魅力。

以提升学生体能和运动技能为主的心体课程，主要有乒乓球、羽毛球、柔力球、特奥滚球、旱地冰壶、跳绳、课间操、健康指导等，让学生通过适合自己的体育运动增强体能、磨炼意志、塑造性格。

以发现美、创造美为主的心美课程，主要有工艺美术、掐丝画、剪纸、麻柳刺绣、舞蹈、合唱、非洲鼓、绘画、棕编、陶艺等，让学生接受音乐美、绘画美、色彩美、形体美的熏陶。学校各个班级的文化建设都由学生和家长共同完成，剪纸作品、书法作品、绘画作品及手工作品让每个教室都有独特的风格，学生在参与过程中创造美的能力得到了提升。

以培养一技之长为主的心劳课程，主要有烹饪、烘焙、电商、家政、洗车、美容美发、摄影、茶艺等职业课程。针对学生特点，学校通过反复训练加强对学生职业技能的培养，帮助学生规划未来蓝图。很多轻度智力障碍的孩子在学习职业技能时充满激情和动力，他们都渴望能拥有一技之长，能够自食其力。

（三）灵活运用走班制，满足学生个性化需求

学校确立上午实施行政班教学、下午采用走班制教学的模式，真正实现了一生一课表的个性化教学。走班制可以很好地满足学生的兴趣爱好，给予学生充分的学习自主选择权，充分体现了学生的主体地位，深受学生喜爱。

开发可供选择的社团课程。班主任认真了解学生的兴趣、爱好和学习需求，与家长沟通交流后填写报名表，学校根据报名结果对学生重新编班，开设与学生兴趣发展相适应的社团课程20余门。

构建走班制管理体系。教师的教学同上午的行政班教学一样规范有序；教导处对考勤记录表、教案、课堂记录表、评估表、教学反思、总结等每月进行一次检查；学校定期开展社团课展示活动，检验学生的学习成果。

（四）锻造"五心"教师团队，用心温暖孩子一生

一是建设温暖的教师团队。全体教师充满爱心、耐心、恒心、细心和信心，哺育每一个特殊学生，用爱和专业托起他们的幸福明天。你可以看到刚毕业的男老师细心地为孩子剪指甲；可以看到班主任给学生洗头、梳头；可以看见孩子随意地拉住一位老师，请求老师帮助自己系鞋带；可以听见教室里传来一遍又一遍的发音训练；可以看见老师为教会孩子一项简单技能温柔而坚定地重复着教学。

二是建设专业的教师团队。学校确立了按兴趣特长抱团发展的教师培养思路，让每一名教师在合适的领域不断突破，做自我实现的教师。学校成立了心理工作室、职业教育工作室、孤独症康复工作室、奥尔夫音乐工作室和特奥运动工作室。这 5 个教师工作室采用领衔人加指导专家的工作模式，聘请高校教师担任工作室的指导专家，定期对成员进行培训并指导工作室开展工作。

二、主要成效

（一）学生成长

2019 年，学生王荟羽参加全国柔力球公开赛，获自编套路一等奖，同时获得 2019 年"广元教育之星"荣誉称号，是全市学生中唯一获此殊荣的学生。每次演出活动中，学生的奥尔夫音乐表演、舞蹈表演总会给人带来惊喜。在 2023 年四川省第十届残疾人运动会上，我校学生斩获 5 金、1 银、3 铜，女足获得团体冠军；在 2023 年四川省第五届特殊奥林匹克运动会上，我校学生获得 10 金、13 银、11 铜的好成绩。

（二）学校发展

我们的校园是充满活力的，每个生命是舒展的、自由的、闪闪发光的。低年级的学生不小心尿湿了裤子，高年级的哥哥会主动帮他们洗干净；小妹妹的头发散乱了，大姐姐会帮她们梳好；住校生想家了，班上的孩子会默默守在身边陪伴。学校逐渐成为领导用心、教师舒心、学生开心、家长安心、社会放心的"五心"学校。2019 年、2020 年、2021 年，学校连续三年获得广元市利州区综合目标考核一等奖；2022 年被广元市妇联评为"三八红旗先进集体"学校。

撰稿人：李艳、屈明英

（编）（辑）（手）（记）✏️

教育的原点是爱，没有爱就没有教育。广元市特殊教育学校构建"五心"课程，让每个生命发出独特的亮光。学校在校园文化建设中凝练了"五心"校园文化体系；在课程体系中，心德、心智、心体、心美、心劳五大领域各美其美；在走班制、社团活动中满足学生个性化需求；锻造"五心"教师团队既要专业，更要有爱。学校办学质量得到社会的充分认可，学生在各级各类比赛中获得众多荣誉，呈现了优质的办学成果。

全视界杂志　王渊

学生发展指导课程建设实践

成都高新新华学校

近年来，成都高新新华学校以"融创教育"为引领，以"阳春德泽，新华生辉"为办学愿景，以"融合创生，整体发展"为办学理念，致力培养具有综合性学习力、体验性实践力、探究性创生力的融创型新华人。在成都高新新华学生成长发展的能力目标体系牵引下，学校按照"活动课程化，课程序列化"的思路，对各类学生成长发展活动进行目标导向下的课程化改造，形成了学生发展指导课程建设系列经验。

一、总结学生发展课程建设思路

（一）立足学生问题，坚持目标导向

学校基于教育发展规律和教育教学经验，针对面向本校学生成长发展调研中发现的学生学业、修养、生涯三方面存在的普适性问题，以及类型化问题在学生心智发育方面呈现的个性化不同问题、不同表征，推进实施差异化的指导策略，形成系统性、综合性、开放性的目标序列，增强课程促进学生个性发展的适配度。

（二）聚合内外资源，设计课程内容

在规划课程内容时，一方面充分利用学校既有课程资源，包括涵盖学生、教师和校园环境的学校资源以及涉及家长、社区、企业和研学基地的广域资源，进一步提炼整合，实现自下而上的课程优化，使课程内容更符合学校的实际需求；另一方面，学校在"融合创生，整体发展"文化理念和"阳春德泽，新华生辉"办学愿景的顶层规划引领下，统筹安排课程开发建构的布局，保障学生发展指导课程内容的系统性、层次性。

（三）调动多元主体，多方参与实施

坚持课程实施多主体参与、多维度推进，统筹协调教师、家长、社区、企业主体在课程实施中的积极作用。学校充分发挥课程参与者的作用，引进来，走出去，将课程内容活动化，利用学校既有的学科活动、群团活动、社团活动，从更广泛的方面对学生进行指导培养，开展各式各样的赛事活动，搭建不同的研学平台，促进学生个性化发展。同时，深度开发主题项目式活动，对学生发展进行个别化指导、个性化助力。

（四）进行可视化评价，反馈发展需求

建立校本课程学习的发展评价和课程自身的评价体系，充分利用信息技术实现可视化评价，及时、动态地反馈学生成长发展情况，对学生进行指导和调节。同时，学校根据学生和家长的反馈、自身的评估以及课程效果的实时监测，推广优秀项目，优化其他项目，淘汰低效项目，实现课程的自我更新。

二、明确学生发展课程内容载体

立足学生发展指导，坚持立德树人的根本任务，以"五育"融合为抓手，系统构建学生发展指导课程六大活动载体，包括丰富的学科与跨学科活动、主题团队活动、主题项目式活动、社团活动、研学活动、赛事活动，形成全时空育人的大场域，对学业、修养、生涯进行指导，推动学生全面发展。

三、形成学生发展课程实施策略

（一）学科渗透，课程浸润

通过融创课堂实践研究、大概念教学、任务群设计等，以课堂为基础，培养学生的综合素养。例如，数学组以培养学生的思维发展为核心，抓住数学核心概念"数形结合"，梳理并分析了教材中相关内容，确定了教学策略和培养方法，有效指导学生的数学思维发展。

（二）项目设计，活动支撑

针对学生发展的学业、修养、生涯三大重要领域，综合开发设计"主题＋"项目式活动，以活动为支撑，提高教师指导的有效性。例如，针对七年级学生设计了"点赞中国"项目式活动，通过"探寻百年征程""寻找大国工匠""中国梦，看我们"等系列活动，帮助学生树立理想信念，培养责任意识，形成更加稳定的学习态度。

（三）全员导师，全心指导

全校推广全员导师制，充分发挥每一位教师在学生成长中的引领和指导作用，实

现从教师到导师的角色转变。为此，成立了由任课教师组成的班级导师组，实行以班主任为核心的任课教师负责制，构建起一支能够真正给予学生个性化指导的导师队伍。

（四）家校联动，协同育人

坚持从教育环境、育人活动、教育方式和习惯的养成四个方面进行家校协同育人。在"双减"背景下，依托家庭让学生从事适度的家务劳动，开展适宜的体育锻炼，合理使用电子产品，开展亲子沟通等。在设计作业时，将此类活动纳入作业当中，助推家校育人的协同开展。

（五）"新华大脑"，跟踪反馈

为有效跟踪观察学生成长情况，引入"新华大脑"大数据平台进行数字动态评价和反馈。每个学生都拥有一棵成长树，所有教师可以根据学生的表现开展实时或阶段性的评价，数据在成长树上反映出来。教师通过观察成长树的变化，更清晰明确地发现学生阶段性的发展状况，给予其更个性、更准确的指导，促进学生成长。

（六）空间构建，全域成长

打造丰富多元的成长空间，将传统文化与现代科技、学习与生活、现在与未来的文化元素融入学校育人空间，营造沉浸式育人环境，指导学生在真实情境中解决问题、完成任务、培养素养，促进学生全面而有个性地发展。

四、构建学生发展课程评价平台

（一）学生发展多元展示平台

一体推进以赛促评、以展促评，在校内有航天博物馆、川剧博物馆、升旗仪式、学校运动会、新华艺术节、学科活动月和校园环创展等平台对学生的成长成果进行展示评价。在校外，鼓励学生参加全国、省、市、区各类赛事活动，对于有兴趣且擅长的学生进行专类专项展示评价。对于其余学生，利用社区志愿活动、研学活动等提供多维度展示平台，促使学生发现自身优势和价值，建立自信。

（二）数字化评价平台

通过数据可视化平台——"新华大脑"数字平台的学生成长模型图和学生成长之树，实时追踪学生发展情况，精准对标、个性辅导，以实现学生个性化发展、教师教学相长、家长陪伴成长的目标。

撰稿人：朱祥勇、陈晓川、叶栩伽

编辑手记 🖉

　　课程是一所学校教育的核心，是学校教学的基础。但课程建设只是第一步，如何让课程落地，真正实现课程育人，则需要更多智慧。成都高新新华学校基于围绕学生成长与发展这一主旋律，为我们展示了一条科学全面、逻辑严谨的课程开发路径；针对课程内容的落地，又梳理出兼顾理论与实操的发展指导课程策略；在传统评价途径上，大胆引进数字化评价平台，多维助力，多管齐下，实现了学生发展成长的大丰收。

全视界杂志　黄欢

"津津乐植"耕读育人

成都市新津区五津中学　成都市新津区教育局

2019 年，成都市新津区五津中学启动了"津津乐植"劳动教育耕读课程，每个班级都在走廊、阳台或花台设置了专门的种植区域；2020 年，学校开始开展学科融合的种植活动课程，课程在提升师生参与度和活动实效性方面取得了一定的成绩，但学校种植活动课程仍然处于较为随意、零散、缺乏主题的状态，整体上有待规范和优化。基于此背景，借 2021 年"国际果蔬年"的契机，学校围绕果蔬的认识、果蔬的营养与健康价值、本地常见果蔬的种植等开展了一系列项目式校本种植主题活动，逐步形成了一套较为系统完善的校本种植活动课程——"津津乐植"种植活动课程。

一、课程规划

（一）以提升学生综合能力为导向

"津津乐植"种植活动课程是一种体验性的、实践性的跨学科活动课程。该活动的总目标是：学生能从常见的蔬果种植活动中获得丰富的种植劳动实践经验，促进学生形成正确的劳动观念，养成良好的劳动习惯，培养真挚的种植情感，掌握必备的蔬果种植技能，培养珍爱蔬果、尊重和热爱种植劳动的态度，激发创造性解决种植活动相关问题的能力，传承和弘扬优秀的劳动品质和乐于奉献的精神，具体目标包括五个。

（1）认知性目标：通过参与种植活动，学生能够了解果蔬的生长习性、营养价值及种植技巧等知识。

（2）体验性目标：学生能够亲身参与种植、管理和采摘等过程，体验果蔬种植的乐趣和艰辛。

（3）参与性目标：通过项目式活动，学生能够积极参与果蔬种植的各个环节，提高团队协作和沟通能力。

（4）技能性目标：学生能够掌握基本的果蔬种植技能和方法，包括土壤管理、播种、浇水、施肥等。

（5）创造性目标：学生能够在种植活动中发现问题、分析问题和解决问题，培养创新思维和解决问题的能力。

（二）利用项目式活动开展

项目式活动是一种以真实问题为驱动的多学科融合的整体性活动，每一个主题活动项目都需要学生积极投入，调动多方面的知识和能力解决实际问题。学校设计了充分强调学生主体地位的三个项目式主题活动："种什么？——我说了算""怎么种？——我来负责""怎么用？——我来设计"。这些活动有利于激发学生的主动探究兴趣，培养学生的创新思维和实践能力。

（三）以促进学生全面均衡发展为目的完善评价体系

通过"津津乐植"种植活动课程实践探索，学校已经形成了较为完善的种植活动课程的"2+3+4+N"多维多元评价体系。评价内容包括每个主题活动中学生的各方面表现，包括参与态度、团结协作、展示表达、问题解决和创新思维等 N 个维度，注重学生的过程性表现，以促进学生综合素质提升为导向；评价包括自我评价、同伴互评、教师评价、家长评价和学校评价等 5 个方面；评价手段采用及时表彰奖励和评价档案袋 2 种方式；每个阶段、每个季度、每个学期的种植主题活动完成后，学校会通过评比，对表现积极、劳动品质突出的个人和团队进行公开表彰。学生活动档案袋里有学生的活动评价手册、活动成果及简介等。评价手册记录每个学生每个阶段的主题活动情况、活动评价和活动反思等。

二、课程实施

学校不仅对活动课程进行了整体规划和设计，将种植活动纳入学校课程体系中，并落实种植活动的项目式活动流程，还通过积极开展学科融合的项目式学习活动、定期开展班级种植主题活动、适时的校区级交流展示活动等措施来促进种植活动的实施。

（一）落实种植课程项目式活动流程

学校结合校本种植活动的真实问题解决情境，设计了项目式活动流程，形成了适合城镇学校校本种植活动课程开展和推进的前、中、后三个步骤。前期明确问题、设计方案；中期调研学习、实际操作；后期交流展示、评价总结。在具体实施过程中，学校将每个项目都交给学生去设计、实施和优化，充分满足学生积极参与实践探究的心理需要，为学生提供学习和展示的舞台。

（二）定期开展班级种植主题活动

在学校大主题的基础上，各班级根据自主选择的蔬菜品种，设计种植方案进行种植活动，每月开展一次以种植劳动为主题的班级种植展示活动。班级主题活动通过项目式活动进行，并通过定期的主题活动进行展示、交流和评比。定期开展班级主题活动为及时解决班级种植活动的现实问题提供交流的机会，而且能营造良好的班级氛围，增强班级凝聚力和团队合作意识，有助于学生之间互相交流、学习，共同成长，对提升学生的劳动观念和劳动精神具有积极意义。

（三）推进学科融合的项目式学习活动

学校强调各学科在教学中渗透种植活动相关内容，鼓励教师开展学科融合种植劳动，积极探索项目式学习。学科融合的项目式活动有利于种植活动的内容和项目的开发、创新，增强了学科学习的趣味性和多元性，帮助学生提高解决实际问题的能力，促进学以致用，同时也拓宽了种植活动的实践途径，提升了活动的高度、深度和广度，有利于培养学生的劳动品质和技能。

（四）适时开展交流分享展示活动

学校借助特别节日和种植活动的特殊阶段，适时开展种植主题交流分享展示活动，并通过活动对各个班级和活动团队的优秀参与者进行表彰和奖励。例如，借助十二节气，开展种植知识竞赛；在种植活动前期、中期和后期，开展"津津乐植"种植项目申请仪式、"津津乐植"经验交流活动和"津津乐植"分享展示活动；每学期末，开展一次种植总结评比活动；每年的 6 月份是学校的"乐植节"，各班级和主题活动团队可以开展丰富多彩的种植相关教育学习和展示活动。

三、实践成效

（一）提升了学生的劳动实践能力和综合素质

"津津乐植"种植活动课程是一门体验性、实践性、综合性的课程，关注学生自主探究，注重学生实践创新能力培养。种植活动过程中的调研、种植、展示等环节，丰富了学生的课余生活，开阔了学生的视野，培养了学生的自主、实践、表达等方面的能力，有效地提升了学生的劳动实践能力和综合素质。

（二）提升了教师的劳动实践课程开发、设计和指导能力

在"津津乐植"种植活动课程中，学生是活动的主体，教师主要充当教练、导师

的角色。在课题实践研究的过程中，教师增强了开发和设计校本劳动实践活动课程的能力，提升了指导学生进行项目式实践活动的能力。

（三）促进了学校的校本劳动实践课程的开发和开展

"津津乐植"种植活动课程有效整合活动课程和劳动实践课程的策略，形成了一套以校本种植为主题的活动课程实施方案，促进"五育"融合实践活动的开展，优化了校本活动课程和劳动实践活动课程设计，助力"双减"政策有效落实。

撰稿人：任君、陈曦、郭灵娟

编辑手记 ✏️

成都市新津区五津中学以果蔬为切口，规划并实施的"津津乐植"种植活动课程，是"五育"融合下校本种植活动课程实践的一个典型样本。该课程从劳动教育出发，充实了劳动教育活动的内容，与当今时代倡导的教育融合创新、减负增效思路不谋而合。其案例为达成以劳树德、以劳增智、以劳强体、以劳育美的教育目标，精准全面地提升学生的综合素养提供了思路和方向，也助力了"双减"政策的有效落实。

全视界杂志　黄欢

"和融"课程建设实践

成都高新和平学校

一、课程概况

成都高新和平学校(以下简称"和平学校")以"和而不同,和融共生"为办学理念,根据学生的身心特点和认知规律,融合国家课程、地方课程、校本课程,打造适合九年一贯制学校发展、陪伴和融学子生命于一体的"和融"课程。"和融"课程包含三个课程板块:基础类课程、拓展类课程、综合类课程。面向全体的国家基础类课程,重在夯实基础;面向群体的分科拓展类课程,重在激趣扬长;面向个体的多科综合类课程,重在融合创生。学生在三类课程中汲取营养,实现德智体美劳和谐发展。

二、建设思路与方式

和平学校经过十多年课程建设实践,形成了"一二三三五"课程建构思路与方式。

(一)一种理念

"一"即一种理念。根据学校实际情况,确立"给每一个生命成长无限可能"的课程理念。

(二)两大核心

"二"即两大核心。围绕课程理念,以培育具有"家国情怀和国际视野"两大核心价值导向的新时代青少年为指引,拓宽学生成长的真实场域,将课程环境拓展到家庭、社会、自然,为学生成长创设更为和谐开放的育人环境。

(三)三个维度

"三"即三个维度。围绕课程理念,学校从课程设计、课程内容、课程实施三个维度进行相应调整和改进。在课程设计维度,进一步将学校的课程理念明确为"给每一个生命成长无限可能"，确定课程模式为融合式课程，由修德课程、育智课程、健体课程、和美课程、敏行课程构成。在课程实施维度，学校通过课堂教学、学科建设、主题活动、社团课程、社会实践、研学旅行等方式落实课程实施，让课程不止于课堂，学习不止于教室。学生在三类课程中汲取营养，实现"健康、聪慧、高尚、和谐"的育人目标，并最终实现德智体美劳和谐发展。

（四）三条路径

"三"即全面推进学校课程建设，从"培养一支队伍、建立一项制度、构建一个体系"三条路径全面部署具体工作。

1. 培养一支队伍

重点打造一支由骨干教师引领的课程研究队伍。学校成立以课程建设项目为主阵地的"骨干教师零度工作室"，实现教师专业可持续的内涵式发展，引导骨干教师聚焦课程、课堂、课题，科学性、创造性地将学科教育理论应用到教育实践，解决实践问题，使教师更关注课程开发、课程实施和课程评价，提升教师课程领导力。努力助推骨干教师成为师德修养高尚、专业精神丰满、教学思想独立、教育理论丰厚、教学经验丰富、教学风格独特，在本地区具有一定的影响力，在全市乃至全省具有一定知名度的中小学课程改革专家型教师。

2. 建立一项制度

建立"1＋2＋N"特色课程项目负责制度，形成课程建设合力。"1"指选择一位课程胜任力强的教师担任项目负责人；"2"指两位相关学科的骨干教师辅助项目负责人推进课程建设各项工作；"N"指确保课程建设的全面推进，在全校教师范围内选择符合条件的教师作为成员。"1＋2＋N"课程项目负责制强化学科内部、学科间教师团队的通力合作，以课程变革共同体的方式强化国家课程的创造性、系统性实施。

3. 构建一个体系

构建课后延时服务"1＋X＋N"特色课程体系。"1"指针对全校学生的基础性的服务课程；"X"指学校开设的学科延伸课程、拓展选修课程，学生可以依据自己的兴趣选择和学习；"N"指为学生提供个性化服务的多样化的特色课程，包括行走实践活动课程、素养课程、小初贯通课程、小初衔接课程等。延时服务大多采取课后走班制或在功能室进行。

（五）五级科研

"五"即依托校、区、市、省及国家五级科研课题，科学引领学校课程建设。课题研究永远是推动课程实施及优化的重要抓手。在新一轮的课程建设工作中，学校把新课程的实施作为学科研究的重点，其中以市级课题"促进学生自主建构的项目化学习活动设计与实施研究"为引领，通过项目式研究，将"和融"课程的实施作为学校工作的重点，通过各级课题申报、教学论文评比、"和融"课例展评等多种手段，关注课程建设的各个环节，推动学校课程的良性生长。

三、课程投放效果

"和融"课程不仅实现了课程育人的学科性渗透，还初步实现了课后服务"5＋2＋2"全覆盖。学生作业负担有效减轻，学生对学校学习生活满意度高。学生居家学习活动内容发生积极改变，家校社协同育人机制初步建立。课后服务总体满意度较高，绝大多数的学生对课后服务满意。将课余时间还给学生后，一方面，大部分的家长认为孩子的睡眠时间明显增加；另一方面，学生居家学习活动内容发生积极改变，大部分家长认为周一至周五孩子在家阅读、运动、劳动、社会实践的总时间有所增加。

不仅如此，在"和融"课程体系下，全校教师对教学工作的积极性和创造性普遍提高。教师参加各级各类比赛捷报频传，3 年中，学校教师共获得国家级奖涉及 20 人次、省级奖涉及 6 人次、市级奖涉及 36 人次、区级奖涉及 100 余人次。

撰稿人：刘珊

编辑手记

做有人文温度的教育，育有灵魂香气的生命。课程是孩子向更高层级世界迈进的阶梯，是孩子与"未来的自己"相遇的桥梁。正如"和融"课程的建构理念，学校须以未来发展趋势回望当下的学校课程，以更开放、广阔的视野观照现实的课程，以成长的最大可能性设计孩子的课程，让课程托举起孩子的生命成长。

全视界杂志　黄欢

STEAM 课程——"劳"出新素养

成都高新新华学校

为了引导广大青少年热爱劳动创造、热爱自然科学、热爱家乡、热爱劳动人民，培养学生爱国爱家的情感，增强其社会责任感，提高实践和创新能力，促进德智体美劳全面发展，成都高新新华学校作为一所九年一贯制学校，立足学生现实生活，依托学校特有的地域环境和文化资源，打造了贯穿一至九年级的"STEAM 课程——'劳'出新素养"特色实践课程。

一、课程可行性分析

基于学校平台，融通综合实践活动，在全校一至九年级"STEAM 课程——'劳'出新素养"的共同主题下，每个学段都有对应的学习方式。学校尝试将传统的课堂教学模式转化为融通式教学模式，把更多的时间和空间留给学生，培养学生绘图、探究、操作等多方面的能力。

（一）空间的可行性

在建校时，学校特别划出一块地用于修建小农场，为开展种植综合实践活动提供场所。师生利用学校现有场地就能变种植任务为农业体验课程。该课程有目的、有评价，不同学段的学生所需完成的任务虽不尽相同，但都有一个目的：培养学生多方面的能力，为初中学习奠定基础。

（二）时间的可行性

学生利用劳动课、选修课或课余时间进行播种、栽培、锄草、捉虫，观察种子的萌发过程，探究植物的生长（五大生理作用）、设计相应的对照实验（如光照强度对于植物的影响）并完成观察记录。理论联系实际不仅可以让学生更好地建构概念，把生物学知识应用于实际生活，还能帮助学生解决生活中的问题，同时形成具有跨学科特色的核心素养。

（三）师资的可行性

学校依托九年一贯制平台，促进小初师资共享，为实践活动提供保障，达到实践活动教师一体化、目标序列化、学习项目化、过程实践化的目标。在一个集体中，"千人同心，则得千人之力；万人异心，则无一人之用"。在遇到教学问题时，一个人容易走进死胡同，在学校的定期教研中，综合实践课程能很好地串联起教师，使其主动、有意识地进行跨年级集体教研、头脑风暴等活动，并梳理、分享近期的学习成果。

同时，小学科学教师和初中生物教师在学段融通式实施课例专题研讨时，集中探讨、交流，有分有合，有争鸣有共振，在协作中打破不同学段学科界限，不知不觉中教师的专业素养也提高了。小学教师能在中学生物的课堂上了解初中生学习生物的难点，就能在教学时有意识地注重小学科学与初中生物教学的衔接；初中教师在掌握了小学生学习时的难点、学习的基础后，可以帮助小学老师游刃有余地设计教学，提高教学实效。

二、课程设计

"STEAM课程——'劳'出新素养"特色实践课程按照学段分为四个进阶课程体系，每个体系均围绕认识、规划、栽培、收获四个内容板块确定相应的目标、实施方式和成果呈现方式。

（一）一、二年级

（1）认识。以"认识常见农作物和农具"为目标，通过观察学习，以绘画方式呈现学习成果。

（2）规划。以"了解农作物的生长特性和季节性"为目标，通过问题学习，以绘画方式呈现学习成果。

（3）栽培。以浇水、除草等形式参与农作物的日常管理，通过实践学习，以日记方式呈现学习成果。

（4）收获。通过视频方式，向小伙伴介绍一种农作物或农具，分享自己的学习成果。

（二）三、四年级

（1）认识。以"了解我国的农耕文化和传统"为目标，通过观察学习，以绘画方式呈现学习成果。

（2）规划。以"理解外部环境如土壤、水分、阳光等对农作物的影响"为目标，通过合作学习，以报告形式呈现学习成果。

（3）栽培。尝试使用锄头、风车等传统农具，学习撒播、点播等种植方式，通过实践学习，以照片方式呈现学习成果。

（4）收获。通过视频方式向父母分享收获的喜悦，分享自己的学习成果。

（三）五、六年级

（1）认识。以"识别不同农作物的习性和特点"为目标，通过问题学习，以报告形式呈现学习成果。

（2）规划。利用所学知识设计一份农作物种植计划，通过合作学习，以报告形式呈现学习成果。

（3）栽培。了解并尝试无土栽培、水培、椰糠培等现代化的农业技术，通过实践学习，以日记形式呈现学习成果。

（4）收获。利用农场收获的作物为父母制作一道美食，通过探究学习，以照片形式呈现学习成果。

（四）七至九年级

（1）认识。以"了解我国传统农业与现代智慧农业的现状及发展趋势"为目标，通过问题学习，以报告形式呈现学习成果。

（2）规划。利用所学知识设计一份全面的农作物种植计划，通过整合学习，以报告形式呈现学习成果。

（3）栽培。掌握多种现代化的农业技术如水培、椰糠培等无土栽培的方法，通过实践学习，以日记形式呈现学习成果。

（4）收获。将农场的农产品进行包装设计并推广销售，以报告形式呈现学习成果。

三、课程实施

（一）教学安排

根据内容设置，课程以一个学年为教学周期，设计了每周 3 个学时共计 96 个学时的详细教学安排。

（二）课程评价

（1）过程性评价

日常评价：各班填写"本真小农家"种植日记，作为班级量化考核的一部分。

作品评价：根据拓展的活动进行评价。

（2）学习成果评价

评选每期种植之星，制作班级成果展示栏，展示学生的学习成果。

（3）自我评价

根据学段的不同，学校设计相应的评价量表，学生按照量表进行自评。

"STEAM 课程——'劳'出新素养"始终把学生品格教育放在第一位，坚持"成才先成人"的理念，通过显性的活动课程让学生在具体的活动中体验成长过程。同时，通过丰富的课程形式和实施途径，将学生培养成品行端正、身心健康、学业优良、人格完善的人。

撰稿人：白益帆、吴林、段影

编辑手记 ✎

"倾己勤劳，以行德义"，热爱劳动是我国的优良传统。新时代的劳动教育有了更为丰富的内涵和更为突出的价值。成都高新新华学校的"STEAM 课程——'劳'出新素养"特色实践课程，采取符合具体劳动和普遍教育规律的劳动方式，以现实可行的内容设计与教学方式开展劳动教育实践。该课程跳出"削足适履"的刻板模式，充分协调劳育与其他学科之间的关系，对家长、学生正确认识劳动在树德、增智、强体、育美方面的综合育人价值，树立科学劳动观、价值观、世界观，产生了积极作用。

内江师范学院　陈理宜

以评价体系促课程体系发展的实践研究

成都市双流区西航港小学

一、"三层三评"校本德育课程评价体系的内涵

"三层三评"指三个层面和三种评价。"三层三评"从学校管理层面、教师层面和学生层面，设置了针对多元主体、教师实践、学生发展等方面内容的校本德育课程评价体系。

二、"三层三评"校本德育课程评价体系的实施方法

"三层三评"校本德育课程评价体系不仅对校本德育课程进行整体架构，从教师层面量化学生的行为习惯，还从常规评价中规范学生行为，在循序渐进中促进学生好习惯的养成。评价体系具体实施方法如下：

（一）多元主体对校本德育课程体系开展评价

多元主体从目标价值取向、目标内容规定、目标呈现形式三个维度进行指标设置，每个维度再细化为评价实施要点，如目标价值取向维度就设立了课程目标促进学校改进的程度、课程目标符合学生个性和兴趣需要的程度、课程目标促进校本课程持续发展的程度等要点。

（二）教师在实施过程中开展校本德育课程评价

该评价体系详细设置了记录人、观察时间、观察班级、训练教师、观察记录、改进措施和研究反思等要点。

（三）学生行为习惯养成的实施效果评价

实施效果的评价设立一级指标维度，包括晨检、眼保健操、集会和课间操、课间活动及安全、班会课及班级文化建设等。每个一级指标下再设置二级要点，如晨检维

度下有规范打招呼、自觉早读、规范佩戴红领巾和穿校服等。每个要点又有更详细的指标要求，如规范打招呼的指标是主动打招呼，自觉早读的指标是按时到校、大声朗读等。

三、"三层三评"校本德育课程评价体系的实践应用

（一）多元主体评价保障校本德育课程开发的科学性

校本德育课程实施效果的评价者应该是社会文化的理解者、社会主义核心价值观的正确阐释者、乐于合作的研究者。为此，学校组建"三层三评"校本德育课程评价体系委员会，评价主体由教师、家长、社区教育人员组成。评价者从学校角度检验是否符合学校的发展需求，从教师角度检验是否有可操作性，从家长角度检验是否满足家长对学生的需求，从而保障校本德育课程开发的科学性。

（二）多渠道评价方式提升"三层三评"校本德育课程评价体系实施的可行性

利用问卷、观察、访谈等多样评价方法，采用多元与民主、科学与客观、发现与发展相结合的评价原则，开展课程评价，提升校本德育课程实施的可行性。

校内推广：向全校班辅教师介绍校本德育课程资源，如《小彩娃 好习惯》教师用书、资源包等。

集团校推广：校内推广取得一定成效后，校本德育课程的开发也逐渐规范化、制度化，学校加强集团校内的推广，多渠道、多领域构建立体评价方式。

1. 在活动中评价——家长开放日

让家长走进课堂，和孩子一起听课、做活动，让家长参与学生德育工作，统一家校德育理念，完善校本德育课程。

2. 在交流中评价——班级展示

班与班之间进行观摩比赛，优秀班级的教师进行经验交流，班主任工作室和品格工作室对相对较弱的班级进行跟踪指导。

（三）校本课程与评价体系的适切性

在探索构建"三层三评"校本德育课程评价体系过程中，为了验证校本德育课程与评价体系的适切性，德育校本课程课题组分为四个子课题组，分别对低段学生的生活习惯、学习习惯、个人礼仪、公共规范等行为习惯的养成进行追踪观察研究，并在研究中不断改进研究措施，不断完善《小彩娃 好习惯》德育校本教材，进一步优化"三层三评"校本德育课程评价体系，让评价体系为校本德育课程的实施锦上添花。

我们追踪了一年级班辅老师对学生行为习惯观察记录表的使用情况，发现该量表

与校本德育教材实施相切合，非常适用于对学生各方面行为习惯的养成教育。

（四）多部门联合落实评价体系的生长性

学校成立了以校长为组长的管理领导小组，全面负责德育课程评价的实施和指导。管理领导小组制订了课程评价体系的方案和规划，协调和安排课程评价所涉及的人力资源、物质资源和时间，健全了实施管理制度，落实了课程实施评价。同时，结合家庭、社会等教育资源实行家校社协同实施推进，在互相合作指导与融入影响中保障学生行为习惯的生长性。

由此可见，评价不是单纯的评价，"三层三评"校本德育课程评价体系的构建是为了反推课程目标、课程内容和课程实施，让课程目标更精准、课程内容更完善、课程实施更有效，更能助推校本德育课程不断走深、走实。当然，评价手段也可以参考课程目标、课程内容和课程实施，它们之间互相联系、互相作用、相得益彰。

撰稿人：高雪莲、宋佳、李琴

编辑手记 ✏️

教育评价事关教育发展和课程教学改革方向，这意味着在课程建设的过程中，以评价为先不仅能够激发并激活学校的课程改革热情，也能让基于评价导向的课程体系成为推动教师专业素养提升的关键引擎、促进学生全面且有个性发展的重要保障。成都市双流区西航港小学基于"三层三评"校本德育课程评价体系建构校本德育课程，不仅涵盖了教师和学生层面，更将学校管理纳入评价体系，改变了传统的评价作为课程实施效果检测手段的定位，是学校以课程践行立德树人的新尝试。

全视界杂志　邹蜜

定向越野课程育人实践

成都高新大源学校

自 2010 年以来，成都高新大源学校将定向运动引入学校的课余兴趣小组，进行了初步的尝试和探索，将校园定向越野运动提升到学校层面进行开发和研究。参照国内外教材，根据学生实际情况和教师的训练经验，我们设置了定向越野课程构建和管理、定向运动概述、定向技能学习、定向训练指导、校园定向越野课例展示、校园定向越野训练地图展示 6 个章节的课程内容，供学校内部教学和训练使用。

一、建立管理体系

我们成立了学校定向越野课程开发与实践工作小组，由校长担任组长，全面负责特色课程开展工作。教务处负责落实课程开发实施评价等工作，教科室组织体育、美术、地理等学科教师共同研究教材，体育教师负责实施授课，任课教师负责记录学生日常考勤。

二、精心组织实施

本课程的教学依据国家课程标准，落实"教会、勤练、常赛"的要求，采取了"课内行政班通识性普及教育（教会）""课外精品社团巩固提升（勤练）""参加各级各类竞赛（常赛）"三位一体的教学组织实践形式。同时，课外精品社团打破了行政班授课制，采用兴趣引导的走班授课组织形式。每学期开学初，学校将列入特色课程计划的"课程简介"公示给学生，由学生根据兴趣选择学习，授课时间为课后延时服务时段，时长一小时。

三、用好场地器材

场地安排：校园道路、楼道、广场、绿化带、操场和各类建筑设施等。

地图设计：由教师、学生共同制图，并设计运动线路，设定点标。

器材准备：制作与地图相适应的"打点卡"，在点标处（实地）挂好做记录用的彩笔或图章等，用橡皮筋固定，便于使用。

四、落实教学目标

（一）行政班普及教育——教会

结合学生的实际情况，学校把本课的教学目标定为：

（1）认知目标：学习定向运动知识，提高定向运动技能，初步学会看地图。

（2）技能目标：提高有氧耐力跑能力，明确耐力跑合理控制节奏的重要性。

（3）情感目标：激发学生的体育兴趣，培养学生团结协作的精神及克服困难、坚忍不拔的意志品质。

教学方法有观看宣传板、讲解示范、启发提问、合作探究、情景体验、分层教学等。定向越野运动是一项非常健康的智慧型体育项目，是智力与体力并重的运动。教师尝试利用校园定向越野运动让学生慢慢感受到运动乐趣的同时，锻炼了学生的身体素质，也改变了以前枯燥练习耐久跑的方法。

根据班级学生个人能力及运动能力的差异，教师采取了引导学生分组开展合作学习的教学模式，在小组合作学习的基础上，让各小组展开交流讨论，分析研究定向地图，明确要知道一个物体的准确位置，必须同时知道方向或距离。在练习过程中，通过教师的指导，学生完成第 1 次的单一点位定向查找和第 1 次 2 个点位的定向查找的体验练习，激发了学生的学习兴趣和求知欲，进而促使学生进行大胆探索和巩固提高的第 2 次 13 个点位的小组合作练习之旅。学生在分组合作学习和观察、想象等学习活动中，培养了有序思考的意识，发展了空间观念，在定向越野中获得了成功的喜悦。

（二）课外精品社团巩固提升——勤练

活动主题：团队接力定向。

教学目标：让学生学会辨别方向，提高识图能力；发展学生的耐力素质和奔跑能力；培养学生勇敢顽强、积极进取、团结协作等良好品质；培养和提高学生的观察力和逻辑推理能力。

教学组织方法：通过间歇式训练的方法，发展速度、耐力素质，运动量和练习可根据学生具体情况调整。可采用团队接力的方法（类似 4×400 接力），可取环形设计，每张图设置 5 个点，每两个点间距离 200 米左右，6 人 1 组，每组跑完 3 张图。

教学组织步骤：

（1）学生分为 6 人 1 组，分别站在出发点和 5 个点上，准备接力。

（2）学生分别站到接力点以后，教师安排间隔 2 分钟依次出发，并记下每队的出发时间。

（3）位于出发点的学生跑到第一点后，在打卡纸上盖上打卡印章，并将打卡纸交给本队站在 1 号点的队员。1 号点学生跑到 2 号点盖上打卡印章后，交给 2 号点学生，依此类推，5 号点学生冲刺回出发点，把打卡纸交给教师，教师记录下全队所用的时间。

（4）学生休息两三分钟后，再开始跑第 2 张图。依此类推，每组完成 3 张图。

（三）参加各级各类竞赛——常赛

组织学生参加各级各类竞赛，是对学生学习效果和质量的有效检测。在过去的 10 年里，学校有超过 500 人参加过成都市"运动成都"优秀体育后备人才选拔赛、成都市中小学生定向越野锦标赛等各类比赛并取得优异成绩。

五、公开评价标准

课程的三类评价标准如下：

（1）优秀。熟练掌握定向越野课程的相关技术技能；具备较强的读图能力；方位选择合理；掌握校园定向越野地图的基本知识和定向安全措施及野外安全常识；表现出良好的心理素质、体能和意志力；在相对短的时间内高效地完成定向越野课程任务。

（2）良好。较好地掌握定向越野课程的相关技术技能；具备一定的读图能力；方位选择合理；了解校园定向越野地图的基本知识和定向安全措施及野外安全常识；具备一定的心理素质、体能和意志力；在相对短的时间内能完成个人定向越野课程任务。

（3）不合格。定向越野课程的相关技术技能较差；读图能力较弱；方位选择不够合理；对校园定向越野地图的基本知识和定向安全措施及野外安全常识了解不足；心理素质、体能和意志力较弱；无法完成个人定向越野课程任务。

六、课程实施效果

以"阳光体育"为基础的定向越野课程，旨在培养学生的识图、用图与定向能力，增强他们的体魄，锻炼头脑和体能，磨炼意志、耐力，并提高野外生存能力。课程还注重培养学生独立自主、沉着冷静、机智勇敢、顽强拼搏的品质。通过将定向运动与多学科相融合，学生的身体素质和运动智慧得以在不知不觉中和谐发展。

撰稿人：周岩举、罗永强、李黎

编辑手记 ✏️

随着新课标理念和"双减"政策的推行，体育的育人功能和方式已经发生了变革。体育核心素养已经成为学校体育教学的核心目标和落脚点，贯穿学校体育教学的始终。成都高新大源学校关注新兴体育类运动项目定向越野，利用定向越野中智力与体力并重的特点，鼓励学生走出教室、走向操场、走进大自然，激发学生的求知欲与探索欲、好奇心与冒险精神，以实现学科核心素养的落实。

全视界杂志　王渊

小学英语单元整体教学探索

电子科技大学实验中学附属小学

电子科技大学实验中学附属小学以人民教育出版社英语教材四年级下册第五单元内容为例，进行单元整体设计，深度挖掘单元的育人价值，通过综合发展学生的语言能力、文化意识、思维品质、学习能力，努力探索小学英语教学中实现立德树人的有效路径。

一、确定单元主题

（一）依据课标教材，确立单元主题

通过本单元的教学，我们希望学生能够积极参与丰富多彩的课余活动，并合理安排自己的课余时间，它与《义务教育英语课程标准（2022 年版）》中的主题语境"人与自我"紧密相关，属于"生活与学习"主题群，子主题内容为"时间管理"。通过分析主题语境和子主题内容，我们确定了单元主题，建立了与课标的有机联系。

（二）分析语篇内容，提炼主题意义

我们按照教材的顺序分析了每个语篇的内容和主题小观念，包括分析语篇类型、内容、核心语言，并提炼出每个语篇的主题意义。

语篇一是 Miss Wu 和同学们的对话，介绍了同学们自己经常参加的课后活动，主题小观念是认识并了解丰富多彩的课后活动类型。语篇二是 Mike 与 Lily 的对话，他们就各自的课余活动安排及活动频次进行交流，主题小观念是合理安排课余活动。语篇三是短文，分别以 Jin Jing、Alex、Amanda 和 Tina 为第一人称视角介绍自己的爱好、特长、参加课余活动的频次等情况。语篇四介绍了养宠物、学习做饭、学园艺种植以及编织四种有趣的技能及好处，主题小观念是体会积极参与课余活动带来的意义。

语篇五讲述不科学的安排让 Lu Qi 感到疲惫，他和同学交流自己的课余活动安排，主题小观念是引导学生建立合理安排课余活动的意识。

（三）分析学生知识储备，把握学习的起点

从话题基础来看，课余活动话题与实际生活紧密相连，学生具备相关的认识和概念。此外，这个话题与教材四年级上册第二单元高度相似。从学习策略来看，学生已经形成一定的信息检索和提取能力，并掌握了勾画圈点关键信息、利用调查采访和图表记录信息等学习策略。与此同时，学生也面临一些困难，例如在表达参与课余活动的感受时词汇储备量有限，等等。

二、确定单元内容

（一）明确内容要求，关联学业质量

本单元学习内容与一级语音、词汇、语法、语篇和语用内容要求相关联，学习质量标准也与学业质量标准里面十二条标准中的十条相关。

（二）遵循学生认知规律，重组单元内容

通过对本单元的语篇类型、主要内容以及写作目的的分析，我们发现几个相似的写作目的模块，其写作目的都是引导学生建立合理安排课余活动的意识。基于此写作目的，我们对单元内容进行了重组。

为了更好地遵循学生的认知规律，我们将单元主题确定为"合理安排课余生活"，并分为五个课时。通过调整语篇顺序、重组单元内容，我们合理地构建了主题大观念，帮助学生更好地理解并掌握如何合理安排自己的课余生活的方法。

三、构建单元大观念

（一）依托语篇意义建构主题大观念

本单元的主题为"Free Time"，划分为三个主题小观念。

主题小观念1：认识并选择丰富多彩的课余活动。学习 Lesson 1 对话和 Let's spell 语音知识，以问题"What do you often do in your free time?"为引导，询问他人并介绍自己经常参与的课余活动，帮助学生了解更多丰富多彩的课余活动类型，从而选择并参与更多更适合自己的课余活动。

主题小观念2：合理安排自己的课余活动。通过课时一学习 Lesson 2 对话和 Let's check 对话，课时二 Story Time 故事语篇，以问题"How often do you...?"为引导，学生询问他人并介绍自己参与课余活动的频率，引导学生评价课余活动安排是否合理，

最后结合学生自身情况，合理规划参与课余活动的频率。

主题小观念 3：体会参与课余活动的意义。这个小观念下包含两个课时：第一课时学习 Lesson 3 及 Let's Check B 的配图短文；第二课时学习 Fun Time 配图说明文。通过以上层次递进的主题小观念，最终构成了本单元的主题大观念：合理安排课余活动。

（二）分析语言特点，建构语言大观念

根据单元主题和主题小观念，梳理教材中相应的语言内容和语言特点，建构本单元的语言大观念，以支持三个主题小观念的建构和语言输出。

（三）整合语言主题和语言大观念，形成单元大观念

整合单元主题大观念和语言大观念，形成单元育人蓝图。在这个过程中，语言服务于意义表达，促成单元大观念的建构，实现工具性和人文性的有机融合。

四、建立单元目标框架

基于以上的分析，我们设定了以下三个单元目标：学生能够听懂并会询问他人关于课余活动的类型及频率，同时能够阅读相关短文，并联系自身情况进行书面表达；学生能借助图片和其他阅读策略理解 Fun Time、Story Time 等语篇，提取有关课余活动类型、频率、意义等相关关键信息；学生能从是否合理安排课余活动的角度进行讨论，培养其批判性思维。

根据主题大观念和语言大观念的确定，以及对教学课时的重新划分，我们根据英语学习活动观设计了对应教学目标的教学活动。

在第一、二课时中，我们主要安排了学习理解和应用实践类活动，以配合学生的认知发展规律，让他们尽可能多地关注语言习得，并进行少量素养培养。

在第三、四课时中，我们在学生有充足语言知识储备和启发的基础上，设计了学习理解、应用实践和迁移创新类活动。我们让学生结合生活实际对教学内容进行评价和总结，反思自己的课余活动安排是否合理，以提升学生的综合素养。

撰稿人：李婷、买苗、林璐

编辑手记

单元整体教学是近年来中小学学科教学的热门话题。英语单元整体教学旨在促进学生语言综合运用能力的发展，提升教师处理教材的能力，以及提高课堂教学效率。

在电子科技大学实验中学附属小学的英语课堂上，教师们将新课标的育人目标与大观念、单元整体教学设计进行整合，形成了一种结构化的教学范式。通过梳理这一过程，他们找到了一条"课标—大观念—设计"的实施路径，这有助于更多的教师理解新课标、分解课程，并将育人观和育人方法贯穿课堂。

全视界杂志　邹蜜

"黄泥坝萝卜"园本特色主题活动实践

江安县幼儿园

江安县幼儿园从幼儿生活中取材,充分挖掘江安特色蔬菜——黄泥坝萝卜特色资源,开发了幼儿园的"黄泥坝萝卜"园本特色主题活动。通过开展诸如"萝卜大约会""萝卜一家亲""趣味萝卜萌萌哒"等活动,丰富幼儿的生活经验,促进幼儿健康成长。

一、活动目标

(1)通过运用多种感觉,如视觉、嗅觉、味觉等,帮助幼儿了解黄泥坝萝卜的外形、颜色、味道等特征,并认识家乡的特产——黄泥坝萝卜。让幼儿知道家乡的萝卜深受人们的喜爱,从而激发幼儿对周边事物的探索兴趣。

(2)提高幼儿的动手能力,培养他们不挑食的良好习惯。让他们通过自己动手,了解萝卜的各种食用方法和口感,从而更加珍惜食物,不挑食。

(3)激发幼儿对萝卜的热爱情感,为自己的家乡感到自豪,进而增进他们爱家乡的情感。各种活动和讲解让幼儿了解萝卜的生长环境、营养价值以及对家乡农业发展的重要性,从而让他们更加珍视家乡的特产,为自己是江安人感到自豪。

二、活动内容

(一)萝卜大约会

为了让幼儿对江安的黄泥坝萝卜有更深入的认识和了解,并体验与萝卜亲近的快乐,为主题活动做好铺垫,我们首先倡导家长们带领幼儿前往江安黄泥坝或某个蔬菜基地进行实地观察和体验。在亲近萝卜的过程中,让幼儿能够直观地认识萝卜的形状、颜色、大小、气味等特征。

为了给更多的孩子提供展示和分享的机会，我们将幼儿的图文记录表以"我和萝卜有个约会"为标题展示在主题墙上。这样，当幼儿有讲述拔萝卜经历的想法时，他们可以利用照片和图案向同伴进行讲述。在这个交流分享的过程中，幼儿的语言表达能力得到了锻炼和提升，也增强了自信心。

（二）萝卜一家亲

在幼儿讲述了拔萝卜的趣事后，他们对萝卜的形状、颜色以及味道产生了浓厚的兴趣。于是，我们设计了一系列关于认识萝卜的活动，如"各种各样的萝卜""萝卜的衣服真漂亮""五颜六色的萝卜汁"等。我们着重引导幼儿认识江安黄泥坝的萝卜，主要活动包括"家乡的萝卜""江安的萝卜真好吃""我爱黄泥坝萝卜"等。通过这些活动，幼儿可以了解和感知黄泥坝萝卜的味道和用途，激发他们对萝卜的热爱情感，使幼儿认识到家乡的萝卜深受人们的喜爱，从而为自己的家乡感到自豪，并增进对家乡的情感。

在幼儿对黄泥坝萝卜有了基本认识的基础上，我们导出了另一个话题：美味的萝卜。在观摩了父母处理萝卜的流程之后，我们带领幼儿在"快乐餐厅"里亲自切萝卜。大小不一、形状各异的萝卜，有的容易切，有的不容易切，在此过程中幼儿逐渐认识和学会了使用不同的工具。

（三）趣味萝卜萌萌哒

当我们将话题扩展到萝卜除了食用还有什么用途时，幼儿展开了热烈的讨论。他们提出了一些有趣的创意：萝卜的皮可以用来拼画，切成不同形状的萝卜可以用来印画，萝卜的叶子也可以用来进行点画……

基于幼儿的这些创意，我们园所设计了一系列主题活动，如"萝卜印印印""剪贴萝卜""可爱的卡通萝卜"和"有趣的萝卜拼画"，让幼儿能够探索萝卜更多的用途，发挥他们的想象力和动手能力。这些活动旨在提高幼儿的审美与创造能力。

三、反思感悟

（一）充分利用资源，开发园本特色课程

我们选择江安本地的特色蔬菜——黄泥坝萝卜，开发了江安县幼儿园的园本活动。通过利用优质地方资源，我们丰富了园本课程内容，开展了适合幼儿的"黄泥坝萝卜"园本特色主题活动，让幼儿能更加了解萝卜。

（二）多感官参与，激发兴趣

在"黄泥坝萝卜"园本特色主题活动中，我们根据小班幼儿的认知特点和学习方

式，充分调动他们的直觉行动思维。幼儿通过多种感官来了解萝卜：用手去拔萝卜，用眼睛去观察萝卜，用鼻子去闻萝卜，用嘴巴去品萝卜。这些直接感知、亲身体验的方式符合小班幼儿身心发展的一般规律和思维发展特点，尊重了幼儿的好奇心，有助于进一步发展幼儿的思维力和创造力。

（三）亲手操作，促进实践

日常生活中，许多幼儿不喜欢吃萝卜，尤其是小班幼儿看到餐盘里有萝卜便没有了食欲。然而，在进行主题活动课程时，看到幼儿愉快的笑容，我们发现他们开始尝试接受萝卜；看到他们不亦乐乎地玩耍，我们知道他们开始接受萝卜的味道；看到他们吃萝卜，我们了解到他们尝到了萝卜的美味。通过这样的主题活动课程，从生活实践出发，幼儿从不喜欢吃萝卜转变为愿意吃萝卜。

撰稿人：廖保红

编辑手记

陈鹤琴先生曾经说过："所有的课程都应该从人的实际生活和经验中选出，与人的生活息息相关的课程内容是儿童的一饮一食、一草一木……"当教学内容来源于幼儿的生活经验，他们就会产生极大的兴趣，更加热情、积极地去探索、学习、尝试。案例中的老师们利用江安传统美食文化作为载体，开发出接地气的园本特色主题活动，不仅能够帮助幼儿积累丰富的知识、经验，激发他们的兴趣，还能够有效地促进幼儿的全面和谐发展。

全视界杂志 黄欢

活动育人篇

　　立德树人是教育的根本任务，是学校的立身之本。习近平总书记在全国教育大会上指出："要把立德树人融入思想道德教育、文化知识教育、社会实践教育各环节，贯穿基础教育、职业教育、高等教育各领域，学科体系、教学体系、管理体系要围绕这个目标来设计，教师要围绕这个目标来教，学生要围绕这个目标来学。"活动育人是实现立德树人的必要途径和重要载体。著名教育家顾明远先生主张让学生"成长在活动中"。活动育人以学生为主体，让学生自主地参加各种活动，在活动中获取知识和智慧、能力和技巧，体悟人生，形成正确的世界观、人生观、价值观，养成高尚的品质和完善的人格，其目的在于让学生在活动中活泼、主动地成长，进而落实立德树人根本任务。

　　四川省广大中小学校、幼儿园紧扣立德树人根本任务，遵循教育教学和人才培养规律，注重学校活动育人体系建构。在丰富活动类型、完善活动结构、创新活动形式等方面，他们因地制宜、因校制宜，进行了积极的、生动的、鲜活的探索与实践，取得了明显成效，积累了有益经验，并形成了一些典型案例。

　　本篇所选的三十一篇活动育人典型案例，成果来源涵盖了幼儿园、小学、初中和高中等各个学段；成果主题涉及学校活动、家庭活动和社会实践等；成果内容既有对实施路径与模式的详细阐释，也有对实践策略与方法的具体介绍。总体而言，这些典型案例均具有较强的代表性，对各级各类学校和广大教育工作者践行活动育人的理念与要求、创新人才培养模式、落实立德树人根本任务，有着重要的参考和借鉴价值，值得宣传推广和学习研读。

群文阅读：数字赋能阅读 提升育人质量

成都市武侯区教育科学发展研究院

笔者结合多年的阅读教学实践，在"互联网＋教育"的背景下，以群文阅读为载体，聚焦高阶思维这一核心素养，构建"问题驱动综合路径"的群文阅读教学流程，在达成传统群文阅读教学要求的同时，有效提升了学生的信息素养，促进了学生核心素养的形成。

一、借助互联网技术开展学情调查，找准阅读起点

在教学"百度百科鲁迅先生"一课时，教师借助问卷星小程序制作问卷，在班级QQ群、微信群发布链接或二维码，学生填写问卷之后，后台会自动统计结果并生成分析报告，为教师根据学情精准设计教学活动提供了有力支撑。针对"百度百科鲁迅先生"一课，教师设计了四个问题：①你读过鲁迅的作品吗？②鲁迅的作品给你留下怎样的印象？请用一两个词语概括。③你了解鲁迅这个人吗？④鲁迅给你留下怎样的印象？请用一两个词语概括。问卷星自动分析得出数据报告，这些精准的数据揭示了这个主题单元学习的必要性和紧迫性，也为议题的设计提供了多个维度。

二、利用互联网工具助力文本选择，丰富阅读内容

部编版教材小学语文六年级上册第八单元的主题是"走近鲁迅"，围绕这个主题，选编了四篇课文。前两篇主体课文《少年闰土》《好的故事》是鲁迅自己的作品，后两篇略读课文《我的伯父鲁迅先生》《有的人》，分别是亲人和朋友纪念鲁迅的文章。然而，鲁迅生活年代的环境跟今天迥然不同，他使用的语言文白兼有，他的作品读起来晦涩难懂，学生不容易"走近鲁迅"。

教师利用互联网进行资料的筛选、修改、调整，根据鲁迅思想家、文学家、革命

家的身份，对鲁迅资料进行补充和完善。围绕鲁迅这一话题人物，创建"人物语言""人物逸事""人物作品""人物评价"四个资料夹，里面有对课文内容的少量呼应，更多的是教材以外关于鲁迅的生活点滴，这样就从"言、行、品、评"四个维度丰富了学生对鲁迅先生的认知，润物无声地让学生摆脱"非黑即白"的机械认知，并以多元的视角、辩证的方法来认识事物、理解世界，复原人物的本来面目。

三、通过互联网平台实现深度学习，培养高阶思维

信息技术支持下的群文阅读通过信息平台变革课堂学习方式，实现深度学习，培养学生高阶思维。

1. 提出问题，辨识与提取思维

本环节提出需要解决的核心问题——鲁迅究竟是一个怎样的人？在这个环节中，学生通过读和找两个步骤来实现辨识与提取的思维训练。一是读。学生回顾四篇课文的图片，快速提取头脑中已有的诸如忧国忧民、革命家、文学家、斗士等关键词。二是找。展示专家评价鲁迅的文字文本：鲁迅其实是一个有趣味、有童心的人，是一个骨子里充满幽默感的人。强烈的认知反差让学生快速辨识并提取出鲁迅"有趣味、有童心、充满幽默感"的形象特点，教师相机提出核心问题：怎样才能全面而深刻地认识一个人？鼓励学生再次认识鲁迅。

2. 剖析问题，比较与整合思维

这个环节需要剖析的问题是生活中的鲁迅形象，主要通过"找、比、合"三个步骤来实现目标。一是找。学生通过"读、勾、批"等学习方式自主阅读《人物名言》《人物逸事》《人物作品》三篇材料，初步感知生活中的鲁迅人物形象。此时，学生的思维处于"辨识与提取"的层级。二是比。学生通过"联系、比对"的学习活动，深入感悟生活中鲁迅的人物具象。学生将对鲁迅语言、行为、品德的印象与感受放在一个表格里进行比对、勾连，总结出"言行品一致"的鲁迅形象。三是合。学生将之前获得的所有信息进行分析、统整，建构出了多视角、多元化的生活中的鲁迅人物全像。

3. 解决问题，评价与反思思维

本环节需要解决本节课的核心问题之一：怎样全面而又深刻地认识鲁迅？这个环节通过"集、选、思、优"四个步骤来达成目标。一是集。在四人小组的学习中，学生立足个人观点，在小组内交流自己从三篇阅读材料中整合出来的鲁迅形象，通过增、删、调、改，碰撞与整合出能代表整个小组的最优观点。二是选。在小组交流的基础上，每个小组进行全班汇报。每个小组的发言人汇报整个小组对鲁迅的印象，其余小组的学生一边听，一边进行辨析、甄别。三是思。在集体建构达成共识的基础上，教

师引导学生自读《人物评价》这篇文本，引导学生关注那条"差评"，反思为什么如此伟大的人物也会有"差评"，让学生理解好评或差评，都是评价者站在自己的角度来认识他人的结论这一道理。四是优。阅读周国平《读鲁迅的不同眼光》节选，引导学生进行集体建构。至此，课堂的核心问题就彻底解决了。

4. 实践创生，应用与创新思维

本环节需要解决本节课的核心问题之二：怎样创造性表达你心目中的鲁迅形象？这个环节通过"观、创"两个步骤来达成目标。一是观看视频。"百度百科"里有这样一条关于鲁迅的"秒懂百科"视频，一起来看看。二是共建共创。参与"百度百科"共建，请学生尝试创建一条关于鲁迅的词条。

四、依托互联网环境再造学习流程，提升信息素养

在教学"百度百科鲁迅先生"一课时，在课前、课中、课后整合学科目标，提升学生的信息素养。

1. 课前查找资料，培养学生的信息意识与态度

"走近鲁迅"这个单元主题的落地，需要学生课前预学，自主走近鲁迅。而上网查找资料无疑是快捷、高效、全面地获取鲁迅的主要成就、生活经历、个人作品、他人评价等信息的便捷途径。

2. 课中解决问题，发展学生的信息思维与行为

"生活中的鲁迅究竟是什么样的？"围绕这一核心问题，学生阅读多种形式的信息资料，提升运用信息的能力。开课伊始，教师现场调查对鲁迅的印象，生成"词云"图片，让学生结合比对信息，自主阅读信息资料。同时学生还需要对能支持个人观点的相关信息分阶段、分步骤进行点击阅读、比对、印证，系统化和结构化建构出个人和集体观点。课的结尾播放"秒懂百科"鲁迅视频，鼓励学生在此基础上将本课所建构的观点、主张与课前网络获取的信息积累融会贯通，创意出富有学生个性特色的鲁迅"秒懂百科"，培养学生的信息加工和使用能力。

3. 课后实践创生，涵养学生的信息伦理与法规

在课堂上激发出学生认识鲁迅的兴趣后，教师课后继续从互联网获取资源，对鲁迅的求学经历、弃医从文的原因、家庭成员信息、作品的语言特色等方面进行横向拓展、全面探索，带领学生进行项目式学习或制作网页；或者借助互联网资料，去研究更多的其他名人、伟人，建构属于学生自己的认识名人、伟人的独特视角，从而了解历史、认识世界、表达自我。

撰稿人：滕明霞

(编)(辑)(手)(记) ✏️

　　数字化能为教育高质量发展增添新动能、开辟新赛道。语文教师要不断提升信息素养，合理利用网络资源，将语文教学的传统经验和现代信息技术有机结合，不断探索语文教学和信息技术深度融合的方式方法，充分发挥信息技术在学习情境设计、教学资源提供、个性化学习指导、学习证据收集等方面的优势，提高语文教育效益，增强语文育人效果。本文作者结合多年的阅读教学实践，在"互联网＋教育"背景下，以群文阅读为载体，聚焦高阶思维这一核心素养，构建"问题驱动综合路径"的群文阅读教学流程，在达成传统群文阅读教学要求的同时，有效提升了学生的信息素养，促进了学生核心素养的形成。

四川教育出版社　高玲

"和·美"校园 "三全育人"

攀枝花市经贸旅游学校

攀枝花市经贸旅游学校为落实立德树人根本任务，不断完善"三全育人"机制，创新育人模式，建设"和·美"校园体系，努力实现培养高素质技能人才的职业类型教育目标，以期更好地服务和发展老少边地区，促进区域协调发展，并切实服务和谐社会建设。

一、调研问症，开展"三全育人"诊断

学校以"实地调研—方案制订—工作推进—案例跟踪—剖析总结"为研究思路，通过调查育人工作现状、制订育人工作方案、设定育人内容、开展育人活动、反思总结得失、调整研究工作、探索育人成果等环节，全面把握学校"三全育人"的现状、基础及存在的问题，从而探索"和·美"校园"三全育人"模式。

二、完善设计，构建"和·美"育人模式

学校紧紧围绕立德树人根本任务，坚持党建引领、德育为先，以"崇和、尚美"为理念，以达到个人和谐、团队和谐、社会和谐为核心，以培养学生发现美、感受美、欣赏美、创造美的能力为目标，从校内校外两个维度，强调校内"爱学校做主人、爱事业做能人、爱学生做贵人、爱自己做明人"的"四爱四做"教育价值追求和校外"育家风""爱职业""融社会"的社会责任，构建"三全育人"模式。

三、践行模式，探索"244""三全育人"策略

学校根据"和·美"校园"三全育人"模式，开展育人实践工作，探索"244"二级四方四维"三全育人"策略。在"244"策略中，二级指"三全育人"的两个层

级——学校层级和家庭层级，四方指学校、家庭、企业、社会，四维指学校学习、社会表现、职业适应、人生规划。

从学校方面看，将培养学生"四爱四做"作为育人内容，"爱学校"培养学生在学校"做主人"，"爱事业"培养学生在学业上"做能人"，"爱学生"培养学生与同学相处"做贵人"，"爱自己"培养学生把握人生发展"做明人"；从家庭方面看，通过"育家风"培育学生和家长的优良作风，做到家校共育，使学生从家庭的角度明确责任；从企业参与看，通过校企合作，培养学生"爱职业"的职业素养；从社会角度看，通过社会实践，让学生融入社会，培养自己的使命感。四维是从专业学习、人生规划、职业适应、社会表现四个维度进行教育和评价。

四、加强实践，开展"和·美"校园教育

学校工作坚持德育为先，紧紧围绕立德树人根本任务，全体教职工秉承"爱学校做主人，爱事业做能人，爱学生做贵人，爱自己做明人"的"四爱四做"价值追求，发扬"一家人、一个梦、一条心、一起拼、一定赢"的务实作风，实施"三全育人"和"三心"德育，深入推进"一加强、两规范、十禁止"品德教育行动，以"一月一主题"活动为主线，开展德育活动，健全德育工作体系，将为党育人、为国育才落到实处。

（一）严守意识形态，开齐育人课程

开齐意识形态课程。2020 年，国家颁布中等职业学校公共基础课课程标准，学校严格遵守标准，严格遵循意识形态教育使命，开齐开足思想政治、语文和历史三科课程。

（二）提炼特色文化，践行"一训四风"

学校进一步完善"和·美"校园育人体系，总结学校立德树人教育特色，提炼学校的"一训四风"。"一训四风"包括：经贸校训——"厚德强技、崇尚和美"，经贸校风——"自强自律、诚信谦和"，经贸教风——"博学精研，爱生善导"，经贸学风——"乐思好学、知行合一"，经贸家风——"一家人、一个梦、一条心、一起拼、一定赢"。学校投资二十余万元重新设计布置校园通道和教室文化，"一训四风"的校园文化环境焕然一新，"和·美"校园气息更加浓厚。

（三）秉持活动育德，加强主题教育

养德于行，润德于心。学校秉持活动育人，建立主题活动月的常态育人机制，促进学生德智体美劳全面发展，开展各种常规性的主题教育，开展与中职学生学段、年

龄、专业相适应的"一月一主题"活动。近三年，各类主题教育活动达五十余项，以培育学生正确、科学的意识观念；让学生持续学习新思想，焕发新活力，促进新成长，形成了经贸学校主题教育特色。

（四）举办社团活动，提升综合素养

学校团委大力加强社团、学生会建设及活动组织工作。组建了国旗护卫队、校园广播站以及 cosplay（角色扮演）、摄影、乒乓球、绘画、书法、舞蹈、钢琴、篮球等社团。2022 学年度，校团委组织学生开展业余团校培训，85 名优秀学生参加培训并获得结业证书；举办学生团课培训，共发展新团员 75 名。

五、总结经验，打造校园"三全育人"品牌

（一）加强顶层设计，坚持系统规划

"和·美"校园"三全育人"模式的中心是育人，育人是一个系统工作。建构模式，制订策略，开展活动，都需要学校进行顶层系统设计和实施。学校践行"和·美"校园"三全育人"模式，制订二级四方四维"三全育人"策略，开展"一月一主题"活动，提升学生培养质量，锻造教师队伍，工作具有系统性。

（二）结合区域实际，坚持多元合作

"和·美"校园"三全育人"模式的范围有两个方面。一方面，学校结合地区特点，在"和·美"校园的"一训三风"中加入"经贸家风"，促使学生、家长求学立足家、教育依靠家、成长为了家，然后以家为出发点，实现为党育人、为国育才的使命。另一方面，学校承担起育人的主要责任，但教育还需要家庭、企业、社会的共同介入，学校的育人模式充分发挥家庭、企业和社会的作用，实现了多元合作育人。

（三）发挥类型特色，坚持活动育人

中职学校是国家中等教育的重要组成部分。通过调研，学校明确了需要解决的问题，即区别于普通中学的应试教育，中职学生需要适应职业教育的要求，在文化基础、专业技能、职业素养、社会责任和活动能力等方面进行全面提升，尤其是通过活动育人提升综合能力。因此，在学校构建的教育模式和制订的策略中，主题活动的常态化和多样性被视为职业教育育人的重要手段。此外，结合企业实习实践活动，中职学校应积极组织，拓展活动范围并强化活动育人的效果，以展现职业教育的类型特色。

撰稿人：明安丽

编辑手记 ✏

　　"三全育人"即"全员育人、全程育人、全方位育人"，是以立德树人为根本，多主体、多环节、多要素、多层次的综合性育人模式。在各地各学校的共同努力下，"三全育人"呈现出生机勃勃的崭新局面。攀枝花市经贸旅游学校以开展"三全育人"诊断、构建"和·美"育人模式、探索"244""三全育人"策略、开展"和·美"校园教育为抓手，完善"三全育人"机制，创新"三全育人"模式，打造校园"三全育人"品牌，既服务攀西经济社会发展，助力人才培养，又发挥示范作用，辐射省域其他学校，从而真正将立德树人根本任务落到实处。

四川教育出版社　高玲

幼儿德育 从真实的生活开始

成都市双流区教育科学研究院

学前教育是人生教育的起点，其根本任务是将幼儿从生活意义上的个体培养成为具有良好道德品质和行为习惯的社会人。在幼儿真实的半日生活中，时刻都在发生着许多与幼儿良好品格养成密切相关的事件。本文以成都市双流区西航港幼儿园中三班的"小帮手"活动为例，探讨如何在幼儿真实的生活中自然无痕地开展品德教育。

一、活动缘起：那些每天都在发生的事——看见生活现状，抓住落实德育的契机

这段时间，在中三班的每一个真实的半日生活中，总会有各种各样的场景出现。例如，洗手间里果果会大声地喊："老师，没有肥皂了！"叶子在厕所里蹲了半天没有出来，保育老师过去找她时，她胆怯地说厕所里没有纸了。午睡前，保育员既要打扫卫生，又要忙着进午睡室拉窗帘。餐后拖地时，孩子们都争着去拿拖把，结果地没拖好，老师还得忙着解决孩子们因争抢拖把产生的纠纷……

二、互动对话：我们可以怎么办——引发情感共鸣，探寻实施德育的方法

老师们有意识地采集了班上幼儿相关妥当和不妥当行为的视频和照片，通过集体谈话的方式，让幼儿表达他们更喜欢哪一种行为，并解释原因。这种让幼儿对自己和同伴生活中真实行为进行判别的方式，有助于唤醒幼儿平时积累的相关经验，从而产生情感共鸣，并主动反思平常班级生活中哪些事情是他们可以自己做的。因此，老师们得到了孩子们的答案：厕纸没了可以自己去补充；出去活动前可以自己关灯、垫汗巾；餐前碗筷发放、餐后桌面和地面清洁可以自己做；每天午睡前的安全检查可以自

己来完成……于是，"小帮手"竞选活动应运而生。

三、开始行动：我们可以这样做——开展"小帮手"活动，培养幼儿的多种品质

1. 竞选"小帮手"中的德育：坚持、勇敢、责任

在"小帮手"活动开展初期，出现了多名幼儿竞争一个岗位的现象。孩子们都在思考：要怎样才能当上自己心仪的"小帮手"呢？

案例 1：坚持到底的竞选

一天下午，中三班开展了"小帮手"竞选活动，孩子们一共讨论出七个岗位，包括汗巾、书包、礼仪、餐盘、排队等管理"小帮手"。第一次竞选书包管理"小帮手"，睿睿开心地站了上来。他很自信，还请大家向他学习，觉得自己充满了希望。但睿睿的票数最少，睿睿落榜了。我看着他默默地回到自己的座位上坐了下来。第二次竞选午睡"小帮手"，睿睿又站了上来，结果还是失败了；第三次竞选排队"小帮手"，睿睿竟然还举起了小手，坚持站了上来；第四次竞选餐盘"小帮手"、第五次竞选汗巾"小帮手"、第六次竞选礼仪"小帮手"……我的心随着他的上台而紧张，也随着他的失败而难过。

当厕所"小帮手"的职位牌挂出来时，睿睿再次走上前台。这一次，他非常紧张，小手也开始抓着自己的衣角，声音微微颤抖着却也饱含着勇气和力量。这时候有小朋友发现了他，豪豪说："睿睿已经上去好多次了，我一直看见的。"这一说，很多小朋友也纷纷说道："我也看见了，我也看见了。"

"是啊，他已经站上台六次了，六次都失败了，他却没有放弃。这种为了自己想做的事情一直努力不放弃的精神给你们什么感觉？"我相机问道。

"他很想当'小帮手'。""他很勇敢。""他很坚持。"孩子们都被睿睿的坚持所打动，纷纷给他投票。当老师把"小帮手"的牌子挂在他脖子上时，我看到他很激动，用小手轻轻抚摸着职位牌。在那一刻，仿佛他脖子上不是一张纸画的职位牌，而是一块沉甸甸的奖牌……而睿睿也真的尽到了"小帮手"的职责，他看到厕所的纸巾没有扔在垃圾桶里时会主动捡起来；会因为提醒小朋友们冲厕所和洗手而在吃水果前最后一个从厕所出来；洗手时，他会学老师的模样，帮助小朋友们卷起袖子……

2. 创造"小帮手"中的德育：体贴、关心、主人翁精神

当"小帮手"岗位不够用时怎么办？孩子们有自己的办法。

案例 2：我可以当穿脱衣服"小帮手"吗

小山是中三班一个活泼好动、思维敏捷的男孩儿。他非常想当"小帮手"，但是两次都没有竞选上。为了当上"小帮手"，在下午的竞选会上他说："我觉得我们还可以增加一个穿脱衣服'小帮手'岗位，因为有些小朋友的衣服不好穿、不好脱，我可以帮助他们。"老师听了后很惊讶，但同时也仔细分析了他的主意——这不也是培养幼儿主动关心、体贴他人的一条路径吗？于是就问全班幼儿："你们认为我们需要一个这样的'小帮手'吗？"

年龄较小、动手能力较弱的果果站起来说："需要，我每次拉拉链都是小山来帮忙的。"就这样，小山顺利当上了穿脱衣服"小帮手"。为了鼓励更多的儿童学会关心、体贴他人，老师对幼儿说："大家也可以去找找班上还需要哪些'小帮手'，只要是你发现的，并且大家都同意，这个'小帮手'岗位就是你的啦。"于是，班上诞生了衣架"小帮手"、杯架整理"小帮手"、跳绳整理"小帮手"等。最多的时候中三班诞生了二十七个"小帮手"，每个人都在积极为班级、为同伴做事，主动关心集体、体贴他人的行为蔚然成风。

3. 评价"小帮手"活动中的德育：规则、任务、奉献

幼儿的年龄特点决定了孩子的规则意识、任务意识淡薄，缺乏做事的坚持性，需要同伴、老师、家长的鼓励与支持。"小帮手"活动开展一段时间后，出现了以下情况：有些"小帮手"会忘记自己的职责；有些"小帮手"在担任职责后发现"小帮手"的工作不好玩而不想当了；还有些"小帮手"认为自己承担的任务太累了而不想当了。

为了更好激发幼儿承担"小帮手"任务的兴趣，一天下午离园前，老师引导孩子们对承担"小帮手"的幼儿开展了谈话评价活动："你们觉得今天哪个'小帮手'当得最好？好在哪里？"孩子们纷纷发言，说出理由。随后老师又说："这样，我们在教室里创设一面点赞墙，把你们看到的'小帮手'做得好的事情记录下来，送他们一个'赞'并贴在墙上，我们每天来比比，看谁得到的'赞'最多。"

"为你点赞"活动开展后，孩子们不仅开始记录"小帮手"关心帮助他人的事情，也开始记录自己关心帮助他人的事情。渐渐地，"为你、为自己点赞"已经成为幼儿的习惯，每天记录的人越来越多，关心帮助他人的行为与日俱增，孩子们的任务意识、规则意识越来越强，班级主人翁意识也越来越浓。

四、活动反思：看见幼儿真实的生活，让德育自然发生

"小帮手"活动是幼儿一日生活教育中开展品德教育的路径之一。其实，只要教师领会了儿童为本的含义，秉持一日生活皆教育的观念，建立尊重、平等、和谐并互相关心的师幼关系，就能看见随时发生在一日生活中的幼儿德育契机，并积极引导幼儿向真、向善、向美，养成爱国爱家、诚实守信、文明礼貌、助人为乐、学会感恩、热爱劳动、爱护公物等良好品质。

撰稿人：叶美蓉

编辑手记 ✎

党的二十大报告提出要"全面贯彻党的教育方针，落实立德树人根本任务，培养德智体美劳全面发展的社会主义建设者和接班人"。学前期是个体发展道德、获取知识、培养能力、养成行为习惯的关键时期，因而幼儿德育工作的重要性和基础性不言自明。成都市双流区西航港幼儿园遵循"情感为先，认知在后，行为相随"的幼儿教育原则，以"小帮手"活动为抓手，在幼儿真实的学习、生活、游戏情境中，通过让幼儿亲身感知、实际操作、反复体验的方式来进行品德教育，培养幼儿具备多种良好品质，为我们提供了值得借鉴的幼儿德育路径。

四川教育出版社　高玲

"崇和鉴四季"二十四节气系列综合实践活动

四川省教育科学研究院附属实验小学崇和分校

一、案例概况

（一）实践背景

1. 素养导向：激发低段学生天性的实践活动

素养导向的《义务教育课程方案（2022年版)》提出要对课程内容结构进行优化，设立跨学科主题学习活动，加强学科间相互关联，带动课程综合化实施，强化实践性要求，综合实践活动起始年级提前至一年级。

2. 未来世界：发现生命之美的自然教育

2021年联合国教科文组织发布《共同重新构想我们的未来：一种新的教育社会契约》报告，把"人类根植于生态系统之中的观念将深入人心"列为2050年教育发展的愿景之一。"崇和鉴四季"二十四节气系列综合实践活动从低段学生学情入手，实现"五育"并举的育人价值。

3. 崇和现实：保障活动开设的丰富资源

课程支持：在学校的"和·融"课程体系中，"我与自然"课程以人文底蕴和科学精神为培养目标，激发、顺应、引导孩子的天性，在有形的自然时空里实现生命的个体拔节与集体的多元发展。

环境支持：学校拥有广阔的学生活动空间，二楼的平台花园、后山的果园、操场边的树林都为孩子们提供了探索自然、激发想象、观察沉思的空间。

师资团队：我们寻找对"崇和鉴四季"二十四节气系列综合实践活动有热情，且能融合语文、科学、美术等学科知识的骨干教师，组成项目组，在学校课程中心的牵头下开展活动。

学情特点：低年级学生具有天然的好奇心和探索本能，对世间万物都充满热情。他们活泼好动，身边的一切都能引起他们的关注。因此，活动中我们引导孩子尽情释放天性，以帮助他们创造出自己的世界，培养解决问题的创新思维。但同时，这个年龄段的孩子不易长时间集中注意力，组织协调能力较弱，运动能力、社交能力和抗挫折能力也有待发展。通过"崇和鉴四季"二十四节气系列综合实践活动，孩子们在亲近自然、探索世界的过程中，逐渐学会专注问题解决，与同伴之间协调合作。

（二）理论依据

1. 多学科交叉融合的认识

二十四节气是历法中表示自然节律变化的特定节令，同时也涉及科学、历史、文学、艺术等多个学科领域。

2. 教育生态化的观念

孩子们的成长与自然环境密不可分，教育应该重视培养孩子们的自然情感、环保意识，使孩子们能够受益于自然，与自然建立和谐关系。

3. 学科整合的方法

"崇和鉴四季"二十四节气系列综合实践活动的设计将科学、历史、文学、艺术等多个学科的知识融为一体，从多个维度全面地、系统地、积极地展示季节变化的生态学、历史学和文化学内涵。

二、实践目标

（一）价值体认

二十四节气反映了大自然的变化规律，是我国传统农业文明的重要产物。在学校教育中，指导学生学习农业知识，实际上也在引导学生认识自然，在自然之中实践，这是一种对科学精神的培养。

（二）责任担当

在二十四节气的人文教育中，引导学生观察自然现象，尊重自然规律，找到与自然和谐相处的生活方式，激发对中国优秀传统文化的学习兴趣，在学习中感受自然、敬畏自然、思考生命，感悟古人智慧，寻找文化之根，培养民族自信、文化自信。

（三）问题解决

（1）通过活动前的准备，学生能够了解节气的相关知识，感受节气背后的文化内涵。

（2）通过活动中的实践参与，学生去发现每个节气的"三候"在崇和校园中的具体体现并做好记录。

（3）通过活动后的分析梳理，学生能够构建起四季变化与耕种之间的关联认识，发现自然生长和发展的规律。

（四）创意物化

活动的物化成果包括：有关二十四节气的诗歌朗诵视频；二十四节气书签；二十四节气手抄报；不同节气校园植物变化记录册；每一节气特有植物的标本集；以二十四节气为主题的印染画等美术作品；二十四节气美食分享视频。

三、案例实施

"崇和鉴四季"二十四节气系列综合实践活动由主线活动和支线活动两部分组成。主线活动以每个节气的"三候"为引领，学生观察校园中"三候"的具体体现，并以文字、绘画、扎染等形式进行记录，既体现了学科融合，又展现了核心素养校本课程的构建实施。支线任务则是针对各个节气特点设计的多样化活动，例如，突破春分立蛋的固定模式，转为了解"蛋雕"这一民间手工艺品，学生在活动中增强了文化自信，实现了活动育人的目标。

每个节气都需两个课时，首次活动开展需要三个课时。授课教师需要向孩子们说明如何观察校园"三候"，形成"模式固定、形式多样"的综合实践活动。

该活动为年度实践活动系列课程，活动周期为一年。每月由主线活动串起当月两个支线活动。每两周安排一个课时。

四、活动评价设计

"崇和鉴四季"二十四节气系列综合实践活动建立以质性评价为主的多元评价体系，注重学生在综合实践活动中的研究态度、合作精神、创新意识和实践能力。在评价过程中，注重体现评价主体的多元化，调动学生、教师、家长等活动相关方作为主体参与评价；同时，采用全程性评价方式，将评价贯穿实践活动的各个环节，包括具体节气研究主题的确立、计划的制订与实施、表达与交流等方面，从而提高了形成性评价的占比。

（一）多样化评价形式

"崇和鉴四季"二十四节气系列综合实践活动的评价方式丰富多样，包括学生自评与互评、研究报告、成长记录档案袋、口头汇报与展示、优秀作品展览、评价量表等，尽量运用正面评价，以赏识教育的视角评价学生。

（二）在过程性评价中提升素养

在活动过程中，学生的学习态度，如参与活动的主动性、合作性，以及学生所表现出来的动手能力、对相关知识的理解能力等都可以作为评价内容。

（三）成果性评价与反思性评价融合

学校基于综合实践活动核心素养进行评价指标体系建构，细化综合实践活动评价的内容，提高成果性评价的全面性和准确性。对于小组合作实施情况的考察，除了作品的展示，也能从个人表现中得以呈现。通过设计个人表现评价量表，从承担责任、团队意识和尊重他人三个维度对学生进行衡量。

撰稿人：黄姜燕、赵海宁、尚恩多

编辑手记 ✏

《义务教育课程方案（2022年版）》提出要对课程内容结构进行优化，设立跨学科主题学习活动，加强学科间相互关联，带动课程综合化实施，强化实践性要求，开展激发低段学生天性的实践活动。2021年联合国教科文组织发布《共同重新构想我们的未来：一种新的教育社会契约》报告，把"人类根植于生态系统之中的观念将深入人心"列为2050年教育发展的愿景之一。"崇和鉴四季"二十四节气系列综合实践活动从低段学生的学情出发，实现了"五育"并举的育人价值。这一系列活动不仅与《义务教育课程方案（2022年版）》的要求相符合，也体现了联合国教科文组织关于教育发展的愿景，具有深远的意义。

四川教育出版社　李萌芽

生命教育显特色 以德育人润无声

宜宾市打金街幼儿园

人生百年，立于幼学；立德树人，始于幼学。宜宾市打金街幼儿园在七十多年的办园历程中，一直追溯并传承着"尊重、关爱"的公信教育理念。在一园五址的办园模式下，坚持"文化立园、科研兴园"的办园路径，从生命哲学的高度出发，发掘幼儿成长的内生动能和内在动力。学校积极推广并优化三项荣获四川省政府二等奖的课题成果，着力打造生命启蒙特色教育品牌。在培育和践行社会主义核心价值观的时代背景下，学校以文化人、以德育人，有效贯彻落实立德树人根本任务。

一、基于幼儿立场的园本课程，聚焦社会领域核心经验

基于幼儿立场的园本课程"快乐宝贝成长记"，聚焦"中国式家庭关系焦虑、失衡"的痛点，重点关注幼儿在人际交往和社会性发展方面的需求，解决课程与教学二元对立的矛盾。该课程确立了"创设交往机会，构建交往经验；习得有益交往方式，激发交往意识；获取交往技能，内化交往品质"的目标体系，并以"同伴交往""成人交往""交往礼仪"三大主题作为课程内容，形成了课程实施的基本策略，并建立了课程评价体系。

该课程将幼儿品德教育与课程三原色"认识自我、保护自我、发展自我"相互渗透，由研究成果与发现、精彩的课程实例、过程中的观察与评价、教师的发现与反思四大板块构成。通过四大板块下的单元主题活动形式开展，主要涉及以培养幼儿"诚实、自信、勇敢、活泼、开朗"性格为主的自我认识，培养幼儿"友善、合作、礼貌、包容"为主的快乐交往以及培养幼儿"守时、坚持、担当、爱国"为主的自我发展三个方面的内容。

该课程明确"以课程为载体、整合利用有效资源"的课程理念，通过构建主题式

教育网络，以"朋友多多真快乐""甜甜蜜蜜一家人""礼仪小天使"三大主题为主线课程内容，建构了一套课程实施的基本策略，形成了追踪课程实施、检验课程效果的评价体系。品德教育被融入各种游戏活动中，使幼儿的表达理解能力、人际融合能力、解决问题能力得到有效培养。

二、营造幼儿视角的游戏环境，彰显以德育人教育本色

游戏是幼儿与世界自主互动的独特方式，每次游戏都蕴含着品格教育的契机。游戏中自由、自主、自发的幼儿样态，充分发展了幼儿的主动性、独立性、创造性。自主的游戏空间给予幼儿自由探索的机会，有效提升了认知性，持续发展了社会性，实现了自主性的有效发展。

幼儿园通过完善幼儿活动室、功能室和户外设施，让幼儿参与到功能室环境创设和主题预设中。智慧生活体验馆丰富了幼儿游戏的空间，"魔法厨房""嘟嘟警察局""快乐小超市""萌宝爱家""木工坊"等幼儿自主职业体验小场馆缤纷呈现，让幼儿自主探究、自由体验各种社会角色；CS野战区域的创设，给幼儿虚拟了一个野战游戏场景，神秘、帅气的全套服饰让幼儿对游戏充满探究的欲望；温馨雅致的阅读室氤氲书香，弧形阅读区域设置和卡通造型的柔软坐垫、舒适光线的完美结合，烘托出趣味阅读的氛围，在恬静温馨的环境中让幼儿充分感受阅读的快乐。

班级教师立足幼儿最近发展区，结合儿童的兴趣点和年龄特点，以主题背景下的适宜性环境打造为出发点和落脚点，为儿童创设出开放、有效、动态、适宜的游戏和学习环境。将教学融于环境，让课程呈现于环境中，让环境推动课程深入与拓展，真正做到幼儿、课程、环境的有效互动。例如，小一班在班本课程"一花一世界"班级环境创设中，除了主题墙创设，还设置了花语坊、花工坊、花乐坊、花探访、花艺坊五大区域，在每个区域投放与主题相关的多重、多元材料，以此吸引幼儿兴趣，提供支持，辅助幼儿学习与探索。

三、融合幼儿为本的教育资源，回归立德树人教育本质

传承中华优秀传统文化，抓住节日契机以德育人，树立民族自信。在端午节期间，幼儿园开展了"品非遗之美 游民俗乐园"主题游园活动，以传统文化为主线，让幼儿在包粽子、制香包、吹糖人、玩投壶、观皮影戏、看川剧变脸、走汉服秀等精彩纷呈的体验活动中感受民俗文化的精髓，领略非遗之美，传承和弘扬优秀传统文化，感受中华民俗的独特魅力。

在国庆节期间，幼儿园开展了"童声献礼 歌唱祖国妈妈"大型艺术活动。家长和

幼儿一起组织举办祖国巨变图片展、"小小的足迹 大大的祖国"照片展、"记忆中的玩具"玩具展、"描绘伟大祖国"美工展、"心语心愿 祝福祖国"祝福墙、祝福小屋送祝福、歌唱我的祖国等活动，在游戏中赓续红色血脉，在点滴中弘扬爱国主义精神。

在中国共产党百年华诞之际，我们抓住"六一"游戏活动里德育的契机，师幼共同创设"红色文化"主题游戏情境。幼儿们在品尝美食玩色彩、听故事回忆往日、食用"红餐"体验辛苦、唱红歌献礼祖国、寻找足迹传承精神、玩色彩绘未来等主题游戏中，感受和体验革命先烈们不畏艰险、努力奋斗、勇于奉献的革命精神，根植幼儿永不褪色的爱党爱国情怀。

四、立足幼儿视角的教育支持，依托专业联盟赋能教师

幼儿是充满好奇和自信的主动学习者，我们倡导教师"用幼儿的眼睛看世界，用儿童的方式做事情"，发挥教师作为育人主体的关键作用，立足幼儿视角给予有效的教育支持。

幼儿视角的教育支持指向教师培育，基于园所教师年轻化趋势明显、教师内生力不足急需高质量培育等问题，我们潜心研究四川省教育科研资助金项目重点课题"基于专业发展联盟的新教师内生力培育实践"，并荣获四川省教育科研阶段成果一等奖。同时，在四川省基础教育优秀教学成果川南片区推广活动中展示成果。在党建引领、文化融合、统筹规划、资源共享、差异互补五大创生原则下，通过 MUST（动员、有效、支持、里程）运行机制，以四级教研体系下的教研共同体和自由集群的微型研究团队为模式体系，孵化优质师资。

其中，自我集群的微型研究团队依托青年教师助力计划，以审美创美、思维思辨为核心经验，自我集群组建"创美研习社""思维训练营"等微型研究团队，源于兴趣、聚焦研究。四级教研体系下的教研共同体在"团队建设，构建共进式教研组织；集体备课，基于规范化课程设计；聚焦问题，倡导草根式项目研修"等建设路径中，优化教研方式，赋能教师专业发展。

习近平总书记多次用"扣好人生第一粒扣子"喻指青少年要树立正确的价值观、迈好人生第一步。生命教育是一个永恒的话题，我们期待成为帮助幼儿系好人生第一粒扣子的关键人物，为构建"高效、公平、优质"的高质量教育体系而努力奋斗，向着未来、向着中国式现代化的目标和梦想奋进！

撰稿人：张金莉、李燕、梁玉桂

编 辑 手 记 ✏

　　生命对每个人来说只有一次，生命教育是直面一切生命的教育。生命教育是教育最本质、最核心的内容，只有认识生命、尊重生命，才能把握生命，提高生命的价值。幼儿园通过生命教育，能够让幼儿认识自己、了解他人，懂得生命的意义与价值，学会积极生存、健康生活和独立发展。宜宾市打金街幼儿园站在生命哲学的高度，开发基于幼儿立场的园本课程，营造幼儿视角的游戏环境，融合幼儿为本的教育资源，依托立足幼儿视角的教育支持，发掘幼儿成长的内生动能和内在动力，积极开展生命教育，推进立德树人根本任务落地落实落细。

四川教育出版社　高玲

"蜀韵茶香"地方文化综合实践活动

电子科技大学实验中学附属小学

中国是茶叶的故乡，也是茶文化的发源地。随着"一带一路"合作倡议的实施，川茶文化也随出口贸易走出国门，成为国家文化自信的一张名片。虽然茶在生活中随处可见，学生却对之不甚了解，以学校、教师、学生以及家长为主体共同携手开发的茶文化综合实践活动课程，不仅与学生日常实践相贴合，让日常生活中的"一饮一啜"走进学校课堂，还能有效合理地利用地域特色文化环境，让学生有更宽阔的空间发挥自己的特长，更有利于传播和弘扬四川茶文化。

一、"蜀韵茶香"活动的价值和可行性分析

首先，当前碎片化的网络信息渗透学生的生活，影响着青少年的价值观和道德取向。而生活化的"茶文化"学习，是学生深度了解优秀传统文化、真正形成良好素养的一个有益切口。

其次，青少年对历史悠久的中华茶文化知之不多，认可度不高，对四川茶的特性了解不足。挖掘茶文化内涵，能够助力青少年以茶益智、以茶健体、以茶怡情，让学生真正爱上四川茶，在传承中弘扬茶文化，让茶文化成为真正的活文化，让学生得以领略中华优秀传统文化的根本精神。

最后，小学中高段学生已经有一定问题意识，并能将所学知识运用到探索实践活动之中，能够有效地搜集处理信息；学生家庭背景多样，能够支持相关研究。学生应该能够顺利进行此次综合实践活动。

二、"蜀韵茶香"活动的目标设定

根据学生的学习兴趣、学习能力，分析活动的多元价值，我们选取了四个方面作

为本次活动的主要目标。

（一）价值体认

（1）包括实地勘察茶山，了解四川茶的种类和产地以及发展史；学习科学种茶、采茶、储存茶的知识和方法等。引导学生认识茶文化的内涵价值，进而形成正确的人生观、价值观和世界观。

（2）在实践活动中，督促学生尊重当地的习俗，遵守基本行为规范，在集体活动中有组织观念，守纪律、听指挥。

（3）通过实实在在的动手、动脑过程，引导学生吸收消化茶文化的内涵，并融入自己的生活中，了解并传承灿烂的民族文化，体验中华民族的悠久文明，增强民族自尊心、自信心和自豪感。

（二）责任担当

（1）在小组活动中，让学生学会合作与交往，能独立完成分内任务，例如调查、采访、表演等，培养做事的责任心和细致踏实的作风。

（2）在综合实践活动中，体验文化的传承，感受四川独有的生活节奏，从而养成热爱生活的态度。

（3）学生能够在活动中获得愉快的体验，从而培养积极参与学校及社会生活的意愿。在中外对比之中，感受茶文化的内涵价值，弘扬中华优秀传统文化。

（三）问题解决

（1）能够在引导下，结合生活中的现状，通过各种渠道搜集有关信息，并对信息分类，发现并提出与茶相关的问题。

（2）能够对要解决的问题进行深入研究，提出自己的建议和设想，采用适当的方式方法，进一步明晰问题、解决问题。

（3）在茶山勘察，向茶农了解种茶、采茶和制茶的过程，培养观察、辨析和动手等能力。

（4）能用简洁的语言表达自己的思想，撰写调查报告以及文章，从不同角度加深对茶文化的了解。

（四）创意物化

（1）采集茶叶，制作创意团扇，录制视频通过网络渠道进行宣传。

（2）设计茶叶包装，设计广告语，由形象大使配合宣传。

（3）录制采茶山歌及茶艺戏剧表演视频。

三、"蜀韵茶香"活动的过程推进

第一阶段：活动准备阶段（课内1周）。

师生共同探讨，在筛选学生最感兴趣的研究专题基础上，结合当前实际，将学生要开展的研究小专题纳入指向不同任务的六大板块，学生根据兴趣按小专题组成七个研究性学习小组。

组织学生选出组长，明确分工。基于小组划分，师生合作制订各专题的研究计划，选用走访、调查、检索等方式，确定活动目的、活动时间、活动安排、预期成果。

第二阶段：活动实施阶段（课外2～3周）。

根据研究计划，以小组为单位，围绕相应的主题开展实践活动。

A组"茶的起源"：研究茶的起源与发展，明晰茶马古道的古今变化，用英文讲好中国故事。

B组"茶的分类"：研究茶的分类，体验不同茶的冲泡方式。

C组"茶的礼仪"：探寻茶的礼仪，明晰其中的内涵精神。

D组"地域茶异"：调查茶的分布情况，实地勘察，了解各地茶文化的异同。

E组"甘苦与共"：详细记录采茶与制茶的过程，制作茶叶标本；采访茶场相关人员，了解种茶人的幸福与艰辛。

F组"诗词茶咏"：收集与茶有关的诗词，编排《采茶舞曲》。

G组"成都茶文化"：实地探查茶馆，感受四川茶文化，学习斟茶技艺，为川茶代言。

第三阶段：活动展示阶段（课内1周）。

在成果展示环节，教师鼓励学生以多种形式交流，各小组选择最恰当的表达方式，如：讲故事，演示PPT，讲解线路图、思维导图、统计图表，组织问答游戏，进行技艺、才艺、表演等方面的展示，各显其能，完整地呈现学习中的新发现和新收获。

基于班内的分享，教师在展示阶段还鼓励学生从班级中走出去，带动全年级，把实践活动扩展为校园及社区的整体性茶文化活动。学生个人以美育微课的形式，在其他班级展示研究成果；班级整体推进"茶香入社区"实践活动；学校整合年级资源，以"传承茶文化 茶香满校园"为主题举办茶文化节，以展示推广茶文化。从更大范围促进学生对结果的梳理，同时促进自我反思与表达。

撰稿人：翟羽佳

编辑手记 🖊

　　茶在中华文化中具有特殊的意义，在四川人的生活中也有不可替代的地位。然而，茶的文化韵味，茶的时代意义，又是很容易被忽视的问题。电子科技大学实验中学附属小学针对学生对茶的理解和认同的缺失，深挖茶文化内涵，其做法不仅仅起到了育人的作用，更具有很强的现实意义，对茶文化的继承和弘扬有着重要的启示作用。活动的设计从生活视角出发，不断走向历史深处，走向全国各地，甚至沿着茶马古道走向国际，更增添了育人价值的厚重，强化了学生的文化自信和国际理解。

《教育科学论坛》编辑部　张文龙

以法润德 化育新人

四川省教育科学研究院附属实验中学

青少年是祖国的未来、民族的希望，承担着实现中华民族伟大复兴的重任，青少年法治教育的重要性不言而喻。四川省教育科学研究院附属实验中学秉承"立德树人，明法成人"的教育理念，不忘立德树人初心，牢记为党育人、为国育才使命，创设具有法德融合特色的法治教育综合实践活动，促进学生掌握法治知识、树立法治观念、坚定法治信仰，"崇德尚法""知书达礼"，为成为具有"中国胸怀、世界视野"的社会主义法治国家的合格公民做好准备。

一、实践活动的意义与目标

（一）实践活动的意义

提高教师的法律素养。每位教师在学校通过法治学习，提高自己的法律素养，做到尊法护法、为人师表，立德先立师，树人先正己。

提升学生的法治素养。学生初步树立了法治观念，学生在活动体验中接受教育，培育学生学习《中华人民共和国宪法》（以下简称《宪法》）、尊崇《宪法》的校园文化，不断提升《宪法》教育的影响力和感染力，引导学生树立法治思维，自觉维护《宪法》权威。

营造校园的法育氛围。法治教育综合实践活动的开展，进一步增强了学校师生的宪法意识、公民意识、民主法治意识，充分发挥了《宪法》等法律在社会活动中的规范、引导和保障作用，为构建和谐平安校园营造了良好的法育氛围。

（二）实践活动的目标

法律心理剧活动目标：为加强学校心理健康教育与校园文化建设，采取校园心理剧这一发展型团体辅导方式，对学生的发展具有显著的教育性、发展性、审美性和疗愈性作用。

《宪法》知识竞赛活动目标：进一步推动学校《宪法》学习宣传教育，营造校园内尊崇《宪法》、捍卫《宪法》、贯彻《宪法》的浓厚氛围，将尊重《宪法》、信仰《宪法》、维护《宪法》的观念植根于学生心中。

模拟法庭活动目标：提升青少年法治素养，助力法治校园建设。以直观、生动的形式开展沉浸式普法教育，让同学们零距离感受法治精神，切实加强青少年法治教育。

法治讲坛活动目标：增强学生的安全法律意识，防范校园欺凌，营造文明、平安、和谐的校园育人环境。

参观律所、两院活动目标：为了带给学生真切的法律感受，加强学生法律知识学习，逐步让同学们走进现实律师的职业生活。

二、实践活动的内容

学校从 2021 年 9 月开始尝试开展法律心理剧——"以'法'护航·从'心'开始"，《宪法》知识竞赛——"学《宪法》·讲《宪法》"，模拟法庭——"庭上听法辨是非·青春与法共同行"，法治讲坛——"美好生活·法律相伴"，参观律所、两院——"走进律所·畅想未来"等一系列法治教育综合实践活动。

（一）七年级阶段——感知"法"

常规开展法律心理剧——"以'法'护航·从'心'开始"活动。让学生关注法治生活的体验，加强法育和德育的融合育人功能，强调法治思想、法治精神的渗透。引导学生做好前置法律知识的学习，邀请学校法治校长或法律顾问举办普法讲座。以班级为单位开展"法律心理剧"剧本编写、排演，学生发展中心和文综组的老师们推选优秀剧目进行展演。学生在具体日常的学习生活中将活动全程参与中收获的法律知识、培养的法律观念内化。在班级学校活动中遵守法律，严格自律；在社区社会生活中以宪法法律、纪律规则为准绳；时时处处守法，自觉在法律、纪律和规则范围内活动。

（二）八年级阶段——体验"法"

八年级将会教授法治（《宪法》）教育专册，以此为契机可以更好地基于教材开展法治教育、开发法育课程。在这一阶段，着力培养学生的公民意识和国家意识，使之形成适应社会发展要求的现代公民人格，具有十分重要的意义。

《宪法》知识竞赛——"学《宪法》·讲《宪法》"。该法治教育活动安排在 12 月份，一般采取第一轮闭卷笔试、第二轮现场竞答的方式开展，最后学校为表现突出的同学颁发奖状以示鼓励。

模拟法庭——"庭上听法辨是非・青春与法共同行"。模拟法庭帮助同学们走进真实法律案件，体会司法公正，规范自身行为，树立法律信仰。

（三）九年级阶段——践行"法"

法治讲坛——"美好生活・法律相伴"。由学校法治副校长定期举办普法讲座，就近邀请区人民法院未成年人审判庭的工作人员进校园，为学生举办主题法治讲座。

参观律所、两院——"走进律所・畅想未来"。利用小长假和寒暑假等时间，带领学生参观身边的律所和两院等法律机构和机关。让学生近距离接触法律工作，了解律师、法官、检察官等法律型职业的特性，在实践中增强法治观念。引导学生养成守法的良好习惯，增强守法的意识，提高守法的能力，在不断的实践活动中培育对《宪法》等法律的敬畏之心、践行之心和捍卫之心。

三、实践活动的成效

经过一年多的实践，学生、家长、教师都在法治教育综合实践活动中不断成长，活动效果明显。

（一）学生成长

法治教育综合实践活动，从课内延伸至课外，从身边小事到国家大事，让学生真正从意识到行为发生改变，使法治教育入脑入心、落地生根，增强了学生的法治意识，培养了知法、懂法、守法、用法的法治观念，为成长为现代法治社会的合格公民奠定了坚实基础。

（二）教师共进

在法治教育综合实践活动开展过程中，教师积极学习法律知识，融合学科和特色课程，不断提升自身的法律素养。教师以学校的法育德育课程开设为契机，明德遵法，努力耕耘，潜心育人；学校深入践行"做绿色教育、办阳光学校"的办学理念，努力办好人民满意、社会认可的学校。

（三）学校发展

以法育综合实践活动为先导，学校开发了一系列"立德树人"特色课程，把融合法育的德育工作贯穿教育教学全过程，实现全员育人、全程育人、全方位育人，努力开创学校德育工作新局面。法育德育融合的法育综合实践活动，正在为学校的绿色发展提供坚实保障。

撰稿人：吴秀卿、马平

编辑手记 ✏️

　　习近平总书记在中央全面依法治国工作会议上指出："普法工作要在针对性和实效性上下功夫，特别是要加强青少年法治教育，不断提升全体公民法治意识和法治素养。"青少年是祖国的未来、民族的希望，承担着实现中华民族伟大复兴的重任，青少年法治教育的重要性不言而喻。落实到学校教育，体现为要在实践融合课程开发中把法育和德育有机结合，重视法育作用，突出德育实效。四川省教育科学研究院附属实验中学创设具有法德融合特色的实践课程和育德机制，促进学生掌握法治知识、树立法治观念、坚定法治信仰，助力学生将爱国情、强国志、报国行融入中国特色社会主义事业的奋斗之中，在实现中华民族伟大复兴中国梦的生动实践中放飞青春梦想、书写人生华章。

四川教育出版社　李萌芽

生命教育的探索与实践

成都市龙泉驿区西河镇第二幼儿园

一、故事背景

小二班饲养了一只小兔子，孩子们给它起名"小白"。孩子们特别喜欢它，来园离园时都会和它打招呼，时常去看看它、逗逗它。有一天，耀耀跑过来说："老师，我觉得小白它好小哦。"我说："我们好好照顾它，小白慢慢就长大了。"耀耀说："那我们怎么照顾小白呢?"我将这个问题抛给全班的小朋友，照顾小白的故事由此拉开。

二、问题探索

（一）小白兔到底要吃什么

幼儿说，要喂小白吃青菜，才能拉屁屁；要给小白吃萝卜；要给小白喝水；要爱护它。从幼儿的回答中，我发现幼儿对照顾小白兔的想法聚焦于吃什么。但是他们的已有经验有限，并且是将自己的饮食经验迁移到小兔的身上，只知道要吃青菜和萝卜。

为了扩展幼儿的经验，我抛出问题：除了青菜和萝卜，小白兔还要吃什么？小朋友说，要吃树叶、草、白菜。孩子们发生了争论，听着他们煞有其事地争论，我意识到应该发挥同伴的影响力，将一两个人的问题扩展到其他人，引发更多小朋友的思考。我问："你们同意谁的观点呢?"孩子们投票表决，但是意见仍然不统一。科学活动需要培养幼儿严谨的科学态度和实事求是的作风。因此，我决定让幼儿通过自己的操作来发现事实的真相，并自主建构知识经验。我们进行了一项验证实验：通过喂食小兔来观察它们的食物偏好。结果发现，小白兔并不挑食，它们会吃我们提供的所有食物。这个实验不仅让孩子们了解了小白兔的饮食习惯，更重要的是，它帮助孩子们建立了基于实证的科学态度和方法。孩子们学会了通过观察和实验来验证假设，而不是仅仅依赖于听说或主观判断。

（二）小白兔适合吃什么形状的食物

在喂兔子的时候，小羽拿了一个巨大的白萝卜，小白仰头费力地啃着。我将这张照片展示给小朋友们，请他们仔细观察。小槿说："小白仰着头看起来很累，而且似乎吃不到萝卜，它肯定很饿。"小媛则担心地说："萝卜太大了，小白吃不完，而且吃多了会长胖，长胖可能会爆炸。"阳阳则提出了另一个问题："如果打开门，小白可能会跑到别人那里去上幼儿园。"

面对这些问题，我将它们抛回给孩子们，让他们思考解决的办法。然而，孩子们似乎没有找到合适的解决方案。作为教师，我是幼儿活动的支持者和合作者，在幼儿遇到困难时可以给予适当的支持。在这种情况下，我发现孩子们没有关注到什么形状的食物是小白兔能够很容易吃到的。

为了引导孩子们思考，我展示了一张小朋友喂食树叶的照片，并提问："这个树叶小白兔是怎么吃到的呢？"小朋友们很快发现，树叶是扁扁的，可以轻松地放进笼子里。我追问道："那小白兔适合吃什么形状的食物呢？"小朋友们顺利地进行了经验迁移，提出了各种形状的食物，如薯条形状的、扁扁的食物等。

（三）小白兔要吃多少

在喂食小白兔的过程中，小朋友们往往只关注喂食的动作，而没有注意到小白兔吃了多少，以及是否喂得太多。为了引起幼儿对这个问题的关注，我拍下了喂食很多的照片，并展示给他们看。我问道："你们发现了什么？"睿睿很快发现："小白兔的萝卜没吃完。"我追问："那要给小白兔喂多少呢？"大家异口同声地说："喂一点点。"

我继续追问，试图引发幼儿对于量的思考，产生精确的意识。"那到底喂多少萝卜呢？"幼儿们七嘴八舌地讨论起来，有的说吃五根，有的说吃四根，有的说吃两根，但最后也没确定到底要喂多少。从幼儿的讨论中，我发现依据孩子的现有经验不能解决这个问题。因此，我决定借助这个机会，让孩子们在家长的带领下进行亲子调查，学习当中遇到问题可以通过查阅资料、实地调查、问询等多种方式解答自己的疑问。

在幼儿探索的过程中，最重要的不是学到了什么，而是知道怎么学。所以，我请幼儿们求助家长，进行亲子调查。结果，他们发现不同月龄的兔子吃的东西不一样。我们七个月的小白兔一天要吃两顿，一次要吃一把青草的量，也要喝一点水。此外，幼儿们还提出，我们饿了的时候，小白也饿了，要在上午喝完牛奶和下午吃完点心后去喂食。通过这次亲子调查和孩子们的自主探索，小白兔吃的问题终于得到了解决。

（四）小白兔的笼子好臭怎么办

小白兔的笼子确实很臭！桐桐说："小白吃了东西就拉屁屁，笼子里面很脏。"甜甜也提出："小白都打喷嚏生病了，我们要给小白洗澡，还要洗笼子。"

小班的幼儿已经具备了简单的设计制作能力，所以，我决定让他们自己来规划并进行清洗笼子的工作。首先，需要考虑洗笼子需要什么工具。他们选择了铲子、刷子、肥皂和毛巾。接下来怎么洗呢？幼儿根据自己的洗手经验，认为应该先用铲子铲掉干了的屁屁，然后用刷子刷便盆，再用肥皂把笼子洗干净，最后用毛巾擦干。

幼儿试错的过程就是成长的过程，只有给幼儿试错的机会，才能引导他们主动解决问题。于是，我让幼儿按照自己的计划清洗笼子。他们按照端便盘、铲干、倒尿、洗便盘、擦干的流程来清洗笼子。然而，正如我所预料的那样，洗笼子的工作并非那么顺利。尽管如此，让幼儿参与这个过程有助于他们的学习和成长，并且能培养他们的责任感和独立性。

（五）我们怎么分工合作

在照顾兔子的时候，两组共十二名幼儿同时在饲养角行动，由于分工不明确，他们一窝蜂地去喂食，又一窝蜂地去铲屁屁，场面一度很混乱。在这种情况下，我是应该介入，还是等待孩子们自己调整分工？

在进行了几次照顾活动后，我发现以小班幼儿现在的统筹能力，还不能完成这么多人的分工安排，因此我需要介入。但是，如何帮助他们呢？直接由老师进行分工吗？经过反复的思索，我决定采用幼儿现场演示加师幼讨论的方式，在场景中帮助幼儿发现问题，补充修正幼儿的解决策略，并通过师幼协商来提升幼儿的经验。最终，我发现一个小组的小朋友就可以完成喂食和清洗工作，并由此确定了新的流程和分工。

经过一个半月的讨论、尝试和调整，幼儿们终于能够完成对小兔的照顾了。然而，仍然存在很多问题，幼儿们的试错过程也在一直进行……

三、学习分析

（一）学习的品质彰显

在整个活动中，幼儿始终保持着浓厚的兴趣和高昂的参与热情。作为活动的主体，他们充分发挥了学习的主动性。尤其在清洗笼子的过程中，尽管幼儿表示兔子的粪便很臭，但他们并没有放弃，而是坚持完成了任务。

（二）探究的意识增强

在照顾小白兔的过程中，幼儿们积极猜测小白兔的食物喜好，并通过亲子调查的方式查阅资料，深入了解兔子的饮食习惯，包括每天应该吃多少顿、什么时候喂养最合适等问题。在遇到清洗笼子的难题时，幼儿们反复协商、多次尝试，共同寻找解决方案。在整个探究过程中，他们用语言、绘画和行动等多种方式表达自己的想法，积极思考，并不断操作实践，从而发展了自主解决问题的能力，同时也提升了设计制作的能力。

（三）社会性的发展

通过饲养活动，幼儿们深刻体会到了分工合作的重要性。在大家都想喂兔子的时候，他们提出要轮流进行，确保每组幼儿都有机会参与。在清洗笼子时，幼儿们自愿分成三组：喂食组、洗铁笼组和清理粪便组。三组之间既有明确的分工，也有密切的协作。这样的经历有助于培养幼儿的团队合作精神和社交技能。

（四）对生命的理解增加

参与饲养活动使幼儿们能够更真切地感受到小白兔的成长变化，从而更深刻地感受到生命的存在。他们意识到自己的照顾行为与小白兔的生命息息相关，这促使他们在照顾过程中更加珍惜和尊重生命。通过与小白兔的亲密接触，幼儿们对生命的理解得到了提升，产生了珍惜生命的情感。

撰稿人：梁雪梅

编辑手记 ✏

一切教育的根本和最终追求就是生命教育。进行生命教育就是要让我们的孩子懂得爱家人、爱别人、爱社会。小动物可以担任一个启蒙的角色，孩子们通过和动物的接触可以直观地看见生命的成长，在潜移默化中感受到多向关爱，从而体会到生命的价值，懂得爱与尊重，以及情感的正确交流方法。成都市龙泉驿区西河镇第二幼儿园将爱护动物和尊重生命相结合的教育纳入教学活动中，抓住幼儿活动中的问题，给幼儿操作试错的机会，并做好引导支持，最终促进幼儿感受生命、关爱生命、尊重生命、珍惜生命，是难能可贵的幼儿生命教育范本。

四川教育出版社　高玲

有效利用生活活动促进幼儿优秀品格的培养

江安县幼儿园

　　形成符合社会基础要求的规则意识，有利于幼儿将来更顺畅地融入社会。人生发展关键期的幼儿园教育，以组织幼儿一日活动为契机，从排队入手，用课程来培养孩子的规则意识，既服务当下又立足未来，充分体现了启蒙教育的重要意义。

一、规则意识的培养：排队我知道

　　这一阶段的活动从"童言话排队"开始。在平时排队过程中，总会听到幼儿不满的声音。教师将幼儿的话语记录下来，组织幼儿进行谈话活动，引导幼儿发现排队的问题，让幼儿思考解决的办法，从而加深幼儿的排队规则意识。

1. 童言话排队

　　在这个活动中，幼儿会如实告诉老师他们发现的问题。由于活动内容和幼儿生活息息相关，因此，在谈话和讨论环节，幼儿表现得很积极，愿意说出自己的看法。本次活动不仅让幼儿意识到排队的重要性，还使他们认识到排队需要遵守的规则。同时，幼儿懂得了知错就改仍然是好孩子，培养了学会接受他人批评和向他人学习的良好品格。

2. 排队大调查

　　这个活动与幼儿生活紧密相关。在活动过程中，教师鼓励幼儿大胆讲述，并用自己喜欢的符号表达内心想法。活动氛围轻松自由，这使得幼儿的想象力得到发挥，同时增强了他们辨别排队行为正确与否的能力，他们的排队意识也得到了提升。

3. 哥哥姐姐的排队

　　对于小班幼儿来说，幼儿园的哥哥姐姐是他们的榜样。他们崇拜哥哥姐姐，因此参观哥哥姐姐的排队行为和方法，比教师用语言告诉幼儿效果更好。幼儿通过实地参观和体验，再进行分享和讨论，加深印象，这样更能辨别正确和错误的排队行为，增强幼儿的是非观，同时也让幼儿懂得奖惩分明以及奖惩的原因。教师再结合本班排队的现象，引导幼儿改正错误的排队行为，使他们的排队意识逐步增强。在活动中，幼儿表现出友好、谦让、有序等优秀品格。

二、乐于分享、善于思考的培养：排队那些事

本阶段的活动"排队那些事"通过多种形式，让幼儿深刻体会到错误的排队行为会给生活带来的诸多烦恼和不便。接下来，让我们一起倾听幼儿的心声，共同回顾排队过程中的精彩瞬间吧。

1. 排队的烦恼

活动引导幼儿用流畅的语言归纳排队时的烦恼，鼓励他们发现生活中的问题。通过活动，幼儿不仅懂得了排队的重要性，还增强了排队规则意识。他们能用绘画的形式记录发现的问题，并能大胆进行分享。在活动中，幼儿们踊跃发言，这种学习方式与幼儿的实际生活紧密结合，不仅锻炼了他们的语言表达能力，还增强了自信心。同时，也培养了幼儿乐于分享、善于思考的优秀品格。

2. 我想排第一

活动中，幼儿们理解了插队行为的不对，能与教师共同商讨排队的方法和规则。他们能用流畅的语言讲述以某种规则排队的原因以及错误方法带来的危险。通过将排队规则纳入班级公约，幼儿培养了规则意识。在活动中，幼儿们勇敢地说出想排第一的真实想法，教师则根据他们的想法引导他们学会谦让。幼儿们懂得发现问题要思考解决问题的方法，并用这些方法督促不遵守规则的小朋友。这不仅培养了幼儿的规则意识，也塑造了他们善于思考、懂得谦让的优秀品格。

3. 绘本《排队啦，排队啦》

秩序感的建立对于每个人来说都是非常重要的，尤其是在幼儿阶段。绘本《排队啦，排队啦》对于帮助幼儿建立良好的社会秩序意识非常有益。在活动中，教师引导幼儿看图说话，锻炼他们的想象力，鼓励他们多说、多表达。幼儿们的表现总能带给我们意想不到的惊喜。通过这个活动，幼儿们不仅语言表达能力得到锻炼，排队意识也在无形中得到增强。此外，他们还学会了理解故事内容，感受故事的趣味性；会读图并根据故事画面和情节进行合理猜测；会准确、大胆地运用句式"排队啦，×××在排队"；懂得了社会秩序与规则意识的重要性。

三、友好相处、秩序感的培养：排队小妙招

1. 排队洗手好方法

在此活动中，幼儿们用语言描述了洗手时发生的不愉快的事情，并分享了他们的感受。他们积极动脑思考排队洗手的方法，并能够通过绘画的方式表现出来。这一活动增强了幼儿们有序排队洗手的规则意识，在实践活动中，他们懂得了如何与同伴友好相处，学会了谦让。同时，这也培养了幼儿的创新能力和解决问题的能力。孩子们用绘画的形式记录了洗手的好方法，并将作品展示在主题墙上。此外，教师还制作了小图书《排队洗手好方法》，并将其投放在图书区，供孩子们自由翻阅，从而进一步增强他们的排队规则意识。

2. 排队放学有妙招

在此活动中，幼儿们用语言描述了放学时发生的不愉快的事情，并分享了他们的感受。他们积极动脑思考了排队放学的方法，并能够通过绘画的方式表现出来。这一活动增强了幼儿有序排队放学的规则意识。在每天放学时，幼儿们能够按照自己想出的办法解决以往排队中出现的矛盾，使排队变得更加轻松和快捷。同时，孩子们也慢慢养成了谦让、友好、遵守规则的良好习惯，促进了幼儿优秀品格的养成。

3. 排队升旗这样做

在此活动中，幼儿们用语言描述了升旗排队时发生的不愉快的事情，并分享了他们的感受。他们积极动脑思考了排队升旗的方法，并能够通过绘画的方式表现出来。这一活动增强了幼儿有序排队升旗的规则意识。

4. 排队喝水有秩序

在此活动中，幼儿们用语言描述了喝水排队时做得不对的行为，并分享了自己的感受。他们积极动脑思考了排队喝水的方法，并能够通过绘画的方式表现出来。这一活动增强了幼儿有序排队喝水的规则意识。

5. 班级公约我来定

通过小组活动，幼儿们了解了什么是班级公约，并在教师的引导下总结了班级里需要约定的事情。他们一起制订了班级公约，并讨论了约定的规则。这一活动使幼儿们认识到班级公约的重要性，并增强了他们的责任意识和规则意识。在制订班级公约的过程中，孩子们展开了激烈的讨论，滔滔不绝地发言，这不仅培养了他们的语言表达能力，也进一步强化了他们的规则意识。

四、主题墙的呈现

主题墙是师生互动、生生互动的重要渠道，它让幼儿有了与他人互动的又一渠道。

陈鹤琴曾说:"环境的布置也通过儿童的大脑和双手。通过儿童思想和双手所布置的环境可使他们对环境中的事物更加熟识,也更加爱护。""我们排队喽"主题墙就充分体现了这一理念,它呈现了我们开展活动的过程和幼儿的相关作品。

在主题墙上,我们展示了幼儿发现排队出现的不良现象、进行排队大调查的过程和结果、针对排队各类现象进行的讨论、针对问题进行的谈话记录、通过绘画方式展现的解决方法以及形成的自制小图示等内容。这些内容层层递进,潜移默化中,幼儿通过与主题墙的互动,懂得了排队的重要性,学会了排队的规则,增强了规则意识和秩序感。

撰稿人:伍成媛

编辑手记 🖋

品格教育贯穿一个人发展的始终,幼儿阶段是优秀品格学习的初始阶段和关键时期,一个人在幼儿阶段所受到的品格教育将会影响他的一生。伴随着社会认识的不断加深,幼儿教学中的优秀品格教育越来越受到教师的重视。江安县幼儿园从幼儿品格教学的必要性和重要性出发,以小班生活主题活动的形式,潜移默化地将品格教育融入幼儿一日生活中,考察活动教学中品格教育的内容,并对活动的不足之处进行分析,从而完善了幼儿的品格教育与培养方式,进一步提高了幼儿的整体素养,为幼儿品格教育提供了可资借鉴的有益经验。

四川教育出版社 高玲

体验式生命教育：在"生命院子"中走向幸福和完整

成都市新都区机关幼儿园

2016 年建园之初，我园以"探索生活，发现世界"的理念为指导，实践生活化科学教育。通过影响幼儿生命的各个因素去实施教育是我园进一步深化落实立德树人目标园本化的重要抓手。为了让幼儿在有温度的体验探究中获得生命成长，我们对原有办园理念进行了进一步的思考，提出了新的愿景：建一座充满生命力的院子。希望在这个院子里，生命教育的美好滋养着园里的一切事物，生意盎然的园内是不断进行同频互动的充满生命活力的教师与生机灵动的儿童。

一、"生命院"再利用：全环境立德树人，把院子还给孩子

为了促进生命教育内容与园所资源的整合，创设"时时有生命、处处有生命"的生命体验环境，我园教师充分利用先天的自然环境优势，精心布局，打造了体验式的"生·探"环境，包括"一场两区四园"种养殖体验环境、"三馆一坊"本土生活实践环境、社会性交往游戏环境。

首先，我们全面盘点与梳理了园内的生命教育资源，研讨了哪些是幼儿能够直接参与生命体验的，以期与体验式生命教育内容、幼儿经验形成连接。如春天的樱桃、夏天的石榴、秋天的桂花以及冬天的常青树等，此外，园内的天空农场以及种植、饲养园也是幼儿体验和感受生命的活动场域。同时，为了让孩子们进一步体验生命与自我和社会的关联，我们还创设了包含餐厅、银行、服装店、快递站、面馆等一系列发展幼儿社会交往能力的游戏联动区域，以及让幼儿体验新都本土特色资源的"三馆一坊"本土生活实践环境。院子的各个角落都成了幼儿最爱的"生·探"环境，处处充盈着生命的灵动与美好。

二、"生命事"再审议：三重变革，优化生命体验内容

大量的前期实践显示，幼儿园在实践生命教育内容上存在狭隘或片面理解生命教育内容的情况。一开始，我们根据不同维度以及大、中、小年龄段特点确立了九个生命教育主题内容，但随着活动的开展，我们发现子主题内容还需进一步调整，于是，我们持续实践优化，进行了相应迭代变革。

（一）变革一：赋能教师，创生"生命体验三十例"

随着实践的深入，我们发现，根据幼儿兴趣需要及班本实际生成的内容更能够吸引幼儿主动体验和探究。于是，幼儿园将课程内容开发的权利下移，让教师和幼儿一起进行头脑风暴，创生基于儿童真实需要和体验的生命教育主题内容。在两年的实践过程中，教师创生了"生命体验三十例"，并将其作为实践生命教育活动的重要载体。

（二）变革二：去芜存菁，审议生命体验内容

通过不断地进行课程实践、观摩与研讨，我们也对现有的生命教育主题进行了实践检验并不断调整生发出新的主题，但是否所有的班本实践都能纳入全园性的内容架构中呢？我们又进行了进一步的审议及价值判断。经过深入的思考与定位，我们对之前的生命体验课程进行了调整修订，调整后的生命体验核心理念为使孩子们的生命过程一直保持积极向上的态度，总目标为培养充满生命力、富有探究精神的完整儿童。以此为指导，为了让孩子们尽可能地体验与探究生命的美好，我们重新审议、筛选生命教育内容，提炼出每个年龄段最具典型性和代表性的内容模块，为幼儿的体验探究提供支撑。基于此，班本生成的"生命体验三十例"进一步更新，在原有的优秀主题内容基础上继续去芜存菁，并审议形成"园本化生命体验二十例"。

（三）变革三：儿童在场，优化生命体验内容

在以往的实践探索中，我们虽然关注到了幼儿的兴趣需要以及亲身体验的重要性，但幼儿常处于被动参与体验的角色，较少对主题内容的选择有自主权，我们开始思考"生命体验三十例"是不是幼儿真正喜欢的，于是，我们请幼儿通过绘画、图示、投票等方式，表达最希望在幼儿园体验的生命主题，并结合生命教育需要，添加之前实践效果良好的活动，形成了凸显儿童立场的"生命体验三十例"。

三、"生命法"再创新："一链五路径"范式演变落地园本化实践

实践初期，教师们对于如何基于体验开展生命教育活动十分迷茫，活动质量参差不齐。在结合了专家的诊断意见后，我们把实践中的体验亮点以及共性问题进行梳理

总结，形成了1.0版本的生命体验探究范式以及生命体验活动的实践原则，让教师们在开展生命体验实践活动时有的放矢、有据可依。

（一）1.0版本：**生命体验五路径凸显儿童体验**

通过挖掘生命体验活动的共性特征，我们从实践"有温度的生命体验"出发，深入分析生命教育目标及关键经验，了解不同年龄段幼儿可以体验探究的生命相关内容，最终确立了幼儿园生命体验活动探究范式。生命体验活动探究范式是教师实践的有力抓手，但也存在部分教师理解不清、运用不当的问题，须进一步开展教师使用探究活动范式的使用指导与实践推进。

（二）2.0版本：**新增指导策略便于支持幼儿学习**

为了进一步发挥生命体验活动探究范式的导引作用，我们通过现场研讨、试点实践、回顾调整等方式，继续发现并调整实践中的问题，新增了围绕幼儿探究的学习路径。每次体验活动采取五步生命体验探究范式，即按照"发现问题—感知体验—深入探究—交流分享—总结反思"五个步骤进行，教师可以运用适宜的支持策略，让幼儿手、眼、口、脑并用地进行体验，使其习得受益终身的生命成长经验。

（三）3.0版本："一链五路径"实现可视化指导

为了帮助教师深入领会并使用调整后的活动探究范式，我们通过自学、讨论、互动、培训等形式进行了研讨学习，并进一步收集了教师在实践中遇到的新困惑。

根据遇到的新困惑，我们邀请专家一起把脉，并在反复研讨、诊断、梳理中寻找症结。找到原因后，我们进一步优化，鼓励教师用思维导图、表格等方式把主题活动过程的体验链提炼出来。体验链即教师梳理主题发展的逻辑，并用关键词呈现不同阶段幼儿的关注点及兴趣需要，为教师提供适宜的支架。体验链通过对兴趣经验的价值判断、对体验要点的深度聚焦、对主题实践的反思感悟，引导教师不断关注幼儿需求，极大地提升了体验式生命教育活动的实效。

我园教师在积极实践充满温度的生命教育中，不断转变生命观、儿童观，从教师主导走向儿童为本，从关注结果转向关注体验，生命教育质量实现了质的飞跃。

撰稿人：杨雪、熊仕蓉、邓富玉

编辑手记 🖉

　　在幼儿园阶段落实立德树人这一根本任务，需要回归儿童，关注儿童生命成长的需求。幼儿时期的生命教育对幼儿未来生活以及终身可持续发展有着重要的奠基意义。成都市新都区机关幼儿园通过七年的探索，在专家的指导下不断完善体验式生命教育体系，在理念、环境、内容、实践上持续迭代变革，通过师生的共同努力，实现了生命教育质的飞跃，为幼儿园实践体验式生命教育活动提供了可供借鉴的框架和蓝本。

四川省教育融媒体中心　唐虹

儿童文学 润泽心性

遂宁市河东实验小学校　遂宁市河东新区紫竹路小学

2015 年 9 月，我们延续"旗之志，山之德"的精神文脉，成立了旗山学生文学社，同时遵循书院"邑中人士得附近以安弦，乡达先生各因才而乐育"的育人路径，从"学生文学阅读、学生文学教育、学生文学体验、学生文学创作"四个方面，着力培养学生的文学兴趣，提高学生的文学素养。

一、当初，我们是这样思考的

在现实的教育教学中，我们发现有部分教师过多地用习作课和阅读课取代了真实的学生文学作品的阅读，导致学生缺少在固定的团队中有意义的思维碰撞，学习活动单一、与生活脱节。于是，我们尝试突破现有语文课程体系，在"大语文"的学习活动中创新育人方式，以提高学生的文学素养。

（1）探索通过多种方式拓宽学生文学素养提升的渠道，为学生建构一个真实有趣、多元互动的文学活动平台。

（2）整合各种学习资源，把学校课堂、家庭书房、社会资源、网络资源等进行一系列整合，突破教室、学校的界限，让学生在丰富的活动中进行有意义的学习。

（3）用主题学习的方式融合体验、创造、实践等，从而提高感悟和表达能力，逐步提升学生的"文化基础、自主发展、社会参与"三大核心素养。

（4）构建师生成长共同体。师生都是活动的参与者、学习者，这样，更能解放学生思维，更有利于学生创新思维的激活以及教师和学生在这个平台中的共同成长。

二、现在，我们是这样行动的

学校自 2012 年开始，进行了学科拓展课程的建设与实践，从学生的兴趣点、身心发展的特点出发，开设了一至六年级语文类拓展课程，阅读类包含绘本阅读、童话赏析、名著导读、诗词品悟等，每周保障固定时间，课程呈螺旋上升的样态。我校已有对"主题统整"教学、"群文阅读"和"中华经典诵读"、少年宫活动、网络"主题学习空间"、课外实践基地等课程的思考与实践，都被有效地整合成了学生文学社发展的资源。

作为首届学生文学教育联盟发起学校、四川省教育科研创新联盟学校，在已有的课程体系、资源建设、平台建设的基础上，我们是这样做的：

将学生文学教育融入学科课程和少年宫活动课程之中，搭建师生共同学习成长平台。从低段的绘本阅读、童话赏析，到高段的名著导读、诗词品悟；从讲故事、好书推荐、演讲比赛到辩论赛，每周保障固定时间，做到内容体系清晰明了。

我校图书馆 2017 年被四川省教育厅评为"最美书屋"。以校图书馆为依托，发动学生捐、借、换，在各个班级建立读书角，每个楼层建立流动书吧。在此基础上，我们利用学生文学社和少年宫活动课程对更多学生进行文学教育。

和学校"旗山书韵"读书节结合，开展各种丰富多元的学生文学活动。学校"旗山书韵""让读书成为生活习惯""让读书成为生活享受""让读书成为生活品位"系列主题读书活动为丰富学生的阅读提供了广阔的平台。学生文学社在此基础上设立学生文学奖项，鼓励学生尝试儿歌、学生故事、科幻小品文等的创作，使学生感受到写作的成就和乐趣。

进一步办好文学社社刊，让更多学生优秀作品得到展示。我校自 2015 年 10 月创办学生文学社社刊以来，分别以"感恩""春天""阅读"为主题，编印了五期《旗山学生文学社报》。每一期含"学生作品""教师随谈""好书分享""学子风采""实时快讯"几个板块，可读性、趣味性强，每班以社刊作为再建图书角的资源，每位小作者将社刊作为留存记忆的载体和激励前行的动力。

同时，社团的老师们从征稿、选稿、编辑、插图到最后的排版，积极鼓励学生参与，有效地提高了他们的"审美、善思"文学素养，激发了他们对文学浓烈的求知欲。

名师课堂，分主题拓宽线上、线下学习资源和平台。文学社团老师们在整体规划下，积极着力将自己的文学课程整合成整个社团的活动体系。

巧借文学沙龙，文学社成员互帮互助成特色。定期开展圆桌式文学沙龙，通过读文、自改、互评，提高学生写作水平。在全面训练写童话、童谣、小品、诗歌等文体的基础上，鼓励学生张扬个性，形成自己的作文特色。

发掘社团新生力量，丰富学生文学呈现形式。围绕学生的"文化基础、自主发展、社会参与"三大核心素养，广泛地、有创造性地设计体验活动，巧妙发挥学生的个性特长，带动和感染其他学生。让学生在设计、拟稿、编写剧本、拍摄乃至后期合成中，充分调动自己的积极性，在真实的学习情境中提升自己的文学素养。

组织丰富多彩的体验与实践活动，在活动中提升学生的文学素养。带领学生走进灵泉寺感受遂宁的观音文化，走近观音湖感受清风荷韵，在大自然里领略奇峰怪石的神奇，在春意萌动中感悟人生真谛……采风能够激发学生创作的热情，开阔心胸，有助于健全人格，发展个性。

三、未来，我们是这样展望的

促成教师之美。教师们有较强的课程资源建设意识和能力，始终把树立学生的创新理念、增强学生的创新意识、培育学生的创新合作精神作为活动的主旨与灵魂。同时，教师们的育人视野更广阔了，不再只局限于书本知识的教学，还能够进行多方面素材的整合；不再是单一的说教，而是结合活动，让学生主动参与，以乐促学。

促成学生之美。学生在读中有感悟，在活动中有快乐，在写作中有独特的视野，作品在思维上有广度、深度和高度，实现创作和创新。不仅能够增长学生的文学知识，提升文学素养，还可以培养良好的世界观、人生观、价值观。

撰稿人：况丽、胡艳君、甘丽萍

编辑手记 ✎

教师是童年的筑梦师，更是孩子纯真梦想的守护者。遂宁市河东实验小学校、遂宁市河东新区紫竹路小学从"儿童文学阅读、儿童文学教育、儿童文学体验、儿童文学创作"四个方面，通过开展"旗山书韵""让读书成为生活习惯""让读书成为生活享受""让读书成为生活品位"系列主题读书活动，编印《旗山学生文学社报》等举措，培养学生的文学兴趣，提高学生的文学素养。遵从儿童身心发展的规律，才会有"儿童的视野、儿童的想象、儿童的语言"，清晰认知小学生在不同年龄段的文学素养是有所侧重的，才会达成儿童文学的最美模样：质朴之为美，真实之谓美，灵动之唯美。

四川教育出版社　李萌芽

"水稻大丰收"促进幼儿学习品质的发展

一、案例实施

春季幼儿亲身参与了水稻育苗、垒田埂、造水田、插秧、照顾秧苗等一系列活动，对播种下的稻谷有了深深的情感。暑假过后稻谷逐渐成熟，幼儿迫不及待想要收获自己种下的稻谷，想要将稻谷变成大米。金黄的稻谷对幼儿来说非常神奇，为了支持幼儿通过"直接感知、实际操作、亲身体验"的方式探究大自然的奥秘，我园"水稻大丰收"主题活动由此展开。

（一）稻田里的发现

开学第一天，幼儿就迫不及待地走进田间去探索与发现。教师引导幼儿将这些发现进行了分类，一共分成了五种类型。

发现一：水稻的颜色变化。

发现二：稻秆的长度变化。

发现三：稻谷的饱满度变化。

发现四：稻谷好像成熟了。

发现五：稻田里有的有水，有的没有水。

其中，幼儿尤其关注水稻是否成熟了。

（二）水稻成熟了吗

回家后，幼儿和爸爸妈妈一起查阅资料，总结出了水稻成熟的四大标志：稻穗变黄、稻穗弯腰、稻谷变黄、稻粒饱满。幼儿分小组对照水稻成熟的四大标志进行验证，结果是我们的水稻成熟了，终于可以收获了。

教师充分给予幼儿观察、接触、描述水稻的机会，让幼儿以多感官认识水稻的外形特征，通过实地观察和调查了解水稻的成熟特征。在幼儿表达自己的观察、发现后，教师进一步组织幼儿将各自的发现分类呈现，将幼儿个人零散的经验提升为集体的有益经验，从而发现幼儿的兴趣点：想要水稻成熟，想要收获水稻。

（三）水稻收获计划

幼儿在田间仔细观察着水稻，对水稻的收获方法展开了天马行空的想象。

"可以用炸弹炸出水稻。"

"可以用飞镖把水稻割下来。"

"可以用挖掘机把水稻挖出来。"

教师组织幼儿分析了每个方法的可行性、有效性、安全性。最终幼儿一致认可的水稻收获方法有：用手拔、用剪刀剪、用锄头挖、用锯子锯、用镰刀割。确定好水稻的收获方法后，幼儿又自由分组选择了最想用的工具和方法，经过小组协商，从收获工具、人员分工、保护措施、注意事项四个方面制订了水稻收获计划。

（四）收获进行时

说干就干，幼儿寻找到收获工具后，兴高采烈地来到稻田，和同伴一起忙得不亦乐乎，有人负责收割水稻，有人负责收集水稻，有人负责搬运水稻。甚至还边收获边唱起了好听的歌谣："稻花姐姐把呀把手挥，你看她梳着金呀金头发，结出串串金穗穗……"

率先行动的手拔组的幼儿发现水稻很牢固，无论怎么拔，水稻都纹丝不动。剪刀组的幼儿发现剪刀只能一根根地剪，实在是太慢了。锄头组的幼儿发现稻田里挖出来的泥巴有点臭。镰刀组的幼儿发现镰刀太大了不好割。锯子组的幼儿发现虽然锯水稻的速度很快，但是水田中间的水稻也不容易操作。

当幼儿发现问题的时候，我们引导幼儿思考解决问题的办法，幼儿的办法也是五花八门。比如：大家一起拔、扭一扭再拔、给泥巴喷香水、用水冲走臭味、戴上口罩，一个人扶着稻秆，一个人用剪刀剪，等等。

（五）神奇的稻谷脱粒

在幼儿的共同努力下，稻田里的水稻都已经收到岸上来了。可是怎样才能让稻谷从稻穗上分离，变成一粒粒的稻谷呢？幼儿又开始动脑思考稻谷脱粒的办法：用手剥、扯，用剪刀剪，把水稻使劲儿在地上摔，把水稻放在空箱子里面摔……最后，幼儿分组用自己的方法尝试着将稻谷脱粒，脱粒现场热闹非凡，幼儿欢呼雀跃："终于快要吃上自己种的水稻变成的大米了，真是太开心了！"

（六）稻谷变大米

在接下来的日子里，幼儿用各种办法探索让稻谷去渣、脱壳变成大米，在家人的帮助下终于将稻谷变成了大米。

在收获稻谷的系列活动中，幼儿有自己的朴素理论和千奇百怪的水稻收割方法，有一些想法依照成人的思维，肯定是不可行的。但是教师要做的事情是鼓励幼儿大胆想、大胆说，并且对幼儿的想法提出疑问，引导他们分析其合理性，让幼儿在已有知识的基础上取得进步。

（七）大米可以做什么

大米到底用来做什么美食呢？结合前期经验，每个幼儿都写下自己的想法，真实地参与了投票。我们分别进行了小组和全班性的投票统计，在这个过程中幼儿深刻感知了投票的意义，知道了投票人、计票人、报票员的职责，确定了制作饭团为最终投票结果。

（八）饭团计划

幼儿用表格、图画、符号、流程图设计了自己的饭团计划。有的幼儿用数字序号表示自己的制作步骤，有的幼儿用箭头指引表示自己的制作步骤。幼儿制作的饭团形态各异，有小熊、小猫、小兔子等。但考虑到食品安全的问题，每个幼儿只吃了一口饭团。活动使幼儿既感受到了丰收的喜悦，在动手能力、创造力、想象力方面也得到了发展。

二、案例效果

（一）儿童的发展

大自然、社会生活都是活教材，幼儿园的种植活动能让幼儿接触真实的自然世界。在本次"水稻大丰收"主题活动中，幼儿了解到水稻的成熟特征，体验了收割水稻、将稻谷变大米的方法，自制和品尝了美味的饭团，享受了水稻丰收的快乐。在主题活动过程中，幼儿展现出了诸多积极的学习品质：不怕困难、热爱劳动、协商讨论、积极合作、大胆交流、善于发现、专注记录、乐于实践、善于创造……

（二）教师的成长

在预设和实施主题时，教师聚焦五大领域和幼小衔接，更加关注幼儿多种学习品质的发展。同时整合工作，将种植主题与种植微课结合，做到了事半功倍。在充分尊重幼儿想法的基础上，尝试带着幼儿先进行可行性分析再进行实践。

撰稿人：杨金艳

编辑手记 ✎

　　党的十八大报告指出把立德树人作为教育的根本任务，培养德智体美劳全面发展的社会主义建设者和接班人。党的十九大报告进一步强调落实立德树人根本任务。《3-6岁儿童学习发展指南》对大班幼儿的发展提出几个要求，健康方面要"能使用简单的劳动工具或者用具"，语言方面要"愿意与他人讨论问题"，社会方面要做到"活动时能与同伴分工合作，遇到困难能一起克服"，同时要"引导幼儿尊重身边的劳动者，珍惜劳动成果"。春种一粒粟，秋收万颗子，辛苦耕耘后获得丰收，辛苦劳作后吃上香喷喷的果实，对于培养幼儿勤劳奋斗、脚踏实地、持之以恒的品质有着重要意义。

四川教育出版社　李萌芽

重塑户外自主游戏 焕发幼儿游戏生命力

成都市新都区机关幼儿园

一、背景

目前，我园户外边角场地使用不足，虽然幼儿园有大面积的平整塑胶场地适合体育运动，但缺乏可供幼儿游戏利用的元素；大型玩具缺乏变化，未提供足够的条件让幼儿自主探索；已有的游戏区域内，存在材料投放种类匮乏、长期不更新、与幼儿经验水平不匹配等问题；在户外活动时间，教师会将幼儿带到户外某一游戏场地，虽在一旁确保幼儿的游戏安全，但时间一到，教师便组织幼儿集合返回教室，导致户外游戏与户外活动概念混淆。

我们认为自主游戏是指在幼儿园中幼儿可以自由选择、自主活动的游戏类型。这种自主性体现在游戏场地的选择（从局部区域逐步扩展至全园）、游戏材料的选择、游戏伙伴的选择、游戏玩法的创新以及游戏中的表达与交流等方面。在户外自主游戏中，幼儿的生命力体现在他们旺盛的探究欲、独特的表达力、持久的坚持力以及对生命的感恩之情等方面。

二、实施

（一）空间改造升级

1. 社交游戏"筑梦空间"

利用一楼平台上下连接的许多柱子作为隔断，将其创设为众多类似格子铺的大型社会交往性区域，包括"地球村""花朵的衣橱""积木工作室""钱币总动员""小厨大乐""香香坊""青田印制""萌兔快递"等，为幼儿活动进行互动提供各种可能。

2. 文化游戏"捣鼓空间"

利用操场右前方一棵大树和大树旁边、操场外围的一圈场地，为幼儿提供以新都本土特色为主的"捣鼓空间"，建成三香文化（本土文化资源馆）、小熊探秘（本土动物资源馆）、荷桂飘香（本土植物资源馆）、巧手工坊（本土环保资源馆）、飞转小屋（本土现代科技馆）等五大场馆，让幼儿可以利用废旧物品进行科技小制作，体验科学光影游戏，利用荷花、桂花制作香包等。

3. 探索游戏"生态空间"

（1）坡地立体改造。修剪坡地杂草，铺设绳网，增设梯子用以攀爬；提供木制滑梯，用以从坡顶滑下；斜坡用来抛滚物体；提供野战装备，满足幼儿游戏需要；种植果树，营造彩色四季氛围等。

（2）荒地开辟种养。坡地旁边有一块未开垦的荒地，经翻土施肥后，开辟出种植园，种蔬菜、中草药，坡下开水塘，种水稻，养鸭子和鱼，使荒地生态得以循环。

（3）洼地趣味营造。幼儿园门口左右两侧各有一块洼地，左侧增设水趣循环区，表面铺设瓷砖，幼儿可以在这里打水仗；同时增加 PVC 管，供幼儿探索运水的游戏。右侧洼地充分利用天然的泥土增设考古游戏区，提供宝藏玩具和生活中的废旧物品、挖掘工具、清理工具和修复工具等，方便幼儿在泥土里挖宝藏，用小刷子清理宝藏，为宝藏做标记等；增设玩泥巴区，提供制砖工具和泥塑工具，让幼儿可以制泥砖，玩泥塑游戏。

（4）楼顶天空农场。清理三楼顶楼平台杂物，同时四周架起围栏，整改安全通道，增设"气象站"，用于科学探究。运用现代化床架式栽培技术和自动化灌溉技术，为儿童参与种植提供便利。

（二）创设自主条件

1. 提供充足的自主游戏时间

每周小中大班各进行自主游戏两次，时间为每周二上午九至十点，周四下午三至四点。

2. 投放支持自主游戏的材料

（1）高、低结构材料混合投放。投放各种材质的布料、纽扣、毛线、羽毛等低结构材料和衣服半成品等高结构材料。

（2）材料存放要方便幼儿取放。材料摆放的地点和高度要让幼儿看得到、找得到、拿得到，并能准确放回原处。

（3）材料标识让幼儿自主设计。为方便幼儿准确、有序取放材料，教师会指导并协助幼儿为材料制作标记并张贴。

（4）鼓励幼儿打破材料使用边界。在幼儿自主游戏时，教师支持幼儿自主选择材料，鼓励他们到其他区域寻找所需材料。

3. 充分发挥双主体的作用

幼儿是户外自主游戏的主体，教师要把游戏选择权、自主权、评价权等还给儿童。教师是游戏的支持主体，要通过幼儿选择的主题，了解幼儿当前的兴趣；通过幼儿创设的游戏环境，发现幼儿的表征特点；通过观察幼儿游戏情节的推进，解读幼儿的游戏行为，并在必要的时候给予幼儿适宜的支持。

户外自主游戏前，幼儿表达游戏意愿，教师倾听互动。

户外自主游戏中，幼儿体验游戏乐趣，教师巧用策略支持。

引导：当幼儿在游戏中表现出创造性行为时，教师应用点头、拍手等方式表示肯定。当幼儿不遵守游戏规则需要制止时，教师可用语言、手势、面部表情等进行提醒。

介入：平行介入，即教师在幼儿附近操作相同或不同的材料，起到暗示和带动作用。其目的在于引导幼儿模仿，多适用于小班。交叉介入，即教师在观察的基础上适时选择性介入，或幼儿邀请教师加入，教师通过扮演某个角色进入幼儿游戏，当游戏能顺利进行时则退出。

个性化支持：幼儿在户外自主游戏中存在明显的个体差异，因此教师应站在幼儿的立场，根据幼儿的表现提供个性化的行动支持。例如，对胆小、不敢尝试的幼儿应给予等待的时间；对领导型幼儿应给予认同；对能力较弱的幼儿可提供示范。

户外自主游戏后，幼儿回顾游戏内容，教师梳理提升经验。我们对游戏采用了三段式评价：一是单次聚焦式评价，即幼儿通过分享"哇时刻"来开展自评和互评；教师作为参与者，其目的是帮助幼儿形成核心经验。二是跟踪观察式评价，即通过持续观察、追踪记录、案例解读的方式进行；主体是游戏组教师。三是阶段诊断式评价，即借助主题研讨的方式通过头脑风暴、群体多角度解读等进行；主体是全体教师。跟踪观察式评价和阶段诊断式评价的目的是帮助教师梳理并提升经验。

三、效果

通过梳理游戏关键经验，串联游戏成长主线，帮助幼儿实现游戏的学习进阶，幼儿的游戏水平得到了显著提升。教师的提升也很明显，教师能在游戏中观察幼儿的游戏行为，倾听幼儿的游戏心声，能抓住游戏的契机，并找到游戏深入的方向。园所的育人质量也得到了提升，园所多次在四川省优秀游戏案例评选、四川省游戏优秀玩教具展评、成都市优秀游戏活动展评中获得一等奖。

撰稿：成都市新都区机关幼儿园

编辑手记 ✏️

　　该案例基于园所实际情况，围绕户外活动场地受限、游戏材料缺乏多样性、游戏前中后师幼互动不足等问题，聚焦园所的生态环境，通过打造具有文化认同的"捣鼓空间"、促进社会交往的"筑梦空间"以及鼓励自然探究的"生态空间"实现提升幼儿游戏水平的目标。该案例提供了根据当地条件进行空间优化的方法，具有一定的参考价值。在有效解决空间布局问题的同时，该案例还从儿童的视角出发，调整了游戏开展的时间安排、材料投放的内容和方式，以及师幼活动的支持策略等，为幼儿户外自主游戏创造了必要的条件，充分体现了"焕发幼儿游戏生命力"的教育理念。

成都市龙泉驿区教育科学研究院　李明隆

"三生"儿童社会职业角色体验课程

剑阁县鼓楼幼儿园

一、构建目标——聚力核心经验

剑阁县鼓楼幼儿园围绕立德树人根本任务，聚焦社会领域的核心经验，从宏观到微观构建了一个目标体系，包括总目标、领域目标、年龄段目标、主题目标和活动目标，突出了职业角色体验在育人中的价值。幼儿园以培养"爱生活、爱运动、爱探究、爱自然、爱劳动"的"五爱"儿童为职业体验的总目标，希望在儿童幼小的心灵中培育对职业的认识与向往，从而促进其社会性发展。针对不同年龄段的儿童，根据"三生"主题和不同职业，确立了认知、能力和情感方面的具体目标，以促进儿童在社会领域的核心经验发展。

二、课程内容——突出"三生"主题

（一）"三生"主题全面育人

构建以生活、生命、生态为主题的"三生"社会职业体验课程内容体系，让儿童热爱生活，体验生活；认识生命，尊重生命；敬畏生态，涵养生态。例如，在"生活"领域里，我们提供厨师、医生等职业体验，让儿童悦纳自己，践行社会规范，提升交往技能。在"生命"领域里，我们组织"小农夫""饲养员"体验等活动，让儿童通过种植采摘、饲养小动物等，感知生命成长过程，懂得珍爱生命，养成善观察、爱劳动的好习惯。在"生态"领域里，我们开展"环保卫士""护鸟人"体验等活动，让儿童树立环保意识，养成垃圾分类、爱护环境的好习惯。"三生"主题可以让幼儿从各个方面获得经验，促进其全面发展。

（二）"四·三"体系保证真体验

"四·三"体系即"三生"教育的三维目标、三真环境、三步策略和三元评价体系。三维目标聚焦感知体验、行为技能和情感认知发展，三真环境强调真实的氛围、场景和材料投放，三步策略即职前调查、职中学习和职后交流，三元评价即鼓幼代币、鼓幼工卡、学习故事等评价方式。"四·三"体系有效保证了幼儿体验的真实发生。

三、课程实施——体现儿童立场

（一）创设真实体验条件

1. 创建体验场域

幼儿园先后投资五百余万元，打造职业体验"迷你世界"：创建科技馆、鲁班馆、陶艺馆等六个职业体验馆舍；创建职业体验中心，涵盖警局、银行、美容美发等多种职业体验区；创建黄葛树花园、玉兰树雅园、剑门柏养殖区等区域，以满足儿童的多元职业角色体验需求。

2. 创建真实场景

一是打造真实环境。用儿童语言介绍、描述职业特征和行业规则，营造真实氛围；在体验场馆、社区职场等地创设真实场景，让幼儿体验职业乐趣；投放充满挑战性与趣味性的真实材料，激发幼儿深度探究兴趣。二是挖掘课程资源。巧用人力资源，分析家长资源库中的职业种类，邀请家长进课堂，展示职业技能；邀请本地特色职业及非遗传承人进园，展示职业技艺；灵活使用社会资源，将体验活动安排在社区的不同职场中，营造"三全"育人氛围。

（二）开展真实体验活动

1. 顺应儿童天性

坚持游戏性、情境性、体验性、生成性和递进性原则，以游戏为基本活动，创设儿童感兴趣的生活场景，对环境和材料进行探究，展现真实生活内容和方式。

2. 追随儿童脚步

基于兴趣，寻找课程生发点。基于探究，推动儿童深度学习，获得核心经验。基于发现，支持儿童多元表达，促进表达经验的形成。基于结果，帮助儿童反馈调整，协助儿童开展问卷调查、绘画作品分析，及时调整，满足真实需求。

3. 支持儿童行为

（1）班本个性实施。各班针对园本课程进行再设计、再细化和再深入，与儿童一同参与课程的开发。例如，在"梦想秀工厂"班本实施中，小班教师引导儿童认识服装，了解服装的分类和发展过程；中班教师让儿童体验服装的设计与制作，开展扎染、搭配等活动；大班教师尝试开设服装品牌店，成立市场营销部，为顾客定制服装，并举办"鼓幼时装周"等走秀活动。

（2）项目化实施。例如，"我的六一我做主"活动以项目形式推进，让儿童自主填写愿望、投票选择、计划筹备、制作作品、展示作品以及进行自我评价等，从而将节日的自主权交还给儿童。

（3）多元化实施。通过开展食育类、美育类、劳育类社团活动，体育大循环角色活动，户外混龄自主角色活动等，实现园本课程的多元化实施。

（4）结合节日活动实施。例如，在三八节、重阳节等节日来临时，引导幼儿感受祖辈、父母的艰辛；在国庆节、建军节等节日中，让幼儿盛装参与仪式活动；在中秋节、爱鸟日等节日中，让幼儿开展宣讲等。此外，还让幼儿参与设计并实施园本"科技节""跑山节""书虫月"等八大节日活动。

四、课程实效——落实全面发展

通过社会角色体验课程的实施，儿童获得了丰富的职业角色体验和职场实践经验，他们交流分享的经验和技能越来越丰富，形成了一些关于职业角色的职责、行为方式以及社会规则等的核心经验。幼儿园课程得到了家长、社会的高度评价。幼儿园成为四川省示范性幼儿园、广元市五星级幼儿园，多次获得省、市、县表彰，课程建设经验在省内外推广。

撰稿人：刘建容、杨超、周娟

（编）（辑）（手）（记）✏

剑阁县鼓楼幼儿园以生活、生命、生态为主题的"三生"社会职业角色体验课程，体系架构全面，涵盖幼儿社会生活的各个方面，其"三维目标、三真环境、三步策略、三元评价"也形成完整闭环。课程目标聚焦核心经验，课程内容体现全面育人，课程实施突出儿童立场，在真体验、真参与、真实践上做足了文章，育人主张和改革主张非常鲜明。课程立足"家园社协同育人"的国家政策要求，全方位、多角度进行课程的落地实践，促进了儿童社会性的真发展，让人有耳目一新之感。

成都市龙泉驿区教育科学研究院　李明隆

珍惜水资源 涵养幼儿品格

宜宾三江新区洗马池幼儿园

水的灵动、神奇、变化吸引着孩子们。为了彻底满足幼儿的好奇心，以幼儿兴趣为出发点，在幼儿园内部开展水资源教育很有必要。宜宾三江新区洗马池幼儿园通过"水的探索"教学来引导幼儿全面认识水资源的重要性，促进幼儿阶段水资源教育的有效展开。

一、分析水资源特点

（一）问题初现

在本次活动过程中，幼儿园教师结合之前《小水滴旅行记》绘本教学的有关内容，向幼儿提出问题。

教师问："你认为什么是水？关于水你有哪些想法？"

幼儿们结合该绘本的相关内容进行了讨论，展开了初步的教学内容引入。教师将幼儿们所讨论的具体问题绘制到画本上，形成了有关"水为什么会流动""太阳一照水就没了，这是为什么呢""水从哪里来""云里面有什么？为什么会下雨""水为什么会变成冰""水为什么有不同的颜色"等具体问题的绘画。

子毅说："有的水不能喝，妈妈说水龙头里流出来的是生水。"

思德说："我妈妈说水龙头里流出来的水是脏的，小孩子喝了会拉肚子。"

教师又问："那你们觉得云里面有什么呢？"

欣欣回答："我在动画片中看到过，云里面全是小水滴，它们很轻很轻，可以在天上飘着，但是如果太多了就会掉下来。"

蕊蕊补充说："我知道，掉下来之后就是雨了。"

幼儿们的积极讨论推动了本次教学绘画的进程，丰富了"关于水我想知道"的绘画内容。

（二）分析与思考

在幼儿制作具体问题绘画的过程中，教师通过动画演示和实践操作，引导幼儿观看相关现象的形成过程，或者通过具体实践的方式理解相关现象，进一步丰富幼儿对于水资源的认识。在课程案例展开过程中，全面推动幼儿对于水资源的具体了解，实现具体的案例引入目标。在此基础上，教师引导幼儿进一步分析水资源的相关特点，并将其进行总结，从而帮助幼儿形成对水资源特点的系统性认知，推动幼儿园探索课程案例的有效展开。

二、渗透节约用水意识

（一）问题初现

在幼儿对水资源的特点有了一定认知之后，教师紧接着结合我国环境保护的具体要求，帮助幼儿学习节约用水的相关内容。在具体的教学过程中，教师引导幼儿积极参与节约用水的实践活动，帮助幼儿在教学过程中形成节约用水的意识和行为习惯，保证幼儿良好行为意识的养成。

（二）分析与思考

在幼儿讨论之后，教师给幼儿展示了与地球水资源短缺有关的图片，包括海洋上漂浮的大量垃圾、被油污困住翅膀不能飞翔的海鸟、干旱无雨的沙漠、沙漠绿洲面积的缩小、海水虹吸现象、枯死的树木以及缺水干裂的土地等，让幼儿充分认识到地球水资源短缺的严重现状及原因。教师介绍了过度垦牧、生活用水浪费、全球气候变暖、工业废水排放、植被破坏等各种现象对地球水资源的危害。在此基础上，教师进行了"节约用水，从我做起"的课堂介绍，引导幼儿在日常生活中学会相关的节水小技巧，树立节约用水的观念。

三、开展"水的探索"活动

（一）问题初现

在具体开展"水的探索"活动过程中，教师结合一些与水有关的课堂小实验，帮助幼儿在具体动手操作的过程中形成对水的相关特性的深入了解。

教师问："你们觉得两种颜色的水能够混合在一起吗？如果混在一起水会变颜色吗？"

涵涵回答："我觉得不会混在一起，透明水肯定还是透明的。"

航航说："我觉得它们都是水，肯定能够混在一起。"

（二）实践过程

教师利用两个塑料杯、两个硬塑料片和一瓶红墨水，带领幼儿展开实验。在两个塑料杯内分别倒满热水和凉水，在热水中滴入红墨水，用两个硬塑料片将纸杯完全盖住，并将装热水的纸杯慢慢地倒扣在装凉水的纸杯上。将硬塑料片抽走之后，便可以发现两个纸杯的水没有融合，它们之间颜色的分界线依旧十分清楚。

睿睿说："好神奇！这两种颜色的水没有混在一起。"

沐阳说："拿过来摇摇，就混在一块了。"教师又反过来将凉水杯反扣在热水杯上面，幼儿发现这两种颜色的水慢慢地融合了，直至整杯水变成透明的红色。

（三）分析与思考

在进行"水的探索"活动时，教师将实践活动作为教学重点。实践活动的开展有利于培养幼儿的动手能力，鼓励幼儿在自由实践的过程中探索水的相关特性，能更好地落实本次课程案例的展开目标。在"珍惜水资源，涵养幼儿品格"的教学理念下，帮助幼儿进一步树立对水资源的全面认识，从其外形特征和科学性质等方面了解水资源的相关特性，促进幼儿园阶段"水的探索"课程案例的有效展开。

四、强调环境保护意识

（一）问题初现

教师进一步结合本次教学案例的展开背景，依据我国环境保护的相关内容，在课程的最后强调环境保护的重要性，引导幼儿树立相关的环境保护意识。结合水资源的相关问题，教师为幼儿介绍我国目前所面临的水资源短缺现状，以及造成这种现状的主要原因。

欣欣说："海水污染太严重了，鱼都活不了，好多水都浪费了。"

雨琪说："海水本来就不能直接喝，不过如果海水污染了，对我们喝的水肯定影响不好。"

雨润说："我们日常生活的时候也没有重视过水资源，现在想想我平常用水也好浪费啊，以后一定不能这样了。"

（二）分析与思考

在幼儿充分反思水资源短缺原因的基础上，教师结合责任和友善意识培养的具体要求，将担起责任、友善对待他人的为人处世观念落实到幼儿的具体讨论过程中，培养幼儿的相关观念，引导幼儿更加正视水资源的重要价值，并结合环境保护的相关要求，让幼儿积极参与节约用水活动，在日常生活中践行环保的具体理念。在此过程中，教师还强调培养幼儿的责任意识和友善品格，引导幼儿互帮互助，勇于承担责任，积极保护我们的地球环境，实现绿色家园的建设目标，使本次教学案例主题得以深化。

撰稿人：李秋林、王夕舟

编辑手记

好奇、好问是幼儿的天性，他们善于探索和发现，观察生活与自然界中的一些自然现象。《幼儿园教育指导纲要（试行）》对科学领域提出的目标使我们强烈地感到，科学教育的价值取向不再是注重静态知识的传递，而是注重幼儿的情感态度和幼儿探究解决问题能力的培养。宜宾三江新区洗马池幼儿园在中班开展"水的探索"教学活动，以分析水资源特点、渗透节约用水意识、开展"水的探索"活动、强调环境保护意识为主要内容，引导幼儿树立节约用水意识，增强了对幼儿责任与友善品格的培养，为幼儿园教学提供了新的教学模式。

四川教育出版社　高玲

小熊成长记

宜宾市叙州区第一幼儿园

一、谁是小熊

"老师，他咬我手指。""老师，他抢我的玩具。""他尖叫的声音太难听了。""闭嘴闭嘴，太吵了!"

小熊，一个三岁的男孩，语言发展迟缓，只能发出"呜呜""啊啊"的声音，尚处于连"妈妈、爸爸"都无法发音的词汇量单薄的"单词句"阶段。他常在教室里随意奔跑，经常对着其他小朋友尖叫，不喜欢安静地休息，不喜欢被规矩束缚。由于他不会说话，又常常伤人，班上其他幼儿对其存有抵触与害怕的情绪，不愿意与其玩耍。

作为一名只会通过大哭大闹、攻击动作来表达情绪，常常需要专人照顾的幼儿，小熊已经影响到老师的正常教学活动和其他幼儿的情绪与安全。我们不知道他究竟需要什么样的老师、同伴和活动。我们开始思考如何缓解幼儿的对立情绪，如何潜移默化地让其他幼儿学会尊重、自我控制、宽容与接纳，学会与小熊共同成长。我们在一日生活中坚持全员、全程、全方位立德树人之善美品格教育，通过谈话、榜样示范、移情训练、行为实践等方法，依据无条件地尊重与自尊这两个基本立场，实施人本主义学习理论关于人格自我实现的第一步，开启"知善—趋善—向善"之旅。

二、"三全"共研案例

为了找出幼儿对小熊的抵触情绪与拒绝行为的根本原因并找到解决办法，园级教研团队组织专题研究，教师与幼儿共同参与，家庭与幼儿园携手拥抱小熊。

(一)知善与尊重，全员优化德育观念

小班幼儿处于前运算阶段，具有自我中心主义和不可逆性，根据此特点，幼儿园

结合幼儿的亲身经历，让幼儿感知体验并表达情绪情感，总结提炼出具体"三全育人"的行为实践办法以更好地对待小熊。

（二）趋善与宽容，全程彰显实践品性

在一日生活中"全程育人"，为幼儿提供相应的德育实践机会，通过榜样示范、移情训练等方法，使全员感知体验何谓"趋善"。

小熊非常喜欢把膝盖跪在板凳上，因为这个原因摔过好几次。为了安全，只要他一跪板凳，老师就直接把他抱下来。但是每一次抱下来他都会发怒。第一次发怒，他用双手掐老师，咬牙切齿，大声尖叫。老师出于本能把他给推开了，并且训斥道："你不可以这样掐人！"第二次发怒，他用双手掐老师，气愤得只管甩头，大声哭闹，老师还是出于本能把他给推开了。由于上次的训斥没有起作用，所以这次老师没有再训斥他了，而是很平静地说："这样跪在板凳上会摔跤，你知道的。"但是，他还是会继续跪在板凳上。第三次发怒，他用双手掐老师的虎口，咬牙切齿，气愤得身体都发抖了，但没有大声哭闹。这一次老师没有推开他的手，而是让他继续掐。待他自己松手后，老师抱着他问道："现在心里舒服点了吗？"话音刚落，他便大声委屈地哭了起来。他冷静后，我们进行了一会儿谈话。后来，他跪板凳的次数减少了，并且渐渐地能够听从老师的提醒了。

（三）为善与互助，全方位打破时空界限

当幼儿们有了充分的生活经验和积极的行为趋向时，我们便开始有意识地运用平行教育影响原则，在签到、找座位、穿鞋、点名等一日生活中融入善美品格教育，让幼儿充分体验与人为善的美好。

早操结束后，其他小朋友都已经取下护膝并穿好鞋子，可小熊一个人还坐在地上与鞋子"作斗争"，五分钟过去了，他还是没有穿好。听到他不耐烦地"啊啊哦哦"叫喊后，其他小朋友纷纷主动跑过去帮助他。

在晨间点名活动中，小熊第一次说"到"。"老师，他说'到'啦！""哇！"所有小朋友和老师都激动不已。我们抓住幼儿对他首次发音说"到"的兴趣，借此培养幼儿关心与爱护他人的关键品格。幼儿主动让小熊参与晨间点名环节，耐心倾听与等待他发音。随着时间的推进，小熊能说的话越来越多，能叫的名字也越来越多。有小熊参与的双向交流越来越多地出现在了班级的一日生活中。

幼儿在个体价值与集体利益中维持平衡。通过每天必须进行的行为，在一日生活的点点滴滴实践中，老师有意识地通过语言引导、行为示范，使幼儿潜移默化地将互助、接纳与自我控制等品格渗透至行动中。

三、提炼"立德树人·三全育人"经验做法

我们探索着如何通过此个案研究优化园本课程体系，合理利用社会资源构建家庭学校教育合力，促进幼儿"五育"全面和谐发展，初步形成"三合一"视野下"立德树人·三全育人"经验做法。

（一）校园主导，全员参与

全员参与，全程参研，全方位覆盖。吸取个案研究经验，我园充分发挥校园协同育人的主导作用，加强家庭教育指导工作，展开系列引导工作。

（二）整合资源，全程赋能

坚持依托《幼儿园教育指导纲要（试行）》《3-6岁儿童学习与发展指南》，注重弘扬优秀传统文化，加强爱国主义教育，鼓励家长进学校学习生命教育、法治安全等课程。使家长与幼儿积极参与志愿者活动、亲子游戏、亲子阅读，指导家长在闲暇时间开展丰富的亲子活动，帮助幼儿更好地亲近自然、开阔眼界、增长见识、提高素质。

（三）协同育人，全方位发展

在"三全育人·五育融合"的教育实践过程中，以个案研究为引领，实施系列举措，我们发现在校园的主导作用下，家庭变得更主动，社会支持变得更具体且有效了。

在一日生活中渗透善美品格教育，以真诚一致、积极关注和同理心去营造接纳与宽容的学习氛围，培养关心集体、热爱生活的幼儿，建立"平等""朋友"式的师生关系。个案研究推动幼儿园教育全方位发展，旨在以点带面落实立德树人根本任务，展现一场幼儿向善、家校社共美的长久旅行。

撰稿人：彭志名、徐卓、杨红

编辑手记 ✏️

宜宾市叙州区第一幼儿园基于幼儿小熊个案，以幼儿的成长经历为德育资源，通过"知行统一""付诸善行"，使尊重、自我控制、互助、宽容与接纳等善美品格在幼儿心间萌芽，为幼儿的向善发展奠定基础。通过个案研究、优化园本课程体系、整合社会资源，服务于新时代中国特色社会主义教育事业德智体美劳全面发展的教育方针。幼有所育，学有所教，是党的二十大擘画出的教育强国建设发展定位之一，是"学校积极主导、家庭主动尽责、社会有效支持"协同育人的航标，是宜宾市叙州区第一幼儿园牢扣幼儿德智体美劳全面发展纽扣的探索之举。

四川教育出版社 李萌芽

融德入礼 习礼育德

蓬安县实验小学校

　　"国无德不兴，人无德不立"，注重品德是中华民族的优良传统。为了让新入学的学生尽早融入学校生活，我校为每届一年级新生精心策划了"开笔启智、人生始立"入学礼。通过这种庄重的仪式，学生得以了解勤学苦读、尊师孝亲、崇德立志、仁爱处事的中华优秀传统文化精髓，学会堂堂正正做人、勤勤恳恳学习。经过入学礼的洗礼，学生能真正明白上学的意义，也能培养"爱党爱国、明礼诚信、尊师重教"的优良品德。

一、快乐"入学门"，勤学立志向

　　入学是学生开始学习和成长的起点。孩子们牵着爸爸妈妈的手，踏着音乐的节拍走上红毯，兴高采烈地迈进"入学门"，在大哥哥和大姐姐的引导下，他们怀揣好奇与期待踏入校园，走向身着礼服、头戴花环、张开双臂欢迎他们的班主任老师，并在每班的签名板上留下自己稚嫩的笔迹，开启属于他们的小学生活。在老师的带领下，孩子们参观校园，进一步了解自己的学校，初步激发了对学校、对老师、对同学的喜爱之情，为更好地迎接小学生活、逐步成为阳光向上的尚美好少年奠定了基础。

二、升国旗唱国歌，爱党爱国润童心

　　为了提升广大师生的爱国情怀，增强教师培养德智体美劳全面发展的社会主义建设者和接班人的责任感，每年学校都会举行入学礼升旗仪式暨师生宣誓活动。在雄壮的国歌声中，鲜艳的五星红旗冉冉升起，飘扬在操场上空，同学们挺起胸膛，注视着鲜艳的五星红旗，爱国之情油然而生。

　　在主持人的介绍下，同学们明白了国旗是国家的象征。老师还告诉学生从小要爱护国旗，每次从国旗台前经过要行礼等礼仪常识。最后，在优秀学生代表的带领下，全体师生进行庄严的宣誓，增强对国旗、对祖国的崇敬和热爱之情。

三、明理正衣冠，礼仪需传承

《礼记·冠义》有云："礼义之始，在于正容体、齐颜色、顺辞令。"古人非常重视仪容仪表，认为要"先正衣冠，后明事理"。衣冠不仅仅意味着"遮羞"，更重要的是反映人的精神面貌。衣冠是让学生忆起祖先优秀品德的最好载体，也是让他们知书明理的第一步。教育学生仪容整洁，"扣好人生第一粒扣子"，做一个堂堂正正、干干净净的人是学生进入校园的首要一课。同学们仔细整理衣着，把仪容仪表打理得干净整洁，既理清了思路，同样也是对先贤、老师的尊敬。这使他们既明礼仪又增精神，引导他们在日后的学习中专心致志、心无旁骛。

四、叩拜先师表敬意，尊师重道学做人

千古巨人，万世先师。薪火传承，百代不熄。孔子是中国历史上伟大的教育家和思想家，礼拜至圣先师，在学生心中种下真知、仁义、尊师、孝亲、博爱的种子，引导每一个学生成为有德之君子、好学之才子、博学之学子。同学们庄严肃立，共行三次礼。一鞠躬：一拜先贤，桃李芬芳；再鞠躬：再拜修身，复兴礼数，见贤思德。三鞠躬：三拜大同，家国天下，盛世安平！明礼修身、知礼明德、行礼明事，旨在教育学生长大后成为一个品德高尚的人。同学们低头弯腰，以三拜的最高礼仪叩拜先师孔子，表达敬仰之情，表示对优秀传统文化和敬师重道的尊崇。

五、击鼓呼号弘壮志，鼓足干劲筑梦想

《礼记·学记》有云："善待问者如撞钟，叩之以小者则小鸣，叩之以大者则大鸣。"在古代，读书人要到学宫去考取功名，他们进入学宫的时候，往往通过击鼓的方式来表达他们要读书上进和考取功名的愿望。"鸣志"即"明志"，就是表明自己的志向，意为击鼓的声音越响，声音传得越远，志向就越远大。

在击鼓活动中，同学们挥舞起手中的鼓杵，抖擞精神，提气用力，敲响鼓面，让铿锵的鼓声为他们远大的理想插上翅膀，于九天自由翱翔，风雨无阻，勇敢顽强。一击鼓，寓意尊敬师长；二击鼓，寓意热爱学习；三击鼓，寓意为国争光。鸣志知其远方，而人生不止有远方，更始于脚下。学校、老师、家长都希望学生能走好人生的每一步，健康快乐成长。

六、启蒙描红学写"人"，优秀文化植于心

"人生聪明识字始"，识字写字是学习文化知识的第一步。入学的第一天，老师带领学生描写一个简单却意义深远的"人"字，寓意在人生的启蒙阶段，学会做"人"是最重要的。人字立天地，口字张大嘴，二木能成林，三人众相随。仪式旨在教育学生写好中国字，做好中国人。堂堂正正地立身，要像"人"字那样端端正正。仪式中，同学们在书法老师的指导下，学习正确的写字姿势，聆听书写"人"字的要领，写下入学以来的第一个汉字。这不仅让他们感受到了中华汉字之美，还将文化礼仪、勤奋学习、尊师孝亲等优秀传统文化根植于心。

自古以来，中国以礼仪之邦著称。为了传承"礼"的文化，教师教会学生"知书达礼"，通过仪式感的渲染和营造，在学生心里播下礼仪、品德的种子，促进学生心灵的成长和生命的绽放。

"九层之台，起于累土；千里之行，始于足下。"长期以来，学校以多种形式的活动为载体，为学生创建各类平台，让学生主动参与其中，在活动中快乐成长；逐步形成了鲜明的德育特色，助推学校内涵发展，促进师生共生共长；实现了"以美育美，各美其美，美美与共"的育人愿景。

撰稿人：陈宏伟

编辑手记

"国无德不兴，人无德不立"，注重品德是中华民族的优良传统。为了让学生从入校起就明白礼仪的重要性，知"礼"、懂"礼"、学"礼"、明"礼"，蓬安县实验小学校为每届一年级新生精心策划了"开笔启智、人生始立"入学礼，通过给予学生庄重的仪式感，让学生了解勤学苦读、尊师孝亲、崇德立志、仁爱处事的中华优秀传统文化精髓，进而积极培育和践行社会主义核心价值观，让中华优秀传统文化植根学生内心，涵育学生的德行修养，助推学校内涵发展，促进师生共生共长。

四川省教育融媒体中心　唐虹

践行垃圾分类 争当环保卫士

四川省直属机关东府幼儿园

从小养成垃圾分类的生活习惯对环境保护至关重要。教师要探索新方式，让幼儿主动探究学习，形成学习经验，从而了解垃圾分类的方法，由内而外地养成良好的生活习惯。因此，我们遵从幼儿的兴趣，开展了"垃圾分类 从我做起"的班级项目活动，培养幼儿形成良好的生活习惯和环保意识。

一、分析活动价值，确定活动实施路径

"垃圾分类"这个话题最初来源于幼儿的一次晨间自主游戏。一天早上，几个孩子在益智区玩操作材料时，对电池是哪种类型的垃圾产生了争议，这引起了教师的注意。由此，垃圾分类活动在班级拉开了序幕。

（一）明确活动目标，确定活动实施方案

通过班级三位老师的共同商讨，我们确定了本次活动的目标：通过绘本、视频普及垃圾分类小常识；初步认识垃圾分类的标志，了解不同颜色的垃圾桶装不同类型的垃圾；养成不乱扔垃圾的好习惯，初步建立环保意识；利用玩具或操作材料在游戏中进行垃圾分类，并尝试在生活实践中进行垃圾分类；能维护班级及家庭的环境卫生，善于发现生活中的废旧物品，能利废利旧，变废为宝。

从目标出发，我们还预设出本次活动开展的四个阶段：

课程开始——为什么要进行垃圾分类？

课程序幕——垃圾分类现状调查。

课程探索——我会垃圾分类。

课程延续——废物变宝。

在预设活动阶段准备基础上，我们以目标为导向，拟订了活动内容与形式，绘制出项目活动思维导图。

（二）收集活动资源，确保活动有效开展

1. 甄选活动案例，优化调整并逐步实施

我们根据班级幼儿年龄特点和实际情况，按照活动类型，借鉴了十八篇教案，优化整合活动内容，从知识、技能、情感态度出发，设计了关于垃圾分类的十六项活动，并将其整合到四个阶段里，按计划实施。

2. 多途径利用教学资源，提升活动的游戏性与情境性

为了不断激发幼儿的学习兴趣，我们尝试利用绘本故事、视频短片、图片、音频等方式，调动幼儿的学习热情，以游戏的方式鼓励幼儿积极参与。我们还和幼儿一起表演情景短剧，让幼儿能亲身体验、实际操作、直接感知，充分感受垃圾分类的重要性。

二、通过"五育"并举，培养垃圾分类意识

（一）尝试"五育"融合、坚持德育先行的教育理念

1. 德育——树立良好观念

在此次活动中，幼儿通过故事、视频、新闻案例等，充分了解了垃圾分类的重要性。他们向家人、邻居宣传垃圾分类的好处，让更多人了解、参加垃圾分类活动。

2. 智育——培养良好习惯

在活动开展的过程中，幼儿想了解有多少家庭在日常生活中会进行垃圾分类。为了找到答案，幼儿准备以问卷的形式进行调查，从设计问卷开始，学习如何做调查访问、统计问卷的结果，这锻炼了幼儿的思维。

3. 体育——促进体质发展

在本次垃圾分类活动中，幼儿收集了各种废旧的材料，自己开动脑筋，利用废旧材料制作出了早操器械及游戏锻炼器械，如举重器、报纸球、小推车等。这不仅锻炼了幼儿的动手能力，还促进了他们的身体发育。

4. 美育——提升动手能力

在此次活动中，幼儿不仅能废物利用，而且能变废为宝，用生活中的各种废旧材料做出了许多精美的物品，促进了动手能力的有效提升。

5. 劳育——增强实践

在垃圾分类活动中，幼儿积极学习垃圾分类方法，进行垃圾分类，帮助老师一起

整理班级物品。在家里，幼儿动手制作分类垃圾桶，尝试在家里进行垃圾分类，有了切身的实践体验。

（二）立德树人，养成垃圾分类好习惯

1. 提高幼儿的学习能力

对于学龄前的儿童来说，垃圾分类是一个复杂的过程，这个过程可以拓宽幼儿的知识面，同时还可以有效发展幼儿的学习能力，让他们在日常生活中学以致用。

2. 培养幼儿的归纳整理能力

当幼儿学会并掌握垃圾分类的标准以后，就要进行思考，判断每一种垃圾的类型，这是一个逻辑训练的过程。对垃圾进行分类整理，也能增强幼儿的动手能力与操作能力。

3. 锻炼幼儿的耐心和专注力

在垃圾分类的过程中，有些垃圾的分类判定标准并不是我们日常所熟知的。所以，幼儿在实践垃圾分类时需要耗费一定的时间，这个过程就是对幼儿耐心的考验。大多数时候，幼儿都只有三分钟热度，如果老师能积极引导，让他们了解垃圾分类的重要性，就能有效锻炼幼儿的耐心和专注力。

三、利用家校资源，拓宽辐射影响力

（一）善于利用家长资源

在开展本次垃圾分类活动时，我们给班级家长发放了《告家长通知书》，让家长了解班级即将开展的这项活动。同时，我们通过问卷调查，了解家长对垃圾分类的看法及意见，梳理家长资源，邀请在环保部门工作的家长进入学校进行有关环保知识的讲解，通过家长帮忙收集生活中的各种废旧物品。

（二）深入挖掘幼儿园资源

为了配合班级本次活动的有效开展，我们向幼儿园申请在园内各处设置不同颜色的垃圾桶，给幼儿提供环境资源。同时，我们鼓励班级的幼儿制作垃圾分类展板、海报，在幼儿园各班进行垃圾分类宣讲，让其他班级的幼儿也积极参加到垃圾分类的活动中。

（三）积极拓展社区资源

幼儿在社区工作人员的带领下，走进辖区的小区里，向居民宣传垃圾分类的好处，扩大垃圾分类活动在社区的影响力。

环境保护，造福千秋万代；立德树人，需要从孩子抓起。通过本次项目活动，幼

儿了解了什么是垃圾分类，知道了垃圾分类的重要性，发现了垃圾分类活动中的问题，养成了垃圾分类的好习惯。

撰稿人：江瑛

编辑手记 🖋

让幼儿从小习得垃圾分类知识、养成垃圾分类的习惯，对于环境保护十分重要。教师需要探索新方式，让幼儿易了解、能动手，积极参与垃圾分类，养成良好的生活习惯和环保意识。四川省直属机关东府幼儿园从幼儿在游戏中的疑惑入手，抓住契机，开展了"垃圾分类 从我做起"班级项目活动，借助家长、社区的资源，让幼儿了解、参与垃圾分类，并向他人积极宣传垃圾分类，有效培养了幼儿的学习能力、整理能力，锻炼了幼儿的耐心和专注力，是一次从问题到实践的积极探索。

四川省教育融媒体中心　唐虹

用表演游戏将幼儿引向深度学习

新都区新繁幼儿园新城分园

一、案例过程与解析

（一）缘起"三个公主"

一次表演游戏中，涵涵、诗诗和蓁蓁都穿上了公主的衣服。穿着蓝色裙子的涵涵说："我今天穿的是蓝色裙子，我要演艾莎公主。"诗诗听了，着急地说："我也穿的蓝色裙子，我才是艾莎公主！"就这样，三人站在表演区的角落，迟迟没有开始表演。诗诗说："老师，我们三个都想演公主，但是我听过的故事里是没有三个公主的。"涵涵也说："就是，白雪公主和艾莎公主不在一个故事里。""那怎么办呢？"老师问。蓁蓁想了想说："我们可以编一个关于三个公主的故事。"

分析：涵涵、诗诗和蓁蓁三人都想演公主，但她们在已有的故事经验里却没有发现三个公主的故事，老师通过启发式的提问促使三人萌发了创编新故事的想法。

（二）创编问题多

诗诗说："我最高，我来当大公主。"涵涵说："我也要当大公主。"两人都对着对方大喊："我当，我当！"蓁蓁捂着耳朵说："太吵啦！你们用石头剪刀布来决定吧。"涵涵和诗诗开始石头剪刀布，诗诗赢了，笑着说："我赢了，我当大公主。"涵涵说："那我当二公主。"蓁蓁说："好吧，我当三公主。"

涵涵说："可是我们编个什么故事呢？"蓁蓁说："我看过一个关于龙的电影，里面的巫婆把人变成了石头。我们来演公主被巫婆变成石头的故事吧。"诗诗说："可是变成石头就不能动了，我们怎么表演啊？"蓁蓁说："我们还会变回来的呀。""怎么变回来呢？"诗诗问。蓁蓁沉默了，这时涵涵说："用魔法棒就可以把我们变回来。"三人一边商量，一边画出了"三个公主"的故事。

分析：三人在创编故事的过程中，在角色的分配、情节的设计过程中都遇到了问题，但老师并没有马上介入，而是将解决问题的机会留给幼儿。当涵涵和诗诗都争着想当大公主时，一旁的蓁蓁用老师曾经引导她们解决问题的办法——石头剪刀布，来帮助两人解决了分歧。不仅如此，蓁蓁还通过已有的故事经验创编了把公主变成石头的情节。

（三）初演遇难题

表演游戏开始了，三人去寻找其他小演员加入她们的演出，很快她们就找到了宸宸来当国王，湘湘来当小精灵，可是却没有人愿意演巫婆。

诗诗一脸沮丧地说："老师，怎么办啊？没有人演巫婆，要不你来演巫婆吧。"老师答应了诗诗的请求，和她们一起完成了第一次表演。

在游戏小结时，老师和全班小朋友一起讨论为什么没人愿意演巫婆。

买买说："因为巫婆是坏人。"

言言说："因为没有道具。"

沫沫说："巫婆太丑了，她全身都是黑色的。"

分析：从幼儿们的讨论中老师发现，之所以大家都不愿意演巫婆，是大家对巫婆有一种不好的刻板印象，而且缺少扮演巫婆的道具。经过讨论，幼儿们同意尝试寻找扮演巫婆的道具，幼儿们最终找到了一件披风和一顶尖帽，湘湘主动提出愿意扮演巫婆，表演迎来了转机。

（四）再演出状况

三个表演公主的小朋友一来到表演区就穿上了公主的服装。但是，今天童童带来了一套特警的服装和一把手枪，吸引了班上很多男孩儿的注意，他们在表演区玩起了警察抓小偷的游戏。

诗诗跑过去对宸宸说："快来演国王啊。"宸宸却像没听见一样，和另外几个男孩儿跑开了。蓁蓁和涵涵看见了也去追宸宸，她们抓住宸宸问："你今天不是要演国王吗？"可宸宸看看手里的手枪说："我今天要当警察。"涵涵说："不行，你说了今天要来当国王的。"三人拉着宸宸的衣服不让他走。

这时老师走过去说："你们这样就都玩不了游戏了，还是想个办法解决这个问题吧。"宸宸想了想说："要不我去找个人来当国王？"老师问："你们三个觉得这样可以吗？"她们点了点头。于是宸宸开始去寻找国王的扮演者。这时，宸宸看见了坐在凳子上的乐乐，便走过去问："你可以来当国王吗？"乐乐说："可以呀。"宸宸高兴地拉着乐乐去把这个好消息告诉了三个"公主"。

分析：原本计划好的角色分配却因为新道具的出现被打乱了，宸宸不愿意演国王，使得表演无法继续，三个幼儿拉扯着宸宸使游戏停滞不前。这时老师及时介入，但并没有直接告诉幼儿解决问题的办法，而是将分析和解决问题的机会留给了幼儿，最终在老师的引导下，宸宸主动重新找来了扮演国王的人，解决了问题。

二、理论小结

（一）充分观察，提供显性支持

在幼儿的游戏过程中，内在需求对应幼儿的游戏兴趣点以及对环境、材料和同伴的需要。在"三个公主"故事表演的诞生过程中，幼儿们先是基于三个人都想扮演公主的内在需求创编了"三个公主"的故事，接着在故事表演的过程中，因为场地和角色的需求，尝试去为角色寻找合适的服装，并且邀请其他幼儿加入。这些游戏行为都是基于幼儿的兴趣点和需要产生的，教师在这个过程中，只有通过充分观察才能真正找到幼儿的兴趣点，从而提供有效的支持。

（二）聚焦问题，做好隐性支持

回顾整个游戏过程，我们可以看到每一个阶段都有不同的问题推动着幼儿游戏的发展。当幼儿在游戏中遇到问题时，能想到一种或多种解决问题的办法，不仅是幼儿解决问题能力的体现，也是幼儿创造品格的体现。教师要聚焦小问题，激发幼儿的兴趣并帮助幼儿建立问题和办法之间的连接。教师作为支持者的角色是多变的，可以是提供材料的支持者，可以是支持幼儿想法、参与讨论的陪伴者，也可以是提供适时适当提问的引导者，在理解和适应幼儿需求中推动幼儿表演游戏的进程，以热衷的心态倾听幼儿的表达。

撰稿人：张天凤

编辑手记 ✏️

蒙台梭利曾说过："唯有通过观察和分析，才能真正了解幼儿的内在需求和个体差异，以决定如何协调环境，并采取应有的态度来配合儿童成长的需要。"孩子们的游戏充满了天马行空的奇思妙想，他们的想法和语言让游戏有了更多的互动和有趣的情节。教师在这个过程中应当找到幼儿真正的兴趣点，充分放手但不撒手，提供有效的陪伴和支持，让孩子们将这些想法都实现。孩子们先是将生活中的故事经验应用于故事创编，然后在不断游戏中让故事表演更加成熟，最后再充满热情地分享给身边的人，这个过程中，生活、游戏、学习、发展融为一体，这不就是最好的学习和发展吗？

四川教育出版社　李萌芽

"探秘厨房"主题活动：以感恩之心塑美好品质

成都市新津区五津幼儿园

一、案例缘起

幼儿最感兴趣的职业大多是神气的警察、英勇的消防员、救死扶伤的医生。但是，幼儿对身边普通的职业反而不了解，在和幼儿聊天的时候，老师问道：你们知道幼儿园的饭菜是谁做的吗？大部分幼儿不假思索地回答：是曹老师（保育老师）做的，因为饭菜都是曹老师端回来的。有幼儿立刻反驳道：不是曹老师做的，是端盘子的爷爷做的。可以看出，他们对每天辛苦劳动的厨房工作者并不是很了解。

《幼儿园教育指导纲要（试行）》指出，要"与家庭、社区合作，引导幼儿了解自己的亲人以及与自己生活有关的各行各业人们的劳动，培养其对劳动者的热爱和对劳动成果的尊重"。《3-6岁儿童学习与发展指南》也明确提出了"尊重为大家提供服务的人，珍惜他们的劳动成果"的要求。由此可见，培养幼儿尊重劳动者，是幼儿园开展德育工作必不可少的目标和重点之一。基于以上情况，老师设计了"探秘厨房"主题活动。

二、案例实施

主题活动以幼儿问题为导向，以幼儿的思考促行动，以教师的支持促发展。

1. 初探厨房，发现问题

（1）寻找厨房，引发思考

厨房和厨师在哪里呢？幼儿们七嘴八舌地讨论起来。有的说，我们跟着曹老师去就知道了。还有的幼儿说，我们去问问园长妈妈吧，她肯定知道。最后，幼儿们来到园长办公室，在园长的指引下，他们顺利地找到了厨房的位置。但是当幼儿们好奇地往里张望的时候，却被里面的厨师爷爷阻拦了。厨师爷爷说，这里是厨房，除了工作人员，其他人不能随便进去。并催促幼儿们赶紧离开。

（2）结合实际，合理推测

为什么厨师爷爷不让他们进厨房呢？幼儿们感到不理解，为此，老师组织他们展开讨论。有的说，厨房里有火，爷爷怕我们被烧到。还有的说，刚煮好的菜很烫的，爷爷肯定怕烫着我们，在家里妈妈就不让我进厨房玩。幼儿们结合自己的生活经验，进行了合理的猜测。

（3）集体讨论寻找办法

虽然不能进入厨房，但是幼儿们还是很想知道厨房里面是什么样的，该怎么办呢？为此，他们积极想办法，纷纷出主意，最后决定请老师帮忙拍视频。

2. 再探厨房，深入了解

（1）观看视频，了解厨房

老师按照厨房卫生要求穿戴整齐后，进入厨房，拍摄了厨师们从准备到做好饭菜的整个流程。幼儿们观看了视频后，不禁感叹厨房里看起来好热啊，他们的脸上都是汗，好辛苦啊！虽然没有亲临现场，但是幼儿也有身临其境的感受，并对厨师的工作给予了积极的评价，从心理上肯定了厨师的工作。

（2）鼓励提问，促进表达

厨师辛勤工作的场景触动了幼儿的心弦，引起了他们的关注，同时，他们也有了新的问题：为什么厨师要戴帽子和口罩？为什么要穿筒靴？那些柜子是做什么用的？老师鼓励幼儿将这些问题记录下来，再邀请厨师爷爷到班级里来亲自解答。

（3）邀请厨师，答疑解惑

中午吃完饭，厨师爷爷照例来收拾餐盘，幼儿们拿着自己的问题单来找厨师爷爷提问。一名幼儿还贴心地抬来了小椅子，请厨师爷爷坐下。厨师爷爷耐心地给幼儿们讲解，幼儿们的问题得到了解决。在这个过程中，幼儿能有礼貌地向厨师爷爷询问，对厨师爷爷表达自己的关心。

3. 分享交流，体验备餐

（1）增进了解，体会艰辛

通过跟厨师爷爷的交流，幼儿了解了厨师忙碌的一天。从幼儿的表达、记录中可以看出，他们已经对厨师的工作内容有了更深的了解。同时，幼儿对厨师的态度也发生了改变，从原来几乎不关注，到现在看到厨师能主动热情地问好，他们开始有了尊重劳动者的意识。

（2）家园配合，亲身体验

依据"直接感知、亲身体验、实际操作"的学习规律，老师引导家长指导幼儿做饭，活动得到了家长的积极响应和配合。幼儿们进行了多种尝试：炒菜、切菜、包饺子、煮饺子、蒸馒头、煎蛋饼等。在操作中，有的幼儿经历了失败，有了这些体验后，他们更加意识到每天为自己做饭的厨师、家人的不易。

4. 合作准备，表达感谢

（1）集体讨论，商量方式

为了表达对厨师的感谢，幼儿们展开了讨论，有的说要为厨师爷爷唱首歌，有的说以后要把饭吃得干干净净的，这样爷爷洗碗就轻松多了。幼儿们商量好了以后，便利用游戏和餐前活动时间排练歌曲，制作礼物，准备节目。

（2）制造惊喜，送上感谢

在一个周五的下午，幼儿们带着礼物和祝福出现在厨房门口，正在休息的厨师们感到异常惊喜，幼儿们为厨师们送上小礼物，还送上了精心准备的舞蹈和歌曲。厨师们虽然不善于表达，但感动的情绪写在了他们的脸上，有的伸出大拇指，有的不停地鼓掌，有的和幼儿拥抱。

三、案例效果

"探秘厨房"主题活动产生了良好的效果。

第一，幼儿对身边默默付出的劳动者产生了认同。活动开展后，幼儿们对于幼儿园里的其他劳动者也产生了关注，对待保洁阿姨、保安叔叔、保育员的态度发生明显转变，能看到他们对自己的帮助。

第二，在活动中，幼儿经常一起讨论，促进了幼儿之间的交流，幼儿有话说，想说、敢说，更愿意在集体面前表达想法，提升了自信心。与厨师、幼儿园其他工作者的交流，也扩大了幼儿的社交范围，让他们学会寻求不同的人的帮助。

第三，活动也使幼儿的观察力、注意力、语言表达力等能力获得了发展。活动后，幼儿利用符号表达自己思考的能力明显提升。在实际的操作中，幼儿通过商量、合作、分工，和同伴一起解决了问题，既考验了幼儿解决问题的能力，又增强了幼儿的沟通交流能力。

第四，活动中，家长感受最深的是幼儿能够看到身边人的劳动和付出了，会主动关心正在劳动的家人，并落实到行动中，增进了亲子感情。

德育工作不应该是说教式的，对幼儿园来说尤其如此，没有直接感知的德育是苍白无力的，没有亲身体验的德育也是浮于表面的，没有实际操作的德育更无法给幼小的心灵埋下美好的种子。幼儿园的德育存在于幼儿一日生活的点点滴滴中，这些与幼儿实际生活紧密相连的活动，才能更好地发挥作用，产生更好的效果，帮助幼儿塑造美好的品质。

撰稿人：刘丽

编辑手记 ✎

《幼儿园教育指导纲要（试行）》指出，要"与家庭、社区合作，引导幼儿了解自己的亲人以及与自己生活有关的各行各业人们的劳动，培养其对劳动者的热爱和对劳动成果的尊重"。《3-6岁儿童学习与发展指南》也明确提出了"尊重为大家提供服务的人，珍惜他们的劳动成果"的要求。由此可见，培养幼儿尊重劳动者，珍惜别人的劳动成果的优良品质，是幼儿园开展德育工作必不可少的目标和重点之一。成都市新津区五津幼儿园的"探秘厨房"主题活动以幼儿问题为导向，以幼儿的思考促行动，以教师的支持提供发展，在幼儿园厨师、保洁阿姨、保安叔叔、保育员们惊喜又欣慰的笑容中，有着孩子们最纯真、最珍贵的爱和善良。

四川教育出版社　李萌芽

"橙心橙意"小餐厅项目活动

乐山市机关幼儿园

习近平总书记在党的二十大报告中指出，"育人的根本在于立德"。立德树人背景下的幼儿园德育不仅指向幼儿道德的培养，还应当着眼于将幼儿培养成为人格完善、道德高尚和有责任有担当的个体。对幼儿的道德教育须着眼于个体发展的连续性和系统性。同时还应具有具身性，强调道德实践的知行合一。幼儿园中的项目活动作为一种社会化的问题情境，应引导幼儿独立思考，协同合作，在具体实践中培养幼儿的关键能力、责任感及道德感。

在"橙心橙意"小餐厅项目活动推进的过程中，我园因地制宜，抓住真实的问题情境，创设微缩社会情境，充分调动幼儿的主观能动性，培养幼儿的多种能力。

一、项目活动的互动生成

OK 小镇是我园立足"全人教育，为生命奠基"教育理念，为孩子们创设的与日常教育教学和区域游戏互为参透、互为延伸的真实微缩的社会体验乐园。在每月一次的小镇活动中，孩子们选出他们最喜欢的小镇主题，如自主体验、参与管理、维护秩序、工作挣钱、自由享乐等。随着大班幼儿认知思维能力的发展，项目教学活动可作为重要的支撑幼儿独立活动的教学载体。项目教学活动的主题大多来源于幼儿感兴趣和热烈讨论的事物与现象，强调幼儿自身对活动的兴趣和活动本身的吸引力。

我们的活动围绕"我们为动物客人制作什么美味的食物"这一主题而展开。为了能为下一次 OK 小镇动物狂欢节的新品推出做充分准备，小餐厅的孩子们兴趣盎然。在该项目活动中，"橙心橙意"小餐厅的孩子们自主成立美食研发部、产品设计部和销售宣传部，具有较强的目标导向性。活动作为落实立德树人的长期具体实践，可培养幼儿的多种能力，综合提升幼儿的社会属性，促进幼儿全面发展。

二、项目活动的分工开展

（一）美食研发部的制作橙汁活动

在美食研发部里，孩子们通过多种方式，初步感知了多种水果的外形、颜色和味道。制作食物需要严格的操作规范和流程，围绕如何保证研发美食的安全性、选择何种规格的榨汁机、如何挑选好的橙子三个问题，孩子们进行了热烈的讨论。在正式制作橙汁的过程中，孩子们又发出了疑问："榨汁机跟橙子一样大，怎么做呢？""橙子需要清洗几次呢？""怎么压才能把果肉都压干净呢？"在讨论后，孩子们组成美食研发团队，成员们分工合作，配合默契，全程专注参与。

（二）产品设计部的设计包装活动

美食研发部研发出来的橙汁是用来出售的，孩子们商量要好好设计一下他们的橙汁产品包装。为了更好地了解动物客人的喜好，小餐厅内部开展了一次动物大调查。本次动物大调查从认识动物的外形、动物的食性以及动物的本领程度三个方面展开。小餐厅的孩子们列出了四十种动物，并将它们按照食性不同分为食草类动物、食肉类动物、杂食类动物。根据对动物们进行的大调查所获得的经验，孩子们充分发挥想象力，绘制出各式各样的动物卡牌，给产品设计包装。

（三）销售宣传部的策划售卖活动

孩子们在销售宣传部围绕如何推出新品并宣传进行了讨论，并总结归纳出多种策略。接下来的日子里，孩子们紧紧围绕如何让更多动物客人知道小餐厅推出新品这个问题进行讨论。有孩子提出要主动去找客人来试吃新品，大家听后都纷纷赞同。于是，"去哪里开展试吃活动才能吸引到更多的客人"成为亟待解决的问题。孩子们依据自身在幼儿园积累的生活经验最终确定了三个测试地点，并推选出了三名观察员，选择在发放点心时间结束后进行观察。经过观察后，孩子们制订出最终的试吃方案。此后还通过讨论设计了售卖的工作流程。

三、项目活动中培养幼儿品格成长的策略

（一）游戏稳定且不断深入

随着本次"橙心橙意"小餐厅项目活动的开展，孩子们对推出产品的兴趣不断推动着课程的发展，成为课程的原动力。从主题的确立到实践体验活动，整个项目化学习都以孩子们自己的意愿来推动，孩子们形成了制作—设计—营销的全流程策略。

（二）有意培养实施幼儿自主策略

幼儿道德的发生和发展需要以幼儿自身的实践活动为前提，个体只有在感觉、体验、认识的过程中才能理解道德行为并产生道德需要。整个活动过程展示了孩子们设想、协商、分工合作的能力，我们也从中看到了小餐厅的孩子不断去整合、建构、迁移和创造性地运用知识解决实际问题的历程。孩子们感兴趣的问题是推动小餐厅项目化学习的关键，每一次的提问都是一次经验习得的开始，每一次问题的解决都是一次经验的提升。幼儿园创设开放宽松的道德人文环境，鼓励孩子们直抒胸臆，并自主实施想法，解决实际经营餐厅需要应对的问题，让每一个人都能感受到开放和分享的气氛。

（三）通过谈论使幼儿自主形成道德信念的萌芽

在德育课程实施中充分发挥幼儿的能动性和创造性，孩子们拥有充分的自主性，不论是同伴间的交流还是师幼间的谈话都促进了孩子们情绪的参与，整个活动不断重塑他们的道德认知观念。当孩子们通过一次次商讨修订方案，努力找到解决问题的方法并为客人们提供高质量的服务时，德育课程便焕发出无限的生命力，促进了道德信念的发展。

（四）教师坚持儿童视角，不断更新观念

幼儿有自己的独立意识和道德观念，尽管不成熟，但也有许多值得成人学习和研究的地方。德育的本质是心灵互动，师生应是平等的。儿童应作为主体，在互动中不断实现自我建构、自我发展；只有当教师拥有正确的德育观，才能培养儿童的批判意识、批判精神、批判能力；教师只有从外在于儿童的主导者变为内在于情景中的引导者，才能真正实现由"权威道德"向"人文道德"的转化。

四、项目活动的德育价值提升

幼儿针对如何提升餐厅服务质量进行的一系列实践活动，让他们获得了社会和认知等方面的经历和体验，有利于他们的全面发展。一场场对话与交流就是一次次思想的碰撞和信息的沟通。教师要允许幼儿发表各种意见和想法，鼓励不同的选择、判断。这就是智慧型德育，教师在与儿童进行心灵碰撞的同时展现了自我的魅力，在德育活动中不仅教育儿童也在教育自己，教学相长使两者共同追求智慧而美善的生活。

撰稿人：武书帆

编辑手记 ✎

随着《幼儿园保育教育评估指南》的发布，"品德启蒙"成为学前教育研究和实践中的一个热点。这反映出立德树人在学前教育阶段的深化。根据柯尔伯格的分段理论，三至六岁幼儿的道德判断发展处于前习俗水平，集体生活中的交易、服务、商讨等活动符合这一阶段幼儿做出道德判断的认知水平，对于幼儿道德感的建立有积极意义。幼儿园设置 OK 小镇的大情境，顺应幼儿的讨论推进小餐厅项目活动，教师提供适当支持，看似简单的过程，背后有值得细细品味的教育智慧。

《教育科学论坛》编辑部　张文龙

我们的足球赛

高县沙河镇幼儿园

高县沙河镇幼儿园作为足球特色幼儿园，园内幼儿十分喜欢足球运动。园所通过一系列足球活动，丰富幼儿对足球的了解，提高幼儿对足球的兴趣，让幼儿园的孩子通过足球运动养成顽强拼搏、不怕困难的运动精神。

一、初探足球赛

活动开始，小朋友一起观看视频，初步了解了什么是足球比赛，为进一步丰富幼儿关于足球赛的前期经验做好铺垫。

教师：小朋友们，你们知道什么是足球比赛吗？

佑佑：足球比赛要踢一颗足球。

辰辰：会有很多很多的人参加。

卓瑞：第一名会得到一个奖杯。

老师：老师这里有块黑板，上面画了一个足球场，请将自己了解的足球画下来吧。

在没有标准答案的情况下，幼儿通过自己的观察来解决问题，对于五至六岁的幼儿而言，直观的感受能让他们对事物的了解更加具体。因此教师的回应可以间接一些，支持可以缓慢一些，留足够的空间让幼儿自行探索、独立思考或集体讨论。

教师引导孩子们将自己知道的关于足球比赛的小知识通过画画的方式展示出来。《3-6岁儿童学习与发展指南》指出，五至六岁幼儿具有书面表达的愿望和初步技能，愿意用图画和符号表现事物和故事。这个活动能够有效地为幼儿的前书写奠定基础，也能够为幼儿参加后面的豆娃杯活动积累前期经验，在这个过程中孩子们有在思考用怎样的图案或者符号去表征，潜移默化地锻炼了他们的归纳整理和逻辑思维能力。

二、球赛规则我知道

老师：你们知道足球比赛有哪些规则吗？

宇宇：我知道，不能用手。

彦彦：只有守门员才可以用手拿球。

汐汐：也不能推人和拉人。

珂珂：犯规了要给黄牌警告。

老师：那要怎么才能得分呢？

卓瑞：把球踢进别人的球门才能得分。

老师：那现在我们都知道了球赛的规则，其他班级的小朋友还不知道，怎么办呢？

珂珂：我们可以去给其他小朋友讲。

通过激烈讨论，借助网络资源，孩子们将自己知道的球赛规则画了出来。然后，他们当起了小小宣传员，大胆地走进哥哥姐姐还有弟弟妹妹的班级里讲述道："你们好！我们是大二班的小朋友，我们来给你们讲一下足球比赛的规则。"

《幼儿园教育指导纲要（试行）》指出，社会领域的教育具有潜移默化的特点。幼儿担任小小宣传员的过程，是一个表现自我的过程，尤其在收获到其他小朋友的肯定的时候。通过活动，幼儿敢于在众人面前大胆地讲述与表达，语言逻辑能力得到了发展，幼儿的学习品质也得到了发展。幼儿不仅增强了对足球知识的了解，同时也体验了当小小宣传员的乐趣以及分享的快乐。

三、我的比赛我做主

幼儿在一次观看学前班踢球的过程中，一直在为自己认识的哥哥姐姐加油，小朋友们表现得非常激动，恨不得马上去足球场上踢一场足球比赛，根据幼儿的反应，我们展开了一场热烈的讨论。

珂珂：老师，我们什么时候才可以参加比赛呀？

佑佑：对呀，我也想踢足球。

老师：那你们知道举办一场足球赛都需要有哪些角色吗？

宇宇：我知道，要有运动员。

彦彦：还有记分员和裁判。

老师：那运动员要做哪些准备呢？

卓瑞：要穿球衣、球鞋。

足球礼仪是足球比赛的重要组成部分，它代表了球队的精神面貌，赛前的友好问候、进球时的拥抱、落后时的加油鼓劲和比赛结束后的致谢都是足球比赛必不可少的环节，也能让幼儿学会尊重对手，直面输赢。此外，小健将们的技能也不可或缺。教师带领孩子们练习足球技能，学习双脚交换运球、绕障碍物、射门等。幼儿们有了一定的控球能力，平衡能力也提高了，也掌握了更多进球技巧，在队长的带领下，队员们团结一致，努力练习。

四、我们的足球比赛

随着裁判一声哨响，足球小将们在赛场上各显神通，用精彩的表现为幼儿园首届足球赛打响了头炮！秉承"友谊第一，比赛第二"的运动精神，幼儿们以热情饱满的状态、出色的发挥为大家呈现了一场场紧张激烈、和谐友好的比赛，赛场上的小球员们奋力拼抢，传球、断球、射门，一招一式都颇有专业足球运动员的架势。赛场上一个个拼搏的身影，尽显团结、奋进、拼搏、合作的体育精神，展示着他们勇敢自信、顽强拼搏、健康向上的童年风采。

为了能够满足幼儿游戏的意愿，幼儿园将游戏的主动权归还于儿童，教师充当良好的支持者、合作者和引导者。作为老师，我们应当在生活中充分创造条件和机会促进幼儿对运动的感受和体验，丰富其想象力和创造力，引导幼儿去表现和创造。

撰稿人：谢茂林、陈思羽

编辑手记

足球的育人功能在各大、中、小学和幼儿园中均充分显现。《中国足球改革发展总体方案》提出要"把校园足球作为扩大足球人口规模、夯实足球人才根基、提高学生综合素质、促进青少年健康成长的基础性工程，增强家长、社会的认同和支持，让更多青少年学生热爱足球、享受足球，使参与足球运动成为体验、适应社会规则和道德规范的有效途径"。高县沙河镇幼儿园作为一所足球特色幼儿园，充分发挥足球育人优势，通过开展"初探足球赛""球赛规则我知道""我的比赛我做主"和"我们的足球比赛"等活动，让幼儿主动探索、独立思考，积极参与、充分表现，不仅实现了幼儿对运动的感受和体验，锻炼了他们的逻辑思维能力和表达能力，而且还培养了幼儿勇敢自信、顽强拼搏的良好品质，促进幼儿健康成长。

四川教育出版社　高玲

遇"稻"幸福

宜宾市高县幼儿园

一、活动缘起

新学期开学，孩子们走进教室，被一顶草帽吸引住了。

妍妍说："我暑假在乡下看到爷爷奶奶家有这样的帽子！"

蕊蕊说："爷爷带我去打稻子也戴了这种帽子！"

大家都兴致勃勃地聊起了自己的所见所闻。根据孩子们暑假生活经验提供的线索，老师们决定从稻米开始，为孩子们创设一次"遇'稻'幸福"的主题活动。我们认为，对于大班的孩子而言，主动去观察、去发现、去体验、去探索，能更好地释放他们的天性。

二、活动过程

（一）说稻做稻

首先，让孩子们从视觉、嗅觉、味觉、触觉去诉说自己对水稻的不同感受。

希希说："它闻起来和草的味道差不多。"

依诺说："摸着它感觉有点扎。"

欣锐说："它看着好像小瓜子。"

欣欣说："它是怎么变成米的呢？"

然后，我们制作了一份水稻调查表，让孩子们把疑问用画画的方式写下来。看着一串串对水稻的疑问，我们决定让孩子们以"一株株水稻是怎样长大的"为主题进行一次探索与展示。

有孩子发现褐色轻黏土和泥土很相似，绿色卡纸和秧苗颜色一样，于是提议用黏土和卡纸来"做稻"。他们开始行动起来，把习得的经验运用到"做稻"上，通过捏、揉、剪、插等，把水稻从种子到成熟的状态展示出来了。他们得意地分享着自己的"做稻"成果。

分析：幼儿的探究学习是在真实的环境中与真实的材料互动过程中自然产生的。教师提供让幼儿感兴趣的话题和材料，就能找到支持幼儿自主发展的方法。

（二）稻草妙编

周末，不少家长带领幼儿去附近的农家小院转了转，孩子们又有了不少收获。这不，星期一刚入园，他们就在农耕坊里"嗨"起来。

欣欣拾起若干稻秆，整齐地对准后，抓着稻秆的一头对妍妍说："我已经抓稳了，你把下面系起来吧！"妍妍蹲下去，拿着麻绳一圈一圈地绑好后打上了死结。这两个机灵鬼捣鼓半天后，乐呵呵地拿着成果四处扫地。她们做的是扫把！

扫把成功地吸引来了其他同伴的目光，他们也迫不及待地创作了起来。有的幼儿拾起两三根稻草开始学习编辫子。他们边思考边讨论，比赛谁的作品更有创意。为了大家更方便创作，我们给每个小朋友发了一份稻草记录表。

笃笃："农耕坊里应该有很多稻草人。"

婷婷："我准备给稻草人搭一座稻草房。"

轩轩："那我用稻草做玩具。"

孩子们在说的同时，计划表上已经密密麻麻地记录上了他们的想法，有稻草人、稻草绳、稻草房……

分析：亲近自然是幼儿的天性，幼儿喜欢通过自己的眼睛、耳朵、手去探索世界，教师充分利用家长社区资源帮助幼儿在生活中去感知稻草的作用，并尝试共建农耕坊，为幼儿进一步自主探秘水稻提供了支持。

（三）稻米脱壳

探究还在继续，这不，中午吃饭的时候，小朋友们就问道："老师，稻谷是怎么变成一粒粒米饭的呢？"

轩轩说："是农民伯伯打的。"

浩宇接着问："农民伯伯是怎么帮助稻子脱壳的？"

"我知道，我知道，就是用机器夹一下。"志志激动地说道。

志志说："我知道，打谷机就可以打出大米！"

希希说："奶奶用的中药杵也可以把稻谷磨成米！"

婷婷说："可以用剪刀把稻谷壳剪开，用铁锤也可以！"

我们让孩子们把收集到的关于稻谷脱壳的科学知识做成问题树，布置在区域墙上。大家通过与主题墙的有效互动，进一步体验了探究稻谷的乐趣。

接着，我们提供了一些工具（如剪刀、锤子、中药杵）等，供小朋友们自主探索谷粒快速脱壳方法。最后，大家一致认为打谷机是最方便、最快捷的脱壳工具。

分析：自然课堂，让教育自然发生。教师通过让学生自己尝试，体验让稻谷变为稻米的过程，既能让孩子感受生命成长的神奇，也能感受劳动的艰辛，让小朋友们在自然状态下完成探究学习，有利于促进劳动观念和科学认知的形成。

（四）稻米加工

孩子们第一次知道每天填饱肚子的大米原来是这样产生的，身体力行后真正体会到了"一粥一饭，当思来之不易"。而大米做的美食又引来了孩子们的讨论：爆米花是米做的吗？就这个问题，孩子们又展开了激烈的探讨。

文文说："爆米花是米做的，它的名字里都有米。"

果果说："爆米花不是米做的，妈妈说是玉米做的。"

它"是"或"不是"，不如用实践来弄清吧。

我们准备好原材料，孩子们都迫不及待地想知道答案，带着满满的好奇和大大的疑问聚集在了一起，观察着米变爆米花的全过程。

颢颢说："太刺激啦！它'砰'的一声就变成爆米花啦！"

婷婷说："天呀，太好玩啦！爆米花棒极了。"

孩子们兴奋得手舞足蹈起来。美味的爆米花让孩子们又一次感到了幸福和满足。他们为自己的劳动成果倍加感到高兴。

分析：动手操作能进一步启迪孩子们对食物价值意义的认知。在大自然的课堂里，只要话题有吸引力，就能无限开启孩子们的求知天地，激发探索精神。

三、案例反思

主题活动中，幼儿主要是通过与材料的互动来完成自主学习的，而我们主要是通过发现有利于活动开展的话题来推动孩子们不断探究的。在活动中，我们充分尊重了孩子们自发生成的活动，作为忠实的观察者、聆听者和支持者，鼓励幼儿与丰富的材料进行互动。我们努力运用各种有效的方式激发孩子们生成有意义的活动，鼓励孩子们主动从多方面去寻求答案；以尊重、欣赏、引导和支持的态度记录了孩子们精彩的瞬间。当然，在整个活动中，家长的支持和帮助也是非常重要的，各种经验的前期准备是孩子们能深度学习和探索的基础。不过，在这个案例中，我们的引导还比较粗放，一些更有价值的问题，比如生命意义、劳动价值等的启蒙没有被重视到，这些将在下一次的活动中改进。

撰稿人：文祥瑞

编辑手记

　　这是一个以"稻"为核心的主题学习案例，分叙了说稻、做稻、打稻、食稻几个小活动。案例的亮点很多，仅举三点：一是尊重幼儿主体地位，支持幼儿在生活中学习。主题活动结合秋收的时令，贴近幼儿生活，能激发幼儿的好奇心、探究欲，培养他们自主参与和学习的意识。二是善于捕捉教育契机，支持幼儿不断探索。老师能从幼儿提出的问题生成探究的主题，并引导幼儿进行深度学习和体验式学习。比如"水稻是怎么生长的""稻谷是怎么变成米饭的""爆米花是米做成的吗"等问题，都是引发幼儿的探究冲动的关键点。三是案例的叙事生动有趣，牢牢抓住师幼的互动，记录幼儿的问题和探究过程，给人留下深刻印象。

成都市龙泉驿区教育科学研究院　李明隆

垃圾不落地 家园更美丽

遂宁市船山区顺南街小学校

一、现状分析

遂宁市船山区顺南街小学校位于市中区，人多地窄，不少学生有随手乱扔垃圾的坏习惯，环保意识较差。多年来，学校虽然采取了一些措施狠抓学生卫生环保习惯的培养，如升旗仪式强调、班队会教育、陋习曝光、各类环保评选、班级考核等，但效果不明显。因此，如何将卫生环保与教育教学管理紧密结合，如何让学生将环保意识真正内化于心、外化于形，如何形成一以贯之的长效机制和系统解决方案，是我校长期以来深受困扰和期待破解的重要问题。

二、解决措施

2020年，学校自开展"垃圾不落地 家园更美丽"的环保习惯教育系列活动以来，采取了以下措施：

（一）宣传教育

学校充分利用微信公众号、LED屏、红领巾广播站、环保教育宣传栏等宣传阵地，通过设计环保宣传标语、举行板报评比等，引导学生重视环境卫生。同时把爱护环境、珍惜资源融入日常教育教学当中，利用升旗仪式、主题班会、思政课等开展环保教育，积极引导学生从我做起、从身边小事做起，强化学生的主人翁意识，让勤俭节约、低碳生活理念在学校蔚然成风。

（二）调查实践

在全校开展减少生活垃圾的调查实践活动，引导学生追根溯源，在调查体验中总结反省自己的行为，同时学习垃圾分类及回收知识，树立绿色生活理念。

（三）行为控制

1. 自带口袋

学校自开展"垃圾不落地"活动以来，对每个班级的垃圾桶进行了回收，各班教室内外均不放置垃圾桶，只在每层楼指定位置设置垃圾收集点。同时，要求学生每个人准备一个垃圾袋，放在抽屉里，随时盛装自己产生的干垃圾，在放学回家路上扔进垃圾桶。

2. 区域包干

学校实施划片区域包干卫生管理责任制，即包卫生、包绿化、包秩序的"门前三包"卫生管理制度。教室内的每一个学生主要是承包自己的课桌及其周围的地面清洁卫生，相邻两桌分不清的公共区域则共同承担。

3. 清洁值日

全校各班持续开展"一人一岗""争当清洁维护员""争当值日班长"等活动，培养学生的责任心，使其养成良好的卫生习惯。

4. 广播提示

每天下午放学铃响前五分钟，专门设置语音提示："现在是教室统一保洁时间，请每位同学将自己座位下面的垃圾捡拾干净。"

5. 教师责任

学校所有教师均是"一岗三责"，包括教育教学责任、安全管理责任、清洁维护责任。班主任负责对全班学生进行教育，全面发力，巩固学生的行为习惯。科任教师则负责当堂课的清洁维护。学校把任课教师的清洁维护情况纳入课堂教学考核范畴。

6. 主动捡拾

学校长期持续开展"弯弯腰，伸伸手，举手之劳，我能行"活动，教育学生不管是在校内还是校外看到垃圾均要捡起，并扔进垃圾桶。对于乱扔垃圾、看到垃圾视而不见的这一类学生，对其进行严肃的批评教育，同时，扣除该班当周"品格红旗班"考核分。

7. 检查评比

（1）班级自查

在每个班的黑板报上，有一块专门的"达标夺星"区域，在醒目的位置设置"环保达标小卫士"，营造争先创优的氛围。将定时检查与突击检查结合，每日三次，分三个时段进行定时检查。

（2）学校抽查

学校巡课组在巡课的同时一并查看清洁卫生，对表现差的班级进行详细的记录。学校组织行政值周人员、大队辅导员、学校卫生员、大队委劳动委员等组成的队伍，随机通过调取各班同一时间的监控录像进行抽查。

（3）优秀评选

开展环保小达人、品格红旗班评选活动。学校精心设计"环保小达人"评选标准，班主任根据学生在班级内的表现情况推荐参评。

（4）随机观察

①校内观察。学校每次开展集会活动后都会对学生离开后是否留下垃圾进行观察记录，并进行专项评价。对于环境保持得好的班级进行通报表扬，反之则进行通报批评。考核结果也会计入比赛成绩，纳入学校的总体考核范畴。

②校外观察。校外观察主要指对学校周边的环境进行观察。学校专门组织红领巾监督岗以及社区人员和家长志愿者等，对学生可能出现的不良行为进行跟踪与抓拍。同时与学校周围的店主进行合作，签订门前"三包"责任书。一是要求这些店铺要有专门的垃圾桶，让学生有扔垃圾的地方；二是对表现好的予以肯定，对于不好的店铺责令限期整改。

三、产生效果

（一）学生的变化

通过活动的持续开展，学生的环保卫生习惯已经自然而然地养成，看到垃圾都会争先恐后地去把它捡起来，整个校园干净整洁。学生在整个"垃圾不落地 家园更美丽"活动中学会了参与集体活动。通过劳动实践岗位的锻炼，他们也更加珍惜自己的劳动成果。

（二）教师的变化

以前教师是"一岗双责"，现在是"一岗三责"。在教学的同时，教师不仅要负责学生的安全，而且还要负责所教班级当堂课的清洁卫生管理。教师在教育学生的同时也以身作则，管理好自己的办公物品，打扫好自己的办公室，为学生做好榜样。

（三）学校的变化

如今走进校园，随处可见的是窗明几净、干净整洁的环境。学校频繁接待领导调研、同行参观等，领导和同行们也对学校的环境卫生、师生的环保意识给予了充分肯定。

四、反思展望

"垃圾不落地 家园更美丽"活动虽然经过三年的实践取得了一定的成效，但是还未能形成一个稳定长效的机制，还有很多细节需要完善。如捡拾方法比较单一，师生捡拾后及时洗手条件不便，因垃圾袋保管不善而污染其他物品，对曝光的乱丢乱扔垃圾行为人的隐私保护还有待研究和优化，等等。

"冰冻三尺非一日之寒"，每一个优良习惯的培养，都具有反复性和长期性。今后，我们将继续坚定信念、系统治理、精准施策，持之以恒地抓学生的环保卫生习惯，真正让好习惯伴一生！

垃圾不落地，家园更美丽，我们一直在路上……

撰稿人：罗艳军

编辑手记 🖊

遂宁市船山区顺南街小学校把立德树人放在工作的首位，以巩固"四川省文明校园"荣誉为抓手，以社会主义核心价值观教育为重点，全面推进学生环保卫生习惯教育，优化"品格红旗班"和"环保小卫士"评选机制，采取环保卫生习惯实景检测、每日环保语音提示、教师"一岗三责"等措施，让学生在实践过程中形成正确的环保观念，养成环保卫生习惯，促进学生人格健全，培养学生劳动实践能力，实现核心素养背景下的全面育人。

四川教育出版社　李萌芽

小沙池 大乐趣

成都市温江区惠民幼儿园

　　幼儿们对沙和水有一种天然的亲近感。在上个学期，我们已经在沙水区进行过游戏，幼儿们也在游戏中初步感知了沙子的特性，初步掌握了使用工具和运用抓、垒、挖、压、拍等技能，在游戏中促进了大肌肉、小肌肉动作的发展。这学期，幼儿们来到新的游戏场地，都十分兴奋。

一、没有水的管道

　　在某次沙池游戏的时候，幼儿们发现水管里面没有水。面对这样的情况应该怎么解决呢？教师请他们在下次游戏的时候进行探究。在幼儿们玩耍的过程中，老师充当引导者，找准幼儿需要的点"推"幼儿们一把。

二、架管引水初尝试

　　子逸拿来了 U 型管接在了水龙头下面，在水管底部又放了一根水管，"我再把入口挖得深一点"，子逸边说边顺着水管底部用力挖着。几分钟后，幼儿们迫不及待地打开了水龙头，水从水龙头里流了出来，但是只有少量的水流到了 U 型管里。

　　老师开始启发引导："刚刚老师看到运水时两头的管道都在流水，最后只有一点点水流入了沙池，这是为什么呢？"

　　玛莉："因为管道是平的，两边一样高。"

　　媛媛："管道拼接处没有连接好。"

　　蹦蹦："管道要放得低一点才行。"

　　老师："有没有办法解决这些问题呢？"

　　幼儿们将自己讨论的方法通过绘画的形式记录下来，准备下一次去实施。

三、架管引水再尝试

有了上一次的讨论，幼儿们再次来到沙水区前，自主地分为了两个组：挖水沟组和管道固定组。挖水沟组的幼儿们分工合作，有的寻找适合的铲子，有的将沙往外挖，有的将水渠内部加工让其变得光滑。管道固定组的幼儿有的提前准备了透明胶和麻绳，有的扶住管道协助固定管道。

幼儿是游戏的思考者，幼儿们遇到困难，也在不停地想办法。在游戏中我们发现，进入中班下学期，幼儿们的同伴交往能力明显比上学期增强了很多。从他们一起挖沟渠、互相配合、主动申请加入同伴的行为中，都可以看出幼儿社会性能力的增强。

四、消失的水

经过挖隧道、挖河流、成功拼接管道等环节，幼儿们正式开启了沙水游戏，这一次大家成功地将水引入了沙池。看着水龙头的水流入沙池，幼儿们抑制不住地开心。可是游戏结束后，老师带领全班幼儿进入沙池，大家都感到十分奇怪，因为沙池里面的水都消失了。幼儿们发出了疑问："我们河道里面的水呢，被晒干了吗？"

老师："这是什么原因呢？小朋友们，你们来说说看自己的想法吧！"

柚子："可能水被沙子喝掉了吧！"

泡泡："可能是水太多，沙子来不及喝水，水漫出去了吧。"

天天："水倒在泥地上不会那么快干，倒在沙子里一下就不见了。"

思涵："水倒得太少了，水多一点就不会那么快就干了。"

嘉嘉："沙子干的时候漏得更快！"

为了满足幼儿的探知欲望，帮助他们解决游戏中的疑惑，引导他们了解水具有渗透性，而沙子之间的空隙能吸收水分的特点，老师和幼儿们一起进行了科学实验，引导他们在透明的罐子里放入干沙，再逐步加水，观察其变化。通过"沙与水"科学小实验，幼儿们更直观地感知了干沙子能吸水的特点。在讨论、设想过程中，幼儿们的探知欲望更强了，纷纷表示还想玩沙水游戏。

五、水到渠成

上一次幼儿们探索了如何固定管道，但是这一次游戏时管道与水龙头连接的地方不太牢固，正当幼儿们苦恼时，消防叔叔来巡逻时发现了这个问题，并帮助他们固定了连接处。此时，其他幼儿在另一边挖了一条深水渠，水顺着渠沟流了过来。嘉嘉喊起来："哇，水来了。"眼看水渠快要打通，嘉嘉用铲子刮平了沙面，文文用铲子使劲一铲，水流了过来，和他们挖的渠道合在一起。泽泽站起身说："它们汇合了。"

这时老师开始启发引导："他们是怎么将水引入挖好的渠道的呢？"

孩子们争先恐后地回答："他们用管子接住水，然后水就流下去了。""管道要两个人合作一起放，从高到低才行。"

老师："泽泽说了'汇合'这个词语，你们知道是什么意思吗？"

幼儿们说："就是两边的水流到一起吧。""汇合就是两条水渠打通了，水从两边过来，合在一起。"

在游戏中最后打通两条渠道时，泽泽脱口而出一个词语"汇合"，从中能看出他有一定的生活经验积累，词汇量丰富，语言表达能力较强。

六、怎么过河呢

沙池中出现了一条条的河道，媛媛站在河道前，想跨却又不敢跨。嘉嘉跳了过去，河道边的沙子因为嘉嘉的跳跃掉落在河道中。

媛媛："你把河道弄坏了！"

嘉嘉："我再把沙子挖出来就好了。"

媛媛："肯定是你踩得太用力了。"

其他小朋友听到了争吵声，逸逸有些生气地说道："不要跳来跳去，会塌的！"大家面面相觑，不知道该如何解决这个问题。

我把这个问题抛给幼儿们，进行了关于如何过河的讨论。幼儿们异口同声地说："我们可以造桥啊！"

关于怎么在河上架桥、架什么样的桥，幼儿们展开了激烈的讨论，并进行了造桥设计图的绘制。随后，幼儿们还通过多媒体的学习，了解了我国许多的大桥。这些气势雄伟的桥梁让幼儿们大开眼界，同时也让他们更加期待接下来的造桥行动了。

七、造桥成功啦

幼儿们跃跃欲试，带着设计图，再次踏进沙水区。搭建完简易的人行天桥后，桥却在实验时被水一冲就塌了。于是他们试着加固桥底两边，并从一块桥面增至三块长方形的并列桥面。幼儿们为了加固桥，用沙子填缝，几个人反复试走了好几次，在终于不塌的情况下还用沙水混合盖了一层在桥面上，他们的人行天桥终于造成功了。

游戏中我们惊喜地发现，幼儿的观察能力、探究能力、交往能力、想象能力、动手能力等都得到了提升。

撰稿人：陈雨诗、李祎果

编辑手记 🖊

　　夏天是属于幼儿的季节，是个多姿多彩的季节。幼儿有着与生俱来的好奇心和探究欲。夏天有很多有趣的游戏可以开展，比如玩水纳凉、游泳池嬉水等。同时幼儿也对沙子、泥土十分感兴趣，在沙水区，幼儿则可以完美地将两者结合，感受游戏的乐趣、科学的奥秘、美学的精彩。幼儿园应在教育活动中不断渗透对幼儿合作意识与合作精神的培养，适时地进行引导从而拓展幼儿的兴趣点，拓宽幼儿的思维；引导幼儿体会合作的意义与价值，鼓励幼儿学会分工合作，完成团队合作任务。对幼儿来说，在游戏中深度学习的发生不仅体现在其解决问题、建构知识的过程中，更体现在其多感官、多维度参与的过程中。

四川教育出版社　李萌芽

做有趣的护水小卫士

四川省资阳市乐至县第二幼儿园

一、活动缘起

水是人们生活的必需品，在日常生活中孩子们经常能够接触到水。而幼儿喜欢水似乎是一种天性，只要有机会、有时间，他们就会去玩水。特别是在幼儿园一日活动的洗手环节，很多孩子到了大班了还是会把袖子打湿，原因就是在洗手的时候玩水，还有的孩子会主动地在吃完水果时帮忙清洗果盘，有时候几个小伙伴还在里面边洗边哈哈大笑，不难看出他们有多么喜欢水。但也正因如此，幼儿园的水龙头经常出现滴滴答答没关紧甚至哗啦哗啦流水的现象。节约用水真的很难吗？

二、原因分析

幼儿对水有着天生的好奇心和兴趣，但是对于这样玩水是否会打湿衣服，是否会浪费水却没有概念，他们知道的是——我玩水玩得很开心！对此，我们的思考是：当幼儿对水的关注不只是局限于简单地玩水，而是能深入去发掘关于水的认知，在尊重和保护幼儿的好奇心和学习兴趣的基础上，我们将教育和生活融合，激起幼儿积极主动探索如何有效节约用水，孩子们会不会主动成为护水小卫士呢？

三、实践探索

为了更好地帮助幼儿深入地了解水的特性，我们尝试给幼儿提供丰富的材料和适宜的工具，支持幼儿在游戏过程中探索并感知水的特性、了解水的广泛用途，进而明白水的重要性，养成爱惜水资源的意识，学会节约用水，保护地球。

1. 收集水

既然是要帮助幼儿学会节约用水，我们首先要做的就是让幼儿了解水是从哪些地方来的，因此我们借助绘本故事《水的旅行》开展了集中教育活动，这个绘本以水彩和拼贴的形式，将水循环的过程描绘成了水在地球上到处旅行的故事。

在认识到保护水资源的重要性之后，我们也要让幼儿知道生活中使用的每一滴水都来之不易，就此我们开展了收集水的活动。

（1）下雨天集水

一个雨天，我再次重提水从哪里来的问题。

看着窗外正下着的雨，翔翔反应最快，他灵机一动，兴奋地举手大声道："我知道，我知道，是从天上掉下来的！"

其他小朋友也不甘落后，纷纷说出自己的想法。

旭旭说："水是从水管里来的！"

涵涵说："不对，不对，水不是从水管里来的，是从河里来的！"

彤彤说："我们喝的水是工人搬过来的！"

……

我继续抛出问题："那矿泉水又是怎么来的呢？"

幼儿们也有许多的猜想，我们最后结合视频来帮助孩子们了解饮用矿泉水的收集生产过程，这也正好引起了幼儿们收集水的兴趣。我们准备顺势而为，借着这场及时雨，让幼儿们都当一回大自然的搬运工。幼儿们在教室各处寻找能够作为收集雨水的工具，有盆子、洒水壶、水桶、纸杯、瓶子等，只要是能接水、集水的都被他们用了起来。然后幼儿们兴高采烈地跑到屋檐下去收集雨水了。

（2）日常集水

有了下雨天集水的经历，幼儿们好像对收集水的兴趣更浓了，但是由于天气晴好，下雨的时间比较少，那之后就很少再有下雨天集水的机会了。一天，涵涵在洗手的时候然然兴冲冲地跑过来跟我说："老师，水槽里有好多的水，我们可以把它装起来吗？就像下雨天那样？"

我说："当然可以。"

她高兴地找来盆子，拿了个纸杯将水槽里的水舀了出来。

看她这样积极，我就顺势一问："你打算拿这些水来做什么呢？"

她说："可以冲厕所呀！还可以拖地，我婆婆在家就是这样做的。"

听到幼儿的话，我不禁想到果然家长是孩子最好的老师。

2. 水的重复利用

水是可以重复利用的，节约用水，将水重复利用起来是个非常好的办法。所以，我们结合家园共育开展了节约用水打卡活动，鼓励家长和小朋友一起，大手拉小手，从生活中的点滴做起，在家养成节约用水、重复利用水的好习惯，帮助幼儿培养良好的节水意识，弘扬节约用水美好品德。

3. 趣味水实验

收集的水可以重复利用，除了冲厕所、拖地、浇花等，还可以用来完成许多有趣的水实验。为什么孩子们喜欢玩水？举个简单的例子：当幼儿在洗手时，将手按在水中，如果微微卸去力气，手就会慢慢地从水中浮起来，孩子们可能不太明白为什么，但觉得十分有趣，从而乐此不疲地将手用力按进水中，然后卸力浮起来。所以在幼儿们再次收集日常用水时，我们组织他们来了一场沉与浮的小实验，一起探索了沉与浮的奥秘。幼儿们不仅在校园内完成了小实验，回到家中也寻找了许多生活中常见的物品进行实验，了解到了更多生活中物品在水中的沉浮情况。此后，他们会更加盼着做更多的有趣水实验，在玩耍中了解水的各种小奥秘和相关小知识，真可以说是一举两得。

四、活动反思

幼儿的成长是在不断探索中发生的，教师需要做的就是在情感和行动上给予鼓励和支持。节约用水并非小事，长期坚持更是大美德。水是生命之源，需要小卫士带动身边的大卫士一起守护，让良好的习惯、美好的品德相互传递，让明天将更加美好！

撰稿人：李翠

编辑手记 🖊

《3-6岁儿童学习与发展指南》指出，要支持幼儿在接触自然、生活事物和现象中积累有益的直接经验和感性认识，引导幼儿关注和了解自然、科技产品与人们生活的密切关系，逐渐懂得热爱、尊重、保护自然。乐至县第二幼儿园将节水教育融入幼儿一日生活，让幼儿观察、讨论、实验，探索水的奥秘，既满足了幼儿对水的好奇心，尊重了他们对水的兴趣，又能让他们了解关于水的更多知识，安全快乐地玩水，从而增强了幼儿的节水意识，使节约用水的美德之树在幼儿心中不断茁壮成长，给予幼儿较大的成长空间和生命活力。

四川教育出版社　高玲

甩纸"炮"那些事儿

高县硕勋幼儿园

一、课程缘起

　　幼儿的学习是以直接经验为基础，在游戏和日常生活中进行的。民间游戏作为我国传统文化的组成部分，是很好的学习资源。本学期，高县硕勋幼儿园的一个班级在开展"我的爸爸妈妈"活动时，孩子们通过与爸爸妈妈聊天，知道了很多爸爸妈妈小时候玩过的民间游戏，并对此产生了浓厚的兴趣，结合这一教育契机，教师随即生成了该班的班本课程——甩纸"炮"。

二、课程目标

　　(1) 了解生活中常见纸的名称和用途，感知纸易折、易撕、怕水等特征。

　　(2) 在折纸"炮"练习中巩固对长方形、正方形、三角形的认识，并能理解它们之间的关联性，发展幼儿的手部精细动作；在甩纸"炮"活动中发展幼儿手臂力量。

　　(3) 在实践操作中探索纸"炮"的大小对纸"炮"威力的影响；乐于与同伴共同参与探索、创造活动，体验合作与分享的乐趣。

　　(4) 培养幼儿懂得节约用纸的道理，树立初步的环保意识。

三、活动过程

(一) 折纸"炮"

1. 练习折纸"炮"

幼儿在了解了折纸"炮"步骤图之后都迫不及待地想自己动手试试了。

虽然幼儿们都自信满满地尝试折纸"炮"，但是，万事开头难，很快教室里就出现了此起彼伏的"老师，我不会""老师，是这样的吗"的声音。让我们一起来看看幼儿们在这个过程中都遇到了哪些问题吧。

问题一：短边和长边没对齐。

问题二：第七步时折的小三角形位置不对。

问题三：第七步时折的小三角形方向不统一。

2. 总结与分析

幼儿的科学学习是在探究具体事物和解决实际问题中，通过尝试发现事物间的异同和联系完成的。教师要充分利用实际生活机会，引导幼儿通过观察、比较、操作、实验等方法，学习发现问题、分析问题和解决问题。幼儿在第一次尝试的过程中遇到了很多问题，但是在教师的引导、同学的帮助下，大部分幼儿最后都能自己折出纸"炮"。

3. 幼儿习得

（1）巩固了对长方形、正方形、三角形的认识，发现长方形可以变成正方形，正方形可以分为两个三角形。

（2）认识了图形的边与角，能区分长边和短边。

4. 设计标识

当教师给幼儿把纸"炮"写上名字，收集在一起之后，幼儿们再去拿纸"炮"来玩时，他们却不能准确地找到自己的纸"炮"，需要教师的帮助。后来有一名幼儿说："老师，我想在我的纸炮上画一个画，以后我就能找到它了。"随即其他幼儿都纷纷给自己的纸"炮"画上了标识。

（二）甩纸"炮"初体验

饭后休息时，幼儿们都迫不及待地尝试自己纸"炮"的厉害，都自发地去找自己的纸"炮"来相互拍打。

幼儿们在多次尝试之后，跑来问："老师，为什么我们的纸'炮'都打不翻呢？是不是我们折的纸'炮'不对？"是的，幼儿们遇到了新的问题——自己做的纸"炮"无法取胜，所以他们怀疑是自己折的纸"炮"有问题。为了弄清原因，我加入了他们的"比赛"中，结果，不一会儿就赢了，所以纸"炮"是没有问题的，于是，幼儿们带着"为什么自己不能把纸'炮'打翻"的问题回家去请教爸爸妈妈了。

第二天小朋友们斗志昂扬地带着自己在家中和爸爸妈妈一起折的"王者炮"来到了学校。晨间游戏时，幼儿们都很兴奋，七嘴八舌地说着自己的纸"炮"，分享着自己和爸爸妈妈一起折纸"炮"的经历，还有的幼儿分享自己学到的新的折纸"炮"方法。

幼儿们分享着爸爸妈妈告诉他们的秘诀——"大'炮'比小'炮'厉害",他们都迫不及待地想试试自己的纸"炮"的威力了。

幼儿们在这次甩纸"炮"的比赛体验中有了新的发现,他们发现有些纸"炮"能打翻,有的纸"炮"打不翻,并且只有小纸"炮"才会被打翻,大纸"炮"不会被打翻。于是,幼儿们开始探究纸"炮"威力是不是和纸"炮"大小有关。

(三)甩纸"炮"再体验

实验一:选择两个一样的特大纸"炮"由两个小朋友对战及一个小朋友和一个老师对战。

实验二:选择两个一样的小纸"炮"由两个小朋友对战及一个小朋友和一个老师对战。

实验三:选择一个大纸"炮"和一个小纸"炮"由两个小朋友对战及一个小朋友和一个老师对战。

1. 实验结果

	两个小朋友	小朋友——老师
大——大	打不翻	打不翻
小——小	能打翻	能打翻
大——小	大翻小	大翻小

2. 总结与分析

教师应支持幼儿与同伴合作探究与分享交流,引导他们在交流中尝试整理、概括自己探究的成果,体验合作探究和发现的乐趣。如一起讨论和分享自己的问题与发现,一起想办法验证猜测。小纸"炮"相对大纸"炮"而言,与地面的接触面积小,所以在被击打时更容易弹跳至翻,同样的正面有折痕,相对背面来说没有那么平整,与地面的接触点减少,所以击打反面比击打正面来说更容易弹跳至翻。本次活动幼儿们在教师的引导下一步一步验证了猜想——只有小纸"炮"才能被打翻,大纸"炮"不会被打翻;在不停击打的过程中反面比正面更容易被打翻;要看准了再打,打在旁边就打不翻。

3. 幼儿习得

(1)巩固了对"大"与"小"的认识,基本形成了"大"与"小"两个相对的概念。

(2)初步具有了正面和反面的意识。

(3)手眼协调能力不断增强。

（四）甩纸"炮"大比拼

经过多次的反复练习，幼儿们觉得自己掌握了很多甩纸"炮"的小技巧，如要用大纸"炮"和小纸"炮"比；看准时机拍打对方纸"炮"的反面；甩纸"炮"时要瞄准了，不能打歪了；要用力一点。带着这些小技巧，幼儿们开始了新一轮的甩纸"炮"大比拼。

总结与分析：幼儿的思维特点是以具体形象思维为主，教师应注重引导幼儿通过直接感知、亲身体验和实际操作进行科学学习，不宜为追求知识和技能的掌握，对幼儿进行灌输和强化训练。

四、课题反思

游戏本身是快乐的，只有当游戏成为孩子们自主、自由、自发的活动时，幼儿们才能够真正成为游戏的主人，而在自主游戏情境中发生的问题，更容易激发幼儿的积极思维，促使他们主动找出更多解决问题的方法，获得丰富的生活经验。在这一阶段的探索中，幼儿们大胆猜想，并付诸实践，进行验证，学会了用猜测、操作、验证的方法获取新的知识，学会了用对比的方式得出结果。

撰稿人：段艳

编辑手记 🖊

玩游戏是孩子的天性，幼儿游戏教学是幼儿园中最常见的教学活动，也是幼儿园各种教学活动的基础，具有重要的教学价值，对幼儿的身心发展和幼儿园教学有着极其重要的作用和意义。高县硕勋幼儿园利用民间游戏甩纸"炮"展开游戏教学，引导幼儿通过仔细观察、认真比较、动手操作、对比实验等方法，学习发现问题、分析问题和解决问题。它不仅促进幼儿获得更加丰富的生活经验，激发幼儿的积极思维，增加幼儿的动手能力，而且指引着幼儿园教师不断更新自己的教育理念，改进自己的教育行为，优化自己的教学模式。

四川教育出版社　高玲

内务卫生比技能 独立自主我能行

宜宾市兴文县共乐初级中学校

一、活动背景

宜宾市兴文县共乐初级中学校是首批推进全寄宿制管理的学校。很多学生由于小学时大多住在家里，进入初中学校以后，面对寝室的内务、卫生的打扫等，没有相应的技能和自理能力，同时，缺乏和室友友好相处的能力，往往很长时间不适应初中的寄宿制生活，从而影响生活和学习。学校通过开展内务整理和卫生打扫技能竞赛的方式，激发学生动手进行内务整理和卫生打扫，培养他们的劳动意识和劳动技能，提高他们的生活自理能力，以尽快适应初中的生活和学习，为以后的学习、工作打下坚实的基础。

二、活动内容

（一）参加对象

参加对象为七、八年级学生。七年级班主任组建各班参赛队：班主任选拔男生 2 人、女生 2 人，再随机抽取男女生各 2 人，共 8 人。八年级班主任组建各班参赛队：班主任选拔男生 4 人、女生 2 人，再随机抽取男女生各 2 人，共 10 人。

采取这种方式选择参加对象的目的主要是保证学生的参与面，使每位学生都积极训练备战，从而增强自身的劳动意识，提高劳动技能。同时，又给有特长的学生提供了展示才能的机会。

（二）时间地点

时间：七年级于 2022 年 9 月 13 日（星期二）下午 4：00—6：00，八年级于 2022 年 9 月 14 日（星期三）下午 4：40—6：00。

地点：七年级在乐业楼底楼，八年级在乐业楼。

选择在 9 月开展，主要是学生刚进入学校，需要迅速适应住校生活。

（三）活动流程

1. 七年级比赛

（1）比赛内容

比赛内容为内务整理。

（2）比赛流程

七年级学生进场，班主任维持本班秩序。参赛队伍抽签决定比赛顺序，参赛队伍名单由班主任在 12 月 13 日中午前提供给德育处，随机人员名单由德育主任勾选。

（3）比赛规则

①学校划定比赛区域，在乐业楼底楼设置 8 张床位及相应寝室道具。

②按照整洁、美观的要求，整理并放置好衣物及床上用品。

③依据打分要求，以完成时间最快和整齐程度最佳为标准，按照 100—10 分递减。

（4）道具设置

①比赛用高低床 8 张，安装到乐业楼底楼台上，包含床板 8 张，铺设在下铺。

②比赛用道具 8 套，每张床设置：被子 1 张、枕头 1 个、垫絮 1 张、鞋子 3 双、薄衣服 2 套、厚衣服 2 套、袜子 4 双、行李箱 1 个。

寝室生活用品等要有条理地摆放，还要事先有具体规划，培养学生的整理安排布置能力。

（5）评委组成及评分标准

评委包括学校领导、家长代表、寝室管理员 7 人。评分标准及评分表由宿管处提供并公示。家长作为评委可以充分了解学生的生活自理能力，同时，还可以进行具体指导，在家里进行相应的训练，形成家校育人合力。

（6）奖项奖品设置

一等奖 2 个班，二等奖 4 个班，三等奖 6 个班。一等奖奖励篮球 1 个，二等奖奖励羽毛球拍 1 副，三等奖奖励乒乓球拍 1 副。

2. 八年级比赛

（1）比赛内容

比赛内容为卫生打扫。

（2）比赛流程

八年级参赛队伍进场。参赛队伍抽签决定比赛场地，参赛队伍名单由班主任在 12

月 13 日前提供给德育处，随机人员名单由德育主任勾选。

（3）比赛规则

①学校划定比赛区域，在乐业楼设置 16 个卫生打扫区域。

②按照整洁、美观的要求，各参赛队自带卫生打扫工具（拖把、抹布、天花板清扫工具、扫把、铲子等，每人限 2 种）。

③依据打分要求，以完成时间最快和整洁程度最佳为标准，按照 100—10 分递减。

（4）评委组成及评分标准

评委为学校领导、家长代表、八年级各班劳动委员。评分标准、评分表、场地区域划分由德育处提供并公示。

（5）奖项设置

一等奖 2 个班，二等奖 4 个班，三等奖 6 个班。一等奖奖励篮球 1 个，二等奖奖励羽毛球拍 1 副，三等奖奖励乒乓球拍 1 副。

三、活动意义

劳动竞赛激发了学生热爱劳动的积极性。学生们积极参与，情绪高涨。学生们在参加比赛中激发了劳动的热情，提高了自理自立能力，更能适应寄宿制学习的要求。

活动让学生懂得劳动成果来之不易，更加感恩父母。在劳动的过程中，他们不仅收获了劳动成果，更是体会到了劳动的不容易。活动的开展培养了学生正确的劳动观念，激发了学生的劳动热情。学生体验到劳动带来的喜悦感、成就感，体会到劳动人民的艰辛，感悟了大自然的奇妙，理解了人和自然应和谐相处，增强创新实践能力，丰富校园生活。

活动尝试融入多学科教育，与思政、语文学科融合。劳动竞赛结束后，语文老师及时指导学生记录劳动感受，学生们有了真实的劳动体验，写作文不再无话可说，很多写作素材信手拈来，劳动体验提高了学生的写作水平。道德与法治老师根据竞赛活动适时开展教育，课程中融会贯通劳动实践内容，学生们通过劳动体验了劳动的艰辛，懂得劳动成果来之不易，教师适时进行感恩教育。

劳动技能大赛是我校进行"五育"融会教育的重要举措之一，不仅提高了学生的生活自理能力，推动了劳动教育的开展，而且也锻炼了学生的劳动技能，让劳动教育课程走进学生心灵，融入学生生活，让学生体验劳动的快乐，增强劳动意识，提高生活本领。学校将不断实践创新，继续深入推进劳动教育，落实"五育"并举，培养时代新人。

撰稿人：朱远飞

编辑手记 ✏️

　　宜宾市兴文县共乐初级中学校的内务整理和卫生打扫技能竞赛强调学生直接体验和亲身参与，注重动手实践、手脑并用，知行合一、学创融通，倡导"做中学""学中做"，激发学生参与劳动的主动性、积极性和创造性；注重引导学生从现实生活的真实需求出发，亲历情境、亲手操作、亲身体验，经历完整的劳动实践过程，避免单一、机械的劳动技能训练，避免简单的劳动知识讲解，避免缺少实践、过于泛化的考察探究；注重引导学生通过设计、制作、实验探究等方式获得丰富的劳动体验，习得劳动知识与技能，感悟和体认劳动价值，培育劳动精神，在寄宿制学校的管理上提炼出经验，为其他乡镇学校提供了有益借鉴。

四川教育出版社　李萌芽

与"泥"相约 "泥"乐无穷

高县硕勋幼儿园

一、活动缘起

泥土是大自然的产物,也是孩子们的魔力玩具。一次观察菜地种植的蔬菜时,孩子们蹲在地上叽叽喳喳地讨论种植地的泥土。

"诶,这泥土怎么有白色的呢?"

"老师,我在土里发现了蜗牛。"

······

孩子们竟然对随处可见的泥土产生了浓厚的兴趣,这引发了我们满足幼儿开展玩泥活动的想法。我们要通过创意手工泥塑活动,使幼儿的揉、搓、压、捏、塑等动作得到发展,激发幼儿创造的兴趣,让他们体验玩泥的乐趣,达到激趣益智的目的。

二、活动过程

(一)第一阶段:探秘泥土

1. 探寻泥土的秘密

组织孩子们积极探索,利用铲子、木棍等劳动工具和双手,在泥土中"淘宝"。活动中,收获型的孩子找到石头、蜗牛壳、小蚂蚁、小草,发现型的孩子感觉泥土是散的、泥土是硬硬的、泥土还有不同的颜色······在此过程中,教师引导孩子们进行记录。

2. 记录对泥土的发现

回到教室,利用孩子们对探索泥土秘密的热情,引导他们将自己的探索结果用绘画的方式记录下来,感悟泥土的重要作用:泥土是植物生长的营养源、动物赖以生存的地方、人类种植的必要原料，我们要学会爱护泥土，爱护大自然的环境。

3. 开展泥土小实验

晶晶小朋友对教师说："老师，为什么有的泥土是软软的，有的泥土是硬硬的呢?"原来，孩子们之前在菜地里探索时，发现了泥土的不同触摸感觉。教师针对孩子们的疑问，引导他们自主思考，动手实验，解决心中的疑问。孩子们用滴管滴水，将水慢慢地滴进干的土中，然后观察，了解水的多少与泥土状态之间的关系。

（二）第二阶段：走近泥土

孩子们通过自主探索、自主实验，了解到泥土在生活中的多种用处，教师利用孩子们的好奇心和积极性，让他们走近泥土、深入了解泥土。

1. 亲子探索——了解泥塑发展文化

橙橙说："老师，我回家要和爸爸妈妈分享，今天在园里做了泥土的实验。"于是，教师发动家长们，陪同孩子一起查询关于泥塑文化的相关知识。泥塑艺术是中国民间一种古老常见的艺术，发源于宝鸡市凤翔县，流行于陕西、天津、江苏、河南等地，它以泥土为原料，以手工捏制成形，或素或彩，以人物、动物为主。

2. 师幼探索——追溯泥塑发展历史

教师通过视频讲解泥塑的发展历史，欣赏泥塑图片，感受泥塑传递的文化价值。泥塑艺术作为我国古老的民间艺术，伴随着我们的生活，不断传承，以泥土为原料，从制作陶器皿、陶佛像，到制作儿童玩具，从未间断过。泥塑艺术已走出国门，成为中外文化交流的使者，远涉重洋，为越来越多的国家或地区的人民所接受和喜爱。

3. 艺术创造——初探泥浆创意绘画

孩子们从前期自主探索水与泥土之间的变化中发现，泥土中水加得越多，泥土就会变得越稀，甚至会变成泥浆。于是，幼儿自主创意绘画开始了，他们要探索不一样的泥塑文化。

创作活动中，孩子们先往泥土中加入水，直到泥浆混成自己想要的效果后，再自主选择绘画工具进行创作，有用喷壶装泥浆进行喷画创作的，有选择滴管滴取泥浆进行吹画创作的。孩子们在绘画创作时，发挥想象，把自己对泥塑文化的喜爱都表达在绘画中。

4. 巧妙建构——筷子牙签与泥结合

大班的孩子们已能初步感知立体形状，他们纷纷开动脑筋，分组合作，一座座造型各异的"泥土塔"在他们手中拔地而起。孩子们的智力发展起源于动作，合作搭建既提高了孩子们的想象力和空间思维能力，还发展了手眼协调能力和动手能力。通过家园合作学习，孩子们积累了泥塑知识经验。针对孩子们的兴趣，活动从探秘走向初步操作，激励孩子们主动探索、积极体验。

（三）第三阶段：玩转陶泥

开展丰富多样的泥塑活动，不仅可以让幼儿领略到传统民间艺术的风采，锻炼幼儿手指小肌肉的灵活性，以及学习一些基本的美工技能，还可以发展其观察力、想象力、创造力，帮助幼儿习得一些珍贵的学习品质，为其终身发展打下坚实的基础。

1. 陶泥之拓印

"老师，川南民居的陶吧泥语里有好多的陶泥和动物模型，我想尝试一下拓印！"孩子们把陶泥塞进模型里，通过在模型上或轻或重地敲打、擀压，用拓印的方式制作各种各样有趣的形状，揭开模型后，感受这一刻的心潮涌动。陶泥拓印过程虽然不复杂，但却因为展现了孩子们喜欢的形状而激发了他们更浓厚的兴趣，每一件作品都是独一无二的，让人爱不释手。

2. 陶泥大变身

活动过程中，孩子们根据自己的创作需要，自主拿取泥土进行创作。创作时，孩子们欣赏同伴的作品，同伴之间互相交流自己的想法。砖头房子、小乌龟、小碗汤圆面条、水井、杯子、城堡，孩子们的作品各式各样、妙趣横生。在幼儿美术教学中进行泥塑教学，能够促进幼儿艺术素养与动手能力的全面发展，同时提高幼儿的艺术涵养，对更好地传承泥塑艺术也具有重要意义。

3. 有趣的人脸

在活动前，首先和幼儿一起认识人脸的基本特征，让孩子们摸摸自己的头发、眉毛、眼睛、鼻子、嘴、耳朵等。孩子们借助陶泥的捏、揉、盘、打、搓、拉等操作技巧，根据自己的想法来完成有趣的人脸制作。在搓、捏、团陶泥的过程中，孩子们既满足触觉愿望，感知物体的属性（冷与热、软与硬），又锻炼动手创作能力，所获得的立体三维空间感和逻辑思维的发展填补了美术能力的欠缺。陶艺活动所要求的立体观察技能，不但有助于儿童发展平面绘图能力，还可以培养其立体思维习惯，对儿童日后的学习大有裨益。

4. 拉坯之美

在活动开始前，孩子们学习有关拉坯的基本知识，然后在一次次尝试中促进手部精细肌肉的发育，锻炼手眼协调能力，同时在拉坯活动中体验中华传统文化，感受传统艺术的美。

三、活动效果

孩子们因一次偶然的经历，延伸出一系列探索泥塑文化的活动。这些活动均以幼儿为主体，幼儿自主探索发现泥土的不同，自主探究泥土与水的变化，进行创意绘画、创意泥塑的制作。幼儿从探秘泥土到走近泥土，再到最后玩转泥土，发现了泥土的奥秘，了解了中华传统文化。孩子们在活动过程中尽情游戏，感受亲近自然的乐趣，同时也激发了艺术创造的兴趣。

撰稿人：刘丽、王习、杨志清

编辑手记

苏霍姆林斯基说："儿童的智慧，在他的手指尖上。"一次偶然的对话，衍生出一系列探索泥塑文化的活动。这些活动均以幼儿为主体，在充分遵循儿童身心发展规律的基础上，创设了促进幼儿身心协调与思维发展的班本课程。幼儿从探秘泥土到走近泥土，再到最后玩转泥土，在这一过程中不断建构自己的认知和理解，真正实现了"玩中学"。

全视界杂志 黄欢

虫虫飞：基于立德树人的幼儿生命教育实践

乐山市实验幼儿园

立德树人是发展新时代教育事业的核心所在，幼儿园的关键是要关注幼儿兴趣，让生活、游戏和立德树人根本任务有机融合。在游戏和活动中，顺应幼儿的观察，支持幼儿的兴趣，关注他们的感受与体验，真正给孩子带来深刻的理解，将抽象的情感态度转化为幼儿自觉的意识和行动。在乐山市实验幼儿园"虫虫飞"案例中，幼儿们养了一些软软的、肥肥的小青虫，它们破茧而出，变成了漂亮的蝴蝶。在这个过程中，教师始终以幼儿为本，坚守立德树人初心，开展生命教育实践。

一、一次活动带来的教育契机

开学时，孩子们在菜园进行了第一次播种，在他们的精心照顾下，蔬菜长势喜人，孩子们都期待着收获的季节。但是，卷心白菜的菜叶上像筛子似地布满了密密麻麻的小洞洞。朵朵说："这里有虫。"顺着朵朵手指的方向看去，几条虫子同时躺在一片叶子上，接着，"这里也有虫""这里也是"……大家争先恐后地挤了过去。"哦，我明白了，这些小洞洞就是被这虫子给吃掉的。"月月说。有有说："虫虫把菜菜吃完，我们就没有菜菜了。"虫子给蔬菜带来了危害，引起了一番讨论，一次自然生成的活动就此开始。

二、在相处和观察中的态度转变

（一）初识生命——"捏死的小青虫可怜吗"

孩子们观察到，大班菜地的哥哥们会捉虫，于是他们邀请哥哥们来帮忙。但是捉了虫后，乐乐说："小青虫被哥哥们捏死了，好可怜哟。"孩子们热烈地讨论起来。多米说："我也觉得它们很可怜，因为它们是有生命的。"小弈奕说："可是蔬菜也是有生命的。"姚姚说："我们把它带回去放在教室里吧。"月月说："这是个好办法，放教室里就吃不到我们的蔬菜，它也不会死了。"

（二）尊重生命——"小青虫是我们的朋友"

讨论结束后，几个大胆的孩子自愿成立了"抓虫小分队"，成功地把青虫抓了回来，还有一部分孩子躲得远远地观望。但是，经过了一天的适应，孩子们慢慢接受了这些小家伙，并主动去观察它们。"它们吃菜叶，也吃树叶吗？""它们要喝水吗？"一边观察，孩子们的问题多了起来，对小青虫的态度逐渐从排斥变为接纳。

捉回来的虫子放在盒子里，不一会就爬到外面去了，孩子们想了各种办法：叠上一个盒子、给盒子加高、盖上盖子……在观察之中，孩子们很快就不再害怕，而是喜欢上了小青虫，积极地为小青虫解决问题。

之后，孩子们经常观察小青虫，发现了更多的问题。我请孩子们将问题画下来，并回家和父母一起查阅资料、探寻答案。几天之后，我们以一场"虫虫问答会"对这些问题进行了探讨。我们又结合绘本故事《好饿的毛毛虫》帮助孩子们更深层次地了解了虫子的一生。

（三）陪伴生命——"小青虫变成蝴蝶了"

知道小青虫会变蝴蝶后，孩子们照顾小青虫的积极性更高了，菜叶吃完了，他们会抢着去菜地给小青虫摘新鲜的叶子。小青虫拉的粑粑多了，他们不怕脏，给小青虫清洗"房子"。在一次一次的亲密接触中，敢徒手抓小青虫的孩子越来越多了。他们对小青虫变蝴蝶充满了期待，守在小青虫的房子前专注认真地观察小青虫的一举一动。

一周后，小青虫身体变得圆鼓鼓的，它们不吃也不喝，孩子们提议揭开盖子让虫虫透透气。第二天清早，发现一些虫虫爬到了盒子外面的门框上、桌布上、盖子上，颜色由原来的青绿色变成了黄绿色，小青虫要结茧。孩子们经过小青虫身边时，但凡有哪个冒失的小伙伴高声说话，孩子们就会变成小英雄，大义凛然地站出来说："小声点，不要打扰虫虫造房子。"孩子们有的蹲在桌前看爬到桌布上的虫虫，有的指着门框上的虫虫说："这条虫虫爬得最高。"有的孩子直接把盒子端到桌面上围在一起慢慢看。

有了小青虫们的陪伴，上幼儿园成了一件开心和期待的事，我们制作了"蝴蝶飞了"倒计时日历。当倒计时日历只剩两天时，盖着的盒子里两只白色的蝴蝶正在里面飞来飞去，漂亮极了！所有孩子都围了过来，脸上挂着快乐和幸福的微笑。

（四）放归生命——"虫虫，虫虫飞"

孩子们围坐在蝴蝶身边一起查阅资料，了解到当蝴蝶破茧而出之后，主要以花蜜或者植物的汁液等作为食物，蝴蝶口器像一根吸管，所以蝴蝶不咬人。但是蝴蝶多多少少都有点毒，成虫的毒都在翅膀上，鳞片就是有毒的，所以，抓过蝴蝶后一定要洗手。在了解了蝴蝶的生活习性后，孩子们选择在菜园里放飞蝴蝶。

三、在观察和支持中的教育反思

（一）尊重生命，善待生命，坚守立德树人初心

在幼儿园小班这个年龄阶段，让孩子们理解生命的概念非常有难度，但应该清楚应以何种态度去对待生命，从而不断地提升对自我和对他人生命的认识。为此，我们进行了谈话活动："我们身边什么是有/没有生命的？"孩子们的回答让我有些吃惊，在他们的世界里，桌子、椅子、玩具都是有生命的，还有可以长大、长高、会变化的动植物。我们还通过游戏"有生命和无生命"分类培养孩子们的生命意识。生命，这个抽象的、不太好理解的、概念，在讨论和游戏之下，逐渐被孩子们理解，他们慢慢去体会、去思考发现生命的价值，丰富生活内涵，提高生命质量。

（二）亲近自然，敬畏自然，落实立德树人任务

养殖活动是幼儿园生命教育活动的重要内容，在养殖的过程中，不仅能培养孩子们的探究能力，还能让孩子们接触到大自然，感受生命的成长，实现生命价值的提升。养殖过程中，可能会因为意外或经验的缺乏而导致生命的终止，但只要耐心安慰引导，孩子们仍能保存对养殖对象最美好的记忆。秉承自然生命教育理念，才能让立德树人的教育方针落地生根并茁壮成长。

（三）让孩子成为更好的自己，展望立德树人民族复兴

现在，孩子们已经把这个活动融入自己的生活，在与小青虫共处的这段时间，与虫虫建立了深厚的感情，整个过程大大激发了孩子们的爱心与责任心。看到孩子们的成长变化，我真切地感受到为孩子们提供感知生命成长过程的机会是多么的重要。放眼未来，通过教育呼唤孩子们的"生命自觉"，感受生命的有限和唯一性，思考生命存在的价值，才能让孩子们更好地成长为一个向善、向上、向美的人，推动生命向更美好的方向行进。

蝴蝶承载着孩子们对美好事物的向往、对生命的热爱回归了大自然。但是，从今以后，若干年后，小六班的孩子看到蝴蝶时，他们的内心一定充满了温暖，一定会回忆起当年的养虫经历，那是一段非常美好的回忆。

撰稿人：曾小霞、李岚、陈宣蒙

编辑手记 ✎

生命的成长总是动人的。教者总在育人的过程中受到感动；而通过观察青虫羽化的过程，幼儿也能在较短的时间内，感受到生命成长的力量，见证到小生命突破自我、破茧成蝶的神奇，事情虽小，给孩子带来的感动和震撼却有可能是影响深远的。让幼儿亲身相处，亲手喂养，亲眼见证，更能收获到最真切的体会。而教师对教育契机的把握，在活动中的支持，不断地推动幼儿的知识学习和情感体验走向深入，使种菜活动中的一个插曲，变成了一次精彩的感悟生命之旅。

《教育科学论坛》编辑部　张文龙

追随生命的劳动：种花生活动纪行

江安县橙乡幼儿园

江安县橙乡幼儿园地处长江之滨、大桥之下，周围的农户素有"种花生，不用催，播种随着柳絮飞"的种植俗语。利用幼儿园里的种植园地，结合"生态橙乡，快乐成长"的办园理念，一场关于花生的旅行开始了，孩子们在翻整土地、播种、施肥、抓虫、收获的过程中体验劳动的艰辛和收获的快乐，品格教育也在孩子们的汗水和笑容中完成。

一、充满激情的种前准备

（一）整理种植园

孩子们在松土、拔草的过程中，体验到了劳动的快乐和生活的乐趣。他们热火朝天地投入工作，有的拔草，有的挖土，共同将杂草清理干净，松软的土壤让种植园焕然一新。

（二）剥花生种子

孩子们好奇地围坐在桌子旁，观察、摸索和嗅闻花生种子。他们尝试各种方法剥开花生，如捏、咬、拍、砸、摁……最终找到剥花生的最佳方式。

（三）选种、浸种

我们展开了关于如何选种和种植花生的讨论。孩子们对花生种子的选择和种植方式提出疑问，例如：应该选择什么样的花生种子？如何种植花生？每处应该种几粒花生米？花生之间的距离应该如何安排？我们请教了有农作经验的阿姨，并得出结论：要选用粒大饱满的种子，因为它们吸水膨胀后容易将果皮撑开，利于出苗。浸种需要用40℃～50℃的温水浸泡10小时或用冷水浸泡24小时，以确保种子充分吸水。播种时，根据花生之间的距离，可以选择放置 2～5 粒花生米。

二、播种与漫长的等待

（一）种植花生

孩子们从工具柜里找来了铲子、锄头等工具，并准备了测量距离的麻绳、带子、布条、小棒等。在阿姨的示范下，他们开始种植花生。他们仔细测量距离，仔细地挖出一个小坑，放入花生种子，然后小心地将土填平。

（二）观察与照顾花生

1. 播种后的第三天

孩子们开始观察花生的生长情况，并记录花生的生长过程。

2. 花生叶子长黑斑了

（1）发现斑点

经过一个假期，孩子们都很期待看到花生的成长。当我们来到种植园时，琦琦小朋友突然发现花生叶子上出现了许多黑点。这引起了孩子们的注意和猜测。

（2）大胆猜想

我们组织孩子们讨论花生叶子上出现斑点的原因。他们纷纷发表自己的看法，猜测可能是生病、长虫、被雷击或被太阳晒伤等。

（3）证实猜想

为了验证孩子们的猜测，我们一起查阅资料并请教了专业人士。最终了解到花生叶子长斑是因为得了花生叶斑病。虽然今年我们错过了最佳治疗时机，但孩子们在此过程中锻炼了观察力、想象力、语言表达能力和解决问题的能力。同时，他们也积累了丰富的生活经验，为来年的种植做好了准备。

三、收获果实的快乐

（一）亲子大调查

通过亲子调查，我们了解到成熟的花生茎叶会逐渐停止生长，特别是顶部的叶子会明显变小，部分茎叶会变黄，老叶子会逐渐脱落。此时，地下的花生壳已经变得坚硬，脉络清晰，果实饱满，这表明花生已经成熟，可以收获了。我们观察种植园里的花生，确实出现了这些成熟的信号，是时候进行收获了。

（二）选择花生采摘工具

亲子调查表中，家长和孩子们一起填写了许多可用于采摘花生的工具，如锄头、铲子、木棍、铁锹、手、花生摘果机等。经过投票，大家选出了几个最想使用的工具，并自由分组进行采摘。

（三）采摘花生

丰收时节，孩子们兴奋地拿起采摘工具开始劳作。有的用手刨，有的用铲子挖，他们的笑容充满了快乐和自豪。对于孩子们来说，最快乐的时光莫过于亲手收获花生了。从未体验过的劳动和从未从事过的活动让他们兴奋不已。他们用手抓起花生，剥开果壳，泥土的味道充满了他们的记忆。这种收获的喜悦，将会在他们心中留下深刻的印象。

（四）花生收获大分享

花生的丰收让孩子们欢欣鼓舞。在采摘花生之后，我们引导孩子们分享自己参与这个活动的感受，这不仅丰富了他们的情感，还培养了他们热爱劳动、互帮互助、坚持不懈的良好品质。

四、活动反思

种植园是孩子们认识自然的最直接途径。它为幼儿提供了与大自然亲密接触的机会，让他们能够亲自管理、动手操作。在这个过程中，孩子们不仅能开阔视野、激发好奇心，还能体验到劳动的艰辛和收获的快乐。通过引导和教育，我们能初步培养孩子们对劳动者的朴素情感。在种植花生的过程中，面对各种困难和挑战，孩子们能较好地培养自主解决问题的能力，以及团队协作和互助共赢的精神。在播种到收获的实践过程中，幼儿能深刻体验到劳动的艰辛，从而更加珍惜粮食。

撰稿人：姜毅

编辑手记 🖉

劳动从来不是以简单的"学会"作为终点的，它是一项终身学习、终身受益的行为习惯，更是需要在实践与使用过程中不断精通与跟进的。一颗小小的花生，蕴含着大大的能量。孩子们通过亲手剥花生、种花生，在观察、种植、收获、品尝等全程参与和亲身体验中获得了更多的知识和经验，开阔了眼界，体验到了探索的乐趣，感受到了用双手来收获自己劳动成果的喜悦，也体验了劳动的艰辛，更能珍惜别人的劳动成果。

全视界杂志　黄欢

文化育人篇

"文化"一词出于《周易》，原文是："观乎天文，以察时变，观乎人文，以化成天下。"在这句话中，"化"意味着"教化"。因此，在中文语境里，"文化"和"教育"一直是紧密相连的。文化是教育的重要资源，而教育是传承文化的主要手段，二者相互依存。在新时代，特别是要建设具有中国特色的社会主义文化强国和教育强国，共同为中华民族的伟大复兴提供支撑，更需要教育工作者树立正确的文化观，积极关注文化现象，充分利用文化资源，纠正文化问题，维护文化氛围，将文化积极融入教育改革中，以教育推动文化的繁荣。

四川省的基础教育学校在推进立德树人实践方面非常注重文化的作用，并出现了许多创新的做法。本章所选的案例从多个角度展示了如何利用文化的力量来提升学生的素养，为学生的成长提供深厚的根基。首先，通过文化引领学校育人体系的构建，更新教育理念，重构学校文化，提升育人的内涵，从而为学校的教育教学活动提供坚实的基础。其次，以文化为支撑创建学校的特色项目，例如通过欣赏名胜、阅读好书、练习书法、促进交流等文化活动，带动学校育人方式的创新，打造育人的亮点，并拓展学校育人活动的时空。再次，将文化渗透到学校"五育"并举的实践中，不仅在智育和德育中，也在美育和劳育中沉淀文化的意蕴，强化育人的效果，并加深学生对学校"五育"并举的印象。最后，通过丰富学校的课程资源选择，将本土的风俗、名人、节日、故事以及国际文化纳入校本课程的开发和实施中，扩大育人的视野并丰富学生的学习内容和形式。同时，将文化融入学校优化教学的变革中，以文化自信为目标、文化传承为载体、文化浸润为手段对教材进行梳理、深挖和整合，并创设育人的情境，以满足学生全面而个性化的学习需求。

以文化人 育德铸魂

四川省广元中学

校园文化建设是教育改革的需要，也是师生和学校发展的需要。广元中学历来把未成年人思想道德建设和推进文明校园建设作为学校德育工作的重要内容。学校坚持立德树人根本任务，以"博学广才，器识为先"为校训引领，以"活动育人，和谐发展"为办学特色，遵循"六好"标准，在校园传递文明薪火，助力学生成长成才。全校范围内形成了人人争做文明事、处处可见文明人的浓厚氛围。

一、深化思想道德建设，扩大活动阵地，以立德树人引领文明校园建设

学校构建了完善的德育体系，确立了"活动育人、和谐育德"的德育理念，实现了由制度管人到文化育人再到无痕化人的德育目标。学校坚持德育为首，积极践行"五育"并举的教育理念，以课堂教育和课外活动为主阵地，以家庭教育、学校教育和社会教育为途径，构建了以文化、文明、法制、安全为抓手的"一体二主三育四面"德育体系，坚持"和善而坚定"的德育工作方法。

通过"三全育人"（全员育人、全程育人、全方位育人），培养学生高尚的道德品质和责任感；通过"543"课程模型，鼓励学生勇于探究、自主学习；通过"阳光体育211"和"以美育人"，强健学生体魄，提升学生自信心和审美情趣；通过"三位一体"（学校劳动、家庭劳动、社会劳动），让学生参与社会、实干担当。学校以"男生争当谦谦君子，女生竞做大家闺秀"激励学生，推进励志教育、朋辈教育，推行学生"三治"管理机制，实现自我管理、自我教育、自我服务。政教处检查考核和学生会等学生自主管理考核两条渠道并行，促进了学生素养的全面发展，赢得了社会赞誉和家长满意。

二、提升校园文化，优化育人环境，以化雨春风促进文明校园建设

（一）挖掘校训内涵

广元中学自 1929 年办新学以来，一直秉承"博学广才，器识为先"的校训（博学广才四字出自《晋书·郗诜传》；"器识为先"四字与清华大学校歌"器识为先，文艺其从"不谋而合）。校训强调"德""学""才"的内在统一，坚持求学、教学当以德为先，在注重人格修养的前提下广采博求。学生进校后学会的第一首歌就是校歌，并且每周升旗仪式都有唱校歌、升校旗的环节。这些举措旨在培养学生怀强国之信念、存利民之心境、具德才之人品、求大同之愿望。同时，由学校教师集体作词的校歌也深入学生心中。

（二）重新设计校徽

校徽是一所学校的象征与标志，更彰显了学校的文化传承与理念。学校新校徽以学校的简称"广中"拼音的首写字母 G、Z 变体组成，其形似凤凰和舞者，昭示着广元中学不仅是广元人民的中学，而且是梦想起飞的地方。同时，新校徽也彰显了学校的办学特色——活动育人、和谐发展。数字"1929"是学校的建校时间，体现了学校悠久的历史和厚重的文化，也激励着广中的学生不忘历史、牢记传统、砥砺奋进。底蕴深厚的广元中学书香四溢，历久弥新。

（三）设置地理标识

校园文化是学校独特的精神标识。学校地理标识设计分别以"博、器、思、德"为核心字，再从功能、修身、品行、才学、期望等方面延伸取字，为学校的楼宇、道路、水体、花园的标识命名。这些命名旨在传承学校"博学广才，器识为先"的办学思想，时刻启迪全校师生修养德行、广采博求、善思慎行。广元中学努力创设和谐、优雅、励志、充满人文气息的育人环境。博学、博文、博艺三栋教学综合楼的命名呼应了学校"博学广才，器识为先"校训的文化内涵；"博美、博雅、博慧、博明、博望、博远"六栋学生宿舍楼的命名彰显了"男生争当谦谦君子，女生竞做大家闺秀"的育人要求；以"器"命名的"校园五道"，激励着同学胸怀远大，走向成功；在器识路环道路灯杆上悬挂历届卓越学子的近照和格言，引领着学弟学妹们不忘初心、砥砺前行。此外，校园内鲜花簇拥、绿树成荫、溪流潺潺、鸟语花香，凸显了"一步一景，处处皆教育"的广中环境育人特色。

（四）建设楼宇文化

学校二十余个教学楼层以社会主义核心价值观为主线，每层一个主题，均设置了

"传统、感恩、科技、地方"等主题文化墙和"茶瓷、戏剧、农耕、节日、民族"等地方文化墙。这些文化墙让传统教育思想和现代奋斗精神交相辉映，启迪了学生的德行修养、责任担当和时代情怀。楼层文化长廊从热爱家乡、放眼世界到崇尚科学、追求真理，从弘扬社会主义核心价值观到传承中华优秀文化艺术，从师生摄影佳作到名家书画，从不同侧面生动形象地诠释了"博学广才、器识为先"的内涵，以师生喜闻乐见的文化艺术形式，营造了长知识、增才干、成美德、养精神的育人氛围。六栋学生公寓楼梯、走廊张贴悬挂历史故事和英雄人物画像，将五千年的中华文明浓缩其间；两个食堂"博膳""博味"，其装饰则展示了"勤俭节约、珍惜劳动成果、文明谦逊"等传统美德文化主题；办公区是师生作品的集中展示区，摄影作品和名家书画等突出了"怡情、修身、齐家、治国、警世、尊法、励志、治学"的主题。

三、加强班子建设，优化教师队伍，以高效作风保障文明校园建设

学校始终坚持以习近平新时代中国特色社会主义思想为指导，以"学生成才，教师成功，学校发展"为价值取向，持续强化领导班子和教职工队伍建设，以务实高效的作风扎实推进文明校园建设工作。

学校党委常态化抓实基层党组织先进性建设，落实党风廉政责任制，始终坚持民主集中、科学决策。每年召开教职工代表大会，解决办学中的热点、难点问题。学校成立文明校园建设工作领导小组，负责文明校园建设工作中的任务落实、组织协调、督查考核、资料报送等工作。通过召开党委会、校长会、现场办公会研究、部署文明校园建设工作，并细化、落实任务到部门和责任人。

全体教师也为之贡献自己的全部力量，小到校园内的机器人大赛、航模科技创新、雅风民乐社团的活动指导，大到全国书法大赛、全国配音大赛、全国创新作文大赛的赛事支持，还有对学生持续不断的思想道德教育、品格行为教育，学校时时处处都能见到全体教师为完成教书育人使命、建设文明校园而忙碌的身影。

"博学广才，器识为先"的校训引领和"活动育人，和谐发展"的办学特色形成了广元中学独特的办学风格。学校科学运用"精神引领、文化滋养、活动育人、自主管理"的工作方法，各部门相互协作，坚持"德育为首"的思想引领。

撰稿人：何婕妤

编辑手记

每一个时代都有每一个时代的主题，每一个时代都有每一个时代的精神。在新时代，四川省广元中学紧随时代脉动、聆听时代声音、回应时代诉求，与时代同频共振，将学校1929年创校之时的校训进行与时俱进的创新，厚植文化自信，培根铸魂，处理好传承与创新的关系，重新设计校徽，新增学校精神标识，建设楼宇文化，搭建德育体系，建设文明校园，提升教师素质，描绘新时代的精神图谱，举旗帜、聚民心、育新人、兴文化、展形象。

《教育科学论坛》编辑部　沈媛元

用"三色"校园文化筑牢师生共同体意识

马尔康市第二小学校

党的十九大报告指出，要"全面贯彻党的民族政策，深化民族团结进步教育，铸牢中华民族共同体意识，加强各民族交往交流交融，促进各民族像石榴籽一样紧紧抱在一起，共同团结奋斗、共同繁荣发展"。这为新时代党的民族工作指明了方向，同时也为当下党的治藏方略的实施提供了途径。马尔康市第二小学校地处民族地区，是培养建设新阿坝州、新马尔康后备军基地，因此，把"三色"校园文化与筑牢师生共同体意识的培植有机结合，既能发挥文化育人的真正作用，又能实现立德树人、筑牢师生共同体意识的最终目的。

一、主要思路

工作的主要思路是以学校独特的"三色"校园文化作为铸牢师生共同体意识的具体路径，并以形式多样的阳光教育活动课程体系为载体，引领师生在参与体验中树立正确的历史观、民族观、国家观、文化观，从而铸牢师生共同体意识。

二、框架设计

学校的目标是依托"三色"校园文化，筑牢师生共同体意识。

红色文化（中国红）代表文化的根，作为精神文明建设的根本，主要以传承红色基因、厚植爱国主义情怀等活动课程，为筑牢师生共同体意识培根。

蓝色文化（高原蓝）代表文化的枝，作为智能素养培植的核心，主要以传承民族文化、点燃智慧火花、培养科学素养、拓宽学生视野等活动课程，为筑牢师生共同体意识添枝。

绿色文化（生命绿）代表文化的叶，作为生态文明建设的主旨，主要以热爱自然与生命、建设绿色生态家园、实现自我价值认同、塑造师生阳光品格等活动，为筑牢师生共同体意识加叶。

三、具体措施

（一）红色文化（中国红）——精神文明建设

1. 炼师德铸党魂

学校对教师的思政教育高度重视，而教师作为学校的灵魂，成为工作开展的关键。因此学校党支部每学期都会定期开展思政学习活动。

思政学习：在每周的周前会前，学校党支部会组织全校教师集中学习党史，学习"红船精神""长征精神"，学习习近平"七一讲话"，学习《中华人民共和国教师法》《中华人民共和国教育法》《中华人民共和国未成年人保护法》及学习强国等内容。

专家讲座：邀请党校专家讲师团到学校开展学党史专题讲座。

实践活动：组织青年教师、党员教师参加以学党史为核心的书法、演讲比赛等。

撰写心得：学校要求教师们把观看红色电影、学习红色文化的所感所想记录下来，形成自己的观后感（读后感），同时还要求教师利用学习强国平台加强对国家时事政治的学习，并在《师德师风成长册》上写下自己的学习心得。

建课程构体系：为了把思政教育贯穿始终，学校围绕小学教育的特点，结合学校开设的课程，贯彻课程思政的理念，并采用结构化模式，在语文、体育、美术、道德与法治、生命生态与安全、劳动等课程体系内建构课程思政系统。利用好课堂教学这个主渠道，把立德树人的根本任务落到实处。

2. 抓学行塑品格

提高学生思想觉悟，转变学生思想，是学校思政教育的核心内容之一。所以抓好学生思政教育，是学生树立正确的人生观、世界观的基础。各班班主任利用午会课、班会课组织学生开展了党史学习系列活动，少先队大队部利用国旗下讲话、主题队会组织学生开展了系列"品格"教育活动。

国旗下讲话主题教育活动：学校少先队大队部每学期根据学校制订的德育工作计划，利用每周一的国旗下讲话开展了形式多样、特色鲜明的主题教育活动，做到周周有思政教育主题、班班有主题内容展演。

班会、队会主题教育活动：每班利用班队会活动，开展"爱国、爱党、爱家乡"等主题教育活动；利用特殊节日开展红领巾心向党系列学习宣讲活动。

开展主题教育实践活动：学校党支部、德育处、少先队大队部组织学生开展以

"诵百年伟业，写时代新篇"为主题的书法、绘画、小报、诵读、演讲等比赛。

合理利用微信公众号学习平台开展学习活动。如利用"四川红领巾"平台，组织家长协同孩子开展"开学第一堂队课""让红领巾更鲜艳""新时代，蜀少年""红领巾，爱学习""党史我来讲""强国有我"等思想政治教育活动。

合理利用家校资源开展校外学行活动。如学校四年级一班开展"家校共育——党史学习活动"时，邀请本班同学在党校工作的妈妈为孩子们讲述革命的故事，带孩子们参观党史博物馆。邀请本班同学在马尔康市检察院工作的爸爸带领孩子们参观格桑麦朵法制教育基地，开展模拟法庭演练。

合理利用本土红色文化资源开展实践活动。如为了锻炼毕业班学生吃苦耐劳的精神，毕业班学生在学校党支部、校领导及班主任的带领下，重走长征路，重温长征精神。他们以学校为起点，途经红军长征阿坝浮雕墙，再到胡底革命烈士纪念广场，最后到达卓克基红军长征纪念馆。

加强馆校合作，适时组织学生参观学习。如在第四十五个国际博物馆日来临之际，阿坝州博物馆以"博物馆的未来——恢复与重塑"为主题开展了宣传活动，活动主要以"红军长征过阿坝文物、遗址、遗迹图片展"为宣传学习内容，学校组织学生利用周末休息时间自愿到博物馆参观学习。

（二）蓝色文化（高原蓝）——智能素养培植

传承民族文化。学校以乡土文化、阅读材料、教材《可爱的四川》、劳技课程等教育资源为依托，整合课程资源，开发适合民族地区学生发展的劳动课程"嘉绒地区劳动教育校本课程"，课程分为自然、人文、历史、科技四大板块，以传统文化知识为底色，在劳技教育中渗透爱家乡、爱祖国等爱国主义情感，同时，通过贴近生活的劳动教育，让学生将理论落地，将"立德树人，五育并举"落到实处，并能将相关所学所得应用于生活、服务于生活，从小树立坚强的意志，养成正确的人生观、价值观。

点燃智慧火花，培养科学素养。学校将"科技引领学校发展"作为指导思想，开展相关科创课后延时服务活动——STEAM创客小组（馆校合作）、机器人编程小组等活动，利用丰富多彩的校内外活动，培养学生的科学思维，指导学生参加每年举办的四川省科技创新大赛，取得了丰硕成果。

培师铸魂，打造技术过硬的师资团队。学校现有专职科学教师四名，省级名师工作坊核心成员一名，州级骨干教师一名，多次参与国家级、省级、州级、市级各类比赛以及课题研讨和培训，取得多项荣誉。

（三）绿色文化（生命绿）——生态文明建设

让学生从小培养良好的环保意识、根植环保理念是我们一直在思考和努力实现的目标。以学校课后延时服务为依托，环保劳技小组将提升学生环保意识和实践能力作为科学教育的基本宗旨，在活动中去实践和完善，从而让学生通过活动参与，热爱自然与生命，建设绿色生态家园，实现自我价值认同，塑造师生阳光品格，为筑牢师生共同体意识加叶。

撰稿人：唐文欢、严静

编辑手记 ✏️

色彩常常能够代表某一个国家乃至某一个民族的独特审美情趣和文化内涵。生活在华夏大地上的各个民族，常常将颜色作为本民族的文化风俗与精神气节的外化象征，展示着本民族的魅力。马尔康市第二小学校位于四川省阿坝藏族羌族自治州，学校以红色文化（中国红）为根，以蓝色文化（高原蓝）为枝，以绿色文化（生命绿）为叶，三者相互渗透、相辅相成、互为影响，将国家要求、地方特色与育人目标很好地融为一体，筑牢了师生的共同体意识。

《教育科学论坛》编辑部　沈媛元

小学低段"以绘育美"的实践探索

成都市龙潭小学校

一、背景

中共中央办公厅、国务院办公厅印发的《关于全面加强和改进新时代学校美育工作的意见》明确提出要"加强美育与德育、智育、体育、劳动教育相融合，充分挖掘和运用各学科蕴含的体现中华美育精神与民族审美特质的心灵美、礼乐美、语言美、行为美、科学美、秩序美、健康美、勤劳美、艺术美等丰富美育资源"。儿童绘本通过极具表现力的画面配上精简的文字，以浅显的故事反映出深刻的道理，具有艺术美、文学美、韵律美、哲学美等丰富的审美元素，符合小学低段学生由具体形象思维向抽象逻辑思维过渡的认知特点，是开展儿童审美教育的重要载体，能为学生带来愉快的阅读感受与审美体验。而且小学低段又是儿童道德框架与心灵健康培养的重要阶段，挖掘绘本美育功能，既是语文课程标准对课程育人的要求，更是学生全面发展的需求。

二、做法

（一）精选绘本，以绘本之美引导人

以促进学生成长为中心，选择积极向上、极具艺术价值的绘本是绘本美育的前提。具有审美特质的绘本对于学生形成健康的观念、趣味和理想具有积极影响。例如，选择《没有耳朵的兔子》《哈里的大脚》《我不知道我是谁》等绘本，能帮助学生认识自我、评价自我、发掘自我，客观看待自己，学会欣赏自己；《你看起来很好吃》《皮特猫》《市场街最后一站》《月亮的味道》等绘本，能让学生学会交往、尊重与合作；《我变成一只喷火龙》《我的情绪小怪兽》《我的大喊大叫的一天》等绘本，包含情绪管理的秘诀……学生在耳濡目染中学会理解、学会思考、学会学习，不知不觉就培养了同

理心与社交想象力，潜移默化地学会了包容差异与接纳他人。

（二）深读绘本，以绘本之美感染人

1. 了解画面，读出语言文字之美

无论是中国绘本，还是外国绘本，在学生面前都是以汉字呈现文本内容的，中国汉字的结构美和意蕴美，传递着中华民族的智慧、精神与美德，能潜移默化地影响孩子的心灵。例如，"爱"是一个抽象的字，也是一种艺术的表达。《猜猜我有多爱你》中衡量爱的距离是"我爱你一直到月亮那里"；《你看起来好像很好吃》击中的心底的爱是"我想早点长得像爸爸一样"；《星星罐子》将爱藏在糖里是"要是想起外婆，就吃一颗星星糖果"；爱陪伴在《亲爱的小鱼》里是"我知道你也爱我，我让你自由，你却回来了"。真正的"爱"不动声色地埋在绘本里，藏在学生的眼睛里，住在童真的心灵里。

2. 进入图画，感悟故事氛围之美

先后在多个国家揽获十余项大奖的克里斯·霍顿善于利用色彩鲜明的图画传递情感。他作品中的主人公们总是在无厘头的循环中呈现戏剧般的故事效果。他创作的《哪儿都没有老虎》《不怕不怕，小螃蟹》《嘘！我们有个计划》等故事，都像极了小学低段学生那些有趣又调皮的生活行为。大色块碰撞产生的视觉冲击，不仅吸引住学生的注意力，还为跌宕起伏的故事情节营造氛围，这些独特的设计令他的绘本风趣幽默且动感十足。教师与学生共读这类绘本时，可以利用朗读来烘托气氛。例如，小螃蟹搏击海浪需要读出波涛汹涌的气势，老虎隐藏在丛林中可以小声读出紧张感。也可以采用戏剧表演的形式，配合音乐节奏，回顾故事情节。

3. 深入画面，具身通晓事理之美

小学低段学生普遍是"自我中心主义"者，容易只关注情境的某一方面而忽略其他方面，很难站在别人的角度看问题。在绘本阅读中，将自己融入角色，是一种有效的换位思考教育策略。以《这样公平吗》为例，教师在引导学生阅读时，可以先将主人公"野兔"和"熊"呈现出来，学生选择喜欢的角色代入故事里进行阅读，在需要区分"公平"场景时，让学生自主思考"你作为野兔或熊觉得这样公平吗"，此时此刻，绘本里的故事就真实发生在学生之间。跟随故事情节的推进，学生们能思考出"一样多不一定就是公平"的道理。随即老师引导学生回归自己的角色，走入生活，去思考"什么是公平"，在生活中会遇到哪些"野兔"和"熊"的矛盾，又会得出什么结论。绘本阅读并非给定学生固定的答案，而是让学生在体验中提高对审美客体的敏感性和辨别力，从而提高自己的鉴别与思维能力。

4. 跳出画面，感受人物思想之美

在阅读一本绘本时，还要关注封面。除了引导学生观察封面内容以外，最重要的是关注绘本作家，这背后往往藏着一些有趣的小故事。在对作者创作故事的了解中，孩子们可以感受到作者广博的知识、丰富的思想和敏感的内心，由此，也给他们种下一颗热爱生活的种子。

（三）创作绘本，以绘本之智启迪人

阅读了较多的儿童绘本后，教师应激发学生"读写绘"的兴趣，引导学生充分发挥自己的多元智能，将观察生活的内在感受转化为图画与文字，创作出属于自己的儿童绘本。例如在下雨天，教师可以引导学生观察雨的样子，聆听雨的声音，体会雨天带给自己的感受，想象雨的故事……经过一系列的感知与想象后，学生可以用"写"或"绘"的形式，创作出小故事。完成创作后，教师可以在班上共享学生的作品，学生之间进行互赏互评，不仅能展现班级学生差异化的审美体验，还能影响启发想象力与感受力较弱的学生，形成互相学习、相互欣赏的良性循环，让审美更多元、创作更多样。

三、效果

绘本阅读作为一种新型阅读形式，逐渐在亲子阅读中被采用。通过实施绘本阅读教学，越来越多的家长看到绘本带来的艺术与阅读价值，纷纷放下手机，设置固定时间，陪伴孩子一同沉浸于富有童趣的绘本故事中。部分家长也意识到，不仅要共读绘本、爱阅读，还要会阅读。

撰稿人：刘上榕

编辑手记 ✏️

绘本阅读是直观的学习，利用绘本的形式美与内容美引导、感染学生，切合小学低段学生的认知规律；同时把中华优秀传统文化思想、美德、精神贯注其中，这符合新时代立德树人的根本要求，对促进学生审美感知、人格精神和语文能力发展非常有益。该案例独辟蹊径，不限于一般的知识学习，提出鲜明的"绘本美育"主张，并通过实践的总结形成了实用有效的三个绘本美育策略，这是非常难能可贵的，值得广大教师学习。

成都市龙泉驿区教育科学研究院　李明隆

小学书香校园建设实践

简阳市射洪坝水东小学

简阳市射洪坝水东小学坐落于风景优美的鳌山脚下，毗邻简阳市文化体育中心"东来印象"。学校紧紧围绕学习贯彻党的二十大精神主线，坚持"五育"并举，结合师资和场地优势，深入推进"书香校园"建设工作，充分尊重儿童的阅读生活，秉承"让每一滴水珠都闪亮"的办学理念，贯彻立德树人目标，形成了独具特色的"书香水东"办学品牌。

一、课程建设——"为有源头活水来"

学校在按国家规定开设的语文课外，还开设了晨诵、午读、暮写课，以及社团图书馆阅览课、小水珠影视课，在学生阅读规划中将整本书阅读、群文阅读、绘本阅读列入重点阅读项目。学校采用"阅读争章"制度，参照《阅读考级星级指标》对学生进行评价。

1. 整本书阅读

学校针对不同学年段特点进行整本书阅读指导，低年段乐读互读激发兴趣，中年段分享阅读学习方法，高年段整体感知品读悟言。教师以情节绳、情节梯、情节环等可视化思维工具为抓手，帮助学生理清结构、体会主题、构建写作支架，提高阅读能力。

2. 群文阅读

学校以"提高阅读速度""拓宽阅读广度""多元阅读角度"为思路，通过群文阅读引导学生以新思路进行阅读。一是以阅读监控提高阅读速度，二是以"一带多""课内多篇""课外多篇"拓展阅读广度，三是以发现、对比拓展阅读角度。

3. 绘本阅读

学校建设了专门的绘本资源库，学生主动阅读绘本、创编绘本。教师引导学生根据绘本和其他书籍的不同点进行阅读，从颜色、形状、大小等方面观察绘本，猜测绘图者的意图并回归绘本验证猜想，学生可自己进行绘本故事创编、改编、续编。

4. 全学科阅读课堂

除了传统的语文课程以外，学校以一年为一个周期开展全学科课堂阅读，实现学科之间的融合、交叉、连接。在"全人教育"理念的指引下，学校推出了涉及语文、数学、音乐、美术、科学、综合实践等学科的"麻编课堂"。学生阅读有关麻编的文字，在阅读中感悟传统文化，了解"麻编文化"；以笔为心，写下对麻编的别样感受，进行"麻编欣赏"；来到大街小巷，用质朴真实的语言讲述麻编的故事，推动"麻编传承"。除此以外，学生还进行麻编技术的学习，运用麻编作品改变生活，在开放的实践空间中开动感官，展开独立自主的研究和探索。

二、阅读活动——"泉眼无声惜细流"

学校从丰富学生精神生活的角度出发，除了日常的阅读之外，也以各种活动营造全员阅读、全员学习的热烈氛围。学校以日记成果展、国学经典背诵活动、数学小报评比活动、水东博览之星评选、阅读游戏闯关活动、故事演讲比赛、好书分享跳蚤市场等丰富多彩的活动覆盖全学年，甚至在寒暑假也设计了亲子共读、名著电影欣赏等多样的阅读活动。

同时，学校搭建更广阔的阅读平台，承办"简阳市诗词大会"，举办"熊猫走世界"中华传统文化线上体验课程和环球青少年大使计划优秀小使者暨中英文故事演讲比赛，促进书香校园建设。

学校还利用各种形式开展阅读宣传活动，如通过"书香水珠新闻小记者"了解同学们的阅读书目、读书方法，开展"角色扮演游园活动"，展示图书馆特色活动和推荐书目。

三、氛围营造——"春风化雨润无声"

简阳市射洪坝水东小学校徽整体呈圆形，外圈为八本书，内圈为海洋及水滴形状的人，体现校训"不积小流，无以成江海"的寓意，激励师生在书中汲取进步的力量。学校以阅读推广为目标，因地制宜实现资源整合、服务外延，创建最美书香校园空间。

1. "源头活水"图书馆

学校图书馆场地面积近两百平方米，图书馆集"藏、借、阅、研、管"功能为一体，目前配备图书、期刊和数字资源、有声读物，内容涉及音乐、古诗、童话、科学等多个领域。学生发挥志愿者功能，在图书馆开展"上架体验""读书文明周"等活动。

2. 班级阅读空间

每个班级都有阅读区，"班级导读单"促进孩子们提高阅读有效性、自觉性，"班级阅读分析图"有利于降低阅读的难度，阅读展示活动的策划帮助孩子们进入深度阅读。十分钟故事角、诵读擂台、阅读闯关评优墙、团队接力日记架、读书存折、佳作塑封文集都调动了学生阅读、表达的积极性，"阅读之星"成长树每天都有新的变化，班级书香润泽童心。

3. 泛在阅读空间

学校将艺术特色项目麻编提篮演变为书篮，作为各楼层书吧和团队室等区域书、报、刊流通点。中国经典字画赏析馆的创建，也为师生学习鉴赏、进行书画艺术交流提供了丰富场所。学校还充分运用围墙、餐厅、洗手池、楼道书角、地面书摊、红领巾广播站等，以图文、音像等方式展示中外经典书籍、民俗民风，与李白、杜甫等名家定期相约，"阅读之星"榜样墙也充满书香气息。

4. 智慧阅读空间

学校统一使用图创 Interlib 图书管理系统，实现图书管理数字化、便捷化、智能化。每间现代化智能教室都有交互式电子白板教学系统，语音室和计算机室还安装有专门的阅读软件系统，供师生在线阅读和体验，每月生成个性化电子书单，电子化图书点赞小程序每月推送"水东最受欢迎图书榜"。

5. 家庭阅读空间

学校向家长传递"书香家庭"观念，调动家长参与阅读推广的积极性。鼓励家长每天与孩子开展三十分钟的亲子共读，参加"二十八天阅读习惯养成""属于我的阅读天地""绘本妈妈进课堂"等家庭读书活动。请家长为孩子创建家庭读书专区，满足孩子买书、读书的渴望。在学校亲子主题艺术节中，各家庭以情景剧、诗朗诵、课本剧的形式将阅读成果展现在观众面前，获得好评。

四、组织保障——"上善若水顺势为"

学校坚持以书香校园建设为重点，以务求成效为原则，将书香校园建设纳入学校整体规划，用书香润泽心灵，培养每个学生的阅读兴趣。

学校成立了以校长为组长的书香校园建设小组，小组由副校长分管，下设文献资源部、技术支持部、读者服务部、信息资源部，语文教研组长进行细化管理。学校先后制订并实施了《简阳市射洪坝水东小学书香校园建设实施方案》《简阳市射洪坝水东小学师生共读活动计划》《简阳市射洪坝水东小学阅读课程实施方案》，有序推进书香校园建设。

为培养书香型教师，学校还通过加强常规教研活动，组织教师开展日常的专业阅读；开展"水东阅读马拉松挑战赛"、跨学科主题阅读、读书分享会，评选"最美阅读教师"；组织教师观摩和参加竞赛，积极承办学术交流，引导教师强化阅读学习，提升专业能力。

水东人读书的样子是最美的样子。我们将在书本的浸润和熏陶下，在最美书香校园中，以立德树人为导向，发挥阅读力量，丰盈内心，促进精神成长，续写幸福教育新篇章！

撰稿人：田慧、徐然

编辑手记 ✏️

阅读是人类学习知识经验最主要的方式。习近平总书记始终重视全民阅读的推动，关注阅读型社会的建设，在《致首届全民阅读大会的贺信》中提出了殷切期盼。书香校园的建设是学校推进全民阅读义不容辞的责任。而水东小学的建设，体现出设计之全，课程教学覆盖各个学科和各种阅读方式；活动之丰，以多种形式吸引学生兴趣；空间之广，遍及学校的各个角落，甚至延伸到网络、家庭；保障之实，以专门的组织架构和相关制度推进工作等多个亮点。这种系统化的做法，值得更多学校学习借鉴。

《教育科学论坛》编辑部　张文龙

地域文化特色校本课程的开发与实践

四川省成都市武侯高级中学

学校的根本任务在于立德树人，而课程育人是实现这一任务的主要途径。成都市武侯高级中学立足于学生日常生活中熟悉的"生活场"和地域文化，通过挖掘地域文化特色，开发高中校本课程，以丰富教育内容，从而有效地坚定学生的文化自信，达到立德树人的目标。

一、地域文化特色校本课程开发的两大阶段

（一）第一阶段：收集构建校本课程资源库

（1）完成团队组建。首先组建一个由九人组成的一线语文教师团队。该团队的任务包括：一是对基于地域文化的语文校本课程资源进行政策、理论和实践分析。二是通过师生调查问卷、访谈等方式，了解师生在校本课程资源方面的需求。三是对照师生需求，深入武侯区的博物馆、文化馆、古街、古迹、古建筑群等进行实地调查，为校本课程资源的开发提供实践支持和智慧支撑。团队还通过查阅专著文献、实地调研、走访调查等方式，挖掘武侯地域文化内涵，对锦里、武侯祠、华西坝、望江楼、万里桥、天府芙蓉园七大专题课程资源进行分类梳理。四是对选修课进行顶层设计与统筹，搭建专业化培训学习平台。

（2）编写《探寻武侯地域文化之美》高中语文校本读本及配套教学设计。同时编印《"基于武侯地域文化特色的高中语文校本课程资源开发"教学设计稿》，形成一整套促使课程资源应用落实的资料，包括校本读本、教学设计、教学课件等。

（二）第二阶段：运用课程资源开展实践活动

（1）完成校本课程资源库的应用建设。确定选修课的资源、教师、学生，每学期

利用十二课时完成武侯地域文化选修课，让学生主动弘扬中华优秀传统文化，成为心怀使命、肩负担当的新时代武侯学子。

（2）完成学生综合素养测验与评价。课题组针对教学设计中涉及的课程内容，设计评价学生素养达成的标准，进而进行课后检测，涵盖知识检测、能力检测等方面。

（3）进行选修课程的延展辐射，开展研学旅行活动。通过研学手册的开发，引导学生利用寒暑假时间自主完成研学活动——打卡华西坝、锦里、天府芙蓉园、望江楼等具有武侯地域文化特色的"七大地标"，并完成相应研学任务。

二、形成地域文化特色校本课程资源开发的原则及流程

（一）建立课程资源的三大开发原则

通过文献研究及教学实践，我们提炼出基于武侯地域文化的高中语文校本课程资源开发的三大原则：一是依据校本课程资源开发现有的理论和实践，课程资源开发要遵循科学性原则；二是聚焦高中生语文核心素养的全面提升，课程资源开发要遵循服务性原则；三是考虑校内校外、课内课外、线上线下资源的有机整合，课程资源开发要遵循整体性原则。

（二）构建课程资源的四步开发流程

按照以上三大原则，结合武侯区的历史文化底蕴及未来发展规划，以"三国圣地、诗韵武侯、智慧武侯"为引领，我们探索了武侯地域文化背景下的高中语文校本课程资源的开发流程。该流程以促进学生语文核心素养全面提升为终极目标，深入挖掘武侯地域文化内涵，探索武侯祠、华西坝、望江楼等历史文化地标（名迹、古迹）的蕴意，筛选整理与之相关的文化名人、文艺作品、民俗风物等语文学习的文本素材，做好课内课外语文阅读的衔接，拓展相应的语文学习活动，最终开发出具有武侯地域文化特色的高中语文校本课程读本。

在理论与实践研究相结合的过程中，我们构建了"探究文化地标（彰显武侯地域文化特色）—筛选文化资源（突出高中语文学科特性）—衔接课外阅读（满足学生多元个性化需求）—拓展语文学习活动（促进学生语文核心素养提升）"四步走开发流程。

撰稿人：张翔、刘艳梅

编辑手记 ✎

　　每一所学校都处于一定的地域文化之中，一所成功的学校，一定要能够有效利用各具特色的地域文化资源，开发地域文化，拓宽校本课程的内涵，提升学校的特色文化。四川省成都市武侯高级中学基于成都市武侯区丰富的地域文化资源，建设起了独具学校特色的校本课程。我们可以看到，《探寻武侯地域文化之美》校本读本，分别就簇桥古镇、天府芙蓉园、武侯祠、锦里、望江楼、万里桥、华西坝七个文化地标进行内容建构。四川省成都市武侯高级中学的校本课程不仅是文本课程，更是体验课程，它是教师和学生共同探求新知识的过程。

《教育科学论坛》编辑部　　沈媛元

书法传承润童心　潜质赋能育新人

通江县第六小学

　　通江县第六小学成立于 2014 年 8 月，自建校以来，学校以"雅慧文化"为核心，以"养高雅之气，培聪慧之人"为办学思想，坚持以传统文化为切入点，从校园文化建设、课程设置、教学研究、师资培养、活动开展等多个方面整体推进书法教育，着力培养"外雅于行、内慧于心，有家国情怀、未来眼光"的现代小学生。

一、以制度建设为驱动，激发书法学习热情

　　学校结合实际下发了《通江县第六小学书法教育 2020—2025 学年五年规划》《通江县第六小学全面加强和改进新时代学校美育工作实施方案》《通江县第六小学书法美术教学奖励条例》等文件，从校园文化建设、课程安排、教学研究、师资培养、活动开展等多个方面力求整体推进书法教育。

二、以环境建设为依托，浓厚书法学习氛围

　　环境是熏陶和教育人的重要载体。学校本着让每一面墙壁能说话、每一棵花草能传情、每一幅书画能会意的环境育人理念，将书法传统文化与学校的办学理念有机结合，打造墨香校园。先后筹集资金建设书法文化墙、书法文化走廊、书法作品展示区、书法教育专栏、书法专用教室、校内外书法作品展示橱窗、班级书法作品展示墙，设立红领巾书法文化广播站，创建书法特色班级。

　　在书法文化墙和书法文化走廊，展示汉字的发展史及中国著名书法家生平、风格特点、代表作品等，让学生感受书法文化的魅力，接受书法文化的熏陶和洗礼；在书法作品集中展示区悬挂优秀书法作品，激发学生学习书法的热情；在书法教育专栏展示写字姿势图、写字韵律操、书法作品的格式与章法等，供师生参观学习。创建书法

和书法作品展示室，提供书法练习阵地。布置校内外书法展示橱窗十二个，每月更换一次书法作品，展示师生书法风采，激发师生书法创作热情。充分利用班级黑板报等宣传阵地，建设班级书法作品展示墙，或展示书法家故事，或展示学生习字作品，以显示书法特色班级创建特色。设立红领巾书法文化广播站，讲解书法历史，介绍书法家故事，传播书法知识，营造浓厚的书法文化氛围。师生置身于翰墨飘香的校园环境中，耳濡目染，受到潜移默化的影响，自觉走近书法、爱上书法。

三、以师资培养为抓手，夯实书法教育基础

当前，学校开展书法教育面临的最大困难是师资不足。我们通过"内培外聘"的方式，有效化解了书法师资的困境。一是以艺术和语文教师为主体，聘请市县书法家协会专业书法家到校开展培训；二是选派书法骨干教师到专业院校进行为期两年的专业轮训；三是聘请书法专业教师担任校外辅导员，为学生书法社团授课；四是与北京师范大学出版社合作共建"北师大版书法教材教育教学基地校"，邀请专家进校开展师资培养、教学培训指导等活动，辅助学校开展书法教育；五是建立教师写字考核制度，把教师书法水平纳入教师专业成长范畴培训，要求每月完成一幅书法作品，每期撰写一篇书法学习体会，寒暑假各完成一本书法练习册。

四、以课程建设为保障，搭建书法学习平台

（一）纳入课程计划

一是严格落实四川省义务教育课程计划，每周安排一节书法课；二是打破每节课四十分钟的传统模式，推行"长短课"，每天下午课前二十分钟，全校进行书法练习；三是利用课后服务时间，每周三下午通过"专业教师线上直播＋其他教师线下辅导"双师课堂模式进行全员书法练习。

（二）设置课程目标

根据《中小学书法教育指导纲要》和《义务教育语文课程标准（2022 版）》的要求，结合书法实践育人目标，按低段（一、二年级）、中段（三、四年级）和高段（五、六年级）设置课程目标。低段要求掌握执笔方法和写字姿势；学会写铅笔字，写得正确、端正、整洁。中段要求学会写钢笔字，写得正确、端正、整洁；开始学写毛笔字，正确执笔，学习基本的运笔方法；初步养成良好的写字习惯。高段要求熟练掌握钢笔楷书的写法，写得正确、规范、美观；学会用毛笔临摹，初步创作毛笔字作品，了解书法发展的历史和书法基础理论。

（三）组建书法社团

利用课后延时服务时间，学生自主选择，组建五个硬笔、五个软笔书法社团，在每周二、周四的下午开展社团活动，每次两个小时，每学期举行一次社团成果展示。

（四）编写校本教材

学校成立书法校本教材编写组，编写书法校本教材。内容主要以硬笔软笔书法笔画及字例教学为主，并将书法家故事、书法常识等编入其中，构建书法教育课程体系，为师生的练习及创作提供方便。

五、以课堂教学为阵地，提升书法教育水平

（一）抓基础，上好每周一节书法课

教师抓实课堂指导，认真落实"双姿"训练，即坐姿和握笔训练，结合课程目标，有计划、有针对性地开展教学。

（二）抓普及，与学生书写作业相结合

将写字练习与学生作业、语文教师与其他学科教师相结合。要求全体教师在课堂板书和作业批阅时，都要做好示范，时刻要求学生认认真真写字，养成良好书写习惯。

（三）抓强化，上好每周两节直播课

每周三下午社团活动，由优秀书法教师采用网络直播的方式，开展书法教学，各班分别由语文、数学教师指导，其余老师集中学习，师生共练。

（四）抓兴趣，建硬笔软笔书法社团

组织喜欢书法的学生创建社团，有效提高学生的书法水平和实践能力，有效继承传统书法文化。

六、以主题活动为载体，丰富书法教育实践

一是学校持续开展"五个一"书法教育活动，包括一日一练、一周一课、一月一评、一期一展、一年一赛。每天一次二十分钟书法练习，每周一节书法课，每月一次书法展评，每学期一次校内书法展览，每年一次"千人现场书写大赛"。二是借助传统节日和学校重大活动开展"写祝福""写经典""写春联"等主题书写活动，激发学生学习书法的兴趣。三是积极参加四川省书法水平测试和各类展赛活动。四是成立校园书法协会，专门负责校园书法活动的组织和开展。

七、以考核评比为引领，督促师生书法练习

（一）建立教师写字过关制

学校要求全体老师每学期、寒假、暑假都要练习写字，在规定时间段内上交一本书法练字本，教科室负责检查核实，结果纳入教师教研考核范畴。

（二）建立学生写字合格制

学生日日练，班级周周评，教研组月月评，学期学校评。通过练评结合，促进学生习字练字，保质保量上好书法课，让学生做到提笔即练字，不断提高写字水平，人人达标。

（三）开展学生综合能力检测，把学生书写水平纳入语文教师业绩考核范畴

每学期期末，学校组织人员统一命题，交叉监考，统一阅卷。以书写一首古诗为题，将结果计入学生期末语文学科素养检测成绩，并将该成绩纳入教师期末绩效考核范畴。

总之，通过持续不断地对全校师生进行书法教育教学，我们营造了浓厚的书法文化氛围，既美化了校园环境，又提高了师生学习书法的积极性，学生在六年的时光里不断练习和强化，陶冶了情操，帮助学生了解中华优秀传统文化，形成文化自信和民族自豪感，达到正字正心正人的育人目标。

撰稿人：高怀阳、戚伟、谢晓琼

编辑手记

书法教育担负着传承书法经典、弘扬中华文化的使命。教育部于 2021 年 4 月决定成立中国书法教育指导委员会，要求加强书法教育，既有利于帮助学生了解民族文化、形成民族自豪感，也有利于帮助学生理解、认识和掌握书法的文化内涵，从而达到丰富文化知识、增强审美能力、提升综合素养的目的。通江县第六小学从激发学生书法学习热情，到营造浓厚的书法学习氛围，再到从教师、课程、课堂、评价整体提升书法教学质量，为小学书法教育提供了十分系统和具有实践操作性的方法。

《教育科学论坛》编辑部　沈媛元

基于"互联网＋"人文交流课程建设的小学育人新实践

成都市成华小学校

在新形势下不断采用新技术、新渠道、新媒体开展人文交流，探索中外人文交流课程新模式，促进学生树立人类命运共同体意识，加强全球竞争力培养，成为学校更好地落实和贯彻立德树人根本任务的必然之势。成都市成华小学校立足学生全面发展，在"美浸生活 美润人生"的办学理念引领下，深入探索互联网＋人文交流课程建设的新理念和新路径。

一、课程："互联网＋"中外人文交流课程体系

（一）课程理念：明确"1"个核心宗旨

成华小学以三十余年"尚美"教育为底蕴，从弘扬中华文明"各美其美、美美与共"的文化高度出发，以"双 E＋五 I"为课程核心理念。"双 E"即"根植华夏，拥抱世界"（Embedding in Chinese，embracing the world），"五 I"即 International（国际视野）、Information（资源整合）、Interaction（人文交流）、Interesting（趣味多元）、Intelligent（高阶思维）。在此基础上，以国家课程拓展为基础，着眼于拓展性；以儿童视域为出发点，注重生本性；以人文积淀和文化自信为重点，强化人文性；以"以我为主、兼收并蓄"为宗旨，渗透包容性；以文化理解和创意表达为手段，贯穿实践性；以情境体验为载体，生发愉悦性。

（二）课程模块：建设"2"类主题课程

我们根据不同文化背景、不同年龄特征的中外学生兴趣指向和发展需求，突破"主题选择""课程资源征集与应用""语言交互""时空差异"等难点，积极探索中外线上课程实施环境条件与课堂实践策略，主要设计开发了两类主题课程——"互联

网＋"熊猫走世界课程、"互联网＋"共享共建课程。两类课程协同并进，共同构成了着眼于学生人文素养和文化自信培养的辐射中外的课程体系。

1. "互联网＋"熊猫走世界课程

"互联网＋"熊猫走世界课程从艺体学科入手，采用"学科渗透＋云体验"的方式开展。

以岩彩画课程为例，该课程以岩彩艺术为媒介，以"互联网＋微课"的现代表现形式，以文化体验为主要方式，面向境外友好学校，包含两类课程：一是系列微课，生动地介绍岩彩艺术的发展、历史以及基础制作技艺和方法等，便于中外师生反复观看；二是线上云课，由成华小学学生与友校师生共建共学，分享中国传统艺术。

2. "互联网＋"中外共建共享课程

"互联网＋"中外共建共享课程由成华小学与外方友好学校师生共同构建，通过"分学段特定文化话题"搭建学习内容，借助互联网技术和平台实现文化交流互鉴，创建促进中外双方师生互相包容、理解、共进的校本特色课程。课程以一个核心问题驱动，以活动为教学方式，完成"课前自主调查—课中分享讨论—课后延展互评"的教学全流程。

以"保护动物"系列课程为例，包括如下"6共"环节：

主题共商——中外教师通过网络研讨，根据各学段学生的认知水平、学情特点和学习兴趣，选择合适的话题。

课前共研——中外双方教师通过网络研讨确定教学方案、教学内容和教学计划。

师生共探——中外双方教师引导学生通过自主查阅资料、小组合作学习等方式，针对"认识和了解身边的动物""为什么有的动物越来越少"等问题进行假设、验证和研究。

资源共建——中外双方教师共同制作教学资源。

课堂共学——组织学生开展"云端课堂"教学，交流学习观点，寻找解决问题的办法。

课后共评——中外双方围绕课程开展情况进行自评和互评，根据自评和互评结果进行完善和调整。

（三）课程评价：构建"3"度评价体系

学校本着评价主体的多元互动性、评价内容的丰富性、评价过程的动态性原则，初步建立了基于"互联网＋"的中外友好学校人文交流课程评价体系。

（1）表现性评价：以开放式的表现性评价为切入口，通过评价学生参与人文交流课程中的表现等方式，评价学生口头表达能力、思维能力、实践能力。

（2）综合性评价：通过学生在中外人文交流课程学习过程中的表现，对其在学习能力、学习态度、情感和价值观等方面的发展进行多元评价。

（3）展示性评价：在班级、校园、网络等多种平台展示学生参与课程的成长与收获，让学生接受全班、全校家长及社会各界评价，激发学生的学习动机和成就感。

二、策略：以人文交流课程建设促进学生全面发展

近三年，学校"基于'互联网＋'的中外友好学校人文交流课程"开发与实施，坚持"五新样态"发展策略，每一步都是求真务实地"有根植、有脉络、有方向"的探索与实践。

一是推动人文交流课程从"知识习得、技能训练"走向"视野拓展，多元评价"新样态。在三年多的研究过程中，课程目标从最初的了解中外文化知识，培养阅读、口语等能力，逐步提升为"以优秀文化体验互鉴为载体，培养学生人文交流理念，提升学生人文素养和人文交流能力，增强学生制度自信和文化自信，落实立德树人的根本任务"，课程性质从"育能"走向"育人"。

二是参与师生从"试点班级、单一学科"走向"全员参与、全学科覆盖"新样态。课程开设之初，我们仅在四、五年级部分班级实施，经过三年的不懈努力，目前，课程已经辐射全校 92 个班级。

三是学生学习从"传统课堂"走向"互联网＋"全时段、多场域体验新样态。开设之初，课程内容主要以传统的课堂教学为主，互联网仅作为课程媒介。2020 年以后，我们重新审视互联网在课程实施中的作用，不断发掘"互联网＋"的价值。目前，不仅课程可以通过云教学，教研可以通过云开展，场馆学习也可以通过云实施。学校已经开放了涵盖四种语言的校园微型云美术馆，让中外学生能够打破时空的藩篱，在云美术馆里徜徉。

四是校园文化从"一区一品有韵味"走向"多元包容跨文化"新样态。在课程实施过程中，学校的文化建设在以中华优秀文化为魂的基础上，从"一区一品"走向"多元共融"，突出多样文化共生。

五是育人实践从"一校一班一老师"走向"家、校、社"三位一体全方位育人新样态。以课程化推进中外人文交流，将学校育人从传统的学校空间拓展为家庭、学校、社区有效协同育人，全面突显学校育人实践的多样性和全面性，为学生的全面发展提供了全时空场域和环境。

经过此项目的推进，学生的核心素养进一步筑牢，教师的综合素质进一步提升，

学校的办学特色进一步彰显，学校的区域影响力和辐射力得到显著提升。

撰稿人：宿强、姚远、罗丝佳

编辑手记 ✎

　　我国教育正在向以提升质量、优化结构为核心的内涵式发展方向前进，在这个背景下，基于互联网的教育信息化建设成为国家教育发展的战略重点。成都市成华小学校进行基于"互联网＋"人文交流的课程建设，突破了小学人文交流课程的学习时间和空间的局限性，有助于实现个性化线上学习。全校共享优质课程资源，扩大优质教育资源覆盖面，有利于促进教育公平和构建学习型社会。加之，学校将"互联网＋"人文交流的课程建设融合为线上线下教学，促进了学生的自主学习与合作学习，为改革传统的教学方式和手段创造了条件，有利于提高教学质量，改善学习效益。

《教育科学论坛》编辑部　沈媛元

文化引领 茶山育人

叙永县摩尼中学校

叙永县摩尼中学校（以下简称"摩尼中学"）在新时代背景下积极贯彻党的教育方针，落实立德树人根本任务，以学校茶山劳动教育实践基地为资源，基于"教育与生产劳动和社会实践相结合，培养德智体美劳全面发展的社会主义建设者和接班人"这一核心理念，全面提升学生综合素质，建设"五育"融合视域下的高品质学校。

一、继承发扬历史，丰富新时代育人内涵

摩尼中学是位于四川省泸州市叙永县南面乌蒙山区的一所乡镇完全中学。1973年，当地政府和学校积极响应毛主席"五七指示"的号召，建成"万株苹果，百亩茶园"的"五七农场"，后成为学校优质劳动教育实践基地，为国家培养了不少农林科技人才。

2019年，学校重新确定了茶山劳动教育实践基地的育人功能，开设茶山劳动教育课程，加强学生劳动教育，提高学生的劳动能力，培养学生艰苦奋斗的精神，以实施融合育人，提高学生综合素质。

二、学校文化引领，构建茶山劳动教育课程

农场建设过程中留下了宝贵的茶山历史和文化。学校构建了以校本文化引领的茶山劳动融合育人校本课程，规范实施茶山劳动教育。

（一）茶山劳动教育课程目标的确定

学校注重对学生进行茶山劳动历史的教育，坚持"五育"融合的理念，在劳动教育中贯穿思想政治、道德品质、校本文化、心理健康、劳动技能、以劳健体、审美健

康等教育，进行"五育"渗透和融合。为此，我们根据师生实际情况确定了课程目标，制订了课程建设方案。

（二）茶山劳动教育课程内容的选择

摩尼中学茶山劳动教育课程以校本文化为引领，创作了《摩中茶山赋》，编印了《茶山劳动教育读本》，引导学生树立劳动光荣的价值观，教育学生以劳动为荣，提升学生劳动技能。

三、践行融合育人，推行茶山融合育人实践

摩尼中学严格落实"以校本文化引领的茶山劳动融合育人"的理念，积极实施课程育人、文化育人、活动育人、协同育人。

（一）系统地组织劳动实践，实施课程育人

学校根据《中共中央 国务院关于全面加强新时代大中小学劳动教育的意见》和教育部印发的《大中小学劳动教育指导纲要（试行）》文件精神，严格实施国家劳动课程，开齐开足开好劳动技术课，同时开设好茶山劳动教育专项课程，每年两次组织学生到茶山开展劳动实践活动，春期采茶、制茶、品茶，秋期薅草、修剪、施肥，实训种茶、采茶、制茶技术，在劳动实践中培养优良品德，学习历史文化，提升劳动技能，践行"五育"融合的育人理念。

（二）创编茶山文化艺术作品，实施文化育人

学生认真解读学校文化、茶山历史，熟知校本文化，师生步行两公里登上茶山，激情朗诵《摩中茶山赋》，高唱《摩中之歌》。学校成立专门的机构，搜集整理创建茶山以来的诗歌、歌曲及当年的《开荒战歌》油印小报，发动师生创作与茶山劳动和育人相关的文化艺术作品，赋予茶山劳动教育以灵魂，为师生学习茶山历史和文化提供范本，鼓励师生持续丰富茶山文化。

（三）拓展茶山劳动实践活动，实施活动育人

学校设立"茶山劳动文化节"，让师生在茶山劳动教育实践中开展劳动竞赛、文艺演出、文化作品展示等活动，以活动提升劳动育人的格局，在活动中潜移默化地发挥茶山的劳动育人功能，从而全面提升学生综合素质。

（四）主动联合村社茶农，实施协同育人

茶山劳动实践的种植、修剪、锄草、采摘、炒制、茶艺、销售等几个环节，均联合村社、茶农及茶业公司等社会力量对学生的劳动技术、销售思维等进行引导和培养，

同时也渗透珍惜劳动成果的思想教育，全方位实施协同育人。

四、开展综合评价，凸显茶山立德树人实效

学校根据茶山劳动教育课程实施情况，以学生自评、互评为主，辅之以学校评价，并适当引入家长、社会资源共同对师生开展评价，以促进课程目标的实现。茶山劳动教育课程评价的原则是重过程、重态度，着重对学生的参与过程、参与程度进行评价，突出对学生参与课程的效果进行评价，体现融合性。同时注重情感评价，激励为主，提升学生成就感、幸福感。

叙永县摩尼中学校围绕茶山劳动育人，打造特色品牌活动，开展校本课程建设，开展教育科研活动，受到广大师生、家长及当地群众的称赞，受到市、县教育行政主管部门的重视，也引起了相关媒体的关注。新时代的叙永县摩尼中学校正以茶山劳动教育实践基地为依托，发展和延伸劳动的融合育人功能，培养高素质的社会主义建设者和接班人。

撰稿人：王国红、马林、刘发聪

（编）（辑）（手）（记）✏️

劳动教育是实践育人的重要方面，也是"五育"并举的重要切口。在国家的政策指引下，劳动教育受到越来越多的关注和实践。叙永县摩尼中学校的劳动教育，不仅有效地实现了在劳动中融合育人，将知识、技能、情感态度融于综合实践；有效地落实了"五育"并举，在劳动实践的过程中完成了德智体美劳的全面培养；更是发扬了学校的文化传统，承续了宝贵的建设精神。可见，建好学校文化和建好课程体系，在改变育人方式、提升育人效果的变革中相辅相成。学校注重挖掘内涵，以学校文化感召人、化育人，劳动教育才有了灵魂。

《教育科学论坛》编辑部　张文龙

指向立德树人的美育课程建设实践

成都师范银都紫藤小学

《义务教育艺术课程标准（2022 年版）》（以下简称"新课标"）提出了"以美育人""学科协同育人"的要求，强化了课程育人导向。为在教学实施过程中充分发挥艺术课程培根铸魂、启智增慧的作用，学校积极开拓创新艺术课程，以课程文化推动育人目标。

一、设立指向立德树人的美育课程目标

聚焦课程综合性与实践性，发挥课程的综合育人作用。第一，凸显艺术课程以美育人、以美化人、以美润心、以美培元、立德树人的独特育人价值。第二，借助形象的力量和美的境界提升人的审美和人文素养，引领学生在健康向上的审美实践中感知、体验和理解艺术，激发创新创造活力，整体提高感受美、欣赏美、表现美、创造美的能力。第三，用时代新人培养目标领航践行"六个下功夫"，弘扬真善美，塑造美好心灵，坚持以素养为导向，深化育人方式变革，为全面建成社会主义现代化强国和实现中华民族伟大复兴奠定人才素质基础。

二、明确美育课程分类

基于学校课程建设的顶层设计，制订全校总课程架构，根据本校现有的教学资源，结合新课标的指向，对课程内容进行大单元教学设计尝试，形成整合性课程、拓展性课程以及文化体验课程。

（一）整合性课程

一是学科内的整合。根据学科课程标准具体要求，对国家课程内容进行系统梳理

与重整，按照重组课程内容设计大单元教学。

二是跨学科整合。以美术课程为主体，与其他一门或多门学科融合，形成跨学科融合式的美育课程资源。

（二）拓展性课程

基于新课标，结合学校艺术教师自身特长以及学校文化特色，构建了蔓"延"拓展课程体系。

课程设置聚焦审美感知、艺术表现、创意实践、文化理解等核心素养，设计课程内容，以任务驱动的方式遴选确定了学校特色课程：藤编课程、掐丝沙画课程、定格动画课程等多种拓展艺术课程。课程在每周指定的延时服务时段作为拓展基础课程，通过全员选择、全员参与的方式开展，周五的社团选修由学生自主选择发展兴趣，弥补了常态课中特殊艺术形式无开展的短板。

（三）文化体验课程

根据学校建设需求与基本文化，为满足学生个性化学习需求，以校风、班风建设为核心，特设置了校园文化课程、年级文化课程以及班级文化课程。

三、课程实施的具体策略

（一）成立教师工作坊

根据教师的发展方向与擅长领域组建多样的工作坊，并开展各项研究活动，从而有针对性地深入研讨某个问题，且组织形式更为灵活，不拘泥于空间与时间。

（二）开展主题研修

定期开展教研组主题研修，将教师美育发展研修放在平时的教研活动中，不仅能够有效提高教师的专业技能，同时还能打磨和积累精品美育资源，丰富美育开展实施的途径。

（三）拓宽学习场域

根据课程内容，选择适合的上课地点，拓宽学生学习场域，如学校文化阵地、长廊等，让学生在真实情景中体验、欣赏和感悟，让学生在多样化情景中实践，不断提高艺术素养和创造能力。并能通过场域育人加强学生对传统文化、国际文化的认知和理解，尊重文化的多样性，增强文化自信。

（四）丰富学习形式

1. 主题式学习

把学习主题置于复杂而有意义的问题情境中，通过学习者之间的协作、解决问题的过程来获得隐含在主题背后的知识和能力，达成学习目标。主题通常有两种来源途径：

一是来源于对学科的思考。从学科角度深挖问题，面对不同水平学生分层次设计对应的问题链及适合的学习路径，为学生带来实际的能力提升。例如，"红色的画"课程基于三原色等相关知识，为学有余力的学生设计关于"颜色的明度"的学习主题，为学生综合能力的提升提供机会。

二是基于学生的生活体验提取学习主题，设计适合的学习目标。例如，"身边的设计艺术"课程通过设计"你喜欢的水杯"主题式学习，引导学生进行研究和自主学习，挖掘各款式水杯的差异，激发学生对生活中常规物品的设计思考，并引导学生树立正确的审美观和价值观。

2. 场馆式学习

传统的课程主要在教室进行，学习行为集中于课堂，学生难以将学习原动力带入生活中。而采取场馆式学习，将学习行为延伸到社会生活之中，则有助于激发学生更广而深的学习行为。例如，"博物馆探索式学习"先通过教师实地走访、数据检索等方式获得有关博物馆的实际情况，完成学习资料前期调查。同时教师提取适合小学生学习的关键元素，并通过加工论证进行取舍，提取分析内容。课程设计贯穿 PBL、STEAM 思想，构建合理的场馆学习路线。多轮探索实践后，完善课程实施方式。最后，利用集中走访、沉淀思考、个别回访等方式总结课程实施效果，并通过展示、竞赛等方式进行成果分析和评价。

四、课程实施的保障措施

（一）建设课程管理与开发小组

为保障课程有效落实与优化，并突出课程的综合育人功能，学校教导处与德育处两个部门协同一致，共同参与美育课程的管理、开发与实施。

（二）建立课程试点机制

对已开发的课程资源，在社团活动中进行试点教学，按"需求调查—课程资源开发—课程试教—课程评价—改进优化—形成资源"的流程进行课程资源的开发与评估。

（三）优化课程评价方式

尝试探索更为科学的课程评价方式，以核心素养为导向，把课程的内容要求、学业要求以及学业质量标准作为评价依据，设计出更为合理的评价量规。以"藤"文化"丝"生长课程为例，从教学内容、思维状态、课堂氛围、目标达成四个维度进行评价。

经过一学年的美育课程实施，学生对艺术类学科的满意度较高，且与同年级的其他各学科比较，学生对美术学科的喜爱度最高，这也从侧面说明了美育的科学性与重要性。学校文化体验课程的也得到落地，我们着力让学校文化墙、年级文化墙、班级文化墙等每一面墙会"说话"，使学校环境得到美化，打造了工作坊以及艺术阅览室，指向立德树人的美育课程体系得到完善。

艺术课程标准总目标要求要坚定文化自信，学校美育与文化自信是相互联系的，基于此，学校积极开发文化资源，形成美育发展规划。未来，我们一方面将会在原有功能室的基础上完成"两馆三坊"的优化建设（"两馆"指藤编博物馆、美术馆和图书馆结合的场馆；"三坊"指藤编工作坊、定格动画工作坊、掐丝沙画工作坊）；另一方面将不断挖掘学校的文化资源，构建美育隐性课程。

撰稿人：余杰、周沁

编辑手记 ✏️

学校美育离不开美育课程建设，不过美育并不是一个学科概念，很难界定专门性的美育课程，在当前学校教育中美育仍然被严重忽视，实践中也存在诸多难题，美育课程建设面临多重困境。目前来看，学校美育课程一般会依托艺术教育课程来切入，中小学大多会选择美术课程为先导。从美术课程到美育课程的进阶思路是怎样的？美育课程的课程框架应该具有哪些维度？美育课程又该如何实施？成都师范银都紫藤小学经过多年研究并实施的美育课程为学校美育改革作出了创造性的探索。

《教育科学论坛》编辑部　沈媛元

美术非遗文化融入小学艺术教育的创新实践

攀枝花市东区教育和体育局教育科学研究室

攀枝花市凤凰小学校凤凰非遗纸艺工作坊，以传承"王应新折纸"非遗文化为项目核心，创新美育教学模式，构建了旨在传承非遗文化的可持续发展平台和多途径融入学校美育活动的传承体系。此举助力学校形成一校多品的特色发展格局，更帮助学校在传承中华优秀传统文化、筑牢精神底色、传递中国精神方面，以高度的文化自觉与文化自信迈向新的征程。

一、"王应新折纸"非遗项目入驻校园

折纸是中华传统艺术的一种，一张纸通过魔法般的变幻，展现出无穷的可能性。这种智慧与灵巧的碰撞，总能勾起人们对童年的美好回忆。王应新先生经过几十年的研究，在继承传统的基础上创新技法，形成了融合折、剪、绘技艺的独特折纸风格。他的作品技艺精湛、精美绝伦。"王应新折纸"于 2008 年入选攀枝花市首批非物质文化遗产保护名录。攀枝花市凤凰小学校美术学科组在研究中发现了"王应新折纸"项目的文化传承价值和教育创新价值，将该项目引进校园，打造了"凤凰非遗纸艺工作坊"，开展传承研究，并作为省级课题"小学美术传承本土文化的实践研究"在 2020 年至 2022 年的重点研究内容。

二、构建工作坊，搭建可持续发展平台

针对"王应新折纸"艺术的传承困境，学校结合教育实际制订各项工作方案，创新美育模式，构建凤凰非遗纸艺工作坊的框架模式，建设旨在传承"王应新折纸"非遗文化的可持续发展平台。

（一）"双效路径"模式

纸艺工作坊建立了导师培训制度，聘请非遗传承人和上级美术教研员为导师，组建了由导师引领、名师领衔、多学科参与的跨学校跨学科工作坊团队，构建了非遗文化传承与教师成长"双效路径"模式。

该工作坊依托学校教育平台和开放式的各方力量，对推动非遗文化的传播与传承起到了积极作用。跨学校跨学科的辐射构建模式强化了民众对非遗文化的保护意识，促进了非遗文化在校园的推广普及，加大了传承力度，并大幅度提高了效率。

（二）名师工作室共建模式

工作坊团队和名师工作室团队协同发展，与美术名师工作室共建，以吸纳区域内更多优秀的美术骨干教师和青年教师参与工作坊项目。纸艺工作坊成为美术学科研究非遗文化传承、教学科研、艺术实践的综合性场所。学校努力把工作坊建设成为美术学科教学改革的实践阵地和教师成长的摇篮，最大限度发挥工作坊的美育价值，引领区域美育高质量发展。

（三）跨学科融合的教学资源开发与运用模式

学校结合现代教育信息技术，积极探索传统文化类、几何类和军事类折纸与语文、数学、科学和德育学科知识的融合途径，编写校本教材，制作教学视频和课件，形成适合各学段学生学习的资源库。

学科融合的折纸教学实践促进了"五育"融合，例如，探究"地动仪""编钟"折纸的文化内涵、多面体折纸与几何的知识、军事类折纸与爱国主义教育、昆虫类折纸与生物知识等。折纸教学让智慧在指尖上飞舞，文化理解、审美感知和艺术表现等美术核心素养在创意实践中不断升华，丰富了学生的精神生活。

（四）创"师带徒＋小老师"四级教学模式

折纸的手部动作复杂，变化快，教学组织难度大，适合小班教学。由于学生学习折纸的兴趣浓厚，针对班额大、年级跨度大这一客观现状，教师努力探索高效的教学模式。

工作坊摸索出"师带徒＋小老师"的四级教学模式，创新折纸教学流程，破解了大班额折纸教学难题，提高了折纸教学效率。"师带徒＋小老师"四级教学模式培养了一批能干的小老师，特别是一些性格腼腆的同学通过锻炼成长为开朗大方的小老师。学生的综合能力、自信心、责任心、交流能力、服务意识等都得到全面提升。

三、构建非遗文化多途径融入学校美育活动的传承体系

工作坊通过创新非遗文化传承体系，成功挽救了濒临失传的"王应新折纸"艺术，促进了"五育"融合，提升了折纸活动的育人品质，促进了学生核心素养提升和教师

成长。这使得优秀的非遗文化在课程改革和立德树人中发挥了重要作用，学校的办学特色也因此赢得了更多的社会声誉。

（一）融入课程

学校从多个角度设置了折纸课程。首先，将"王应新折纸"艺术融入现行小学人美版美术教材的部分课程中，丰富了学生的美术学习形式。例如，将"王应新折纸"融入人美版一年级上册第十一课"让我的飞机上蓝天"的教学中；其次，开发校本课程，每学期补充四至六节校本折纸课程，在全校普及折纸教学；最后，依托学校课后服务兴趣活动平台，开办多个折纸兴趣班，按照学校制订的课表上课。

（二）融入社团

成立了由教师、学生和家长组成的美术社团，学校、家庭、社会多方参与共建。形式多样的社团活动让同学们有更多机会零距离接触折纸大师，观摩精品，进一步提高了同学们对该非遗项目的认识，提振了信心，激发了自豪感。社团与地方文化馆等相关部门形成了长效联系机制，取得了社会力量的支持。

（三）融入学校活动

结合学校艺术节、读书节、社会实践等大型活动，举办非遗折纸进校园活动，丰富了校园文化，让非遗文化传承成为校园文化的重要组成部分。家长的参与既促进了学生自主学习和亲子关系的发展，又扩大了活动的社会影响，进一步提高了非遗文化传承效益。

（四）融入校园环境

学校精心设计校园环境，固化艺术成果，营造浓厚的环境美育氛围，以环境文化浸润心灵，引导学生追求向美向善的艺术品格。工作坊团队打造的"三线"建设主题艺术长廊已升级为党建长廊，该长廊和纸艺工作坊成为学校"1＋N坊"党建引领教育高质量发展特色项目。非遗纸艺工作坊成为学校对外宣传、交流办学特色的一个重要窗口，受到了广泛好评。

文化兴则国运兴。党的十八大以来，国家把文化建设提升到了一个新的历史高度。新时代的美育，是文化的美育，是观照师生心灵成长的美育。美术教育作为美育的重要组成部分，在传承中华优秀传统文化中起着无法替代的作用。我们要践行"扎根中国大地办教育"的指导思想，以美培元，传承中华优秀传统文化，筑牢精神底色，传递中国精神，以高度的文化自觉与自信迈向新征程。艺术工作坊必将为新时代美育增添浓墨重彩的一笔。

撰稿人：李兵、陈晓芳

编辑手记 ✏

　　推进非遗进校园是学生学习文化、传承文化、参与文化创造的重要工作，也是学校在传播社会文化方面应尽的义务。在我们身边，有不少非遗项目都具有很强的文化价值和教育意义。攀枝花市凤凰小学校选择折纸这种既生活化，又兼具科学性和艺术性的非遗项目与学校的艺术教育相结合，以工作坊建设为引领全面铺开，以四个"融入"推动日常落地，使之在校园生活中得到常态化的发展，给学生提供了优质的学习资源，促成了学生多方面的发展。

《教育科学论坛》编辑部　张文龙

让生命个性自由舒展的社会实践教育

成都玉林中学附属小学

综合实践活动是学校课程的一个分支，是学校课程的一部分。成都玉林中学附属小学进行综合实践课程开发，引导学生走进生活、走进大自然、走进社会，用自己的双眼去观察世界，用自己的语言去描绘自然，用自己的脚步去丈量祖国的大好河山，用自己的心去感悟生活的美好。活动落实立德树人要求，强调培养学生的综合素养，最终指向学生核心素养的养成。

一、整体构建课程体系，观照儿童的自由生长

从 2015 年开始，我们依托中华优秀传统文化和悠久历史的地域特色，紧扣学校的育人目标和办学特色，结合学生的年龄特征及身心发展需求，围绕"走进自然、认识社会、感受文化、体验民俗、学习技能"等主题，设计了一系列综合实践活动，通过几年的调整和完善，构建了"节气＋节日里的综合实践活动"系列课程。

学校全年综合实践活动将节气、节日文化、学科知识、地域文化相结合，以节气为线索，大致按照四季来设计安排（详见表1）。每一个季节都有六节气的学习，让学生了解节气的名称、字源、物候、谚语、风俗，还要阅读民间故事、诵读相关诗词和小古文，欣赏与节气有关的艺术作品和音乐，了解节气物候特征和科学常识，开展和节气相关的实践活动，亲近自然，体验民俗。六年中十二个主题，十二个地方，十二个节气和节日，十二个品格的涵养，让"玉娃娃"（成都玉林中学附属小学学生）在节气中享受有趣的诗意生活。

表1 成都玉林中学附属小学"节气＋节日里的综合实践活动"课程

	学期	学年下期		学年上期	
学校活动	四季节气	春 立春—谷雨	夏 立夏—大暑	秋 立秋—霜降	冬 立冬—大寒
	节日活动必修	开学嘉年华	五一劳动节	开笔礼（一年级）	英语节
		播种·植树节	情韵端午·祭屈原	开学嘉年华	元旦送福
		全民阅读节	成长礼（三年级） 毕业典礼（六年级）	诗韵中秋	乐考嘉年华
		数学节	采摘节	庆祝国庆	体育节
		体育节	乐考嘉年华	科技节	—
	选修	清明·茶道祭祖	研学旅行	重阳 敬老爱老活动	—
	节气活动必修	立春 绵竹赏年画 （一年级）	芒种 种水稻 （二年级）	白露 收水稻 （三年级）	—
		惊蛰 川剧博物馆 （一年级）	端午 赛龙舟 （五年级）	寒露 徒步登高 （六年级）	—
		谷雨 夹江纸坊 （四年级）	芒种 酒文化 （六年级）	秋分 都江堰 （五年级）	—
		清明 茶文化 （三年级）	谷雨 川菜博物馆 （二年级）	惊蛰 竹编 （四年级）	—
班级活动或亲子活动	节气活动选修	雨水 草堂怀杜甫	立夏 大邑采桑果	立秋 栖贤去晴秋	立冬 米亚罗醉红
		惊蛰 青川祭白虎	小满 盐亭拜嫘祖	处暑 乐山品甜鸭	小雪 西岭千秋雪
		春分 蜀州放纸鸢	芒种 广汉看麦浪	白露 汶川祭禹王	大雪 青城腌肉香
		清明 古堰观放水	夏至 亚丁闻稻香	秋分 新都赏桂花	冬至 闻梅识陆游
		谷雨 丹景觅牡丹	小暑 邛崃赏红莲	寒露 采菊东篱下	小寒 望江念薛涛
		—	大暑 天台扑流萤	霜降 岷江寻芦荻	大寒 松柏护武侯

二、突出课程四大特征，滋养学生的核心素养

每一个季节都有传统节日的由来、习俗、相关诗词等的学习，还有相应的体验活动。学校开展自然探索活动，让学生走进自然，与自然对话、沟通，感受自然的美好。同时让学生参与社会活动，感受社会的责任和担当。这些综合实践活动主要凸显了以下几个特点：

（一）以"融合"为主要特征，培养学生综合能力

综合实践活动最显著的特征就是"融合"，这里的"融合"指学科间知识的融合，即打通学科知识之间的内在联系；也指去发现知识与事物的连接点，即真正把学习与生活联系起来；更指把知识与行动连接在一起，能综合运用知识解决问题；最后还指善于把知识与自我联系起来，培养学生的"融合"思想，提升自我的综合能力。

（二）以"实践"为主要形式，改变学生学习方式

综合实践活动另一个最为明显的标志就是"实践"。在整个活动中，学生都是以体验的方式参与、经历每一次的活动的。这里的实践首先是自己积极主动地参与，同时还有与同伴的互助、学习、合作。在学习中不仅有模仿，还有创造，或是实践后的再创造。总之，在不断实践的过程中，学生的自主学习能力也会逐步提高。

（三）以"传承"为主要思路，培养学生家国情怀

"二十四节气"作为中国人特有的时令知识体系，深刻影响着中国人的思维方式和行为准则。我们所在的城市——成都，是一座历史文化名城。我们立足中华优秀传统文化，结合天府文化和地域特色，让学生摆脱学科的限制，与自然、社会建立联系，实现生命的自由舒展。

（四）以"自主"为主要方向，建构自主学习能力

小学生天生具有好奇心和爱玩、爱探索的天性，实践活动符合孩子的年龄特征和成长规律。活动的设计思路是要充分调动学生的身体和头脑，让每个学生在活动中时刻处于一种高度专注的深度学习状态。每完成一项活动，孩子们都会获得成功的体验，感受自信与自律带来的快乐和喜悦，逐渐养成行为自律、学习自主、心态自信、思想自强的自主精神。

三、落实课程三大环节，确保活动的开展实效

学校除了对综合实践活动进行整体构建，还精心实施各个环节，让孩子们通过综合实践活动能真正学会用眼睛观察、用心灵感受、用理智判断，把中华传统美德真正

内化于心、外化于行。

（一）精心准备资料，激发活动兴趣

每次活动前，我们都会布置预习，让学生提前了解相关背景知识，同时也会带着问题和好奇心开启活动之旅。

（二）精心策划活动内容，丰富活动内涵

每一次活动都应该有一定的收获，所以每次活动的内容设计都会结合学生的年龄特点和认知水平，根据主题开展观察、欣赏、表演、制作、体验等多样化的活动，每一项活动内容都丰富多彩。

（三）精心设计学习评价，完成活动反馈

在评价中，我们注重多主体的评价，既尊重学生的自我评价，还关注同伴互评、师长评价。在评价内容上既关注活动内容，还关注学生的品格、行为习惯和意志品质的培养。最后，学生可以通过成果、心得、作品等多种方式记录和展示自己的学习成果。

在校园里，有一棵象征着生命力的树。每到春天，它都会经历一次生命的蜕变与重生。我们的"玉娃娃"在各种综合实践活动中、在四季的轮回中展现生命的韵律，体验生命的成长与变化，感受生命的自由与舒展。希望"玉娃娃"们能"温润如玉，质朴如树，善良如水，绚丽如花"。

撰稿人：袁新平

编辑手记 ✏️

立德树人要走深走实，要解决好"立什么德""如何树人"的问题。体系化的综合实践活动是对国家课程的重要补充，是落实立德树人根本任务的重要途径。成都玉林中学附属小学首先是在内容上下功夫，以节气为线索，以学习生活、社会风俗、历史文化、自然风光为主要板块，建构了一整套的活动课程；其次是在形式上出真招，让学生在活动中扎实学习、贴近生活、展示个性，充分体现了"融合""实践""传承""自主"的特征。学生在其中认真观察世界，体味生活，真正成为自主的学习者、文化的传承者、社会的建设者。

《教育科学论坛》编辑部　张文龙

以"多国文化节"落实立德树人根本任务

成都市大弯中学

"多国文化节"是由成都市大弯中学原创,以中外人文交流为载体、立德树人为目的的青年综合实践教育活动。至今已经开展四年,每年的阳春三月,草长莺飞、樱花烂漫,全校高一高二的同学,在樱花大道上开办小商品创意集市,在学术厅聆听关于各国文化思想的讲座,在舞台领略各国的艺术风貌等,既扩展了视野,又促进了中外人文交流;既提高了外语水平,又增强了文化自信。学校探索出了一条通过实践教育活动落实立德树人根本任务的创新之路,赢得了社会、家长、师生的广泛赞誉。

一、"多国文化节"的实践路径

(一) 确立主题

"多国文化节"在每年春季学期举行,每期根据国际热点、师生建议等来确立活动主题,如"行一带一路,促文化交流""品多元文化,展个性魅力""行走蓉欧长廊,对话世界文明"等。

(二) 确立目标

"多国文化节"是中外青少年交流的平台,但不能只是追求表面的热闹,项目组根据大弯中学"生态校本课程"的育人目标,结合国家对中外人文交流的要求,从知识、技能、态度、价值观四个层面细化中外人文交流目标。第一,知识目标:了解全球问题和趋势,了解和尊重关键的普遍价值观,为学生们形成世界意识打下知识基础。第二,技能目标:培养国际交往与合作的行为能力,包括外语运用能力、跨文化沟通交流能力,具备批判性、创造性和创新性思维,解决问题和作出决策的认知技能以及同理心等。第三,态度目标:培养开放、平等、尊重、宽容、客观的跨文化理解态度。

第四，价值观目标：培养文化自信和团队协作精神，愿意对本土、全球或跨文化问题作出反应并采取合理、有效的行动，为建立"人类命运共同体"而努力。

"多国文化节"旨在为学生提供自主了解并传播世界各国文化的机会，拉近学生与各国文化的距离，使学生对各国文化有更广泛、更深刻的认识和领会，让学生在轻松欢快的氛围中体验各国文化，丰富课余文化生活。"多国文化节"也是让国际友人了解中国文化、了解大弯中学的好机会。同时，活动的举办使大弯中学的生态教育理念在学生、家长及社会中得到更好的推广和传播。

（三）开展活动

"多国文化节"活动以全校师生为主体，以班级为单位，以各国文化为载体，营造欢乐融洽的国际化校园氛围，开阔学生的国际视野，畅通大弯学子理解国际多元文化的渠道，丰富学生的国际文化积淀。具体活动如下：

第一，国际理解教育论坛及人文交流专题讲座。在文化节期间，邀请专家学者为全体师生开展国际理解教育讲座及外国文化讲座。

第二，多语留声机。鼓励学生用外语朗诵作品，并在学校微信公众号"多语留声机"板块呈现作品。活动同时邀请外籍教师、外籍留学生及校友参与。

第三，多语风采展示。多语风采展示活动包括多语歌曲展演、多语演讲、多语配音比赛、多语海报展、多语贺卡及多语手抄报创意展等。

第四，"给妈妈的一封信"多语种写作大赛。每年五月母亲节，以母爱为主题，学生为自己的母亲手写一封外文表白信（从英语、日语、俄语、德语、法语、西语、韩语等语言中选择一种），体裁不限（诗歌、记叙文、散文等都可），用不同国家的文字向辛劳的母亲表达爱和感谢。

第五，创意中外集市游园会。学生设计多个展位展示世界三十余个国家的文化，涉及特产、美食、音乐、书籍、传统节日等多个方面。各展位采用互动性和趣味性兼具的讲解类活动（生活习俗、旅游介绍、历史讲解）及操作类活动（饮食制作、娱乐互动、特色表演）等，可实现学生全员参与体验世界多元文化。

第六，蓉欧文化长廊。蓉欧文化长廊展现了蓉欧快铁沿线三十余个国家及地区的文化，主题涵盖了国家概况、语言学习、建筑、音乐、美食、体育、名人名言、传统活动以及传统服饰等。文化长廊与游园活动相结合，学生在文化大转盘、体育游戏玩玩看、历史场景复现、传统工艺品 DIY 等闯关活动中，体验和学习各国文化。

二、"多国文化节"的实践成效

第一，形成了"1"个品牌：大弯中学中外人文交流实践活动课程品牌——"大弯樱之季，多国文化节"。

第二，实现了"2"个提升：学校立德树人成效的提升；师生中外人文交流素养的提升。

第三，促进了"3"个变化：立德树人课程更加丰富多元；外语课堂教学更加生机灵动；师生更加开放包容。

第四，提炼了以实践教育活动落实立德树人根本任务的典型经验。

撰稿人：陈道丽

编辑手记 🖊

中外人文交流活动有助于落实立德树人根本任务，拓展学生国际视野，提升学生的人文素养、人文交流意识和能力。成都市大弯中学原创的中外人文交流特色项目"多国文化节"，是学校发挥自身的积极性、主动性和创造性，在坚守本土文化自信的基础上，探索出的具有学校特色的活动。学校建立起了常态化的中外交流模式，提升了国际交流能力和办学水平。及时总结成都市大弯中学的有效经验和成功做法，能促进中外民心相通和民间友好，对更多学校进行国际理解教育具有引领、带动和借鉴作用。

《教育科学论坛》编辑部　沈媛元

"竹文化"校园艺术节的创新实践

成都市教育科学研究院附属学校（西区）

成都市教育科学研究院附属学校（西区）［以下简称成都教科院附属学校（西区）］通过对竹文化进行全方位深入研究，对课程进行创新性研究，使学生德智体美劳得到全面发展。

一、"竹文化"校园艺术节的设计理念

如何"以竹育人，以文化人"？事实上文化的"化人"和"育人"效果总是需要借助一定的方法来实现。在文化教育的众多行为中，绝大部分都是以主题活动的形式来进行的，它具有很强的针对性和区分度，能够充分发挥出文化的作用与功能。在立德树人的实践过程中，校园主题活动是一种受到广大师生喜爱的德育活动，它能够让学生在公共空间中充分交流、分享和合作，以达到预期效果。

成都市教科院附属学校（西区）组织的针对一到六年级的"竹文化"校园艺术节，依托中华民族源远流长的竹文化资源，构建了涵盖音乐、绘画、雕刻、书法、手工艺、舞蹈等艺术形式的竹文化活动体系，活动结构具有多元立体、连贯渐进的特征，一到六年级均围绕竹文化资源设计了特色活动内容和教学内容。

竹具有独有的艺术价值，中国劳动人民在长期生产实践和文化活动中，把竹子的形态特征总结成了一种做人的精神风貌，如虚心、气节等，其内涵已成为中华民族的品格、禀赋和精神象征的一部分。竹子所代表的不畏逆境、不惧艰辛、中通外直、宁折不屈的品格是竹子特殊的审美价值所在。这是一种取之不尽的精神财富。以优秀传统文化的代表竹文化资源为载体的"竹文化"校园艺术节是成都教科院附属学校（西区）在新时期立德树人导向下的一次尝试，一方面构建"课程引领、活动推动、环境熏陶、学科渗透"的德育工作体系，另一方面充分贯彻"五育"融合理念，让教育回

归立德树人初心，促进学生全面且有个性的发展。同时构建出一套完善的综合化校园主题活动开发体系，有助于将其他优秀传统文化资源运用到校园主题活动建设中。"竹文化"校园艺术节的举办，旨在通过竹文化的独特魅力，引领学生走向全面而有个性的发展之路。

二、"竹文化"校园艺术节活动的实践过程

（一）第一阶段：多方宣传，全员参与

艺术节宣传期分为班队活动和艺术学科比赛两条线路，目的在于最大化地扩大宣传覆盖面，提升活动的知晓度和参与度。

第一，起势期。提前一个月通过班主任和艺术学科教师释放艺术节信息，来为活动宣传造势，增加学生关注度和话题讨论度。

第二，氛围期。保持艺术节开展情况的最大曝光度，以积极学生的阶段性成果激励全体学生主动参与。通过班级群宣传，最大范围引领热点，烘托艺术节氛围。

第三，后宣期。将艺术节活动的过程性资料和成果同步反馈，利用公众号宣传推广活动内容和效果。后期持续维持艺术节热度，促进竹文化特色课程发展。

（二）第二阶段：精选准备——体验艺术课程内容

艺术节筹备期，艺术学科教师根据活动主题，针对不同年级设置了相应的体验内容和艺术课程内容。体验内容和艺术节课程通过年级划分，以班级为单位开展，优秀作品将会在艺术周活动中展示。

（三）第三阶段：以赛促能——艺术节比赛项目选拔

收集并筛选学生在美术和歌舞两大类比赛中的优秀作品。美术方面包含了国画、书法、摄影、文创等方面的作品；歌舞方面包含了合唱、群舞、乐器等方面的作品。

（四）第四阶段：搭建展示平台——艺术活动周

艺术活动周构建了富有情景氛围的展示平台，推动了全校竹文化特色课程的深入发展。美术类的体验活动包括竹音环绕、竹屋情景体验、竹玩具嘉年华、竹编非遗体验、竹侠创客体验和翰墨竹香体验等；歌舞类活动主要包括以"竹"为主题的舞蹈、歌曲和民乐演奏等。

（五）第五阶段：专家指导，促进专业精进

本阶段，学校邀请了"竹文化"领域的专家进校，对竹文化特色课程和艺术节活动进行专业指导，提出专业建议。专家的指导和建议为活动的深入开展提供了有力

支持。

（六）第六阶段：精品打磨

根据艺术节开展情况进行活动总结，复盘艺术节开展过程中的收获与问题，结合专家的指导，带领获得一等奖的学生对作品进行修改和再创作，最终形成精品。

（七）第七阶段：总结

上交完成作品，并在比赛后进行艺术组复盘，收集整理艺术节过程性资料，形成图文资料归档。将艺术成果通过网络进行持续宣传，增加学校"竹文化"特色影响力。

三、"竹文化"校园艺术节的育人成效

通过"竹文化"校园艺术节，全体师生共同创造学校"竹文化"特色艺术节目和作品，丰富学校"竹文化"特色艺术教育成果，促进了全校"竹文化"特色课程发展。学生的认知不断进阶，对中国传统竹文化的理解不断加深，并在此基础上衍生出更具时代特征的作品。项目做到了以人文素养培育为核心，以非遗文化艺术为重点，充分践行立德树人理念，形成本校的特色和传统。"竹文化"校园艺术节充分考虑到时代的特点、学生的需求，适应学生不同性格发展的需要，充分发挥学生的自主性、独立性，充分发挥其主体地位和主观能动作用，更好地发展学生的特长和个性。

撰稿人：张子琴、刘帆、罗寓文

编辑手记 ✎

以文化人、以文育人，是文化固有的功能与使命。那么，文化何以育人？成都市教科院附属学校（西区）并非是用灌输式的文化知识教育，而是借助"竹文化"校园艺术节，创设良好的育人环境，来潜移默化、循序渐进地浸润学生、感染学生、熏陶学生。在育人环境创设过程中，不仅注重教学内容、主题氛围、班风的培育和养成等软环境，还注重学生比赛作品的打磨与呈现、实物欣赏与体验活动等硬环境，使学生置身于学校就能感受到浓郁的竹文化气息。

《教育科学论坛》编辑部　沈媛元

以核工业精神立德 以"八二一故事"育人

"文化是民族的血脉，是人民的精神家园。"广元市八二一中学原隶属于中国核工业集团八二一厂，自成立之初便与核工业文化结下了深厚渊源。"以事业为重，责任至上，严谨细致，锐意进取"的核工业精神体现了核工业人热爱祖国、坚定信仰、严谨细致、开拓创新的价值信念，更成为八二一中学在立德树人过程中所要传承和弘扬的文化精髓。为此，学校以体现核工业精神的故事为载体，通过挖掘故事、整理故事、运用故事，形成了以核工业精神育人的德育体系。

一、讲述"八二一故事"，育"热爱学习"之根

（一）依托演讲比赛，宣传学习故事

为了讲好更多优秀师生刻苦学习的故事，用生动故事唤醒学生自主学习、独立思考的热情，学校先后组织了多场演讲比赛，以鲜明的主题为引领，鼓励学生在讲好故事的同时，培养学习兴趣、养成学习习惯、提高学习品质。

（二）借助讲解助理，喊出响亮口号

学校通过讲故事宣传学校文化，渗透品德教育。学校在每个班级培养两名讲解助理，通过主题班（队）会、国旗下演讲、校园广播、网络平台等方式，每月为全校师生讲述"八二一故事"。从"入职"培训到竞争上岗，从面对新生到接待专家，讲解助理用一个个生动的"八二一故事"让热爱学习、艰苦奋斗的精神深入人心，不仅影响着倾听者，同时也让他们自身在每次讲述中深受感染和洗礼，从而做到时时鞭策自己勤奋好学、努力进取。

二、演绎"八二一故事"，育责任担当之基

学校积极探索如何以更生动的方式呈现"八二一故事"。舞台剧展演让学生参与其中，完整清晰的活动流程，也能帮助学生深刻领会"责任"的含义，并将其转化为前行的动力。

田祥武老师是学校的优秀教师，即使身患多种疾病，也依然坚守在深爱的工作岗位上。他的人生信条是"生命是有限的，但把学生教好的信念是无限的"。五十三岁时，田老师倒在了讲台上。为了传承他的"责任高于一切"的精神，学校组织师生筹备《田祥武》舞台剧展演。通过搜集田老师生平素材、师生共同创编剧本、美术兴趣小组设计舞台、演员自荐选拔及反复排练修改等过程，舞台剧得以在全校师生面前精彩呈现。学生在参与过程中深刻领悟了"生命不息，奋斗不止"的八二一精神，并立志成为有担当的时代青年。

三、创编"八二一故事"，育创新进取之魂

（一）挖掘素材，征文中弘扬进取

写好"八二一故事"是核工业精神传承系列活动的重要组成部分。学校组织高中师生改编"八二一故事"，铸牢八二一中学精神的价值认同和立德树人目标。学生通过广泛阅读，从核工业科学家身上寻找灵感，表达对科学家的崇敬，提高自身探究和创新能力。优秀作品会在橱窗展示，校报和微信公众号同步发表，以此来影响和感召更多学生。在征文比赛过程中，学生不仅提高了语文学科素养，更对创新进取的精神内涵有更深层次的认识，实现了自身精神品质的提升。

（二）寻找榜样，颁奖词体现创新

"八二一故事"并不仅仅存在于尘封的校史中，它每天都在学生身边上演。为了在日常生活中渗透德育，学校组织了为身边的进取之星撰写颁奖词的活动。这些榜样包括有听力障碍但热爱创新发明的校工杜永亮，尽职尽责又带领学生研究机器人的教师任镜圩、刘建国，以及善于动手和思考的学生余睿、张春梅、苟瑞等。学生们用感人的语言赞美他们的成就，并以实际行动学习他们的创新精神。

四、续写"八二一故事"，育严谨细致之能

（一）学科融合，综合育人体现严谨之风

学校在思政课中融入核工业精神，通过讲述"八二一人"的艰苦奋斗故事，拉近

思政内容与学生的距离。语文教师利用文本材料渗透德育内涵，美术老师通过图片、绘画等方式让学生表现"八二一故事"，历史教师则带领学生阅读八二一厂史料，追寻历史足迹。这些做法在体现学科严谨思想的同时，也弘扬了学校倡导的严谨之风。

（二）丰富读本，传承精神赓续时代光芒

学校围绕立德树人任务，深度挖掘八二一建厂、建校五十多年来的先进典型和动人故事，以《可敬的八二一》系列校本读本为依托，建立涵盖小学、初中、高中三个阶段的校本课程体系。为提升"八二一故事"的育人价值，学校成立编辑小组，组织学生参与联络、走访、调研工作，梳理厂史和校史，解读核工业精神内涵，学习先进典型人物事迹，丰富读本内容，赓续时代精神。

撰稿人：孙永德、毛志宏、刘洋

编辑手记

育人的根本在于立德，我们要勉励学生"立大志、明大德、成大才、担大任"。四川省广元市八二一中学从原隶属的中国核工业集团八二一厂中找到核工业文化作为学校的文化核心，并凝练为"热爱学习、责任担当、严谨细致、创新进取"，以此作为学校对"为谁培养人，培养什么样的人，怎样培养人"的回答。学校坚决落实立德树人根本任务，弘扬核工业精神，把立德树人贯穿到讲述、演绎、创编、续写"八二一故事"教学各个环节中，以特色文化育人，以优势学科育才，做到润物细无声，并提供了翔实生动的案例，值得反复品味。

《教育科学论坛》编辑部　沈媛元

"浓浓节日情 悠悠爱国心" 爱国主义教育的学前实践

凉山州机关第一幼儿园

文化是一个国家、一个民族的灵魂。文化兴则国运兴，文化强则民族强。没有高度的文化自信，没有文化的繁荣兴盛，就没有中华民族的伟大复兴。习近平总书记在党的十九大、二十大报告中分别强调，要坚定文化自信，推进文化自信自强。因此，作为教育工作者，要坚守立德树人的使命，大力弘扬中华优秀传统文化，让幼儿从小接受优秀传统文化的熏陶，培养幼儿对优秀传统文化的尊重。

一、从节日节气中见文化，树立课程理念

《3-6岁儿童学习与发展指南》提出，要借助传统节日对幼儿进行教育，从小培养幼儿热爱自己的民族和文化的情感。我们以节日节气为载体进行爱国主义教育，构建园本课程，生动、形象地将优秀传统文化传递给幼儿，筑牢幼儿热爱中华文化、热爱中华民族的情感。

围绕总目标，我们制订了四个教育目标：在"知"的层面，让幼儿初步了解我国传统节日节气的来历和传说，感受节日的传统习俗和饮食习惯；在"情"的层面，培养幼儿热爱家庭、热爱优秀传统文化的情感，初步萌发民族自豪感和爱国情感；在"意"的层面，感受优秀传统文化节日中"重亲情、尊老爱幼、重孝道"的文化特征，形成继承和发扬中华优秀传统文化的意识；在"行"的层面，学习常见的节日礼仪，培养幼儿讲礼貌的好习惯，感受人间的亲情与友情，学习表达孝道的方法。

二、从节日节气中见活动，筛选课程内容

中国的传统节日多种多样，要筛选适合幼儿阶段的传统节日和地方节日作为切入点。关键有两个方面的考虑：一是源于生活，无论什么节日、节气，以幼儿的兴趣、

需要和发展为着眼点，实施途径立足幼儿的一日生活；二是具有整合性，选择的节日节气应是历史悠久、世代相传的，具有群众性、周期性、综合性、稳定性的特点，可以全面整合教育教学、游戏活动，便于促进家园亲子活动和社会活动的开展。

通过搜集传统节日相关知识并进行分析、研讨，我们确定了五个传统节日节气和两个地方节日作为载体，包括传统的春节与元宵节、清明节、端午节、中秋节、重阳节及地方的火把节、彝族年。虞永平老师认为："对于节日意义、内涵的理解，我们应该用课程的眼光来看，对节日的挖掘一定要深入，要赋予它新的内容。"我们对所选择实施的传统节日教育进行了价值内涵的重新挖掘和认识。如清明节以生命为主题，中秋节以团圆、分享为主题，对每个节日节气都抓住其价值内涵来进行课程实施。

三、从节日节气中见成长，组织活动实施

实施节日节气教育活动，要做到基于儿童视角，还原拓展儿童的生活化内容——实实在在的有质量的生活体验，提高幼儿理解并传承优秀传统文化的能力，并在过程中促进关爱、感恩等情感的发展。

（一）四大原则进行策划

在活动中遵循统筹计划、主题呈现、首尾呼应、家园合作的原则。整个活动是一个连贯的过程，以家庭中开展的活动为首尾，幼儿从准备到总结全程参与。幼儿园以周为单位做典型活动，以月为单位做延伸活动。教师在实施中留出空间，支持幼儿的发展需要和创意表达。家长、社区积极关注参与，用各类资源丰富课程。

（二）四种活动全面开展

在近四年的研究实践中，我们探索出从四个维度实施节日节气主题活动进行爱国主义教育的路径，即主题教学活动（集中教学、个别教学）、区角游戏、综合展示活动、家园社区活动。同时，四种活动并不是割裂独立的，而是融合渗透的。

（三）三个阶段逐步推进

活动之前先要观察儿童的行为和需求，结合对儿童经验的调查对该节日活动进行背景分析，在调查、观察、分析的基础上进行活动设计。活动大致分为三个阶段，各阶段有不同的侧重点。

开始阶段的重点是准备积累，引发主题，师幼建构共同的经验，常用策略是调查、参观、收集物品资料。

中间阶段的重点是实践探究，搭建平台，共同实践体验，引领幼儿发展，常用策略是参观访问、观察分析和讨论、集体或小组活动。

总结阶段的重点是表达分享，回顾总结，鼓励多种表达表现，常用策略是总结回顾、分享和宣传、表演庆祝和家庭活动。

四、彝族年活动实施案例

以彝族年活动为例，彝族年是凉山彝族同胞最喜庆、最令人向往的节日。爱家乡之情和彝族文化应当如何通过具体活动来传承呢？我们借助这个具有浓厚民族特色的节日，根据幼儿的年龄特点，选取合适的切入点引领幼儿参与彝族年活动的整个过程。

准备阶段：彝族年到来前夕，彝族幼儿的家庭开始准备节日食物，这引起了许多幼儿的兴趣。我们尝试让中大班幼儿和家长共同查阅有关彝族年的资料，完成"彝族年知多少"问卷调查，以初步了解节日的由来与习俗。小班幼儿则在家长和老师带领下逐步感受节日的气氛。

实施阶段：各班根据幼儿的年龄特点开展丰富的节日教育活动，大班通过参与彝族年的习俗实践、彝族服饰制作、银饰制作、彝族餐具制作、彝族桌布制作、争当家乡小导游、家园亲子参观凉山彝族奴隶社会博物馆等活动体验节日与"我"的关系。中班通过制作荞麦饼、欣赏设计彝族漆器的颜色与纹样、实地游览家乡风景名胜、收集家乡土特产等活动提高幼儿的参与性。小班在感受节日的气氛中，了解彝族广泛使用红、黄、黑三色的传统，尝试用三色装饰彝族餐具、彝族服饰等。

总结阶段：在前期经验建构基础上，各年龄班共同参与大型活动"嘴巴的节日"，大中班幼儿穿上彝族服装、佩戴彝族饰品走秀，用自信的脚步诉说彝族的文化特色；接着共同品尝、分享彝族美食与家乡的土特产，这充满地域文化的美食吸引力不容小觑；最后，活动在欢庆丰收的彝族民间达体舞的高潮中落下帷幕，幼儿、老师、家长意犹未尽。整个系列活动让幼儿亲身经历、体验民族文化习俗的内在含义，逐年累积对彝族年内蕴的理解，充分感受这一节日的民俗魅力，同时为生活在美丽的家乡而自豪。

实践证明，我们以传统节日、节气及彝族传统节日火把节、彝族年为主要切入点，提高了幼儿对中华民族常见传统节日习俗的认识，增强了幼儿传承民间优秀文化传统的意识，培养了幼儿民族自豪感，同时培养了幼儿交往、合作等方面的能力及感恩、关爱的情感。幼儿通过节日活动学习、了解了本国本民族的文化，传承了文明，开阔了眼界，培养了对优秀传统文化的尊重之情。

撰稿人：韩红、林悦

编辑手记 ✏

　　节日节气是一种社会文化现象，其背后往往蕴藏着古拙质朴的智慧结晶和历久弥新的审美内涵。传统节日节气具有丰富的教育价值，已经成为各级各类学校积极主动挖掘的重要资源。而凉山州机关第一幼儿园在挖掘过程中，尤其注重民族化、本土化实践，在共同价值的基础上继承民族特色，突出本土风情，既是以优秀文化育人，也是以文明火种传世，为中华民族的多样表达存续了文化基因。幼儿在度过欢快节日的同时，感受到的文化氛围，体会到的生活气息，也必将成为他们走向未来、走向世界的精神支撑。

《教育科学论坛》编辑部　张文龙

小学新生"入泮礼"的十步骤

剑阁县普安小学校

剑阁县普安小学是一所百年名校，开办于清光绪三十一年（1905 年），其前身是兼山书院，为剑阁近代教育的发源地。为弘扬崇贤尊师美德，学以景行，祀以志思，学校一直秉承"为孩子的美好未来奠基"的理念，深入挖掘兼山书院优秀传统文化之魂，每年秋季开学之初，学校都会在兼山书院举行一年级新生"入泮礼"，通过庄重的仪式给即将开始学业的孩子们播下一颗尊敬师长、明礼守法、崇学向善的种子，让他们感受到读书是一种乐趣，是人生中的一次难忘经历！

一、端正衣冠，知晓礼仪

伴随着一曲优雅古朴的《高山流水》，孩子们穿上漂亮的汉服，整齐地排好队。在主持人的口令下，爸爸妈妈为他们整理服装（理帽、理领、理腰带、理衣襟），让他们看上去整齐而精神，同时也希望他们在以后的每一天都按照衣着礼仪规范严格要求自己。

二、入启智门，家校接力

结合学校自身特点和时代特色，我们将入泮池、跨壁桥创新为"入启智门"。"以道启心，以心启智"，"启智门"形状为拱形，门上有牌匾"我是小学生啦"和对联"普小承兼山遗绪立德树人情牵孺子良师意，闻溪载剑阁菁华高怀向远胸系云帆沧海心"，寓意开启孩子们的"人生智慧"之门。伴着《让我们一起成长》的乐曲，家长们牵着孩子的手，排着整齐的队伍走上红地毯，穿过高大的启智门，将孩子的手交到老师手中，寓意孩子们将踏上小学阶段的学习新征程，只有勤奋和坚持才可以开启智慧的大门，智慧的大门里，有他们一生享用不尽的财富。

三、行拜师礼，尊师重道

拜先师。所有学生都要在兼山书院黄裳的挂像前行高揖礼四次。

行拜师礼。学生拜完先师也会与班主任、科任教师互相行礼问候。

仪式透露出一种对先贤的尊重和敬仰，让全校师生在书院浓郁的文化氛围中，修身养性，向着博学于文、约之以礼的普小人迈进。

四、洗手净心，心无旁骛

学生行过拜师礼后，按照老师的要求，将手放在置有艾叶的水盆中"净手"。"净手"的洗法是正反各洗一次，然后用白色毛巾擦干。

五、击鼓明志，志存高远

学校领导和学生齐握鼓槌共同击鼓。主持人会予以提示："鼓鸣一声，孝敬父母；鼓鸣二声，尊敬师长；鼓鸣三声，勤奋学习。"随后全体学生跟着主持人大声吟诵"我是普小学子，我立志：父母教，须敬听；父母责，须顺承；称尊长，勿呼名；知礼仪，明事理；尊长辈，勤学文"的誓词。

"志不立，天下无可成之事"，击鼓鸣志让孩子们从小树立远大志向，有方向、有目标，在今后的学习中也可以起到引导督促自己努力学习的作用。

六、朱砂点痣，开启智慧

学校的班主任和启蒙教师会在这天为每个孩子额头点上朱砂红痣，开启智慧，寓意着孩子从此眼明心亮，好读书，读好书。在一双双明眸的期盼中，老师朱砂点落之际，这红红的一点朱砂不仅寓意着开启智慧之门，更饱含了老师对孩子们深深的祝福和殷切的期望，希望孩子们好好学习，将来都能成为祖国的栋梁之材。而孩子们被老师点了朱砂，学习信心十足，也树立了敬畏之心，保持对知识的渴求。朱砂点痣这一仪式在学子们小小的心灵中播下了一颗希望的种子，它是智慧的象征，更是美好的憧憬。

七、推崇先贤，榜样引领

校长给学生们讲解普安小学的历史渊源，少先队大队辅导员给学生讲述黄裳和李榕的故事，目的是表先哲，引后贤，读书学道，希贤希圣。且以黄裳之号"兼山"为书院命名作为载体，从中可见兼山书院所蕴含的中国传统文化精神和书院自身的特殊

294 / 四川省基础教育立德树人创新实践·第三辑（2023）

品位，寄语孩子们牢记先贤教诲，清清白白做人，踏踏实实做事。

八、诵读经典，传颂文化

古色古香的桌凳、顶灯、书架，营造出浓浓的书卷气息，孩子们平举书卷毕恭毕敬地在书院落座，身着汉服的老师与大家齐声诵读中国古代儿童的启蒙读物《幼学琼林》卷二·师生："马融设绛帐，前授生徒，后列女乐；孔子居杏坛，贤人七十，弟子三千……"，寓意"九层之台、起于垒土；千里之行，始于足下"。朗朗的读书声萦绕在兼山书院的每个角落，此情此景，仿佛师生们回到了遥远的读经时代，师生们的心灵沉静下来，他们安详平和地在这里汲取中华五千年灿烂文明的精髓，先哲的思想在这里得到了传承和发扬……

九、授笔蒙童，方正做人

"入泮礼"上，学校邀请剑阁本地书法家参与活动。活动中，书法家也会穿着汉服，向师生行礼，向学生介绍汉字发展史和书法史，手把手教学生识笔、开笔和握笔，然后一笔一画在书写板上范写"人"字。这不仅是教学生认真书写"人"字，同时也是教育孩子们，在今后求学路上心怀感恩，感恩国家、父母、师长、同学、大众及自然万物；懂仁义，识礼仪，好好做人，做一个道德高尚的人。

通过书写"人"字，孩子们知道一撇是责任，一捺是担当，做人首先要有责任和担当，其次要学做人，做好人，做"爱国敬业、诚信友善"之人，做一名堂堂正正、顶天立地的中国人。

十、书写"亲供"，圆满礼成

古代填写的"亲供"相当于新生入学登记表，需要写下自己的"姓名、年龄、籍贯"。古代没有照片，所以还必须在"亲供"中注明"身中（即身高），面白，或有须，或无须"，再由老师统一整理后送往各个书院。

在"入泮礼"结束之际，学校会组织学生在"我是小学生啦"的牌匾上写下自己的姓名、年龄，并以"我是小学生啦"牌匾为背景让摄影师拍下孩子们天真的笑脸以及和老师的合影。

经历了"入泮礼"的熏染之后，孩子们深深明白自己不再是幼儿园的小朋友了，期待的小学生活已经开始。"入泮礼"让他们初步感受优秀传统文化的魅力，引导他们在全新的学习起点崇尚文明、学文知礼，从而激发他们成为小学生的自信心、自豪感。同时也在他们心中播下一颗明理守法、崇学向善的种子，让孩子们学会尊重师长、热爱学习，扣好人生第一粒扣子，迈好小学学习生活第一步。

撰稿人：母朝虎、黄炜、杨丽

编辑手记 ✎

　　不少小学都对新生开展了"入泮礼"活动，剑阁县普安小学校的特殊之处在于，学校不仅传承了自己百年名校的优秀文化传统，而且将"入泮礼"细分为十个步骤，在每个步骤当中我们都能看见教育意蕴。普安小学的"入泮礼"不仅让学生觉得这是一个入学的仪式，给自身成长留下了一份美好的回忆，而且将优秀传统文化教育渗透拓展，让新生们深刻感受到中华优秀传统文化的博大精深，并通过仪式感的熏陶给幼小的心灵播下一颗潜心向学的种子，让学生明白要做一个有道德的人。开启儿童智慧，此后目明心明。

《教育科学论坛》编辑部　沈媛元

幼儿园红色文化童话剧的设计与生成

乐至县幼儿园

红色文化是革命战争年代由中国共产党人、先进分子和人民群众共同创造并极具中国特色的先进文化，蕴含着厚重的历史文化内涵，承载着党的光辉形象和人民群众英勇无畏的精神。习近平总书记在党的二十大报告中指出："弘扬以伟大建党精神为源头的中国共产党人精神谱系，用好红色资源，深入开展社会主义核心价值观宣传教育，深化爱国主义、集体主义、社会主义教育，着力培养担当民族复兴大任的时代新人。"幼儿是国家发展的未来，把红色文化融入立德树人全过程，在幼儿心中播撒爱党爱国的种子，增强民族自豪感和集体荣誉感，有利于幼儿形成正确的价值观和世界观，为其未来的发展奠定坚实的基础。

一、追随儿童，游戏生成教育主题

幼儿园阶段的孩子年龄较小，红色故事发生的时间离他们生活的年代较远，生于和平年代的他们对革命先辈们艰苦奋斗的事迹不易理解和接受，无法引起幼儿在情感上的共鸣。《3-6岁儿童学习与发展指南》指出，要"运用幼儿喜闻乐见和能够理解的方式激发幼儿爱家乡、爱祖国的情感。"乐至是陈毅元帅的故乡，留存了他的许多英勇事迹、爱国情怀和诗词歌赋，有宝贵的红色文化资源。

在开展乡土主题游戏"红色帅乡之旅"前，孩子们于假期里在家长的带领下去了陈毅纪念馆参观学习，了解到一些陈毅元帅的事迹。在一次游戏中，乐乐、优优争相扮演陈毅元帅。乐乐提议比一比谁会念陈毅元帅的诗歌，晨晨在一旁听见比赛也加入了他们的行列。三个小朋友一起在班里念诵了陈毅元帅的诗歌《青松》。

通过幼儿在游戏中的表现，可以看出他们在假期里参观革命纪念馆对本土红色文化有了一定的了解，并且也对本土红色文化产生了兴趣，这为之后的游戏和学习奠定了基础。

二、巧用支架，师幼家庭共创剧本

一年一度的童话节要求采用原创剧本。根据讨论，大家同意表演陈毅元帅的故事。于是我们联系家长共同帮助孩子了解更多的故事，以全面地认识陈毅元帅，为剧本创作搜集素材。

（一）家园合作引导幼儿深入了解本土红色文化

当小朋友们对陈毅元帅有了深入了解后，我们组织大家在班级集体活动中进行分享。皮皮："我去了陈毅爷爷的家，从照片里我发现他在很小的时候就去外面读书了。"优优："陈毅爷爷参加了许多的战斗，战士们在他的带领下打了许多的胜仗，他是大将军。"天天："陈毅爷爷是一个节约的人，衣服坏了，补一补又穿。"聪聪："陈毅爷爷是一个非常聪明的人，他喜欢读书，也喜欢写诗。"从孩子们的讲述中可以发现他们在家长的帮助下认真查阅了资料，深入了解了革命先辈勤俭节约、艰苦奋斗、无私奉献等革命精神。

家园合作有效推进了本土红色资源的挖掘，幼儿通过直观、立体的学习方式深入了解本土红色文化，感受红色革命精神，成为学习的主体。

（二）观看关于陈毅故事的动画片

网络资源中关于陈毅事迹的详细记载较少，关于陈毅故事的动画片更是寥寥无几，几经挑选，我们播放了《吃墨汁的陈毅》和《山东解放区战役》两个小动画故事。孩子们在观看动画时目不转睛，看后纷纷表示要像陈毅爷爷一样爱学习，做有用的人，也要像红军叔叔一样不怕困难和英勇无畏。

我们结合幼儿年龄特点，选择适宜的方式向幼儿展现陈毅元帅的事迹。动画片是一种直观、形象的展现方式，幼儿更易理解和接受，也更容易得到幼儿情感上的认同。

（三）串联支架，形成剧本内容

陈毅元帅的一生，经历非常丰富，如何选择他的经典故事成为关键环节。乐乐："我们可以演陈毅爷爷小时候吃墨汁的故事。"天天："我想演打仗的陈毅爷爷，他在打仗时非常勇敢，把敌人都打跑了，非常厉害！"跳跳："我们不能演两个故事吗？"孩子们纷纷表示可以表演两个故事。经过反复思考，我们商量通过演绎陈毅小时候努力学习、加入中国社会主义青年团、参加抗战以及成为上海市市长四个故事来展现陈毅元帅的一生，完成童话剧《陈毅的故事》。

幼儿们在创作剧本的过程中表现出了积极主动性，提出了解决问题的方法，作为老师的我们应该支持他们的想法，同时积极思考如何将这些想法实现，以达到提供支持的目的。

三、演绎故事，感受红色文化魅力

（一）角色确定

演员是童话剧表演的灵魂。孩子们都想扮演主角，怎样才能保证公平选角呢？萱萱说："我们可以比一比谁的台词记得牢，谁的表情最好看。"孩子们一听也觉得非常有道理，于是我们采取竞演的方式选出扮演各种角色的演员。孩子们积极参加竞演，表演了自己想扮演的角色，然后由其他幼儿投票确定最后的扮演者。

幼儿在活动的开展过程中学会了主动思考解决所遇问题的办法，作为支持者的我们给予他们发挥的空间，并给予适当的鼓励和表扬，促进幼儿更好发展。

（二）一起排练

孩子们积极参与排练，乐乐在这次表演中成功扮演了领兵打仗时期的陈毅元帅，他不仅需要记住大段的台词，还要表现出陈毅元帅临危不乱的人物特点，这个角色对他来说是一次巨大挑战。刚开始彩排的时候，乐乐还很紧张，常常忘词、忘动作，但是他说："红军面对困难是不会放弃的，我要战胜困难！"在红色文化的熏陶下，孩子们表现得越来越好，越来越自信。

红色文化育人是润物无声的，幼儿们在了解先辈故事的同时，也在接受着革命精神的感召和红色文化的滋养，红色革命精神从幼儿的举动中展现出来。

（三）精彩表演

童话节上，孩子们有的紧张，有的兴奋，但大家对接下来的童话剧表演都充满了期待。优优："老师，我有点紧张……"乐乐："没关系，我们练习了那么久，一定能演好！"聪聪："对对对，相信自己，我们是最棒的。"孩子们在舞台上自信地表演着：认真学习的小陈毅、热血奋斗的青年陈毅、英勇善战的将军陈毅、受人民拥护的市长陈毅，一幕幕画面在观众面前呈现，童话剧表演取得了圆满成功。

从剧本创作到角色分配再到最后的表演，孩子们的进步非常大，他们的语言表达、合作交往、创新创造等各方面能力得到明显培养，红色革命精神更是得到很好的传承。幼儿在学习红色文化过程中直观感受和亲身体验革命先辈们艰苦奋斗、无私奉献的革命精神，勤俭节约、勇敢拼搏、互帮互助等美好品质得到培养，达到了立德树人的目标。孩子们为自己是乐至人而感到骄傲和自豪，爱家乡的美好情感得到了升华。

撰稿人：徐艺菡

⦿编⦿辑⦿手⦿记 ✎

红色文化教育最大的困难就在于，随着时代变迁，当代的学生已经很难理解当时情境下先辈的革命信仰和牺牲精神，而红色文化中的精神追求又是这个时代非常缺乏和亟待补充的。本案例以地方历史名人的成长为切入点，以比较长线的、综合的活动，对幼儿园的孩子进行红色文化教育，让孩子们从扮演中体会先辈的情感，获得比较深刻的体验，也给孩子们种下一颗文化认同的种子。案例中，自然生成、多角度准备、逐步推进、亲身体验等方面的育人经验，不仅适用于幼儿园，对于中小学开展此类教育也有可借鉴之处。

《教育科学论坛》编辑部　张文龙

重构语文单元教学 培养学生文化自信

四川省成都市温江区实验学校

孩子是祖国的未来、民族发展的希望，小学教师应该明确教育的终极目标，把握学科教学的内涵与价值，将文化传承融入教学之中，创新教育教学策略，增强小学生的文化自信。

一、重构语文单元教学的教学设计实践

部编小学语文二年级下册第三单元是识字单元，我们围绕"传统文化"主题引领学生从壮美山川、传统佳节、神奇汉字、中华美食四个方面来学习《神州谣》《传统节日》《"贝"的故事》《中国美食》四篇课文。

针对学生对于中华优秀传统文化感受不深的问题，我们设置了"中华文化传承人"作为单元大任务，并组织评选活动创设真实情境。学生通过十个子任务，有步骤地学习、探究、展示，分阶段完成"学习课文，感受文化魅力""口语交际，准备参加评选""推选代表，逐级完成评选"三个单元任务。依照老师精心设计的任务单，学生处在真实的语言运用中，感受中华文化的博大精深，了解中国的传统节日，并且在语言环境中感受汉字的表达效果，感受到了祖国山河的壮美和文化的悠久，激发了热爱中华文化之情，萌发了争做一名中华文化传诵人的意识，树立了文化自信。

在"做中华文化传诵人"真实情境中，我们围绕主题整合三单元的内容：《神州谣》课文开启传承中华文化之路，以各种有趣的形式识记生字，整合与中华文化相关的学习资源，让学生用自豪的语气朗读好开篇课文。《传统节日》一课确定与语文核心素养生成、发展、提升相关的人文主题，了解我国的传统节日以及习俗，要求学生按时间顺序排列，提升学生的文化自信和思维能力；联系生活，选一两个节日，说说自己是怎么过的，提升学生语言运用能力，在丰富的游戏中提高识字能力。《"贝"的

故事》一课，按照评价标准有意识地练习讲故事和评价别人讲的故事，框架式地为讲好中华文化做准备。《中国美食》一课，在整合内容基础上完成跨学科学习，将语文与劳动相结合，多形式识字，拓展学生知识面。"口语交际"中，让学生结合单元情景，争做优秀传统文化传承人，用口语交际的形式表达如何当好传承人；"写字课"注重指导的示范性，它是最生动、形象的指导，学生通过观察老师的示范，能够感受到中华汉字的独特魅力。每课时设计多样的学习任务，学生通过阅读与鉴赏、表达与交流、梳理与探究等自主活动，自己去体验环境、完成任务、发展个性，增强思维能力，促进语言运用，激发对祖国优秀传统文化的热爱。

二、培养学生文化自信的教学策略分析

我们在单元教学后，进行了集体反思，针对本单元的教学做了认真的讨论与分析，形成了在小学语文单元教学中培养学生文化自信的统一认识。

（一）创设适宜情境，燃起文化自信的火花

学生的核心素养是在积极主动的语言实践中形成，在真实的语言环境中表现，具有个性言语经验和言语品质的；是学生在学习活动中获得的知识与能力、思维与品质，是正确的情感、态度和价值观及审美情趣与文化感染力的综合体现。我们细致研究语文教材中的单元内容，寻找课文与语文要素之间的联系，确立培养学生文化自信的大情境，让学生在真实的学习情境中燃起文化自信的火花。

本单元教学让学生了解到中国的传统节日，感受汉字的神奇魅力，感受祖国山河的壮美，感受优秀传统文化的魅力，从而激发学生热爱中华文化，萌发争做一名"中华文化传承人"的意识，树立文化自信。

（二）整合学习资源，丰富文化自信的渠道

教材中有丰富的教学资源，有很多文本材料适合进行文化自信的渗透与教育，教师要充分解读教材，整合课内外的学习资源，确立相关主题进行单元教学，丰富文化自信的渠道。学习资源可以多样化，如文字、图片、歌曲、视频……只要是与教学密切相关的资源，均可以进行优化整合，多渠道丰富学生的文化自信。

本单元通过深入解读教材，整合学习资源，带领学生完成多样的学习任务，在识字与写字、阅读与鉴赏、表达与交流、梳理与探究等任务中发展个性、发展思维，在真实的语言学习与运用实践中体验中华优秀传统文化。学生在联系生活实际说自己是怎么过节的时候，不仅说清了自己的节日生活内容，还展示了所积累的相关诗句，甚至用歌声唱出了对节日的感悟，在多渠道的学习与展示中树立了对中华文化的自信。

（三）参与学习活动，体验文化自信的情感

以真实情境开展语文学习活动，有利于调动学生兴趣，也更符合语文学习的特点。语文单元教学不仅要夯实课内，更要以语文学习任务引领学生走向课外，用丰富多彩、多元化的学习活动，激发其语言学习与表达的欲望，培养其语文学科素养。

本单元设置争做"中华文化传承人"的学习任务，在单元教学中渗透文化知识，同时借助互联网资源让学生进行拓展性学习，让学生对中华优秀传统文化有了深度了解，产生对中华文化的自豪感，在情感的体验过程中树立起民族自信，树立起对中华优秀传统文化的自信。

（四）互动评价开展，推动文化自信的确立

小学语文单元教学的教学评一致要求从解决问题与迁移运用出发，设置多项评价任务，引导学生在自评、互评、师评等多维评价中学会自我矫正与完善，在矫正与完善中达成语言的学习与运用，形成知识的建构，接受情感的熏陶。在互动评价中，让学生接纳老师和同伴的正确意见与引领，潜移默化地将文化自信的理念渗透在自我意识中。

本单元教学注重教学评一致。课堂上，延时性评价可以启发学生深入思考，引导学生感悟中华优秀传统文化的魅力；鼓励性评价可以让学生更好地表达自己对中华优秀传统文化的了解，表达自己对中华优秀传统文化的热爱；表扬性评价可以增强学生的信心，争做"中华文化传承人"，形成情感共鸣；肯定性评价结合学生个人特点，对于学生改进学习具有指导和促进作用，使其形成正确的人生观、价值观，增强文化自信。多维互动的评价，推动了单元学习任务的进程，增进了学生对中华优秀传统文化的感悟，确立了学生对中华优秀传统文化的自信。

撰稿人：王成奎

编辑手记 🖊

语文教材大多是以主题组元，大单元学习要进一步解决好同一主题下各篇章的串联问题，使前后学习过程能够相互促进、相互验证。案例巧妙地运用了"中华文化传承人"评选活动作为载体，给几篇课文的学习构建了明晰的线索，强化突出了四篇课文的联结性，激发起学生搜集资料、充实自己的兴趣，调动了学生的自主性。活动的组织也能更好地撬动学生课后继续学习，联动家长支持学生学习，可谓是小支点发挥了大作用，将立德树人落实到了课堂教学的实处。

《教育科学论坛》编辑部　张文龙

立德树人视域下指向文化自信的古诗文教学创新实践
——以《爱莲说》教学为例

四川大学附属实验小学分校

教育部颁布的《义务教育课程方案和课程标准（2022 年版）》以学科核心素养为纲，其中，《义务教育语文课程标准（2022 年版）》从"文化自信、语言运用、思维能力、审美创造"四个方面对语文学科核心素养作了界定，并且把"文化自信"置于首要地位。学校要落实立德树人根本任务，树立文化自信，必须立足中华优秀传统文化的丰沃土壤，贯通革命文化、社会主义先进文化，在传承和理解中不断融入时代的新内涵、新方法，通过内容创新、形式创新、融合创新，实现学科育人的目标。

一、坚持"内容创新"，体现时代性和适切性

文化自信的前提是文化理解。就古诗文学习而言，首要的就是实现对内容的理解。传统文化中的古诗文，要融入时代的新内涵，绽放时代的新风采，减少历史的隔膜与距离，让学生乐于阅读，易于理解，便于接受。教学时，教师须对学习内容作适当加工，使其更加贴合学生的生活实际。

（一）白话铺路，简化理解

《爱莲说》是北宋学者周敦颐的一篇议论散文，通过写对"莲花"的喜爱，表达了作者为人清廉正直、襟怀淡泊、不与世俗同流合污的"君子人格"。教学时，教师可以先出示《爱莲说》的翻译文段，让学生初识文章大意。白话文铺路，降低了学生学习的难度，同时让学生对课文内容的理解水到渠成。最重要的是，通过文白对比，学生感受到文言文语言精练、言简义丰的特点，会更加喜欢古诗文，更加热爱中华优秀传统文化。

（二）问题导向，强化理解

教学时，教师可以设计"作者爱莲，课文到底写了莲的哪些方面"这一问题导向，带着学生进入课文主体部分的学习，引导学生发现作者是从"颜色、姿态、花茎、叶柄、香气、外形、位置"七个方面进行观察和描写的，再对应文言文熟读这些具体描写莲花的句子。通过问题导读，学生对文章主体部分这一难点理解了，也就能轻而易举地明白其余部分了。同时，学生对文本表达的形式和内容，形成了结构化的认知，有助于加强对文本整体内容的理解。

（三）内容重组，深化理解

教学时，教师按照所写花的种类，对课文内容进行重组。学生把描写"菊花""牡丹""莲"三种花的句子分别勾画出来，分类学习，诵读体会，了解三种花各自的特点，以及分别在中华文化中代表的不同文化意象（菊，花之隐逸者也；牡丹，花之富贵者也；莲，花之君子者也），从而初步感知"莲"所代表的"君子文化"。

教材重组后，学生既深化了对文本内容的理解，也对中国传统文化中三种花代表的文化意象有了初步认识。

二、坚持"形式创新"，体现新颖性和多样性

文化自信的根本是文化认同，只有让学生衷心热爱中华文化，才能形成文化认同感。因此，传统文化的教育，特别是古诗文的教学，要结合学生的年龄特点和学习规律，在形式上"做文章"，力求形式新颖、方法多样，让学生兴致盎然地进入学习情境。

（一）读《爱莲说》

"读"是古诗文教学常用的手段，可以通过教师范读、学生自读、小组合作读、师生对读、教师引读、全班齐读、比赛竞读、表演读等生动活泼的形式，让学生反反复复、抑扬顿挫、声情并茂地读，与古诗文"肌肤相亲"，在诗文中穿行，咀嚼涵泳，从而感受文章的内容、主旨和意趣。

（二）绘"莲花图"

教学中，教师让学生把诗文内容画出来，可以将诗文语言形象化、具体化。设计"画莲"作业，让学生将"莲之出淤泥而不染，濯清涟而不妖，中通外直，不蔓不枝，香远益清，亭亭净植，可远观而不可亵玩焉"呈现在画面上。在图画与文字的相互转换中，学生动手动脑，既丰富了莲花的形象，加强了对文章的理解，又加深了对作者情感的领悟。

（三）唱"爱莲歌"

古往今来，人们对莲花喜爱有加，留下了不少诗文，也留下了不少曲赋。教学时，教师可以充分利用这些资源，让学生学习吟唱这些歌曲。如根据李清照的词《一剪梅》改编的歌曲《红藕香残玉簟秋》和《经典咏流传》中郁可唯演唱的《爱莲说》，可以让学生在优美的旋律中，感受莲花"出淤泥而不染，濯清涟而不妖"的高洁品质，培养高雅的艺术审美情趣。

（四）写"君子品"

读写结合不仅是我国语文教学的优良传统，也是新课程标准提出的重要理念。教学时，教师根据周敦颐的生平经历，紧扣与文本"君子人格"的契合点，设计"周敦颐为官清廉刚正不阿，与莲花的习性有何相似之处"这一读写结合训练点，让学生自由抒写，个性化表达对"君子人格"的理解。

三、坚持"融合创新"，突出综合性和实践性

《义务教育语文课程标准（2022年版）》倡导任务群学习、跨学科学习，认为传统文化教育可以创设大任务、大情境，通过学科整合，以项目活动为载体，实现融合创新。学生在实践性、综合性的学习活动中，了解中华优秀传统文化的博大精深，产生对民族文化的自信心、自豪感。

（一）课内外融合

大时代呼唤"大语文观"，课堂为学生打开了一扇门，让学生从课内走向课外，从课堂走向生活，进入一个更加广阔的语文大世界。教学《爱莲说》时，教师以课内阅读《爱莲说》单篇为例子，开展课外拓展学习，让学生查找、阅读古今中外有关"莲"的诗词曲赋和文学作品；开展"莲诗词朗诵会""莲字飞花令大比拼"等活动，将课外阅读成果在课内进行展示，激发学生学习探究的兴趣。课内课外融合，能丰富学生的古诗文涵养，从而在"大语文"情境中将传统文化的学习落到实处。

（二）大任务融合

"大语文"需要"大任务"，《义务教育语文课程标准（2022年版）》提出的学习任务群，对语文课程的内容和组织形式提出了明确要求。教学《爱莲说》时，教师以"莲文化"的学习探究作为大任务，设计具体的学习项目和任务，如莲的生长特点、莲的药用和食用价值、莲与宗教（佛教）文化、莲与诗词文化、莲与名人逸事、莲与君子人格等，形成关于"莲文化"的学习任务群；学生通过一个个具体的任务，开展项目化的实践和探究，在任务情境和实践体验中，加深对"莲文化"的认知和理解。

（三）跨学科融合

"大任务"需要从单学科课程走向综合课程，实现跨学科融合。在"莲文化"主题下，语文学科诵读莲，音乐学科歌唱莲，美术学科描画莲，英语学科研究不同语境中莲的意象表达，数学学科计算莲的种植面积和经济收入，生物学科研究莲的特性和实用价值……跨学科学习活动让"莲"的文化意象、"君子人格"精神、对中华文化的"文化自信"，深深植根于学生的心中。

撰稿人：靳朝阳

编辑手记

经典古诗文往往具有丰厚的内涵，更能够浸润学生的文化素养，但经典古诗文学习中层次浅、角度窄、难度大的问题又阻碍了学生的知识学习和素养培育。案例从文本出发，又进入"莲"这一核心意象，建立大任务，多角度地搜集资料，调动感官，鼓励表达，将学生的学习不断引向更深更广。这个过程不仅是帮助学生更好理解传统文化的过程，其实也是引导学生逐步学会学习的过程，让学生内化文化精神的同时，形成自觉传承、发扬优秀传统文化的意识。

《教育科学论坛》编辑部　张文龙

中学德育文化建设的多重向度

四川省仪陇宏德中学

国无德不兴，人无德不立。立德树人是教育的根本任务，它回答了教育要培养什么人的问题。如何落实立德树人这一根本任务，为党为国培育德才兼备之人，是每所学校都必须回答的问题。四川省仪陇宏德中学（以下简称"宏德中学"或"宏中"）深入挖掘中华优秀传统文化，遵循教育发展规律，结合几代宏中人在不断改革创新中积聚的学校文化内驱力，最终形成以"德为先，学为本，品为魂"为内涵的德育文化理念，助益中学教育立德树人根本任务的落实。

一、创设"五三"德育机制，全方位落实"德文化"理念

为落实立德树人根本任务，全方位落实"德文化"理念，宏德中学创设了"五三"德育文化建设机制。

第一，学校形成了学科德育、"德文化"建设、社会实践"三位一体"的德育实施体系，以及以德育评价制度、德育队伍建设、校园文化建设三个方面为核心的德育保障机制，和以家庭教育及社区教育为辅助的德育外围建设机制，从而构建了全员、全程、全方位的德育校本模式，共同营造学校、家庭、社会三结合的教育氛围。

第二，学校以学科渗透为德育的主渠道，充分挖掘学科教学中的德育因素，并坚持德育渗透的"三有"原则，即有意原则、有序原则、有机原则。有意即把握教材内容与德育目标的相关性、一致性与同步性。要求教师在教学中吃透教材，针对学生的认知水平与心理特征，实行德育目标控制。有序即对教学中的德育内容进行科学整合，优化教材中的德育内容和思想教育因素，使教学内容中的观点、思想、感情在学生中逐步稳定地培养与建立起来，从而获得良好的整体效应。有机即选择好教学与德育的最佳结合点，在教学的某一环节上对标某一知识点或训练点，作为思想教育的着力点，

要求教师不做单纯的"教书匠"，而要做育人的"工程师"。同时，注重以自我教育为主的德育方法，结合学生的认知水平，采用"管"和"导"相结合的教育方法，落实对学生的品德教育。管，即进行必要的约束与限制；导，即引导学生自我发展、自我感悟、自我完善、自我提高。另外，通过拓宽德育渠道，组织开展形式多样、丰富多彩的教育活动，强化学生自主管理、自觉学习、自我实践的"三自"意识，充分挖掘学生自我教育的潜能，让学生在活动中自主教育、自我提高、自我完善。

二、试点推广生命教育理念，丰富"德文化"内容

无论是"德行天下"，还是"智取未来"，都只能建立在健全、健康的生命之上。生命教育是"元教育"，也是最重要的教育之一。基于这一认知，学校一直致力培养学生生命成长及未来发展所必须具备的核心素养，致力激活学生对生命存在意义和价值实现的渴望，关注学生的生命安全与身心健康，育人与育心并重，为学生奠定发展之基。

第一，学校从生命成长的角度构建了"绿色生命校本课程"体系，形成生命课程层级。第一层，生命安全类课程，激励学生做生命的"行者"，包括师生自救自护和疏散演练等，激发学生的社会责任感。第二层，生命品质类课程，引导学生做生命的"知者"，促进学生身心健康发展，培养学生的国家认同感。第三层，生命情怀类课程，鼓励学生成为美化生命行为的"美者"，培养学生的审美情趣，涵养人文底蕴，增进国际理解。第四层，生命潜能类课程，引导学生做生命的"智者"，培养学生的科学精神，使学生学会学习，在实践中创新。

第二，学校的安全体验教育以学生为中心，以安全演练为依托，以专题班会课为平台，强调学生个体的体验和感受，形成了两种富有特色的教学模式。一是"讲—做—纠"教学模式。学校把教学内容分成若干专题，教学人员分年级进行集体备课，按专题上课。各项学习内容要求学生积极参与、切身体验，具有真实的教育情境。课堂教学以"教师示范—学生动手—教师纠错"的方式，突出学生的主体地位，使学生掌握真正的技能。二是体验式学习方法。教师根据教学内容和目标创设情境，通过体验式教学，让学生掌握技能。如在教授交通安全时，让学生模拟交警指挥车辆和行人过马路；在进行地震应急演练时，让学生模拟地震发生情境，练习逃生方法……正所谓"一次体验，受益终生"。学校生命教育课程的开展，不仅拓展了"德文化"的内涵边界，也丰富了"德文化"的内容。

三、以艺体社团为平台，多点推进"德文化"建设

子曰："志于道，据于德，依于仁，游于艺。"孔子时代的"艺"之内涵与后来并

不完全一致，孔子始终十分重视艺术对于个体德行的陶冶与灵性的疏瀹。如其所谓"兴于诗，立于礼，成于乐""文质彬彬，然后君子"等皆含此义。宏德中学也关注到艺体课程在"德文化"建设中的重要价值，基于此，学校为学生提供了丰富多彩的艺体学习展示平台。

第一，学校推行艺术体育"2＋1"课程建设，即通过学校组织的体育、艺术教学和活动，让每个学生在校能够掌握两项体育运动技能和一项艺术特长。在体育方面，推动三大球一小球的发展，突出理念引领，做到"教会、勤练、常赛"，引导学生在体育训练中磨炼意志、培育体德、学习合作。

第二，学校开展了丰富多彩的艺术活动，如歌咏比赛、元旦会演、校园歌手大赛、剪纸比赛、绘画比赛、书法和篆刻比赛、摄影比赛等。此外，仪陇地区民风淳朴，文化底蕴深厚，以剪纸、篆刻、书法为主体的"三乡文化"素来兴盛。学校在"德文化"建设中充分吸收仪陇特色地方文化，将其融入学校艺术活动中，既培育了学生爱家爱乡的情结，也有利于培植其审美情操与人文情怀。

经过多年的德育实践，宏德中学在师生德育实践方面实现了"三强"。第一，学校核心竞争力持续增强；第二，学生发展内涵力持续增强；第三，教师提升原动力持续增强。宏德中学的"德文化"有效落实了党和国家立德树人的教育理念，推动了学校的内涵式发展，力求为每一位学生提供优质而公平的教育，为学生未来的幸福人生奠定坚实基础。

撰稿人：谭霞、姜亮

编辑手记

百年大计，教育为本；育人之要，首在立德。四川省仪陇宏德中学充分挖掘了学校所在地仪陇县的"中国德乡"文化，将立德树人根本任务与学校实际相结合，从学校体制机制、德育文化内容、艺体社团平台等多方面、多维度建设学校的德育文化，力求为每一位学生提供优质公平的教育，充分发挥学校在区域内的引领示范作用，努力办成老百姓家门口的好学校，其案例有许多值得借鉴学习之处。

《教育科学论坛》编辑部　沈媛元

山这边，海那边：军校共建，助力国防教育

成都市龙泉驿区第四小学校

山这边，书声琅琅，颗颗童心永向党；海那边，劈波斩浪，航行万里不迷航。二十多年前，中国人民解放军海军北海舰队为成都市龙泉驿区第四小学校（以下简称"龙泉四小"）援建了一栋海军楼。由此，"山这边，海那边"成为军校共建项目的特定名称，奠定了学校德育的国防教育底色。

一、开展军校共建项目，奠定国防教育基础

为进一步落实立德树人根本任务，培养德智体美劳全面发展的社会主义建设者和接班人，多年来，龙泉四小一直高度重视国防教育，持续开展"山这边，海那边"军校共建项目，通过阵地建设、军校共建、课程改革、环境再造等不断融入海军文化，奠定了学校国防教育基础。

二、全方位、多举措，推进学校文化建设

1. 互联互通，加强军校共建

学校和海军部队确立共建关系以来，频繁互动，友谊不断升华。海军部队时刻关心学校的发展，每年向学校捐款捐物，累计结对资助学校贫困学生、奖励优秀学子达300余人次，2022年，更是斥资190万元用于学校"传承红色基因 励志向海图强"国防教育基地建设。学校则定期向海军部队汇报学校发展、课程规划和学生成长等情况，并在海军节、建军节来临之际为人民海军送上真挚的祝福。

2021年、2022年海军节，学校组织学生创作海军主题绘画、剪纸等作品，开展"给海军叔叔写封信、说句感谢语、送上一首歌"等主题活动，最后制成祝福视频发送给中国人民解放军海军北海舰队官兵。

2023 年 4 月 23 日，中国海军建军节遇上世界读书日，孩子们表演了《海军娃 海军梦》朗诵节目，在海军叔叔的引领下立志长大报效祖国。

2. 共生共长，升级教育理念

2021 年春，学校融合海军文化，着手提升学校教育理念，系统完善学校的"生本"教育哲学，以"办一所蓄本博发的百年优质校"为办学目标，以"行有本 思无涯"为核心表达，确定了"立本、激趣、育能"的办学理念和"知本、心悦、行远"的育人目标，并以此为契机精心设计了学校的校徽、校旗和校服。

校徽采用船锚和舰舵元素，将船锚嵌于舵心巧妙地组合成一个"本"字，寓意学校的生本教育和海军文化。校旗和校服则以海军蓝为主色调，以校徽为核心元素设计而成。同时，学校在活动大厅、文化长廊和宣传橱窗等区角的建设方面，都积极融入海军文化元素，用"山这边"的一抹抹蓝，去呼应"海那边"的一片片蓝，培育学生赤子之情，引导他们感念国家卫士之恩。

3. 有声有色，开展特色活动

学校彰显海军特色，突出红色教育，厚植国防教育的底色，成为区域独有而亮丽的德育名片。学校以少先队为主阵地，用军舰名组建特色中队，开展半军事化用餐活动，推行旗语操，开设"爸爸兵团"家长课程等国防教育特色活动，培养"听党话、感党恩、跟党走"的新时代少年。

学生的大课间活动别开生面：站军姿一分钟，听《我是小海军》，做海军旗语自编操……呈现出浓浓的海军特色，满满的育人情怀。自编操融入海军旗语的标准动作，由学校体育教师自编自创而成。学校以此为基础创编的室内课间操参加龙泉驿区展演获得一等奖。

在龙泉驿区艺术节活动中，学校以合唱、舞蹈、舞台剧等形式打造了一批海军主题节目。如歌舞节目《山这边 海那边》，背景音乐和歌词均为原创，"山这边海那边，山青青海蓝蓝，山里娃有梦想，长大要当海军驾战舰，乘风破浪守海疆，要为祖国保平安……"该节目在 2021 年龙泉驿区艺术节中荣获一等奖。

退伍不褪色，换装不换心。在学校的号召下，学生家长中的退伍军人组成了"爸爸兵团"，积极参与学校的军事化训练。他们身着迷彩服，用挺拔的身姿、嘹亮的口号、标准的动作震撼着、感染着一个个幼小的心灵，成为孩子们心中的榜样。

4. 全域全程，落实"五育"课程

学校成立"五育"融合课程探索项目组，以海军文化为切入点打造"五育"融合系列精品课程："本心"课程"那一抹蓝"聚焦道德与品质，"本慧"课程"海军进阶阅读"聚焦探究与发现，"本体"课程"大联盟"聚焦运动习惯与合作竞争，"本美"

课程"大海的歌"聚焦审美和鉴赏，"本创"课程"海军叔叔来我家"聚焦行动与创造。

学校着力推进"海军进阶阅读"课程建设。"海军进阶阅读"脱胎于生本教育的"大阅读推进"活动，为激发学生的阅读兴趣，以海军军衔作为阅读能力等级评定标准，将军人的军衔移植到学校的阅读进阶中。每个孩子通过阅读分享（推荐）或者阅读考核（积分），就可以得到相应的阅读进阶级别标志胸牌。孩子可以将胸牌佩戴在自己的校服上。

这种外显的形式鼓励孩子进行进阶阅读，阅读的深度、广度呈螺旋上升的状态。同时，学校积极升级改造图书馆，将图书馆更名为"山海阁"，特别增设图书馆课程，为学生的阅读营造良好的氛围，创设便利的条件。

三、育人结硕果，文化显成效

目前，学校依托军校共建项目，以"山这边，海那边"为主题打造学校海军特色文化，形成了一系列有效的、可复制的、可推广的实践经验和育人成果，并逐步完善、优化和深化。在龙泉四小，红色基因与蓝色海洋交相辉映，理想信念引领龙泉四小学子扬帆远航。学校每年面向家长和社会举办的感恩反馈交流展示活动，得到各级党委和政府、教育行政部门以及师生家长的广泛认可，也推动了学校的教育层次进一步提升。

随着对海军文化育人功能的不断拓展，海军精神不仅在学校生根发芽，也在校外开枝散叶，让龙泉四小渐渐成为龙泉山边的那一抹海军蓝。

撰稿人：吴天书

(编)(辑)(手)(记) 🖊

"山这边，海那边"，这个诗情画意的名字背后是龙泉驿区第四小学校独具特色的国防教育课程体系。国防教育作为爱国主义教育的重要组成内容，在有的学校出现了军事化、模板化现象。跳出对"国防"二字的刻板印象，寻找海军文化与儿童成长的共鸣之处，让国防教育回归教育本质，使军校共建与立德树人根本任务、"五育"融合同频共振，才能打造出真正属于自己学校的文化与课程体系。

全视界杂志 邹蜜

实践育人篇

　　党的二十大报告提出，"育人的根本在于立德。全面贯彻党的教育方针，落实立德树人根本任务，培养德智体美劳全面发展的社会主义建设者和接班人"。当前，我国基础教育高质量发展亟待加强实践育人，加强学校教育与现实社会和生活实践的联系，使教育与生产劳动相结合、与社会实践相结合。所谓实践育人，就是在实践中培养具有实践能力的时代新人。实践育人不仅是落实党的教育方针的内在要求，更是破解中国基础教育实践中诸多问题的关键。无论是全面发展教育、教劳结合、素质教育，还是核心素养、"五育"融合，都需要通过实践育人的方式突出教育对象的主体性、活动性、创造性，帮助学生在现实世界中解决真实问题。可以说，实践育人是新时代教育和教学工作的重要载体，是推动新时代育人工作迈上新台阶的强大动力。

　　本篇所摘选的20篇实践育人典型案例，来源涵盖了幼儿园、小学、高中、教研机构、教育行政机构等各个单位；主题涉及劳动教育、研学旅行、心理健康、综合实践等多个方面；内容既有对实施路径和模式的具体阐述，也有对实践策略与方法的详细介绍，还有对实践过程的详细梳理和经验反思。总的来说，这些案例具有较强的代表性，为各级各类学校和广大教育工作者践行实践育人理念，落实立德树人根本任务，有着重要的参考和借鉴价值。

新时代劳动教育背景下
中小学生职业体验的协同育人实践

成都市教育科学研究院

职业体验是将教育与生产劳动、社会实践相结合的重要载体，在中小学开展职业体验是落实立德树人根本任务、推进新时代劳动教育、培养全面发展的人的重要路径。要培育全面发展的人，需要全面发展人的劳动能力、全面丰富人的社会关系、全面提升人的素质、全面促进个性的自由发展，这一本质性规定在新时代的深刻体现就是融合发展的理念。

一、当前中小学生职业体验主要存在的问题

（一）重形式轻实质

实践中，职业体验普遍存在"就政策而行动，就体验而体验"的现象，活动开展形式化、机械化、浅表化。"走马观花"式的体验，深度不足，难以达到实践育人的效果。其原因在于部分学校对职业体验实质内涵不明、价值基础不清、育人指向不准，一定程度上影响了部分学生对未来职业的定位与规划。

（二）有资源不集聚

现实中，中小学校开展职业体验缺师资、缺课程、缺场地，职业学校未充分发挥资源优势。职业学校实训基地相互独立，体验项目数量有待增加；职业体验课程设置零散，课程实施失序；职业体验师资薄弱，职普教师缺乏协作。职业体验教育资源存在供需不匹配、结构性失衡，资源集聚效应尚未形成等不足。

（三）多盲目少规划

在当前中小学职业体验工作的推进中，缺乏职普联合开展职业体验的顶层设计、

规划管理、机制支持。职业体验活动开展机制不健全、标准不清楚、评价不到位。部分学校开展职业体验的人、财、物等保障机制不完善，导致职业体验难以常态化、持续化、长效化开展。

二、中小学生职业体验的再认识

（一）本体化认识：确立"自由而全面发展"的育人理念

1. 本质内涵：职业体验中蕴含人与身体、人与实践、人与岗位的关系

基于人与身体的关系，职业体验让学生通过身体、情境和心智的统整理解职业；基于人与实践的关系，职业体验让学生在实际工作岗位或模拟情境中"认识职业、了解职业"的实践活动；基于人与岗位的关系，职业体验让学生联系在校知识对校外活动进行理解感悟。

2. 认识框架：以知识素养指向人的自由而全面发展

根据职业体验"具身性、情感性、意义性"三大特征，通过学生在职业体验过程中的"以身体之、以情感之、以心验之"形成立体化认知，促进"个体理解、情感生成、信念建构"，从而将职业体验的知识学习转化为内在素养。

3. 活动模型：职业体验需要职普共育自由而全面发展的学生

职业体验需要普通教育与职业教育的系统综合、差异互补、双向融通。完整的职业体验活动由主体、客体、共同体、工具、规则、分工六要素构成，共同推动职普深度合作。（见图1）

图1 职业体验的活动模型

（二）结构化实践："场地＋课程＋师资"协同融通

1. 场所协同，基地联通

引领职业学校依托实训基地、博物馆等体验场景，整合资源，根据中小学生年龄特点和学习需求，建立"成都市中小学生职业体验基地"，实现区域职业体验教育资源共享。职普共建职业体验平台：一是职业体验学习模块。学生在体验前登录平台，学习职业体验视频课程和活页式教材（电子版）内容，为职业体验奠定理论基础。二是职业体验菜单模块。在体验中，学生登录平台选择自己感兴趣的体验项目，提升职业体验的针对性。三是职业体验检测模块。在体验后，学生登录平台监测系统，进行职业倾向综合评价。

2. 内容融合，课程贯通

职业体验课程设计强调科学化、系统化、序列化。科学化指课程目标循序渐进，符合学生发展的年龄特点和身心规律；系统化指职业体验课程与劳动教育、综合实践活动、研究性学习、生涯规划教育等有机结合；序列化是根据职业生涯发展理论，合理设计小学、初中和高中不同学段的课程目标和学习方式。第一，模块化设置课程：根据学生学段，依托基地资源设置非遗传承、汽车制造、酒店管理等课程模块。第二，菜单式发布课程：一是根据课程内容设计菜单。统筹设计课程内容，从模块中细化课程菜单，为学生提供系统化、进阶性选择项目。二是根据学段特征设计菜单。根据学生年龄特征和已掌握的基础知识细化课程，提供课程菜单。三是根据兴趣爱好设计菜单。满足学生个体需求，在学段菜单中设计相关内容，供学生选择。第三，项目化实施课程：一是程序式实施，按照前置课程、主体课程、后置课程三个环节推进实施。前置课程注重职业认知、职业启蒙；主体课程注重实地体验、现场实操；后置课程注重总结经验、交流反思。二是协作式实施，有效服务于课程的综合性、实践性和体验性，推进职普共同落实。

3. 人力协同，师资互通

"政、研、校、企"结构化师资合力育人：一是组建校外专家顾问团队。聘请高校专家提升理论素养，聘请全球 500 强企业高管和行业专家提升实践素养。二是组建由行政、科研人员组成的指导团队，实现资源统筹，加强业务指导，助推职业体验规范化、专业化。三是组建职普"双师"融合团队，普教教师做好理论授课，职教教师做好实践指导。

（三）制度化保障："统筹＋运行＋监控"协同支持

以"设计—实施—评价"思路建立职业体验统筹、运行、监控三类保障机制的行动闭环。

1. 建立"市＋区＋校"三级统筹机制

集合教育行政部门、教育科研机构、中小学校、职业学校多主体力量，市级层面发挥顶层设计、系统规划功能，构建"市级主导、区域协同、学校联动"的统筹机制，形成职业体验"三体三段六环节"实施模式。

2. 构建"内生＋外促"双轨运行机制

以中小学校和职业学校为主体，教育行政部门、教育科研机构共同推动，实现校内系统内生动力和校外系统外力支持下双轨运行机制的协作推进。

3. 健全"评价＋反馈"质量监控机制

建立职业体验评价标准体系，从目标、内容、方式、效果四个维度评价职业体验活动；开发学生职业体验评价标准，推动实施、及时反馈、形成制度，保证职业体验的育人质量。

三、创新中小学生职业体验实施成效

项目实践成果先后被《教育部 四川省人民政府关于推进成都公园城市示范区职业教育融合创新发展的意见》《中共成都市委 成都市人民政府印发〈成都教育现代化2035〉的通知》等文件采纳；获"四川省职业教育教学成果特等奖"等 6 项大奖；被光明网、人民政协网等 10 余家主流媒体报道，接受广播电视台专题采访，观看人数达11 万人次，在广东、河北、重庆、四川等省内外地区推广应用。

撰稿人：高瑜、汪天皎、杨北冬

编辑手记

普通教育与职业教育协同开展职业体验，既是中小学校的"所需"，也是职业院校的"能为"。在此背景下，中小学生职业体验的协同育人实践对落实新时代劳动教育和促进人的全面发展有着重要意义。成都市教育科学研究院以课题研究为引领，从理论和实践两个层面对中小学职业体验教育进行了深入研究，为中小学校开展相关教育提供了可以借鉴的思路和经验。

四川省教育融媒体中心　陈敬

"求真·养善·成美"的劳动教育之道

成都市龙泉驿区天鹅湖小学

成都市龙泉驿区天鹅湖小学（以下简称"天鹅湖小学"）以培养有爱尚美的未来公民为学校育人的核心理念。在劳动教育方面，学校以学生劳动价值观培养为核心，强调在真实的生活中进行体验，把劳动与生活紧密联系起来。学校以培养学生"爱生活、爱劳动，会生活、会劳动"为阶段性目标，以培养适应未来社会生活的热忱劳动者为终极目标，引导学生"看见劳动之美"。

一、问卷调查分析

为更好地掌握本校学生及教师的劳动教育现状，明确学校劳动教育发展的方向和目标，制订合理有效的劳动教育整体推进方案，学校分别对学生和教师两个群体进行了一次有关劳动教育的问卷调查。

从学生问卷调查结果来看，不愿意劳动的学生比例为 0，超过 90％的学生认为劳动是有意义且能获得成就感的。但在此基础上，仍有 27％的学生不确定自己是否能独立完成劳动任务，说明学生有强烈的劳动意愿但缺乏专业、系统的劳动方法指导。从数据结果来看，每天参与家务劳动的孩子只有 4.35％，48.08％的学生找不到需要做的家务劳动，17.3％的学生想要参与劳动却因学业繁重遭到家长阻拦。通过结果不难推测：劳动在家庭中被忽视，学生劳动机会少、劳动意识缺乏。

从教师问卷调查结果来看，教师对于国家劳动教育政策不够了解；对于劳动教育的落实，大部分教师持积极态度；但只有 45.83％的教师偶尔会渗透劳动教育，说明教师主动进行劳动教育的意识仍需加强。这种意识的欠缺，很大程度是因为缺乏整体的推进劳动教育的组织架构。

通过对问卷数据的分析，学校清晰了解到全校师生对于劳动教育的迫切需要，进而通过梳理、补白，为劳动教育课程体系构建进行前期准备。

二、劳动教育体系

在"劳动教育＋"的组织框架中，学校注重分三个板块着手实施。

（一）"劳动教育＋四育"

"五育"并举发展观要求学校不断构思开展和完善劳动教育与德育、智育、体育、美育相融合的课程。

（二）"劳动教育＋三篇"

把与学生关系最密切的三个地理环境（家庭、学校、社会）作为教育场所，开展相对应的劳动教育活动。同时不断丰富社会资源，结合产业新业态、劳动新形态，注重选择新型服务性劳动的内容，提高学生劳动素养。

（三）"劳动教育＋人人"

学校积极贯彻人人皆是劳动教育者的思想。各学科教师积极开设融合课程，将劳动教育全部铺开。劳动课程不局限于劳动教育，不依赖单个劳动教育专职教师，而是让各学科凝聚在一起，共同促进更好、更全面的教育教学效果的形成。

三、劳动教育实施

（一）求劳动之真：以课程提升劳动品质

1. 导——"七星"劳动课程，以点带面

为了进行劳动课特色化探索，学校开展了"七星"劳动课程。"七星"代表了不同年级的七个班级，分别开展"鹅家菜园、鹅家百草园、整理小能手、小小公益大使、爱家爱劳动、帮厨能手、小小安全员"劳动课程。以"七星"为试点，部分班级先进行1.0版本的劳动课程初体验，探寻行之有效的方法，从中总结经验，进而在年级、全校铺开。

2. 创——"菜单式"课程，落实劳动必修

学校根据《成都市大中小学一体化劳动项目清单（试行）》的要求，推进劳动课进课表，落实每周一节劳动必修课的安排。同时结合义务教育劳动课程标准的课程内容要求，围绕日常生活劳动、生产劳动和服务性劳动，以任务群为基本单元，进行内容构建。以"班"为单位，通过"e＋劳动月"的形式推行每月劳动菜单。一个年级一个重点劳动教育主题，遵循学生成长规律和生活需求，以六大主题进行层级式推进。力求做到拓宽学生参与面、丰富劳动成果的多样性，从而实现劳动教育指导效果的可视化。

3. 融——日常渗透，学科融合

《教育部 共青团中央 全国少工委关于加强中小学劳动教育的意见》指出："要有效发挥学科教学、社会实践、校园文化、家庭教育、社会教育的劳动教育功能，让学生在日常学习生活中形成劳动光荣、劳动伟大的正确观念。"天鹅湖小学注重劳动教育与基础学科的融合，学校的劳动教育主阵地包括思政课、班队会课、劳动课、活动课、其他学科五大板块。学校力求将五大板块最大限度地整合起来，从而实现劳动教育的日常渗透，落地生根。

（二）育劳动之善：以活动促进劳动实践

1. 文化浸润，让学生在劳动中感受美

天鹅湖小学除了形成一定的课程体系，也注重培养教师将劳动与生活相结合，抓住合适的契机开展劳动的能力，以此来丰富学生的劳动体验。学校以时间为轴，从文化传承、季节交替的角度，相继开展了各类特色劳动，使学生在劳动中感受到"劳动创造美"，在体验与传承中表达家国情怀。

2. 劳动基地建设，让学生在体验中传递美

天鹅湖小学将劳动教育渗透到点滴日常，引导学生在真实的生活中体验劳动，把劳动与生活紧密联系。学校以"鹅家菜园""鹅家厨房"为劳动实践阵地，搭建劳动平台，通过制订天鹅湖小学劳动实践基地运行方案，使各年级按计划分区域、分时段到实践基地劳动。

3. 家校社联动，让学生在实践中创造美

学校积极与家庭和社区紧密合作，构建"家庭、学校、社区"一体化劳动教育环境。部分党员代表、团员代表及少先队员代表开展了以"传承国药精粹，感知大自然馈赠"为主题的活动。龙泉驿区人大代表、龙泉驿区中医院白兰述院长给全校师生带来了一堂别开生面的"百草园课"。学校党支部书记、校长周学静为白院长颁发百草园课中草药种植辅导员聘书，并与白院长签订长期合作协议，让中草药文化在天鹅湖畔扎根。

（三）成劳动之美：以评价唤醒劳动内驱力

劳动课程评价是劳动课程体系建设的重要组成部分，对促进劳动课程的目标实现、保障劳动教育的实施效果等具有重要意义。学校将以劳动课堂表现为主的过程性评价和以劳动技能大赛为路径的展示性评价相结合，从劳动观念、劳动能力、劳动习惯和品质、劳动精神四个方面对平时坚持劳动的学生颁发奖章，并在期末表彰"热忱劳动者"，激发学生的劳动主动性。

天鹅湖小学一直在不断构建与完善整合、开放的劳动教育体系，全方位营造校园"爱劳动"的氛围，多方面指导学生提高"会劳动"的技能，广渠道培养学生"勤劳动"的习惯，谋策略挖掘学生"善劳动"的创意，多元评价"家庭、学校、社会"三大区域劳动成效，帮助指导教师不断落实科学系统的劳动教育，帮助学生习得劳动技能、养成劳动习惯、培育正向的劳动价值观。

撰稿人：周学静、李红、袁小迪

编辑手记 ✏️

2022年，《义务教育劳动课程标准（2022年版）》发布，劳动从原来的综合实践活动课程中完全独立出来。作为一门课程，劳动教育需要学校构建科学完备的教育体系，全方位营造浓厚的教育氛围，指导学生爱劳动、会劳动、勤劳动。成都市龙泉驿区天鹅湖小学通过问卷调查了解师生的真实情况，以课程提升劳动品质，以活动促进劳动实践，以评价唤醒学生劳动内驱力，帮助学生养成良好的劳动习惯、树立正向的劳动价值观。

四川省教育融媒体中心　陈敬

初中数学综合实践活动的育人探索

四川省教育科学研究院附属实验中学

一、现实概况

综合与实践活动是对数学及其他学科知识的整合与升华，但是部分数学教师在进行数学教学活动时，往往注重以课时为单位进行教学设计，在进行综合与实践这一部分教学活动时，只是让学生简单地浏览或者探究，甚至直接跳过这一部分的教学，在数学实践课程分配方面存在一定的不足。同时，从综合与实践板块的教学方式来看，需要教师创设真实的情境，并在真实情境中提出能引发学生思考的数学问题，但是很多数学教师为了进一步节约教学时间总会采取单方面输出知识的教学方法，在要求学生进行问题探究的时候，直接忽略动手操作等环节，取而代之的是直接向学生讲解问题的现象以及问题的结论。

总之，在初中阶段，部分数学教师在进行综合与实践这一板块的教学时，仍然没有真正遵循新课标改革背景下综合与实践教学的新要求和新形势。

二、内容设置

基于对综合与实践活动的现实情况分析，笔者注重启发式、探究式、参与式、互动式等教学方式的使用，积极探索大单元教学，开展跨学科的主题式学习和项目式学习等综合性教学活动，让学生在实践、探究、体验、反思、合作、交流等学习过程中感悟基本思想、积累基本活动经验，促进学生核心素养发展。

（一）作品创作

校徽是一所学校的象征与标志，正确地认识校徽可以帮助初一学生快速建立对学校的自豪感与归属感。在开学初期，笔者给学生呈现出了学生在校园里随处可见的校徽，并且分别从构成校徽的基本图形、基本图形的数量、基本图形的组合以及图形的整体结构等不同角度引导学生用数学的眼光观察校徽。在此基础上进一步启发学生用数学的思维思考与校徽相关的问题，比如圆的几何性质有哪些，什么叫同心圆，环形的面积怎样计算，圆形中间的银杏叶是怎样画出来的，从而为学生搭建主题活动的思维支架，在此过程中鼓励学生用数学的语言进行总结，这些正是对新课标中核心素养"三会"的具体落实。最后，鼓励学生用所学的数学知识结合校园文化进行个性化的文创品创作。

通过对校徽的解读，同学们能够观察、发现美术作品中的数学问题，通过个性化的创作，能用数学的眼光探索其他学科中的数学问题，认识数学的价值，欣赏并尝试创造数学美，这些都是拥有良好数学素养的表现。

（二）美食烹饪

北师大版《数学·七年级上册》（2024 年 9 月改版前）第一章的内容为"丰富的图形世界"，这一章的第一节内容主要是让学生认识生活中的立体图形，第二节的"展开与折叠"，第三节的"截一个几何体"，第四节的"从三个方向看物体的形状"，分别从不同角度把复杂的立体图形转化为平面图形，让学生对立体图形有了更深入的理解。这一教学周正逢中秋佳节，年级组设计了一个以"我爱我家"为主题，做一道有"数学元素"的菜与家人共赏中秋圆月的数学实践活动。

活动分为三步：第一步，用食材制作几何体（圆锥、圆柱、正方体、球体等）；第二步，用安全小刀进行切割，观察截面现状，并用这些带截面的几何体摆成一些创意造型；第三步，用这些几何体为食材制作菜肴，与家人共进晚餐。

这三步很巧妙地把这一章的内容串联了起来，让学生在动手操作的过程中进一步认识了常见的几何体，能用数学的眼光看待生活中的几何体，经历对图形的观察、操作等活动，发展了空间观念。在成果展示环节，教师通过鼓励学生交流感悟、分享制作经验、反思得失等进一步发展学科核心素养，并且在与学生共同欣赏研究成果的同时运用几何画板等工具进行适时点拨，引导学生深度思考，感悟数学。

（三）足球制作

在同学们学完北师大版《数学·七年级上册》第四章第五节"多边形"的知识后，教师让学生分小组进行实践，观察足球中的多边形，探究多边形个数，并动手制作一个独一无二的足球，将体育运动与数学相结合，将知识寓于实践，发展学生的空间想象能力、数据分析能力、数学建模能力、数学计算能力等数学核心素养。

（四）手机套餐选择

手机是人与人沟通的重要工具，它给人们的生活带来了许多方便。在使用手机的过程中，话费也是人们关注的问题，选用哪款"套餐"有不少的学问。相关探究活动分为以下三个部分：

第一部分，如果自己要办一张电话卡，请了解移动、联通与电信三家运营商的基础套餐资费，并思考宣传单中每月的资费受哪些因素影响。学生为了了解套餐资费想尽办法，有的问家长，有的打运营商客服电话进行咨询，有的来到了营业厅咨询。

第二部分，用解析式法表示不同套餐下每月的总费用。三家运营商资费情况如表1所示，w 表示总费用，x 表示流量费用，y 表示通话分钟数。八年级的刘同学以电信资费套餐为例这样分析：① $x \leqslant 100$，则 $w = 29 + 0.1y$；② $x > 100$，则 $w = 29 + 5(x - 100) + 0.1y$，化简得：$w = 5x + 0.1y - 471$。如果要从函数的角度来研究资费情形，自变量只能有一个，她归纳出影响自己家手机资费的主要因素为流量。她进一步分析自己家的通话时间大致为 300 分钟，流量 $x > 143$，则移动的费用为 $w = 5x - 381$，联通的费用为 $w = 5x - 671$，电信的费用为 $w = 5x - 441$。由此定量分析出自己家使用联通的套餐比较划算。

表 1　三家运营商资费情况

运营商	月租（月费）	流量	语音	套餐外语音资费	套餐外流量资费
移动	19元/月	80G	300 分钟	0.1元/分钟	5 元/G
联通	29元/月	143G	200 分钟	0.15 元/分钟	5 元/G
电信	29元/月	100G	0.1元/分钟	0.1元/分钟	5 元/G

第三部分，让学生画出函数图像。这里，学生可能对函数怎么分段，甚至对自变量范围的选取都会感到困难，因此采用小组合作探究的方式来完成。为了深化对一次函数的认识，教师还让学生分析了"k"和"b"的实际意义，紧接着为了研究什么情况下选择哪种套餐更合适，建立起几个函数的关系，让学生画出几个一次函数的图像，进行比较研究。学生可以思考以下问题：什么情况下选择哪种套餐？说说自己的理由。用一次函数建模来解决实际生活中的类似问题。

这次探究是为了让学生经历运用一次函数的知识和方法来分析问题、解决问题的过程，帮助学生进一步体会一次函数的建模思想，理解相关的知识与方法，丰富活动经验，增强数学意识和提高建模能力。

三、实践反思

随着义务教育阶段核心素养培养理念的逐步落实，传统的教学理念和教学模式显然无法满足现代初中教育的发展需求，所以教师需要及时更新教育理念，不断探索和研究综合与实践活动的具体应用，根据具体的教学内容合理重组教材，整合课内外资源，精心设计问题、活动，优化教学方法，引导学生经历发现问题、提出问题的过程，培养学生的个性化思维和问题意识、应用意识、创新意识，提升学生的综合能力，从而有效地提升学生的数学核心素养。

撰稿人：魏进华、张晓宇、刘月

编辑手记 ✏️

数学学科的综合实践活动是学生以体验生活、积累经验、应用知识解决问题为主要任务的一种学习方式，具有生活性、实践性和开放性等特点。四川省教育科学研究院附属实验中学在初中数学综合实践活动方面的积极探索正是在立德树人背景下进行"五育"融合的大胆尝试。教师基于数学学科，又不停留于学科本身，而是将广阔的生活引入课堂，将生动的活动带入教室，让学生在亲身体验中积累经验、运用知识，获得综合素养的极大提升。

四川省教育融媒体中心　陈敬

走向跨界融合 实现"五育"并举

成都高新区尚阳小学

一、"五育"融合综合实践活动设计路径

成都高新区尚阳小学（以下简称"尚阳小学"）建立"研—思—践—展—伸"五阶段式"五育"融合实践教育体系，通过准备阶段、研讨阶段、实践阶段、展示阶段、延伸阶段完成实践活动体系建构，力图引导学生在活动中研究、思考、实践、展示、延伸。

研——双向调研，溯源探问，对应活动准备阶段。这一阶段是实践教育的开始。学生在这一阶段完成准备工作，以线上、线下两种方式交互进行，主要面向社会工作者、社区体验者开展双向调研，明确社会实践的具体内容和实际需求，提出真实的问题、任务或项目。

思——制订方案，走向实践，对应活动研讨阶段。学生在此阶段将依据第一阶段的结果，基于问题或者项目制订切实可行的方案。学生在教师的引导下通过研讨自行选择合适的方法或情境开展讨论，进入主题。

践——四维联动，层层建构，对应活动实践阶段。这一阶段一般以小组活动形式呈现，学生将借力信息技术，联动家校社企，利用周边资源，学习新知与技术，分享成果，讨论过程中的问题和解决问题的方法。学生将主动从课内走向课外，积极实践。

展——创意呈现，成果推广，对应活动展示阶段。在此阶段，学生集成实践过程前、中、后三个阶段的所有作品，以线上沟通、技术融合等手段完成实践作品的打造与推广，以小组为单位创作作品、展示学习成果并回馈社会。

伸——对比回望，智承文化，对应活动延伸阶段。在这一阶段，学生通过对红色文化的学习、宣传，结合现代技术与红色文化的不同元素，进行对比和碰撞，主动传承文化，实现课内向课外延伸。

二、"五育"融合综合实践活动实施策略

（一）借助自身优势的活动内容选择

尚阳小学坚持"为每一位学生的多彩生长奠基"的理念，围绕"立德树人、'五育'并举"的价值追求建构了"七彩生长"课程框架，组织全校学生参与实践活动，在活动中增强学生的综合实践能力、自主管理能力，培养学生的民主合作意识，丰富"五育"融合教育内涵和活动形式。基于此，尚阳小学挖掘周边资源，为"五育"融合活动搭建优质平台，校门口的"毛主席视察红光社纪念馆"（以下简称"毛馆"）也位列其中。

（二）基于现实需求的活动主题设置

学校针对四年级学生，设计相关问卷，调研学生对学习主题的了解情况。调研结果显示，大部分学生都认可学校门口"毛馆"的历史意义和学习价值，有接近一半的学生多次去过"毛馆"，但对此处了解不够深入。因此，基于现代信息技术，以跨界融合的新视角建构"五育"融合社会化课程能满足学生的实际学习需要。

（三）基于一体化的活动流程设计

为使"五育"融合活动体系更加完备，各个实施环节层层相依，形成具有可操作性、可评价性的有逻辑的实施闭环，学校尝试运用信息技术的相关技能，建构数字化、一体化的流程图，将实践操作和反馈评价进行动态呈现，统领课程实施全过程。学校将信息技术与"五育"融合活动实施进行深度融合，打破空间局限，拓宽学生视野。一方面，他们能够运用问卷等线上操作手段做好调研；另一方面，他们能够在成果集成阶段有更多的创意，最终实现学生综合素养提升与发展。

（四）基于"研—思—践—展—伸"体系的活动流程建构

1. 研——双向性调研解问题

实践前的主题确定必须依托真实的问题反馈，而解决问题的根本标志也在于真实情境中的实践效果。基于此，学校利用信息技术建构了"双向调研"的实施策略，在实践之初，分别运用线上、线下的方式，从学生和场馆两个角度同时进行问卷调查或访谈，整理数据并分析问题；在实践成果推广阶段，也用同样的调研方式去检测实践效果，并做合理的修整。学校设定了专门的调查小组（A 组），在实践进行之前和之后分别进行调研。

2. 思——碰撞式激发定方案

学生根据调研结果，围绕"如何通过网络游览'毛馆'"这一主要问题，进行头脑

风暴。学生组成实践小队研讨并拟订研究方案，走入实地进行第一次探究，获取研究的基本信息，解决基础信息摄取问题。

3. 践——六方向深入重践行

学生以小组为单位进行活动的探索，以此让拥有不同兴趣的学生能够从多个维度去探索同一主题，让实践的综合性得以体现。学校十分倾向于让不同小组承担不同深度的研究，借助团队的力量，让学生的能力得到更好发挥。在实践指导过程中，教师鼓励具有相同想法的学生组成一组，共同讨论规划出适合他们研究主题的方案。本次活动共组成了六个小组。

4. 展——创意性呈现公众号

在整体规划的指引之下，六个小组的学生齐头并进，六维联动，层层建构起"毛馆"微信公众号文章的雏形。学生们通过查找资料、实地考察、采访调研等方式去解决问题，通过线上沟通的方式随时随地进行讨论，将实践过程记录在微信公众号当中。在展示阶段，学生们还学习到了问卷星的使用与分析、视频的拍摄与制作、激光切割技术、微信公众号文章的编写与发布等多种信息技术手段，并制作了相应的文创产品。通过微信公众号文章，学生们把自己的实践所思、所创展示出来，极大地提升了实践的价值意义。

5. 伸——跨时空传承红基因

后测让学生的实践效果可视化，推动学生对实践活动进行反思。通过对校内、校外不同人群的后测调研，了解学校微信公众号的运营现状和宣传效果，在对比回望中，学生们反思作为一名"小传承人"的收获与价值：让"毛馆"的红色文化和精神传递得更远，也让"毛馆"所承载的幸福传递到更多人的心里。同时在后续的延伸阶段，学生们还将联动四川内江的"毛泽东主席视察隆昌气矿纪念馆"，与当地的学生一起学习红色场馆文化，实现交互与共享。

（五）个性化与综合性兼顾的评价方案

学校以实践的四个重要阶段为评价内容，从态度、合作、成果、反思等方面拟订评价指标，以自评、组评、师评、家长评四个维度全方位地评价学生的综合实践成果。

三、"五育"融合综合实践活动的回望与反思

综合实践活动的综合性强调学生在真实情境中运用不同学科领域的知识与技能去解决真实问题，所强调的综合性与跨学科性并不是指学生简单地将学科知识进行堆砌，而是学以致用。而综合实践活动过程中体现的"五育"融合也是一个不可分割的整体，

学生在实践过程中借助真实体验实现自我发现与全面提升。开展综合实践活动必然会运用到更多的前沿技术与创新理念，这正为学生的真实成长提供了机遇。

撰稿人：王玲、李明蔚

编辑手记 ✎

综合实践活动课程的推进是实现"五育"融合的有效途径，两者相辅相成，共同促进学生素养的综合性提升。本案例根据当前的教育需求和"五育"融合的教育目的，选取成都高新区尚阳小学校门口的纪念馆这一特色红色文化场馆，力图营造"具身教育"的线下学习体验空间，聚焦信息化进行线上学习，引导学生使用现代技术完成相关作品，从而探索并传承红色场馆文化，通过综合实践活动的内涵挖掘、实施策略选择、评价与反思，让学生在了解并传承红色文化的过程中，实现德智体美劳全面发展。

四川省教育融媒体中心　陈敬

立德树人在语文教学中的实践

——以《廉颇蔺相如列传》为例

四川省资阳中学

在语文教学过程中，立德树人根本任务的落实也要以核心素养为本，以语言的建构与运用为基础，并在学生个体言语经验发展过程中得以实现。本文以《廉颇蔺相如列传》一课为例，浅谈立德树人在语文教学中的实践。

一、深入钻研教材，确定双向目标

语文教学应以核心素养为本，确定素养与德育双向目标。本文是一篇典型的文言传记，教师需要挖掘德育目标。

一方面，披文入情，梳理德育素材。语文课文中的德育素材是隐含在形象中的，通常不会直接表达出来。教师要披文入情，透过情节与形象挖掘德育素材。从缪贤推荐蔺相如，可以认识到处于底层的人，要不甘沉沦，勇于积淀，敢于展示自我。从秦廷抗争与渑池相会部分，可以认识到一个人要勇于承担重任，要敢于斗争、善于斗争。从将相和好部分，可以认识到一个人要顾全大局，胸怀宽广，勇于认错。

另一方面，披沙拣金，确定德育目标。并非所有课文都是积极的德育素材，这需要教师精心选择，突出积极因素，抑制消极因素。秦王欺诈小国，其行为自不可取。廉颇居功自傲，也没有格局。舍人劝谏蔺相如，虽是人之常情，不可厚非，毕竟也是没有识见。蔺相如以口舌为劳，却位居廉颇之上，这不是侥幸，而是凭借实力，不可不明辨。

因此，本文的德育目标可以定为：学习蔺相如勇担重任、有勇有谋、顾全大局、胸怀宽广的优秀品质。

二、反复诵读课文，加深道德认识

德育是一种渗透，而非外部强加灌输。教师讲解详细，不如学生体会真切。所以让学生反复诵读课文，才是提高语文素养、实施德育的首要方法。

首先，通读课文，初获道德认识。让学生通读课文，了解课文内容，积累文言知识，提高翻译课文的能力，感受杰出人物的道德力量。其次，翻译课文，加深道德认识。学生只有精准翻译了课文，才能正确理解课文内容，才能正确理解人物形象，从而加深道德认识。最后，再读课文，强化道德认识。学生只有熟悉了内容，才能深入分析人物形象，进一步强化道德认识。

三、分析人物形象，树立德育典型

德育的实现必须建立在对学生语文素养的培养上，必须与学生的言语经验结合起来。可以通过分析人物形象来树立德育典型。这一环节需要学生找到描写蔺相如的主要段落，分析主要情节、细节和侧面烘托的表现手法。

分析人物形象不能架空，必须结合语言，结合课文内容、情节、细节。我要求学生找出相关段落的依据，并读出关键的词句。找相关依据要精简，不必照读大量信息。时时练习精简，可以为考试答题做准备。分析人物形象需要分析，而不是直接得出结论。分析可以在语言材料与答案要点之间架起桥梁，显得自然。当然，这也是对学生分析思维的训练。结合作品内容，分析并概括人物形象，自然就树立了德育典型，学生就会受到潜移默化的教育。这比抽象地教育学生要怎么样，来得更生动、形象、直观，更有说服力。所以我们要充分联系教材里的德育素材，对学生实施潜移默化的德育。

四、质疑问难探究，解除道德疑惑

按照常规流程分析人物形象，树立德育典型，固然可以进行德育，但还不够深入。真正的道德实践，往往源于正确而深刻的道德认知、深厚的道德情感。正确而深刻的道德认知、深厚的道德情感，又来自学生对德育典型的深刻认识。这种深刻认识建立在学生对德育典型所处环境与行为选择的深刻认识上，这就需要教师引导学生对德育典型所处环境与行为选择进行质疑问难。俗话说，真理愈辩愈明。

质疑问难，解除道德疑惑，是德育极其重要的一环。只有真正认识深刻的道德行为，才可能坚持。如果德育只停留在走马观花的层面，背书式的教育人人都会，可一转身便抛弃道德教条，做出违反道德的行为，这样的德育是难以成功的。

五、联系现实生活，落实德育实践

所有德育，一定要落到实践上，才有真正的价值。德育要结合教材，勾连学生生活，激发学生道德实践。教师可以结合课文，模拟课文情境，让学生说出自己真实的想法和可能采取的做法。在讲到廉蔺相欢部分，我设计了这样一个问题："如果你与同学有了矛盾，同学在背后说你的坏话，你会怎样处理这件事情？"不同学生给出了不同答案：找该同学理论，要求其停止背后说坏话行为，并消除影响；找老师来教育该同学；以牙还牙，自己也在背后说该同学坏话；找该同学，与之促膝谈心，以心换心，彻底消除矛盾……我引导学生做出最终选择，选择既能解决问题又能使伤害最小的方式。

德育要结合教材，在作业中融入道德实践。课后作业中本来就有一些德育因素，教师要充分利用这些因素，对学生实施德育。比如，课后有一题：从中可以看出廉颇、蔺相如各有什么样的性格特点？我顺便增加了一个问题：你感触最深的一点是什么？对你的现实生活有什么启发？而另一道"加标点，翻译，谈谈理解"的题更有德育价值：太史公曰知死必勇非死者难也……集勇气、智慧、爱国于一身。作业不只包括课后作业，还包括其他作业，都要融入德育。对那些价值观存在问题的作文，教师一定要指出，端正学生思想。

德育要勾连生活，用生活来实践教材观点。教师要抓住学校生活的典型事件，勾连教材德育因素，对学生实施德育。比如，有一天上课，我看到黑板极干净，讲台极干净整洁，抹布干净、叠得整齐，当时就表扬值日生："今天值日生的工作做得非常好。他很有担当，很有责任心，他想着自己是在为班级做事，营造一种良好的环境气氛，给老师以愉悦心情。这种担当、责任心，实质上与蔺相如也有相似之处，不纯从个人利益角度做事，更从集体利益角度做事。希望大家学习这位值日生的精神，为大家服好务。"

总之，在语文教学中，教师要深钻教材，确定素养、道德双向目标，通过反复诵读、分析形象、质疑问难、勾连生活，对学生实施德育，落实立德树人根本任务。但需要注意的是，德育必须与语文素养培养有机结合在一起，不应把语文课上成思想政治课，不能把生动的课堂变成枯燥的说教。让素养与道德齐飞、育才与育人共色。

撰稿人：丁洪

编辑手记 ✏

　　《普通高中语文课程标准》要求"坚持立德树人，增强文化自信，充分发挥语文课程的育人功能。以核心素养为本，推进语文课程深层次的改革"。四川省资阳中学的丁老师以《廉颇蔺相如列传》一课的教学为例，展现了语文教学中从分析教材、挖掘育人资源，到诵读文本、增强道德认知，分析人物形象、树立德育典型，质疑问难、解除道德疑惑，最终联系现实生活、落实德育实践的全过程，对于在立德树人背景下发挥语文学科育人功能极具启示意义。

四川省教育融媒体中心　陈敬

构建科学高效教育体系 助力学生全面健康发展

四川省南充高级中学

四川省南充高级中学（以下简称"南充高中"）始终坚持落实立德树人根本任务，把劳动与实践教育纳入人才培养全过程，全面加强新时代劳动教育，拓宽平台，创新模式，让学生在劳动中"树德增智、强体育美"。按照《义务教育劳动课程标准（2022年版）》要求，南充高中以培养学生的劳动观念、劳动能力、劳动精神、劳动习惯和品质四个方面的劳动素养为导向，以日常生活劳动、生产劳动和服务性劳动三大任务群为基本单元，构建了三大劳动教育体系：一是培养劳动价值观，通过宣传劳动模范先进事迹，让学生感悟劳动精神；二是开发劳动技术课程资源，编写校本教材；三是提倡劳动实践，让学生自己动手劳动。日常生活劳动有日常校园劳动、家务劳动等，生产劳动有农业劳动等，服务性劳动有志愿服务等。学校通过劳动教育让学生体验劳动，创造劳动成果，帮助学生从心底认可劳动的价值，深刻理解劳动是美德。

一、课程建设

学校将《南充高中劳动教育读本》与由四川省教育科学研究院、中国教育学会"中小学综合实践活动研究"课题组编写的《劳动与技术》相结合，实施劳动课堂教学。开设有劳动教育行为规范、种子发芽实验、理财与保险、家庭盆景栽培、商品识别与购买、家庭保健与护理、米酒制作、腊肉和香肠的制作、果蔬保鲜、豆制品制作、豆瓣酱和泡菜的制作等课程。

学校安排学生到南充高中劳动实践基地开展蔬菜种植、烹饪、种桑养蚕等劳动实践活动；学生利用寒假、暑假及周末时间，以志愿者服务队、团支部等为单位或自由组合组成活动小组，积极开展实践活动。活动形式包括社会调研活动、感恩活动、学科拓展研究、志愿服务活动等。

二、实施途径

第一，学校将劳动课作为一门必修课列入 7 至 9 年级课表中，每周一次。

第二，将校园劳动、家庭劳动和社会劳动相结合。校园劳动包括常规校园清扫与保洁，劳技课以劳动为主，辅以校园志愿者活动等志愿服务。家庭劳动包括一般家务劳动和简单的生产性劳动。学校每周末都布置了劳动作业，学生完成情况良好。社会劳动主要以服务性劳动为主，包括为养老院老人服务等。

第三，将劳动课和生物课、3D 打印课、综合实践课相结合，把生物课堂搬到劳动实践基地，在劳动过程中创新劳动工具。

第四，在校园内大力弘扬劳动精神。对校园中的劳动楷模，学校和班级都制订了相应的奖励措施。学校在官方网站、微信公众号上多角度宣扬劳动的伟大和学生的劳动成果。

第五，制订多元化的评价机制。根据参与的劳动项目的不同，学生的劳动由本人、教师、家长和社会协同评价。

三、亮点特色

为促进学生的全面发展，南充高中在全省率先打造劳动实践基地、智慧农业实践基地、生活技能实践基地三大平台，让学生进行"种植、采摘、烹饪"一站式劳动体验，定期开展"社会大课堂""我在假期做家务"等社会实践活动。其中，南充高中智慧农业实践基地于 2019 年 9 月建成并投入使用，总面积为 576 平方米。实践基地采用无土栽培模式，是集移动互联网、云计算和物联网技术为一体的现代农业温室。实践活动将"互联网＋农业"的方式引入校园劳动环节，让学生运用互联网技术体验农业生产。

学校打造科创中心、洗车工作坊、糕点烘焙坊，拓宽劳动实践平台，按照共建共享的思路，成功探索出与南充中专、南充市特殊教育学校"普职共建""普特融合"校际合作新模式，组织学生开展数控加工、汽车修理、汽车美容、园艺手工等劳动实践。2020 年 5 月 1 日，南充高中与南充中专共同设立南充高中劳动教育实践基地，两校在学生劳动技能、教师专业技能提升等方面开展合作。每周安排两个班的学生到南充中专参加数控车床加工、汽车轮胎拆卸和烹饪等劳动实践，让学生在劳动过程中学习精益求精的工匠精神和爱岗敬业的劳动态度。

创新开展假期家务劳动与社会实践活动，组织学生到社区、福利院、养老院、血站、垃圾分类站、污水处理厂等参加服务性劳动。2020 年 6 月 23 日，南充高中嘉陵校区与嘉陵区生态环境局签订了共建志愿服务基地协议并举行了授牌仪式。嘉陵区生态环境局为南充高中学生提供"环保宣传员""环保监督员""环保巡查员"等志愿者岗位，让他们在志愿服务活动中树立服务意识、学习服务技能、强化社会责任。

未来，南充高中将继续守正创新，进一步深入探索劳动教育新路径，构建更加科学高效的劳动教育体系，让学生以劳树德增智，以劳健体育美，努力成为德智体美劳全面发展的社会主义建设者和接班人。

撰稿人：刘伟、许敏、黄承伟

编辑手记 ✎

习近平总书记在全国教育大会上指出，要在学生中弘扬劳动精神，教育引导学生崇尚劳动、尊重劳动，懂得劳动最光荣、劳动最崇高、劳动最伟大、劳动最美丽的道理，长大后能够辛勤劳动、诚实劳动、创造性劳动。四川省南充高级中学结合自身办学实际，积极构建了三大劳动教育体系，打造了劳动实践基地、智慧农业实践基地、生活技能实践基地三大平台，成功探索出与南充中专、南充市特殊教育学校的"普职共建""普特融合"校际合作新模式，全面助力学生劳动素养提升，促进学生全面健康发展。

四川省教育融媒体中心　陈敬

基于儿童立场的劳动实践

成都市桂湖幼儿园

一、案例背景

《3-6 岁儿童学习与发展指南》指出，"幼儿身心发育尚未成熟，需要成人的精心呵护和照顾，但不宜过度保护和包办代替，以免剥夺幼儿自主学习的机会，养成过于依赖的不良习惯，影响其主动性、独立性的发展"。基于此，我决定积极为孩子创造自主劳动的条件，给他们营造一个良好的劳动氛围，充分调动他们参与劳动的热情，让他们在劳动中展现自我，从而形成自我服务和服务他人的意识。

本学期，我们班的劳动活动是清洁风雨操场与整理器材。相较于上一学期的涂鸦墙区域，如今我们班需要管理的场地更为宽阔，需要清洁和整理的器材数量增多，难度大大增加。面对偌大的操场、繁多的器材，一时间，我们班的劳动活动陷入了僵局。

二、案例实施

（一）打扫哪里——自主探索，梳理管理区域

孩子们以自由讨论代替了以往的直接分组，他们先分组实地观察我们班的劳动区域，再集中梳理和商讨：劳动区域内有什么地方需要打扫呢？哪些器材需要我们整理呢？通过仔细观察、认真记录以及讨论交流，孩子们梳理并总结出了需要重点整理和清洁的区域，梳理了需要整理的器材。例如，他们发现 5 号门附近有积木乱放的现象，玩过的滚筒里常有泥沙，沙池旁的玩具摆放凌乱，8 号门架子上有较多灰尘，等等。

（二）分组行动——自由尝试，发现并提出问题

确定好了需要打扫的地方，孩子们利用第二天户外活动时间开始了第一次大扫除。活动中，孩子们有的拿帕子擦滚筒、攀爬箱；有的将积木拿出来，再按照积木形状、

大小分别进行整理；整理 6 号房的孩子甚至将木板一并取出，再按照高矮次序依次摆放好，忙得不亦乐乎。

忙碌的大扫除结束后，孩子们聚在一起热火朝天地讨论，回顾今天的劳动过程，最终发现有一个问题，是缺乏分工和监督，出现了重复劳动或无事可干的现象。此时，教师及时鼓励孩子们进行人员分组和区域划分，他们还为本组所负责的区域制作了标识，以便相互提醒。

（三）打扫再尝试——自主实践，总结成功经验

劳动中，孩子们可以自由选择班级里丰富多样的清洁工具，但像攀爬箱这种地方，孩子们发现不管用什么工具擦，还是有许多擦不干净的地方。为了解决这一问题，孩子们分析攀爬箱的材质，提出自己的想法，再充分验证，最终通过对比得出了结论——用肥皂水配合刷子清洁效果最明显。

积木区的积木形状各异，且大小不同。一开始，积木组的孩子们一窝蜂地拿积木放积木，不一会儿便把材料房挤得水泄不通。回到教室后，孩子们纷纷记录下自己整理的过程，并进行了小组讨论。最终，大家梳理出了不同的搬运策略，依次对不同的方法进行了实践，最终分别为不同大小的积木找到了最适合的存放方法。劳动结束后，孩子们一致认为采用多种方法相结合的方式，不仅加快了搬运速度，而且也不会拥挤。小朋友们在整理的过程中，学习多种积木的分类方法，学会了合作，更体验了成功的快乐。

（四）成果保留——自发表征、倡议

每一次劳动实践，孩子们都能将本组负责的区域进行彻底清洁，在游戏结束后他们也会按标识放置游戏器材。但是，每一天孩子们都会发现，昨天还整理得好好的器材，今天就变得乱七八糟了。经过讨论，孩子们决定制作玩具归置方法的标识，并张贴在玩具架上，以便其他班的孩子学习如何进行整理。

三、总结反思

（一）静待花开——重视幼儿的亲身探索与经验迁移

正如《3-6 岁儿童学习与发展指南》中提到的，应该注重引导幼儿通过直接感知、亲身体验和实际操作进行学习，具有初步的探究能力。要支持、引导幼儿学习，用适宜的方法探究和解决问题。因此，在孩子们的打扫活动遇到难题时，我没有急于给出答案，而是耐心等待他们调动自己的生活经验不断地尝试分析和解决问题。在探索中，孩子们通过迁移生活经验，获得了劳动知识与技能，彰显了自我力量，促进了自我成

长，也收获了自主管理的喜悦和成就感。

（二）坚定不移——相信幼儿的学习能力，并及时搭建"脚手架"

《幼儿园保教质量评估指南》强调要珍视幼儿生活的独特价值，明确指出要"支持幼儿参与一日生活中与自己有关的决策"。因此，在整个活动推进过程中，我始终坚信每一个幼儿都是积极主动、有能力的学习者，教师应为幼儿提供足够的探索空间和时间，支持他们从原有水平向更高水平发展。

（三）全面准备——重视品质培养，为幼小衔接打下坚实基础

在劳动活动中，幼儿充分拥有活动的自主权，他们在实践中直面问题、迎接挑战，不断提升自己的科学探究、语言表达、社会交往、生活常识等各方面的能力，同时也养成了爱整洁、做事认真、珍惜劳动成果等习惯和品质，培养了自身的责任感，增强了自我服务意识，为适应小学生活奠定了基础。就像《教育部关于大力推进幼儿园与小学科学衔接的指导意见》中《幼儿园入学准备教育指导要点》所提到的那样，"幼儿入学准备教育要以促进幼儿身心全面和谐发展为目标，注重身心准备、生活准备、社会准备和学习准备几方面的有机融合和渗透"。

现代化强国建设需要德才兼备的人才支撑，身体力行的劳动实践不仅可以培养幼儿的劳动技能，更能让幼儿形成正确的劳动观、人生观乃至世界观。而中华民族伟大复兴的中国梦也将由这些拥有正确劳动价值观和劳动技能以及实干精神的社会主义建设者和接班人来实现。

撰稿人：许雅玲、张永雪

编辑手记

劳动教育是落实立德树人根本任务的重要组成部分。"要在学生中弘扬劳动精神，教育引导学生崇尚劳动、尊重劳动，懂得劳动最光荣、劳动最崇高、劳动最伟大、劳动最美丽的道理，长大后能够辛勤劳动、诚实劳动、创造性劳动。"这不仅是习近平总书记的殷切嘱托，更是教师设计和落实劳动教育的依据。成都市桂湖幼儿园将劳动教育和幼儿的在园一日生活紧密联系在一起，通过让幼儿经历自主发现问题、自由讨论策略、充分体验实践、不断调整优化等过程，充分体现儿童立场，在生动的劳动实践活动中落实立德树人根本任务。

四川省教育融媒体中心　陈敬

以劳启智 砺身立心

——小学家校融合劳动教育案例

巴中市中坝小学

一、案例背景

巴中市中坝小学（以下简称"中坝小学"）是一所发展中的学校，学生大多是留守儿童，在劳动教育上不同程度存在着"差、缺、低"等问题："差"即劳动观念、劳动精神差；"缺"即劳动技能、劳动实践缺；"低"即劳动技能、创造力、体力发展水平低。针对这些问题，结合实际，学校坚持立德树人，围绕在校劳动、家庭劳动、社会劳动三大生活场景，制订具有阶段性和连贯性的劳动教育课程目标——引导学生树立正确的劳动价值观念；初步形成实践意识，掌握生活劳动基本技能；养成良好的劳动习惯，塑造基本的劳动品质；全面提升劳动素养，弘扬传统劳动美德，抓实目标、实践、评价三个环节，努力培养学生劳动素养，通过学校、家庭、社会三个渠道落实劳动教育的课程实施与评价。

二、案例描述

根据实际情况，中坝小学建构了以学校为主，家庭、社会为辅的劳动教育课程体系，制订了有计划、有目标、有实施、有测评的完整的劳动教育体系，促进学生全面发展。

（一）以目标为基，让劳动教育有的放矢

1. 明确目标，有效指导课程实践

学校根据《义务教育劳动课程标准（2022年版）》相关要求，分层设计劳动教学目标，在学校内创建多个劳动情景，根据学生的具体情况进行有效分配。以学校劳动实践基地为主要劳动场所，并且在校内多个地点增设劳动教育区域，如图书馆、特色

教室等，以满足不同年级学生有效开展劳动教育的需求，确保劳动教育有效实施。此外，考虑到学生之间的相似性，学校将 6 个年级的学生分为低段（一、二年级）、中段（三、四年级）、高段（五、六年级），并对各阶段学生的具体劳动内容进行细化。低段的劳动任务是到学校劳动实践基地拔草、松土、栽苗，回家干力所能及的家务；中段的劳动任务是到学校劳动实践基地浇水、捉虫、施肥，回家干力所能及的家务；高段的劳动任务是到学校劳动实践基地抹杈、采摘、施肥，回家干力所能及的家务。

2. 形成奖励机制，激发内在劳动动力

小学生的自主能力还处于养成阶段，需要通过必要的手段激发其劳动实践动力，才能有效提升其劳动意识。为了更好地提升学生参与劳动的积极性，班主任通过"我爱劳动"主题班会，号召学生积极参与劳动。为了有效激励每个学生的劳动热情，学校专门设立了"劳动新星"等奖励办法。

（二）以实践为旨，让劳动教育落到实处

1. 学校引领，打造多样课程

中坝小学劳动实践课程主要通过学校劳动实践基地和劳动实践课程有效结合的方式开展。学校结合已有的教学资源，建设了劳动实践基地。

（1）依托"开心农场"，开展种植养殖劳动教育。学校将教学楼楼顶打造成"开心农场"，每个班级都有各自的劳动任务，师生共同参与完成清理、翻土、种植、除草等工作。

（2）依托"劳动教育体验中心"，开展生活技能提升劳动教育。学校建设了"劳动教育体验中心"，配置了烹饪、洗涤、编织、木工等 15 个劳动教育资源包，帮助学生学习相关技能，并在课后进行实践，做到知行合一。

（3）利用班级资源，将劳动教育落实到日常生活中。教师划定学生在班级中的劳动责任，让学生对自己的座位及周围的卫生情况负责，及时整理自己的物品，不乱扔垃圾，尊重值日生的劳动成果，保持校园环境的干净与整洁。

2. 家庭辅助，落实劳动实践

学校劳动教育工作的开展需要学生在课后进行实践与拓展延伸。家庭劳动教育的落实应该与学校劳动教育主题相吻合，达到有教育、有实践、能落实的目的。为了更好地实现学校劳动教育与家庭劳动教育的有效融合，家庭开展劳动教育采用以周为单位的主题制，例如，第一周的主题为"我是整理小帮手"，第二周的主题为"我是清洁小能手"，第三周的主题为"我是烹饪小高手"，第四周的主题为"我是父母好帮手"……这些主题活动让学生将在学校学到的劳动知识在家里进行实践与延续，养成热爱劳动的良好习惯，树立我劳动、我光荣、我开心的劳动观念，全面提升个人素养。

3. 社会参与，拓宽实践广度

为坚持培育和践行社会主义核心价值观，把劳动教育纳入人才培养全过程，从小培养学生的社会责任感，学校利用社会资源组织开展公益劳动，如组织学生到社区担任志愿者等，让学生参与社会劳动实践，提升学生的公民意识。

（三）以评价为向，让劳动教育做到协同育人

为了更为直观地看到学生开展劳动教育的收获和成果，学校采用"积分评价制"劳动教育评估模式，由学校和家长对学生的劳动实践进行评价打分，直观呈现劳动教育活动开展的具体实施成果。

学生"积分评价制"采用"225"模式：第一个"2"是指评价的主体是教师、家长；第二个"2"是指评价方式为过程性评价与结果性评价两种评价方式；"5"即5个主要评价要素，包括劳动次数、劳动态度、实际操作、劳动成果和其他。学校通过评分体系对学生的劳动实践进行评分，这样既着重关注了学生劳动意识培养的全过程，又能够把握每个学生具体的劳动情况。学期结束后，教师根据评价结果，及时调整下学期的劳动教育内容和实施手段。

通过开展劳动教育，学生自身的劳动意识明显增强，劳动表现更为活跃和积极，实践能力得到有效培养，同时也促进了学科融合和家校共育。多样化的劳动课程为教育增加了新的活力，给学生带来了与众不同的劳动体验，促进了学生的全面发展。

撰稿人：周仲晟、张丽萍、陈鹏飞

编辑手记 ✏️

小学阶段是学生身心发展的重要阶段，也是启蒙学生劳动意识、培养良好劳动习惯的重要阶段。巴中市中坝小学根据学生在劳动教育中存在的不同问题，建构了以学校为主，家庭、社会为辅的劳动教育课程体系，通过明确的目标指引和奖励机制，激发学生的劳动内驱力。学校基于校内劳动实践基地，打造了丰富的劳动课程，将劳动教育落实到学生的日常生活中。同时，家庭劳动教育与学校劳动教育密切配合，采用以周为单位的主题制，带给了学生多样化的劳动体验，是对贯彻落实"立德树人根本任务，培养德智体美劳全面发展的社会主义建设者和接班人"要求的积极实践。

四川省教育融媒体中心 唐虹

携孩童之手 育劳动之花

宜宾市人民路小学校

一、活动背景

为深入实施素质教育，落实"双减"政策，宜宾市人民路小学（以下简称"人民路小学"）在"精致教育，精彩人生"的办学理念指引下，一直坚守"为每一个孩子幸福人生奠基"的教育思想，实施"全员、全面、全程"的教育行动，培养德智体美劳全面发展的社会主义建设者和接班人。人民路小学的办学方略之一是科研强校。学校总结前几年劳动教育实践的经验，以"童心庄园"劳动实践园为载体，确定了"以劳树德，'五育'融合"的劳动教育核心理念，开展主题式劳动教育实践研究。

学校在系统的知识教学之外，结合劳动教育，有目的、有计划地组织学生参加"童心庄园"日常种植劳动、管理劳动和收获劳动，进一步锻炼学生的劳动能力、生活实践能力和团结协作能力，每学期围绕"播种—管理—收获"，开展一系列劳动实践活动。

二、体系建构

（一）课程建设

经过一年多的劳动教育实践，学校劳动教育体系初步形成。确定了四大梯级总目标：爱劳动、会劳动、尚劳动、勤劳动。开设了由学校给予场地和师资保障的三大劳动课程：日常劳动课程、主题劳动课程、社会劳动课程。形成了三大评价标准：过程性评价标准、成果性评价标准、发展性评价标准。课程具体目标包括：第一，激发学生热爱劳动的兴趣，培养学生劳动技能，促使学生养成热爱劳动的习惯，提升学生的劳动品质；第二，促进劳动教育与多学科融合，提升各学科教师专业素养；第三，培养学生的创新意识和创新能力；第四，形成新时代城市小学主题式劳动教育的评价机制。

（二）评价机制

通过学生自评互评、家长评、教师评，部分学生获得劳动勋章。学校还以学期为单位，根据学生获得勋章的数量来评选"劳动之星"和"劳动标兵"。

首先，过程性评价主要评价"做与不做"，促进学生劳动习惯的养成，让学生爱劳动。其次，成果性评价主要考察"会与不会"，通过劳动成果展示，让学生掌握劳动技能，实现会劳动的目标。最后，发展性评价主要评价学生自主创新能力及个人综合能力。

（三）实施途径

学校按照课程标准落实好每周一节的劳动课，同时巧妙地把劳动教育与各学科有机融合，并合理安排学生进行校内校外劳动实践，加强劳动教育。学校利用展板宣传劳动教育，师生、家长一起自创劳动歌曲《田间的课堂》，并借助三大路径——日常劳动养成习惯、特色课程增强智慧、社会劳动提升品质——充分落实劳动教育。

1. 日常劳动，人人参与，家校共育

学校让每个学生都参与日常劳动，让学生们在自我服务和为他人服务中，提升劳动意识，在劳动实践与管理过程中，体会劳动成果来之不易，懂得珍惜劳动成果。在家里，学生可以做一些力所能及的家务劳动，如低段学生可以扫地、洗碗等，中段学生可以整理房间、学做饭菜，高段学生可以为父母做饭、煲汤、做糕点等，从而在劳动中学习劳动技能，培养劳动能力。

2. 特色课程，梯步推进，幸福快乐

以"童心庄园"为载体，学生全员参与劳动。学生在参与播种、管理的劳动中，既有丰收的成功，也有颗粒无收的失败。学校根据小学科学教材里"动物的生命周期"一课的内容，结合"童心庄园"中的蚕桑园，孕育出劳动教育主题"蚕桑文化"，并开展了系列主题实践活动：在种植—呵护—采摘—喂养—观察—结茧—加工—分享的过程中，进一步了解了桑蚕文化。通过亲身体验和实践，学生体验养殖过程的酸甜苦辣和生命成长的快乐，感受到劳动创造价值的意义。学校在"童心庄园"开辟了一片香料园，种植迷迭香，在四、五、六年级开设提取迷迭香精油劳动技能课，让学生感受到"我能用劳动创造价值"，并利用社团对精油进行包装，和蚕作品融合，变成独特的工艺品，培养学生的劳动创造能力。

3. 社会劳动，积极行动，润化于心

学校主题式劳动教育从学校、家庭拓展到社会，学校带领学生利用节假日走进敬老院，走进社区，开展一系列文明实践活动。通过这些活动，学生明白了"自己的事情自己做，别人的事情帮着做，公益的事情争着做"的道理。

三、经验亮点

在日常劳动中，学生逐步养成了良好的劳动习惯。同时，学校在特色劳动课程方面已经取得一定的成效，形成了初步的模式。和科学课程结合的种桑养蚕，培养了学生的劳动技能，在家长、师生中获得一致好评。高段学生中开展的精油提炼，让学生从劳动中获得巨大的成就感，培养了学生的创造力。而致力传承和拓展的"春耕秋收"，更是成为学校劳动教育的一张名片。一系列劳动实践体验，提高了学生热爱劳动的积极性，培养了学生的劳动能力，养成了学生良好的劳动习惯，提升了学生的劳动品质。

"劳动浇开幸福花"，人民路小学在"以劳树德，'五育'融合"的教育理念引领下，将一直行走在劳动教育的实践路上，以劳树德，以劳增智，以劳强体，以劳育美。

撰稿人：侯艳、陈燕、何英

编辑手记 🖊

2020 年 3 月，中共中央、国务院印发《关于全面加强新时代大中小学劳动教育的意见》，随后教育部出台《大中小学劳动教育指导纲要（试行）》，对劳动教育目标、具体内容和实施要求进行了细化，党和国家对新时代中小学劳动教育的重视达到了前所未有的高度。宜宾市人民路小学校在实践中建构了劳动教育课程体系、评价机制，完善了劳动教育实施路径，是小学以劳动促进"五育"融合、实现立德树人的有益尝试。

四川省教育融媒体中心　陈敬

融合与创新："探寻五迹"
研学实践教育课程的研发与实践

广元市示范性综合实践基地管理中心

一、"探寻五迹"研学实践教育系列课程介绍

"探寻五迹"即以探寻红军长征足迹、探寻自然生态奇迹、探寻科技发展轨迹、探寻川北文化印迹、探寻三国蜀道古迹五大主题为内容的研学实践教育活动。自 2018 年以来，广元市示范性综合实践基地管理中心（以下简称"广元营地"）依托广元悠久的历史文化底蕴和良好的自然生态禀赋，串联全市风景名胜区、自然保护区、重点文物保护单位、非遗传承项目、重大现代建设项目等各类研学实践教育基地，围绕五大主题，打造"探寻五迹"精品研学线路，开发研学体验项目 30 余种、课程 170 余门。

（一）探寻红军长征足迹，赓续红色基因

依托旺苍中国红军城、木门会议遗址、苍溪红军渡、剑门关战斗遗址等红色文化研学基地，开发"永续红色血脉，厚植爱国情怀""探究红色文化，发扬奋斗精神""追寻革命足迹，传承红军精神"等红色思政教育主题研学课程，让学生追寻先烈足迹，传承革命精神。

（二）探寻自然生态奇迹，体悟美好河山

依托唐家河、雪溪洞、翠云廊、天曌山等自然地理研学基地，开发"走进唐家河，探秘'天然基因库'""探秘雪溪溶洞，感悟自然奇观""探寻皇柏古道，保护生态环境""探寻天曌名山，感受康养丽都"等自然生态奇迹研学课程，让学生感受自然魅力，培养生态环保意识。

（三）探寻科技发展轨迹，激发建设热情

依托龙潭现代农业观光园、081 军工电子工业园区、亭子口电站、广元市博物馆

等现代化建设研学实践基地，开发"耕读绿野田园，感悟农业科技""探寻 081 电子工业园区，感悟科技进步""穿越利州时空，传承陶瓷技艺"等科技发展研学课程，让学生提升科学素养，激发科技创新精神。

（四）探寻川北文化印迹，汲取人文魅力

依托武则天、黄裳、李榕等历史文化名人故里和麻柳刺绣、唤马剪纸等非物质文化遗产及白花石刻历史人文研学基地，让学生体验乡土人情，感受传统文化魅力。

（五）探寻三国蜀道古迹，感知历史文脉

依托剑门关、昭化古城、明月峡、皇泽寺等三国蜀道文化研学基地，开发"游剑门蜀道，品三国故事""行走昭化古城，体验三国文化""探究古今道路""探寻千年古寺，传承女皇文化"等历史文化教育主题研学课程，让学生感受三国蜀道文化，培养文化传承意识。

二、"探寻五迹"研学实践教育课程实施策略

（一）"一核引领"，强化全面育人导向

作为国家级中小学生研学实践教育营地，广元营地始终坚持把立德树人作为根本任务，并贯穿在实践教育工作各个环节，形成了"探寻五迹"研学实践教育主题系列课程。课程以立德树人为核心引领，以培养德智体美劳全面发展的社会主义建设者和接班人为目标，旨在通过课程的实施让广大中小学生感受祖国大好河山、中华传统美德、革命光荣历史和改革开放伟大成就，增强对"四个自信"的理解与认同，促进学生创新精神和实践能力的提升。

（二）"两向延伸"，实现课程融合衔接

1. 学科延伸

课程的开发注重强化学科知识融合与应用，结合政治、历史、地理、科学、生物、物理、化学、美术、音乐等学科知识，探索创新"跟着课本去研学"课程模式。参照《义务教育课程方案和课程标准（2022 年版）》，编写了各学段理论篇、技能篇、实践篇、拓展篇研学实践教育活动指导手册，以学科知识融合嵌入提升研学实践教育活动课程实效。

2. 学段延伸

针对不同年龄段学生学习需求和学情特点，制订符合实际研学实践教育活动的课程方案和课程目标。研发涵盖小学、初中、高中不同学段的研学实践教育活动课程170 余门，有效解决了同一主题不同学段课程内容的兼容问题。

（三）"三链植入"，构建素质培养体系

1. 知识植入

构建整体课程知识框架，在课程设计上注重知识点的嵌入与引导，让学生在活动中增长知识和见识。每个课程单独制订"研学任务单"，实现课程知识清单化，并让学生独立自主完成，避免出现"只游不学"的现象。

2. 能力植入

综合素质与能力提升是实践教育的核心导向。注重学生自我能力提升也是"探寻五迹"系列课程区别于传统研学课程的重要特征之一。在实践体验环节，每位学生都可以通过观察、描写、品味、制作、组装、采集、扮演等多种方式亲身体验，从而实现参与感和获得感的充分满足，也充分锻炼了提出问题、分析问题、解决问题的能力。

3. 品质植入

"探寻五迹"系列课程更加注重"五育"融合，培养德智体美劳全面发展的时代新人。在课程实施中，各种教育资源由营地统一配置和设计，学校、营地、基地各方在遵循教育性原则下共同配合，全过程培养学生个人意志品质。

（四）"四方共育"，优化课程管理模式

建立营地、基地、学校、家庭"四方共育"研学实践教育协同管理模式，构建"1＋14＋34＋N"（1 个国家级营地＋14 个研学承办单位＋34 个市级研学基地＋447 所学校 30.15 万名中小学生）高效能研学实践课程实施体系。

以营地为中枢。营地科学统筹和协调"探寻五迹"研学实践教育活动课程开展和实施。

以基地为站点。作为研学目的地和课程实施场所，基地为研学实践活动提供优质研学资源和保障服务。

以学校为主体。学校是研学实践教育活动课程的实施主体，从课程、计划、实施、管理、综合评价等方面具体组织，做到活动有方案、行前有备案、服务有保障、应急有预案、行后有总结，确保课程安全有序进行。

以家庭为协同。家庭配合学校做好学生研学旅行前教育、课程评价和服务保障，相互协同、共同配合，强化家校协同育人机制。

（五）"多维评价"，提升立德树人实效

基于立德树人和全面育人目标，围绕"探寻五迹"研学实践教育活动评价的主体、对象、内容和方式，构建多元多维评价体系。

评价主体。评价主体由学生、教师、家长、基地共同组成，运用多方参与的评价

体系，保证评价结果的客观性和公正性。

评价对象。评价对象包括学生、教师、基地和营地，保证"探寻五迹"各参与主体都得到有效的评价，以评价促提升、促发展。

评价内容。依据研学实践教育活动课程目标，改变过分强调结果的方式，转为关注学生情感态度的变化、创新精神和实践能力的发展以及知识的获得和技能的掌握。

评价方式。评价方式上坚持过程性、多元性、反思性、激励性等原则，把学生活动成果展示、分享交流总结、过程量化评分等作为学生评价的主要方式，让学生在活动后能及时反思活动过程，用过程的反思促进自身情感的升华和态度的改变。

三、"探寻五迹"研学实践教育课程取得的成效

自研学实践教育课程实施以来，营地先后组织开展"探寻五迹"研学实践教育系列活动 110 余期，惠及市内外中小学生 100 万余人，取得了良好的社会效益。"探寻五迹"研学实践教育成果得到社会各界的充分肯定，研学实践"广元模式"已经形成，多次在国家、省级研学实践教育工作会上作交流，影响大，辐射引领面广。

撰稿人：郭永昌

编 辑 手 记 ✏

教育部等 11 部门《关于推进中小学生研学旅行的实施意见》指出，研学旅行要以立德树人、培养人才为根本目的。研学实践教育是国家教育改革发展和全面育人的重大举措，也是落实立德树人、实现全面育人的重要途径。广元营地依托广元丰富的历史文化资源，通过研学实践教育助推学生全面发展。如今，营地、基地和学校仍将不断探索"五育"融合之路、创新发展之路，继续为培养新时代全面发展人才贡献力量。

四川省教育融媒体中心　陈敬

"一体五翼"强劳动 立德树人润成长

达州市通川区西罡学校

一、背景分析

目前,部分学生在成长过程中缺少相应的劳动体验,劳动意识淡薄,缺乏基本的劳动技能,更不懂得珍惜劳动成果、体会劳动幸福感。为此,国家出台了相关政策,要求加强对学生进行劳动教育,落实立德树人根本任务。为进一步落实好相关政策要求,减轻学生课业负担,促进学生身心健康发展,达州市通川区西罡学校结合实际,立足学生发展,将劳动教育融入课程建设,进行了"一体五翼"劳动课程体系的实践与探索。

二、课程建设

1. "一体"

"一体"指学校的劳动教育。学校充分利用每周一节的劳动教育课,通过实践体验、分享劳动故事、写农作物观察日记、主题班会、创意劳动、制作劳动手抄报等方式,把劳动教育落到实处。

2. "五翼"

"五翼"指基于劳动课与家庭、社会、校园、生活的有效结合,多场所、多形式开展劳动体验和实践。

(1)"五翼"之学校一日常规劳动体验。在教师的指导下开展校园常规劳动体验,全校师生共同参与装扮校园活动。通过打扫教室、公共区域、办公室、花园等场所卫生,培养学生爱劳动、讲卫生、保护环境的好习惯。

(2)"五翼"之家庭生活劳动体验。学生在家长带领下进行亲子劳动、自主劳动、创造性劳动,如扫地、做饭、洗衣、整理房间等,着力体现家校共育。

（3）"五翼"之校园农场劳动体验。学校以校园农场为抓手，将课堂搬到农场菜地中，实行责任到班，形成播种、观察、管理、采摘、售卖、捐献一体化，将劳动与生活有机结合。

（4）"五翼"之红色基地劳动实践。学校以红色劳动教育基地为阵地，把课堂搬到田间地头，将劳动课程和红色文化相结合，设立"雨来英雄中队连心田""王二小英雄中队责任田""潘冬子英雄中队解放田"等，用红色经典故事感染学生，提升学生劳动责任感。

（5）"五翼"之主题研学劳动实践。学生根据不同的研学劳动主题走进研学实践基地，如农科所、科技馆等，开展内务整理、交通安全与消防安全学习、农作物研究等实践活动。

三、实施途径

为了保障"一体五翼"劳动教育课程体系的有效实施，学校高度重视，成立了劳动教育领导小组，制订了"六有"劳动教育管理制度，倡导"人人参与、生生进步"的劳动教育模式，开展"多彩劳动"特色教育活动，建立多元评价机制。

1. 制订"六有"劳动教育制度

"六有"劳动教育制度即劳动课程实施制度、劳动教师常规管理制度、学校清洁卫生检查制度、学生自治制度、劳动评比制度、劳动区域划分制度，为课程体系实施提供了制度保障。学校完善劳动课教师备课和上课、课堂效果呈现和考核等相关制度，加强常规管理，定期举行劳动教育展示课，加深教师对劳动课的认识。

2. 倡导"生生参与、人人进步"的劳动教育模式

（1）人人都是"监督员"，自治管理提能力。学校设立各种岗位，实行学生自治管理。校园中行走的各色"小马褂"各自履行着督促卫生、楼层值周、用餐管理等职责，是校园的一道亮丽风景线。

（2）大家都是"责任人"，共享共管共促进。学校为增强学生的劳动责任意识，让校园里的每一棵树、每一朵花都有自己的"小管家"，每一间屋子、每一片公共区域都有自己的责任人。

（3）个个都是"参与者"，校园卫生齐维护。学校积极组织学生参与校内日常劳动，如班级卫生保洁、食堂志愿劳动及校园绿化、绿植认领等活动，让每个孩子都承担一定的校园卫生维护工作，做到"讲卫生、讲文明、提素质、重环保、促健康"，让学生在实践中树立热爱校园、热爱劳动的精神。

（4）你我都是"小能手"，生活技能人人夸。学校教会学生掌握基本的劳动技能，养成热爱劳动的习惯。学校将做家务列为每个孩子的必修课，发布各年级家务劳动清单，家校携手共同教育，引导学生参与洗衣服、分类倾倒生活垃圾、做简单的饭菜、洗碗、拖地、整理房间等家务劳动。

（5）个个都是"农场主"，菜园实践作用大。学校借助校内校外两个农场，让学生亲近自然，掌握种植蔬菜、打理菜园的步骤和技巧。在教师和家长的带领下，学生进入农场劳作，浇水、施肥、捉虫、观察，做好记录，保留照片，撰写日记。

3. 开展"多彩劳动"特色教育活动

学校定期或不定期开展"2＋X"多彩劳动特色教育活动。

"2"指每年"五一"劳动节开展的劳动技能大赛及五月的劳动主题教育活动月。学校根据学生的不同年龄特点，在班级、年级、全校开展"整理书包""系鞋带小达人""穿针引线""水果拼盘""动手包包乐""劳动故事分享"等比赛，让学生在实践中得到锻炼，品尝劳动带来的快乐与成就。

"X"指劳动研学活动、红色基地实践活动、校园农场种植、采摘、售卖等常规劳动教育活动，学校通过开展多样活动达成劳动教育目的。

4. 建立多元评价机制

在开展活动的基础上，学校推行了六星评价机制。

劳动知识星：通过劳动课上的学习，能完成各项劳动任务、懂得基本劳动常识者获得。此项由劳动课教师评价。

校园装扮星：参与校园环境保护，动手装扮美丽校园，表现优异者获得。此项由班级劳动委员评价。

家务劳作星：在家庭劳动中能够出色完成各项任务，并取得家庭成员一致好评者获得。此项由家庭成员评价。

农场种植星：在校园农场、红色农场里的种植、采摘、管理等各项劳动中，技术能力突出者获得。此项由劳动教师评价。

实践劳动星：积极参与各项劳动实践活动，表现突出者获得。此项由活动组织者评价。

研学实践星：在各种主题的劳动研学实践过程中，通过学习能呈现创造性的成果或作品者获得。此项由研学部门评价。

学期结束，各班汇总学生劳动教育开展情况，对获得三星及以上的学生进行表彰；将获得六星的学生评选为"劳动之星"，在全校范围内表彰。

达州市通川区西罡学校"一位五翼"劳动教育课程体系的实践与探索，旨在通过劳动教育达到养正、乐学、健体、尚美、创造的育人目标，在劳动教育中培养身正、言正、行正、心正的"四正"少年，让学生从劳动中获取知识，在劳动中磨炼意志，进而弘扬劳动精神。

撰稿人：龙道清、赵莉丹

编辑手记 ✏️

　　现阶段，虽然各校已将劳动教育提升到了重要地位，但部分学生仍缺乏相应的劳动教育体验，存在劳动意识淡薄、劳动技能缺乏等问题。为将劳动教育真正落到实处，达州市通川区西罡学校构建了"一体五翼"劳动课程体系及相应的评价系统，通过劳动课与家庭、社会、校园、生活的有效结合，多场所、多形式开展劳动体验和实践，让学生从劳动中获取知识、磨炼意志，取得了以劳树德、以劳启智、以劳健体、以劳润美的育人效果。

四川省教育融媒体中心　唐虹

劳动赋能润童心 "五育"融合促发展

宜宾市鲁家园幼儿园

一、案例背景

在"五育"融合的背景下，劳动教育被赋予了新的内涵。宜宾市鲁家园幼儿园（以下简称"鲁家园幼儿园"或"鲁园"）着眼于课程统整与整个学前劳动教育体系重建，突出幼儿园劳动教育的独特地位，让劳动教育焕发新的活力。

近年来，鲁家园幼儿园探索包含幼儿园劳动教育的目标、内容、途径、实施、评价等系列要素的实践体系，丰富幼儿园劳动教育课程；充分发挥劳动教育树德、增智、强体、育美的功能，培养幼儿良好的劳动态度、劳动技能、劳动品德和劳动习惯；促进教师、家长劳动教育观念的更新，提升教师劳动教育水平，提升保教质量。

二、推进路径

（一）把握劳动教育内涵，关注劳动育人

一是通过开展多种形式的理论学习把握劳动教育的内涵，关注劳动对幼儿发展的价值，把育人放在首位，明确幼儿园劳动教育的实践取向并付诸实践。二是广泛宣传，通过家园栏、网络平台、家长开放日等多种渠道向家长宣传劳动教育的价值和意义，转变家长的劳动教育观念和行为。

（二）系统思考劳动教育，进行整体架构

从劳动教育的目标、内容选择、资源利用、实施途径、实施策略和活动评价等多方面整体思考劳动教育的开展，形成劳动教育活动框架。

（三）探讨劳动教育的目标、内容

充分发挥劳动教育综合育人功能，培养幼儿良好的劳动态度、劳动技能、劳动品

德和劳动习惯，促进幼儿身心全面和谐发展。把劳动兴趣、态度、品质培养放在首位，实现幼儿参与活动方式的根本转变。根据幼儿年龄特点，将幼儿园劳动分为服务性劳动、体验性劳动及游戏性劳动。

（四）充分挖掘、开发、利用劳动资源

首先，合理规划幼儿园各场地及功能室，打造生态种植园、美劳室、木工坊、烘焙室等劳动教育实践基地，为幼儿提供劳动的场所和机会。其次，挖掘园内外自然资源、文化资源、社会资源、人力资源，融入幼儿园劳动教育，使之成为劳动教育课程资源。最后，依托劳动资源开展劳动教育，如探访敬老院、参观消防队、走进社区超市、访问交警叔叔等，让劳动教育从园内走向园外，从服务自我走向服务他人。

（五）明确实施路径，开展丰富劳动

幼儿园以生活场、浸润场、引力场三条路径为指引，开展服务性、体验性、游戏性劳动，创新开展"鲁宝当家""鲁宝劳动服务日""鲁宝劳动畅游日""鲁宝种植""鲁宝大带小""鲁宝烘焙"等具有鲁园特色的劳动教育活动。

（六）实施家园共育，形成育人合力

家长指导幼儿开展生活自理劳动、家务劳动等，形成教育合力，提升幼儿的劳动态度、劳动技能，促进幼儿养成良好劳动习惯。

三、实施成效

（一）构建了幼儿园劳动教育框架

从全面育人的角度系统思考和实践，构建了幼儿园劳动教育活动框架。幼儿园遵从"注重整合渗透、凸显核心素养、关注年龄特点、注重主体发展"的目标构建原则，从"劳动兴趣与情感、劳动习惯与品质、劳动知识与技能"三个维度，按小、中、大三个年龄段构建了劳动教育目标体系。确立了"激发幼儿的劳动主动性，培养幼儿良好的劳动态度、劳动技能、劳动品德和劳动习惯，充分发挥劳动综合育人的功能，促进幼儿身心全面和谐发展"的总目标，形成了三维度三层次的目标体系。

（二）确立了劳动教育内容清单

相较于其他学段，幼儿参与的劳动实践活动的真实性也较弱，多属于"类真实"的体验性劳动、游戏性劳动。幼儿园根据幼儿的年龄特点，围绕幼儿生活，将劳动内容分为服务性劳动、体验性劳动和游戏性劳动，从小、中、大三个年龄段构建劳动教育内容体系，形成了劳动教育内容清单。

（三）创新了"三大场域"实施路径

1. 劳动教育生活场

以幼儿一日生活为主要路径的劳动教育实施场域，主要为幼儿的劳动技能、经验的实际操作、验证、巩固、内化及劳动规范、习惯、品质等的形成提供支持，在真实的生活体验中，唤醒幼儿劳动主体意识，变被动接受为主动参与，让劳动情感的激发在劳动运用的过程中自然发生。

2. 劳动教育浸润场

以游戏为主要路径的劳动教育实施场域，主要为实现幼儿劳动技能、经验的运用、重组、创造，及实现劳动情感、品质等的提升提供支持。从幼儿的年龄特点出发，以幼儿感兴趣的方式，创设与生活、游戏连接的劳动场域，让幼儿在轻松的氛围中习得简单的劳动技能，萌发劳动意愿。

3. 劳动教育引力场

以项目式活动、主题活动为主要路径的劳动教育实施场域，主要为幼儿的劳动提供劳动知识、技能等劳动经验的支架，构建融合环境支持、集中教学、社会实践、家园共育为一体的引力场，通过亲身体验、实际操作、直接感知，推动幼儿的深度学习和发展。

（四）形成了"四环节"实施策略

1. 关注生活，寻找契机

立足幼儿生活，关注幼儿真实生活需要，在一日生活中寻找劳动教育契机和因素是劳动教育的重要出发点。

2. 营造场景，强调体验

从幼儿的兴趣、经验水平、发展需求等出发，创设丰富的游戏情境，提供丰富的材料和机会，营造直接感知、亲身体验和实际操作的物质环境，宽松的心理环境及充足的时间、宽敞的空间环境，让劳动带给幼儿愉悦和积极的体验，激发幼儿的劳动情感，这是推动劳动教育开展的关键点。

3. 利用问题，深度学习

把握劳动体验过程中的教育契机，面对幼儿劳动中的各类问题，引导幼儿深入探究、讨论解决问题的方法，让幼儿的劳动经验和能力等随着问题的解决得到综合提升，推动幼儿深度学习。

4. 总结分享，激发情感

在分享与总结中，帮助幼儿总结经验，让幼儿对劳动的感受超越"苦""乐"的认知，引导幼儿认识到付出与收获之间的关系，让幼儿在收获劳动成果的愉悦感和成就感中，感受劳动的价值和意义，懂得要劳动才会有收获的道理，从而愿意去劳动，学会尊重劳动者、尊重劳动成果。总结分享是激发幼儿劳动情感的有效方式和关键环节。

（五）构建了多元评价系统

幼儿园以发展目标为基础，围绕对幼儿的评价，形成了评价要点及内容，倡导兴趣为先、过程为要、多元评价，让家长、教师、幼儿多主体参与评价，将质性评价和量性评价结合，从劳动兴趣和情感、劳动知识和技能、劳动习惯和品质三个维度对幼儿参与劳动活动的过程和结果进行综合性评价。

在"连接生活、游戏为本、强调体验"的劳动教育实践中，劳动教育回归幼儿的真实生活，渗透于一日生活的各个环节，提升了幼儿劳动素养，改变了教师的育人思维，促进了幼儿的全面发展。此外，劳动教育实践丰盈了幼儿园的"五育"活动，提升了幼儿园的办园品质，打造了具有鲁园特色的幼儿园劳动教育品牌。

撰稿人：陈彬、张敏、凌芝

劳动教育不仅传授学生劳动的知识与技能，更关涉劳动育人和价值观的培养。幼儿时期是形成观念、态度，养成行为习惯的重要时期，在幼儿阶段开展劳动教育，从小在他们心中种下热爱劳动的种子，帮助他们形成良好的劳动观念、劳动态度，培养他们养成良好劳动习惯和习得初步的劳动技能，对其一生的发展都有重要的意义。近年来，宜宾市鲁家园幼儿园聚焦儿童视角，立足儿童立场，积极开展劳动教育实践，构建劳动教育实施体系，让劳动教育"看得见、摸得着"，让劳动成为幼儿生命成长的底色。

四川省教育融媒体中心　陈敬

中职学生有效参与经济生活的实践探索
——以设置学生服务快递站为例

一、背景

泸州市纳溪区 JN 职业中学（下简称"JN 职中"）以《中等职业学校德育大纲（2014 年修订）》为引领，结合示范校立德树人目标，落实学校德育工作目标，将学生培养成为守纪律、能吃苦、讲礼仪、有梦想的合格中职学生。同时，学校进一步提升学生的自主管理能力，利用学校平台提升学生的社会实践能力，为学生将来走向工作岗位做好准备。

JN 职中师生人数多、专业多，对各种生活用品和学习用品的需求量大，快捷、便宜的网购成为全校师生的首选。在新冠肺炎疫情期间，为了避免因快递消杀不到位而威胁全校师生的生命健康安全，学校在校门一侧设置快递服务站，严格按照快递消杀的程序、时间要求，对全校师生的快递物件进行消杀、收取登记，反馈发货、退货情况，回收快递包装等。

二、实施

学校以分管德育副校长为组长，德育主任及高一、高二、高三年级主任为副组长，各班班主任和班干部为成员组成团队，全面负责快递站的相关工作。团队成员的具体工作职责如表 1 所示。

表 1　学校快递站工作团队各成员工作职责

快递站职务	学校职务	工作职责
组长	分管德育副校长	1. 全面统筹 2. 协调快递站设置的位置 3. 联系本区域的快递驿站，告知学校收、发快递的时间
副组长	德育主任	1. 带领学生会干部调查与分析： （1）周边可再生资源回收站回收可再生资源的价格 （2）快递驿站回收各种快递包装盒的价格 （3）送快递的价格区间、回收价格区间 2. 协同年级主任制订快递站的考核方案
副组长	高一年级主任	1. 进行快递站需求、投递快递价格、回收快递盒价格等的问卷调研与分析 2. 量化考核快递站的工作 3. 培训快递站志愿者
副组长	高二年级主任	1. 进行快递站需求、投递快递价格、回收快递盒价格等的问卷调研与分析 2. 量化考核快递站的工作 3. 培训快递站志愿者
副组长	高三年级主任	1. 进行快递站需求、投递快递价格、回收快递盒价格等的问卷调研与分析 2. 量化考核快递站的工作 3. 培训快递站志愿者
成员	各班班主任	发放并收集问卷，安排快递站值守人员，告知各班学生快递站服务的内容及价格标准
成员	各班班干部	协助年级主任与班主任工作

学校对工作地点、工作时间、工作要求等进行了细化，制订了相关的考核制度，并要求德育处每天公布考核情况。

三、成效

学校通过设置快递站，既落实了《中等职业学校德育大纲（2014 年修订）》中课程的任务和要求，又丰富了学生的课余文化生活。

1. 减轻学校师生的经济负担

以前师生请快递员到附近的快递驿站拿取快递物件，每件包裹需付费 1 元，现在由学生代替，每件只需付 0.5 元，同时师生还可以通过包装盒的再回收利用获得收益。

2. 保障师生的生命安全

学生自己对快递进行严格消杀，避免了快递驿站因消杀时间不够、消杀不全面等原因造成病毒传播，降低了威胁师生身体健康和生命安全的可能性。

3. 落实《中等职业学校德育大纲（2014 年修订）》相关要求

通过对快递驿站和可再生资源回收站进行调研，制订师生调查问卷并对问卷进行分析，联系快递驿站、快递站等的服务体验，学生在教师的带领下理论联系实际、学用结合，将所学知识用于指导自己的生活实践，获得了一定的经济效益，也为将来走上工作岗位奠定了基础。

4. 进一步提升学生的自主管理能力

本次实践探索培养了学生坚守纪律、艰苦奋斗、吃苦耐劳的传统美德，教会了学生懂得尊重和感恩。通过快递站的服务和被服务，学生体验到按时到岗、认真履职的重要性，提升了自主管理能力。

5. 提升学生的社会实践能力

本次实践活动提升了学生的社会实践能力，为学生走上工作岗位做好准备。中职生即将面临的是进入社会参加工作。在毕业之前，学校提供平台，让学生学会相互支持、通力合作、团结协作完成工作任务，是一次扎实有效的岗前培训和体验，提升了学生更好地走上工作岗位的信心。

6. 打造学校德育品牌

学生在快递站认真仔细、一丝不苟、周到严谨的工作态度，让周边居民感受到了学校的育人质量，在一定程度上改变了家长不愿意把孩子送到职高就读的现象，解决了学校生源不足的问题，提升了学校的德育水平和综合办学质量，打造了学校的德育品牌。

撰稿人：王英

编辑手记 ✏️

按照《中等职业学校德育大纲（2014 年修订）》的相关要求，泸州市纳溪区 JN 职业中学在新冠肺炎疫情期间，为保障师生的身体健康，通过对师生拿取快递物件的需求进行调查与分析，设置了快递站。学生在教师的指导与配合下自主设计、实施快递物件拿取方案及相关工作，并提供服务，成功地完成了一次体验式学习，其对于学生自主管理能力、社会实践能力、工作能力的培养，学校德育水平和综合办学质量的提升，都起到了良好促进作用，具有重要的实践意义。

四川省教育融媒体中心　唐虹

以劳树德 铸魂育人

通江县第六小学

劳动教育作为培养学生德智体美劳全面发展的重要途径之一，在贯彻党的教育方针、落实立德树人根本任务、传承社会主义先进文化等方面，有着重要的综合育人功能。当前，部分学生仍表现出不会劳动、不愿意劳动、不珍惜劳动成果等现象。为此，通江县第六小学（以下简称"六小"）把劳动教育纳入课程体系，创新机制，有机整合家校社各方劳动资源，让劳动教育与德育、智育、体育、美育融合，贯穿学生培养全过程，探索具有六小特色的劳动育人新模式。

一、进行体制机制建设，强化顶层设计

（一）成立领导小组，强化组织领导

学校成立了以党支部书记、校长为组长，分管教学副校长为副组长的劳动教育领导小组。劳动教育活动的重要节点由组长亲自部署、把关、督查，在组织领导层面促进劳动教育全面落实。

（二）丰富制度体系，落实制度保障

学校以文化为引领，以劳动课程建设为基础、实践活动为载体，科学设计、规划，系统制订了劳动教育实施方案、"劳动实践＋研学旅行"实施方案、劳动教育任务清单、劳动教育评价细则等，确保劳动教育有方向、学生成长有评价、活动开展有保障，最大限度发挥劳动教育功能。

（三）建设实践基地，拓宽育人渠道

学校充分挖掘校内资源，利用学校的空闲边角地、绿化地、楼顶、走廊等空间，开辟了银耳、蔬果、粮食、花木种植四个园区。此外，学校还在民胜镇鹰歌葡萄庄园

设立了校外劳动实践基地，拓宽了劳动教育渠道，扩大了学生的参与面。

二、构建劳动教育课程体系，落实课程育人

（一）设置劳动教育育人目标

结合学生的年龄特征，学校分设了各学段的育人目标。

1. 第一学段（1～2 年级）

初步感知劳动的艰辛与乐趣，学会尊重他人的劳动付出；体验劳动，具有主动劳动、积极参加劳动的愿望；形成"自己的事情自己做"的意识，具有初步的个人生活自理能力；学会规范使用一些简单的工具，初步养成有始有终、认真劳动的习惯。

2. 第二学段（3～4 年级）

尊重劳动，尊重普通劳动者，初步形成热爱劳动的态度；培养简单的家务劳动能力，生活能够自理；参加校园劳动，初步形成公共服务意识；初步养成有始有终、专心致志的劳动习惯，在劳动过程和日常生活中培养艰苦朴素、勤俭节约、自力更生的良好品质。

3. 第三学段（5～6 年级）

初步树立劳动最光荣、劳动最崇高、劳动最伟大的观念；掌握整理与收纳基本技能；初步形成持之以恒的劳动品质；初步形成劳动效率意识和劳动质量意识；初步形成爱岗敬业、乐于奉献的精神；能在劳动中主动克服困难，初步形成不怕吃苦、积极探索、追求创新的精神。

（二）建构劳动教育课程体系

1. 常态课程

结合实际情况，学校德育处分学段设计出学生的常态课程。

第一学段，开设"我想做"课程。学会自己穿脱衣服、起床后叠好自己的棉被；学会扫地，会用抹布擦桌子；学会整理自己的书桌、书包；学会将教室内的足球、绿植规范摆放；学会洗红领巾、袜子等小衣物；学会自己系鞋带等。

第二学段，开设"我能做"课程。学会为班级的绿植浇水、洗净污垢、去掉黄叶；学会维护班级公共区域的环境卫生；学会合理除尘、浇灌；学会做一道简单的家常菜（拍成照片或者视频上传至班级群，或将照片张贴在教室）；学会适量参加社会公益劳动。

第三学段，开设"我会做"课程。学生通过前期第一、第二学段的努力，能学会利用家里的食材制作几道简单的家常菜；掌握常用的清洁、整理、收纳基本技能；掌

握一些种植技能；学会参加一些社会公益劳动。

2. 特色课程

劳动教育离不开劳动，学生只有在真实的劳动体验中才能全面树立劳动观念、提升劳动能力、培养劳动习惯和品质、锤炼劳动精神。为此，学校开发了以下特色课程：

一是"爱家乡"银耳种植课程。通江是"中国银耳之乡"，学校深入挖掘通江银耳种植的育人功能，与县银耳科研所、县银耳博物馆合作，建立了银耳种植实践园地（耳房），成立了银耳种植社团，让学生既体会到了收获的喜悦，又受到了热爱家乡的教育。

二是"品诗文"樱桃诗会活动课程。学校为大力传承弘扬中华优秀传统文化，在运动场四周种植了30余株樱桃树，每株樱桃树都有班级认领，认领的班级负责养护和管理。每年樱桃成熟时，学校都会举办樱桃诗会。这样的劳动实践，让全校师生在樱桃成熟时感受到了丰收的喜悦，体会了古诗词的文化内涵，传承弘扬了中华优秀传统文化。

三是"惜粮食"粮食种植课程。学校不仅充分利用楼顶、校内空地开辟种植园和种植区，还利用校外实践基地种植粮食作物。

四是"美环境"班级植物养护课程。学校利用教室内的环境布置，在学生书包柜上面留出位置放置绿色植物，让学生在浇水、打理的过程中认识植物，了解植物的属性、掌握养护的知识等，使学生形成热爱自然的品质。

在课程建设的基础上，学校通过"课程＋劳动实践"活动、"生活＋劳动实践"活动、"研学＋劳动实践"活动、"公益＋劳动实践"活动等多种形式，进一步增强学生对劳动的体验和感受，让学生树立劳动精神。

通过系列劳动课程的实施和活动的开展，学生了解了农业耕作的发展史，丰富了对农作物的认知，提升了社会实践能力，树立了正确的劳动观念，培育了热爱劳动者的情感，收获了满满的劳动幸福感。

劳动教育是一门熟悉而又陌生的学科，劳动教育不等于简单的劳动课程，更不等于普通的劳动活动。学校要系统思考、长期实施、层层递进，培养学生的劳动观念、劳动习惯、劳动能力和劳动品质。

撰稿人：王欢、冉倩华

编辑手记 🖊

    劳动教育作为培养学生德智体美劳全面发展的重要途径之一，在贯彻党的教育方针、落实立德树人根本任务、传承社会主义先进文化方面，有着非常重要的作用。针对目前劳动教育中存在的问题，通江县第六小学旨在以劳树德，铸魂育人，从顶层设计着手，系统思考、层层递进，进行体制机制建设，分学段构建劳动教育课程体系，并基于学校实际构建了银耳种植课程、樱桃诗会活动课程、班级植物养护课程等特色课程，让学生收获了满满的劳动幸福感，培养了学生的劳动观念、劳动能力、劳动习惯和劳动品质，是学生学习生涯中的重要一课。

四川省教育融媒体中心   唐虹

人人学急救 急救为人人

内江市第十小学校

一、应急救护教育重要性分析

1. 维护社会和谐的需要

近年来，中国红十字总会积极推广急救知识普及工作。随着《健康中国行动（2019—2030 年)》的颁布，提升国民急救素质受到大力提倡和呼吁。普及急救知识、提升急救技能作为一项系统性工程需要全社会共同参与，从而实现"共建共享、全民健康"。

2. 学校安全工作的需要

内江市第十小学校（以下简称"内江十小"）规模大、师生多，但场地小，个别学生的不规范行为难免会造成一些突发意外伤害事故。在意外伤害后的 5～10 分钟黄金时间内，如果伤者能够得到正确、及时的现场救护，可将伤害降到最低程度。这就需要教师和学生都掌握一些急救知识和技能。

3. 学校体育与健康教学工作的需要

体育与健康课程具有基础性、实践性、健身性、综合性四个特征。综合性课程强调以体育与健康知识学习为主，同时融合心理健康与社会适应、疾病预防、安全应急与避险等方面的知识，整合并体现课程目标、课程内容、过程与方法等多种价值。在新课标倡导的"以生为本"理念的指导下，学校应该教会学生基本的应急救护知识和技能，培养学生的应急心态。

二、内江十小应急救护教育实践特色育人举措

1. 构建应急救护教育支持系统

（1）加强领导，完善制度，提供保障。学校结合实际情况，制定了一系列规章制度，如《内江十小应急救护教育考核办法》《内江十小应急救护教育培训方案》等。借助"红十字生命健康安全教育项目"的开展，学校请市区红十字会为校园应急救护知识传播工作提供帮助，给予资金支持，修建了生命健康安全体验专用教室，内设"意外伤害体验区""交通标志区""救援器材展示区""逃生绳展示区""应急救护展示区""地震安全体验区""消防安全体验区""TELEPHONE体验区"，为进行应急救护教育创造了条件。同时，学校也配置了安全急救包，添置了相应的急救设备，并与消防大队、区安全教育体验中心、区红十字会合作建立了应急救护社会实践基地。

（2）营造相关校园文化。学校制作宣传资料并分发到2~6年级学生手中，召开家长培训会，广泛宣传应急救护教育的目的和意义，提高师生认识，增强对学校开展应急救护教育的认同感。结合"5·8国际红十字日""5·12防灾减灾日"及安全月工作要求，利用宣传栏、专题讲座、主题班会、班级板报、涂鸦墙、小喇叭广播、校园电视台、社区活动、微信公众号等形式，开展应急救护宣传活动。

2. 构建应急救护教育师资队伍

学校通过开展全员培训、骨干培训、教研活动、备课组活动、课题组活动、自主学习等形式，丰富教师的应急救护教育知识，提升应急救护教育能力，培养了一支合格的应急救护教育师资队伍。

3. 构建应急救护教育校本课程

学校对教师、学生、家长进行了应急救护知识问卷调查，根据调查结果，制订了"应知小学应急救护教育的基本知识；应会小学应急救护教育的基本技能；应用所学知识、技能沉着冷静地面对各种突发事件，进行自救、互救，并辐射到家庭、社区"的策略，根据学生年龄特征、心理特点、兴趣爱好和认知水平，确立了小学应急救护教育的内容。学校根据应急救护教育目标选定教学内容，根据教学内容设计相关案例，进而实施教学。在前期案例实施的过程中，学校会进行及时测评，确定测评合格的内容为校本教材内容，对测评不合格的内容进行修改。

4. 形成学校、家庭、社区结合的教育联动

知识是力量，传播知识更是力量。学校以红十字会、应急消防、市中区安全体验中心、医院为支持点，构建学生向家庭辐射、家庭向社区辐射、学校向学校辐射的传播网络，以达到传播全民健康、尊重生命、敬畏生命理念的目的。

5. 构建应急救护教育评价体系

根据前期的相关实践，学校形成了应急救护教育评价体系。

6. 落实相关教育实践活动

（1）生命安全教育活动。利用"生命、生态与安全""体育与健康""道德与法治"课程，融合校本课程《小学应急救护教育读本》和红十字会宣传视频，教师指导学生学习意外伤害救护知识。

（2）生命安全体验活动。组织学生开展以"自救互救演练"为主题的社会实践活动，要求每一位学生在家与家人一起学习、演练对鼻出血、烫伤等意外伤害的处理，手、脚、头部受伤出血的简单包扎，进行正确拨打急救电话等生命健康安全实践体验。

（3）亲子讲座活动，辐射教育联动。学校联合红十字会、社区医疗服务中心，在学校为家长和学生举办应急救护安全知识专题讲座，通过专题讲座、观看视频、讲师演示、亲子互动，寓教于乐，充分开展应急救护教育、生命健康教育、亲子活动教育、全面育人教育，体现了以人为本的教育理念。

撰稿人：罗桃、陈光元

编辑手记

中小学校要让学生树立一种意识：珍爱生命，安全第一；要让学生具备一种能力：能自救和互救；要让学生逐渐形成一种安全习惯，在生活和学习中主动关注自身和公共的安全，突遇意外时可以自我保护。小学生活泼好动，难免会因为行为不规范造成一些突发的意外伤害，这就需要学校师生掌握一些急救知识和急救技能，把伤害降到最低程度。内江市第十小学校依托当地红十字会，修建了生命健康安全体验专用教室，营造相关校园文化环境，构建应急救护师资队伍和校本课程，达到了人人学急救、急救为人人的育人目的，具有借鉴意义。

四川省教育融媒体中心　唐虹

与你相"玉"

——以"玉米主题游戏"为契机培养幼儿的探索精神

乐至县幼儿园

《3-6 岁儿童学习与发展指南》明确指出，要善于发现和保护幼儿的好奇心，充分利用自然和实际生活机会，引导幼儿发现问题、分析问题和解决问题；帮助幼儿不断积累经验，并将经验运用于新的学习活动，形成受益终身的学习态度和能力。我园地处农村，玉米资源较丰富。为了帮助幼儿真正全面认识玉米，我和幼儿一起讨论后决定开展"与你相'玉'"主题活动，让幼儿参与活动的创设，充分利用好身边的自然资源、家长资源等，拓展幼儿的知识面，发展幼儿的审美意识，重视其劳动习惯养成，科学地促进幼儿全面发展，让幼儿成为"玉米主题游戏"的发现者、学习者、思考者和设计者。

一、聊聊玉米，交流关于玉米的经验

为了解幼儿到底掌握了多少关于玉米的知识，也为了后续主题游戏的创设，我决定与幼儿一起聊一聊玉米。

师：大家那么喜欢玉米，那你们对玉米有多少了解呢？有谁愿意来分享一下？

幼：玉米粒是黄色的，吃起来糯糯的。

幼：玉米的形状是这样的。（双手从上往下比画玉米形状）

幼：玉米的外面有绿色的叶子，就像穿着绿色衣服一样。

幼：玉米的头上有一根一根的须。

幼：玉米的屁股上还有个短短的小尾巴……

在汇总了幼儿关于玉米的基本经验后，我发现他们已经具备了基础认知，比如玉米的外形特点、构成情况、口感等。为了帮助幼儿进一步认识玉米，我决定在此基础上继续探索。

二、说说关于玉米的疑问，形成问题清单

在掌握了幼儿关于玉米的基本知识储备后，我也发现幼儿对于玉米还有很多疑问和兴趣。因此，我顺应幼儿的疑问，以玉米为教育契机，带领幼儿一起开启探索之旅。

师：小朋友们上次说了很多关于玉米的知识，看得出来你们在生活中很细心。关于玉米，你们还有哪些想知道的知识呢？

幼：玉米是长在哪里的呢？

幼：是不是长在树上呀？

幼：不对，不对，我见过玉米是从土里长出来的。

幼：把玉米粒丢到泥土里就会发芽吗？

幼：玉米小时候长什么样呢？

幼：我们吃的玉米是黄色的，可是上次我看到了紫色的玉米。玉米颜色会变吗？

师：看来大家对于玉米还有很多疑问，那我们可以去看一看、摸一摸，自己实际探索一下。接下来就让我们带着这些问题，亲自找找答案吧。

三、自主探索，寻找答案

（一）家园共育，共促成长

为了解答幼儿提出的疑问，我制作了"玉米知多少"调查表，请幼儿将问题带回家与爸爸妈妈共同寻找答案，实现家园共育。这不仅让幼儿在家长的引导下了解了更多关于玉米的常识，还让家长知道了幼儿园的学习内容与进度，拉近了家园距离。

（二）劳力劳心，亦知亦行

为了解答幼儿的问题，我购买了 5 种玉米种子进行种植，同时完成了"玉米的种类"主题墙创设，帮助幼儿了解不同品种和不同颜色的玉米。

此外，我还让幼儿亲身实践从翻土到覆膜的整个播种过程，让他们身体力行，不但有效锻炼了幼儿的动手能力，还增强了他们的劳动意识，培养了他们热爱劳动的习

惯，也让幼儿知道了"纸上得来终觉浅，绝知此事要躬行"的道理。

四、经验提升，探索玉米的秘密

（一）进一步对玉米进行探索

经过一轮的探索，幼儿对玉米的兴趣不减反增，而且随着探索的深入，他们的问题也越来越多。为了解答问题，我决定让幼儿自己动手操作，在观察和记录中寻找答案。

（二）边剥玉米边进一步交流关于玉米的知识

1. 认识玉米叶

幼儿在剥玉米叶时发现了玉米叶的颜色外深内浅，外面为深绿色，里面为浅绿色，一个玉米的叶有 14～20 片。此外，玉米叶上还有一条一条的竖线。

2. 认识玉米须

在剥开玉米叶后，幼儿第一时间注意到了玉米须。他们观察了它的特征，用手感受了它的质感，知道了玉米须对于玉米的重要性，并通过对干湿玉米进行对比，知道了水分的流失对玉米须的影响。

3. 认识玉米粒

幼儿在亲身实践中发现了更多关于玉米粒的秘密，如玉米粒是整齐排列的，要数清一圈的玉米粒，需要在出发点做一个标记；而要得出一个玉米的玉米粒总数只需要把每圈的玉米粒数加起来。

4. 认识玉米芯

浓厚兴趣支撑着幼儿的探索欲望，细致的观察使他们收获了越来越多的关于玉米的知识。他们知道了玉米芯上尖下粗，剥下玉米粒后玉米芯身上全是一个一个的小坑，还通过搜索知道了玉米芯的广泛用途。

在对玉米的观察和探索中，我紧密结合幼儿的兴趣爱好与生活实际，把学习活动与德育、智育、劳育、美育等相融合，注重幼儿的亲身实践，引导幼儿多提问、善思考、用行动去得出答案。幼儿在愉快的探索中发现了很多关于玉米的知识，还收获了一些玉米的小秘密，实现了知行合一。

五、创设关于玉米的区角游戏

整合了幼儿的奇思妙想后，我最终决定和幼儿一起围绕玉米创设一处主题活动区角，分别是"剥一剥"——剥玉米粒，"磨一磨"——用石磨把玉米粒磨成糊，"做一做"——把玉米糊做成玉米饼,"包一包"——把做好的玉米饼打包,"尝一尝"——品尝做好的玉米饼、玉米须茶,"动一动"——利用玉米叶、玉米芯进行印染等手工制作。

通过此次玉米主题游戏活动,幼儿的学习能力和生活能力都有了很大提升。在这样的家园合作下,幼儿在活动中学到了知识,在实践中收获了经验,潜移默化地培养了幼儿良好的学习习惯和劳动习惯,有效将立德树人理念与幼儿园教学活动相融合,为幼儿的终身发展奠定了基础。

撰稿人:肖笛

编辑手记 ✏

"利用自然和实际生活机会,引导幼儿发现问题、分析问题和解决问题"是《3-6岁儿童学习与发展指南》的明确要求。如何让幼儿利用身边的资源,自己发现问题、探索解决问题?乐至县幼儿园肖笛老师设置的"玉米主题游戏"提供了很好的思路。教师通过创设问题情境,和幼儿一起就玉米的部位、颜色、生长条件等问题进行对话,激发幼儿探索玉米的兴趣,并让幼儿通过观察自主探索、寻找答案。在这一过程中,幼儿园和家庭紧密配合,形成了家园共育,让幼儿在活动中学到了知识,在实践中收获了经验。

四川省教育融媒体中心 唐虹

在孵化活动中养成幼儿良好品格

宜宾市叙州区第一幼儿园

一、案例背景

　　人生百年，立于幼学。三至六岁是幼儿良好品格养成的关键时期，面对初入园的孩子，作为教师的我们应该善于发现和保护幼儿的好奇心，充分利用自然和实际生活中的机会，引导幼儿通过观察、比较、操作、实验等方法，学会在生活中发现问题、分析问题和解决问题。《幼儿园工作规程》明确提出"幼儿园的品德教育应该以情感教育和培养良好的行为习惯为主，注重潜移默化的影响，并贯穿于幼儿生活及各项活动中"。我们期待幼儿通过亲身体验，感知鸡蛋的用途，以及在孵化小鸡的过程中，学会坚持、等待，学会用爱心对待生命，学会给予他人力所能及的帮助。

　　幼儿的学习是以直接经验为基础，在游戏和日常活动中进行的。所以，我们通过"食育课程、美育课程、生命课程"等教学活动，开启了孩子们的"探秘小鸡宝宝"之旅，让他们在实践中去感受、体验、操作、探究。

　　某日吃早餐时，幼儿米米发问："老师，鸡蛋是从哪里来的呀？"于是，我们针对这个话题进行了一次谈话活动。从对话中可以看出，孩子们对鸡蛋非常感兴趣。我们还观察到有的小朋友在吃鸡蛋时只吃蛋白，不吃蛋黄。所以我们在"4 爱＋6 乐"的课程理念下，由基础课程"可爱的动物"延伸出我们的班本课程"小鸡宝宝的那些事"。

二、案例实践

（一）鸡蛋的秘密

　　我们带领幼儿一起认识鸡蛋，知道了鸡蛋是由蛋壳、蛋膜、蛋清、蛋黄组成的，用摇一摇、闻一闻、摸一摸、看一看、尝一尝等方式了解鸡蛋，区分生、熟鸡蛋。在这个过程中，孩子们知道了生鸡蛋与熟鸡蛋的气味、透光度是不一样的。

认识生鸡蛋时，剩下的鸡蛋液可以用来做什么？我们和幼儿进行了一次讨论。大家畅所欲言，回忆吃过的用鸡蛋制作的美食，用语言描述着味道。

活动中大家把鸡蛋吃得干干净净。针对很多小朋友不吃蛋黄的现象，我们抓住本次教育契机，向孩子们讲述了鸡蛋的营养。我们还将近期孩子们的活动以及变化及时反馈给家长，请家长在家带着孩子烹制鸡蛋。这次活动后，孩子们都会把蛋黄吃干净。

制作并品尝了香喷喷的鸡蛋，剩下的鸡蛋壳可以用来干什么？我们引导孩子们展开想象，自己动手，去构思、创造，通过手工粘贴、绘画等形式来展示不一样的鸡蛋。

（二）鸡蛋变成小鸡

幼儿通过调查表和绘本的使用学习，知道了鸡蛋可以孵化小鸡，也知道了孵蛋的必备条件。于是，我们带领幼儿一起讨论该如何解决"没有鸡窝、没有鸡妈妈"等问题，并与幼儿一起找到了合适的地方准备孵化小鸡。我们在孵化区投放了母鸡头饰当作孵化的"鸡妈妈"。在这个过程中，孩子们建立了良好的规则意识，学会了仔细观察、耐心等待。

孵化了十多天后，孩子们发现鸡蛋没有一点变化。于是，我们引导幼儿在绘本里、在家长或教师的帮助下上网寻找答案。

幼儿利用区角里面的玩具铺设鸡窝，并用轻黏土制作鸡蛋和小鸡的玩具，他们一边观察发现，一边扮演着鸡妈妈的角色。

在这期间，孩子们能一直坚持照蛋、加水等，观察鸡蛋的细微变化。随着时间的推移，大家发现鸡蛋的内部结构慢慢发生了变化，出现了"红血丝"，到最后听见小鸡在蛋壳里的叫声，期间大家兴奋地期待着与小鸡的见面。可见，真正的实践探究应该基于孩子的兴趣，从而激发他们主动探究的热情。

幼儿园教学要尊重幼儿的学习特点和方式，为幼儿提供亲身体验、操作、探索的环境，让幼儿在快乐的童年获得有益于身心健康的经验。兴趣是孩子最好的老师，孩子的好奇心强，许多在成人眼里微不足道的事物，常常令他们惊喜万分。作为教师的我们应该有一双善于发现的眼睛，及时捕捉让他们感到惊喜的事物。在整个活动中，孩子们围绕孵蛋开展了一系列的探索活动，经过一次又一次发现问题和解决问题的过程，实现自我成长。

（三）照顾鸡宝宝

鸡蛋慢慢从透光变成黑压压的一片，幼儿开始晾蛋和换网。终于，小鸡开始出壳了。孩子们通过视频和孵化箱，见证了小鸡出壳的整个过程，兴奋地为小鸡加油打气。

小鸡生活需要"家"，幼儿开始寻找材料搭建鸡窝，研究小鸡到底吃什么、每次要喂多少，并学着用爱心和耐心去照顾小鸡。家长也带着宝贝为可爱的小鸡寻找食物，还制作了爱心鸡窝带来幼儿园。

孩子们每天最关心的就是小鸡的动态，他们给小鸡喂食，带小鸡散步，当然他们也想带小鸡回家。于是我们进行了一次讨论：你想在哪里养小鸡？我们通过投票了解孩子们的饲养意愿，结合班级群了解家长的饲养意愿，从而对小鸡进行了分配。

孩子给带回家的小鸡起了名字，买了饲料，因担心小鸡是群居动物，不习惯独居，还专门买了更多的小鸡来一起饲养。家长们在班级群分享孩子们照顾小鸡的动态，还一起约定时间遛鸡。

三、案例反思

生命简单而又奇妙，孩子们从认识鸡蛋、分辨生熟鸡蛋，到自己搭建鸡窝、寻找场地，再到通过孵化箱孵化小鸡，期间的观察与问题的发现和解决、等待与期盼，都是一个探讨和习得相关经验的过程。

课程的开展也让幼儿学会了热爱、尊重，学会了怎样保护好每一个生命，知道了生命来之不易，懂得了共情和移情。孵化课程虽然切入点小，但却是孩子们探索生命成长的重要道路。我们从孩子们身上看到了坚持探索、积极思考、互相帮助的良好品质。

这不仅是一份成长的收获，更是一份爱的传递。相信每一个孩子都会用自己的方式记住生命篇章的开始，并在以后的成长过程中，对生命怀有温柔之心、敬畏之情。

撰稿人：黄娅娜、陈俊宏、李雯嘉

(编)(辑)(手)(记) ✎

学前教育阶段是幼儿发展的关键时期。此时，幼儿园要通过丰富多彩的实践活动为幼儿树立正确导向，开展真善美的教育，帮助幼儿养成良好品格。宜宾市叙州区第一幼儿园抓住一次偶然的幼儿提问，围绕小小的鸡蛋展开了一场持久又内容丰富的实践育人活动。从认识鸡蛋，到孵化鸡蛋、照顾小鸡，师生一起经历了一次重要的生命体验，不仅将真实生动的素材带入教室，更将对生命的敬畏和珍视融入生命。幼儿的"五育"融合不是德智体美劳的拼凑，而是像这次实践活动所表现出来的多种教育的相互渗透，也只有在这样的场域中，才能实现儿童素养的提升，才能将育人目标落到实处。

四川省教育融媒体中心　陈敬

探索 21 天"小鸡孵化"的生命教育旅程

岳池县第二幼儿园

立德树人是我国教育方针的重要内容,"五育"融合是新时代教育发展的必然趋势。幼儿教育阶段是幼儿接受学校教育的第一步,也是培养幼儿形成正确"三观"的重要时期。如今,大多数孩子都在父母百般呵护、悉心照料下,无忧无虑地成长,缺乏对生命的直观体验。如何让幼儿更好地体会生命的意义,一直是我们思考的问题。在当前教育改革与发展的时代背景下,幼儿教育也要紧跟时代步伐,顺应社会发展趋势,注重幼儿的生命教育,帮助幼儿快乐学习、健康成长。

一、案例描述

上学期,在一次吃早餐的过程中,孩子们发现早餐有鸡蛋,于是大家你一言我一语地说起来,饭桌上一场热闹的讨论开始了——

旭旭:老师老师,今天的早餐里有鸡蛋。老师你快过来,我看见了蛋黄和蛋白。

瑞瑞:老师,鸡蛋是鸡妈妈生的,那鸡是谁生的呢?

欣欣:当然是鸡蛋生的。

……

"小鸡是从哪里来的?"我和孩子们一起探索了这个问题。

锐锐:小鸡当然是鸡妈妈生出来的了。

欣欣:不对不对,小鸡是从鸡蛋里孵出来的。

锐锐：才不是呢！我觉得小鸡就是它的妈妈生出来的！

……

针对本次讨论，我为孩子们讲解了小鸡的由来，带他们了解把鸡蛋变成小鸡需要哪些条件。然后，我引导大家想一想孵蛋需要做好哪些准备，并与孩子们进行了一系列讨论，共同制订了一份"小鸡破壳计划"。

二、案例分析

（一）孵蛋计划

1. 选购孵蛋器

由于是在班级进行孵蛋，最重要的目的是让孩子们观察孵蛋的过程，所以我选择了飞碟式自动孵蛋器。

2. 挑选种蛋

家里吃的普通鸡蛋是孵不了小鸡的，我们寻求家长帮助，让家长在农村找到了"受精蛋"并带到幼儿园。

3. 孵蛋前的准备

（1）让鸡蛋大头向上静置到第二天，让气室归位，提高孵蛋成功率。气室可以提供氧气给发育中的胚胎和未出壳的小鸡。

（2）让孩子们认领鸡蛋和给未出世的小鸡起名。这是很有意思的一个环节。我同时把这个消息告知了孩子和家长，鼓励孩子在征得家长同意后自己决定是否需要认养小鸡，最后孩子们通过口头或使用家长微信的方式告诉我可以认养小鸡。孩子们每人挑选一颗鸡蛋，并且给它画上属于自己的符号，这让孩子们和蛋宝宝之间建立起情感连接，不仅能激发他们的能动性，还能让他们产生一定的责任感。

（3）我给孩子们设计了一张记录表，让孩子们通过绘画的方式记录鸡蛋孵化过程中的变化。

（二）孵蛋日记

第一天：这天，孩子们跟自己的蛋说再见（鸡蛋入仓）。毕竟是自己找的鸡蛋，孵化成功的概率为 $80\%\sim90\%$。我提前给孩子们"打预防针"，问："如果你的蛋孵不出小鸡怎么办？"孩子们暂时想不出好的办法，我就建议他们可以选择举行葬礼埋掉，或者吃掉。有的孩子表示想埋，有的孩子表示想尝一尝，因为他们前段时间才刚刚亲自做过煎鸡蛋。我用比较轻松的语气跟他们聊这件事，目前孩子们可能不太理解孵不出来意味着什么，不过这个铺垫要先做好，后面才能做好心理安抚工作。前两天，孩子们基本上看不出鸡蛋有太大变化。

第三天：从第三天起能看到很多蛋有蛋黄阴影在漂浮游离，鸡蛋卖家说这是正常现象。

第八天：今天我把 15 颗蛋全部给孩子们照了一遍，蛋里面的血丝比较明显了，并且有了比较明显的阴影分隔。唯独那颗画有太阳花的蛋还停留在上周的状态，并没有继续发育，可能会孵化失败。另外一个小惊喜是孩子们自发去寻找材料给小鸡们制作了一个鸡窝。

第九天：弱光照蛋观测遇到了瓶颈期，目前只能隐隐约约看到血丝，好像比昨天又粗了一些，里面有貌似小鸡胚胎的物体在游动。

为了更好地进行观察，我们把孵化器搬到了一个小办公室里面。

第十天：我们借用学校门卫室的强光灯进行观察，不过受白天光线的影响，我只能等到天黑以后再观察。这回我第一次看到了小鸡胚胎在游动，于是我拍下来发到班级微信群跟孩子们和他们的家长进行了分享。

第十三天：今天是一个略微让人伤感的日子，我们在第八天就发现可能停止发育的"小鸡"确定无法孵化了，我和孩子们一起给它举行了一个小小的告别仪式。

第十四天：即使有了强光灯，最近的"产检照"也越来越难拍，白天我跟孩子们拉起窗帘关了灯，只能模糊地看到一点血管，晚上照蛋会看得清楚一些。小鸡开始有雏形了，并且很多都还有"胎动"。

第十七天：还有不到一周就是"预产期"了，很多蛋的"胎动"也越来越明显。

第二十一天：这天有一些蛋已经"蠢蠢欲动"了，上午，在孩子们跳舞的时候，可乐最先发现一个鸡蛋的壳被啄破了一点点，他迫不及待地跟我们分享。孩子们都沸腾了，纷纷涌过来看。然而小鸡们破壳而出的过程远没有我们想象的那么顺利和迅速。或许跟人一样，所有生命来到这个世上总要先经历一番努力，这也许是上天送给每个生命的第一份宝贵礼物吧。

三、案例反思

在整个孵蛋过程以及事后的回顾中，我发现了一些可以改进的地方，如最初在选择孵蛋器上就可以让孩子们参与进来，比较不同孵蛋器的优缺点，了解孵蛋器的工作原理；在孵蛋的整个过程中，我们没有关注蛋的质量变化；没有孵化成功的蛋最好不要吃，以免出现安全问题；等等。这些需要我们在今后的实践中多加注意。

生命教育在幼儿德育中起着至关重要的作用，可以让幼儿在接触大自然的过程中学到更多的知识和技能，同时也可以培养幼儿的责任心、爱心、同情心以及自我约束能力等。通过本次"小鸡孵化"活动，孩子们不仅知道了小鸡的孵化是从蛋到鸡的转变，了解了鸡生蛋、蛋变鸡的过程、周期以及孵化条件，还学会了要耐心等待和细心观察，感受到了新生命的可贵。

撰稿人：李小藩、林杨、王欢

编辑手记 🖊

德育的目的是实现生命的和谐健康发展。生命教育能够培养学生正确的生命意识与生命观念，在德育课堂中渗透生命教育，能让学生认识生命的真谛，尊重生命、敬畏生命。为了培养学生的生命意识，让学生感悟生命的意义，岳池县第二幼儿园的老师带领孩子们亲身体验"小鸡孵化"的过程。通过这次难忘的活动，孩子们能真切感受到生命的奇妙，感悟生命的珍贵，唤醒生命意识和生命自觉，同时也培养了良好习惯和责任心，是一段十分有意义的生命教育旅程。

四川省教育融媒体中心　唐虹

以"今天换我当妈妈"实践体验
唤起学生的感恩之情

"慈母手中线，游子身上衣。临行密密缝，意恐迟迟归。谁言寸草心，报得三春晖。"这首诗对于很多小学一年级的学生而言，早已不再陌生，甚至有不少学生将这首诗中的每个字、每组词的含义都能说得一清二楚。这不免让人觉得，母爱的无微不至和无以为报早已镌刻在每个孩子心中。每个孩子很小就已经懂得要感恩父母的付出，理解父母、长辈的不易。但在学校开展的一次活动中，学生的表现却不尽如人意。

一、起因

为庆祝学校自己种植的青笋收获，教师向学校申请，在学校劳动体验教室里用青笋煮一次面条，让学生品尝劳动成果，感受丰收喜悦。考虑到学生年纪小、人数多，在水开后下面条的环节中存在安全隐患，教师邀请了 10 位家长来到学校和学生一起参加这次活动。而当面条煮好、挑到学生的碗里后，很多学生一手捧着碗、一手捏着筷子，找了空位便自顾自地吃了起来，完全没有顾及身边家长的感受。于是，我提议让学生们邀请自己的爸爸妈妈品尝面条。当我刚把话说完，有的学生满脸疑惑，似乎认为没有必要和父母分享。

这件事让我有了新的思考：如何让学生从理所当然地享受父母给予的观念中觉醒，真正体会父母在其成长过程中所付出的辛劳，能够用自己的实际行动做一些力所能及的事情，既回报父母的爱，同时又锻炼自理能力？于是，我和搭班老师一起合作进行了调查，发现班级中的绝大多数学生在家经常"使唤"长辈，有些力所能及的事情即使自己可以完成，也不积极行动。

二、经过

针对这一情况，在母亲节前夕，我组织班级家长召开了一次家长会，针对上次活动中发现的问题和后来在走访中了解到的情况，和家长们进行了深入交流，并且统一思想认识：不能让学生理所当然地享受父母和祖辈的关爱，要让他们体验到家长的辛劳，认识到父母为家庭和他们的成长所付出的劳动，并由此触及学生的内心，让他们懂得在日常生活中用自己的实际行动回报父母，做一些力所能及的事。与家长达成了共识，我开始详细讲解针对即将到来的母亲节，班级要举办的家庭教育实践活动"今天换我当妈妈"的实施步骤。

（一）建立学生的知识认知和情感认知

为了此次实践活动能顺利开展，母亲节当周，我通过主题班会的形式，告诉学生母亲节的来历与含义，通过对比父母为孩子做的事以及孩子为父母做的事，引导其感受父母在自己成长过程中所付出的辛劳和关爱，同时让学生聆听和孝亲敬老相关的传统故事、伟人事迹等，明白孝亲敬老是中华民族的光荣传统。这些前期的环节加深了学生对母亲节的理解，同时我发出倡议，号召所有学生在母亲节这一天，在家里和妈妈互换角色，承担妈妈要完成的家务事，学着妈妈的样子照顾家里人，让学生产生以实际行动回报父母的想法。

（二）指导活动的开展，让学生将认知转化为行动

我和家长们商议，在母亲节当天，家长们尤其是妈妈，按照活动安排列出自己一天当中需要完成的事务，让孩子尝试着完成并记录孩子在此过程中的表现，同时要求妈妈在孩子完成"小妈妈"当天的所有任务之后，对孩子的表现进行点评，或发现有进步进行鼓励表扬，或找到不足进行指点引导，并将自己的感受和想法说给孩子听，让孩子从认知到行动都能有所改变。

（三）让学生大胆表达，让亲情纽带更坚固

有了前面的观察、记录，家长们自然有很多话想对孩子说。为了达到更好的教育效果，激荡起孩子内心更大的波澜，我提议家长将自己想说的话编辑成信息，统一发给我，再由我在班级中进行朗读。这样既起到了对个体的激励作用，又起到了对群体的带动作用。

三、结果

母亲节当天，基于前期的铺垫，学生对参与"今天换我当妈妈"这一活动的热情

很高，一大早便迫不及待地向妈妈索要当天需要完成的家庭事务清单。而妈妈们也按照之前和我的约定，将清单交给"小妈妈"们，在简单讲解一些注意事项之后，便"甩手"当起了一天的观察员和记录员。这一天，孩子们忙碌的身影随处可见。他们有的在厨房里张罗一家人的饭菜，有的提着菜篮在市场摊点进行采购，有的轮番拿着扫把、拖布打扫卫生，有的穿梭在自家田地里给菜苗搭架浇水，更有的承担起了照顾年幼弟妹的任务……

经过一天"当妈妈"的体验，孩子们在临睡前开始完成倡议里的最后一项内容：对妈妈说说自己当一天"小妈妈"的感受，同时把自己心里想说的话说给爸爸妈妈听。而当孩子们吐露心声之后，家长们便悄悄将自己的心里话说给了我听。

作为教育者的我深深懂得对学生的引导和培养不是通过一次活动、利用一天时间就能达成的，但这样的一天，让学生从实践中获得了体验，从体验中得到了成长，是让我十分欣喜的。随着"双减"政策的落地，学生的课内作业负担和校外培训辅导负担都得到减轻，教育真正回归学校、回归育人。教师要立足全新的角度去培养人才，既要传播知识文化，也要训练技术能力，更要培养道德品质，让学生得到全面可持续的发展。

撰稿人：李颖

编辑手记

如何让孩子真正理解父母的难处，感恩父母的付出，是学校德育的一大难题，也是家校共育需要思考的问题。实践活动能够让孩子们与父母互换角色，真切体验到父母的辛苦与付出，唤起他们的切身感受，让感恩不浮于表面。成师附小金堂分校"今天换我当妈妈"实践案例就是这样一个过程。教师基于无意中发现的问题，通过实践活动建立学生的知识认知和情感认知，并指导他们将认知转化为行动，以实践真正唤起了学生对父母长辈的感恩心理，是一次十分有意义的实践活动。

四川省教育融媒体中心　唐虹

让劳动之花竞相绽放

广元市朝天区羊木镇小学

一、扎根乡土劳动教育的背景

广元市朝天区羊木镇小学（以下简称"羊木镇小学"）是一所农村小学，学生大多为农家子弟，如何有效提高学生的劳动技能、使学生养成劳动习惯、落实"五育"并举是新时代学校必须面临的问题。近年来，羊木镇小学一直在努力探索具有本土特色的"天地课堂"教育模式，全体师生紧扣"谨本详始，春华秋实"校训，积极践行教育与生产劳动相结合的指导思想，不断推行"农耕文化""乡村少年宫第二课堂"特色教育，积极探索劳动教育新模式，落实以劳树德、以劳增智、以劳强体、以劳育美、以劳创新的育人目标，培养不忘本色、立足天地的新时代好少年。

二、扎根乡土的劳动教育实施举措

（一）传承传统文化，构建农耕课程

羊木镇小学虽处农村，但大部分学生对传统农具与农活闻所未闻，因此，抛开现代科技，对传统文化进行继承与挖掘，对学生来说是一种新奇的体验。打铁、酿酒、舂米等传统手工劳动源远流长，是人类祖先智慧的结晶。首先，通过学习传统农耕文化，学生可以更深入地了解中华传统文化，进而更好地增强文化自信心。其次，学习农耕文化可以增强学生的实践能力，让学生接触农业，学习农业技术，从而为未来的发展奠定基础。

（二）体验特色劳动，构建食育课程

中华饮食文化源远流长，从初期茹毛饮血、食以果腹的生存需要，到今天蕴含认识事物、理解事物、为人处世的哲理，"食"已成为文化中不可忽视的一部分。在多方

论证的基础上，结合地方饮食习惯与需求特色，羊木镇小学开设了花样果子、广元蒸凉面、朝天核桃饼、狼牙土豆、蒸包子等食育课程，创建食育广场，让孩子们通过亲手制作美味佳肴，培养艺术想象力，树立正确的人生观，激发学习兴趣，从而充分发挥饮食文化的育人功能。

（三）学习综合劳动，构建手工课程

借新华文轩出版传媒股份有限公司广元市分公司定向捐赠活动之机，羊木镇小学打造了陶艺坊、木工坊、金工坊、布艺坊、石器坊等劳动手工坊，开设了 6 门课程，组织教师编写了劳动教育活动手册，供工作坊教学使用。每个工作坊占地面积约为 70 平方米，能够同时容纳 300 多名学生开展综合实践活动。

（四）启发劳动创造，构建创新课程

1. 开心农场

学校填土造地，建起了"二月二"开心农场，把校园地分给每个班。在班主任老师的指导下，每班负责对自己班上的"责任田"进行耕种，孩子们在自己的班级"责任田"里自由选择栽种的蔬菜，种上了玉米、豇豆、辣椒、西红柿，他们挖地、播种、浇水、除草、捉虫……在这块开心农场里，孩子们精神愉悦，自得其乐。

2. 快乐种植

学校利用川北最大的食用菌产业园作为校外劳动实践基地之一，每学期都会带学生到产业园参观，学习种植技术，帮助采收。学校还租用农地 5 亩（1 亩≈667 平方米），扩大种植面积，打造种植园，栽种粮食作物，让每一名学生走进自然、体验自然，在劳动中出力流汗，使每名学生都爱劳动、会劳动。

3. 田艺放歌

学校深度挖掘传统六艺"礼、乐、射、御、书、数"的时代内涵，让学生做到育美、增智、修德、强体。学校的二胡、唢呐、豫剧、葫芦丝、舞狮等课程广受学生喜爱。特殊的劳动教育场所给学生带来不一样的体验，在这里，学生进一步感受了传统文化之美，逐步增强了文化自信。

（五）实施保障

学校为了切实推行劳动教育，构建了一套保障措施。第一，学校成立了劳动教育工作推进领导小组，分管教育的副校长作为组长，全面负责劳动教育工作；分管后勤、安全的副校长作为副组长，负责协调劳动教育工作经费支出、安全教育；学校教导处负责劳动教育进课表，教科室协同教导处编写学校劳动校本教材。第二，学校成立了校本课程开发组，负责探索学校劳动教育校本课程开发。开发组成员大多具备校本课

程开发经验，在教科研领域有一定的建树。第三，学校设立了劳动教育专项基金。第四，学校形成了校内外、专兼职、课内外等劳动教育主体与场地实施体系。

三、扎根乡土的劳动教育实施效果

经过几年的实践与创新，羊木镇小学的劳动教育体系不断完善，给学生带来了不一样的感受与体验。学生们既能从劳动教育中感受到劳动的乐趣，也能享受劳动的成果。学校则在劳动教育中实现"五育"融合，达到全面育人的目的。

（一）学生层面

通过开展的各类劳动实践活动，学生对劳动的兴趣逐渐增加，劳动观念得到加强，他们的动手、动脑能力以及身体都得到了充分的锻炼。劳动教育培养了学生的团结协作能力，提升了学生的劳动技能，培养了学生的劳动品质。

（二）学校层面

经过不断的实践，学校的劳动教育课程不断丰富与完善，加强了学校不同课程之间的联系，实现全面育人的目的。同时，在学生的辛勤劳动中，校园环境也在发生变化，有助于达到环境育人、劳动创造美的目的。

（三）社会层面

对家长来说，开展劳动教育最大的收获，就是让学生从依赖走向了独立。很多学生通过劳动教育，学会了很多力所能及的事，自己盛饭、扫地、拖地、洗衣服、跟随家人到田间除草浇水等，重要的是孩子们更加懂事了，如会主动给辛苦一天的父母捶背、端水、递拖鞋等。

羊木镇小学的劳动教育，既面向传统，汲取传统劳动的文明及精髓，又紧跟时代，赋予劳动教育新的内涵，诠释了劳动育人的重要意义。《德育报》以《天地大课堂 童心自飞扬——四川省广元市朝天区羊木镇小学探索劳动教育实践活动纪实》为题全方位报道了羊木镇小学劳动育人的实践成果及社会反响，羊木镇小学劳动教育进一步向纵深发展。

撰稿人：姜文成、李红、王茜

编辑手记 ✏

扎根乡土的劳动教育很具创新性，其一表现在与生活结合，充分利用农村学生熟悉的生活；其二表现在与传统农耕文化结合，既可以传承农耕文化，有助于理解现代农业文明乃至现代工业文明，也可以学习勤奋美德，还可以充分激发学生的探索兴趣；其三表现在符合动手操作的具身认知原理，有助于启迪智慧，打牢知识学习的认知基础。因此，广元市朝天区羊木镇小学的劳动育人实践对于如何创造性地结合学生生活实施国家课程、开发校本课程等具有启发意义。

内江师范学院　陈理宣

管理育人篇

　　管理育人是学校育人体系的重要组成部分，在学校育人体系中具有引领性、示范性、全局性、关键性的作用，是实现全员、全过程、全方位育人的关键环节，对落实立德树人根本任务具有十分突出的重要作用。习近平总书记于2018年5月2日在北京大学师生座谈会上指出，要把立德树人内化到大学建设和管理的各领域、各方面、各环节，做到以立德为根本，以树人为核心，强调了学校管理对于落实立德树人根本任务的重要作用。教育家赫尔巴特指出，如果不坚强而温和地抓住管理的缰绳，任何工科的教育都是不可能的。

　　学校要探索管理育人的有效途径，充分发挥管理育人的重要作用。推动学校育人体系建设的关键是提高管理育人水平，而提高管理育人水平就需要加强管理者的自我教育，完善管理制度育人，确保管理过程育人，促进管理环境育人，强化管理效果育人。

　　本篇包含15篇案例。有的是通过引导学生自主制订自我管理制度、实施管理过程等实现管理育人；有的是通过引导学生参与评价指标体系的建构、参与评价的实施等实现管理育人；有的是课程管理，有的是德育管理，有的是学习管理。其中自主管理、民主管理、综合素养评价、"五育"并举的评价、增值评价等是热点词汇，但是其宗旨和目的都是为了培养更加具有主体性、自觉性、全面性的时代新人。综合起来看，每一篇都以不同的角度、不同的路径、不同的方法等做了管理创新的实践探索，可见，教育工作者的主体性、主动性、自觉性、积极性和创造性被充分调动起来了，可谓是八仙过海，各显神通。这种局面是我们的教育更加欣欣向荣的表现。

"四修四行"为学生润心铸魂

四川省广元外国语学校

中华民族自古崇尚德育。党的二十大报告强调要全面贯彻党的教育方针，落实立德树人根本任务，培养德智体美劳全面发展的社会主义建设者和接班人。

改革开放以来，中国社会各方面发展迅速，原有的单一、管理主义的学生管理模式已经不适应现实的需要。为此，四川省广元外国语学校提出"差异教育让每个生命都精彩"的办学思想，建构了"四修四行"主体德育模式。

一、"四修四行"主体德育模式建构

1. "四修四行"主体德育的内涵

"四修四行"主体德育，是以促进学生自主成长、自主发展、自我完善为目的，关注每个学生生命个体的自我觉醒、自我约束、自我教育，使学生成为具有正确政治方向、良好道德品质，身心健康、人格健全的人的教育活动。

2. "四修四行"主体德育的模式

"四修"指内在的自我修养，包括"自我管理""自我服务""自我约束"和"自我教育"。"自我管理"指管理自己的时间、管理自己的情绪、管理自己的计划；"自我服务"指自己能做的事自己做、自己做的选择自己负责；"自我约束"指心存敬畏，不做违法、违纪、违规的事；"自我教育"指格物致知、为善去恶、修身养性。

"四行"指外在的自我行为，包括"生活自理""学习自主""行为自律"和"个性自觉"。"生活自理"指自己能做的事自己做；"学习自主"指能制订学习计划，主动学习、深度思考、及时复习、广泛阅读、自觉完成作业、诚信考试；"行为自律"指不说谎话、不做坏事、诚实守信、心地善良、关爱弱小、保护环境；"个性自觉"指求真、向善、尚美，顾及他人感受，对他人有帮助，对社会有贡献。

3. "四修四行"主体德育的内容

"四修四行"主体德育模式的具体内容包括"五爱""三观""三生""三德""三讲"和"三法"。"五爱"指热爱祖国、热爱中国共产党、热爱社会主义、热爱人民、热爱家乡;"三观"指践行社会主义核心价值观,树立正确的人生观、世界观;"三生"指学会生存、热爱生活、珍爱生命;"三德"指涵养大德、遵守公德、严守私德;"三讲"指与他人相处讲尊重、与社会相处讲自律、做学问做事讲认真;"三法"指学法、懂法、守法。

二、"四修四行"主体德育路径探索

(一)在课堂和课程中渗透"四修四行"

一是发挥思政课关键作用的同时,结合学科内容、特点,挖掘"四修四行"主体德育素材,建构以课程思政、日常思政为主体,文化思政、网络思政为辅助,学科思政为支撑的"大思政"格局,集中打造思想政治课、班会课、心理健康课、生命教育课、班主任技能大赛、综合实践课等优秀课例。

二是在各学科教学过程中渗透"四修四行"主体德育的内容。语文、历史、地理等课程充分挖掘河山之美、爱国情怀等德育因素,潜移默化地引导学生树立正确的世界观、人生观和价值观;数学、物理、化学、生物等课程加强对科学精神、科学方法、科学态度、科学探究能力和逻辑思维能力的培养;音乐、体育、美术等课程加强对审美情趣、健康体魄、意志品质、人文素养和良好生活方式的培养。

(二)在校园文化中浸润"四修四行"

学校系统建构了以"差异教育"和"善文化"为核心的文化理念,精心打造校园文化,引领学生追求卓越、止于至善,让学生在文化浸润中接受"四修四行"主体德育。学校建设了能体现文化特征的园林、雕像、石刻、假山、人工湖等人文景观和自然景观,打造了高品位的能体现学校主体价值观的班级文化、办公室文化、寝室文化、餐厅文化、走廊文化、楼道文化等。内容丰富、格调高雅、特色鲜明的环境文化成为学校全面育人的辐射源。

(三)在主题活动中融入"四修四行"

学校根据学生的年龄特点,坚持目标导向,制订"四修四行"主体德育发展三年规划,按年级细化目标,明确要求,及时评价,把目标转化为系列主题活动。学校活动内容丰富多彩,形式变化多样,兼顾各层各类学生,已经初步形成了年度活动、月活动和周活动三级教育活动机制。既有节日庆典、纪念活动,又有学习表彰、辩论演讲、文艺汇演，还有劳动竞赛、才艺展示、创意评选等活动，争取让每个学生都有机会登上舞台、展示自我、增强自信、收获成长。

（四）实践活动表现"四修四行"

实践是教育的根本途径。

一是走出课堂，走向社会。学校组织学生定期前往附近的公园、社区、街道和其他地区参加志愿服务活动，如清理公园垃圾、回收废物、清洁公共设施、规范文明行为等实践活动。

二是深入挖掘校内实践资源，定期开展实践教学。学校深入挖掘校内实践资源，衔接课上和课后，定期开展实践教学。

（五）管理机制保障"四修四行"

学校通过民主协商方式制定学校规章制度与学生自我行为规范制度，使"四修四行"成为学生的发展需要。

一是推行自主立约，实现自我约束。充分利用主题班队会时间让学生讨论辩论，听取多方意见，集体制订"班级公约""寝室公约"，并建立"学生权利申诉室"，加强说理和解释，加强疏导和沟通。

二是推行评星活动，实现自我激励。学校每期开展"学习之星""文明之星""进步之星""道德之星""科技之星"等校园之星系列评选活动及"新三好学生""优秀习惯养成百名标兵"等评选活动。

三是成立学生组织，实现自我管理。学校整合各学段学生代表联合会、学生社团联合会、学生志愿者联合会等学生团体，成立了全校性的学生管理组织——学联会，组织开展自主管理和社会活动；建立了班级、年级、学部、学校四个层级的学生自主管理委员会，组织学生参与日常行为规范、生活自理、个人卫生、校园环境、体育活动、文化建设的管理。

（六）家校社协同活化"四修四行"

家校社协同才能把学生在学校的"修行"转化、迁移到广义的生活之中。

一是家校协同。学校建立四级家长委员会，即学校家长委员会、分校家长委员会、年级家长委员会、班级家长委员会。家长委员会组织家长会、家长沙龙、家长培训，引导家长积极参与学校管理，引导家长注重家庭、家教、家风，营造积极向上的良好氛围，为学生的健康发展提供良好的环境保障。

二是社校协同。学校积极和周边的芸香社区、九华社区、雪峰寺社区以多种形式开展共建活动。邀请社区领导深入学校为学生介绍社区管理经验，学校党委、团委牵头组织学生利用节假日深入社区开展实践活动。

三是警校协同。学校和邻近的雪峰派出所、城管大队、交警大队开展警校共育活动。不定期邀请交警、法官、检察官、消防队员、抗美援朝志愿军老战士来校作讲座，讲交规、讲法治、讲英雄故事与革命传统，全面提升学生的规则意识、安全意识、生命意识。

三、"四修四行"主体德育的实效

学校的主体德育把外在管理变为学生的自我责任，由批评走向自省、他律走向自律、他信走向自信、他爱走向自爱、尊重走向自重、鞭策走向自强，促使学生形成积极、稳定的自主德育内部动力机制。"四修四行"主体德育培养了学生的主体意识，从而使学生学会协作、学会沟通、学会交流，增强了学生的劳动意识，锻炼了学生吃苦耐劳、自理自律、友好与人相处的能力，形成了健康活泼、好学上进、团结友爱、互帮互学的良好校园风尚。

撰稿人：陈大向、官英、余飞

编辑手记

四川省广元外国语学校的教育理念是内外兼修，体现为"四修"与"四行"，核心思想是培养学生的主体性，即主体意识和主体能力，具体做法是通过课程（课堂）教学渗透、校园文化浸润、主题活动融合、实践活动展开、制度机制保障、家校社协同，实现了整体协同育人，真正体现了"立德树人""培根铸魂"的科学性、可行性、长效性与实效性，值得学习推广。

内江师范学院　陈理宣

筑牢育人主阵地

——基于学校周末托管的思考及实践

四川省教育科学研究院附属实验小学崇和分校

一、问题的提出：变政策之"须"为发展之"需"

1. 政策之"须"

在"双减"政策背景下，国家和人民对课后服务的实施与开展有了更高的期待，在达成看护、育人、减负等多重价值目标的前提下，课后服务最终应强调学生的个性化学习，促使学生在课后服务时段也能达成个性化学习的目标。可见，开展课后服务是政策之"须"。如何将课后服务与学校课程体系有机衔接，建设规范、科学的课后服务课程体系，是每一位办学者都应该思考的问题。

2. 学校发展之"需"

四川省教育科学研究院崇和分校于 2022 年 9 月开校，作为新学校，学校决定以课后服务为切入口，把政策之"须"转变为学校发展之"需"、教师成长之"需"、学生成才之"需"，作为学校发展的突破口。

二、问题的解决：重新定义三类课程功能

国家课程、地方课程、校本课程是"五育"融合、培元固本的主战场，是全员必修课程。

周内延时课程的目标是保证学生完成语数等主学科作业，减轻学业负担，落实"双减"核心任务。课程采用教师滚动式送课到班的形式开展，每节课时长为 40 分钟，以保证课堂的效率和质量，激发学生兴趣，开阔学生视野。

周末托管课程以开展兴趣课程为主，目标是发展学生个性。学校通过各种方式、手段和机制，有针对性地引导、促进和加强个体的兴趣及相关能力、素质和特长的培

养和发展，采用 90 分钟长课时的形式开展。学生根据自己的兴趣选择合适的课程。

三、周末托管课程——"我爱星期六"实践

（一）周末托管课程的目标及结构

学校育人总目标把周末托管课程的目标确定为：

（1）落实立德树人根本任务，强化学校育人主阵地地位。

（2）为学生建构适切的周末托管课程，满足学生个性成才之需。

（3）激活教师活力，培养教师课程领导力，回应教师专业发展之需。

（4）服务学区，辐射高新区，回应社会期盼。

（二）周末托管课程的文化标志

为向学生和家长传递周末托管课程的价值和文化特点，帮助学生更好地理解、认同和接受周末托管课程，学校精心设计"我爱星期六"标志。该标志结合学校标志和课程特色而设计，用学校独特文化标志"多彩银杏叶"组成"6"，既有周六课程和 6 个课程群的含义，也有让多彩银杏叶传递绚丽的周六学习生活之意，让学生看到该标志就能感受到快乐。

（三）周末托管课程的"四精"管理

在周末托管课程实施中，学校用"四精"管理保证课程开展的品质，服务于全体学生。"四精"即精选课程、精细管理、精准评价、精致服务。

1. 精选课程

在周末托管的顶层设计中，学校设计了 6 个课程群。如何丰富每个课程群，满足学生个性化发展的需求，回应兴趣培养之需，是学校一直思考的问题。另一个问题是，如何以此为契机，提高学校教师的课程领导力？最终学校采用了面向社会和学校教师招募课程的方式实现课程群的建设。一方面，引进校外机构优质课程资源，丰富学校课程群；另一方面，通过竞争、学习激发学校教师的课程开发意识，提供课程开发思路，在实践中锻炼教师的课程建设能力。

规范的精选过程更能实现既定目标。首先，招募的形式得到校外机构和校内教师的积极响应，保证了课程的多样性。其次，由家长、课程专家、学校管理干部组成课程甄选小组，对各课程主持人的展示、答辩进行打分，并根据分数从高到低依次录用，建立"我爱星期六"课程库，保证课程的科学性。再次，组织学生选课，从课程库中选出他们感兴趣的课程，保证课程有学生基础。最后，完成"我爱星期六"课程的设置，通过网上选课的形式形成"一生一课"表。

2. 精细管理

通过浸润于无数细节中的动态化和人性化管理，周末托管课程致力实现高质量发展。从顶层设计、课程设置，到学期计划制订、课时研磨、课前课中课后的沟通，再到结课总结，形成管理串和闭环。为落实精细管理，学校制订了"双师助学"制度，一"师"是班主任，负责考勤、家校沟通等生活管理；一"师"是上课教师，负责课程开发、上课、课程交流与考核。

3. 精准评价

学校周末托管课程的评价包含对课程、教师和学生的评价，评价形式包含实地考察、课中表现评价、结课总结评价和问卷评价，评价主体包含专家、教师、学生和家长。

4. 精致服务

除了为每个班配备生活教师，为没有人照顾的学生解决午餐问题，学校还提供了午餐服务。这是一个巨大的挑战：来自区域各个学校的学生，没有行政班，教师和学生互不认识，来自不同的兴趣班，午餐后上不同的兴趣课……但最终这些问题都得到顺利解决。

2022年秋季开设的周末托管课程，深受学生和家长的好评。但家长又提出了新问题：一学期结束后，学生还想在下学期继续学选定的兴趣课，但下学期学不到怎么办？这个问题的本质是课程的延续性。经过调研，学校发现家长普遍存在这个疑问。学校还从其他有经验的学校了解到，这个问题如果不解决，参加周末托管课程的学生会一期比一期少。经过反复论证，学校开创性地设置了阶段性特色课和延续性特长课，课程体系在2023年春季"我爱星期六"课程2.0版本中呈现出来。

短期课程即阶段性特色课以学期为单位，为全体学生提供培养兴趣、拓宽视野的机会。延续性特长课经过精心规划，注重搭建长期进阶课程体系，旨在发展特长、张扬个性、培育素养，允许老学员优先选课。据统计，2023年春季选课时，这类课程占到总课程数的70%。为实现老学员优先选课，学校联合相关机构定制开发了选课系统。

四、总结与反思

学校建校即将满一年时，课后服务工作满意率超过99%，周内课后服务学生的参与率达到99%，周末拓展课程学生参与率约为55%，还吸引了周边学校的学生。学校最大的收获是从学校课程整体出发思考课后服务的课程建设、实施，不仅完善了学校课程体系的建设，更锻炼了教师队伍的课程开发能力。

撰稿人：唐治国、尚恩多

编辑手记

　　四川省教育科学研究院附属实验小学崇和分校把政策之"须",转变为学校发展之"需"、教师成长之"需"、学生成才之"需",并将其作为学校发展的突破口。这一意识与角色的转换,彻底落实了"双减"政策,赋予了周内延时课程、周末托管课程发现兴趣、开阔视野、培养兴趣与特长的价值,可谓是用心做教育!

内江师范学院　陈理宣

进阶式幼儿园运动俱乐部的建构与运行

德阳市罗江区第一幼儿园

一、活动背景

近年来，德阳市罗江区第一幼儿园坚持以"快乐体育"作为学校发展的重点项目，促进办园目标、愿景的实现，促进师生差异化成长。

2019年，基于"'快乐体育'理念下进阶式幼儿园运动俱乐部的建构与运行"市级教育科研课题的推进，以《3-6岁儿童学习与发展指南》为精神指引，幼儿园以俱乐部活动为基本形式，对已有的系列特色体育活动进行重新"组合包装""整体盘活""拓展丰富"，让其焕发新的生机与活力。

"以幼儿为本"是俱乐部活动的基本原则，活动全面关注幼儿的自主参与、快乐体验、运动兴趣、运动技能及社会性发展等多维度价值取向，有利于幼儿园体育资源利用的最大化及"快乐体育"重点项目创建的最优化。

二、活动实施

（一）建构俱乐部组织体系

幼儿园设计了"进阶式"运动俱乐部框架体系，围绕"乐多多""趣多多""能多多"三级架构，开展户外运动区域活动、中大班体育走班项目活动、园所体育校队活动。

（二）梳理及实践俱乐部活动

1. "乐多多"自主式俱乐部

（1）思路及目标：基于幼儿八大动作发展需要，在园区户外体育运动区域设置具有童趣的"乐多多"自主式俱乐部，满足幼儿日常自主体育运动需要。

（2）名称及类别：自主式俱乐部包括以跳为核心的"跳跳蛙"自主式运动俱乐部；以追逐、躲闪为核心的"闪电豹"自主式运动俱乐部；以钻、爬为核心的"爬爬龟"自主式运动俱乐部；以投掷为核心的"小松鼠"自主式运动俱乐部；以走和平衡为核心的"可爱兔"自主式运动俱乐部；以力量、耐力为核心的"大力熊"自主式运动俱乐部；以攀爬为核心的"长臂猴"自主式运动俱乐部；以综合能力培养为核心的"战狼"自主式野战俱乐部。

（3）措施及途径：通过教师研讨、幼儿意见征集等，对园区野战区、民间体育游戏区、攀爬区、平衡区等进行调整，对各区域进行重命名；适时根据幼儿对材料环境的反应等相关情况进行分析与反思，逐步调整优化环境材料提供；基于俱乐部活动实际，形成常态化活动机制。

2. "趣多多"走班式俱乐部

（1）思路及目标：基于中大班各年级幼儿运动兴趣及能力发展需要，设置"趣多多"走班式俱乐部。俱乐部能为幼儿深入了解某一单项运动项目提供机会，为其特长、兴趣发展奠基，更为幼儿提供更多与同龄、同兴趣伙伴互动交流的机会，促进其社会性及良好品质的发展。

（2）名称及类别：篮球、足球、跳绳、体操、特色传统民俗体育项目、跆拳道、轮滑等。

（3）措施及途径：采用"两年五阶段"活动运行方式，每周五为年级统筹安排的活动时间。"五阶段"具体为：第一阶段"体验期"，通过初试俱乐部活动寻找幼儿的兴趣点；第二阶段"预热期"，采用年级走班活动形式开展俱乐部活动，了解幼儿能力水平；第三阶段"提升期"，俱乐部活动内容逐渐丰富，家长、社区等资源渐次进入，助力幼儿在原有水平上不断提升；第四阶段"转换期"，为兴趣发生转换或发展滞后的幼儿调整项目内容；第五阶段"稳定发展期"，通过多种途径帮助幼儿找到其在某些运动项目中的个人潜力。

3. "能多多"训练营式俱乐部

（1）思路及目标：基于在某些运动项目中表现出特别兴趣或能力的孩子的发展需要，建立园级运动俱乐部，为孩子的运动特长、兴趣发展提供更广阔的平台。

（2）名称及类别：篮球、足球、跳绳、轮滑、艺术体操、武术、特色传统民俗体育项目等多个项目训练营式俱乐部。

（3）措施及途径：①会员选拔。中班是秋季学期选拔一次，春季学期扩招一次（后补）。项目实施第一年，在中大班梯队未建立的情况下，大班是秋季学期选拔一次，春季学期扩招一次（后补）。项目推进一年及以上，在中大班梯队已建立的情况下，大班是秋季学期扩招一次（后补）。②活动时间。每天早操时段训练 45 分钟左右。

（三）探索形成适宜的幼儿园进阶式运动俱乐部管理运行制度

1. 俱乐部会员（幼儿）管理制度

（1）在俱乐部活动期间，要佩戴会员卡。

（2）会员有入会和退会的自由。

（3）所有会员须严格遵守各俱乐部活动相关准则要求。

（4）所有会员享有积分升级服务制度。

"乐多多"自主式俱乐部：俱乐部会员卡为蓝卡，持有蓝卡的幼儿可自由进入该俱乐部体验各种运动，完成其中一项运动锻炼便可获得相应积分。

"趣多多"走班式俱乐部：俱乐部会员卡为红卡，持有红卡的幼儿可参与本俱乐部活动或低一级俱乐部（"乐多多"自主式俱乐部）的活动，参加一次活动获得相应积分，拥有该卡的会员同样拥有参加上一级俱乐部入会选拔的机会。

"能多多"训练营式俱乐部：要成为该俱乐部会员，需要通过"自愿报名—红卡积分达标—比赛选拔"三关考验，并获得身份标牌（金卡）。持有金卡者可同时参与下一级各俱乐部的活动。该俱乐部会员同样通过入会活动的表现情况获得相应积分，每次活动积分由俱乐部项目负责教师评判。

2. 俱乐部家长顾问制度

在家长群招募具有一定运动特长的家长作为顾问，协助一项俱乐部运动项目的策划组织。

3. 俱乐部教师工作制度

（1）设置由园区业务副园长为组长、教学主任为副组长、各年级组长为成员的工作领导小组，具体安排俱乐部各项工作。

（2）立足需要，建构各级俱乐部教师工作坊，定期组织坊内教师开展研训活动，解决俱乐部课程设置、活动开展及教师专业发展等方面的问题。

（3）教师是俱乐部活动的重要成员，幼儿园把俱乐部工作作为教师日常考核的重要内容之一，各组长是教师工作质量的直接考核者。

三、活动成效

1. 幼儿全面发展

进阶式幼儿园俱乐部的设立和活动的开展，激发了幼儿对体育运动的兴趣，拓展了幼儿的体育运动空间，提升了幼儿的体能，增强了幼儿对环境的适应能力。

2. 教师不断成长

俱乐部的开设提升了教师对体育教学的研究能力和实践能力，帮助教师掌握更多发展幼儿体能、培养幼儿自信心和意志力等非智力因素的好方法，积累有益经验，营造了和谐健康、锐意进取、向阳生长的校园风尚。

3. 家长主动转变

俱乐部强化家校协同育人功能，让家长在实践中认识到运动对幼儿全面发展的重要性，帮助家长积累更多科学指导幼儿参加体育运动的经验和方法。家长越来越乐于参与俱乐部活动的组织管理。

4. 办园质量提升

进阶式幼儿园俱乐部活动是对已有资源的再利用、创新利用，实现了园所的低投入、高质量办园目标，促进了幼儿园体育教学工作的规范化、精细化开展，促进了幼儿园体育教学质量的提升。

撰稿人：刘利萍

编 辑 手 记 🖊

以"快乐体育"为旨归，德阳市罗江区第一幼儿园将园所的系列特色体育活动俱乐部化，进阶式对活动进行分类，基于体育活动的不同特点组建各式俱乐部，形成了体系化的园所体育教学范式，在不同的俱乐部活动中关注每位幼儿的身心发展，发现每位幼儿的闪光点，促进幼儿身心健康发展。

全视界杂志 王渊

"五育"蕴"五会" "五会"育达人
——"双减"背景下学生全面发展评价改革与实践

成都高新区益州小学

成都高新区益州小学（以下简称"益州小学"或"益小"）经过持续六年、四个阶段的实践探索，建立了相对成熟的"'五会'达人成长记"综合育人评价体系，引导了学生成长的方向，激发了学生成长的动力，培养了学生的综合素质与关键能力，开发了学生的潜能。

一、促进学生全面发展的教育评价改革依据寻找与主张建构

益州小学根据党和国家关于学生评价改革的政策要求以及加德纳多元智力理论，结合学校校情，凝练了"每个孩子不可能都是第一，但每个孩子却是我们的唯一"的教育理念，提出了"多一把评价的尺子，就多一个成功的学生"的评价宗旨和促进学生全面、多元、个性发展的评价改革主张，以此引领"双减"背景下学生全面发展评价改革实践。

二、在探索学生全面发展的评价改革中铸造评价特质

益州小学自 2011 年建校起，就围绕"会做人、会学习、会生存、会分享、会创造"的育人目标，经过四个阶段的实践研究，逐渐建构起"五会"达人评价体系。2016 年，《中国学生发展核心素养》发布，学校根据学生发展核心素养内涵，初步建构了"五会十星"德育评价体系。2021 年，党和国家出台《关于进一步减轻义务教育阶段学生作业负担和校外培训负担的意见》后，学校全面落实"双减"政策要求，进一步深化、完善学生全面发展评价改革，系统建构起促进学生全面发展的"五会"达人综合育人评价体系，突显"追求学生全面发展评价的目标与过程的统一""注重评价主体

多元与方式多样的集合""'五会'与'五育'多向、交叉、融合的对接关系"三个特色。

三、在践行学生全面发展的评价改革中实施评价

"五会"达人评价模式突出五个关注:"板块＋整体""定性＋定量""个性＋共性""过程＋综合""横向＋纵向",分别从会做人、会学习、会生存、会分享、会创造"五会"入手,分板块实施教育与展开评价,并依托《"五会"达人成长记录》《个人综合素质成长手册》两个载体和财经素养综合评价项目,形成综合性评价体系。

(一)分板块实施教育与评价

1. 会做人

学校始终坚持落实立德树人根本任务,以"五会"育人为目标,以建构德育课程体系为核心,形成集体与个体相结合的"双模块"评价样态,注重学生文明礼仪和品德素养培养,让德育评价可审视、可描述、可操作。

2. 会学习

在"双减"背景下,学校以课程建设为中心,聚焦学科关键能力,从学生学习表现、学业质量和"学习、阅读"两星评选三个方面,分别进行过程性评价、阶段性评价和发展性评价。

3. 会生存

在国家课程的指导下,学校开齐开足基础体能课程,又根据各年级学生身心特点开发了"乐达体育 2＋1＋1＋1"体系,引导学生更科学地进行体育锻炼。此外,学校还设计了学生运动达标单,即每人一项体育技能、每班一项体育特色、每天一项体育活动、每季一张运动处方、每学期一次运动会、每学年一次体质监测。

4. 会分享

会分享是德育与美育融合的育人目标。在美育目标评价方面,强调美的创造、分享与传递的行为与品质评价。

5. 会创造

学校基于"个性化教育、多元化成长"的理念,以"乐活"课程建设与财经素养教育课程为依托,建构与实施"乐动"劳动课程。

(二)综合性评价

学校依托"两手册、一档案",即《个人综合素质成长手册》《理财手册》和《"五会"达人成长记录》,将益小银杏币与学生道德素养、学业质量评价内容结合,记录学生的成长之路,为益小达人画像。

1. "五会"达人助力学生全面发展

学校结合"五会"育人目标，建构具有特色的学生个体评价体系："五会"达人评介体系。"五会"达人评价分为"五会十星"，从十个方面对学生进行评价，每个评价维度都有具体指标。根据学生的年龄特点，分为低、中、高三个年段指标。会做人板块设置了"文明之星"和"感恩之星"，会学习板块设置了"阅读之星"和"学习之星"，会生存板块设置了"安全之星"和"自理之星"，会分享板块设置了"环保之星"和"公益之星"，会创造板块设置了"创意之星"和"艺体之星"。

2. 成长手册助力家校多元评价

每学期期末，各学科教师会在《个人综合素质成长手册》上对学生进行过程性评价和学期末评价。同时，班主任和家长也要对学生每学期的综合表现进行全面客观的描述性评价，并对下学期学生的表现提出期望。学生通过成长记录看到自己进步的轨迹，发现自己的不足，培养自我反省和自我评价的能力。

3. 财经素养助力学生综合评价

学校开发了财经素养综合实践课程，聚焦价值观育人，从用好学校的生活体验场、搭建多样化的社会实践场与建立多元化的评价激励措施三个方面进行综合评价，促进学生学会生存，成为能够适应未来社会经济发展的"五会"达人。

四、学生全面发展评价改革的效果

学业成绩方面，学生在省、市质量检测中取得了优异成绩；道德发展方面，学生通过小干部培养提升、文明礼仪常规、"奔跑·益小"等主题课程，提高了道德认识，培养了道德情感，养成了道德行为习惯，树立了正确的价值观；在身心素质发展方面，学生树立了"健康第一"的意识，面对挫折，尽可能做到从容面对、适度宣泄、激励潜能、适当取舍；在心理健康教育方面，学生增强了心理健康意识，培养了心理自助互助能力；在审美素养发展方面，学生掌握了一定的审美知识，能感受并欣赏生活、自然、艺术和科学中的美，善于发现美，具有一定的艺术鉴赏力，能够积极参加各类健康的文化艺术活动，并在省、市、区艺术节中多次获奖，同时在活动中积极追求美、表现美；在劳动与综合实践能力发展方面，学校持续八年开展财经素养教育课程，通过小富翁主题活动、国旗下主题活动、班级特色研学主题活动和家长课堂活动，让学生参加社会实践，将各种劳动知识学以致用，从小学会理财、学会生存、学会做人，感受劳动的艰辛与快乐，明白"幸福都是奋斗出来的"。

撰稿人：李玲、李美松

编辑手记 ✏️

把"五育"转化为"五会"，再把"五会"转化为学生形式的"十星"，内化为每一名学生追求的"达人"形象，整个教育活动和教育评价过程就成为创造性、愉快性的展示活动，这就是在科学地、灵活地运用教育评价这一增值手段进行育人。

内江师范学院　陈理宣

基于"五育共生"的"和美三性"综合素质评价

成都高新区中和小学

一、基于"五育共生"的"和美三性"综合素质评价体系的提出

成都高新区中和小学（以下简称"中和小学"）根据党的教育方针，结合学术界的研究成果，在实践中建构"和美育人"目标框架和基于"五育共生"的综合素质评价体系，制订具体的评价指标和评价形式，建成数字化的评价系统，采用数据记录形式，通过记录学生在课程活动中的表现，逐步积累、统计，并借助技术手段进行分析、诊断，形成"和美学生"综合素质画像。

二、"和美三性"综合素质评价体系的实施过程

（一）开发"和美三性"综合素质智能画像数字系统

"和美三性"综合素质智能画像数字系统包含理论模型、技术模型、操作模型三部分。其中，理论模型即"校园大数据中心"，是"和美三性"综合素质评价系统设计的基础。技术模型是运用大数据技术建构的 PC 端和 APP 端。操作模型是学校在对全校学生进行综合素质评价的过程中形成的。

1. PC 端成果

APP 端与 PC 端是"和美三性"综合素质评价体系的两大重要组成部分，互相配合使用。PC 端主要供教师使用，用于教师日常采集数据以及班级各类信息的管理和查看。中和小学校园大数据中心（网站）主要由首页、校园风云榜、学生全面发展和全景校园四个模块组成。大数据中心是汇聚学校各项数据，并对数据进行挖掘，显示学校专业发展状态的系统终端。通过 WEB 端、APP 端及辅助工具所采集到的数据汇聚到学校的大数据中心，大数据中心对数据进行整理、归类、抽取、转换、装载等，全

面展示学校各类教育信息。

2. APP 端成果

"和美三性"综合素质评价系统的 APP 端主要提供给教师和家长使用。为方便教师采集数据，APP 端有德育常规的检查工具、学科活动的抽查工具、心理测试工具、数据录入工具，教师在 APP 中可以快速完成相关数据的采集工作，并能在 APP 端查看学生的全面发展情况。

（二）建成基于大数据的"和美学生"校本化学生荣誉系统

学校在探索"和美学生"综合素质智能画像体系的过程中，逐步形成"和美学生"校本化学生荣誉系统。系统依据学生"五育"方面的数据进行自动计算，推举优秀学生。

"和美学生"评选是学校在韧性、德性、灵性品质要求下，分别对应健康、自律、悦己、感恩、友善、明理、博学、常思、明理 9 个基本点，设置一定的标准进行的。学生在每个方面的数据达到相应标准即可获得对应的荣誉称号，当学生达到所有标准时，即获得"和美学生"荣誉称号。

"和美学生"校本化学生荣誉系统将学生评价和"互联网＋"技术相结合，使得对学生的评价更加精准、科学。"和美学生"将终结性评价和过程性评价相结合，将学生的平时表现和期末表现相结合，重视学生学业成绩和各类活动参与情况。

"和美学生"评选遵循以下逻辑：首先由学校牵头制订"和美学生"评价指标，然后根据评价指标采集学生的过程性与结果性数据；接着设置对应的数据评选标准，在"和美三性"综合素质评价系统中对数据进行处理、比对和筛选；最后将符合评选标准的学生推送到对应的荣誉称号获得者，并将所有符合标准的学生推选为"和美学生"。学校借助大数据与"互联网＋"技术，实现了学生综合素质发展数据的自动处理与推选，又通过学生荣誉系统，反馈、优化"和美学生"评价指标体系，实现了"和美学生"系统应用与优化的闭环。

（三）开发基于大数据的"和美学生"综合素质画像

学校每学期评选一次"和美学生"，并在期末制作"和美学生"电子通知书以代替传统的期末通知书。电子通知书由系统根据学生各项数据自动生成，以"综合评定等级＋参与活动＋个性评语"的形式呈现，教师可以一键打印。

通知书里，不仅有学生各个学科的成绩及其在一个学期内德智体美劳等方面的发展情况，还有系统根据学生数据自动评选出的学生在各方面的等级。此外，学生参与的各项活动也会在电子通知书里得到呈现。除了客观呈现学生的发展情况，电子通知书还会针对学生表现提出期末评语。教师针对不同等级的数据组合和不同的活动内容设计丰富的评语库，每个维度、每个指标和每个等级都有对应的评语。学生在每个方面的评语由系统自动匹配并生成。

（四）形成"和美学生"综合素质发展报告

学校在"和美三性"综合素质评价系统和"和美学生"评选的基础上，将学生在小学阶段的所有数据汇聚起来，形成学生的综合素质发展报告，记录学生在小学六年的在校成长轨迹，并在毕业时由学校统一打印这份成长档案。

"和美学生"综合素质发展报告记录了学生在小学阶段的六年时间内，在德智体美劳等方面的表现情况、参与的各类活动以及获得的各类成就与荣誉，包括学生在思想品德上的变化、学业水平上取得的成就、体质的提升、心理健康的变化、艺术素质的发展、社会实践与创新能力的发展等情况。

（五）创新"和美学生"综合素质智能画像工具

学校围绕"和美学生"综合素质智能画像，以任务驱动、奖励驱动相结合的方式，鼓励各班教师采用合适的方法进行评价。为了优化班级管理，实现班级的动态管理，各班教师积极主动地学习方便快捷的评价工具，从韧性、德性、灵性三个方面实施常规性评价，涌现出了多元的优秀案例。学校基于实验班级经验，开发了"和美学生自主管理"课程及《和美学生自主管理手册》。

三、"和美三性"综合素质评价体系的实践效果

（一）运用信息化手段采集、分析学生数据，指导学校日常教育教学工作，提升了小学阶段综合素质评价的可操作性

学校开发了 PC 与 APP 工具，辅助教师开展日常的教育教学活动和各项常规工作。在教师工作的过程中，系统自动采集相关数据进行分析，既减轻了教师的工作负担，又留存了学生各方面发展的数据，有助于分析学生的全面发展情况，提升了综合素质评价的可操作性。

（二）紧密联结家校力量，让家长参与综合素质评价，引领家长对学生进行评价

学校将部分数据的采集工作交给家长，由家长配合学校完成，通过家校共育促进学生发展。同时，家长可以在 PC 端了解学生各方面的发展情况，对于孩子的发展信息了解得更加全面和及时。

（三）有效地促进了学生综合素质提升、教师专业成长和学校综合发展

中和人总结提炼出来的以"三性"为特质的"和美学生"综合素质智能画像指标

体系，从"全局、全程、全员"的角度关注学生发展过程。在综合评价的作用下，中和小学的学生正逐步成长为凸显"韧性、德性、灵性"的和美学子。实践表明，和美课程理念日臻完善，其体系架构日益完备，特色课程成果丰硕，和美学生、和美教师逐步展现新的风采。

撰稿人：刘勇、闫国庆、孟丹

编辑手记 ✎

　　成都高新区中和小学运用大数据的技术化教育评价手段，尝试建构了基于"五育共生"的"和美三性"综合素质评价体系，细化了结构化的素养体系，充分实践了教育现代化、信息化与人性化结合的综合教育评价。相信他们在不断实践、不断探索的过程中，必然会形成越来越成熟的教育与评价思想、理念以及方法系统。

内江师范学院　　陈理宣

思则谋进 成德于行

——"双减"背景下学生自主管理能力培养

成都西川中学

在落实立德树人根本任务、施行"双减"政策的背景下，成都西川中学提出"三体教育"理念，确立了 3 个方面 8 个角度的培养目标，以促进学生自主管理、主动发展。

一、文化聚心，构建心意相通的精神共同体

我们从 2 个方面构建班级精神共同体。

（一）创设班级文化标识，打造班级良好形象

新班级建立初期，要把"班级"变成"班集体"。我们首先明确了班级口号：吾（5）心安处是吾（5）家（我所带的是 5 班）。提出了班级的发展愿景：在最美的年龄为最纯的梦想尽最大的努力，成为有理想、有本领、有担当的人。期中以后，在全班同学的共商共议下，又确定了班级的五字班训：净、静、敬、谨、竞。经过全班投票，我们确定了"以笔为剑，以规为弓，以尺为盾，为信念而顽强拼搏，奋勇前行"的班徽设计理念。

（二）打造整洁有序教室，营造有情有爱氛围

班级良好形象的创设除了软文化，也离不开班级硬文化。因此，打造一间整洁教室尤为重要，包括一块责任地、一面文化墙、一方精神乐园。我们通过打造整洁教室培养学生良好的学习和生活习惯。这个过程要立规矩，更要以激励为主。通过师生合作、生生合作，学生学会了爱西川、爱 5 班、爱学习，将要求转变为习惯，用志趣驱动主动成长。

二、规则聚力，构建自主和谐的学习共同体

我们通过以下 4 种途径构建自主和谐的学习共同体：

（一）一班一规则，聚学校之力

国有国法，家有家规，班级也应该有相应的班规。结合《中学生日常行为规范》《成都西川中学学生文明礼仪常规要求》，通过班委的共同讨论，我们在开学一个月后制订了《初 2021 级 5 班公约》，并将每日班级教育进行规范，形成值日班长总结制。班级 49 名学生轮流担任班级值日班长，人人参与班级管理，既培养了每位学生的能力，又让每位学生学会了承担责任。

班级总结主要有以下 4 个方面的内容：

（1）课堂评价：值日班长对当天的课堂情况做总结，这样评价的目的是守住课堂，实现自主管理，树立学生正确的是非观。

（2）幸福账单：值日班长对当日班级的好人好事进行表扬，这样做的目的是让学生细心观察，感受温暖，懂得感恩，传递温暖。

（3）小组潜力者：值日班长在所在学习小组选出当日最佳学员，目的是树立榜样，正向鼓励，在小组、班级内形成"比、学、赶、超"的风气。

（4）随笔：这是学生最喜欢的环节，值日班长针对社会热点、班级事务等内容，以笔抒怀，发表见解。通过长时间的锻炼，学生在台上落落大方、侃侃而谈，他们会变得更加自信。

规则的制订是为了约束学生的言行，规则执行的最高境界是人人心中懂敬畏，最终实现由规则治班到学生自主管理。

（二）一岗一职责，聚班委之力

除了班主任，班委在班级管理中也起着重要的作用。我们的班委会主要采取自荐竞聘、轮岗履职的形式，通过自评、他评进行管理。这样的方式有利于将班级管理权还给学生，创造学生合作的机会，促使学生得到锻炼。

（三）一组一公约，聚同伴之力

我们把班级分成小组进行管理，小组该如何组建呢？我们采用组建学习共同体的方法，其原则是"双向奔赴、组间同质、组内异质"，即学生按约 6 人一组自由组合，分为学习组、学风组、纪检组、生活组、宣传组、礼仪组、艺体组、应急组 8 个组，自主认领任务，制订小组公约。将小组成员的学习、日常行为规范作为一个整体进行评比，大家一起分享、一起承担、一起进步。

小组制度有效激活了学生的内在潜能，激发了班级活力，使学生因为热爱班级而主动积极为班级发展发挥作用。同时，自主管理的各项事务为小组成员提供了施展才能的天地，在小组与个人的双向约束过程中，实现了学生的自我教育。

（四）一层一指导，聚同事之力

1. 班科联动，师生互导

我们根据学生的薄弱学科，将学生"分给"相应的科任老师，实行导师制。导师定期跟踪学生的学习情况，进行点对点精准帮扶。

2. 知人育人，授之以渔

针对班级存在的问题、班级管理要求、作业过关情况，我们经常与学生沟通交流。在教学上，立足学生实际，进行分层教学，提高学生课堂的成就感；对于学生当天没有弄清楚的知识，对学生进行单独辅导；培养学科榜样学生，给予他们展示的机会，增强其自信，激发学生学习的内生动力。

三、活动聚势，构建多元发展的成长共同体

我们从课程、文化、活动、管理、实践、协同等方面全方位做好育人工作，将育人理念融入学生学习和生活的各个环节。

（一）学科竞学，提高学习能力

为提高学生学习兴趣和热情，我们定期开展"学习经验交流会""我是小老师""好题交流会"等活动，发挥学生的自主性，促进学生相互学习。

（二）健康尚美，塑造人格魅力

结合学校开展的各种活动，我们放手让学生去组织、安排和策划，带领同学为班级争得荣誉。在这个过程中，班级凝聚力和协作能力都得到了提升，学生的自主能力也得到了锻炼。

（三）实践活动，培养责任

我们坚持有计划、有组织、有目的地组织学生参加丰富多彩的劳动实践活动，积极探索劳动教育在素质教育中的作用，增强学生的劳动观念，培养学生的生活、生存技能，在动手动脑中培养学生的创新意识和实践能力，促使学生全面发展。学生在劳动过程中实现以劳启智、以劳修德、以劳促美。

（四）主题活动，丰盈内心

班级主题活动是活动育人的重要途径。要让活动育人真正落到实处，必须发挥学

生的主动性和积极性，全员参与，让学生自主设计、开展班级活动。班主任要以积极向上、鲜明正确的导向引导并激励学生在自我反思与总结中实现自我教育和同伴教育，让他们在每一次活动中都明白其中所蕴含的道理，并能在日常学习和生活中加以运用。这是实现活动育人效果迁移、让活动影响深远的必经之路。

师者，以德而耕，收获山河；师者，浇花浇根，育人育心；师者，如泽如炬，虽微致远。心中装着学生，用"诚心"捕捉每一颗心灵，用"真心"唤醒每一颗心灵，用"细心"做好每一件事情，用"恒心"坚持每一件事情，思则谋进，成德于行，既成就学生的明天，更让自己幸福每一天。

撰稿人：肖舒

编辑手记 ✏️

立德树人是教育的终极目的，"双减"是矫正不正确教育方式的手段、方法。成都西川中学通过班级自主管理实践，激发学生的主体性、主动性、创造性，注重学生的长远发展，培养了学生在学校的自我管理能力和自我发展能力，取得了很好的管理育人效果。

内江师范学院　陈理宣

小值周 大育人
——走向自主生长的小学高段班级管理实践

成都高新大源学校 成都市高新区教育发展中心

小学班主任工作繁杂，任务艰巨，不少教师不愿意担任。为此，我们进行了调研，探索了问题原因，研究了解决方法，实施了管理改革。

一、先行先试：找到解放班主任的钥匙

我们坚持相信学生，激发学生的主动性和积极性，引导学生自主管理，通过自主管理培养自我管理能力，最终实现"教是为了不教"的目标。2019年，我们开始尝试打破常规班级管理方式，做好指导工作，把班级管理的自主权充分交给学生。借助小组值周管理，实现班级全员参与管理，通过角色转换的体验方式，真正激发学生的内在动力；通过评价激励学生，让学生学习管理自己、管理他人，学习与团队成员合作和协调。

二、小组值周管理实施过程

（一）坚信：小学高段的学生完全可以实现自主管理

自主管理就是要给小学生提供展示自我、积极竞争的平台，让学生从"要我做"变为"我要做"。进入小学高段，学生的团体意识逐渐增强，他们会更加关注自己在团体中的威信和价值，渴望获得认可特别是团体伙伴的认同，这些都可以激发学生的自主性和效能感。

（二）公开信：展示自己理念的好方法

首次接触，笔者借助公开信进行理念宣讲。通过这封公开信，学生对班主任的班

级管理理念、管理方式、教育风格有了一定的了解。

（三）顶层构建：班主任指导下的班级理念、目标、文化、规则、评价等顶层设计

1. 班级理念、目标、文化必须从顶层构思

班级的名称、目标、口号、班徽等是班级最显性、最能凝聚班集体力量的内容。班主任要带领学生结合班情进行顶层架构，要把学生的自主管理和自主教育定为班级的愿景目标。在构建过程中要让学生充分参与、充分表达、自主提炼。在班级的交流和碰撞中，小学高段孩子内心的向善、积极的力量会得到充分彰显，凝练出的东西能让绝大多数同学接受，并且能够很好地践行。

2. 评价体系的前置构建

评价体系由榜样激励和机制激励两大部分构成。榜样指能激励大家学习的人或事物。我们根据班级管理和自主生长的需要，设定了身边榜样和明星榜样两个部分。机制激励是学生自主生长的持续性保障。为此，班级商量确定了由短期奖励、中期激励和长期积累组成的评价机制。

（四）选好小干部：自主选班委、组长，班长来组阁

首先，班委必须自己愿意干，且得到多数学生认同，这样才有执行动力和群众基础。按照得票数从高到低依次产生班长和 8 位班委。

组长由民主选举产生，组长会同时兼任一个班委职务，班委职务由班长予以协调安排。教师引导并协助班长对班委分工做一定意向安排，班长跟班委候选人进行沟通，根据班委的意愿和能力选择相应的职责。

（五）做好分组：充分尊重学生意愿的自主分组

选定组长，以科学、自主原则进行分组。

1. 分组原则

组长负责组建小组，组长和组员双向选择，进行自由、自愿组合。

2. 分组路径

班级讨论分组标准—组长和组员双向选择—在全班公示双向互选结果—组间自行协商调整—微调后确定最终的名单。

（六）人人须当家，生生来体验：角色转换体验式的小组值周负责制

1. 注重学生参与，注重角色体验

规则制订后，所有学生都要参与班级管理，所有学生都应该是执行者。经过探索，形成了小组自主管理模式，即代理班主任（班长）—值周班长—值日班长三级自主管

理制度。

2. 6 人小组是最合理的值周分组

形成 6 人小组值周模式。一周内班级所有事务由值周小组全权负责，负责值周的小组组长为值周班长，轮流值日的 5 名同学为值日班长，小组内部再进行分工，更多为协作，遇到紧急事务小组成员协调完成，小组共同考核，荣辱与共，共同发展。

3. 清晰的职责是值周管理成功的关键

代理班主任（班长）：负责班级全面事务的督促和检查，需要的时候及时调整、补位。

值周班长（组长/班委）：值周时负责小组事务的协调和安排，当值日班长管理有难度的时候要及时督促和补位，不值周的时候承担班委相应的管理职责和小组管理职责。

值日班长（普通学生）：负责值日当天班级各项事务的处理，执行班长职责，值日当天要进行梳理和总结。

4. 每天（周）有评价，班级编码保护隐私

小组值周评价不能缺少，并且一定要让学生看得见、听得见评价。当天的值日班长承担当天班级出现的各项事务的记录和总结工作，完成当日"班志"，放学前组织全班进行宣读，及时反馈。回家之后，自己或者请家长帮忙把"班志"发到班级群，让家长可以及时、清楚地了解孩子在校的情况。一周结束，班会课时值周班长要进行一周值周的总结、评价和反馈，评价结果也会及时反馈给家长。

（七）"三大会议"评价和激励并行

值周小组的管理依靠岗前培训会、值周小组述职评议会、自省互鉴会三大会议进行。其中，值周小组述职评议会包括值周小组做值周的总结、班级同学对值周小组的工作进行民主评议两个部分。

三、实践效果

（一）锤炼学生，彰显学生自主性，解放班主任

班级事务承担的主体定位为学生后，学生的创造性和管理积极性被激发，学生在班级管理中得到了充分的锤炼，自主性得到充分彰显。而班主任只需做好指导工作，告别了事必躬亲，告别了深度参与，真正得到了解放。

（二）小学高段班级班干部选拔、培养、调换、评价更合理

班委的选择更加民主、科学，更能获得学生们的认同，班委管理班级和带领小组更能让大家信服。学生之间是互相督促和评价的关系，共同进步，协同成长。

（三）对小学高段班级自主管理进行了系统化构建

构建了完善的自主管理流程体系，探索出了以尊重为核心、以小组自主管理为载体的代理班主任—值周班长—值日班长三层管理体系，探索出了班级小组分组、班委选拔和评价等策略，构建了各种考核体系。

（四）学生形成互助、尊重的品格，极大提升了班级凝聚力

由于在分组时充分考虑了学生意愿，组内成员心理上互相接近和接受，组内的摩擦和冲突较少，成员之间更容易呈现协作互助的样态。班级倡导尊重和互相尊重，班级中恶意违规的事情减少，配合与互相配合的局面逐渐显现，很多困难和矛盾在小组内部就能得到解决。

（五）带动教师团队专业发展

本成果不仅推动了学生发展，也带动了教师团队的专业发展：团队成员获评成都市优秀班主任 2 人、高新区学科带头人 1 人、高新区优秀班主任 2 人，通过学区共同体和"国培项目"在一定区域内获得推广，学校十余位班主任加入研究和应用推广的行列，显现了较大的影响力。

撰稿人：牛仲毅、李宇青、马莉

编辑手记 ✎

培养民主的社会主义建设者和接班人，需要民主的教育方式和他们在学校的民主生活方式。本案例通过让学生实施班级管理，构建"团队认同、榜样引领、机制激励、体验内修"的教育管理模式，处处体现出了科学、民主的管理理念和管理方法。这种方式真正培养了学生的科学、民主管理意识、服务意识、纪律意识、团体意识以及相应的管理能力，从而使学生真正实现自我管理。这是教会学生自我管理的最好方法，也是管理育人的最好途径。

内江师范学院　陈理宣

九年一贯制学校学生自主管理模式探索

成都教科院附属龙泉学校

从 2019 年建校起，成都教科院附属龙泉学校通过营造民主氛围、增强民主意识、聚焦自主管理、赋能学生成长，让学生认识、了解学校各项事务，并参与管理学校事务，建构了九年一贯制学校学生自主管理模式。

一、学生自主管理在个人层面的突破

实行值日班长制度。各班班主任每天任命一名同学担任值日班长，每节课后值日班长请教师对当堂课进行等级评价，对每个活动中学生的行为进行评价并记录下来。值日班长要在各方面严格要求自己，以身作则。值日班长看得见自己的成长，教师也看得见班级的成长。

二、学生自主管理在小组层面的突破

（一）小组合作学习

将学生分为 4 人小组从事学习活动，共同完成教师分配的学习任务。小组自行确定组名，明确责任分工，进行互助学习。学生是互助学习的主体，教师是引导者和学习顾问，组长对组内同学进行管理，组与组之间形成良性竞争。

（二）建立合作学习评价机制

获得第一名的小组用积分兑换礼品，可以是免一次作业，也可以是与教师一起共享晚餐，或是让教师给自己购买心仪的小礼物。学校每月评选优秀小组进行表彰，在各班教室门口的屏幕和学校大屏幕上滚动播放优秀小组的照片。

三、学生自主管理在班级层面的突破

（一）当好班级小主人

班级就是一个大家庭，在这个大家庭中有大大小小的劳动事务和管理事务。学校从校级层面提出统一要求，每一个班级都需要将班级事务进行统筹安排，班主任分设若干个岗位，让每一名学生都参与班级事务，做到"人人有事做，事事有人做"。

（二）我是班级智囊团

各班同学根据班级自身目标，集思广益，设计独具特色的班名、班徽、班歌、班训，彰显学校德育主张。各项制度的建立使学生高效有序地进行自我管理。

（三）民主主题班会课

班会课选题根据国家政策、学校教育教学计划、班级管理中的问题和学生需求而定，从理想信念教育、社会主义核心价值观教育、中华优秀传统文化教育、生态文明教育以及心理健康教育五个方面着手，从自我认知、分享互动、达成共识以及落实行动四个环节进行设计。最后学生说出自己的感受，教师进行总结点评。

四、学生自主管理在级部层面的突破

（一）级部管理制

学校设立各年级级部管理制度。级部主任担当中层正职及以上职位，下设两名级部副主任，分别负责德育工作、教学工作。级部下设三名干事，分别负责学生分部、教学分部以及后勤保障分部。级部副主任以及级部干事由教师自主竞聘上岗。

（二）级部检察官

级部德育教师自上而下从各班选拔两名级部检察官。级部德育教师对各班一周的评分进行汇总，并将得分最高的班级表彰为"博雅班级"。

（三）级部小干部

各级部组织成立学生纪检部、卫生部、学习部、文娱部和体育部。招募学生"级部小当家"，每位同学都可以积极填报申请表，成为一名级部小干部。

五、学生自主管理在学校层面的突破

（一）值周班级

学校学生成长中心每周任命一个班级担任值周班级，每位同学穿好值周黄马甲，

选择适合自己的岗位。值周同学每周进行反思汇报，促进自主管理能力的提升。

（二）午间德育"五个五"

落实好每日午间二十五分钟的德育时间：包括"课前准备"五分钟、"美人美事"五分钟、"美中不足"五分钟、"民主评议"五分钟、"交接仪式及老师点评"五分钟。

（三）劳动实践促德育

1. 行走的课堂

学校将研学旅行升级为"行走的课堂"系列课程，把"学""思""知""行"有机结合，促进学生知行合一，注重综合学习能力的培养，提高学生综合素养。

2. 无作业日

为切实落实"双减"政策，一、二年级实行每周四"无作业日"制度，要求学生每周四晚在家接受主题劳动教育。主题劳动教育由学校劳动教育中心组设计操作流程，班主任向家长发放任务清单，学生在家动手做一做，体验劳动的乐趣。

3. 校园农场我管理

学校给三、四、七、八年级各班划分一块班级菜地，劳动教育中心组制作班级校园农场管理手册，并对各班劳动委员进行培训，实现班级菜地自主管理，并对优秀劳动个人颁发"劳动达人"星级奖章。

4. 寒暑假德育实践

学校特制包含"感恩""劳动""传统文化""理想信念""责任担当"五个板块的寒暑假德育实践作业，学生根据年级项目自由选择完成，既丰富假期生活，又陶冶情操。

（四）家校社三位一体

1. 成立"博雅家长学校"

成立"博雅家长学校"，传递教育理念，整合教育力量，提高家庭教育指导水平。学校每月开展一次家长学校讲座。

2. 家长开放日活动

家长们参观校园，走进教室进行课堂观摩，与孩子们同听一堂课；建立三级家委会制度；成立"家长放学护苗队"。家长们陪同学生就餐，感受校园伙食，聆听家庭教育专题讲座。

3. 每周一次家访

学校在每学期开学、期中以及期末共召开三次家长会。同时班主任和副班主任每周走进一个孩子的家进行深入了解，并在每次家访之后将家访记录表存档，让教师和家长看见学生的进步和成长。

（五）活动育人展风采

学校每学年开展"少先队争章逐梦""学雷锋纪念日活动""班级文化风采展示""国旗下表演"等丰富多彩的德育活动。同时校园艺术节以及校园体育节的吉祥物、logo 等都由学生来设计，各年级发布"设计大师招募令"，由级部推选出优秀作品进行校级筛选。每个精心设计的作品都有机会被征选，制作成实物在活动中展出。

（六）校园志愿服务队

成立校园志愿服务队，精心设置志愿服务，形成志愿服务精品化、品牌化项目，不定期开展敬老爱老、社区防疫等特色志愿服务活动。

（七）"西江之声"广播站

"西江之声"广播站由学生自行推荐好书、动听的音乐、有趣的故事，精彩的讲解给同学们的用餐时间带来乐趣，让同学们在课余时间了解最新资讯。成立"西江之声"微信公众号系列专栏，撰稿以及录音均由学生完成。

学校实施学生自主管理模式以来，取得了很好的效果。学生自主管理，唤醒了学生内在的生长欲望，实现了学生的人生价值；学校通过自主管理得到了发展，被评为龙泉驿区"社区示范学校"和"乡村学校少年宫"。

撰稿人：程巧琦

编辑手记

成都教科院附属龙泉学校采用的学生自主管理模式，从管理主体的个人、小组、班级、级部、学校五个层面全方位展开，全员动员，做到了"人人有事做，事事有人做"，包括学习、仪容、礼仪、纪律、清洁、运动、休息、安全、就餐等，无一不管。学生自主管理模式让学生从被管理者转换为管理者，从而培养了学生的自主管理与自主发展的意识与能力，实现了学生的自主、自律、主动、全面发展。

内江师范学院　陈理宣

探索"五育"评价 实现立德树人

成都市龙泉驿区实验小学校

一、实施背景

成都市龙泉驿区实验小学校响应党的号召,本着为学生、为社会负责的态度,以"德育为先、智育为重、体育为基、美育为要、劳动为本"的融合育人共识为原则,实施以"'五育'并举评价导向引领学生全面发展"的全面改革,着力培养学生的品格力、学习力、竞争力、审美力和创造力。

二、评价实践

(一)制订《"五育"并举学生评价制度》

1. 制订依据

根据《中共中央 国务院关于深化教育教学改革全面提高义务教育质量的意见》《深化新时代教育评价改革总体方案》精神,结合教育部等六部门印发的《义务教育质量评价指南》之《学生发展质量评价》以及《龙泉驿区关于进一步落实"五育"并举深化改革创新促进区域教育高质量健康发展的工作方案》等要求,特制订《"五育"并举学生评价制度》。

2. 制订过程

学校按照民主、公开的原则,成立由校长为组长,常务副校长为副组长,学校领导班子成员、教师代表和家长代表为成员的起草小组,负责本制度的起草工作。起草小组在制度起草过程中,遵循合法性、特色化原则,广泛征集全体教师、学生和家长的意见。依据征求的意见反复商讨、不断修改后提交学校学术委员会,经表决后通过了《"五育"并举学生评价制度》。

3. 主要内容

（1）总体目标：以"爱润你闪耀"为育人理念，以培养"乐行、乐学、乐美、乐动、乐创"的"五乐儿童"为目标，全面提高学生的品格力、学习力、竞争力、审美力和创造力，构建"五育"并举高效能治理机制、高品质课程体系、高效率教学模式、高标准评价体系和高质量师培模式，逐步建成"'五育'共美"示范学校。

（2）具体目标：依据"'五育'融合质量评价标准"定期实施评价。"博爱少年"是促进学生全面发展的保底性评价体系；"博爱星光少年"是促进学生特长发展的评价体系，由"博爱品德少年""博爱乐学少年""博爱阳光少年""博爱优雅少年""博爱勤劳少年"五项评价标准组成。

（3）评价标准：由德育（品格力）、智育（学习力）、体育（竞争力）、美育（审美力）、劳动教育（创造力）5 个 A 级指标，15 个 B 级指标（活力、合力、和力、动力、能力、毅力，竞争的动力、竞争的能力、竞争的毅力，艺术鉴赏力、想象力、表现力，眼力、脑力、实践力），50 个 C 级指标组成。每一个 C 级指标都结合本校实际，能够定性或定量评价，确保"五力"素养的培育效果真正可见。

（二）尝试诊断，不断调整评价指标内容

（1）开展前测，不断修订指标体系，目标是取消宏观模糊指标。

（2）跟踪学科课程实施，制订课程评价等级量表。

（3）制订各年级不良行为核查表，测算班级不良行为占比，帮助教师及时改进。

（4）实测检验评价量表的可操作性，修改德育、美育、体育、劳动教育评价结果，从分数变为"总是""经常""偶尔""从不"的频次表达。

（5）用全校实测数据，诊断学生"五力"素养水平。

（6）自我结合评价诊断形成自我画像以及发展规划。

最后，学校根据每一名学生的实际发展水平，结合学生的自评，为学生完成一幅"画像"，启发学生领悟自身的优势、劣势以及可发展空间，作出自我发展规划。

（三）制作成长手册，加强过程跟踪

1. 每日记录，确保数据采集的准确性

制作《学生"五育"成长手册》，对照"五育"融合质量评价标准的 50 个 C 级指标，由小组长和学科教师每日登记一次；班主任每周反馈一次，记录改进情况；教导处和德育办每月检查一次，总结反馈改进的情况。

2. 每周反馈，确保行为改进的及时性

小组长组织每日登记，标出做得不好的组员，并提醒其改正；班主任每周统计数

据的纵向对比情况，利用朝会、班队会以及其他碎片化时间及时教育；教导处和德育办每月统计各班数据，进行反馈，提醒并督促需要调整的班级进行改进。

3. 每期调整，寻找目标达成的最近发展区

每学期末教导处和德育办通过问卷星进行学校大数据的统计分析，依据全校数据调整学生的奋斗目标。

三、实践成效

《"五育"并举学生评价制度》的实施，更新了学校干部、教师、家长的育人理念，极大地提升了学校管理水平，促进了学生的全面健康成长。

（一）学生能力得到提升

学生参与确定学习目标，自主安排学习进度，学习各种思考策略和学习策略，在解决问题中学习，在学习过程中投入情感，学习专注度达到80%以上；学生在小组合作学习中积极承担小组任务中个人的责任，相互支持、配合，对共同活动的成效进行评估，寻求提高其有效性的途径；集体展示时，每位同学都期盼能上台展示自己的风采，都把手举得高高的，并相互补充，相互质疑，相互促进，整个课堂呈现出勃勃生机。

（二）学生负担得以减轻

实施《"五育"并举学生评价制度》以来，一、二年级没有了家庭作业，三至六年级的家庭作业80%以上都能在课后服务中完成，学生有了更多的时间和更浓的兴趣参加社团活动。"校级社团"开设了5个大类（体育类、美术类、音乐类、科技类、信息综合类）33个小类（围棋、篮球、网球、创意贴画、管乐、机器人等）的课程。"年级社团"由年级组统筹安排，根据学段特点，开设55门不同形式的学科拓展课程，丰富学生校园生活，开阔学生视野，锻炼学生能力，推动学生"五力"素养提升。

（三）产生广泛社会影响

近三年来，80%以上的学生获"爱国星""诚实守信星""尊师孝亲星"等各种称号；100多名学生获评市、区级优秀学生；50多名学生成为省、市优秀艺术体育人才；多名学生的作品得到发表，并在四川省"学习强国"平台"我心中的英雄"征文活动中获奖；1名学生被评为四川省优秀少先队员。

学校五、六年级学业监测进入区域公立学校前三行列，学生评价改革成果受到社会广泛关注和高度评价，先后被"龙泉教育""见证龙泉驿"、今日头条、人民网（四川频道），以及成都广播电视台、成都教育电视台等媒体报道。

2021 年 10 月，《四川教育》以《刘雪梅：办一所聚焦人、彰显爱的学校》为题对学校的一系列评价改革进行了报道；2021 年 4 月，"学习强国"中央和四川平台先后刊登学校德育系列成果；2021 年 5 月，《中国教育报》刊登了学校"'五育'融合育人才"实践成果。

撰稿人：刘雪梅

编辑手记

成都市龙泉驿区实验小学着力培养学生的品格力、学习力、竞争力、审美力和创造力，对标"五育"并举与"五育"融合，同时通过《"五育"并举学生评价制度》进行评价，保证每一名学生的全面发展，为学生提供自我优化的空间，从而使学生真正发展成为活生生的、整体的、个性化的人。

内江师范学院　陈理宣

"三力"评价为学生画像 发展指导促全面育人

成都高新新华学校

一、"三力"评价现状

（一）评价功能：重甄别选拔，忽视改进激励

目前学生评价存在的一个显著问题就是评价功能失调，过分地强调甄别与选拔的功能，忽视改进、激励与促进学生发展的功能；重视评价结果，忽视评价过程。

（二）评价手段：机械且单一，亟待全面评价

实际的学生评价仍然过多地依赖纸笔测验和书面评价，测验考查的重点大多是记忆、理解、简单应用、分析等较低层次的目标，答案过于单一。

（三）评价主体：单一的他评，忽视自我评价

传统学生评价的目的主要是检查和评比，因此关注评价结果的科学性、准确性、公正性和客观性，拒绝被评价者对评价的介入，严重制约了学生自我评价的主体性、积极性。

（四）评价内容：重知识评价，忽视能力评价

在评价过程中，往往只注重对智育的评价，片面强调分数至上。

二、综合素质评价的实施过程

（一）顶层设计

1. 理论依据：多元智能理论和积极心理学

成都高新新华学校秉持多元智能理论，把寻找自我成长规律，实现自我发展作为学生综合素质评价的终极目标，提出"阳春德泽，新华生辉"的育人理念，以培养植

根中国、面向世界、不断创新、终身学习的新公民为育人目标，开发新公民课程体系，围绕培养目标开展学习力、实践力和发展力"三力"评价。

2. 政策依据：以必备品格和关键能力为导向

"三力"中的学习力包含发现力、思考力和整合力，指向学生学业发展；实践力包含行动力、审美力和创造力，指向学生综合素养发展；发展力包含品格力、规划力和合作力，指向学生理想信念、道德品质及生涯规划发展。"学习力、实践力、发展力"的提升，让学生不仅能够获得知识、厚植爱国主义情怀、坚定理想信念、锤炼学习素养、培养综合能力，还能让学生在个性特长、自主学习、合作创造等方面都得到充分的发展，有效促进学生全面发展。

（二）实施过程

1. 明确育人方向，确立"三力"的评价指标

"三力"是学生发展要实现的目标，以学生为中心，反映学生需要的价值理念，符合新课改的要求。为此，学校根据新课改的要求制订了各学科、各种教育活动的三级指标体系。

2. 着力整体设计，搭建"三力"的内容框架

教学评一体化设计，以终为始。围绕学生的"三力"发展，学校确立了"爱学习、会实践和能发展的新华人"育人目标，构建了以"融合创生，整体发展"为办学理念的实践育人体系。从学习力、实践力和发展力三个维度出发，构建基础课程校本化、拓展课程多元化、探究课程自主化，与国家课程融合、与校本课程贯通、与学校特色结合的课程体系。

3. 开展项目学习，增强"三力"的过程体验

学校遵循个性化、序列化的理念，坚持趣味性、实践性、探究性、自主性、体验性、生活性六大原则，详细地规划和实施项目式学习，打破学科壁垒。

项目式学习的实施分纵向和横向两条线进行。全校纵向形成有序列的目标体系，分年级（年段）设计研究问题和任务卡，同时，围绕同一研究主题进行横向学科融合，开展有效的深度学习，为孩子们开启项目式学习探究之旅。学校搭建"线上＋线下"的平台，给学生提供展示项目成果的空间。

4. 创建"新华"大脑，助推"三力"评价变革

学校通过德育评价的前期实践，借助大数据分析，信息化处理评价方式，让所有评价有据可查、有迹可循，让评价真实地发生。

5. 评比"七彩学生"，助力"三力"全面育人

学校开展礼仪星、劳动星、勤学星、安全星、体育星、艺术星、阳光星"七彩学生"评比，每一类均有评比项目和评价指标。班级建立学生的"七彩"管理档案，其中初中段评价结果记入《初中生综合素质发展评价手册》，即评即填，直至毕业。每学期结束，学校评选校级最佳"七彩学生"，并在校园文化墙、微信公众号、学校网站等平台展示。

6. 建立话语体系，明确"三力"评价规范

以积极心理学作为理论支撑，建立起规范化的评价话语体系，深入改变日常教学行为，于学生短板或不足中发现学生可激励之处，对学生进行正向引导。

（三）实施路径

1. 坚持四性：一体性、回归性、发展性、过程性

（1）一体性：把学校育人目标转化为学生成长发展目标。实施综合评价，把学校办学目标、育人目标一体化，转化为学生成长发展目标，让学生成长期望与学校的育人目标保持一致。

（2）回归性：师生表现是评价的出发点与落脚点。综合素质评价关注的是师生表现，把他们的表现作为评价的出发点与落脚点。

（3）发展性：目的在于促进课程育人方式的完善与质量提升。课程评价是通过师生的表现，反思课程质量，对课程进行不断完善、不断优化的过程。

（4）过程性：推进学校育人方式变革的关键环节。综合评价是学生发展指导的过程，贯穿学生成长的全程、全域。

2. 注重四全：全员性、全面性、全程性、全位性

学校实行全员导师制，对学生实施"新华教育"，形成了"N＋4＋5"全员共育导师制模式。"N"指学生。"4"指四类导师：学校教师、社区人员、企业职工、家庭成员，导师围绕学生"三力"发展，开展指导工作。"5"指导师实行"学生评估—研究方法—制订方案—开展活动—跟踪反馈"5步工作法。导师根据学校德育评价系统，对学生进行精准的数字画像，提供个性化的家庭指导。

3. 四环联动：过程性、阶段性、激励性、总结性

（1）伴随式评价。为了更多积分，为了新的奖项，为了挑战自己，孩子们内心的动力被唤醒，发自内心地表达出"我想学、我愿学、我乐学"的愿望。

（2）阶段性评价。通过在云平台创建评价活动，对一个学段、一门学科、一项"发展力"做出阶段性总结，帮助师生、家长认识到孩子的能力现状，达到预警和及时干预的目的，也是过程性评价的积累和总结。

4. "四主"协评：自主评、同伴评、家长评、教师评

"五力"评价不仅打破单一标准的评价，打破单一时空的评价，还利用信息技术和家校协同机制，实现学生、家长、教师、同伴的多主体评价，促使学生自我发展。

三、学生综合素质评价改革效果显著、反响良好

（一）学生"三力"协调发展

学生的自我意识更加清晰，学习力、实践力和发展力全面提升。基于"三力"的评价，让学生重新找到了自信，提升了自我效能感，打开了自我认识的大门，发现了一个不同的自己。学生在各种各样的竞赛、表演活动中取得了好成绩。

（二）教师专业能力得到提升

新华学校以评价改革为契机，鼓励教师进行科研、课改，教师的课程开发与实施能力、课程评价能力、学生评价能力均得以提升，在各种赛课、活动评奖中都取得了好成绩。

（三）学校整体育人质量得到提升

学校通过评价改革带动整体育人质量提升，受到学生、家长以及社会普遍好评。

撰稿人：高秋萍、林鑫、王林博

编辑手记 ✎

多元、多主体价值评价是教育评价改革的发展方向。成都高新新华学校的"三力"评价充分体现了这一理念。"三力"评价模式坚持科学有效，改进评价结果，强化过程评价，探索增值评价，健全综合评价，提高了综合素质评价的科学性、专业性和客观性，取得了很好的效果，充分彰显了改革与研究的创造性。

内江师范学院　陈理宣

创新班级管理 孕育独特"蜀葵花"

四川师范大学附属圣菲学校

四川师范大学附属圣菲学校(以下简称"圣菲学校")二年级的蜀葵班有 42 名学生。他们来自各种各样的家庭,面对这些因家庭情况复杂而性格迥异的孩子,作为教师,我尽可能了解每一个孩子,发掘他们的优点和独特性,确定对应的教育方式,让他们都成为独一无二的"蜀葵花"。

一、创新灵动教学——让学生变成课堂的主人

圣菲学校坚持开展"灵动教学",创设"灵动课堂",以生为本,让学生成为课堂的主人。

以语文课堂为例,教师以"武功秘籍"传授写话和阅读的技巧,使出"乾坤大'六'移"让学生掌握做阅读题的六个步骤,并使用"'四'两拨千斤"实践看图写话的四个技巧,孩子们再通过接龙发言、个人分享、小组交流等课堂活动,提高自信。

"小老师"成为学习的领跑者,语文小老师教读、领读,数学小老师分享解题思路,英语小老师分享绘本阅读……基于学科融合理念,教师还遵循小学生形象和抽象思维紧密结合并逐渐过渡的发展规律,设计"读""写""画""亲子实践"相结合的特色作业,培养孩子的审美能力,增进亲子关系,完成班级作品展示工作。

"灵动教学"的实施还离不开对细节的关注。教师结合小学生的心理和生理特点,从细节着手,在课堂上让学生注意坐姿,培养学生课前预习、课后复习、在课堂上踊跃回答问题等良好的习惯,并帮助学生养成讲礼貌、讲文明的生活好习惯。

二、创新班级管理——We are the best

蜀葵班就是我和孩子们的"家"。作为"班爸爸",对待自己的孩子,我更注重做

人之理。我以尊重、感恩、团结、奋进、安全和自信六个词作为治"家"之理。让尊重他人成为人生习惯，让感恩成为做人的支点，让团结成为前进的桥梁，让奋进成为学习的动力，让安全成为成长的保障，让自信成为成长的立足之本。而不断创新的班级管理模式让我在育人路上越走越轻松。

1. 日常管理——人人都是班干部

班干部不是荣誉，而是职责。一个班的孩子的性格各有不同，为了激发他们的兴趣和冲劲，班级实行班干部轮流制。我将班干部职责公布在公示栏中，轮到哪位孩子当班干部，谁就要在签到表上写上日期，并将一日管理情况记录在册。到了期末，全班同学投票选出"优秀蜀葵班干部"。如此，每一个孩子都有机会锻炼自己，都愿意主动承担爱护这个"家"的责任。

2. 树立良好的竞争意识

良好的竞争意识是推动人前进的动力，蜀葵班从个人和集体两个维度帮助学生树立良好的竞争意识。首先，在班级内设立"蜀葵小精灵"评价制度，每月一评比，对优秀和进步显著的孩子进行嘉奖，颁发专属奖状、奖章，为其他学生树立榜样和目标，同时也增加他们的进取心。其次，通过集体活动的表现、班级荣誉的争取、留给各科任教师的印象等内容，激发全班集体意识，进一步转变为班级和班级之间的良性竞争。

3. 创设"蜀葵币银行制度"

蜀葵班创设了"蜀葵币银行制度"，以实物形式对学生进行评价。学生可以获得"蜀葵币"，并自由存取在教师开设的"银行"里。每一次交易记录由班主任标注在"存折"上。学生可以使用"蜀葵币"换取礼物、抽奖、抽盲盒等。

三、创新劳动教育——无时无刻的渗透

劳动是一切幸福的源泉。校内，学生在"大手拉小手"活动中，在高年级大哥哥、大姐姐的手把手示范中，学会整理书桌，知道清洁工具的使用方法。回到家，根据制订的家务劳动时间安排表，做一顿饭、洗一双鞋、刷一次碗，在家里体验劳动带来的快乐。

此外，学校每学期也会不定时开展亲子社会实践活动，让家长和孩子一起参与到校外劳动实践中。例如，在植树节前后，父母带着孩子共同种下一棵树苗，撒下一粒种子，在行动中感悟劳动的价值，引导学生树立正确的劳动观，在潜移默化中培育他们勤俭、奋斗、创新、奉献的精神。

四、创新自信教育——我就是那朵"奇葩"

1. 创新运动会入场式

在新学期的运动会入场式上，孩子们决定来一次创新——利用废品制作服装，自信阳光地在全校面前展示创意服装。独特的表演受到全校师生的欢迎。

2. 创新"蜀韵"融合课程

在学校"蜀韵"融合课程基础上，蜀葵班的孩子再次发挥创新力。如选择泥塑来契合一年级的蜀韵主题"蜀乐"，研究折耳根以契合二年级的蜀韵主题"蜀食"……孩子们通过亲手设计、制作，将巧思妙想展现得淋漓尽致。

3. 创新乐考，其乐无穷

在每年的蜀韵游园活动中，穿着汉服在传统游戏中完成本学期的学习总结成为蜀葵班的传统。这样的评价创新，少了考场的严肃，多了考试的乐趣；少了试卷的冰冷，多了成绩的温度；少了考试的焦虑，多了孩子们开心的笑脸。大胆的乐考创新，真正让孩子们实现学中乐、乐中学。

五、创新家校共育——以真心换真心

"双减"背景下，家校共育遭遇新挑战。家长的各种焦虑、孩子的成绩情况都是教师尤其是班主任和家长交流的重点。除了提高和家长交流的频率，班主任还需要开辟其他渠道，搭建家校沟通桥梁，形成教育合力，发挥最大育人作用。

1. 传统家校交流——真实而温暖

除了学校定期召开的家长会，结合班级学生的实际情况，我还采取了"3+1"沟通模式：根据学号，每周与3名学生的家长沟通孩子的具体学习生活情况，做到一个孩子都不落下；对本周内出现的变化较大或需重点关注的1名学生进行家访，及时了解跟进其变化原因及个人状态，做到心中有数，再精准施策。

在一些特殊的日子如"六一"儿童节，将家长请进课堂，十几个爸爸、妈妈聚集在一起，从下午2点忙到晚上10点，给孩子们带来"零食书包"的惊喜，增进了亲子关系。在一些特殊时期，我还会以传统书信的形式了解家长内心的真实感受，疏导家长内心焦虑，平复家长情绪，让他们能以稳定的状态与孩子相处。

2. 妙用媒体工具，打破家校沟通限制

在实际工作中，相当一部分家长由于各种各样的原因不能陪伴在孩子身边。为此，经过不断探索和研究，我决定通过微信、QQ、钉钉等媒体工具助力家校沟通。有了这些工具，家长得以随时随地了解孩子在校的各种情况，学习学校发布的一些教育常识，

与教师或其他家长交流教育方法，更新陈旧的教育观念。微信群也逐渐从"通知群"演变成一个展示学生成长、家长交流成长的平台。微信群不再是冷冰冰的，而是充满了人情味。

家是一个可以学习的基地，一个温馨的港湾，一个感情的宣泄地。在蜀葵班这个大家庭里，我发挥自己的特长，让孩子们展现自己最美的自信，实现自己的价值。教师当以理性思维培育孩子成才，以感性的内心培养一个个独特的"人"。

撰稿人：童书恒

编辑手记 🖊

蜀葵是一种生命力强盛、颜色鲜艳的花卉，每一个孩子也是一朵花，有各自的独特性。要让独特的花朵绽放光彩，需要用爱浇灌、用心呵护。在班级管理中，班主任就像园丁，需要事事亲力亲为，需要时时不忘初心，更需要不断创新管理方式方法，以应对不同的"种子"和突如其来的"坏天气"。

全视界杂志　黄欢

"淘气堡"摘帽记

兴文县古宋镇温水溪小学校

由于生源复杂、师资不稳定、特殊家庭占比高等原因，无论课堂纪律、午餐午休，还是生生交往、宿舍就寝，"淘气堡"班级的孩子们在调皮捣蛋的路上花样百出，成为全校师生"闻之色变"的班级。在接任班主任后，经过多方分析和反复思索，我以立德树人根本任务为指引，以"五育"并举为路径，逐渐找到了班级管理的诀窍。

一、应对策略

一把钥匙开一把锁，在深入了解分析班级内部情况后，我将立德树人根本任务细化为理解、尊重、接纳、赏识、爱和守望，并将其融入"五育"并举的系列活动中。

1. 双向奔赴促理解

班级管理需要师生双向奔赴，需要班主任拥有发现美的双眼、创造美的智慧和拥抱美的情怀，在师生交往中做到足够理解、尊重、接纳、包容。理解学生所处的环境、遇到的困难，给予点拨；尊重个体差异和个性发展的价值，尊重他们的人格，遵循他们的成长规律；接纳他们特定阶段的情绪、情感；包容他们的缺点和不完美。

2. 自主管理列清单

实施问题清单式管理，在成长中纠偏，在纠偏中成长。以良好行为习惯和品格养成为切入口，制订详细的值周班长管理制度，发动学生全员参与管理，形成"德育无闲人，人人育人"的德育格局。积极组织班级自主管理会议和专题班会，在平等、尊重、自主的氛围中，结合班级实际和学生一天在校的行为表现，将学生自主管理的项目分成可操作性的类项，制订具体的标准和要求，编制自主管理手册，做到事事有商量、人人守规矩。

3. "五育"并举展特色

（1）德育渗透塑品格。将德育思想融于课程，注重以鲜明正确的价值观导向引导学生，以积极向上的力量激励学生，以丰富多样的活动塑造学生良好的品格，主要通过仪式典礼、主题教育、社会实践、班级文化建设、学生自主管理、心理团辅、特色活动等方面开展。始终坚持学生首位，让每个学生成为活动的主角；关注学生兴趣，让每项活动成为学生关注的焦点；满足学生需要，让每个场所成为学生个性展示的舞台。

（2）智育引领激兴趣。教学设计多样化，让学生在课堂上多分享、多交流、多发散、多思考；让作业设计高效化、生活化、趣味化，摒弃机械重复的抄写，让学生在完成作业的过程中激发学习兴趣，提升逻辑思维，提高自信心，获得成就感。

（3）体育锻炼磨意志。教师做到在大课间坚持陪伴学生跑步，跳韵律操；利用班会课开展班级乒乓球赛、羽毛球赛、篮球赛等活动；积极带领学生参加学校组织的各项竞赛活动，做到全力以赴。师生共同参与，在活动中增强团队意识，培养合作精神，调节情绪。

（4）美育营造冶情操。通过开展班级艺术展评活动，如成长手册创编、科技作品创作、心理剧本表演、绘画等美育活动培养学生发现美、感受美、创造美的能力，塑造良好品质与健康心态，陶冶学生情操。

（5）劳育实践创美好。以劳动实践课程为主阵地，设计符合学生年龄特点的劳动实践活动。充分利用和整合社会教育资源，开展社会实践活动，采取"走出去，请进来"的形式，在具体的实践中促使学生动心、共情，在一次次切身体验中感受劳动的艰辛，体悟劳动带来的美好感受；引导学生与外部世界建立联系，增强社会责任感，达到懂得尊敬每一位劳动者、珍惜劳动成果、形成正确劳动观与价值观的目的。

4. 家校共育促成长

通过多种方式构建良好的家校关系，让家庭成为学生成长的坚强后盾，让学生感受到自己被看见、被尊重、被接纳、被关爱。如在开展班级活动时邀请家长参与，共同出谋划策，既让活动更有效，又让学生有更多学习的机会，提高自身能力。又如组织厨艺展示、冷餐会、植树种菜等生活体验类活动，为学生提供动手展示的平台，锻炼学生的动手能力，让学生学会生活技能，培养学生的责任感、自信心、成就感。

5. 创新评价细量化

基于斯金纳操作条件反射理论，以"代币兑换"为管理机制，以参加班级活动相关维度为目标，对学生进行评价，把学生在学校和家庭的表现作为量化的内容，评价范围涵盖学生素质发展的德智体美劳等多个方面。这种评价关注的是学生的全面发展、多元发展、和谐发展。

具体操作方法为：设置"班级银行行长"1名，主要负责班级币的统筹管理。多方协调配合，协商制订积分银行加减积分细则。学生可根据自己的特长申请成立特色部门，参与积分银行活动，赚取相应数量的班级币。积分银行为每个学生设立了一个综合账户，积分的多少在一定程度上反映了该学生在校期间的综合表现。班级币可以在班内流通，学生可以参与积分拍卖会、用班级币参加班级促销活动等。总之，班级币根据本班具体情况，灵活调整。班级积分银行制度体现了社会化、个性化、民主化特点以及教育创新意识。

二、效果反馈

近两年的精准施策，让学生的精神风貌、学习状态、行为习惯、道德品质都有了质的飞跃。同校教师对我们班都刮目相看，并调侃说，"淘气堡"班级摘帽成功，可喜可贺！

教育路漫漫，问题何其多，改变学生不良的行为习惯，塑造良好的品格，是一个缓慢的过程，需要很长的周期，要以滴水穿石的恒心、静待花开的耐心、促进每一个学生成长的责任心，在学生心灵深处耕耘，用爱去包容他们、呵护他们，赋予他们生命怒放的权利。印度诗人泰戈尔说过："果实的事业是尊贵的，花的事业是甜美的；但是让我做叶的事业吧，叶是谦逊地、专心地垂着绿荫的。"班主任陪伴学生成长的事业应该是叶的事业，我希望自己这片绿叶能陪衬出更多甜美芬芳的花儿，请和我一起静待花开。

撰稿人：胡小琴

(编)(辑)(手)(记) ✏

我们常说"最好的老师是父母，最好的教育是陪伴"，对于班主任这个角色而言，同样如此。班级是学校进行教育教学的基本单位，班主任则是学校教育第一线最直接的管理者和教育者，更是陪伴孩子们健康成长的同行者和引路人。学生的千差万别，注定班主任管理工作具有复杂性。因此，在班级管理中，更需要班主任怀揣耐心、爱心、巧心，用科学的策略与方法，引导学生、发动学生，让学生参与管理，让每个孩子沐浴在爱的阳光下。

全视界杂志 黄欢

"四自"德育：新高考背景下的高中班级治理

四川师范大学附属中学

新高考制度改革是基于充分发挥学生的主体作用，促进学生个性化发展，让学生在考试科目上有更多的选择而进行的。走班制、选课排列复杂化以及上课的时间地点不固定等高中学习的特点，对高中生的自我规划能力和自主管理能力将是一大考验。因此，四川师范大学附属中学提出发展学生"四自"能力的管理模式，切实提升学生的核心素养，从而推动中学班级的自主发展。

一、自我规划——以我的大学为线索，自我规划职业生涯

（一）高一年级：生涯觉察

学生在每天的班会上用十分钟讲述"我的大学梦"。教师鼓励学生回家后查询这方面的资料，并不失时机地引导他们未雨绸缪，提前规划自己的职业生涯。学校每学期邀请生涯规划方面的专家作专题讲座，并开展霍兰德性格类型和职业匹配测试课，让学生了解"我具备哪些方面的能力，我要成为什么样的人"等一系列关于认识自我的问题，引导学生主动探索自我，规划人生。

（二）高二年级：生涯探索

高二时以带领学生进行职业体验和生涯探索为主。充分开发家长资源，利用周末和寒暑假时间组织学生到法院、医院、设计院、企业等进行职业体验，然后结合自己最喜欢的职业规划未来，在每天的班会课上讲述"我最喜欢的职业"。

（三）高三年级：生涯决策

高三时以考前心理辅导、志愿填报指导为主。教师对学生进行答题技巧和考试规律的总结辅导，学生则利用班会课进行以"我的大学攻略"为主题的演讲，具体到每

个大学的专业情况、录取分数、全国排名、就业情况等。每学期学校还安排了一至两次专家讲座，讲解如何选择专业、填报志愿。在设计自我规划时要制订完整科学的课程计划，以保障规划课的有序推进。

二、自主管理——以操行量化为载体，自主进行班级管理

（一）转变学生思想，激发自主意识

首先，明确班规的意义。先向学生讲述班规与《中学生守则》的内涵及具体要求。其次，要让全体同学参与管理，让他们成为班级管理的主人。最后，一定要在全班大力宣传班规的严肃性和约束力。

（二）加强自我调控，形成自主管理

自我管理的范围包括自我认识、时间管理、情绪调控、学习管理、行为管理、目标管理等。在情绪管理上，要引导学生把握好度，避免过犹不及，树立坚韧不拔、努力向前的意识。

（三）公平公正民主，自主管理班级

班级成立各种小组管理委员会，各小组管理委员会自觉按照一定规定对班级进行管理，从而激发学生的主人翁意识，让学生把自己当作班级的主人，肩负起维护班级的责任。

1. 民主选举的班委

鼓励全班学生参与报名，参加班委的海选。学生投票选出班委会，然后在民主集中制的原则下选举产生班长、团支书、体育委员、学习委员、文艺委员等分工明确的班委。

2. 轮流执政的值周班长

创造条件让每个学生都当一次班干部，得到锻炼机会。值周班长是经全班同学推选产生的，每八名同学组成一届班委会，负责本周班级常规管理，每个班委各司其职，对自己负责的板块进行全面管理。

3. 灵活多样的合作小组

班级除了常务班委、值周小组，还有学习小组，形成一个有层次的管理网络。学生在自愿基础上组成学习小组，每七人组成一个学习小组，每个小组选出一名小组长。小组整体参与班级评价和评比，每周进行一次小组联评，选出优秀小组和亟待改进小组。班委会和团支部负责对学习小组的表现进行记载和评价，每月进行总评，对两次及以上被选为"优秀小组"和"亟待改进小组"的小组进行适当的奖惩。

4. 以操行量化为主的常规管理

常规管理分为日常表现的评价、履职表现的评价、个人团体的评价等。每天分别进行打分、评价、分析、表彰、总结。

三、自主学习——进行有效指导，自主量化成绩分析

（一）有效指导——适时、适度、适当、适合、适应

适时，即要在学生最需要指导时，不失时机地给予指导，可以取得最好效果。适度，即指导不是完全地告诉和给予，以免剥夺学生尝试改错和从失败中学习的机会。适当，即指导的内容要有较强的针对性，并结合学生兴趣点和最近发展区给予指导。适合，即根据活动主题的特点，因材施教地进行指导。适应，即关注学生的需要，因为教学的艺术在于激励、唤醒和鼓舞。

（二）成绩分析——找准角度，精准剖析

班级在每次分析成绩时凭数据说话，让学生各自找差距与优势，制订改进和优化方案，再经过班主任适时恰当地引导学生修改，慢慢变成成熟的方案。

（三）总结成败——分享经验，反思改进

每次考后班主任都要给前四名的小组颁奖，排名第一的小组在班会课介绍经验，班主任买一点零食请排名最后的小组吃"爱心晚餐"。班主任还充分运用启发式教学，让学生先整体评价本组成绩，分析哪里存在问题，然后个体再进行自我反思、自我总结。

四、自强发展——以活动育人为核心，自主锻炼主动发展

（一）培养指导

让班集体充满斗志与活力，最重要的是激发学生强烈的表现欲，组织学生开展各项有益的活动，让学生通过展示自己的能力和才华获得认可与成功。

（二）活动育人

结合学校运动会、合唱比赛、诗歌朗诵比赛、文艺表演等活动，让每个学生都参加学校的活动，激发学生参加活动的主体性，让他们自己去分小组表演，充分相信学生、尊重学生、依靠学生，大胆地放手让学生去实践。

（三）主动发展

学生经过了多次锻炼，慢慢就有了主动发展的意识。班主任应该做一个站在旁边

鼓掌的人，一定要大胆地放手让学生参与班级管理，让所有的学生都在班级管理中承担一定的管理角色。

（四）螺旋提升

学校从高一到高三引导学生进行自我规划，让学生有了远大的理想抱负和长远规划，锻炼了自主管理学习生活和班级的能力，又通过自主学习中小组合作与竞争，相互帮扶，抱团取暖，收获成功。只有当学生的"四自"能力得到充分锻炼，他们自主发展的核心素养才能得到提升，获得一生发展的张力。

撰稿人：秦江、廖怡

编辑手记 ✏️

四川师范大学附属中学的发展学生"四自"能力的班级治理模式，切实提升了学生的核心素养，从而推动了中学班级的自主管理和每一位学生的自我发展，是从根本上解决学生发展的大德育，体现了教育的真谛：教育是教会学生自我学习，达到教是为了不教的目的；教育管理是教会学生自我管理，达到管是为了不管的目的。

内江师范学院 陈理宣

小组合作学习里的管理模式

金堂县土桥小学

金堂县土桥小学（以下简称"土桥小学"）在课堂教学中深入开展小组合作学习，让学生在讨论中学习，在学习中建构知识架构，从合作中求知，于展示中提升。

一、设计问卷，按需教学

为深入了解小组合作学习管理模式，土桥小学在进行班级小组合作学习前设计了一份问卷，围绕归属感和管理模式两个板块，对学生情绪管理能力、学生亲社会行为等 5 个方面进行调查。

结果显示，小组合作竞争的管理模式在学生中得到普遍认可，增强了学生对自身作为学习主体的认知。学科教师在班级管理中应积极听取学生的建议，关注 10％情绪管理能力差和 16％缺少亲社会行为的学生，激发学生的自觉性，使每一位班级成员都成为学习的主角，使学生的自主管理能力、合作交往能力、团队责任感等得到充分发展。

二、重构系统，合作学习

小组合作学习是以小组为基本组织单位，利用教学动态因素之间的互动来促进学习，以小组整体成绩为评价标准，共同达成教学目标的活动，也是对班级授课制的一种创新改革。基础教育新一轮课程改革的核心是教学方式的改变，合作学习是其中的一种重要学习方式。要真正让学生的行为、认知、情感融入小组合作学习，关键在设计，即建构系统的小组合作学习体系。

土桥小学的小组合作学习体系分为组织、文化、管理、培训、活动和评价 6 个板块。其中，组织板块包括组长设置、小组规模、小组划分、小组分工与小组座次等内容。其他板块也包含类似的内容。

1. 组长设置

组长包括常务组长 1 名和相应学科组长各 1 名。两种管理体制同步运行，一段时间后可互换角色，让每个组员都得到发展的机会。常务组长通常在新生入学时由教师指定，临时代理，半学期后由教师公布组长候选标准，学生参加竞选。学科组长则由学生个人申请或由班主任、科任教师挑选。小组还会设立纪律干事、卫生干事、宣传干事、生活干事等常规干事；任课教师则根据实际情况进行临时分工，如设置科学实验课的记录员、观察员、汇报员、计时员、操作员等。但无论是哪种分工，各组长都要明确自己的职责，且各小组要汇总每日情况，在教室公示栏内公示。

2. 小组规模

学习小组的人数一般为偶数，以 2 人为基本互助单位，根据班额大小分成 4～8 人一组，具体人数视教学环节、任务类型、学习基础、性别、班额大小等具体情况而定。如英语对话、互考互批、相互检测以 2 人组为宜；探究问题、科学课实验操作以 4 人组或 8 人组为佳；阅读、朗诵、书写、做题、比赛等更适合行列组；课外探究、兴趣小组适合自由组。学习时，大的问题由组长布置分工、安排学习，小的问题由 2 人组交流，较难的问题由全组共同探讨解决。每个组员都有展示、交流的机会。

3. 小组划分

小组按照组内异质、组间同质原则进行划分。组内异质，即小组内保证各成员的差异和互补，为组员之间的互助合作提供最大可能；组间同质，即各组基本处于同一起点、同一水平，能展开公平合理的竞争。划分时，由班主任、科任教师、班长、学习委员和部分学生一起，根据学生的性别、性格及学科优势等进行组间的个别平行调整，实现小组成员最优化。

4. 小组分工

每个成员扮演不同角色，承担相应责任，力求人人有事做、事事有人管。成员至少担任一职，可身兼数职。每个学生在小组活动中体现自身价值，发挥个性特长。

5. 小组座次

根据实际教学任务，有不同的座次安排，如突破分组式布局，学生先聚集在中间区域领取任务，再分散到四周进行独立的小组合作；便于两两操作的 2 人一组式布局；便于每名学生都能看到教师的 U 型布局；会议风格布局；等等。

三、量化评价，充分展示

1. 成立评价小组

根据异质分组加"好朋友"的方式，将某班级 52 名学生分成 8 个 6 人小组和 1 个 4 人小组。小组成立后，定组名，进行组内分工，选拔组长和副组长。

2. 进行多元评价

从班情、学情出发，制订班级评价量规，从上课、下课、纪律、卫生、两操等多方面对学生行为规范提出各档指标。同时，小组长对组员每一项的表现进行打分并公示，两次得 C 档的学生将不能参加班级评优。公开透明的评分让学生有了发展目标和方向，C 档学生越来越少，班级的纪律、卫生等方面的评分也越来越高。经过全体学生的共同努力，该班获得一面流动红旗，班容班貌有了很大改观。

3. 及时评价展示

班级每周评选优秀小组和优秀组长，不断强化组长的责任感和使命感，使组长能带领组员向优秀小组看齐。优秀小组以小组海报的形式展示。

四、学习改革，喜获成果

土桥小学自 2020 年起在全校推行小组合作学习模式，在不断的探索实践过程中取得积极成果。

1. 形成完整的小组合作学习模式，学校教师获得丰富的教学经验

一套完整的探索式小组合作学习模式不仅适合学校学情，让学生在提高学习效率上少走弯路，长期性的经验总结和问题探索也促进了学校和教师的可持续发展。

2. 学生的学习效率提高，形成良性的学习习惯和自主学习模式

要使学生对小组合作学习模式形成长期认知，需从低学段开始进行建构。长期的小组合作学习提高了学生在小组中的自主学习能力和团队协作能力。此外，长期性的多种学习模式能提高学生的学习兴趣、提升学习效率，为实现"五育"并举提供保障。

撰稿人：熊军

编辑手记 ✐

聚焦小组合作，让学习真正发生。新课改以来，合作学习作为一种新的教学理论和策略体系，给课堂教学注入了新的活力。但要让这种新教学理念真正发挥作用，而

不是简单地创新形式，并非一科一任教师所能。金堂县土桥小学从学校管理层面对小组合作学习进行研究，在充分结合校情、学情基础上，考虑教师与教师之间、学生与学生之间的差异，系统利用教学中动态因素之间的互动，实现促进学生学习的目的。

全视界杂志　邹蜜

"两自一包"新机制的创新实践

成都市龙泉驿区天鹅湖小学

在现代治理进程中，学校需加强与外界沟通合作，积极寻求各种资源，建立多方面合作关系，以提高学校教育质量和管理水平。这些思想与行动引领将是实现立德树人根本任务的基础。成都市龙泉驿区天鹅湖小学（以下简称"天鹅湖小学"）是一所创建于 2019 年的"两自一包"新机制学校，实行"教师自聘、管理自主、经费包干"。通过 4 年的探索性治理变革，学校办学效益初步彰显，在区域中形成了独特的学校文化，产生了积极的办学品牌影响。

一、构建协同与赋能的治理理论

天鹅湖小学坚持科学理论导向，落实新机制下的学校现代化治理，以深度践行为标杆，持续深化治理行动。通过挖掘协同理论、赋能理论的内涵，学校持续优化发展目标，创造学校建设的环境资源，有力推动现代化治理。

二、设置学校持续性发展的目标

在学校发展的第一个五年里，学校设置总目标：促进各项规章制度的完善与优化，促进学校管理队伍和教师队伍建设，建设完善的课程体系，不断提升育人能力和课程建设品质，深化和丰富以爱与美为主题的教育内涵，初步形成天鹅湖小学育人文化，探索幸福美好的教育生态创建路径。

三、推进基于"HTF"的迭代行动

学校基于"HTF"（H 指 Human，T 指 Things，F 指 Field，即人、事、场）学校文化生态模型优化学校治理体系，理清学校运行模式和机制，制订相应工作方案，促进各项事务有效推进；提升学校现有场域质量，打造全方位教育支撑生态。具体而言，学校已落实了"改革学校治理机构的设置""厘定学校重点任务与项目"两大维度的迭代式行动。

四、收获现代化治理典型发展的成果

（一）学校五年发展规划纲要

《天鹅湖小学中长期和未来五年发展规划纲要（第五稿）》聚焦学校初期五年的品质和文化积淀，逐步完善各项规章制度，持续完善课程体系，优化教师队伍，深化育人特色。学校在这一关键阶段以爱与美为引领，旨在探索和打造幸福美好的教育生态，并深度融入成都教育高质量发展的行列，争创成为区域教育引领者。

天鹅湖小学倡导四个基本主张：全人、全纳、共生、共赢。其中，"全人"和"全纳"体现学校对品质的追求，"共生"和"共赢"则对应学校追求高质量的标准。这四个主张共同反映了学校不断推进教育教学改革和组织变革的发展目标。

（二）学校现代化治理的组织架构

在发展进程中，学校校长带领团队不断优化学校的现代化治理组织架构，并持续探索超大规模学校应对策略，形成了"三部五会四中心"的组织架构。这一组织架构逐步迭代升级，形成了1.0版、2.0版、3.0版和4.0版。

在科学研究的基础上，学校遵循效率优先的原则，根据现实发展需要对"四中心"进行适当调整，以不断突出教育教学的中心地位。学校的管理模式和机构设置基于"三部五会四中心"的组织架构。"三部"包括党支部、团支部和大队部，既彰显了党组织的领导作用，也推进了党组织领导的校长负责制。"五会"则是指校务委员会、学术委员会、工会/教代会、家长委员会和学生议事会等权力机构，它们不仅实施了分权治理和民主监督，而且明确了各自的权责和议事规则，规避了决策失误或权力膨胀的风险。通过多元主体"共治"，学校形成了自主办学和社会广泛参与的格局。"四中心"则包括学生发展中心、课程发展中心、教师发展中心和行政管理中心，它们有机联结、互为支撑，在各自的管理单元下设立了分部和办公室，有效连接了教研组、年级组，并深入学科和教师个人，实现了宏观、中观和微观的三维统一。

（三）共生共长的学校育人文化

天鹅湖小学坚持"文化立校、文化治校"。通过学校文化建设提升内部治理品质，学校构建了一套共生共长的育人文化体系，引领学校内涵式发展。

学校文化内核的顶层设计包括办学使命、办学愿景、校训、学风、教风和校风等方面。天鹅湖小学的办学使命是立德树人，培养有爱、尚美的未来公民；办学愿景是成为一所现代化、国际化的未来学校，一所缔结爱、传递美的卓越学校。

学校以天鹅作为超级"IP"（指"内容符号"），将"看见你的美"核心价值作为显性文化，生成标志性文化载体，如校徽、校歌等，打造契合学校审美风格的标识系统。通过融合学科、建筑、色彩等元素，呼应核心理念，进一步丰富学校静态景观和功能空间。

（四）高效"互联网＋现代化"治理手段

学校信息化建设是当前教育现代化发展的重要组成部分。基于致力成为"一所现代化、国际化的未来学校"的愿景，课题组在学校建校之初就积极参与搭建支撑平台，并将其广泛应用于多种场景，实现信息的融合共享，持续推动学校治理体系和治理能力现代化。在使用过程中，支撑平台始终坚持加强技术改造，持续升级平台功能，不断拓宽服务边界，丰富系统应用，满足不同办公需求，整体提升学校运作效率。

五、实现现代化治理的发展效益

（一）教师获得专业成长，幸福感提升

天鹅湖小学将教师的专业成长和幸福感提升作为学校的重要任务。经过 4 年的发展，学校为教师的专业成长提供了多种途径，例如让教师参加有梯度的专业培训、学术研究、教学实践等。教师团队的学科素养、教学能力和科研能力不断提升。教师团队志同道合、同频共振，各学科组、各年级组、各部门交流互鉴，取长补短，整个教师团队初步成为精神共同体、学习共同体和发展共同体。

（二）学生获得全面发展，综合素质明显提升

经过学校的长期教育和学生的不懈努力，学生的综合素质得到了显著提升。在学业方面，学生的学科成绩不断提高，学习兴趣和能力也得到全面发展。在体育方面，学生的身体素质也得到了显著提高，多支体育团队在相关体操、棒垒球、气步枪等比赛中获得了优异的成绩。此外，学生在艺术修养、社会实践、动手和团队合作方面也得到了有效锻炼。

撰稿人：周学静、唐珠、刘海名

编辑手记 ✎

　　为解决学校自主办学活力不足、区域教育优质均衡发展缺乏可持续内生动力等问题，"两自一包"改革在探索过程中不断完善并创新，成都市龙泉驿区天鹅湖小学便是改革实践主体之一。制度改革，是学校治理的关键点，"两自一包"在构建学校现代化治理结构的同时，也推进了教育教学、人事、分配、评价激励、后勤保障等全方位的学校内部管理制度改革，更在教师层面创设出更加公平而富有效率的管理制度和职业发展阶梯，营造了一个激励教师想干事、能干事、干成事的制度环境。

全视界杂志　王渊

协同育人篇

党的二十大报告明确提出，要"健全学校家庭社会育人机制"。2023年1月发布的《教育部等十三部门关于健全学校家庭社会协同育人机制的意见》明确了学校、家庭、社会在协同育人中各自的职责定位及相互协调机制。家校社协同育人，育人是核心，协同是关键，机制是保障。当前，家校社协同育人机制建设在实践中还面临着一些困难和挑战，学校教育在协同育人中的主导作用还不够充分，家庭教育和社会教育在协同育人中的配合力度还显不足。针对这些问题，四川省一些学校和教师试图从强化分类指导、搭建育人平台、开展密切合作等方面进行实践探索，力求形成联动紧密、科学高效的家校社协同育人机制。

本篇包括13个协同育人案例。成都市武侯区教育局等在区域内开展劳动技能大赛，树立协同育人新理念；德阳市旌阳区教育科学研究院与教培中心凝炼"五维一体"研培模式，重塑协同育人新体系；成都市高新区教育发展中心等开展"家庭教育问题与对策"研究，增强协同育人新动能；乐至县教师进修学校以"乐教家和 桑都讲堂"唤醒家长进行家庭教育的意识；成都市北站小学探索实践"3＋3＋3家校云合作"实践育人模式；成都市高新区实验小学立足家校社协同，落实"双减"政策，建设育人新生态；剑阁县龙江小学校依托乡贤探索形成优秀家风家教的育人体系；宜宾市江安县橙乡幼儿园积极探索幼儿、家长、教师"三维聚力"的家园共育新路径；剑阁县普安幼儿园用"三个三"教育策略成功化解了"隔代教育"中的不利因素；成都市龙泉驿区华川中学以"三全"家访落实家庭教育促进法；马尔康市第四小学通过开展综合实践活动调动家长和福利院协同育人积极性；四川省旺苍白水初级中学校通过校本化法治教育实践建立家校社"三位一体"育人场域；成都高新大源学校范蓓蓓老师与学生家长协同，转化问题学生的案例更是感人至深。这些案例充分说明，家校社协同育人已成为当前深化教育综合改革、构建良好育人生态的重要举措。

"3＋3＋3 家校云合作" 育人实践探索

成都市北站小学

成都市北站小学（以下简称"北站小学"）系统落实《金牛区教育系统关于深入开展线上线下家访工作的通知》要求，构建和谐家校关系，营造风清气正的良好教育生态，着力构建以校长领导力、教师创造力、家长影响力为支撑的"亲清家校"线上教育模式，坚持"3 个结合"高起点谋划、"3 条路径"全方位推进、"3 项机制"常态化落实，为金牛区"提升金牛品质、打造金牛品牌、重振金牛雄风"总体要求提供强大精神助力和智力支持。

一、探索过程

（一）坚持"3 个结合"，高起点谋划线上"亲清家校"工作

1. 结合重大发展战略谋划

习近平总书记用"亲""清"二字来阐述新型政商关系，而家校关系也应在"亲""清"上下功夫。加快"建教育强区、办品牌教育"进程，建立和谐家校关系是形成风清气正的金牛教育生态的重要支撑。"亲清家校"工作的内容一是要打造亲密的家校教育之间的关系，让家长与学校因为孩子而彼此走近、齐心协力，逐步形成相互依赖的和谐关系；二是要明确各自的职责分工。

2. 结合教育发展需要谋划

北站小学着眼于完善终身教育学习体系，不断丰富学校教育、家庭教育和社区教育的内涵和外延。加强学校与家长、社区之间的协作与互动，优化线上教师资源，建立家校社友好互通的联盟关系；运用线上家长资源，建立线上家校合作共育的同伴关系；拓展线上社区资源，建立学校社区友好互动的伙伴关系，初步构建起学校、家庭、

社会一体的线上"亲清家校"立体教育格局。

3. 结合学生成长需求谋划

整合教育、卫生、社区、企业等有关单位力量,让不同类型的资源成为学校线上育人的有效载体。同时,广泛开展多主题、多形式的线上家校共育活动,结合省教育厅"道德与法治"课程资源以"疫情教会我……"为主题开展德育工作,实现家校信息的"对流"和家校教育的"衔接",引导广大家庭和社会力量主动配合学校教育,形成携手共育的强大合力。

(二)打通"3条路径",全方位推进线上"亲清家校"工作

1. 打通"理论—实践"路径

成立家长委员会联盟,专门进行家校共育研究和实践创新工作。通过理论与实践互动,推动家校共育工作走上科学规范的发展之路。

2. 打通"校内—校外"路径

树立大课程资源观,将社会资源有效转化为线上教育资源,将教育资源深度转化为课程资源。学校骨干教师、学科带头人运用钉钉、腾讯会议等线上交流平台开设科技、国画、声乐等素质特色教育课程。构建以线上教育为主体,家庭教育为基础,社会教育为依托,学校、家庭、社会三结合的教育大平台,让德智体美劳"五育"场所从学校和家庭延伸到"云端"。

3. 打通"线上—线下"路径

将信息化作为推进家校共育的有力载体,构建具有北站特色的区域教育信息技术数据库、教培辅助、教育博客、教育视频"四大系统"。加强微信公众号建设,为师生家长提供全方位信息资讯服务,弥补传统家校沟通的弊端,拉近学校、教师、学生和家长之间的距离。综合利用大众传媒与信息技术的服务应用,建立起学校、家庭、社会一体的"亲清家校"立体教育网络,搭建教育资讯、技能培训与资源共享一体化平台。

(三)完善"3项机制",常态化落实线上"亲清家校"工作

1. 完善组织管理机制

学校完善组织管理机制,切实落实立德树人根本任务,增进学校与家庭之间、教师与学生和家长之间的互相理解,促进教师全面了解学生在家的生活学习情况,同时了解家长在家庭教育中存在的困扰,保障学生身心健康,促进亲子顺利沟通,为生命教育助力,形成家校育人合力。

2. 完善交流培训机制

各班在家委会的配合下创办由家委会委员轮流担任校长的家长学校,在新冠肺炎疫情期间定期举办线上学习讲座、研讨沙龙、主题论坛等活动。建立线上家长开放日等家校互动制度，协同推进学校、家庭、社会教育。

3. 完善队伍建设机制

将校长、党员教师、家长志愿者作为线上家校共育工作的主力军，围绕主题教育凝聚队伍合力。以党员教师、骨干教师"线上家访"主题活动为载体，发挥名优教师骨干引领作用，持续推进名师闪耀工程。招募线上家长志愿者，借助家长影响力，拓宽学生线上交流的渠道，拓展学生素质教育内容。

二、实践反思

"3＋3＋3家校云合作"是在实践中探索出的家校共育的新模式，经过实践应用，逐渐完善和成熟，形成学校特色品牌。这些举措改变了学生家庭教育现状，改善了未成年人的成长环境。北站小学合理利用家长资源，构建"3＋3＋3家校云合作"大德育运行格局，通过进一步加强与教育研究机构的联系，集聚符合新时代发展要求的才智"强磁场"，多角度、多渠道、多方位地指导教师、家长，帮助教师与家长建立起相同的教育观，在线上线下营造和谐家校关系，携手培养德智体美劳全面发展的社会主义建设者和接班人。

撰稿人：王冲

编辑手记 ✏️

近年来，成都市北站小学以"优教成都、金牛品牌"为牵引，秉承学校、家庭、社会协同育人的教育理念，高度重视家庭教育在学生成长过程中的重要作用，努力培育"亲清"和谐的家校共育环境，从而构筑"家庭教育得法，学生成长有道，家校共育提效，社会和谐进步"的家庭教育体系，通过"线上—线下"家校共育让孩子们学会思考、体察、分辨，认识正直、坚强、无畏、忠诚和爱，让他们懂得规则、担当、团结的意义。这既是北站小学教师、家长始终坚守的初心，也是每一位教师、家长义不容辞的使命。

四川省教育学会秘书处　朱远平

"五维一体"提升学校家庭教育指导力的旌阳实践

德阳市旌阳区教育科学研究与教育培训中心

一、案例背景

实现协同育人目标的一个枢纽点就是教师。研究和推进教师家庭教育指导力建设具有十分重要的现实意义。调研发现，从总体看，德阳市旌阳区家庭教育指导力薄弱，父母对子女的教育常常感到有心无力，缺乏科学的育儿理念与方法，学生学习成绩提升渠道单一、学习内容碎片化、学习方式过于传统，亟须数字化资源建设以提质增效。为此，德阳市旌阳区积极探索家庭教育指导力建设，以家校共育的现实问题和强烈需求为驱动，以创建"国家级规范化家长学校实践活动实验区"为契机，在推进家校社协同育人实践中凝练出"五维一体"的研培模式，构建出将家校共育资源的开发与家庭教育指导力建设相融合的实践样态。

二、主要做法

（一）需求调研，形成区域家校共育数字化资源需求调研报告

为全面了解全区义务教育阶段学生家校共育的需求情况，德阳市旌阳区教育科学研究与教育培训中心组成课题组，向全区 41 所中小学发放学生、教师、家长调查问卷，共收到学生有效问卷 9722 份，家长有效问卷 13299 份，教师有效问卷 1002 份。调研发现，教师和家长对家校共育需求一致，希望能通过多种渠道学习家庭教育知识，愿意参加线上学习。对于课程内容，家长的需求依次是学习辅导、亲子沟通、情绪管理、青春期教育、生涯规划等。

（二）问题导向，探索"三方融合"数字化家校共育资源开发路径

一是坚持自主开发，推出"成长有方 亲子微课"家长课程。依托罗湘德育心理名

师工作室微信公众号与喜马拉雅 APP 的相关资源，自主开发了基于积极心理学"PERMA"模型的"成长有方"系列线上课程。二是连接外部资源，邀请专家授课，开设家庭教育指导师培训课程，积极丰富家校共育信息平台的课程内容，并组织全区教师、家长参与学习。三是整合区域资源，推出"成长有方 教育故事"教师课程与"成长有方 我爱我家"学生课程。开展第一届成长有方家校共育教育故事征集活动，第二届成长有方家庭教育微视频征集活动，开发出线上微课"成长有方 教育故事"（教师课程）与家长课程。

（三）拓宽渠道，探索出"研""培""赛""募"四位一体的队伍建设模式

一是以"研"提"质"，提升队伍科研能力。以教师改善自己的家庭教育指导实践为取向的研究活动，极大地激发了教师的工作热情，营造了良好的科研氛围，全面提升了科研水平。二是以"培"促"学"，夯实队伍实践技能。按照"梯度培育、螺旋推进"的策略，重点实施"家庭教育种子教师"培训计划，遴选出名优教师将其培养为"旌阳区家庭教育讲师"，组建区域学校家庭教育讲师团。三是以"赛"增"效"，助力共育智慧生成。借助全区学校争创"规范性家长学校"的契机，组织开展了"成长有方"家校共育系列主题竞赛活动，激发教师与家长参与家校共育的热情与创造力，实现以赛促学、以赛促教、以赛增效。四是以"募"扩"源"，增强家校社协同力量。通过与当地妇联联合在全区开展"寻找旌阳百家好爸好妈暨家庭教育宣传实践活动"，面向全区招募热心家庭教育工作、育儿经验丰富的家长，组成家校共育联盟，共同进行课程资源研发与运用。

（四）推广应用，建设家校共育数字化资源的四级五类信息传播圈层

为确保资源的高效率推广应用，学校建立了以名师工作室微信公众号、旌阳教育大数据中心、喜马拉雅 APP 为媒介平台，覆盖"区域学校圈层、德育圈层、班主任圈层、家长和学生圈层、社会圈层"等五类受众圈层的四级信息传播和资源应用圈层。

（五）构建旌阳区数字化家校共育资源库

一是建立家校共育课程资源库。结合喜马拉雅 APP，将"成长有方 亲子微课""成长有方 教育故事"线上课程推广到全区各中小学校。二是汇编满足家校共育现实需求的品牌课程集。课题组依据家校共育课程开发原则、开发目标、开发内容以及评价原则，依托"自主开发＋链接外部＋整合区域"的三方联动的资源开发路径，汇编了两套家校共育课程资源集。

三、实施成效

（一）探索出具有区域特色的数字化家校共育资源开发运用"三化"策略

一是家校共育师资队伍建设专业化。整合各方力量，建构家庭教育专业人才培养体系，逐步将区域内的大批优秀班主任培养成为具有家庭教育指导能力的人才。二是数字化家校共育资源的开发科学化。坚持"三方融合"的资源建设路径，逐步建立旌阳家校共育的数字资源库，加快资源开发的科学化进程。三是数字化家校共育资源的推广应用系统化。以区域的现实需求为导向，坚持整合各方资源，建立系统的资源应用圈层，促进家校共育数字化资源的高效率使用。

（二）打造了"行政主导、多方合力、职能共生"家校社协同育人的旌阳模式

为确保资源的高效率推广应用，学校建构了"行政主导、多方合力、职能共生"四类五级管理路径，其中课程开发及教师培养经费由旌阳区研培中心"家校共育"专项经费、关工委"家校共育促成长"专项经费、罗湘名师工作室专项经费构成，培训场地由区域规范性家长学校提供。

（三）形成了"课题引领、专家领航、区域整合、多方发力"家校社协同育人的新格局

一是多措并举，促进了学生的生长力。双向高效沟通机制的建立让学校和家庭获得学生成长的第一手资料，增强了育人的针对性、实效性和整体性，促进了学生全面和谐成长。二是整合资源，提升了家庭的教育力。引导家长掌握系统科学的家庭教育方法，调动了家长科学育儿的积极性，形成了强大的教育合力，减少了问题学生的发生率，更好地促进了学生的发展。三是专家领航，增强了教师的指导力。相关领域专家培训指导试点学校教师，提高了教师对家庭教育的指导能力和水平，促进了教师的成长。四是家校协力，助推了学校的发展力。高质量的家庭教育助力家校共育提质增效，促进学校教育良性发展，加快了学校的特色化、品牌化建设与发展进程。

撰稿人：罗湘

编辑手记 🖊

教研机构如何在协同育人中有所作为？德阳市旌阳区教育科学研究与教育培训中心给出了很好的答案。他们以需求为牵引、问题为导向，采用"课题引领、专家领航、

区域整合、多方发力"的办法，坚持"自主开发＋连接外部＋整合资源"的三方联动方式，致力家校共育资源的数字化建设，探索出"三方融合"的数字化家校共育资源建设路径，形成了覆盖全学段的数字化家校共育课程资源库，增强了学生的参与意识和家长的合作意识，提高了教师家校共育的能力和水平。

四川省教育学会秘书处　朱远平

用优秀家风家教育人的创新实践

剑阁县龙江小学校

剑阁县龙江小学校地处秦巴山区城乡接合部，受地域经济发展、家庭文化背景等影响，留守儿童、隔代监管等现象非常普遍，家风教育缺失现象较为严重。为此，学校结合实际，以优秀家风家教塑造为切入点，开展了立德树人创新实践，取得了显著的家校社协同育人成效。学校不仅成为学生成长中心，而且也成了优秀家风家教文化传播中心。

一、主要做法

（一）依托乡贤，探索形成了一套优秀家风家教育人体系

学校以"镜默斋"（私塾）创始人、晚清湖南布政使李榕的优秀家风为线索，围绕落实立德树人根本任务，在校内设立了李榕纪念馆，构建了以传承和弘扬优秀家风为主题的校园文化，通过"传家训、立家规、树家风"等三个途径以及"观基地、谈家教、写家书"等八项措施，把优秀家风文化融入课程体系、教学体系、实践体系、活动体系、管理体系、评价体系，从而破解难题。

（二）校内育人，用优秀家风家教为孩子的成长种下一粒种子

1. 用好一个基地

学校以李榕家庭的"勤和恕让"优秀家风为依据，用一间功能室在校内建了李榕纪念馆，以乡贤故事激励师生不断进取。纪念馆以李榕生平为线索布局，陈列李榕的诗文著述等相关文物，展现了李榕家庭的优秀家风。学校定期组织教师、家长、学生参观纪念馆，纪念馆也面向社会免费开放。学生参观纪念馆，一是可以了解李榕家庭的优秀家风形成在封建时代所具有的进步意义；二是能接受家风教育、廉洁教育、法

治教育；三是可以把所受到的启示转化为实现中华民族伟大复兴的共同追求。

2. 开发一套课程

为不断完善家风传承载体建设，弘扬自强不息、扶危济困、见义勇为、孝老爱亲等优秀家风，培养学生爱党爱国爱家乡的情怀，增强学生家庭意识、社会责任意识和国家意识，学校在专家的指导下编写了以弘扬优秀家风为主题的校本读物《我们的学校》《李榕的故事》《李榕诗词楹联选粹》《古今优秀家书集》《小学生常规礼仪》，让学生在不断了解中华优秀传统文化的过程中增强文化自信，形成优秀道德品质，养成良好行为习惯，推动校园文化建设。

3. 学科融合育人

一是与道德法治课程融合。以培育优良家风为切入点，以李榕纪念馆、校本读物和家风绘本、现代"文明家庭"故事为载体，将优秀家风教育同道德与法治课程教学融为一体，既保证了学校教育的整体性、连贯性、延续性，又保证了其针对性、创新性和有效性。二是与语文课程融合。语文教师在课堂上组织学生阅读《古今优秀家书集》，组织开展家风故事征文、红色家书诵读等活动，通过语文实践活动激发孩子们的阅读兴趣，检验孩子们的阅读成果，也鼓励教师聚焦师生家庭家风变化和社会文明新风建设进行教学。

4. 开展系列活动

一是说家风、话家训。学校师生与家人一起研读李榕、周恩来等名人的家规家训，组织开展以"培育优秀家风"为主题的培训活动，营造良好的家风氛围，鼓励学生参加"蜀道好家规""我们的家风故事"等征文活动。二是写家书、谈家教。学校选编了《古今优秀家书集》，动员家长和孩子相互写"家书"，家长向孩子提出上进的要求，孩子向家长汇报一学期的学习与生活情况，鼓励他们参加由妇联倡导的"我为父母（子女）写家信"征文活动。三是识家谱、明家史。学校倡议学生和父母一起拜谒祠堂或宗族碑，寻找、研习自己的家谱，一起探究自己家庭的起源、变革。学生在寻宗过程中，向长辈了解家庭发展历史，用文字或图片记录下值得留念的家庭故事、家族大事，与老师、同学共享，培育学生的家庭责任感，社会责任感和国家责任感。

（三）辐射社会，学校成为优秀家风家教文化传播中心

1. 开展家长培训，面向社会传播优秀家风家教文化

学校对学生进行优秀家风教育，就是通过小手牵大手的形式反哺家庭，建设符合社会主义核心价值观的现代家风。学校党总支联合妇联、检察院等部门，组建了家庭建设指导委员会，为家庭教育提供指导和服务。学校指导家庭制订家规、家训，进行优秀家风培育，明确现代家书的写作意义，搭建家庭亲子阅读的桥梁。

2. 接待研学团队，把学校资源转化为社会资源

以家风家教为特色的李榕纪念馆也是中小学生研学实践教育基地。学校制订了研学课程和家风体验内容，运用文字、实物、图片、视频等形式，突出家风教育特色。学校有家风苑、礼仪路、青云石等校园十景，有在中央纪委国家监委网站展播的李榕清廉家风的相关图片，有与中共四川省纪委四川省监察委员会联合录制的家风文化传播纪录片《克勤克俭，负耒横经》，有完成省级家风建设研究课题的全套资料，有廉洁文化名言警句，有广元市法治教育警示展播厅相关资料。硬件软件相辅相成，是具有新时代气息的沉浸式体验家风教育基地。

3. 由校及家，影响区域内学生家长的人生价值观

家庭教育具有延续性，常常不止影响一代人，优秀的家长不但能把子女教育好，而且能保证隔辈后代成才，因为这些家庭形成了好的家风、好的家教传统。学校通过提炼、张贴优秀家规家训，推动学生家庭逐步形成良好的家风，让孩子自小从家庭所有成员身上接受良好的道德教育。学校举办家庭教育论坛，分享、推介家庭教育经验，树立优秀家庭教育典型，通过家校协作形成育人合力，让家长认同学校弘扬家风的教育理念，让孩子体会到家长的艰辛，进而更好地促进孩子健康成长。

二、实践成效

用优秀家风家教育人的创新实践活动，聚焦社会主义核心价值观培养，聚焦学校、家庭、社会协同育人，聚焦用优秀家风潜移默化地影响学生，已结出丰硕果实。近年来，有五位教师的家庭、四位学生的家庭被评为全国省市县"五好家庭"或"最美家庭"，树立了公民道德建设的典范，推动了"三全"德育工程落地生根，得到了社会各界的高度评价。学校的研究成果推广到五指山度假村家风培育基地，学校教师多次在市内外妇联、学校、社区等作交流，受众达两万多人，为大中小学思政课一体化建设提供了地方样本。县妇联主席在剑门关社区作家风宣讲时说："李榕纪念馆传承了乡贤文化、地域文化、家风文化，是落实习总书记家庭教育讲话精神的直接体现，践行了《中华人民共和国家庭教育促进法》。学校优秀家风教育下全国"五好家庭"的产生，为社会传递了积极的向上向善向美的正能量。"

撰稿人：梁玉钊、蒲雪梅、郭明庭

㉿ 编 辑 手 记 🖊

　　家是小的国，国是千万家。家风是社会风气的重要组成部分，优秀家风能引领良好社会风气。习近平总书记强调，家庭是社会的基本细胞，是人生的第一所学校，不论时代发生多大变化，不论生活格局发生多大变化，我们都要重视家庭建设，注重家庭、注重家教、注重家风。剑阁县龙江小学校以李榕纪念馆为载体，因地制宜开发出了以弘扬优秀家风为主题的校本读物，校内校外、课内课外相结合培养学生家国情怀和高尚人格，是家校社协同育人的生动实践，其做法值得称道。

四川省教育学会秘书处　朱远平

"三维聚力"的家园共育路径探究

宜宾市江安县橙乡幼儿园

宜宾市江安县橙乡幼儿园（以下简称"橙乡幼儿园"）通过家庭、家教、家风教育，以幼儿、家长、教师三个维度探索实践家园合力育人的新途径和新方法，促进了幼儿健康成长。

一、主要做法

（一）基于幼儿特性，实现"家庭育人"

家园共育的前提是幼儿园为幼儿打造与家庭环境接近的、让他们获得安全感和松弛感的育人空间。唯有如此，才能在幼儿的心灵烙下家庭和睦、生活幸福的美好印记。

1. 仿照家庭环境，为幼儿营造温馨氛围

为帮助小班幼儿尽快度过"分离焦虑期"，教师尽可能用亲切的言行给予幼儿温暖与关爱，将家庭的温馨气氛延伸至班级。如选用幼儿与家人的合照布置主题墙面，在每个幼儿的书包、水杯、毛巾、床位等处标上特定的学号，激发幼儿"小主人"意识。这样，幼儿既不会因为暂时从家庭脱离出来而感到陌生、恐惧，又能够渐渐融入幼儿园新环境，在教师的引导下和同伴携手共建班级大家庭。

2. 建构家庭课程，为幼儿丰富生活体验

基于"我的家庭""家庭成员""快乐家庭日"等主题，幼儿园开设与家庭相关的活动课程，根据不同年龄段幼儿的发展水平和兴趣，整合家乡风景名胜、名人故事、物产等课程资源，深入挖掘"家"的相关元素，建构"家庭小操大家做""我爱包饺子""妈妈拖地我扫地"等家庭类课程，紧密连接课堂内外，帮助幼儿创造浸润着生活色彩的真实体验。

3. 开展家庭游戏，为幼儿涵养美好心灵

教师引导家长和幼儿在家庭区、表演区等区域开展游戏，为幼儿提供适宜的支持。如在"娃娃家"游戏中，让孩子扮演布娃娃的父母，照顾生病的"宝宝"，"换位"体会亲人对自己的付出和关爱。在家长学校、班级家长群中进行亲子游戏分享，启发家长总结科学的育儿经验，摒弃"放任自流""包办代替"等误区，使幼儿慢慢学会关心家人。

（二）挖掘幼儿潜质，完善"家教育人"

正确的教育方法、良好的教育契机和先进的教育经验，助推家长和教师引导幼儿健康、全面地发展，将他们培养成有理想、有情怀的人。

1. 搭建平台，切实推进"科学家教"

橙乡幼儿园健全家长学校制度，借助线上线下相结合的教育平台定期组织家庭教育培训活动。如家长学校推出"家教课堂"，引导家长学习育儿课程，学会管理情绪的方法，学会倾听、理解、尊重、接纳、鼓励幼儿，按照一定的方法引导幼儿克服困难；通过家长沙龙，引导家长反观自省，察觉内在的精神力量、心理能量，提升和完善自我，为幼儿树立榜样。

2. 优化活动，全面引导"日常家教"

幼儿园倡导、带领家长及幼儿开展日常亲子游戏，增进亲子感情。如通过亲子棋类游戏培养幼儿的观察、分析、推理能力；开展班级"家务劳动小达人"评比活动，引导家长对幼儿进行劳动教育；在"老鹰捉小鸡""跳方格"等简单的游戏活动中，放手让幼儿自主商定规则、友好交流。

3. 畅通渠道，积极促成"协力家教"

幼儿园遴选家长教育的成功经验，甄选家长的先进做法，拓宽家庭教育案例汇集通道，创建家庭教育案例展演平台。如幼儿园每月开展"家长说教育"活动，激发家长群体对教育政策、理论的学习热情，使教育知识和理念具体化、形象化，切实提升了家长的育儿能力。

（三）聚焦幼儿品格，深化"家风育人"

深化"家风育人"要从幼儿抓起，使其从小树立远大理想、厚植家国情怀。

1. 集家训，用道理启蒙幼儿

《颜氏家训》《韩愈家训》《朱子家训》《曾国藩家训》都是培养幼儿品德的良好启蒙教材。橙乡幼儿园引导家长基于儿童立场注意语言的转化，通过讲故事、词语释义等方式，把家训中的道理自然而明晰地呈现给孩子。如有的家长把《曾国藩家训》的

第一条"不睡懒觉，坚持早起"贴在幼儿的床头，潜移默化地影响孩子。

2. 绘家书，用真情感动幼儿

家书既是联系家人、寄托情感的载体，又是长辈教育子女的重要形式。橙乡幼儿园精选古代优良家风传承的绘本推荐给家长，通过家长学校教会家长制作绘本，让家长把优秀家风故事绘制成家庭教育绘本。通过共绘与共读，家长渗透了情感教育因素，架起家书故事与现实生活的桥梁，让故事人物和父亲、母亲等幼儿的身边人形成对照，使情感启迪和家风教育落到实处。

3. 立榜样，用"身教"引领幼儿

父母是儿童最主要的模仿对象，其一言一行都会对儿童产生巨大的影响。橙乡幼儿园引导家长注重"身教"，提升品行，用幼儿喜闻乐见的形式传递道德观念，树立正面、积极的形象，激发幼儿对正确价值观形成发自内心的认同感。

二、主要成效

近年来，家园共育理念已扎根于教师和家长内心，推动了园所各项工作的快速发展，取得了显著成效。

（一）架构出富有生态特色的园本课程

"三维聚力"的最大成效是初步架构了园本生态课程体系。在此过程中，家长积极参与课程资源收集、课程实施，建立了科学的课程观，成为课程建设的参与者、实施者、评价者。从 2019 年新建园开园至今，橙乡幼儿园已形成小、中、大不同年龄段的主题课程共 32 门，如小班课程"蜗牛之旅""青菜好朋友""萌鸡成长记"，中班课程"遇'稻'你""嗨！萝卜""薯与你"，大班课程"花生旅行记""桂花飘香沁满园""骑乐无穷"等。

（二）培育出"亲自然""慧生活"的完整儿童

"三维聚力"第二个方面的成效是家园合力实施园本课程，培养了"亲自然""慧生活"的德智体美劳全面发展的完整儿童。如在"亲自然"亲子课程活动中，教师帮助幼儿深入认知橙花岛橘子、黄泥坝萝卜等家乡农特产，在促进幼儿生态理念形成的同时也让他们萌生了热爱家乡的情感；小班组开展"爱绘本 会游戏 乐运动"亲子绘本运动节活动，以"健康教育"为载体进行家园联动；中班组开展"春日火锅宴"生态课程活动，从趣聊火锅、食材准备到围锅生火、煮火锅、吃火锅，以食育文化为载体进行家园联动；大班组开展"探秘西南古民居 '五育'并举研学行"生态课程活动，以夕佳山古民居文化为载体进行家园联动。

（三）成就懂教育、会教育的家长

"三维聚力"使家长的教育观念发生转变，家长能主动为幼儿园环境创设、课程建设、活动开展等献力献策。最显著的变化是家长与幼儿的交流方式从"说教"转变为"商量"，同孩子的关系更加平等，从"看不懂孩子"转变为主动学习《3-6岁儿童学习与发展指南》，从以前对班级教师的诸多不解转变为理解、配合且积极支持幼儿园的教育工作。

（四）幼儿园的影响力得到提升

通过"三维聚力"家园共育，园所影响力不断提升，特色办园实践得到省、市、县各级专家、领导以及家长、社会的一致好评，被学习强国、中国网、四川教育、宜宾市教体局等宣传平台予以报道。2020年10月，幼儿园被评为宜宾市示范性幼儿园；2022年10月，通过四川省示范性幼儿园验收；2022年10月，被评为宜宾市品格教育示范校（园）；2022年9月，被评为宜宾市先进工作集体；2023年3月，被评为宜宾市教育评价改革试点项目校（园）；在各类保教质量、督导评估、研训、语言文字等考核中均获一等奖。

撰稿人：邓健梅、卿云丹

（编）（辑）（手）（记）✎

家庭是人生的第一个课堂，父母是孩子的第一任老师。随着《中华人民共和国家庭教育促进法》出台，家庭教育便由"家事"上升为新时代的重要"国事"，充分说明家庭教育的重要性。习近平总书记指出，要重视家庭建设，注重家庭、注重家教、注重家风。要重言传、重身教，教知识、育品德，身体力行、耳濡目染，帮助孩子扣好人生的第一粒扣子，迈好人生的第一个台阶。宜宾市江安县橙乡幼儿园积极探索实践"三维聚力"的家园共育的新路径，实现了"家庭育人""家教育人"和"家风育人"的和谐统一，其成功做法值得其他幼儿园学习借鉴。

四川省教育学会秘书处　朱远平

"乐教家和 桑都讲堂"家庭教育创新实践

乐至县教师进修学校

一、案例背景

乐至县是一个农业大县，许多青壮年劳动力都外出打工。在此背景下，留守儿童家庭、流动儿童家庭不断出现，离异家庭、重组家庭和多孩家庭的数量也在不断增加。各种家庭教育问题和困境，都指向当今家庭教育的一个核心问题——父母的家庭教育能力亟待提升。为贯彻落实《中华人民共和国家庭教育促进法》（以下简称"《家庭教育促进法》"）、《教育部关于加强家庭教育工作的指导意见》和习近平总书记关于"注重家庭、注重家教、注重家风"的重要讲话精神，乐至县教师进修学校牵头组建家庭教育讲师团，于 2022 年 5 月 15—20 日每晚 8—9 点，以"乐教家和 桑都讲堂"为名分章分节开展《家庭教育促进法》解读线上直播活动。

二、主要做法

1. 前期调研，了解情况

本次活动下发了调查问卷，面向全县 8 大学区指定的社区和县城 3 个社区共 1820 名家长，共发放问卷 1820 份，收回 1820 份，有效率达 100％。调研数据说明，许多家长认为学习成绩的好坏是学校和老师的事情，自己只要照顾好孩子的生活就可以了。家长并不具备或不完全具备家庭教育的能力，家庭教育的缺位成为影响孩子健康成长的一个主要原因。

2. 精心打磨，集体备课

讲稿的形成经历了 4 个步骤。一是让讲师团成员认真学习《家庭教育促进法》，广泛收集素材，设计讲稿内容，成员互相对讲稿进行优化，进行第一轮修改。二是根据讲师团指导专家意见，再次讨论并进行第二轮修改，层层把关、严控质量。三是在讲稿定稿后，指导专家根据讲稿内容修改课件，从图片收集、视频剪辑到字体排版等都做了精心设计。四是由主讲教师试讲，其他讲师团成员认真听，指导专家一旦发现问题立即指出，反复数次，精益求精。

3. 认真研究，选取平台

在组织过程中，学校又面临一个新的问题：怎样的直播方式才能使听讲座的家长更方便，尤其是农村的老年家长？学校从钉钉到腾讯会议，再到抖音、小鱼直播，最后选择了企业微信，既满足了大家的要求，也达到了学校的预期效果。

4. 形成合力，多方宣传

一切准备就绪后，县关工委、教体局、妇联利用微信公众号进行宣传。学校将讲座信息发到相关微信群、QQ 群并让社区书记通知各社区居民，学校各班主任将讲座信息发到各班家长微信群、QQ 群，进行多方宣传。

5. 有序组织，认真开展

通过近 2 个月的精心筹备，"乐教家和 桑都讲堂"线上课程于 2022 年 5 月 15 日正式开播，连续 6 天晚上不间断直播，分章解读《家庭教育促进法》的立法背景与意义、家庭责任、国家支持、协作育人、法律责任和贯彻实施，帮助家长提升家庭教育素养，迅速掀起了学习家庭教育的热潮。学校接下来还开展了线下的宣传活动。

三、主要成效

1. 唤醒了家长进行科学家庭教育的意识

通过县妇联、关工委、教体局、社区、学校和家庭的协同努力，"乐教家和 桑都讲堂"利用家长的空余时间，帮助家长了解孩子年龄特点和教育孩子的方法，更新了家长的家教观念，改进了家教的方式方法，营造出了家庭教育新风气，从而提高了家庭教育质量。

2. 形成了桑都讲堂发展模式

"乐教家和 桑都讲堂"打造的"父母成长营"家庭教育项目、"隔代亲、智慧爱"家庭教育活动受到了各界一致好评。

3. 构建了桑都讲堂网络体系

一方面，家庭教育讲师团到中小学、幼儿园开展宣讲活动，对教师的家庭教育进行指导，形成了县级讲师团孵化基地、学区级骨干、学校教师三级家庭教育指导体系。另一方面，家庭教育讲师团印制宣传册，到社区进行宣讲，在社区挂牌，形成县级讲师团孵化基地、社区家庭教育指导站、庭院（村社）家庭教育指导点三级网络体系。

4. 促进了讲师团成员的专业成长

线上《家庭教育促进法》宣讲活动的开展，既是对讲师团成员个人能力的拓展提升，又是对个人能力的检验和考核，更是检验成员能否产生引领辐射作用的重要依据。通过"乐教家和 桑都讲堂"活动，讲师团成员大多成长为本县家庭教育专家。

5. 引起了社会各界的强烈反响

自宣讲活动开展以来，听了讲座的家长纷纷在直播间留言；对于家长在直播间提出的问题，学校都给出了相应答复。线上 6 晚的直播有近 3000 人观看，直播评论达 3965 条，家长提问有 174 条。仅 2022 年前 5 个月，线下个案咨询答疑与个别指导就达到 234 人次。为此，学校让家长加入"乐教家和 幸福驿站"微信群，使大家更方便地交流与学习。

撰稿人：谢志恒、杨莉红

编辑手记 ✎

家庭是人生的第一个课堂，父母是孩子的第一任老师，家庭教育是一切教育的基础。苏联著名教育家苏霍姆林斯基曾把儿童比作一块大理石，把大理石变成一座雕塑最重要的雕塑家就是家庭。可见，家庭教育在孩子的成长过程中至关重要。乐至县教师进修学校以"互联网＋社区教育"的方式，以"乐教家和 桑都讲堂"的形式，开展了系列家庭教育线上直播活动，既让家长了解了《家庭教育促进法》，明白了科学进行家庭教育的重要性，更重要的是创新了参与社区教育的方式，为居民提供了便捷、多样且有针对性的社区教育服务，贴近居民需求，提高了居民对家庭教育乃至社区教育的参与感、认同感、获得感，助力社区生态建设，实现了学校教育与家庭教育的和谐发展。他们的做法值得点赞！

四川省教育学会秘书处　朱远平

"三个三"策略助力农村隔代教育
促进幼儿健康成长

2003 年剑阁县城搬离普安镇后,剑阁县普安幼儿园(以下简称"普安幼儿园")在园幼儿中外出务工人员子女比重迅速增长,农村家庭隔代教育幼儿人数直线上升。以 2022 年秋季为例,农村家庭隔代教育幼儿占全园幼儿总数的 41.3%。针对隔代教育中亲子教育缺失问题,普安幼儿园通过"三个三"(三心、三亲、三爱)策略,引导家长、教师和社会正视农村家庭隔代教育中存在的问题,指导家长学习科学育儿的方法,幼儿园、家庭和社会三方协作,整合育人资源、创新育人机制,促进农村家庭隔代教育幼儿健康成长。

一、主要做法

(一)"三心"策略搭桥梁,凝聚爱的力量

1. 潜心探索,聚焦农村家庭隔代教育幼儿的发展

一是关注农村家庭隔代教育的质量。普安幼儿园发现,农村家庭隔代教育能减轻年轻父母的负担,但受教育观念、方式和水平等限制,农村家庭隔代教育质量普遍不高,教育合力不强。如有的祖辈家长片面强调学拼音、写汉字,忽视孩子动手能力、想象力的发展。普安幼儿园建立农村家庭隔代教育幼儿及家长信息库并及时更新,开展家访、家长会、沙龙等活动,帮助家长转观念、学方法,提高农村家庭隔代教育质量。二是关注农村家庭隔代教育幼儿的成长。2012 年,普安幼儿园申报了省级教育科研资助金重点项目"城乡接合部幼儿教育中隔代教育问题及对策研究",分专题、分年龄段深入研究农村家庭隔代教育幼儿发展问题。研究中,教师跟踪观察农村家庭隔代

教育幼儿的发展情况，幼儿园每期举行分析研讨会、个案交流会，从能力、习惯到个性品质，全方位关注农村家庭隔代教育幼儿的发展。

2. 用心合作，聚焦农村家庭隔代教育幼儿家园共育策略

一是构建家园共育机制。幼儿园成立农村家庭隔代教育家委会，每期召开一次会议，让家长参与幼儿园管理、课程评审、活动策划等；举办农村家庭隔代教育专题家长会，每期2~3次，让家长了解孩子情况，和教师共同制订家园共育计划，构建农村家庭隔代教育家园共育机制，形成了信息登记、家园联系、工作考核等近10项制度，常态化推进农村家庭隔代教育家园共育工作的开展。二是探索家园联系策略。教师与远在外地的幼儿父母的联系，通过QQ、微信、视频会等网络平台进行，重点引导他们认识亲子教育的重要性，关注孩子的情感需求；而与祖辈家长的联系，则以当面交流的方式（家访）进行。幼儿园根据祖辈家长的特点，在家访前准备相关绘本、历史典故或教育小妙招等，以拉家常的方式与祖辈家长沟通。这种准备到位、沟通技巧到位、指导到位的"三位一效"家访，增进了家园联系的实效性。

3. 全心引领，聚焦农村隔代教育家长育儿能力的提升

一是提升祖辈家长的育儿能力。为了帮助祖辈家长解决他们家庭教育中的问题，幼儿园开办了祖辈家长学堂，通过开设新生祖辈家长培训班、微格培训、"成长不烦恼"沙龙，转变祖辈家长的教育观念。同时，利用祖辈家长时间足、经验丰富等优势，开展"学打太极拳""听爷爷讲过去的事情""蒸花馍"等活动，让祖辈家长和幼儿在实践操作中锻炼能力，缓解教育的焦虑和压力。二是加强父辈家长的亲子教育引导。充分运用现代信息技术，以网络直播、线上课堂、微课推送等形式向父辈家长分享育儿知识，指导亲子沟通方法，唤醒父辈家长教育的责任心，加强亲子教育引导。抓住年底或假期父母回家的契机，开展"爸爸妈妈回来了""亲子家庭才艺展示"等活动，增进亲子感情。

（二）"三亲"课程建平台，锻炼爱的能力

1. 亲自然课程：探索与发现

一是拓展课堂，引导幼儿探索大自然的奥秘。教师通过带领隔代教育幼儿走进大自然，感知季节和气候的变化，激发幼儿探索大自然的好奇心，构建了"油菜花""奇妙的蒲公英"等10多个主题课程。二是开发资源，引导幼儿体验大自然的乐趣。教师利用和开发地方自然资源，带领农村家庭隔代教育家长和幼儿开展亲子远足、"美丽家乡"研学等活动，共享户外运动的快乐，培养幼儿吃苦耐劳、不怕困难的品质。

2. 亲农耕课程：尝试与锻炼

一是通过劳动实践锻炼能力。幼儿园利用农耕资源，运用农村祖辈家长农耕经验，开展亲农耕主题教育。在园内创设种植区，在园外开辟种植基地，祖孙共同播种、管理、记录生长过程，既锻炼了幼儿的劳动能力，又培养了幼儿热爱劳动的品质。二是通过生活教育养成习惯。幼儿园结合亲农耕活动，利用生活教育契机，开设"粒粒皆辛苦""生活小达人"等主题课程。在磨豆浆、水果拼盘、小麦变形记等活动中，幼儿自己洗手、吃饭、整理等，既锻炼了生活自理能力，又养成了良好的生活习惯。

3. 亲社会课程：体验与融合

一是通过游戏活动模拟学习。理发店、宝宝超市、丫丫交通等区角游戏是孩子们喜欢的活动，而全园师幼共建"区、坊、廊一体化"的混龄游戏大畅游更受孩子们期待。幼儿自主选择游戏，制订游戏计划，根据游戏地图寻找游戏地点，与全园不同年级和班级的小伙伴、教师交流、合作，在游戏中发展社会性。二是通过德育活动体验真实。利用社区环境，构建德育活动体系，开展"做文明小公民""身边的守护者"等主题活动。活动中，祖孙共同走进消防队、环卫所等场地，让农村家庭隔代教育幼儿感受身边各行各业人员的付出，理解家长工作的不易，懂得感恩，学会遵守规则，弘扬传统文化，萌发爱家乡、爱祖国的情感。

（三）"三爱"环境造氛围，传递爱的温度

通过搭建"家庭、幼儿园、社会"三位一体的育人平台，创设温馨和谐的环境，让幼儿感受爱，体验爱，学会爱，传递爱。

1. 爱的源泉——温馨的家庭

一是温情陪伴，家庭氛围暖童心。引导农村家庭隔代教育家长积极营造良好的家庭氛围，让幼儿感受到家的温暖。如家人间互敬互爱、多宽容和理解；不说脏话、不发牢骚、不争吵、不说他人坏话。同时，提示家长注重与幼儿的交流互动，认真倾听，尊重孩子正确的想法，切忌放纵，对错误行为少指责批评，多引导，忌忽略、暴力或强制性处理。二是深情告白，亲情连线伴童行。开通亲情热线，针对农村家庭隔代教育中祖辈家长多数只有老年机的问题，将每周五设置为幼儿园亲情连线固定时间，教师提前预约、轮流排班，让幼儿和父母通过网络连线，增进亲子情感。

2. 爱的体验——温暖的集体

一是送温暖，一举一动显人情。幼儿园每年开展"农村家庭隔代教育幼儿温暖行动"，为农村家庭隔代教育幼儿送图书、衣服、玩具等物品，同时给予一定的经济帮助。二是送关爱，一心一意暖人心。每天，幼儿入园时有教师的微笑和问候，难过时有教师的安慰和疏导，活动中有教师的表扬和鼓励……教师创设温馨如家的环境，开展"生日快乐""玩具分享日""请到我家来做客"等活动，关注农村家庭隔代教育幼儿的成长，让每个孩子在集体中感受到家的温暖。

3. 爱的传递——和谐的社会

一是关爱家人，让爱生根。在一次亲子活动中，幼儿将唯一的面包分成了两块，并将大的一块递进爷爷嘴里。老人家热泪盈眶地吃下这块面包，说："总觉得父母没在身边亏欠他，啥都先让给他，想不到现在学会关爱我们了！"温暖的环境、丰富的活动，让幼儿学会爱自己、爱家人、爱同伴，爱的种子已生根发芽。二是服务他人，让爱蔓延。幼儿园组织农村家庭隔代教育幼儿和家长开展社会实践活动，通过"环保小卫士""学习雷锋好榜样""节约用水，一起行动""阅读推广人进社区"等活动，让幼儿形成初步的社会意识、责任意识及服务他人的意识。

二、实践反思

近几年来，普安幼儿园通过"三个三"教育策略的实施，充分开发和利用农村天然的教育资源和家长资源，使家园共育机制得到完善，建立起以学校为主阵地、家庭为基础、社会为延伸的三结合体系。

隔代教育是亲子教育的补充，但不能完全替代亲子教育。幼儿园在发挥好农村家庭隔代教育作用的同时，要协调好与亲子教育的关系，呼吁亲子教育的归位，形成教育合力，让每个孩子都能在亲情陪伴下健康成长。

撰稿人：杨晓庆、陈倩

编辑手记

这是一个老幼儿园在新时代寻找教育突围新办法的典型案例。剑阁县普安幼儿园针对隔代教育中亲子教育缺失问题，通过"三个三"教育策略，用"三心"搭桥凝聚爱的力量，用"三亲"课程锻炼爱的能力，用"三爱"环境传递爱的温度，充分利用祖辈家长优势，成功化解了隔代教育中的不利因素。中国是世界上为数不多的普遍存在隔代教育的国家。普安幼儿园清醒地认识到隔代教育的利与弊，在发挥其教育优势的同时，想办法克服其负面影响，使孩子们快乐健康地成长。普安幼儿园的做法给我们提供了一个隔代教育的成功范例。

四川省教育学会秘书处　朱远平

家校协同理念下推进全员劳动技能大赛的区域实践

成都市武侯区教育科学发展研究院　成都市武侯区教育局　四川大学附属实验小学江安河分校

近年来，成都市武侯区积极探索开展全员、全程、全方位劳动技能大赛的路径策略，已形成"以劳动素养为导向，以生活化劳动项目为情境，以家校协同为支撑，层层晋级、学段进阶"的区域模式。武侯区已成功举办两届全区中小学生劳动技能大赛，覆盖全区 78 所中小学 10 万余名中小学生，以赛促练、以赛代培形成了广泛的教育影响，在全区营造出"崇尚劳动、尊重劳动"的良好风气，使"勤以立人"的核心理念在学生的具身劳动中真实落地。

一、素养导向，推进全员劳动技能大赛系统化组织

（一）理清目标定位

为落实劳动教育的育人目标，将"核心素养"作为劳动技能大赛的主轴，以裨益各教育阶段间的连贯性以及各领域、各场域或项目间的统整，是新时代劳动教育塑造人的核心价值的有效手段。要强调学生劳动与生活实践、时代价值结合，强化劳动观念和弘扬劳动精神，并透过劳动的身体力行促进学生全面发展。

（二）开发项目内容

在竞赛项目开发上，大赛组委会做到"两个坚持"。一是坚持"体脑结合、手脑并用"，强调知识与技能的统一。组委会根据教育部《大中小学劳动教育指导纲要（试行）》的要求，将"识五谷、勤四体"设置为武侯区第一届中小学劳动技能大赛的两个项目。二是坚持"生活本位、真实情境"，强调劳动与生活的统一。组委会将第二届中小学劳动技能大赛的每一个比赛项目都设置成三项连贯的劳动任务，融入学生喜闻乐见的生活情境，引导学生根据生活的需要开展劳动实践，在生活化情境中形成对劳动

的整体感知与深度理解，促进学生熟练掌握劳动技能，体悟劳动实践带来的成就感与获得感。

（三）层层组织实施

武侯区78所中小学学生全员参与，覆盖小、初、高全学段，从班级初赛到年级甄选，再到校级终选，经过层层选拔，每所学校每个年级都能推选一名学生参加区级技能大赛，各学校推选参加决赛的男女生人数比例为1∶1。大赛组委会还为武侯学子提供锻炼成长的平台，充分挖掘劳动技能大赛综合育人的资源，组建学生志愿服务小分队参与到此次大赛筹备和大赛现场的服务工作中来，负责大赛的接待、检录、后勤、信息技术支持等工作，让他们在各自服务的岗位上，利用已学的知识和技能等接受锻炼、出力流汗，让他们在志愿服务中树立服务意识，增强社会责任感，在服务性劳动中体会到劳动的快乐。

（四）量化评价标准

大赛组委会以全面提高学生劳动素养作为学生评价的主要内容，评价内容涉及思想认识、情感态度、能力习惯等不同方面，包括劳动观念、劳动能力、劳动精神、劳动习惯多个维度。大赛要求每个细节、每个步骤、每个环节都要精准到位，比赛计分要体现客观性、公平性、公正性原则。参赛选手需要在创设的情境中连续完成三项劳动任务，在裁判哨响后开始，三项任务完成后，劳动成效折合用时最少者获胜。

二、家校协同，保障全员劳动技能大赛有序实施

（一）家校共指导：清单导航，淬炼操作

武侯区根据成都市劳动教育清单，并结合区域实际情况，设计了不同学段的家庭劳动任务清单，因地制宜的协同内容增强了家长培养孩子生活自理能力和家务劳动能力的意愿。家校同盟形成劳动教育合力，家长根据家庭劳动清单和孩子一起制订每周的家庭劳动计划，并观察记录孩子每天的家庭劳动实践情况，引导孩子掌握生活自理能力，让孩子每天在家里坚持做力所能及的事情，掌握洗衣做饭等必要的劳动技能。

（二）家校共评价：多元主体，注重过程

评委团队由劳动教育教师、学生志愿者和家长导师组成。从班级初赛到年级甄选，从学校终选到区级决赛四个层级的比赛，评价主体逐渐走向多元化，逐步构建起以学生为主体、教师为主导、家长为后援的多元综合性评价体系，充分发挥教师评价的主导作用，充分尊重学生自评和他评的主体地位，充分调动家长参与评价的积极性。

（三）家校共保障：有序组织，安全护航

一是组织保障。大赛组委会成立了领导小组和工作小组，工作小组包括大赛评委培训组、志愿服务培训组、启动仪式筹备组、物资准备组、试题准备组、志愿服务组等12个小组，保障了劳动技能大赛的有序开展。二是安全保障。大赛组委会成立了安全领导小组，拟订并落实活动安全预案、疫情防控预案，专项负责大赛的安全工作，加强赛事活动各项保障工作，制订突发情况应急处置预案，确保比赛顺利进行。

三、辐射带动，实现"勤以立人"核心理念真正落地

（一）学生成长层面

通过持续两个多月的备赛和参赛过程，学生们在持续性的劳动实践过程中对劳动有了更深刻的认识和理解。劳动教育自然而然地渗透到学生的日常学习和生活中，从而使学生树立正确的劳动观念，增强动手能力和生活实践能力，培养良好的劳动习惯，在深层次体验中感悟劳动之美，最终爱上劳动。

（二）教师发展层面

劳动技能大赛"以赛带培"极大地促进了区域劳动教育教师专业素养的提升。在筹备阶段，区劳动教育教研员带领中心组教师结合劳动教育项目清单，反复推敲比赛内容，制订详细的活动方案及比赛细则。在实施阶段，学校劳动教育教师严格按照大赛活动总方案，制订学校初赛方案，谋划可行性操作流程，让劳动教育走出课堂，走进真实生活。在区级决赛阶段，区劳动教育种子教师同学校劳动教育教师协同配合，确保比赛各环节安全、公平、公正。

（三）学校推动层面

劳动技能大赛为各中小学提供了明确的主题内容与方法策略，引导学校有组织、有规划地结合本校特点营造浓郁的劳动教育氛围。通过班级小组赛、班级赛、年级赛、全校赛，师生全员深度卷入，营造出良好的学校劳动文化氛围。通过组织劳动技能大赛，引导学科教师深刻认识到各门学科都蕴藏着大量的劳动教育素材，将劳动教育融入教学生活的方方面面，润物无声地开展劳动教育。

（四）家长、社会层面

劳动技能大赛通过各项劳动任务、劳动技能，连接学生与家长、家庭，在教授劳动技能的同时促进亲子关系良性发展，引导家长从只看成绩走向关注孩子的综合素养。家长在指导、评价、保障等全过程的参与中体会到学生的收获与成长，树立家长正确

的劳动教育观，增强协同育人实效。全区营造出"崇尚劳动、尊重劳动"的良好氛围。

撰稿人：王艺蓉、崔金涛、曹晓婧

编辑手记 ✎

　　新时代劳动教育是坚持"五育"并举、落实立德树人根本任务的重要内容与关键途径。近年来，成都市武侯区全面加强新时代中小学劳动教育，在区域层面系统谋划、全面推进劳动技能大赛，充分展示了区域劳动教育成果，构建起以"勤以立人"为核心理念的劳动教育新格局，提升中小学劳动教育水平，为广大学生提供了一个实践锻炼、提升动手能力的平台。难能可贵的是，学生在比赛中勇于挑战自己，释放创造潜能，学会团结协作，真正做到做事要勤快、技能要勤练、学习要勤奋、做人要勤勉，自觉将勤劳奋斗的精神内化为个人品质，从而实现以劳树德、以劳增智、以劳强体、以劳育美的综合育人价值。

四川省教育学会秘书处　朱远平

家校社协同育人 助力"双减"落地

成都高新实验小学

　　成都高新实验小学（以下简称"高新实小"）将"双减"和"五育"并举相结合，不断叩问教育本质，在坚持落实立德树人根本任务的基础上，着力完善儿童"生长力"德育课程体系建设。结合学校"四爱"教育，充分挖掘德育课程育人价值，实现了德育课程生活化、家校社协同常态化、艺体劳心特色化。用扎扎实实的实践研究，践行家校社协同育人，形成了以家庭教育为基础、学校教育为基石、社会教育为补充的良好教育生态，提供了可供借鉴的高新实小协同育人实践案例。

一、主要做法

（一）达成育人共识

1. 达成家校社共育的价值共识

　　一方面，学校作为教育的专业机构，应保持主动性，在落实立德树人根本任务的同时，担当起带动家长充分发挥家庭教育重要作用的职责和义务。另一方面，"双减"后家庭的教育地位更加凸显，家长必须有主动担当的意识和责任感，在思想上树立优良家风意识，在生活中做好榜样示范作用，在言行上注重正向引导，一起探索新时代家校社深度共育的实施策略，实现家校社共育的最优化。

2. 达成家校社共育的目标共识

　　素质教育最终要培养的是有道德、有理想、有能力、有担当的人，这与高新实小在"让每一个生命自由生长"办学理念指导下的"善学、悦纳、创享"学生培养目标是一致的。围绕这个目标，学校一方面以家校同盟联动社区共育，利用微信公众号、校园橱窗、家长会、班队会等形式积极宣传，增强文化认同。另一方面，学校落实家校共建课程，形成学校主导、家校共育、社区支持的家校共育目标体系。

（二）落实共育机制

1. 健全家长学校，落实协同育人统整管理机制

一是建立家长学校培训机制。高新实小构建了家长学校培训机制，利用家长会、家庭教育专题讲座对家长进行分层、分类、分段的个性化定制培训，强化对立德树人、"五育"并举理念的教育。二是建立协同育人统整管理机制。高新实小构建了家、校、社"三位一体"的共育联盟，通过短期、中期、长期的计划实施、调控、总结、评价，积极推动"双减"政策落地，实现"五育"并举的教育发展目标。

2. 争取社区支持，落实"三级"家委会协同机制

一是制订社区支持机制。高新实小充分发挥家校社共育联盟的纽带作用，引导社会力量支持学校教育，引导学校教育助力社区发展，形成了全域覆盖、多类型提升、层层递进的共育网络。二是建立"三级"家委会协同机制。高新实小建立了校级、年级、班级"三级"家委会协同机制，共同参与德育协作、课程改革、活动创设等工作，构建起家校社共育新格局。

（三）构建共育课程

1. 构建儿童生长力课程

高新实小"323儿童生长力"课程体系（第一个"3"指生活学习＋学科学习＋个性化学习，"2"指基础性课程＋拓展型课程，第二个"3"指必修课程＋限定选修课程＋自主选修课程）是有层次性、选择性的儿童"生长力"立体结构课程，包含该体系下的立德树人德育课程群。

2. 构建教师发展力课程

高新实小着眼于教师专业研修的顶层设计，构建了校本必修、全员选修的分层分类教师研修课程体系，形成了多元、自主、开放的研修格局，引导教师形成自我发展的内驱力，不断促进教师对教育教学高质量的理解和实践追求。

3. 构建家校社协同力课程

一是构建家校社协作德育课程。以"四爱"教育序列活动（爱师长、爱学校、爱锻炼、爱创造）为主线，构建了一年级入学课程、三年级适应课程、六年级毕业课程及少先队入队课程、少先队争章课程、家校社联动品格课程等。二是构建家校社协作智育课程。建立了"家长开放日"制度，在作业管理、课外阅读等环节虚心听取家长意见。三是构建家校社协作体育课程。创建了以"悦动创生"为特色的体质健康管理新样态，凸显"悦动体育、创生健康"的核心理念，实现家校社协同，拓宽体育实践，激发"共育"潜能。四是构建家校社协作美育课程。构建了"审美—尚美—创美"的大美育课程体系，全方位创设家校社美育共同体格局。五是构建家校社协作劳育课程。结合校园劳动文化、劳动必修课、劳动教育与学科融合、课内外实践活动，形成了生态、开放、智能的家校社协作劳育课程。

（四）开展共育活动

"双减"政策让学生有更多的时间和精力发展兴趣特长、培养综合素质。高新实小结合学校育人理念和家庭教育的发展愿景，充分挖掘、整合学校与家长的资源，联动辖区社区资源，设计出精彩多样的育人活动。如教师、家长、学生共同制订并协助落实各项学生管理制度；共同参与班级文化建构、班级环境布置；共同参加"五项管理"家校社协同活动；协同开展学品格专项活动；共同参与校外研学活动、亲子实践活动等。

（五）实施共育评价

1. 激活学生评价

结合德育课程导向，培养学生悦己、悦人、悦境的适应力，高新实小从学生适应力的"五个和谐"维度进行学生品格成长的评价并新增"双减"板块，将学生的课后服务拓展成长体验与感想编入《学生成长手册》，持续优化对儿童学习力的评价指标，从而更加高效地指引学生"五育"培养的方向。

2. 激励家长评价

高新实小围绕家长互评，建立健全了学校的"金紫荆三级优秀家长评选机制"，开展家长特色项目评价，如"家长阅读之星""书香家庭""最美策展人"等。

3. 推动协同育人

高新实小将评价置于社会环境中，让家校社协同育人的评价走出校门，通过评选社区"优秀教育委员"等方式，让评价走向社会，家校社协同共进，构建协同育人新生态。

二、工作成效

高新实小的家校社共育工作在学校、家庭、社区的共同努力下，打开了新的局面，取得了一定成效。一是优化了学校治理结构。强化了学校教育的外部主体的监督和参与，提升了学校现代治理能力。二是拓宽了家校社育人途径。推动"双减"政策"开展有实效，落地有温度"，使家长们从最初的焦虑、担心到认可"双减"，从行动上落实"五育"协同，形成了家校社一体的立德树人局面。三是营造了学生成长氛围。家长参与学校教育的积极性和主体性被充分调动，家长资源扩大了教育的实践空间，学生的学习力、适应力、创造力均得到了发展。

撰稿人：袁春玲、周亚琳

编辑手记 ✏

成都高新实验小学践行"让每一个生命自由生长"的办学理念，立足家校社协同育人落实"双减"政策的做法令人赞叹。高新实小的成功在于，以评价为导向引导家长从对分数、排名和升学的关注，转变为对学生的德育品行、身心健康、意志品质、兴趣特长与"五育"融通发展的关注，引导家长肩负家庭责任，引导教师担当教育责任，充分利用社区支持，家校社携手，努力做孩子成长路上温暖而有力、充满爱和智慧的陪伴者，构建家校社和谐、共生、共享的立德树人教育生态。

四川省教育学会秘书处　朱远平

妈妈的"保证书"

成都高新大源学校

一、案例概况

在我的职业生涯中，最让我震惊的，莫过于一封妈妈的"保证书"。

妈妈的"保证书"共五条：①不每天唠叨。②心平气和地和你说话。③做到不骂人更不打人。④做到每周和你谈心。⑤如果在家庭教育中有不能解决的问题，一定要及时与老师沟通。

事情还得从我班上一个叫小妍的学生说起。

八年级下期新接的班级中，小妍同学很快进入了我的视野，因为在其他老师眼里，她是个"问题学生"。她不仅学习不努力，而且还在家里和妈妈上演过"比刀相见"的场面。

直到一次家长会，小妍背后的故事才慢慢地掀开了面纱。原来，小妍的问题与妈妈的不当教育方式有关。起初，母女间常因为学习闹别扭，小妍也没爆发。但2020年春发生的事让小妍的情绪爆发了。受新冠肺炎疫情影响，小妍开始用手机上网课，开始时还感到很新鲜，可新鲜感过后小妍就开始用手机玩网络游戏、看网络小说，而且一发不可收拾。小妍妈妈发现后收了她的手机。小妍的情绪彻底爆发了，跑到厨房里拿出菜刀，威胁妈妈说"不给手机就自杀"。这件事以后，小妍妈妈就不敢管她了，小妍也借机把手机当作消遣工具，不好好完成作业甚至不完成作业，变本加厉地每天晚上睡觉前都在被窝里看网络小说直至凌晨。

了解这个情况后，我把小妍和妈妈请到学校阅览室，和她们在轻松愉快的情境中聊天。也许是氛围很好，小妍对我们的谈话并不反感。于是，我借机明确地告诉小妍必须戒掉对手机的依赖，同时，也指出小妍妈妈对小妍教育方式的不当，说明不适当的教育是小妍迷失在网络世界的原因。听到这里，小妍妈妈流下了眼泪，因为她知道如果自己不改变，小妍会在迷失的路上越走越远。为了让小妍看到妈妈的真心，才出现了妈妈的"保证书"。

至此，小妍也向妈妈做出了自己的保证……

二、案例分析

小妍的个案并不是一个特例，应该是很多家长和老师都遇到过的难题——手机管理、家长和孩子的情绪管理。

不知道从什么时候开始，手机成为学生的标配。孩子使用手机是利大于弊还是弊大于利，家长并不清楚。确实，新冠肺炎疫情期间学生能感受到线上优质教学资源对学习的帮助，但与此同时，手机使用的负面影响也逐渐暴露出来。学生对手机的自控力低，他们的使用时间越长，越容易上瘾。这也是为什么新冠肺炎疫情之后很多学生眼睛近视度数增加。在本案例中，家长对孩子自控能力的培养是缺失的，在孩子使用手机前并没有与孩子提前做好约定，导致了后面无法控制的场面。

在本案例中，小妍妈妈采取简单粗暴的办法处理母女冲突，情绪失控的负面影响非常明显地暴露了出来。她对孩子的教育选择了简单粗暴的方式，没有控制住情绪，做出了"出格"的行为，也导致了小妍行为的出格。我们要根据孩子的心理和年龄特点，从孩子的视角和需求出发，选择合适的教育方式，才能对孩子进行有效的引导。

三、对策思考

2021 年 5 月，教育部出台了"五项管理"措施，其中有一条就是手机管理。落实"五项管理"工作，离不开学校和家庭的密切合作。

（一）学校手机管理应疏堵结合

1. 学校要对学生带手机进入校园进行限制

学校应当告知学生和家长，原则上不得将个人手机带入校园。学生确有将手机带入校园需求的，须经学生家长同意、提出书面申请，进校后应将手机交由学校统一保管，禁止带入课堂。

2. 学校应加强对学生的教育引导

学校要注重对学生的正面引导，通过每周一的国旗下讲话、班队会、心理课辅导等多种方式宣传过度使用手机的危害，让学生科学理性地对待并合理使用手机，提高学生的自我管理能力。家长也要和孩子做好关于手机使用的约定，和孩子一起制订手机使用公约，约束自己的行为。

（二）学校要加强家校沟通

1. 学校要畅通家校联系渠道

学校可以采取多种方式加强家校联系，满足家长与学生的沟通需求，提高家校管理水平。同时指导家长履行监护职责，主动配合学校相关管理措施，并加强对学生日常使用手机的监督，形成家校协同育人合力。

2. 学校要引导家长制订手机使用公约

学校要引导家长在家里限制孩子使用手机的时间。这样，一方面能有效地预防孩子近视，另一方面能防止孩子沉迷其中，能够有更多的时间亲近自然，培养健全的人格。

（三）学校要引导家长加强情绪管控

1. 学校要引导家长管控消极情绪

家长在教育孩子时，确实可能出现情绪失控的场面。如果家长不能控制好情绪，对孩子的教育绝对是有害而无益的。要引导家长学会进行自我心理安慰，当情绪低落时，多看看孩子的优点，找一个合适的理由来安慰自己，让自己消除情绪的负面影响。

2. 学校要引导学生管控好情绪

教师要教育学生正确对待家长的批评教育，不要顶撞家长。一是要教育学生学会转移注意力，不要情绪失控。二是要教育学生学会自我调节情绪，用积极正面的情绪去化解消极负面的情绪。

撰稿人：范蓓蓓

编 辑 手 记 ✎

面对所谓的"问题学生"，面对家长和孩子的情绪失控，教师该怎么做？范蓓蓓老师给了我们成功的示范。世界上不存在没有问题的学生，也不存在没有问题的老师，更不存在没有问题的家长。我们都是在问题中长大成熟的，问题给我们带来思考和磨炼，是老师、学生和家长共同成长的资源。家长的"保证书"来之不易。家长的"保证书"案例给我们的启示是，老师在规范学生行为的时候既要共情学生的情绪困扰，又要让他们明白做错事情的后果，掌控好自己的情绪。

四川省教育学会秘书处　朱远平

"三全"家访：新时代协同育人新探索

成都市龙泉驿区华川中学

一、案例背景

成都市龙泉驿区华川中学（以下简称"华川中学"）80％的学生家长为进城务工人员，大部分家长对子女的教育问题有解决的意愿但缺乏有效方法，更多的只关注成绩高低，而对孩子的心理健康问题、受教育情况往往有所忽视，这不利于形成教育的合力。

"家访"指学校为了解决儿童、青少年成长问题而与个别家庭交流或进行教育指导的活动，它是家校协同育人的一种常用的、有效的方式。

"三全"家访，是对传统家访的再发展：扩大家访对象，出访全体学生家庭；扩大参与人员，全体教师出访；扩大家访时段，实施全学段有重点出访。"三全"家访对传统教育手段进行了发展，具有全面性、整合性、持续性等特点，强调让每个孩子都实现高质量发展，让每一个家庭、每一位教师都参与全程育人工作，强调访、研、做的前后统一。教师与家长对学生情况进行交流，对育人策略进行探讨，保证每一个孩子接受高质量的教育，是"三全"家访的育人追求。其包含的实践内涵为：一是因材施教，准确把握学生信息，为每个学生量身打造个性化家访方案，有计划地对全体学生进行家访。二是全体教师借家访实现协同育人目标，搭建教师与学生、家长与教师、学生与家长沟通的桥梁，以"访"促学，以"访"助教。三是覆盖全体学生，根据学生个体身体、心理的变化进行重点循环家校互动。

二、家访实施

（一）建立 PDCA 家访循环模式

P：设计访前计划。

D：全体教师实施全员家访，记载各环节访谈大致内容。

C：教师反思计划的科学性与合理性，总结教训，分享经验。

A：梳理并制订下次家访跟进计划。

（二）实施过程

1. 计划制订

首先，根据区质量检测平台学生潜能发展信息、华川中学学生学习行为调查问卷、华川中学学生家庭教养方式调查问卷、华川中学学生心理健康调查问卷、华川中学学生成长沟通记录本形成全体学生的精准信息清单。

其次，学校班主任、科任教师组建全员教师家访团队。

再次，学校德育部门通过校本研修制订个性化家访方案。

最后，进行家访预约，学生放学后引领教师上门。

2. 家访实施

教师全员深入学生家庭，按照学生个性化家访方案展开活动。家访过程中，教师、学生、家长就学生在校表现、学生在家表现、学生现阶段的成长问题、家长现阶段的教育问题、教师对家庭教育的指导与建议、学生对学校教育教学与管理的意见和建议6个方面进行充分交流和探讨。

家访时教师要采集图像资料并在家访记录表上详细记录，以便访后研究和回访。

3. 反思改进

首先，收集汇总所有参与家访的教师、学生、家长的意见。

其次，全体教师对家访中发现和掌握的情况分门别类地加以整理，以班为单位召开学生信息交流与沟通会。

最后，学校德育部门根据家访过程记录，对所收集的信息的精准度、个性化家访方案的科学性与合理性进行研讨，并梳理家庭教育的指导建议。

4. 下次计划

针对家访出现的某些问题，制订部分家庭的跟进家访计划。

三、支持条件

（1）建立家访的长效机制，确保家访常态化、制度化和规范化。

（2）对有效做法和先进事迹进行宣传报道，提高师生知晓率，扩大社会影响力，促进家访活动深入开展。

（3）收集整理家长、社会对学校办学、教师队伍建设以及教育教学方法等方面的建议，对工作中出现的问题及时进行整改。

（4）利用德育校本研讨会进行交流，梳理家访活动的心得体会，撰写论文，提高教师研修能力。

撰稿人：吴晗、何红梅

编辑手记 ✏

在信息技术的冲击下，在"家访"渐渐淡出教师工作视野的时候，华川中学坚持守正出新，重新定位"家访"在新时代学校教育工作中的价值意义。"三全"家访的探索和实践，使立德树人、全面育人、家校协同既有历史传承，又有时代特色，对落实《中华人民共和国家庭教育促进法》，落实中共中央和教育部文件要求具有现实意义，对促进学生"五育"并举、全面发展，促进学校办学品质提高具有探索意义。华川中学明确了"三全"家访的内涵，由德育处牵头，从解决学生发展问题出发，探索了实施过程及注意事项，家访方案强调个性化，因人而异，实施过程规范化，工作具有可持续性等特点，对开展此项工作的学校具有参考价值。

四川省教育融媒体中心　陈敬

增知·赋能·聚力：让家庭教育指导更专业

2022 年 4 月，成都高新区教育发展中心小学语文教研员邓偲娟老师带领研究团队到成都高新区朝阳小学调研。在家长座谈会上，当教师向家长提出"家庭教育包括哪些内容"这一问题时，竟没有一个家长能清楚回答。以同样的问题向班主任求证，也没有一个班主任能完全说清楚。"如何提升家庭教育指导的专业性"已成为当前教育工作者关注的焦点问题。于是，一场关于"家庭教育问题与对策"的调研就在一个区域内生动而专业地展开了。

一、调研起点：依托"大教育"格局，找准家庭教育生长点

教育应如何回应经济的高速发展，如何满足社会各界的高品质诉求？调研小组认为，新时代的教育应是以大经济为基础，以大科学为内容，以大生产为服务对象，面向世界、面向未来、面向现代化的开放型的"大教育"。广泛、开放、多样的"大教育"必然需要互融互通、同心同向的全民育人，而全民育人的关键环节便是"家庭教育"。

二、调研问题：深究教育现状，明晰家庭教育阻力点

2022 年 6 月，调研小组面向广大一线教师、家长和社会人员展开了问卷调查。回收教师问卷 206 份、家长问卷 2299 份、社会问卷 310 份。经核查，问卷绝大部分信息全面，基本无填写遗漏等，有效率为 98％。调研小组对调查问卷进行统计分析并获得相关结果。

（一）关于教育意识

1. 家长层面

95.82％的家庭是父母负责孩子的生活与学习；99.96％的家长认为父母是孩子的

第一任教师；99.65％的家长注重与教师的沟通。数据表明，父母对孩子的家庭教育意识非常强烈。然而，家长虽然重视孩子的家庭教育，但在实际教育过程中却往往力不从心。只有 12.7％的家长对《中华人民共和国家庭教育促进法》非常了解，有60.29％的家长对自己的家庭教育现状满意度不高。

2. 学校（教师）层面

99.51％的教师认为家校共育很有必要，97.54％的教师会主动与家长沟通孩子在学习、品德、生活、情感等方面的问题，认为家校共育能更全面地了解孩子，增进亲子、师生间的感情，形成家校共育合力。但是在开展家庭教育指导工作时，有49.51％的教师没有充分考虑到家长的具体需求。

3. 社会层面

接受调查的社会人士中有近一半的人对《中华人民共和国家庭教育促进法》等家庭教育法律法规及政策的具体内容知之甚少。

（二）关于教育能力

1. 家长层面

家长对家庭教育专业知识了解较少，在家庭教育过程中存在诸多问题。根据数据可以发现，家长不是特别了解孩子所处年龄阶段的特征，但学习的意愿还是比较强烈，有 68.42％的家长认为家庭教育知识是需要培训学习的，加强家庭教育的专业性培训是必要的。

2. 学校（教师）层面

调研数据表明，学校虽然重视家校共育，但在家长、教师都需要进行专业的家庭教育指导的情况下，并未提供较为完善的保障机制。接受问卷调查的教师大部分并未受到过专业的家庭教育指导培训，他们的家庭教育知识来源于自身的教育教学经历和教学过程，这也从侧面反映出学校缺乏对教师家庭教育知识方面的专业培训。

3. 社会层面

43.23％的社会人士从未接受过家庭教育方面的学习和指导，可见社会层面对家庭教育关注的意识淡薄且能力不足。

（三）问题综述

调研数据揭示，目前家长、学校（教师）、社会在家庭教育指导方面的现状都不容乐观，主要阻力点有三个方面：一是家庭教育参与方，特别是家长、社会对家庭教育相关政策关注不够，学习较少；二是家长虽重视家庭教育指导，但掌握的科学且有效的方法不多；三是学校（教师）和社会缺少对家庭教育的专业指导和培训，家校社协同育人机制不健全。

三、寻求对策：夯实专业知识，追求家庭教育合力点

（一）增强意识，各司其职

1. 学起来，强化家庭教育基础作用

父母或者其他监护人自觉或不自觉地都对子女产生着影响，起着潜移默化的作用。《中华人民共和国家庭教育促进法》明确指出，"父母或者其他监护人应当树立家庭是第一个课堂、家长是第一任老师的责任意识"。家长应更新教育观念，提高家庭教育技巧，改善家庭教育质量。父母家庭教育专业知识的扩增应与孩子成长同步，构筑学习型、专业型家庭。

2. 走出去，放大学校教育支撑作用

《国务院关于基础教育改革与发展的决定》要求学校要"通过家庭访问等多种方式与学生家长建立经常性联系，加强对家庭教育的指导，帮助家长树立正确的教育观念，为子女健康成长营造良好的家庭环境"。学校是家庭教育指导工作的领导者和组织者，作为主管部门要发挥对家庭教育指导工作的组织作用，与家长建立双向互动关系，从封闭式指导逐步走向开放式交流，从单一式讲授走向多元式互动。

3. 强联系，发挥社会教育宣传作用

全社会都要关心青少年的健康成长，社会上存在着诸多有形和无形的资源，可以使家庭教育向外延伸，帮助提高家庭教育质量。社会应该发挥宣传作用，积极提供相关的学习机会和资源，让"融合育人"成为良好的社会文化。

（二）提升能力，多维发力

1. 构建"教研培"一体化课程体系，高位引领教师团队

一是开设专项培训课程，从面上铺开。成都高新区针对教师专业能力提升设置了针对性、系统性、全面性的培训课程体系，将家庭教育指导专业化培训作为重要的培训内容。二是建设专项资源库，在点上示范。成都高新区广纳资源，面向全区教师进行教师培训课程征集、遴选出优秀案例进行交流展示等。

2. 借力名师工作室，校社合作促家庭教育

区内多个名师工作室联合社交媒体制作育儿专题节目，针对家校共同关注的亲子教育问题展开研讨交流，形成了多工作室、多学段、多学科、多维度的亲子教育线上网络课程。

3. 引领区域各学校，建设家庭教育课程体系

高新区各学校均从课程视角为家长提供开展家庭教育指导的相关学习与活动，着

力构建学校、家庭、社会同心同向，系统、科学、有效的校级家庭教育课程体系。

（三）凝聚合力，联动建模

针对家庭教育的现状和已有经验做法，调研小组认为，提升家庭教育的专业性还需要各方持续发力，协作共进，构筑"家庭教育模型"。

1. 家庭重学习精进

家庭教育专业能力的提升，有助于学生的健康成长。家庭成员要主动通过专业阅读、家校沟通、课程支撑等多种方式了解相关教育政策，学习现代教育理念，在家庭教育的实践中实施、反思、改进，促进教育方式真正转变。

2. 业内重沟通指导

教师要主动参与学习培训，积累教育经验，给予家长及时有效的指导。学校可以利用固定学习时间开展家庭教育专题讲座，邀请家庭教育专家从理论和实践两个方面对教师进行指导和培训。区域要从政策、管理的角度建立健全组织保障机制，为学校（教师）顺利开展各项家庭教育活动提供良好支持，整合区域优势资源，增强引领力，扩大影响力。

3. 社会重资源供给

社会支持可以使家庭教育向外延伸，社会要利用自身优势，或提供平台，或参与指导，发挥协同作用，提供学习机会和资源，让协同育人成为良好的社会文化。

撰稿人：邓偲娟、刘菲

编辑手记

《中华人民共和国家庭教育促进法》第三十九条明确规定，"中小学校、幼儿园应当将家庭教育指导服务纳入工作计划，作为教师业务培训的内容"。加强家庭教育指导工作，提升广大教师、家长的家庭教育水平，是新时代学校发展的新任务。成都市高新区调研团队关于"家庭教育问题与对策"的调研为解决家庭教育指导专业化提供了一个很好的研究思路。健全学校家庭社会协同育人机制是党中央、国务院作出的重要决策部署，事关学生全面发展和健康成长，事关国家发展和民族未来。学校家庭社会协同育人，能够增强共育能力，凝聚合力，提升家庭教育专业性，改善家庭教育质量，促进学生全面发展和健康成长。

四川省教育学会秘书处　朱远平

家校社携手共筑教育桥梁

马尔康市第四小学

一、案例描述

在一次小学五年级劳动教育实践拓展活动上，马尔康市第四小学（以下简称"马尔康四小"）组织教师、学生、家长及社会福利院工作人员共同举办了一场"福利院公益日"主题活动。组织这次活动的主要目的是让学生了解福利院儿童的生活状况，培养学生的同理心，通过共情的方式，激发学生对于拥有美满家庭的满足感，提升学生道德意识和平等观念，提升家长参与度。同时，利用公益实践活动普及文化知识，让福利院儿童感受到来自社会的关爱和帮助。

活动当天，五年级三班的全体学生、教师、家长和福利院工作人员都按时到达了福利院活动现场。首先，进行了开场仪式，学生和福利院儿童一起唱国歌，进行了一系列谜语游戏和传统文化知识教育热身活动。教师们通过有趣的游戏教学方式教授孩子们关于中华传统节气的知识，让他们在谜语游戏中感受中华文化的魅力。大家的活动积极性都被调动了起来，许多学生和家长同福利院儿童组成小组，一起讨论、学习知识，不仅增加了孩子们共同学习的乐趣，也让福利院儿童感受到了来自社会大家庭的关爱。

接下来，学校邀请了几位文化名人和书法教师指导孩子们共同学习传统节气名称的书法撰写。学生与福利院儿童组成"帮帮练"组合，一起练习书法，学习书法技巧。孩子们对这个实践练习环节非常感兴趣，认真地学习书写方法，进行练习。

然后进入社会实践环节。学生自发组成导游小组，带领父母、福利院儿童一起参观本地的自然文化博物馆。通过家长、教师的鼓励和引导，学生纷纷化身小小解说员，将自身的知识倾囊相授，讲解给福利院儿童听。社会实践环节既培养了学生沟通表达的能力，也深化了学生对知识的学习和理解。

通过公益活动，福利院儿童与学生建立了深厚的友谊。在离别前他们相互拥抱，不舍地道别，互留了联系方式。不少福利院儿童还用手写的感谢信表达对学校举办这次公益活动的感激之情。

二、案例分析

在本案例中，学校将"福利院公益日"主题活动设计为"活动组织与方案设计、文化游戏与热身、文化知识讲解与示范、文化拓展与实践"四个环节，将立德树人与知识教育、劳动实践、家校共育进行融合。在活动过程中，教师充分利用游戏教学法、小组讨论法、互动教学法等多元化的教学手法，较好地完成了综合社会实践活动，取得了预期的成效。

（一）操作性强

一是活动获得了广泛的支持。本次活动不仅有学生和福利院儿童的参与，还有家长、教师、福利院工作人员的参与和支持。这样可以让来自家庭、学校、社会等不同领域的人员共同参与到活动中来，形成多方合作，更好地实现活动目标。二是主题鲜明，活动具有较强的公益性。活动很好地激发了学生的参与热情，促进学生树立积极向上的人生观、价值观、世界观。三是学生参与度高。学生不仅积极参与活动，还与福利院儿童结对子，进行帮扶和传递爱心。这不仅培养了学生的社会责任感，也让他们更深入地了解了福利院儿童的生活情况和需求，还培养了学生的良好道德情操。

（二）流程清晰

一是组织学生、家长、教师、福利院儿童、社会福利院工作人员一起参与活动，体现了"多方参与"的综合社会实践活动的特征。二是活动实施过程中通过唱国歌和游戏导入，既严肃认真又充分调动了学生参与的积极性。三是学生通过与福利院儿童结对子，学习中国传统节气知识，共同练习写毛笔字，培养了协作意识。四是学生化身小导游带领父母、福利院儿童参观自然文化博物馆，培养了学生的知识运用能力和沟通表达能力。

（三）设计合理

活动采用了多种方法策略，增加了活动的趣味性和互动性，激发了学生的参与兴趣。谜语游戏、结对子、组小组让学生和福利院儿童进行互动，培养了学生的爱心和责任感，增强了他们的道德情操。参观自然文化博物馆的实践方式，让家长和福利院儿童参与到学生知识应用和输出的过程中，达到共同成长的目的。活动为学生提供了社会实践机会，帮助他们更好地了解现实社会，关注弱势群体，体现了"润物细无声"

的德育效果。

（四）具有推广价值

一是充分利用了学生、家长、教师、福利院工作人员的资源，实现了学校、家庭和社会教育的有机结合，激发了学生的积极性和创造性。二是强调学生参与社会实践活动的重要性，通过与福利院儿童结对子等方式，让学生感受到社会的温暖和关爱，培养了学生的公民意识和社会责任感。三是体现了"三全育人"特征，活动安排有序，达到了预期的实践效果，有助于学生形成正确的人生观和价值观，为广大教育工作者提供了一个可供学习借鉴的实践案例。

三、实践反思

本次"福利院公益日"主题活动，以弘扬中华优秀传统文化、培养学生的道德情操为导向，学生、家长、教师、社会福利院工作人员多方参与，采用小组帮扶活动、博物馆文化活动等方式，带领学生投身于社会公益事业，培养了学生平等、友爱、互助的品质和将所学知识运用于社会实践活动的能力，实践了"家校社携手共筑教育桥梁"的协同育人理念，取得了预期的教育成效。

撰稿人：贺成、董琴、谢琳

编辑手记 ✐

这是马尔康市第四小学开展综合实践活动的案例，整个活动过程体现了活动育人的特质，值得同类学校学习借鉴。2017 年 9 月，教育部正式颁布了《中小学综合实践活动课程指导纲要》，强调通过综合实践提升综合素质，着力发展核心素养，将综合实践活动教育的发展提高到新的历史高度和时代起点。高位提升综合实践活动育人品质，正是为了全面贯彻党的教育方针，坚持教育与生产劳动、社会实践相结合，引导学生深入理解和践行社会主义核心价值观，充分发挥中小学综合实践活动课程在立德树人中的重要作用，这也是国家教育战略对综合实践活动课程实施的基本定位。路虽远行则将至，事虽难做则必成。希望有更多的学校积极投身于综合实践活动的实践探索。

四川省教育学会秘书处　朱远平

以法为尺 养"心"塑"行"

四川省旺苍白水初级中学校

品德教育是"底色教育",法治教育是保障这抹"底色"的有效手段。为此,以持续提升青少年法治素养为重点,以提高法治教育针对性和实效性为工作着力点,四川省旺苍白水初级中学校积极探索适合农村中学生的法治教育,构建了"三养九行动"法治育人模式,为乡镇学校青少年的健康成长保驾护航。

一、以法养心:开展多样化教育行动

(一)专题学法行动

为让教师增强依法执教能力,强化育人意识,学校加强教师专题学法行动。一是对学校教职工每年开展不少于1次的专题培训,让教师逐步形成办事依法、遇事找法、解决问题靠法的法律意识与思维。二是定期组织教师进行专项学习。要求教职工每年学习不少于40学时,有学法笔记和心得体会。三是每学期邀请法治副校长、法律顾问(辅导员)及当地法律工作者到校作专题报告、上辅导课、模拟法庭现场以案说法,让师生接受生动的法治教育。每年学校师生聆听法治专题报告、上法治辅导课共10余次。

(二)学科渗透行动

一是全面实施"法律进课堂"。学校将法治教育课纳入课程计划,做到课时、教材、教师、经费、考核"五落实"。二是将法治教育与学科教学有机结合,充分发挥由广元市司法局主编的法治教育教师指导用书和音像教参的作用,要求各学科教师找准本学科法治教育渗透点,形成科科皆法治教材、人人皆法治教师的教育格局。

(三)法治宣传行动

一是坚持每周播1期校园法治广播,每月办1期法治板报,每季开展1次法治主题班会，每学期举办 1 次法治讲座，每学期开展 1 次法治实践活动，健全法治教育第二课堂。二是充分利用法治宣传日、宣传周、宣传月等重要活动节点，开设法律图书角，制作法治专栏，播放法治微电影，举办法治手抄报、法治知识竞赛、法治演讲比赛和法治图片展，观看法治文艺演出，参观法律援助中心以及前往看守所、监狱等法治教育基地，开展"法治赶场"活动，丰富法治宣传内涵。三是充分利用开学仪式、升旗仪式等重大仪式活动，开展师生"现身说法"、行为习惯养成以及"远离毒品、珍爱生命""环境保护""道路交通安全""应急避险"等主题教育。

二、以法养行：采取科学的法治方式规范育人行动

（一）规范办学行动

一是学校依据《中华人民共和国宪法》及教育法律法规、政策，制订了《四川省旺苍白水初级中学校办学章程》，完善了《教职工绩效考核制度》等 150 余项管理制度和职责，构建了"学校章程、管理制度、工作措施、评价工具"四位一体的治理体系，让章程、制度成为学校改革发展、实现依法治校的基本依据。二是学校做到以章程、制度来决策、管人、做事，健全民主监督机制。三是用办事依法、遇事找法、解决问题靠法的法治思维，建立师生申诉制度和矛盾纠纷调处机制，切实维护学校和师生权益。

（二）规范从教行动

一是要求教师严格遵守《中小学教师职业道德规范》和《新时代中小学教师十项行为准则》，坚持依法执教，保障学生健康成长。二是制订《四川省旺苍白水初级中学校教师行为十不准》，杜绝教师利用自身特定职权谋取不当利益，以及侮辱歧视、体罚与变相体罚、侵扰伤害学生等。

（三）规范成长行动

一是学校开展"五课三活动"，培养学生良好的行为习惯。安全教育课，培养学生安全意识；就餐课，教会学生就餐规范和保管好自己的钱物，有计划地开支，养成节约的习惯；保洁课，教会学生掌握规范的清洁顺序；内务整理课，教会学生处理生活污水、整理内务等技能；礼仪课，培养学生讲文明、懂礼貌、守规则的习惯。"学规月"活动，培养学生养成良好的学习习惯、生活习惯、卫生习惯；星级寝室评选活动，培养学生勤整理、爱整洁、讲卫生、文明休息、科学睡眠的生活习惯；文明班级创建活动，对学生进行文明礼仪教育，端正班风，优化校风。

二是实行学生自主管理，矫正学生不良行为习惯。学生会对全校学生的学习、生

活、清洁、纪律等各方面进行管理；校团委成立文明安全监督岗检查学生的发式、衣着，在平时课间劝解、制止学生不文明、不安全的行为；班级清洁监督岗负责班级卫生辖区的保洁工作等。

三是高度重视农村留守学生、单亲家庭学生、流动人口子女、心理障碍学生、学困生等特殊群体，及时对他们进行法律、道德、心理等多方面的辅导。

三、以法养境：开展多维度法治教育建设行动

（一）校园建设行动

一是学校建立了"一廊两墙三室"法治教育阵地，构建法治校园文化环境。利用"一廊"（即法治文化长廊）宣传古今法治人物和新颁布的法律条文。利用"两墙"（即学法宣传墙和守法签名纪念墙）展出学生的学法心得和守法承诺。利用"三室"（即留守学生活动室、法治教育展览室、学生心理咨询室）加强对学生进行心理健康辅导，增强他们的守法和维权意识。

二是在"三养教育"的基础上设计了三个校园主题园林——三省园、三品园、三养园。三省园以行为规范为主题，以曾子的话"吾日三省吾身"引导师生时时处处反省自己的言行，要求教师做到一日三省：吾行是否为学生表率，吾言是否让学生接受，吾教是否使学生感悟。要求学生做到一日三省：吾行是否合规，吾言是否得体，吾学是否有进。三品园以德育为主题，着力于师生的修身养性，其核心就是"做人讲品德、生活讲品位、做事讲品质"，即平时注重培养外在的生存能力，培养正确的生活态度，在求知过程中积极协助探究生命的终极意义，培养品行提升自我，最终做一个软实力和硬实力都强的人。三养园以法治教育为主题，全方位加强师生法治教育，提高师生自觉学法、懂法、守法的意识及运用法律维护自身合法权益的能力。

（二）周边建设行动

建立学校、家庭、社会"三位一体"的法治网络，形成治理合力。一是组织家长通过参与家长学校培训、家长委员会会议、"一人办报、全家学法""小手拉大手"等活动，形成家庭全员学法氛围，发挥家庭的育人作用。二是充分利用社会资源，调动社会各界人士的积极性，建设一支学校法治工作志愿者队伍。

（三）网络建设行动

学校不断净化网络环境，充分利用新媒体开展学校法治教育工作。

撰稿人：杨光润、马宝成

编辑手记 ✎

让法治植根校园，厚植德育根基，增强育人力量，成就教师，发展学生，四川省旺苍白水初级中学校通过校本化的法治教育实践，建立起学校、家庭、社会"三位一体"的法治网络，营造出浓厚的法治氛围和良好的法治环境，有效构建起学校以法养心、以心导行、以行育境、以境强心的育人场域，在创新德育途径方面积累了较为成熟的经验。该校的课程构建思路和实施路径具有较高的借鉴价值。

全视界杂志　黄欢

整体育人篇

　　整体育人既是新时代我国"五育"并举教育方针的体现，也是这一方针的具体化和直接表达，基本理念在于帮助学生掌握未来发展所需要的正确价值观、关键能力和必备品格，以更好地应对复杂的社会生活。整体育人不是以发展学生某一个方面的素质和能力为目标，而是培养学生德智体美劳等各方面的综合素养；整体育人课程要么在内容上涵盖了两门及以上的学科内容，要么本身就是以学生经验和活动体验为核心的综合课程。

　　本篇收录整体育人典型案例29个。从学校类别来说，包括从幼儿园到高中、职业学校、特殊教育等各级各类学校；从内容来说，包括学科课程、活动课程、思政教育、心理健康、党建工作、职业技能等各个方面；从实施对象来说，包含县（区）域、学校、班级、学生个体等不同层面。

　　这些典型案例都有以下共同的成功经验。一是站在教育改革的理论前沿，把握立德树人教育的时代脉搏，体现了开拓创新精神。例如"区域大中小学思政教育一体化建设的逻辑指向与实践路径"，在系统化构建从小学到大学全学段的思政教育体系等方面进行了理论与实践创新。二是坚持目标导向、问题导向、素养导向，着眼于实际工作需要，从整体入手综合施策，脚踏实地解决真实的问题。例如"基于素养立意的长程作业思考"，从活动前的调查准备到活动后的总结反思，形成一个学习活动逻辑闭环，每一个学习环节呈现不同的教育价值。三是在解决具体问题的实践创新中取得真实有效的成果，在区域内产生较大影响，具有较大的推广意义。例如"'54321'金字塔助力培养德技双馨工匠"，培养学生工匠精神的职业教育模式取得显著成效，经验走出国门，在国内外得到广泛推广。

讲好奠基石故事 续写新时代华章

四川省剑门关高级中学

一、主要做法

这些年来，四川省剑门关高级中学（以下简称"剑高"）师生牢记习近平总书记"三个好"嘱托，把立德树人作为学校工作的出发点和落脚点，通过"感恩、砺志、奋进"的实践探索，将学校建成了省二级示范高中，续写了新时代的教育华章。

（一）感恩教育：把党的关怀化为师生的奋进力量

1. 确立学校校庆日

2010 年 10 月，学校决定将每年的 5 月 16 日确立为校庆日，每逢校庆日学校都以砺志奋进为主题，通过教学大比武、学生故事会、演讲比赛、文艺晚会等活动来铭记浙江人民的帮扶恩情。

2. 讲好奠基石故事

每年教师节前，学校党政主要领导都要带领新入职入学的师生在奠基石前，向他们讲述习近平总书记来校奠基的故事，以此激励剑高新人牢记党恩，爱国爱校，感恩奋进，立志成才。

3. 潜心思索谋发展

2022 年 10 月 22 日，学校党政一班人在之江教学楼前召开了一场别开生面的党政办公联席会。大家伫立教学楼前，回望那块由习近平总书记培土的奠基石，对剑高如何实现高质量发展进行讨论并付诸行动。

（二）砺志教育：让理想信念成为学校发展的内生动力

1. 明晰学校发展定位

一是以"求知善读，贵耳重目"为校训，将奠基石故事内化为全校师生心中感恩奋进、拼搏进取的精神丰碑。二是秉承"厚德博学、彰显个性"办学理念，把"创建质量一流、特色鲜明、示范性强的全国名校"作为长期发展目标，引领学校高质量发展。

2. 一张蓝图绘到底

一是修订了学校发展规划，确立了学校发展的目标定位，确定了学校重点发展项目，将一张蓝图绘到底。二是学校率先在全省范围内探索实施党组织领导的校长负责制，书记校长分工明确、职责清晰，使学校管理更科学、更有效、更和谐。

（三）奋进教育：让主动作为成为师生的自觉行动

1. 实施教师能力提升行动

一是通过加大经费投入、搭建交流平台、建立名师工作室等方式，着力培养教师"安身立命"的教育教学能力。二是建立健全班主任择优上岗、学习见习、激励评价制度，全力培养班主任的管理能力。三是选拔任命学科教研组长、学科带头人，通过开展多种形式的研究活动，将质量要求落实到教研工作具体环节，大力开展学科教研组建设。

2. 实施"五育"并举英才培育行动

秉承"以合格教育为前提，以艺体教育为特色，以优质教育为突破"的理念，通过挖掘本土"活教材"，常态化开展立德树人实践活动，以德育为先促"优"，以智育为重促"慧"，以体育为基促"壮"，以美育为要促"雅"，以劳育为本促"勤"，为每名学生量身定制成长成才方案，引导学生通过勤奋学习成人成才，感恩社会，报效祖国。

3. 实施教育资源共享行动

在川北地区率先加盟成都七中东方闻道网校，实现与成都七中同步备课、同步上课、同步作业、同步考试，促进了教师业务水平和学生成绩"双提升"。同时，还与浙江省杭州第十四中学、四川省双流棠湖中学、四川省广安中学等省内外优质学校结对，在新课改新高考实施、校本课程体系建设、校园文化建设等方面深度合作，并初见成效。

4. 实施校本课程育人行动

一是开设健美操、篮球、乒乓球、武术等13门特长课，实现体育特长课培育全覆盖。二是组建体育类、艺术类、语言类、科技创新类、社会实践类社团34个，开发"蜀道史话""蜀道诗韵""蜀道特产""剑阁地理"等校本课程，强化学生社团的活动育人功能。三是成立以德育校长、年级德育组长、班主任、班级教师、心理健康教师为成员的家校共育指导实施小组，推进落实家校共育工作。

二、工作成效

（一）学校发展势头强劲

一栋大楼改变了一所学校的命运。之江教学楼奠基石给学校发展带来了巨大动力。

通过感恩教育和励志教育"双轮驱动"和教育教学改革"四大行动"，学校办学质量逐年上升，已连续 13 年荣获广元市基础教育质量考核一等奖，取得了良好的工作成效。

（二）师生发展生动活泼

通过赓续血脉的红色基因、贯通古今的文化集成、留下印记的德育实践和互联互动的课程体系，剑门关上的古老学校焕发出勃勃生机。红色文化已镌刻进了每一个剑高师生的内心，并在日常教育教学中内化于心、外化于行。师生在红色文化的浸润下成事成人，享受着生命成长的幸福。

（三）援建精神不断传承

浙江、黑龙江对学校的援建，已形成独特的"两江援建精神"。这种精神的不断传承，培养出一批又一批具有家国情怀的青年学子，"读书不是为了离开贫困的家乡，而是为了让生我养我的家乡远离贫困"的信念已牢牢扎根于剑高师生心中。学校教师齐永朋、王雪萍夫妇奔赴雷波县开展为期 3 年的脱贫攻坚帮扶行动，将"两江援建精神"传递到大凉山地区。

三、实践反思

学校在奠基石精神感召下取得了长足的发展，教育管理规范性日益增强，师生的获得感和幸福感进一步增强，办学水平和质量不断提高，迈上了高质量发展的快车道。但是，在高质量发展过程中也暴露出了学校治理体系和治理能力建设中的一些问题，如学校还缺乏相应的制度设计和统一的行动规范，学校管理者、教师对日常教学工作之外的全面育人实践还存在诸多困惑，学校还需进一步增强在学生实践能力和综合素质培养上的力度等。

今后，学校将始终坚持以学生为中心办学治校，将严格规范的管理要求和春风化雨、润物无声的教育方式相结合，不断拓展管理育人的新思路和新办法；始终坚持建立健全管理育人制度，努力探索管理育人的新途径、新方法，完善管理育人机制，有效发挥管理制度的育人功能；始终坚持汇聚学校管理育人合力，为学生成长成才创造有利条件、开辟多种路径、提供丰富资源。

撰稿人：邓思勇、李华侨、齐永朋

编辑手记 🖊

　　一块奠基石托起了一所山区学校的育人大厦。四川省剑门关高级中学的管理者们牢记习近平总书记的嘱托，弘扬"两江援建精神"，通过感恩教育和励志教育"双轮驱动"和教育教学改革"四大行动"，大力推进"三全育人"综合改革，大力探索实现学校治理体系和治理能力现代化的新途径和新方法，把党的教育方针全面贯彻到学校工作各方面，将思想政治工作贯穿学校教育管理服务全过程，取得了很好的育人成效，其做法值得推广学习。我们期望剑门关高级中学牢记习近平总书记把学校办好的嘱托，用心至诚，善行致远。

四川省教育学会秘书处　朱远平

区域大中小学思政教育一体化建设的
逻辑指向与实践路径

成都市金牛区教育局

区域大中小学思政教育一体化建设是深入落实立德树人根本任务的重要举措。成都市金牛区积极探寻区域学生思政教育一体化发展的新路径、新模式与新格局，全力打造区域"行走的思政教育"品牌。

一、价值旨归

（一）解读：大中小学思政教育一体化建设的内涵

推进大中小学思政教育一体化建设是立德树人的重要系统工程，应遵循青少年身心发展规律和思政教育规律，坚持以学生为中心，注重学生成长过程中思政素质养成的整体性、一贯性，凸显学生在思政教育过程中的主体性、实践性。

（二）困境：大中小学思政教育一体化建设的必要性

当前推进大中小学思政教育一体化建设工作中，主要问题是一体化建设内容没有区分度和层次性，有过于简单、重复等问题；推进过程中协同性和衔接性不强，力度稍显不足；推进成效浮于表面，没有深入落实落地。

二、工作指向

（一）理念逻辑：以思政教育相关要求为指导思想

金牛区落实立德树人根本任务，搭建高等教育与基础教育之间的思政教育工作桥梁，注重整体推进，顺应统筹大中小学思政教育的发展趋势，主动服务省市教育发展大局和区域经济社会高质量发展要求。

（二）发展逻辑：遵循四大发展原则，提高工作实效性

坚持党对思政教育工作的全面领导；坚持守正和创新相统一；坚持问题导向和目标导向相结合；运用整体性、系统化的思维方式开展工作。

（三）目标逻辑：确立四大建设目标，增强工作针对性

一是建立区域大中小学一体化思政教育管理共融平台，建立思政教育联席会议制度，构建思政教育协同育人体系；二是形成区域大中小学一体化思政师资建设长效机制，完善思政教师评价激励机制和政策支持；三是构建区域大中小学一体化思政教育衔接机制，推动师资队伍联建、课程资源共享、实践活动联合举办；四是推出区域大中小学一体化思政教育学科科研成果，打造金牛区"行走的思政教育"品牌。

三、机制创新

（一）创新模式，教研为主，系统构筑

1. 构建区域大中小学思政教育一体化管理体系

构建区域大中小学思政教育发展联盟，组建思政教育联盟领导小组。建立思政教育中心，从各学段不同领域中挑选高水平人才，组建指导委员会。形成由党工委主导的"行政沟通、联动协调、工作运转、评价反馈"机制，做好顶层设计、服务支持、制度保障。

2. 建设区域大中小学思政教育一体化课程体系

坚持思政课在课程体系中的政治引领和价值引领作用，推动各类课程与思政课建设形成协同效应。改变大中小学原有的思政教育资源"孤岛现象"，探索编制区域"思政教育资源地图"。联合推进大中小学思政教育课程体系开发，做好学段内和学段间教材内容体系的有效衔接和循序渐进的建构工作。鼓励思政校本课程研发，形成思政教育特色教材。

3. 创新区域大中小学思政教育一体化课堂教学

遵循学生身心发展规律，从教学内容的重构、教学方式的改进、教学评价的创新、教学质量的提升等方面着手，统筹推进思政教育一体化改革。在教学中探索虚拟实践教学、分层教学、线上线下融合教学等方式。开发具有区域特色的思政选修课程，将思政课显性课程与隐性教育有机结合。深挖课程思政要素，构建"思政课程＋课程思政"大格局。

4. 加强区域大中小学思政教育一体化教学研究

按照"大学牵头、片区单元、联合教研、学段统筹"的原则，建构一所大学与 N 所中小学的"1＋N"片区联合教研网格单元。加强区域全学段思政教学研究，优化教

研机制，完善教研管理。把握教育目的，处理好"培养目标一致性与内容梯度衔接性、教育整体性与学段特殊性、统一标准与因材施教"的关系。

5. 开展区域大中小学思政教育一体化课题研究

建立区域性大中小学思政教育一体化纵向统一的研究协会。金牛区大中小学德育研究会纵跨小学、中学、大学，定期组织相关理论研讨和实践活动。研究会内部以问题为导向，既按学段分为大学组、中学组、小学组，又按研究方向分组，也按教授学科分组，共同研究大中小学思政教育无缝对接的内容和方法。

6. 开发区域内外大中小学思政教育一体化教育基地

建设传统文化教育、重大主题教育、中小学师生高校教育、大学生中小学见习、志愿服务、行走思政教育六大基地，开展教育基地系列性、主题性活动，使思政教育从认知走向理解，从抽象走向具体，从内化走向外化。

（二）搭建平台，建设"六全"育人体系

1. 促进区域思政教育有效衔接

大中小学思政教育在学段上互联互通，"顾后"衔接高学段，"瞻前"衔接低学段；在目标衔接上，"小学启蒙道德情感、初中打牢思想基础、高中提升政治素养、大学增强使命担当"；在教育方向上同向同行，以立德树人为根本任务，理想信念教育、社会主义核心价值观教育等贯穿大中小各学段。

2. 建立区域思政教育管理共融平台

建立思政教育联席会议制度，每年组织一次联席会议，严格落实党委政府、地方高校等的职能职责，形成多方联动和资源共享机制。拓展思政教育实施路径，健全学校、家庭、个人、社会"四位一体"的协同育人体系，形成一体化建设的价值共同体。

3. 突破区域思政教师职业发展瓶颈

加强中小学思政教师队伍建设，完善中小学专职思政教师配备，向民办学校指派思政教师。改革思政教师评价机制，严把思政教师政治关、师德关、业务关，实行不合格思政教师退出机制。加大思政教师激励力度，设立思政教师岗位津贴。优化思政教师成长机制，对思政教师在提拔任用、晋级评优等方面进行适当倾斜。

（三）打造品牌，建设"校地协同"发展共同体

1. 建立"行走的思政教育"品牌推进机制

健全党建引领的组织体系，定期研究思政教育；完善常态化政治理论学习制度，加强教育系统思政教育工作；推动高校、社区、企事业单位联动，形成以教育部门为主体、相关部门协同、学校全面实施的思政教育部门联动机制；依托政府和社会资源搭建育人平台，建立思政教育校社共同体。

2. 构建"行走的思政教育"品牌资源整合体

建立"思政教育资源超市",把思政课与社会实践、研学旅行、研究性学习等结合起来,强化学生的社会实践意识与道德践行能力。打造 20 个"思政教育资源基地",推动共建大中小学一体化德育实践基地。加强学校与社区思政教育协同,开展志愿服务、实践体验、实践育人。

3. 培育"行走的思政教育"品牌核心力

创建"行走的思政教育"示范校 5 所,逐步形成一批思政教育校园文化品牌。充分发挥重大历史纪念日蕴含的思政教育资源,依托"锦城卫"系列志愿服务等实践活动,打造区级思政教育实践活动品牌。持续推进"青聚金牛行动计划"等三大行动计划,加强青年学生思想政治建设。

四、实践路径

(一)整合资源,构建大中小学思政教育联盟

一是构建区域大中小学思政教育联盟,成员单位有电子科技大学等 8 所高校和金牛区教育局所属中小学。二是集中大中小学思政课骨干教师力量,围绕市区重点场馆资源,开发 100 节四川优秀传统文化系列课程;各个学校研发思政课特色精品课程,形成大中小学一体化德育共享课程。三是举办金牛区大中小学思政教育一体化教学论坛,定期开展大中小学思政课一体化教学展示与交流活动,推出金牛区思政课品牌。

(二)完善机制,提升思政教育一体化工作效能

一是构建"1+3"组织管理体系。"1"是金牛区学校思政中心;"3"是思政教育联席会议制度、思政教育联盟教研制度、思政教育信息共享制度。二是提升工作效能。引入第三方评估机制,制订思政教育联盟工作评估细则,对课程研发及参研情况进行科学评估,对实践活动有效性进行及时反馈,对思政课场馆资源的开发利用及社区联动进行定期维护。

(三)加强保障,促进思政教育一体化工作落地

一是成立"大中小学思政教育一体化"建设工作领导小组、金牛区学校思政工作中心,加强组织领导。二是设立"大中小学思政教育一体化"建设专项资金,加强经费保障。三是加大总结、宣传、推广的力度,形成广泛的社会共识,营造思政教育联盟工作的良好氛围,强化引领示范效应。

撰稿人:阳红、马云飞、赵永瑞

编辑手记 ✏️

　　成都市金牛区基于当前大中小学思政教育工作的现实问题，推进区域大中小学思政教育一体化建设，在管理体系、课程体系、校地协同等方面进行了改革创新，实现了区域各级各类学校立德树人教育的全面落实落地，取得了丰硕的成果，具有重大的推广价值。通过系统化构建从小学到大学全学段的思政教育体系，保障了思政教育目标的一致性、层次性，思政教育过程的阶段性、科学性，思政教育评价的针对性、有效性。构建大中小学思政教育联盟，实现了学校课程资源、师资配置培训、社会资源利用、网络教育平台等多方面教育资源的充分整合利用。

成都市郫都区教育局　王朝贤

"双线双循环"德育生态圈的建构与实施

成都市实验小学

一、"双线双循环"德育生态圈的源泉——三大要素

旗帜引领：为党育人，为国育才。

政策铺路：育人铸魂，德育为先。

文化滋养：以雅育雅，自主发展。

二、"双线双循环"德育生态圈的主动脉——两道并线

"两道并线"即成都市实验小学德育生态圈核心特征中的"双线"并肩同行。包括少先队红色阵地和少先队自主智能"A城"的并行育人、并进发展，两者是具有成都市实验小学校本特色的德育工作主线。

1. 传统中的创新——少先队红色阵地的坚守与精进

成都市实验小学党总支重视红色基因的传承并依托"智慧团建"开展"智慧队建"。近年来，成都市实验小学少先队先后获得了"四川省少先队先进集体""成都市十佳少先队集体""红领巾奖章'四星章'集体"等荣誉称号，培养了一批批"听党话，跟党走"的新时代好少年。

2. 创新中的迭代——自主智能"A城"的共建与升级

成都市实验小学致力拓展少先队体验平台和开发少先队体验活动，于2003年创建了一座属于全体少先队员的模拟城市——"A城"。"A城"是包含成都市实验小学各实体场所及"云端"平台在内的校园全域空间，为全员创建了一个充满未来气息的模拟城市。

三、"双线双循环"德育生态圈的能动保障——四级机制

理念架构：在活动中体验，在体验中成长。

管理机制：全员德育，权责分明。

运行模式：贯通上下，人人参与。

工作动线：活动课程化，课程活动化。

四、"双线双循环"德育生态圈的共建者——五大团队

1. 德育管理团队

强大的德育管理、课程开发、活动策划、保障支持团队成为德育生态圈建设的主导力量。

2. 德育教师团队

儒雅的教师是道德的垂范，"以雅育雅"、躬身示范的教师团队拓展了学校德育的时空。

3. 儒雅校工团队

成都市实验小学于2012年提出"儒雅校工也育人"的创新德育理念，儒雅校工自此成为学校德育侧翼军。

4. 协同育人团队

成都市实验小学倡导家校社三方通力合作、协同育人，德育力量得到进一步增强。协同育人团队包括专家智囊团与家长发展学校。

5. "A城"市民

在成都市实验小学，每一位"A城"公民都要对自己的德育成长负责，这是"未来学校"理念下的师生共识。

五、"双线双循环"德育生态圈的育人方式——六条途径

1. 课程育人

基于对学校多年德育体验活动的实践经验和课程开发的认识与思考，成都市实验小学以课程开发和实施为核心，以体验活动为载体，整体性建构学校道德教育，让学生在真实的生活中知行合一，过有道德的生活。在对已有体验活动的统整、重构和优化的基础上，成都市实验小学德育团队建构了以立德树人为目标，聚焦社会主义核心价值观，由红色"少先队课程"、绿色"君子课程"和橙色"公民课程"三色模块课程组成的德育图谱课程群。

2. 文化育人

"雅"是成都市实验小学对教育本真的探寻和提炼成果，是在研究"顺应新课程的学校教育新结构"过程中，在充分发掘和弘扬中华民族教育精髓、立足学校办学特色的基础上提出来的。

3. 活动育人

经长期实践研究，成都市实验小学的体验德育已成体系，建构了"一个中心、两条并线、三个层级、四个维度"的德育体验活动系统。"一个中心"就是以"立德树人，培育和践行社会主义核心价值观"为中心；"两条并线"是指少先队红色经典活动和模拟"A城"创新活动双线并行；"三个层级"是指校级、年级和班级三个层级的体验活动有序开展；"四个维度"是指雅生、少先队员、"A城"市民、积极公民这四个互相融通却各有侧重的培养维度。作为学校德育工作的重要抓手，以活动为核心的德育体验活动十多年来作为学生道德学习的主要途径，为学生的道德成长奠定了坚实的基础。

4. 实践育人

成都市实验小学具有丰富的综合实践育人经验，不仅拥有完备的"红领巾争章"实践育人体系，还创立了以雅园"樱桃节"（由德育室、少工委主导）和"微周综合课程"（由课程中心主导）为代表的两大特色实践育人体系，每年以"周"为单位各开展一轮次主题实践活动，生成了许多经典育人案例。

5. 管理育人

让每一位学生都参与校园管理、参与个人成长管理是成都市实验小学德育工作的一项特色。

6. 协同育人

成都市实验小学（源雅校区）是城市中心面积相对狭小的一所小学校，占地仅18亩，但作为一所"未来学校"，其以宏观的视野和开放的心态办学，"推倒"了校园围墙，创新提出"18亩＋"的育人理念，谋划出一条特色发展的新思路。近年来，成都市实验小学着力学生校外德育实践基地建设，善用社会资源，在互利互惠的基础上，为学生德育工作及综合培养开辟了一片广阔的天地。

六、"双线双循环"德育生态圈的广阔场域——点面结合

成都市实验小学以建构"全流程质保圈"、建设"全时空育人链"、研发"全景式课程系"、探索数据实证的"全方位评价库"的"四全"微行动推动局部改革，以点带面，深入落实。

七、"双线双循环"德育生态圈的终极闭环——一套评价

成都市实验小学形成了"3＋3＋3"学生"五育"综合评价体系，"3＋3＋3"学生"五育"综合评价是一套立体交互、多元参与的德育及学生综合评价体系，纵向、横向和社会综合三个维度的多评价主体参与，充分发挥学生、教师、家长、社会在评价中的角色功能，为未来学校的教育管理提供了人力资源和方法路径。

2021 年，更为全面的成都市实验小学学生"五育"综合评价系统投入研发，相关探索经验及成果彰显了成都市实验小学学生综合评价的科学性、时代性、示范性。

撰稿人：李蓓、黎明

编辑手记 ✏️

成都市实验小学立足办学实践，勇立潮头，大力开展小学德育实践研究，不断解决现实问题，丰富工作经验，创新育人成果，建构形成了具有成都市实验小学特色的"双线双循环"德育生态圈。该德育生态圈以习近平新时代中国特色社会主义思想为引领，基于对国家大政方针、各级政策指导文件的解读，植根学校"未来学校"办学理念和"小学大雅"育人文化，以生为本，立德树人，养堂堂君子，育积极公民，成时代少年，是全时空、无缝式、自优化的小学德育闭环生态系统。

四川教育出版社　李萌芽

优秀教学成果推广：定向·定标·定策

一、明确成果应用的取向

要实现公平而优质的教育，强校是重点，强师是关键。开展基础教育国家级优秀教学成果推广应用工作是着力深化教育教学改革、提升育人质量的重要举措。成都市龙泉驿区洪安中学依据自身实际情况，决定引入课堂技术类优秀教学成果"'高质量学习'实践研究"，聚焦微观层面的课堂教学优化与提升，通过优化课堂教学设计、改革课堂教学结构、培育教师专业发展共同体，构建高质量学习课堂，重构学科课程并开发对应的数字化学习资源，以提升课堂教学的效率和效益。

二、厘清成果应用的原则

（一）"三结合"原则

一是聚焦与融合相结合。始终聚焦应用"'高质量学习'实践研究"教学成果，同时对其他前沿理论、研究成果持开放态度，鼓励教师学习借鉴，促进引入成果的迭代升级。

二是专项与常态相结合。借鉴运用优秀成果作为强校工程的专项工作，成果持有方、成果应用方、第三方公司均配备了保障力量。同时，学校又将这项工作纳入日常教育教学工作，与学校的日常工作相结合，保障了学校教育教学工作的正常运行。

三是阶段与长期相结合。优秀教学成果的效益显现具有弥散性、滞后性等特点，要见成效、出品牌，需要一个长期的学习、实践、转化的迭代过程。

（二）"三同步"原则

"三同步"即同步学习、同步运用、同步总结。同步学习是指对理论形态成果和实践形态成果的学习，在运用中再学习，在总结中再学习。同步运用是指运用成果中实践形态的方法、策略、步骤、工具等指导教学行为的转变和优化，在运用中加强学习和反思。同步总结是指不断反思总结，思考实践行为与优秀成果之间的连接点、生长点和着力点。

三、构建成果应用的路径

（一）成果应用的系统

从系统论的观点来看，优秀教学成果应用系统是将成果的原生状态加工为成果的应用状态的系统，由动力系统、转化系统和支持系统共同组成。三大系统相对独立，联系密切，共同保障成果应用的有效运转。

1. 动力系统：形成合力

动力系统包含内源性动力和外源性动力。从成果应用的视角来看，内源性动力就是指教师因自身需求和价值认同而产生的应用成果的内在动机；外源性动力就是指学校、教育部门的激励，表现为制度倾斜、资金支持等。两种动力可以相互转化、形成合力，为成果应用提供不竭的动力。

2. 转化系统：萃取精华

转化系统发挥着在萃取成果中的理论思想和成果技术后进行转化的作用。在引入教学成果"'高质量学习'实践研究"后，教师萃取了成果中与教师需求最直接、最相关的核心理论思想和成果技术"学习、教学、课堂"的认知、课堂的学习结果和认知过程、高质量课堂的二元变量模型、五星网状课堂教学模型、"七步成师"学习设计模型、五星动力模型、"课堂画布"工具、学习目标设计的技术、学习活动设计的技术、学习评价的技术等，在应用过程中开展了专家讲座、成果研修、设计指导、课堂研讨、案例研讨、跟岗研修、反思总结、资源开发等"研训培一体化"活动，促进了成果的有效转化。

3. 支持系统：软硬统筹

支持系统包括硬件支持和软件支持。硬件支持取决于教育行政部门的重视支持程度、学校的重视支持及管理情况、教师的思想和水平、成果应用所需的基本物质条件等。软件支持包括专业人员提供的专业指导。为了保障成果应用见成效，制订学校强校工程三年规划，修订学校评优评先等制度。多途径动员全体教师积极参与，通过问卷调查、个别访谈、课堂观察等形式摸清教师情况，积极准备实践所需要的教学设备、成果研修手册等。

（二）成果转化的路径

成果应用的转化分为理解、内化和改造三个阶段。

1. 理解

理解，是教学成果所蕴含的理论、思想、观点、策略、方法、工具等被应用者所初步认识、接受的过程。在萃取成果精华、提供文字版本的成果研究手册的基础上，开展学习研讨活动，促进教师从认识成果走向接受成果。

2. 内化

内化，是通过应用成果，将静态形式的成果转化为动态形式的成果，使成果的内容融入自己的认知体系，形成自己的个性化理解。在专家团队的指导下，开展学习设计模型应用指导、资源开发指导、课堂教学研讨、外出跟岗研修等实践研修活动，指导教师备课、上课、评课，有效促进了成果的内化。

3. 改造

改造，是应用者在成果理解、内化的过程中不断反思提升，结合自身环境和条件，丰富、修正、完善和深化成果。在成果应用的过程中，结合地域、学情、师资、文化等具体情况，调整成果培训和指导的内容。教师在成果理解、内化的过程中不断内省提升，补充了成果在农村中学运用时的相应策略，不仅丰富了这一优秀教学成果，更促进了教师专业反思能力的提升。

（三）成果应用的评价体系

学校管理团队、专家指导团队和教师一起商讨制订阶段评价指标，从理念转变、技能转变、效果转变角度对教师进行评价，从学习态度、学习方法、学习效果角度对学生进行评价，从课堂形态、专业氛围、教学成果角度对学校进行评价。

实践表明，在优秀教学成果推广应用的过程中，做好"定向、定标、定策"三项工作，能促进优秀成果有效转化到学校的教育教学实践中，提升教师专业水平，促进学校教育教学质量的提高。

撰稿人：周忠友、许雯、叶有龙

编辑手记

开展基础教育国家级优秀教学成果推广应用工作是着力深化教育教学改革、提升育人质量的重要举措。优秀教学成果推广应用是一项系统工程，不是对原生成果的全盘吸收和简单模仿，而是将原生成果从理论形态向实践形态转化后再进行应用。龙泉驿区洪安中学做好"定向、定标、定策"工作，引入优秀教学成果"'高质量学习'实践研究"并推广应用，促进了学校教学行为的改进和教学形态的改变，短周期内见实效，逐渐形成学校品牌，产生长周期效应。

资阳市教育科学研究所　廖文鸿

"四融"聚"四力":高质量发展红色引擎

成都市石室联合中学

一、基本情况

成都市石室联合中学(以下简称"石室联中")党委于2018年1月由原成都市石室联合中学党总支升格成立。本届党委于2019年12月完成换届选举,下设七、八、九年级支部和金沙支部共计4个党支部,共有正式党员116人,党委班子成员9人,学校领导班子成员5人。

二、经验做法

学校高度重视党建工作,提出了"党建赋能 思政铸魂"的工作方针,调整宏观架构,以党政办为圆心带动学校五大中心,多措并举推进党建工作创新,形成了"四融"聚"四力"的党建工作新亮点,激发了党建工作新活力。

(一)党建融入队伍建设,凝聚教师发展内驱力

一是加强政策学习,提高政治站位。学校组织教师认真学习二十大以来党的教育方针政策,并给每人发一本文件汇编,还请专家进校解读。自觉对标对表,按照党中央决策部署和国家"十四五"发展蓝图精心谋划学校发展"十四五"规划。

二是强化党建引领,助力专业成长。引导教师对标"四有好老师"要求,树标杆,立典型。发挥党建在青年教师自我成长中的引领作用,通过系列培训、团建、课堂大赛促进青年教师专业发展。开展党员教师"双向培养"结对活动,把教学骨干培养成优秀党员,把普通党员培养成教学骨干。

三是开展党史学习,筑牢初心使命。积极推进"学党史、悟思想、办实事、开新局"系列活动。将党史元素融入集体备课、学科教学和试题命制中,传承红色精神,

把思政教育融入教育教学全过程，力求做到全员、全程、全方位育人。

（二）党建融入教育教学，凝聚学生成长行动力

一是筑牢课程底线，厚植红色信念。聚焦学生未来应具备的核心素养和关键能力，学校提炼了仁、智、勇、雅四个字的校本表达，梳理出了崇德课程、启智课程、致远课程、正雅课程四大课程群，通过实施国家课程和校本课程强化对学生的思想政治教育，厚植学生理想信念。

二是整合课堂教学，贯彻育人使命。把坚持党的领导贯彻在教育教学全过程，培养全面发展的社会主义建设者和接班人。开足开好"道德与法治"课程，重视"思政课程"与"课程思政"的稳步推进，挖掘语文、历史等其他学科课程中所蕴含的思政元素，并落实在教师的备课与授课中。

三是推进"三化联动"，擦亮成长底色。将党建思政工作融入各类活动，"三化联动"培育和弘扬社会主义核心价值观。其一是主题活动序列化。将思政教育融入德育活动、传统节日和学校的艺术节、体育节、英语节等，形成"月月有主题、周周有安排、天天有活动"的教育场景。其二是实践活动丰富化。将思政教育与"走进建川博物馆 追忆红色记忆"研学活动、"我是社区小卫士"志愿服务活动等校外活动充分融合。其三是班团活动常态化。通过每周的班会活动、每学期的团队活动，以党建带团建、带队伍，弘扬社会主义核心价值观。

（三）党建融入学校文化，凝聚党建领航向心力

一是校园环境营造爱党文化氛围。党建活动室新增"党的光辉历程"板块；开展"从小学党史 永远跟党走"系列党团队教育活动；在课间增设播放红歌活动；在电子班牌中增设"亮身份 永争先"栏目，亮出班级党员教师。

二是校园行为传承红色文化基因。坚持每日升国旗、全员唱国歌等日常教育，促进学生爱国爱党爱人民的意识和行为养成；创编校歌《联中好儿郎》，开展师生唱红歌比赛；挖掘抗战时期燕京大学在陕西街 29 号华美女中办学的校史，以校史讲党史。

三是校园精神厚植爱国主义情怀。弘扬校园文化精神，深挖校训内涵。"修身自胜 报国利民"是培养目标，"感恩常在心中 责任始于足下"是文化核心。在学生心底厚植情怀，让他们自觉承担实现中华民族伟大复兴的历史使命。

（四）党建融入家校共育，凝聚为党育人协同力

一是建机制，改善家庭教育。采取"活动有场地、上课有教师、学习有系统、管理有方法"的"四有措施"，推动家庭教育常规化；形成了健全工作领导小组、强化工作保障和突出队伍建设三项机制，推动家庭教育常态化；开展了小手拉大手、家长志

愿者、家长文化讲堂、经验交流等活动，推动家庭教育多样化。

二是开课程，促进党员示范。充分挖掘家长不同职业资源优势，成立了党员家长讲师团；家校双方结合教育特点及家长职业优势，形成了规范、科学的家长课程体系；鼓励党员家长争当教育先锋，以党建带群建，走出学校和家庭。

三是铸党性，培养志愿精神。以党员先锋志愿服务队——"雷励锋行"志愿者分队为依托，以自主管理实践课程为基础，积极参与以"护环境讲卫生"为主题的劳动服务实践课；以社区服务活动为载体，党员教师、家长和学生共同开展"社区公共服务课程"，为社区发展服务；以慈善公益活动为抓手，成立爱心平台，援助困难群体。

三、主要成效

（一）教师队伍政治素养突出

学校在提升教师业务能力的同时，突出党建引领，充分发挥党组织在学校发展过程中的战斗堡垒作用和党员的先锋模范作用。近年来，石室联中省名师工作室领衔人周丽等 70 余名党员教师荣获多项市级及以上荣誉表彰。

（二）学校办学育人成效显著

近三年来，学校获得"全国文明校园"等全国、省市区荣誉称号 17 项，"石室卓越英才培养计划"获评 2020 成都基础教育 EPC 年度盛典十大年度教育创新实践案例。

（三）各级各类媒体报道充分

学校根植"文翁化蜀 慧智石室"的悠久历史文脉，坚持"求实务虚 德慧天下"。学校开展的各项教育教学活动受到社会广泛关注，产生了深远的社会影响。2020 年 11 月至今，先后有 16 个活动受到国家、省市区级媒体同时报道。如 2021 年 4 月 30 日，学习强国、《人民日报》、今日头条、百度新闻、中国网 5 家媒体以《成都石室联中离队入团仪式：韶华不负，谱写奋斗华章》为题对学校进行了报道。

撰稿人：宋奕云、蒋雪霞

编辑手记 ✏️

成都市石室联合中学按照"党建赋能 思政铸魂"的工作方针，形成了"四融"聚"四力"的党建工作新亮点。把党建融入队伍建设、教育教学、学校文化、家校共育的每一件具体工作中，使党建成为工作本身的内在需要。党建凝聚了学校教师发展内驱力、学生成长行动力、文化向心力、协同育人力，赋能学校各方面工作。立德树人教育在课堂教学中使"思政课程"和"课程思政"双翼齐飞，在活动课程中使主题活动序列化、实践活动丰富化、班团活动常态化，让思政铸魂渗透在学校教育的每一个角落。

成都市郫都区教育局　王朝贤

基于素养立意的长程作业思考

成都市石室联合成飞学校

教育界流传着这样一句话："告诉学生，学生会忘记；分析给学生听，学生可能记住；如果让学生参与，学生就会真正理解。"借助数学教材的一节综合实践课"校园平面图"，我带领学生开启了一次关于长程作业的实践之旅，给即将离开母校的懵懂天真的学生留下一份深深的记忆。

一、基础搭台

"线无粗细，点无大小"。现实生活中的校园在学生眼里究竟是怎样的模样？是满眼繁茂的绿树红花，是宽大操场上奔跑着的一群群学生，是一间间相似的教室，还是统一方正的教学楼？耳听、眼见，是我们认识校园的开始。

（一）耳听——了解学校历史

要讨论制作校园平面图，学生的第一次作业任务就是"了解学校历史"。他们从爷爷奶奶这一辈人的调查中知道，从 1959 年 9 月建校至今，校名几经更改；学校校舍从曾经的大小四合院模样，几经修建改造，变成了如今方正的围合式校园。这是我校的历史，也是中国航空工业发展的见证史。

（二）眼见——校园的东西南北中

对于校园的一楼一房、操场与花坛，学生运用数学方位语言准确表述它们的位置，在头脑中形成的一个个坐标构成了校园图。在分析中，学生明白只需要留下主要建筑物，对其余的景观适当取舍即可，无须兼顾全部。

（三）查新——身边的平面图模样

学生从收集的商场楼层导购图、世界地图、室内设计图、校园安全通道疏散图等各种各样的平面图中，找到平面图都有标题、比例尺、方向、建筑物名称等共同特点，明白表示每个建筑物平面形状和大小以及各建筑物在水平面的相对位置的图叫作平面图。

二、思维领航

（一）活动方案初探

"说"想法：说说活动怎么做，做些什么，怎么做才最有效，怎样规范画图。对这些重要的生成性资源，教师有意识地引导，让绘制校园平面图的活动做到有的放矢。

"做"方案：学生根据以前探究小问题的经验，根据自己的思考和班级交流提示，提前写出了"画我的校园"的活动方案。从学生提供的方案来看，为了让绘制校园平面图的活动有效进行，每位学生都有自己的想法，不同方案特点各异，但都切实有效。全班学生交流后，总结出主要环节有"准备草图、人员分工、测量、绘制"。

（二）活动问题预判

记录工具怎么选？每栋教学楼之间，每个花坛之间都有间距，数据太多，如果用表格的形式记录数据，会不会出现数据混淆的情况？"我们可不可以把表格改为草图，只画出校园建筑物的大体轮廓，测量时直接把数据标注在草图上？"这位学生的想法获得大家的一致赞同，很多学生绘制了简单的校园草图。

测量工具怎么选？操场的跑道太长，如果用工具测量，要花时间多次测量，可以用步测的方法，取同组同学测量结果的平均值作为最终数据。这些活动过程中自发产生的思考，让学生体会到数学活动的严谨性。

绘图的顺序是怎样的？校园的建筑物很多，想要有序地把它们安排在既定的位置上，确定绘图的顺序至关重要，一定要先画主要的建筑物。建筑物的大小不能随便画，一定要根据比例尺来画。当学生思考到这些问题的时候，学生离从容实践又近了一步。

三、作业落地

（一）测量校园，整理数据

学生拿着校园草图，头顶烈日，以小组协作的方式，奔跑在校园里。卷尺翻飞，脚下急行，各建筑物跃然纸上。学生累并兴奋着，因为他们手中的"大数据"是对学校最好的诠释。

（二）确定比例尺

比例尺如何确定是难点。在这里我们放慢脚步，引导学生自己总结确定比例尺的方法。全班学生采用统一的 A4 纸，根据长 29.5cm、宽 21cm 的 A4 纸大小和长 140m、宽 100m 的校园大小，计算、讨论后一致认为使用 1：500 的比例尺比较好。接着，学生耐心计算出各建筑物的图上距离。

（三）绘制平面图

部分学生画图时发现，有些长度没有数据，有些建筑物没安排好，位置出现严重偏差。针对出现的问题，学生找其他小组帮忙解决。当老师以调侃的语气问道"图好画吗？设计师好当吗？"时，学生一次次摇头叹息，回话道："不好画！设计师不好当！"但是，在大家的努力下，两节课过去了，一栋栋建筑物跃然纸上，纸上的学校"建"成了！

（四）本组交流评价，改进美化平面图

如何学习、理解别人的测绘成果，取长补短为我所用？我让画好的同学拿给小组的同学看一看，互相参谋，提提意见。学生根据自己的喜好，将校园平面图加上了色彩。有些注重细节的同学，还勾勒了边线，添加了花草、树木、乒乓球台、汽车等小物件，为简单的地图平添了一抹生动的气息。

（五）班级展示

全班展示的过程也是学生学习交流的过程。看看别人什么地方做得比自己好，什么地方自己想到了别人没想到，这也是一种学习。我们把设计图贴在教室门口，让走过的学弟学妹们看一看，希望他们对学校全貌有更加清晰的了解，这也是送给学校的一份有意义的礼物吧。

四、回头探学

回头看自己亲历的绘制校园平面图的活动过程，学生写下了一篇篇饱含深情的"数学日记"。在日记中，学生吐露心声，有感而发。

谈过程：我们分了组，由一个组长带领，每个组有五到六个人，我们测量的方法可谓是"八仙过海，各显神通"。

谈感悟：测量校园各个地方的建筑物，整个过程复杂且耗时，但我们都乐在其中，好好体验了一番生活中数学的美。

谈数学：有了这次的活动经历，我改变了对数学的刻板印象，并发现无论是现实生活中的植物还是高楼大厦，都与数学息息相关。

谈母校：我即将离开这所装着我童年记忆的学校。毕业前夕，我再一次认识了它，为它绘制了一幅平面图，让它的样子深深刻入我的脑海中。

撰稿人：周自华

编辑手记 ✏️

在数学教学中开展综合实践活动，布置长程作业，培养学生的数学核心素养，具有鲜明的教学改革时代特征。一是引领学生把数学知识运用到生活实践中，让数学的应用价值得到充分体现，增强学习动力；二是指导学生在测绘校园平面图的过程中学习数学，培养学生数学知识应用能力、实践操作能力及团队合作能力，提高了学生的综合素质；三是从活动前的调查准备到活动后的总结反思，每一个环节设计科学合理，教师对学生的指导切中关键点。每一个学习环节都呈现不同的教育价值，达成整体育人的教育目标。

成都市郫都区教育局　王朝贤

国际理解教育背景下的"五育"融合教学实践
——以小学跨学科水文化主题学习为例

成都新津墨文学校

一、实施背景

（一）教育改革的时代需要

《义务教育课程方案和课程标准（2022 年版）》及各学科新课标提出，要培养尊重和理解多元文化、具有国际视野和人类命运共同体意识的学生，学校要进行跨学科主题教育。《"十四五"全国水情教育规划》指出，要让民众"知水、爱水、节水、护水意识和应对洪涝灾害能力得到全面提升"。

成都市作为中外人文交流的窗口城市，积极推进中外人文交流的各种项目。成都教育部门对学校国际理解教育的政策、教学、活动、研究等多方面提出了具体的要求。

（二）学校发展的自身需求

成都新津墨文学校（以下简称"墨文学校"）建校以来一直坚守"根植中国、放眼世界"的育人理念，致力培养具有文化自信、国际视野、能进行跨文化交流的国际化人才。目前，学校的国际理解课程与立德树人的要求还存在一定差距：学生的社会责任感、创新精神和实践能力较为薄弱，课程资源开发利用不足。

墨文学校位于水资源丰富的成都新津，进行水文化探究，有着得天独厚的条件。学校小学多个年级的学科都出现了水与文化的内容，但没有一套完善的水文化课程体系。

二、具体做法

（一）确定水文化主题理念与目标

首先，确定水文化核心概念。水文化是人类在与水打交道的过程中所创造的物质财富和精神财富的总和，是人类认识水、开发水、利用水、治理水、保护水、鉴赏水的产物。

其次，确定与国际理解教育相结合的水文化育人目标。根据教育部中外人文交流中心于 2022 年印发的《中外人文交流教育实验区国际理解教育项目实施指南（试行）》要求，学校从认知目标、能力目标、情感态度三个维度确定水文化育人目标。

最后，整合学科核心素养目标与水文化育人目标。以综合课程为主体，各学科渗透水文化教育。加强学科间的相互融合，发挥综合育人功能，不断提高学生综合运用知识解决实际问题的能力。

（二）搭建学校整体支持体系

学校教育总监、校长统筹安排，各部门分工协作，把中外水文化教育项目申报为四川省国际教育研究中心课题，深入开展跨学科国际理解主题教育。

（三）拓展课程立体实践路径

第一，拓展多种学习路径。各学科找到适合国际理解教育的水文化知识点进行教学；跨学科开展海洋世界编程、制作水钟、制作自动洒水器等项目式学习；在世界水日、中国水周进行全球水议题讨论及护水行动等。

第二，科学安排教学时间。各学科水文化教学时间主要集中在每年的 3—5 月，每一个学科的课时为 2～12 节，美术学科课时最多，达到 12 节。

第三，设置水文化主题课程。该课程内容共有 4 章，第 1～3 章的主要内容是认识水世界、鉴赏水之美、探索中外河流等，主要是为三年级学生提供跨学科主题式学习。第 4 章的主要内容是保护全球水资源行动，为不同年级设置不同主题，全校学生均可参与。

（四）建构多元课堂教学策略

任务型教学策略。学校提前公布水文化学习项目，让学生知晓已有和将要学习的情境，明确具体的学习要求，按照规划自主学习，完成项目任务。

协同式教学策略。学生采用课堂讨论、角色扮演、小组合作等方式，协同完成学习任务。

探究式教学策略。教师通过视频指导、实地考察、阅读资料等让学生主动探索。

（五）研制课程开放评估系统

评估形式多样化，包括海报展示、模型制作、口头报告、歌舞及戏剧表演、问卷调查等。

过程性与总结性评估相结合。在学习活动过程中适时完成学习量表，活动结束后进行总结性评价。

三、主要成效

（一）提高了师生综合素质

不同学科的中外教师一起备课、教学、总结，建立了各学科之间的联系，在跨学科合作中提高了综合素质。学生通过一系列跨学科的探究活动，学习了跨学科知识，提高了沟通表达、思辨创新等综合能力。

（二）提高了学校国际理解教育水平

学校水文化课程被《成都新津区国际理解教育活动课程案例集》收录。2021 年拍摄的视频《跨学科主题教学的开拓者潘璠》在数十个网络平台播出，观看人数超过100 万人。2023 年的教学成果《跨学科开展小学国际理解教育的教学实践——以成都新津墨文学校水文化主题学习为例》入选《中外青少年人文交流成果蓝皮书》。

（三）彰显了学校办学特色

学校每年举行的国际理解教育展、水文化主题报告展吸引了众多家长和教育界专家参观。师生开阔了国际视野，加深了对文化多样性和文明互鉴的认知和理解。教师在国际理解教育视角下设计的"水文化跨学科综合实践活动设计方案"获得成都市教育科学研究院颁发的一等奖。

四、典型经验

（一）挖掘本土和友好学校的资源，拓宽学生国际视野

学校在"根植中国、放眼世界"育人理念下，挖掘本地河流文化资源，整理友好学校相关文化资源，进行文化互鉴活动，让学生全方位了解中国与世界文化的异同，培养学生的民族自豪感以及尊重和欣赏多元文化的正确态度。

（二）关注全球发展议题，培养师生的全球意识和责任担当

学生围绕全球的水资源问题，提出自己的见解和解决方法；亲身参与全球性的保护水资源活动，为《联合国可持续发展目标》提供安全卫生的水资源建言献策，培养

了师生担当全球环保守卫者的意识。

（三）"五育"并举，将立德树人融入各学科教学中

墨文学校水文化主题学习将立德树人融入跨学科主题式教学、项目式学习，促进学生德智体美劳全面提升。教学实践可复制性强，为《"十四五"全国水情教育规划》在学校的普及推广产生积极影响。

撰稿人：潘璠

编辑手记 ✐

在"根植中国、放眼世界"育人理念下，成都新津墨文学校利用所在区域水资源丰富的优势，挖掘整理本土河流文化，调查了解世界河流资源现状，开展中外水文化主题活动，培养了学生尊重和欣赏多元文化的正确态度，彰显了学校国际理解教育办学特色。在开展小学跨学科水文化主题实践活动中，学校整合学科核心素养目标与水文化育人目标，拓展认识水世界、鉴赏水之美、保护水资源等课程丰富的学生实践路径，建构任务式教学、协同式教学、探究式教学等多元课堂教学策略，研制过程评价与结果评价相结合的开放式评估体系，实现了"五育"融合，保证了立德树人根本任务的全面落实。

成都市郫都区教育局　王朝贤

县域实施"1＋3"策略推进心理健康教育

富顺县教育和体育局教研室

一、现状分析

富顺县每年开展三年级及以上中小学生心理筛查。针对小学三、四年级学生，以日常观察及家校沟通为主，筛查有明显心理异常的学生。针对小学五、六年级及初高中学生，使用自贡市精神卫生中心学生心理筛查平台，统一进行网上心理测评。

以 2022 年为例，采用广泛性焦虑量表（GAD-7）和 9 项患者健康问卷 A（PHQ-9-A）对中学生进行测评，采用长处和困难问卷学生版（SDQ-S）和广泛性焦虑量表对小学生进行测评，共完成 38 项测评。参与网上心理测评的学生有 68101 人，约占全县中小学生人数的 68％，约占小学五年级及以上学生人数的 96％。测评结果显示，富顺县中小学生达到中危及以上预警的人数占比为 8％，对比周边区县相对较好。

通过平时调研、访谈和年终督导发现，富顺县中小学生心理健康教育仍然存在三个方面的问题。一是社会心理健康教育氛围不浓。全县对心理健康教育的社会关注度总体不高，氛围不浓厚，社会心理服务体系不够完善。二是学校心理健康教育存在知行脱节的问题。部分教师认识到学生身心健康的重要性，但是在具体教学实践中关注不足；部分学校心理健康教育工作未全面落实。三是家庭教育方法不当。部分学生家长工作忙，重视对孩子物质条件的满足，忽略孩子的心理健康需求。

二、主要策略

（一）建立一套体制

1. 形成"一纵两面三维"的管理机制

构建"县教育和体育局—指导中心—学区—学校"四级管理网络，形成"一纵两面三维"管理体系。"一纵"是指从县心理健康教育领导小组到学生的纵向指导机制；"两面"是指分别建立面向学生、面向教师的管理体系；"三维"是指学校作为心理健康教育的枢纽连接学生、教师和家长。

2. 形成"逐年追加、定向投射"的经费投入机制

富顺县自承担四川省教育体制机制改革中小学心理健康教育试点项目和自贡市"阳光工程"项目以来，心理健康教育经费平均年追加率达18％，2022年经费达到40万元。

3. 形成"年终督导、专项评估"的考核奖励机制

县教育和体育局定期开展专项督导、评估、指导工作，将心理健康教育工作纳入对学校的年终考核，评选出"心理健康教育优秀教师和先进学校"，给予经费奖补。

（二）致力三个建设

1. 致力队伍建设

一是多途径壮大教师队伍。采用招考、人才引进、转岗等多种形式逐步配齐专职、兼职心理健康教育教师，通过四川省心理健康教育网络教研培训、自贡市首届坤晖精神卫生峰会等各种形式的培训提高心理健康教育教师专业水平。二是多渠道历练名师工作室。县心育名师工作室负责开展全县学校心理健康教育业务指导，定期开展送教下乡、心理团辅、心理热线服务等活动。如免费接听富顺县心理援助热线，提供个体辅导涉及200余人次。三是以多种方式培育学生心理委员。每一个班级通过自荐和教师、学生推荐的方式，按照标准选拔一男一女两名学生心理委员。定期开展多样化、个性化、专业化的班级心理委员培训工作，提高学生心理委员的心理素质和工作能力。

2. 致力阵地建设

一是上好心理健康教育课。学校心理健康课程做到"三有"，即有教材、有课时（两周一节）、有教师。教学方式以活动为主，如进行团体辅导、心理训练、心理情景剧表演等；教学内容贴近学生心理需求，如关注情绪调适、生活与社会适应、人际交往等。二是建好心理辅导室。全县86所公办学校都建有心理辅导室。学校心理辅导室由专人负责，建立学生心理档案，根据学生情况进行心理跟踪调查、疏导，必要时进行"医校结合"，并落实转介工作。定期评选优秀心理辅导室，给予相应奖励。三是办好特色学校。鼓励创建心理健康教育特色学校，定期组织评选。东湖小学等14所学校被命名为富顺县心理健康教育特色学校，城关中学等3所学校先后创建为自贡市"阳光工程"试点学校。

3. 致力心育活动

一是通过"县级—学区—学校"三级联动开展心理健康教育教研工作。教研室定期组织全县心理健康教育教研活动；学区督导室采用"1＋N"（1个学校带动N个学校，1名教师带动N名教师）方式进行学区教研；每周星期一上午为全县心理健康教育教师集体备课时间，开展心理课题研究以及校本教研活动。二是组织主题月活动。每年5月和10月为心理健康教育活动月，各学校根据主题开展征文比赛、心理电影赏析等丰富多彩的活动。三是关爱教师心理健康。每年通过"智悦盐都"平台开展教师心理筛查，根据数据分析报告采取相应策略开展关爱活动。与富顺县社会心理服务中心、自贡市精神卫生中心联动，开通绿色通道，为有需要的教师提供心理援助。四是抓牢家庭教育指导。全县建立了27所家长学校，定期开展讲座、培训、交流活动，指导家长掌握心理健康教育理念和知识。

三、取得成效

（一）学生心理品质不断优化

学生心理品质更加健全，正确认识自我、自我调控、承受挫折、适应环境的能力不断增强。帮助留守儿童树立自信心，让他们学会情绪管理、人际交往，提升了他们的积极心理品质。

（二）教师专业水平不断提升

各学校专职、兼职心理健康教育教师的心理健康教育技能得到提升，参加各级各类比赛获得了优异成绩。近3年来，全县心育教师参加各级各类比赛并获奖逾1100人次。

（三）县域心育体系更加完善

全县心理健康教育基本实现常态化、课程化、系列化、特色化，大多数学校探索出了适合学校实际的心理健康教育工作模式、方法和体系。富顺二中参与的由国家心理健康和精神卫生防治中心制作的精神卫生日宣传视频在央视频播出，富顺二中也因此被评为省级"十佳心育学校"。

（四）社会效益不断彰显

全县心理健康教育工作获得社会的广泛认同和赞誉。社会心理健康教育资源越来越丰富，今日头条、教育导报网等国家级、省级媒体多次报道富顺县心理健康教育工作。

撰稿人：范世君、陈明月

编辑手记 ✏

　　富顺县教育和体育局在心理健康教育探索中推进整体育人，呈现了三大亮点。一是面向全体学生的科学监测。使用自贡市精神卫生中心学生心理筛查平台，参与网上心理测评的学生约占小学五年级及以上学生人数的 96%；每年开展三年级及以上中小学生心理筛查。二是通过两支队伍构建以人为本的心理健康保护网络。教师队伍既是学生心理健康的保护者，同时也是心理健康的被保护者；学生心理委员队伍最贴近学生、了解学生，成为学生心理健康保护的第一道防线。三是整合校外资源，提升了心理健康教育质量。富顺县通过四川省心理健康教育网络教研培训、自贡市精神卫生中心学生心理筛查平台，提高了心理健康教育专业化水平，学区督导室的"1＋N"教研活动实现了区域学校心理健康教育资源的共建共享。

成都市郫都区教育局　王朝贤

"54321"金字塔助力培养德技双馨工匠

四川省剑阁职业高级中学校

四川省剑阁职业高级中学校准确把握职业教育的育人特征，以落实立德树人根本任务为出发点，以"准定位、细操作、拓资源、创价值、育工匠"为思路，构建"54321"工匠精神金字塔育人模式。

一、主要措施

（一）准确定位，以 5 个任务为"塔基"

学校聚焦工匠精神，从 5 个任务着手夯实"54321"金字塔育人模式。确立"坚守教育初心，培育大国工匠"的育人目标；挖掘"跨学科融合，综合实践拓展"的育人功能；推进"教材、竞赛、评价、方式、课堂"育人改革；家、校、社三位一体，构建协同育人的新生态；从"制度、精神、物质、行为"出发，打造一流育人环境。

（二）深耕细作，以 4 个阶段为"塔干"

根据职业教育规律，确定"育匠心—塑匠型—琢匠艺—成匠人"4 个成长阶段，深耕细作培养学生的工匠精神。

育匠心：举办主题班会、文艺晚会、创新创业大赛，从丰富学校活动入手，动之以情；开展教研活动、教学能力培训，从提高课程质量入手，晓之以理；举行匠心风采宣传活动、世界技能大赛冠军讲座、优秀毕业生分享会，从榜样示范入手，启之以念。

塑匠型：通过"秉专业态度，知专业要求，熟专业知识，习专业本领"塑造匠人模型；通过课程教学、大师示范、实习实训等培养学生认真负责、勤学苦练的专业态度；通过研读专业规范，让学生理解工匠精神的要求。

琢匠艺：让学生"耐得烦，坐得住"，培养学生掌握精湛技能；鼓励学生参加校、市、省、国家等各级技能大赛，以赛促学、以赛促练；成立技能先锋模范小组，实施一对一、一对多的帮扶计划，雕琢学生工匠之艺。

成匠人：引导学生质疑探讨、交流合作，培养学生的创新能力；鼓励学生在日常生活中运用专业知识，将所学技能知识综合运用于实践活动；加强校企合作，让学生走出学校大门，在体验中提高实践能力。

（三）整合资源，以3个维度为"支撑"

全员参与。构建学校、家庭、社会"三位一体"的全员育人机制；成立班级、专业部及学校三级家长委员会和家长学校，形成"家校共育"管理体系；充分利用派出所、法律顾问、交警大队、消防大队等社会资源构建"警校共育"平台。

全程跟进。从培养学生习惯入手，构建全过程跟进的培育体系，创建和谐融合的大德育场域。"把常规做成习惯，把习惯做成精品"，努力实现"每一个习惯、每一个环节皆德育"，营造"校园生活要有魂，德育渗透于无声"的德育氛围。

全域渗透。落实立德树人根本任务，坚持"五育"并举，在常规教育中渗透工匠精神培育。以习近平新时代中国特色社会主义思想、社会主义核心价值观、法纪教育为基础，主动渗透现代企业管理文化，推行7S管理标准，培养学生形成规范意识、质量意识、创新意识。

（四）价值驱动，以2个追求为"支点"

重德励志。抓好课程思政教育，开展主题教育和各项评比活动，每月开展专题教育，强化重德励志教育。

乐学强技。注重专项技能提升训练、活动体验、岗位实践，将吃苦耐劳、团结协作、严谨规范的职业素养培育嵌入专业实践，将工作内容、工艺流程、产品规格标准融入学生工匠精神培养过程中。

（五）守正创新，以工匠精神为"核心"

立足校内实训，训练学生的实操能力，在反复训练中提升学生技艺。举办各类技能大赛，激发学生的专业技能潜力，促进学生不断磨炼、精益求精。为学生提供创新发展平台，鼓励学生基于所学专业知识和技能，追求创新。

二、主要亮点

一是文化育人，如风入林。将"三全育人"理念纳入学校顶层规划；建立家委会，举办剑门文化企业讲座，构建家、校、社"大同"德育场；规范学生的日常生活习惯、人际交往礼仪，加强班级文化建设，实现时时、事事、处处、人人皆能育人。

二是管理育人，如盐入水。通过德育表彰会、"工匠精神"德育例会、德育活动等强化德育管理；通过教学能力大比武、普职融通班研讨会等提高教学管理水平；通过设立微笑服务岗等提升学生自主管理能力。

三是活动育人，入脑入心。通过"四法"模式，让学生形成遵守法律的行为规范，借助阳光大课间活动和艺术节文艺晚会陶冶学生情操，借助技能大赛让学生深切感悟工匠精神。

三、主要成效

（一）学校育人品牌影响力进一步增强

学校先后荣获"全国教育系统先进集体"等国家级、省级荣誉称号 20 余次，连续 6 年荣获广元市劳动和技能竞赛"优胜单位"称号、中等职业教育教学质量一等奖。2022 届高考本科上线 24 人、专科上线 600 人，毕业生就业（含升学）率达 98%。

（二）教师省域示范进一步做优

学校目前拥有省级及以上特级教师、优秀教师等 23 人，省级及以上名校长、名教师工作室 6 个，近 3 年师生 90 余人次获得省级及以上技能大赛奖项。学校的"4HPMA 培养模式锻造区域顶尖引领型教师队伍"研究课题获四川省 2022 年职业院校教师队伍建设案例第一名，被推荐为教育部教师队伍建设案例。

（三）学生成才典型进一步增加

近 3 年，学校获得县级及以上表彰的先进班集体有 42 个；获全国、省、市"最美中职生"称号的学生有 3 人；学生参加各级技能大赛达 150 余人次，获国家级、省级奖项 30 余项。

四、推广应用

近 3 年，四川省剑阁职业高级中学校工匠精神培育经验得到广泛推广。一是受到国际组织的关注，经验走出国门。亚非拉欧司处级政府官员研修班学员 60 人次到校参观学习，考察学习技能人才培养的方法与措施。二是得到省内外同行认可，发挥省级示范效应。先后有省内外 60 余所学校相关人员来校学习考察"三全育人"工作，全省德育现场会、法律进学校现场会、就业扶贫现场会在学校召开。三是众多中小学生受益，服务当地社会经济发展。2016 年开始举办职业活动月活动，全县 20000 余名初中毕业生到校体验职业教育。

撰稿人：李晓霞、马三泰

编辑手记 ✏

四川省剑阁职业高级中学校探索"54321"工匠精神金字塔育人模式，以培养学生工匠精神为核心，精准把握了职业教育的着力点；重德励志、乐学强技两翼齐飞，落实了培养德才兼备的社会主义建设者和接班人的立德树人教育目标；从全员参与、全程跟进、全域渗透3个维度发力，提高学校培养学生工匠精神的广度、深度和效度；通过对学生育匠心、塑匠型、琢匠艺、成匠人4个成长阶段的教育深耕细作，将培养学生工匠精神全面落实落地；夯实5大任务，提高办学质量，把握建设现代职业学校的发展方向。以"准定位、细操作、拓资源、创价值、育工匠"为思路的培养学生工匠精神的职业教育模式取得显著成效，经验走出国门，在国内外得到广泛推广，体现了现代社会经济高质量发展对深化职业教育改革的时代要求。

成都市郫都区教育局　王朝贤

初中学生职业生涯规划教育

成都市金牛中学校

随着新课程改革的深入推进，我国普通高中和职业高中越发重视职业生涯规划教育，但初中的职业生涯规划教育尚显不足。很多初中生处于"学习无意识""就业无意识"的状态，尤其是在薄弱学校。以成都市金牛中学校为例，每年有相当一部分学生进入职业高中或者直接步入社会。通过对本校初三学生的调查发现，45％的学生对职业毫无规划，85％的学生对选择职高的专业或择业感到迷茫。班主任是学校职业生涯规划教育的主要实施者，及时发现学生职业生涯规划的问题，努力寻找教育对策势在必行。

一、初中学生职业生涯规划教育现状

（一）思路

以一个班级为样本，先利用量化方法调查班级学生的职业生涯规划现状，了解学生的自我认知、职业认知、职业规划和职业生涯规划信息来源等。然后，分析问题，确定职业生涯规划教育的目标，寻找工作突破口。最后，尝试从微观层面提出并实施改进策略。

（二）设计问卷

问卷共设计 16 个问题，包括个人背景、自我认知、职业认知、职业生涯规划信息来源等。

（三）问卷调查

利用问卷星编制问卷，发布到班级家长群。回收有效问卷 48 份，分析显示信度系数较高，问卷效度良好。

（四）调查结果

1. 基本信息

班级家长的受教育水平整体不高，其中，母亲的平均受教育水平比父亲的平均受教育水平略低。

2. 初中生职业生涯规划教育情况

学生自我认知的均值和职业认知的均值总体都较低，自我认知均值比职业认知均值略高一点。不同学生的自我认知水平差异较大。

学生对自己的兴趣和性格有比较清晰的认识，比对自己的能力和价值观的认识更加充分。93.7%的学生对职业分类的认识在"略有了解"及以上，81.2%的学生对就业形势的认识在"略有了解"及以上。结果还显示，学生不清楚自己感兴趣的行业，37.5%的学生选择"不太了解"和"完全不了解"。学生对感兴趣行业的内容认识模糊，只有10.4%的学生选择"比较了解"或"非常了解"。

学生都有从教师和父母处得到职业生涯规划教育的经历，且从父母处得到职业生涯规划教育所占比重更大，也有少数从亲戚、朋友和行业工作者处得到过职业生涯规划教育。

3. 学生职业生涯规划能力的差异性分析

从学生职业生涯规划能力与学习成绩上的差异性分析发现，学习成绩更好的学生，具有更高的自我认知水平，而且自我认知在各分数段存在显著性差异。在职业认知维度，学习成绩更好的学生得分更高，但不具备显著性差异。

从学生职业生涯规划能力与父母受教育水平上的差异分析发现，母亲的受教育水平越高，学生的自我认知水平越高，具有显著性差异。在职业认同维度，父母的受教育水平均存在显著性差异。

（五）调查结论

1. 自我认知不足，职业认知待加强

学生对自身的兴趣最为明确，对性格的了解也较清晰，但对能力和价值观的了解稍弱。学生对职业的分类、就业形势认识模糊，对感兴趣的行业比较迷茫。兴趣和感兴趣职业的得分悬殊，兴趣未能完全转化为对感兴趣职业的认识，自我认知和职业认知水平亟待加强。

2. 学习能力和职业生涯规划能力脱节

不同成绩段学生的自我认知存在差异，可能和个人理解能力、习得的分析方法和经验有关。职业认知在学习成绩上无差异，但可能存在信息、实践不足等情况。

3. 职业生涯规划信息来源单一且信息量不足

父母和教师是学生最稳定的职业生涯规划信息来源，也是职业生涯规划教育的主体。但班级学生父母的受教育水平偏低，对学生的直接引导不足。亲戚、朋友对学生职业生涯规划教育的参与稳定性不足。来自行业工作者的信息少，学生的职业生涯规划信息来源有待丰富。

二、职业生涯规划教育实践策略

（一）确定职业生涯规划教育目标

自我认知目标：了解兴趣、能力、性格和爱好，培养正确价值观和社会责任感，培养职业生涯发展所需的积极品质。

职业认知目标：了解自己感兴趣的职业领域，认识不同类型的工作角色，初步进行职业探索，学会初步的职业定向。

职业生涯管理及行动目标：培养独立思考及自我反省的能力，学会自主规划，树立人生目标，明确在校学习期间的具体行动方向，不断向未来的目标迈进。

（二）家校协同实施职业生涯规划教育

班主任为家庭职业生涯规划教育提供方法支持，家庭为学生提供经济支持、文化支持、社会支持等，学生作为主体参与班主任组织的活动，并向班主任反馈信息。同时，班主任还可以联系学校提供支持，为学生提供丰富的课程。学生将学习成果和体验带回家庭，促进家庭向班主任反馈感受。

在家校协同的职业生涯规划教育中，班主任应充分调动资源，为学生开发更多的信息来源，促进家长发挥主体作用，为学生职业生涯规划引入社会资源，将学校和社会联系起来，给学生更广阔的职业视野。

（三）构建初中职业生涯规划教育主题班会序列

构建"认知—体验—规划"三级主题班会序列。七年级的重点是指导学生认识自己，为八年级的职业认知打好基础。八年级的重点是职业认知。九年级加强职业信息的提供，尽早让学生确定方向，把职业目标转化为学习的动力，完成中考冲刺。

（四）构建初中职业生涯规划教育主题活动序列

职业生涯体验和职业心理测评可以帮助学生改善自我认知状态和提高职业认知水平。职业信息档案库可以方便学生快速全面了解社会各类职业信息，并从中选择自己感兴趣的职业。个体和团体咨询充分调动可利用的社会资源，以生动的案例为基础，向学生展示职业成长历程，激发学生动力。

三、职业生涯规划教育效果初显

（一）自我认知水平得到提升

学校通过职业生涯规划主题班会、主题活动和家校合作，以及课堂的渗透，帮助学生建立起对自己的认知，纠正对自我的误解，使学生的自我认知水平得到整体提升。

（二）职业认知水平得到提升

学生开始自发了解职业相关信息，并相互交流。学校设置职业信息公布栏，分享职业信息。

（三）职业生涯规划目标初步形成

大多数学生已有初步的职业生涯规划目标，并且有比较清晰的计划和措施。

撰稿人：李茂露、刘昕、喻薇薇

编辑手记

舒伯提出的生涯发展理论将职业生涯发展划分为成长、探索、建立、维持和衰退5个阶段。根据该理论，初中生正处于职业生涯发展的探索阶段，开始对自我探索产生兴趣，想要了解自己的性格、能力等，也开始对外部世界和职业生活有一定的认识。学校教育要满足学生心理成长需要，在初中阶段开展职业生涯规划教育很有必要。成都市金牛中学校通过调查分析，精准把握初中学生职业生涯规划教育存在的问题，实施家校协同教育策略，构建序列班会活动和主题活动，促进学生自我认知水平、职业认知水平整体提升，帮助学生初步形成职业生涯规划目标。

资阳市教育科学研究所　廖文鸿

构建劳动任务清单制度 塑造学生"劳动品格"

成都教科院附属龙泉学校

一、劳动任务清单制度的建立

（一）基本理念

根据《大中小学劳动教育指导纲要（试行）》和《成都市大中小学劳动教育项目清单（试行）》的要求，成都教科院附属龙泉学校建立劳动任务清单制度，培养学生勤劳、尊重、创新、奉献等劳动品格。学校根据"教育为学生赋能"办学理念，确定"劳动育人·注重实践·素养渗透"的劳动课程目标，把学生的"劳动品格"塑造确定为"勤劳、尊重、创新、奉献"4个维度。

（二）主要目标

分别对家长、学生和教师进行问卷调查，进一步厘清学校、家庭、社会三者在劳动教育中的角色、定位和职责，组织专家进行研讨，形成塑造学生"劳动品格"的劳动任务清单目标顶层设计。每个学段的"劳动品格"培养目标各有侧重，第一学段塑造"勤劳"的劳动品格，第二学段塑造"尊重"的劳动品格，第三学段塑造"创新"的劳动品格，第四学段塑造"奉献"的劳动品格。

（三）主要内容

结合学校劳动任务清单制度的理念和目标，成都教科院附属龙泉学校劳动任务清单确定了自理劳动、职业体验劳动、创新劳动和服务性劳动4个板块，每个板块开发了3~4类任务，形成不同的难度梯度。

自理劳动包括"干净的自己""温馨的环境""洁净的食物"3类任务，学生通过以上3类劳动任务不仅可以培养自理能力和劳动自觉性，还可以在劳动的过程中渗透"勤劳"这一劳动品格，即勤于律己、勤于维护、勤于清洁。

职业体验劳动包括"我当三天家""校园岗位体验""乐享农事""社会职业初体验"4类劳动任务。学校在充分利用家庭、学校、社会平台的基础上，让学生在职业体验的过程中，懂得尊重劳动、尊重劳动者、珍惜劳动成果，逐步向学生渗透"尊重"的劳动品格，即尊重家人、尊重普通劳动者、珍惜他人劳动成果。

创新劳动包括"智慧农场""智能制造""高新技术"3类劳动任务。智慧农场劳动任务以学校"校园农场"为依托，智能制造和高新技术劳动任务以周边高校、技术学校和技术园区为依托，通过项目式学习（PBL）模式，培养学生的探究精神，渗透"创新"的劳动品格。

服务性劳动包括"我是校园管理者""我是社区参与者""我是社会服务者"3类劳动任务，让学生从服务学校、社区和社会中懂得感恩社会和回报社会，向学生渗透"奉献"的劳动品格。

（四）评价机制

劳动任务完成情况的评价方式采用"1＋3＋X"的模式，即"一核心三维度多主体"，具体而言就是围绕劳动核心素养对学生进行"过程性评价""展示性评价""发展性评价"，整个过程中评价主体是多元化的。

1. 过程性评价

由于劳动任务清单中的劳动项目主要由学生利用课外时间在家中或户外完成，所以学校将过程性评价和劳动步骤融合在一份任务清单中。劳动结束后，学生、家长或其他工作人员可以在清单上对学生的劳动过程进行评价。

2. 展示性评价

每周星期日20：00前，学生需要将本周劳动过程图片精选出3～5张上传至班级钉钉相册，班主任根据同学们上传的图片，精选出部分同学的劳动图片上传至电子班牌进行展示和表扬。

3. 发展性评价

学校设置"一星劳动达人（班级）—二星劳动达人（年级）—三星劳动达人（校级）—四星劳动达人（区级）"的推优模式，每学期推选一次。班主任和班级学生代表评选出一星劳动达人，年级组教师代表和年级学生代表评选出二星劳动达人，劳动教育中心组和全校学生代表评选出三星劳动达人，四星劳动达人即为获得区级表彰的学生。

二、劳动任务清单制度的实施

（一）明确清单内容

通过对前期问卷调查结果进行分析，学校研制了 1～9 年级学生劳动任务清单。劳动任务清单不仅对劳动目标、劳动工具、劳动原料、劳动步骤、注意事项、评价量表、劳动过程性资料收集等内容进行了明确的说明，而且还规范了学生的劳动步骤，从而有助于保障学生的劳动安全。

（二）落实清单任务

每个年级的学生有 40 个必选劳动任务和 20 个自选劳动任务。学生在校期间每周需要完成一个必选劳动任务，寒假和暑假需要完成不少于 10 个自选劳动任务。学生在劳动结束后，需要上传劳动过程资料至班级钉钉群，以获得本周的劳动积分。

（三）保障清单落实

学校成立了以校长为组长的劳动教育中心组，分管德育的副校长具体组织实施劳动任务清单制度。学校每年拨付劳动任务清单制度建设专项经费，用于聘请专家进校指导、教师外出考察学习、表彰优秀教师和学生等。

三、成效成果

成都教科院附属龙泉学校以学校为纽带，联动家、校、社三方，立足学生起点和学校实际，整体设计劳动任务清单制度，形成“1＋3＋X”的评价模式，实现了对学生全过程评价，取得了明显成效。

（一）提高了学生“劳动品格”素养

劳动任务清单制度，拓宽了学生的劳动场所，延长了学生的劳动时间，提高了学生的劳动技能，激发了学生劳动的主动性和持续性。学生逐步养成了“勤劳”“尊重”“创新”“奉献”等劳动品格，其劳动核心素养得到进一步提高。

（二）促进了教师劳动教育专业发展

2022 年，学校提供省市级劳动教育展示课 2 节，在市级劳动教育赛课中获奖 3 次，区级劳动教育赛课中获奖 2 次。2023 年，学校在区级劳动技能大赛中获奖 2 次，区级课题“‘融合型·校本化’劳动实践项目的设计与实施研究”等已获立项。

撰稿人：田艳、刘艺石

（编）（辑）（手）（记）✏️

　　成都教科院附属龙泉学校积极开展中小学劳动教育创新实践研究，构建劳动任务清单制度，培养学生的劳动品格。学校劳动任务清单制度有目标、有内容、有实施、有评价，实现系统性构建，确保通过具体的劳动实践培养学生的劳动素养。学校劳动任务清单确定的40个必选劳动任务、20个自选劳动任务，既保证了学生因人而异完成任务，又发挥了对学生的指导作用，使劳动教育真正落实落地。学校劳动教育课程从地点来说在学校、在家庭、在社区，从时间来说在上学期间、在放假期间、在休息时间，实现了劳动与生活密切关联、劳动教育与生活实践紧密相连，体现了大教育观。

成都市郫都区教育局　王朝贤

一场由作业开启的管理育人探索

成都市武侯区西川实验学校

一、理念：作业管理育人的基本思路

为了更有效地落实"双减"要求，减轻教师和学生负担，培养学生的学习能力，成都市武侯区西川实验学校以"全面发展的人"为理念，结合学校育人实践，锚定作业作为落实"双减"要求的切入口，提出作业管理"三原则"：保证学生锻炼和睡眠时间，作业数量必须控制；保证学生学习效果不减弱，作业品质必须提升；保证教师课堂教学高效，作业评讲必须精准。坚持做好作业"五个一"和学生发展"五个一"，优化管理从作业设计到作业评讲的全过程，从全面优化普遍作业到重点聚焦个性作业，实现以作业为杠杆撬动学校整体育人行为转变，提升学校整体育人质量。

二、策略：构建全过程作业管理机制

立足"双减"落地，学校坚持做好作业"五个一"，即每天一次的"作业日志"记录当天作业情况，每周一次的常规例会反馈学科作业数量，每月一次的作业研究让数据使用更深入，每期一次的学生评价让教师行为更科学，每年一次的研讨总结让作业研究更系统。在此基础上，学校持续关注从作业研制到作业评讲的全闭环过程管理，将作业确定为学校育人实践转向的"导航标"。

（一）作业研制科学化，让作业质量有标可循

"双减"政策实施后，学校将作业管理进行整体思考。一是通过顶层设计实现作业的标准化管理。通过健全作业管理机制，成立校级作业管理统筹小组，专门负责学校作业全过程优化管理工作。进一步完善学校现有作业管理办法，将"五个一"制度化、体系化，探索建立作业校内公示制度，定期对学生作业情况进行调研摸排，提升作业

标准。二是集中研究以保证作业的科学性。利用寒暑假时间，学校组织每个备课组用1～2周时间对本学科的作业进行提前研制，结合课程标准和方案，给出详细作业方案。三是提前标注作业的知识要点。每天各学科作业提前勾画和标注出相应知识要点，提升学生复习的精准度，明确作业的导向性。

（二）作业收发定时化，让作业时间依规可控

一是合理利用自习课时间，培养学生独立学习的能力和习惯。让学生充分利用每天两节晚自习时间完成当天作业，制订晚自习下课即收作业制度，保证作业校内布置、校内完成、校内评改，确保学生不带作业离校，有效避免学生拖沓，做到作业数量可控。二是合理利用校内作息时间，提升学生作业效率。推行校内"1＋1"体育锻炼方式，保证每天每班有一节体育课、半小时大课间锻炼、半小时晚间锻炼。规律的作息制度能帮助学生树立时间观念，合理安排在校学习任务，让每个学生的作业时间做到可控、可查、可监测。

（三）作业格式规范化，让作业数量科学可考

一是创新作业活页单。结合每天的"作业日志"，打破传统作业零散化和随意化现象，将作业以A4纸张的活页单形式规范化呈现，以学校统一格式将各学科作业纳入整体管理机制，便于扫描和存档，将作业数量控制在标准范围。二是设计作业内容模板。设计各学科作业固定模板，系统规定相关题型、数量、模块等，并结合不同学情的学生调整中档题和思维题比例，落实分层作业要求，将作业菜单化、定制化，体现出作业布置的个性化、针对性。

（四）作业情况数据化，让作业反馈个性可溯

借助信息工具，提升作业管理的数字化建设水平。一是开发校园作业管理数字化系统。各学科作业被扫描到系统中，确保教师批阅过程清晰可查；学生作业数据存储在学校本地服务器，可供随时查阅调取；建立学生作业个性化电子档案，形成了"一人一本""一人一练"的个性化作业机制。二是搭建精准化错题资源库。利用作业数据支撑，让学生将每天的作业错题及时进行积累总结；每周作业共性错题让学生及时巩固，不盲目练习，每周周末作业基于当周学生的共性错题编制，并辅之以同类型拓展题；每月个性错题让学生精准补救自己薄弱的地方，让作业反馈更精准、更有效率，提升作业"弥补短板、提升能力"的作用。

（五）作业评讲精准化，让作业效果提升可见

一是用作业倒逼课堂教学改革。学校要求教师必须全批全改学生作业，不能及时批改的作业不布置；学生作业必须聚焦课堂知识要点，不能培养学习习惯的作业不布置；学生作业必须分层分类，不能体现学生学习差异的作业不布置。二是以数

据支撑课堂评讲。教师基于作业数据备课、设计教案，课堂着力处理学业弱点，确保课堂评讲精准有效。基于作业评讲深度研究，学校提出作业评讲流程：数据呈现—分类处理—拓展巩固。三是以数据提炼作业评讲规范。统一要求在评讲作业时，错误率在 30％以下的，自行思考改错；错误率为 30％～60％的，小组讨论共同完成改错；错误率为 60％～80％的，师生共同探讨，启发完成改错；错误率在 80％以上的，教师重点讲评。

三、评价：作业撬动下的高质量育人路径

（一）形成了"研制—布置—反馈—评讲"全过程作业管理体系

学校贯彻落实"双减"要求，形成了从作业研制到作业评讲的全过程管理体系，促进作业管理科学化、标准化、规范化、信息化，有效提升了学校的管理效能和育人品质，为学生的全面发展和健康成长提供了有力保障。

（二）促进了学校课堂教学行为转变，有效减轻了学生作业负担

学校从作业管理入手，倒逼教师转变课堂教学行为，让课堂从原来的"大水漫灌"式知识课堂发展成现在的"个性化探究式"思维课堂，让作业成为提升学生学习能力、培养良好学习习惯、促进教师教学行为转变的重要抓手和杠杆。在作业数量和时间得到进一步控制的前提下，学校的教学品质不降反升，有效减轻了学生的作业负担，减轻了家长负担。

（三）树立了正确的教学品质观念，进一步提升了教师教学能力

学校以作业为切入点，引发全校教育质量大讨论，促进教师进一步优化教育理念，在课堂教学中更加注重效率与思维培养，形成更加科学的教学品质观念。各学科教师对作业布置的认知、作业研制的能力迅速提升，连续在各级各类赛课活动中崭露头角。

（四）探索了高质量育人路径，促进学校办学特色进一步彰显

学校以"双减"为契机对学校高质量育人路径进行了有益探索，从作业到课堂，从课堂到课程，有效拓展了学校高质量育人路径。以作业管理为导向，学校提出学生发展"五个一"，即坚持每天 1 小时体锻，形成"西实天天练"的体锻体系；坚持每周 1 次集体表演，形成"西实大舞台"的展示平台；坚持每月 1 次大型活动，形成"西实活动月"的活动体系；坚持每期 1 次社团展示，形成"西实社团节"的品位演出；坚持每年 1 次综合评价，形成"西实单项奖"的达人秀场。目前学校的办学效果获得了家长的一致好评，短短 5 年时间得到了社会的高度认可。

撰稿人：杨光荣、李霄羽

编辑手记 ✏️

　　作业是学校教育教学管理工作的重要环节，是课堂教学活动的必要补充。作业的数量多寡和质量高低直接影响着学生的健康成长和全面发展，甚至影响着学生家庭成长环境中的亲子关系。面对"双减"政策关于"有效减轻义务教育阶段学生过重作业负担和校外培训负担"的要求，以及学校一系列由作业引发的问题，成都市武侯区西川实验学校高度重视，成立了专门的作业管理统筹小组，全面贯彻落实"双减"政策要求，强化学校教育主阵地作用，切实发挥好作业的育人功能，以全过程作业管理机制为抓手，促进学校提质增效，构建高质量育人路径，探索良好的教育生态，为学生全面发展和健康成长奠定了坚实基础。

四川教育出版社　高玲

红色领航促发展 培根铸魂育新人
——"红色+"育人模式构建与实践

旺苍县东河小学

党的十八大以来，以习近平同志为核心的党中央高度重视红色教育，旺苍县东河小学不断探索把丰富的红色资源优势转化为育人优势，构建了"红色+"德育模式，形成了红色教育品牌，促进了立德树人根本任务的落实落细。

一、构建"红色+"育人模式

（一）制订"红色+"育人目标

1. 总目标

整合红色革命资源，挖掘其背后蕴含的情感、价值观追求，激发学生对革命先辈产生崇敬感，知道中国革命取得胜利的艰辛，理解"智勇坚定、排难创新、团结奋斗、不胜不休"红军精神的历史和现实意义，树牢理想信念，认同社会主义核心价值观，做社会主义事业的建设者和接班人。

2. 板块目标

树牢理想信念：开展理想信念教育，帮助学生扣好人生的第一粒扣子，教育学生从小学习立志，将人生最重要的志向同国家和人民联系在一起，筑实志向的底盘，挺起人生的脊梁。

践行社会主义核心价值观：利用本土德育资源，开展丰富多彩的德育活动，使小学生核心素养落地有"魂"。

传承优秀传统文化：通过系列活动的开展，让"红色"流在学生血脉里，刻在学生的基因中。

3. 年段目标

低段重点培养学生不怕困难的精神，学会自己的事情自己做；中段重点通过各种活动让学生拥有良好的意志品格和活泼开朗的性格；高段通过"红色＋"系列活动，让学生认同并践行"智勇坚定、排难创新、团结奋斗、不胜不休"的红军精神。

（二）构建主题化、系列化的"红色＋"育人活动体系

活动体系包括：由学科教师主导的教学活动，由中队辅导员主导的中队活动，由学校德育处和少先队大队部主导的校级少先队活动，由上级主管部门组织安排的活动。

（三）构建"红色＋"育人校本课程

将德育由学科渗透发展到作为校本课程来开发实施，将红色文化融入校本课程中，构建主题化、系列化的"红色＋"育人校本课程。

（四）建立"红色＋"育人模式的实施机制

1. 成立"红色＋"育人工作领导小组

成立"红色＋"育人工作领导小组，全面负责学校德育工作的组织、资源建设、活动策划和考评工作，保障"红色＋"育人模式落地生根。

2. 建立"红色＋"育人机制

提高"红色＋"的针对性。充分利用区域内的红色资源，对学生开展持续性的德育工作，加强对学生进行理想信念和核心价值观的教育。

提高"红色＋"的实效性。开展"我们是班级的主人，我们在管理中成长"德育活动，培养学生的民主、自治能力，让学生有真实体验和思想收获。

提高"红色＋"的常态性。充分利用红军城的红色资源，让学生在升旗仪式上集体宣誓："我自豪，我是红军小学的好孩子；我能行，我做红军精神的传承人。"让红军精神成为孩子们的信仰。利用"重走长征之路，传承红军精神，争做时代新人"的养成教育活动平台，在有序和竞争中培养学生的团队意识。红色读物、红色教育主题班会、红色教育实践活动，让"红色＋"育人模式有序推进，让"红色"底色烙印在学生的心里。

注重"红色＋"育人的渗透性。充分挖掘、利用本地和国家教材的红色德育资源，让课堂与活动结合起来，加强学科德育渗透。加强家校联动，开办学习班、培训班，办好家长学校，让家长明确学校的教育理念，解决家长在教育中的疑难问题。

3. 建立"红色＋"育人评价体系

建立教师评价、学生评价、家长评价三位一体的多元评价体系；充分利用"重走长征之路，传承红军精神，争做时代新人"夺星闯关的小组评价和学校"养成教育先

进班集体"评选活动对学生和班级进行评价；根据不同年龄段的学生确定评价内容，共设置 20 类评比星，评星情况作为学生参评"新时代优秀小红军"和决定小组"重走长征路"进程的重要依据。

二、"红色＋"育人路径及策略

（一）打造"红色＋"学校文化，强化文化育人

1. 建设红色校园环境

学校陆续建成一系列红色主题教育场所："书院记忆"浮雕墙，展示了学校红色办学历史；列宁小学纪念亭，重现当年列宁小学的历史；红色文化长廊，展示了红四方面军在旺苍县战斗、发展的历程；"瑞龙"科技馆、"莲萍"书屋，讲述了老红军的感人故事；校门口的党旗、国旗、军旗、团旗、队旗、红军训词，凸显"红色"主题。校徽、校服、楼层提示牌的设计也融入了"红色"元素；学生练习本的封面封底印着"木门军事会议""红军城"的图片。

2. 营造红色校园文化氛围

每天早晨，学生在红歌声中清扫校园；阳光大课间活动中，师生共做自创红军操《红星闪闪》；升旗仪式上，学生高声齐唱《红军小学之歌》，大声宣誓："我自豪，我是红军小学的好孩子；我能行，我做红军精神的传承人。"

3. 营造红色班级文化氛围

学校每个班级分三个序列命名：一、四年级用地名；二、五年级用人名；三、六年级用机构名称。各班级围绕红色班名营造班级文化，打造红色完美教室，讲好班名蕴含的故事，把红色文化融入班级精神、班级口号、班级奋斗目标中。

（二）设置"红色＋"融合课程，深化课程育人

把"红色＋"课程融入道德与法治、语文、音乐、美术等学科教学中，打造红色教育特色课堂，在"教"与"学"的双向互动中达成素养目标。

（三）打造"红色＋"课堂，落实课堂育人

充分利用本土资源，合理使用校本读物，传承学校红色基因，加强革命传统教育和爱国主义教育，将社会主义核心价值观纳入教育全过程，旗帜鲜明地进行理想信念教育，打造"红色＋"课堂，落实课堂育人。

（四）实施"红色＋"主题活动，践行活动育人

"红色＋"主题实践活动主要包括主题读书、主题教育、主题实践体验、主题纪念等 4 个序列共 20 余种。序列主题活动互相联动，相得益彰。

（五）推动"红色＋"多方联动，抓实协同育人

学校、家庭、社会"三结合"。一是开办家长学校，让家长参与到学校教育中来。二是利用校外德育基地和云平台定期推送红色读物、红色故事。三是成立"红五星"志愿者工作团，广泛吸引家长和社会各界人士参与学校服务。

三、"红色＋"育人效果

学生进入学校开始接受红色教育，知道红军、红四方面军；在养成教育活动中，知道长征；在主题教育中，知道中华人民共和国的成立是无数革命先烈通过艰苦卓绝的斗争用鲜血换来的。学生的认知和情感已经打上了红色的烙印。教师立德树人信念坚定，教育观念明显改变，涌现出大批优秀思政教师和优秀辅导员。

四川电视台、"学习强国"对学校的红色教育经验做了推广；《人民日报》《教育导报》等多家报刊，省教育厅官网、红军小学红星网等多家媒体就学校"红色＋"德育工作进行了相关报道。学校"红色教育，铸魂育人"德育模式被教育部评为典型德育经验，学校"以红色＋德育模式立德树人"创新实践被评为四川省优秀创新案例，"'红色＋'校本德育模式的构建与实践"教学成果获得四川省人民政府教学成果二等奖。

撰稿人：陈旭

编辑手记 🖊

红色文化是中国共产党人继承民族优秀传统文化和汲取人类先进文化的文明成果，是中华民族共有精神家园的文化支撑。红色文化的传承能让我们更加自信地面对未来，更加自豪地展示民族文化自信。近年来，旺苍县东河小学大胆探索，创新实践，长期坚持"红色领航促发展，培根铸魂育新人"的治校方略，以"一城一校一精神，读书立品，红色育人"理念为引领，构建了"红色＋"育人模式，探索了"红色＋"育人模式的实施策略。该模式立足学校教师，放眼全校学生；立足课堂教育，放眼课外活动；立足校外教育，放眼社会实践；立足当前育人，放眼祖国未来，为学生认知和情感打上了红色的烙印。

资阳市教育科学研究所　廖文鸿

资助育人 索玛花开

成都市成华区教育服务中心（成华区教育资助管理中心）
成都职业技术学院

一、案例背景

索玛（化名），一个来自大凉山的美丽女孩，15 岁，因国家资助政策走出大山，进入成都职业技术学院。索玛虽然幸运地走出大山，但因为家庭贫穷，经济来源少，再加上自己的学习面临诸多困难，存在自卑、怯懦、压抑的心理。2021 年，成都市成华区教育资助管理中心启动了成华区中职学生资助育人深度辅导项目，并和成都职业技术学院共同成立了辅导专班，对存在心理问题、学习障碍等困难的受助学生群体进行专项辅导。来自四川大凉山地区"索玛花"班的女孩索玛被邀请加入项目组。

二、扶助过程

（一）打开心锁

为引导索玛直面现实，觉察自己内心的力量，班主任老师与索玛进行了一次深入的交谈。

老师：你的家乡有漫山遍野的索玛花，红艳而繁茂，你觉得它们美吗？

索玛：挺美的。

老师：老师也觉得很美。索玛花不像有的花那样娇贵，哪怕是在悬崖、在沙砾滚滚的地方，都能看到它们美丽的身影，这是不是值得我们赞赏和学习呢？

索玛：是的。

老师：索玛花即便是蜂蝶不知、人迹罕至，也傲然绽放，活出了自我。我们也可以像花儿一样，虽然无法选择自己的出身，但可以改变自己的未来，不是吗？

不论是在高山还是平地、乡村或是城市，不论在何种处境生长，只要心存阳光，黑夜总会过去。相信我们每个人都会绽放出属于自己的独特光彩。

她若有所思："是啊，每个人都是平等的，没有高低贵贱之分。"

（二）自卑干预

项目组的老师们邀请索玛和一群像她一样家庭经济困难的"索玛花"孩子参与自卑心理干预活动。活动以"格式塔疗法"为指导，以"自信"为主题。

体验 1：海滩众人顶火

开场暖身活动，让孩子们迅速融入团体，理解场域和觉察的概念，揭示接触循环的若干环节"感觉—觉察—能量流动—唤起—行动—接触"，并让每个同学从自己的身体和情绪两个维度来谈自己的感受。许多同学刚开始是拘谨的、紧张的、害羞的，经过接触和场域的感染，大家逐渐放松身体，打开了心扉。

体验 2：严厉的父母和顺从的孩子

两人一组，一人扮演严厉的父亲或母亲，一人扮演顺从的孩子。父亲（或母亲）要不停地苛责孩子，而孩子只能不停地回答"是""好的""行"。3 分钟后两两交换角色，集体探讨父母和孩子当下的感受。

体验 3：画出自己的 topdog（上位狗）

随意画出自己想象的 topdog，没有形式限定，随意发挥即可。感受自己的 topdog 够不够多，够不够狠，是不是经常被放出来咬人，想象自己被咬伤，感受到拘束、压抑、隔离、自责和无力。

体验 4：空椅子对话

与自己的 topdog 平等对话，发现内心力量。两人组队，互相交换角色进行练习。两极对话，让自己的内心直面 topdog，允许充分的两极停留，觉察自己在极与极之间的移动。

体验 5：挣脱束缚

两人一组，一个人从背后扣住另外一个人，被扣住的人用力挣脱，3 分钟后交换角色。一方代表锁定的 topdog，一方代表真实的内心力量。两两抗衡，最终内心的力量无论如何都会挣脱 topdog 的束缚，顿感一身轻松。孩子们能感受到内心的力量在挣脱时的变化过程。

活动中，孩子们有开心的交谈，也有感受到伤痛时的大声哭泣，但最终都释怀地笑了。活动后，索玛写道："我明白了，topdog 保护只是一时的，是人逃避现实的一道锁。只有把这把锁打开，才能让自己的人生完整。"

（三）以爱为伴

项目组认为，在同龄人面前展示自己的特长可以帮助索玛发现自身的潜能和价值，增强自信心，更好地适应城市生活，走出阴影，因此，应鼓励和支持她积极参加学校组织的各种活动。

得知索玛平常喜欢打乒乓球，班主任老师就让她报名参加了学校的乒乓球比赛。体育老师和有经验的同学主动帮助索玛训练，并且鼓励她："你还可以打得更好！你可以的！"老师、同学的陪伴和鼓励温暖着索玛，让她有了从未有过的想法："我相信自己能行，我一定要全力争胜！"最后，索玛虽然没有拿到比赛的第一名，但同学和老师依然以她为荣，给了她更多的鼓励与关心，告诉她"参加运动的意义在于享受过程，而不是最后的结果，只要努力拼搏过，就是胜利者"。终于，索玛积压已久的情绪在这一刻迸发出来，她哭了，但这次不是伤心的哭泣，而是感动的泪水。

（四）资助助志

为了让索玛不因学费问题而失学，不为生活费用发愁，老师们向她详细地介绍了国家资助、社会爱心人士助学以及校内资助的政策，让她知道，关心她的不仅有学校的老师和同学，还有整个国家和社会。她需要做的就是努力学习，通过学习改变自己的人生。

班主任老师告诉索玛："你现在需要做的就是好好学习知识，考上大学，去更大的城市看看，去更高层次的地方深造；你要做的不仅仅是改变你自己的人生，你还应该给你们家乡的所有孩子以及有着传统观念的老人传递一个信息——出生贫穷，并不代表着一辈子就要过得卑微，我们所有人都可以依靠自己的努力改变先天的不足，你能够让更多的'索玛花'孩子以你为榜样，有勇气走出大山。只要我们自己不放弃自己，没有人会放弃我们。"索玛听后，眼神坚定地回答道："谢谢老师没有放弃我，我一定积极向上，使自己的人生变得更完美，给自己的弟弟妹妹做个好榜样。"

三、索玛花开

经过一年半的辅导教育，现在已经是高中二年级的索玛已经完全适应了学校的生活，与同学相处十分融洽，也是老师的得力助手。她学习认真刻苦，成绩进步很大，喜欢参加集体活动，还努力为班级、学校争光，积极参与志愿服务，传递着"助人自助，乐人乐己"的志愿者情怀。她参与演唱的彝语歌曲《祖国之子》荣获"中加音乐节"银奖。最近，她又通过了学校艺术特长生的测试。大凉山女孩索玛在学校老师和同学们的扶助下，重拾自信，沐阳光，迎春天，昂扬盛放，迎风招展。

撰稿人：高霞、徐林、杨华荣

编辑手记 ✏

本案例讲述了大凉山女孩索玛（化名）在资助育人深度辅导项目中成长的故事，辅导者针对其自卑、怯弱、压抑的心理，进行及时沟通，在其心中植入生而平等的世界观；对她进行关爱帮助和心理干预，改善她的自卑心理；鼓励她参加体育竞赛，使她体验拼搏，唤醒自信的力量；引导她立志成才，激发学习的动力与热情，而最终点燃人生的梦想和奋斗的激情，让青春之花无畏地盛放。整个育人过程充满智慧，教学的语言丰富生动，展现了宽广的人文情怀，值得广大教师学习。

成都市郫都区教育局　王朝贤

体育班"熊孩子"蜕变记

四川省简阳中学

一、背景

2019 年，我接手高一（25）班，这是一个体育班，全班有学生 31 人。

第一次我与全班学生约定见面的时间是 18 点 30 分，按时到位的学生仅有 21 人。19 点仍有 3 人没到。

第一次考数学，分数有 15 分、18 分、25 分、35 分……只有一人勉强及格。

第一次美术课，学生把美术老师气得摔门而去。

一个月下来，班级记录本上密密麻麻地写着学生迟到、午休违纪、晚睡违纪等各种令人伤脑筋的情况。

——这就是我面对的一群学生，一群"熊孩子"！

二、转化

（一）发现优点，改批评为表扬

就在我琢磨如何改变学生的时候，第一次年级跳绳比赛到来了。比赛要求全班参加，缺 1 人次扣 1 分。而我班上有 3 个学生有腿脚伤病，平时就找各种借口逃避大课间锻炼，所以我也就不抱什么希望了。让人感到意外的是，比赛那天，我赶去操场的路上碰见钟同学，他正急匆匆地往前面赶。

我问他："你不是有伤吗？你要做什么？"

"班上的集体活动，肯定要参加。"

到操场一看，李同学来了，王同学来了，陈同学来了，就连平时出了名的"老大难"白同学也来了。31 人，一个也不少。比赛中，学生们完全变了样："老大难"的两个学生主动承担最关键的舞绳的任务。平时不爱出声的同学负责指挥，哪个先进哪个后进安排得清清楚楚。平时协调能力不太好的文同学跳起绳来一点也不笨拙。整个比赛协调、流畅，在其他班羡慕的眼神中我们拿下了第1名。

"你要好好地表扬我们一下。"那个特别调皮的陈同学说。

是啊，接手班级近半学期了，除了批评，我还真没有表扬过孩子们。孩子们这次的表现启发了我，应该多从正面去激励他们。我决定改变策略：改批评迟到的为表扬全勤的、早到的；改批评大声说话的为表扬专注学习的，比如刘同学、海同学、徐同学等人晚自习时学习特别专注，我就在上课时大加赞赏，渐渐地，晚自习讲话的声音小了，学习氛围也渐渐浓起来了。班级评比，只要不是最后一名，我就表扬他们做得好。慢慢地，操行成绩也有了明显的改善——全年级25个班，我班操行成绩已从第25名变为第2名，且保持了稳定，就连最初气得摔门而去的美术老师也开始惊叹孩子们的进步了。

（二）体验成功，培养学生学习自信

体育班的孩子特别缺乏自信，总觉得自己在很多方面都比其他班的同学差。马上要举行市中学田径赛了，比赛会以年龄段分组。

"陈老师，我们这个年龄去参赛，多半都是最后一名！"学生很焦虑。

"不会的，体育不像其他学科，高一、高二甚至高三差别不大！你们有实力的。抓紧训练，比赛回来我有重奖！"我给他们打气。

比赛结束，我班有8人获市前三名的成绩，其中，有6人次获得市冠军，1人打破铅球市中学生比赛记录。参加体育比赛给了孩子们极大信心。

"单就体育好还不够，同学们，乘胜追击，咱得把文化成绩也搞好。"就此，我要坚定孩子们的信心："没有文化的体育班是没有前途的。"

"我们能搞好学习吗？"

"当然行，其他班能我们就能！我这个语文老师做大家的班主任，就是为了提高成绩而来。班上的数学老师、英语老师等，都是身经百战的好老师。"

良言一句三冬暖，学生的学习劲头一下子起来了。原来学生们喜欢摆"龙门阵"的英语早自习有了朗朗的读书声，在有人打瞌睡的数学课上学生开始提问了……

期末考试，我班语文最高分为116分，而半期考试只有1人及格；数学最高分为114分，在所有文科生里排第25名；地理最高分为85分，在所有文科生里排第28名。

相信"熊孩子"行，他们还真能行！

（三）组织讨论，让学生进行自我教育

2020年4月，市里举行爱心公益捐助活动。我在班上宣布这一消息时，班上炸开

了锅："我都没钱，还要捐钱?"我陷入了沉思，怎样才能让学生们设身处地为他人着想呢?

当天晚上，我查阅了相关的捐助资料，特别准备了我们班级和学校的同学接受资助的情况。第二天，我把相关材料发给大家，然后组织大家讨论。

"我们班原来也有受资助的对象!"

"我们班今年的助学金名额，居然和特尖班一样多。"

"只有在他人有困难时帮助他人，才有可能在自己有困难时受到他人帮助。"

……

那天，"熊孩子"们从感恩之心到公民责任展开了交流，交流得很充分，捐款数名列全年级第一，是往年同期体育班捐款数的 5 倍!

（四）保护期冀，强化行为自律

部分"熊孩子"的不良习惯，改变起来特别难。尤其是极个别的违纪"老油条"，更是如此。在同学们的眼里，白同学就是一个典型的"班霸"。刚因上课经常打瞌睡被我批评教育，没过几天又与同学吵架；刚被年级辅导员进行警示，一个月以后又因违规使用手机被全校通报批评。连他的父亲说到他都直摇头："唉，这个孩子，说也说了，打也打了，就是不改。"

不久，发生了一起更为恶劣的事件，白同学和他的同桌李同学在晚自习时，因为口角竟然打了起来。针对这次严重违纪事件，德育处请家长到校配合处理，给予白同学留校察看处分，并计入个人档案。警告、记过……多次被处分的白同学并不太在意多一个处分。但是当弄清楚该处分会影响到政审、参军的时候，他慌了。

白同学和他的父亲跑来找我，他焦虑地说："陈老师，如果学校给了处分，就不能参军了，我的人生也就完了，你一定要救救我。"平时满不在乎的学生，现在如此哀求，还真少见。

"那你平时旷缺、打瞌睡、打架……将来怎么参军呢?"

"我改，一定改，我可以给你写保证书。"

"我可以去向德育处做担保，但是今后的两年中，如果再犯，那你参军的梦想就是幻想了。你要亲自承诺，家长签字。"

之后两年，这个被称为"班霸"的学生，再也没有犯过严重错误。

三、成效

该班学生参加高考，数学单科最高分达到 119 分，英语单科最高分达到 132 分。3

年来，无一人受学校纪律处分。我作为班主任教师连续两年被评为市级优秀班主任。

撰稿人：陈江伟

编辑手记 🖊

如何对"熊孩子"进行因势利导？这个案例提供了行之有效的处理办法："熊孩子"也有优点，教师要善于抓住他们的优点加以引导，不断促进其向善而行；扬"熊孩子"之长，使其体验到成功贵在努力，以坚定其克服困难的信心；在证据中讨论，而不作空洞的说教，尽量让学生完成自我教育，这有利于知行合一和价值认同；明确教育行为的价值意义，保护学生对未来的期冀，也就保护了他们追求梦想的勇气和前进的动力。道法自然，需要实事求是；教无定法，贵在用心为之。

成都市龙泉驿区教育科学研究院　李明隆

"331" 心育模式护航学生健康成长

学生因心理健康问题引发的安全风险，已经成为学校最大安全风险点。如何落实心理健康教育，为学生身心健康成长护航，是学校急需解决的问题。

一、进行心理健康教育问题诊断

（一）出现心理问题的学生人数呈上升趋势

自贡市蜀光绿盛实验学校坚持每年对五至九年级学生进行一次心理健康状况筛查，对筛查数据进行分析，形成学生心理健康状况报告。从数据可以看出，学生心理问题日趋严重，有心理问题的学生人数增多。

（二）心理健康教育意识薄弱

学生不懂心理健康的知识，自我解压和疏导能力差。家长缺乏关注学生心理健康的意识，成为造成学生心理健康问题的重要责任人。教师心理健康教育意识薄弱，不能及时疏导和干预存在心理健康问题的学生。

（三）心理健康教育师资队伍不专业

学校教师专业化配置不够科学，心理健康教师配置边缘化。非专业教师心理健康教育意识不强、专业能力弱，专业的心理健康教育往往被班主任的思想说教代替了。

（四）心理健康教育工作不落地

面对中小学生日趋凸显的心理问题，不少学校已经引起了重视，配置了心理咨询室，开设了心理健康课，但心理健康教育依然存在散点式、表面化的情况，缺乏系统化、课程化设计。

二、实施"331"心育模式

（一）建立三个机制，落实心育保障

（1）建构区域五位一体联动机制。对于有心理健康问题风险的学生，学校联系其家长，助力家庭教育；邀请社区的法院、检察院等部门进校园、走进青少年教育中心，进行协同教育；与自贡市第一人民医院、第五人民医院签署合作协议，聘请相关专业人士担任分管心理健康教育的副校长，对学校进行专业指导。

（2）健全学校"四级全员"育人机制。学校成立心理健康领导小组，建立由校级中层干部、专兼职心理健康教师、班主任、全体教职员工共同参与的学校四级心理健康工作体系。

（3）实施"五步干预法"，细化干预环节。第一步，筛查识别。心理健康教师根据网络筛查结果和班主任、心理委员的观察、访谈结果，对学生的心理健康状态进行初步研判。第二步，沟通转介。学校心理健康教育分管副校长与专业心理健康教师对"极高危""高危"学生，做到与家长一一见面，及时沟通，建议其转介到专业医院进行诊断治疗。第三步，专业治疗（或学校干预）。心理健康教师一方面追踪学生的治疗情况，另一方面采取干预措施。第四步，定期辅导。心理健康教育专业教师定期对极高危学生进行辅导。心理志愿团队的兼职教师对高危学生进行个别辅导。第五步，关怀陪伴。心理健康教师每月与建档学生的家长、班主任沟通一次，了解学生的心理健康状况，调整干预措施。

（二）促进"三个落实"

（1）组建六支队伍，提升心育水平。学校采用专业加兼职、专业带全员的形式，着力建设心理健康教育的六支队伍：由学校心理健康教育分管副校长、学生中心干部、专业心理教师组成的心理应急队伍；由学校心理健康教育分管副校长、心理健康专业顾问组成的专家队伍；由专职心理健康教师组成的专业教师队伍；由班主任组成的兼职教师队伍；由心理培训合格的教师组成的"心语之约"志愿者队伍；由学生组成的友善委员队伍。

（2）实施四类课程，探索心育路径。一是专业课程。学校在七、八年级开设心理健康课程，由专职心理健康教师授课。其余年级每班每一学期开展 9 节心理健康主题班会课，由专职心理健康教师指导班主任授课。课程内容涵盖自我认知、人际关系等模块。二是学科融合课程。"道德与法治""生命·生态·安全"等学科中蕴含了很多心理健康教育内容，教师应充分挖掘各学科中的心理健康育人功能，渗透到学科教学

的方方面面。三是校本课程。专职心理健康教师根据不同年级学生心理特点开发心理健康课程资源包，内容包括针对不同问题进行的教学设计和课件资源，供各班主任开展心理健康教育使用。四是拓展课程。专职心理健康教师利用课后兴趣拓展课程，组建心理健康剧社，编写心理剧，并组织排练展演，宣传普及心理健康知识。

（3）落实四项活动，营造心育氛围。一是主题月活动。学校将每年五月和十月作为学校心理健康月，开展心愿卡、千纸鹤、团体操等丰富多彩的活动。二是团辅活动。每学年学校定期开展针对学生、教师、家长的辅导。三是阳光主题活动。学校针对特殊时期、特别事件，开展不同主题的活动。四是文化宣传活动。学校利用国旗下讲话、心理健康宣传栏、学校微信公众号等开展形式多样的宣传活动。

（三）建立"一个档案"

落实"一生一策"政策，形成"231"心理健康成长档案建设策略，实现对心理异常学生的专班管理。"2"是指两个渠道，一是专业教师对学生的心理健康诊断测验结果或自贡市心理健康筛查结果进行整理分析，二是班主任、心理委员通过观察、访谈等形式筛查心理健康预警学生。"3"是指班主任观察周记、心理委员观察周记、心理预警学生心理自评周记。"1"是指学校个辅（个别辅导）志愿团队的辅导记录。

三、辐射区域推广，发挥心育示范作用

一方面，学生的生命状态健康阳光，积极向上；另一方面，大部分有心理问题的学生经过干预治疗，心理状态有了明显好转。

学校的心理健康教育工作得到了社会的广泛认可。教师的心理健康教育意识明显增强，学校成功创建为自贡市中小学心理健康"阳光工程"特色学校。

撰稿人：江雪梅、陈果

编辑手记 ✎

心理健康教育是素质教育的重要组成部分，也是培养高素质人才的重要环节。同时，切实有效地对学生进行心理健康教育也是现代教育的必然要求和广大学校教育工作者面临的一项共同的紧迫任务。自贡市蜀光绿盛实验学校以常态化精准心理健康教育问题诊断为基础，实施心理健康教育"331"模式，通过有力的机制保障以及"一生一策"专班管理，体现以人为本，为学生健全的人格和健康的心理品质培养保驾护航。

资阳市教育科学研究所　　廖文鸿

探寻教学新生态 发挥思政育人性

南充市李渡中学

一、基本理念与思路

为了提升思政课立德树人实效，南充市中学政治任仔东名师工作室秉承"厚德蕴志 勤业博才"的教育理念，针对目前存在的"德育目标渗透不够深入、教学方法运用单一化、教学合力未充分发挥"等问题，在教育教学实践中总结出了思政育人的新模式：德行一体，探寻思政育人新生态；内外兼修，淬炼学生拔节成长。

二、德行一体，探寻思政育人新生态

（一）团队共进，匠心立德

工作室坚持以德立身、以身立教，厚植教育情怀，争做"四有"好老师，倡导以高尚的师德塑有趣灵魂，以醇正的师风育时代新人。团队内部互帮互促，在教学、科研、社会服务等方面开展"传帮带"工作，整合市域内优质教师资源，发挥典型示范作用，制订了"1×4"沙龙活动计划，即每月一次集体备课、每月阅读一篇教育专著、每月分享一则教育故事、每月进行一次教育反思，扎扎实实做教育，凝心聚气为教育。

（二）一体建设，协同推进

工作室积极推进大中小学思政课一体化建设，充分发挥思政课在立德树人中的关键作用。在上好"大思政课"上狠下功夫谋实效，探究初中阶段和高中阶段学生的认知发展规律，做到全员育人、全程育人、全方位育人。第一，关注寓意深邃的"习语金句"，共同探讨大中小学衔接"桥梁课程"，不断打造精品课例。工作室开发有"扎实推进共同富裕""永恒的中华民族精神"等课例，其中多个课例获得省、市优质课展评奖项。第二，注重打造集"资源共享、在线互动、网络宣传"为一体的"大思政课"

云平台，利用腾讯视频、钉钉等在线交流工具，围绕教学内容分享精品课例短视频，实现不同学段教师的交流互鉴。第三，加强与高校的密切联系，每年安排1～2次到西华师范大学为本科生、研究生作讲座，分享一线教育教学心得，同时聆听高校专家关于思想政治理论学科的理念指导，汲取先进的教育理念。

（三）区域联动，示范引领

依托工作室平台，开展形式多样的联合教研活动。从类型来看，有高中阶段的联合教研、初中阶段的联合教研、高中教师与初中教师的联合教研；从领域来看，有同所学校内部不同年级的联合教研、工作室成员所在学校之间的联合教研、城乡学校的联合教研；从内容来看，联合教研不仅聚焦于学科教学能力的比拼展示，还包括专家的讲座培训。在联合教研活动中注重充分发挥名师示范带头作用，帮助不同教师快捷、准确地理解新的教育理念和教学方法。

（四）深化教改，创新育德

坚持"以生为本"的理念与课程育人的目标，结合学生实际情况创新教学方式。课前让学生在预习中发现问题，并带着问题去听课。课中采用"四线四环"议题式教学模式（如图1所示），灵活运用信息化教学载体，发挥学生主体作用；以问题为导向，引导学生带着问题思考，鼓励学生在议题式活动中畅所欲言，在活动中学习。通过自主学习、角色扮演、小组讨论、课堂汇报等环节，提高学生的课堂参与度。为了

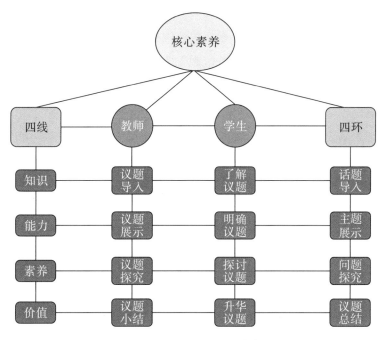

图1　"四线四环"议题式教学模式

让学生活动表现质量可视化，工作室还研究制作了高中思想政治议题式教学课堂综合评价表。"四线四环"议题式教学的活动化德育课程设计，既符合"活动育人"的要求，也贴近中学生在"玩中学"、在体验中幸福成长的特点。

（五）课题牵引，以研促德

1. 加强课题研究，洞察育人短板

工作室以课题为抓手，注重理论学习与实践教学相结合，注重对实践经验的反思概括，助推理论研究成果反哺教学，将最新科研成果融入教学，激发科研育人活力。在"新时代中学生爱国主义教育实施策略研究"课题顺利结题后，省级课题"中学思政课落实'四个自信'教学实践研究"也已进入中后期研究阶段。

2. 参加主题培训，提升育人素养

工作室成员主动应变，参加四川省教育学会教育科研管理暨主研人员专题培训、"新高考 新探索 新征程——四川省区域新教材研讨主题峰会"等培训项目，开展新课程、新教材、新理念下的课堂教学方法探讨，深化对学科核心素养的理解，促使教师把握教学新理念，增强教师发展内驱力。

三、内外兼修，淬炼学生拔节成长

（一）主题宣讲，涵养品行

主题宣讲是一种有效的教育方式，可以提高学生的综合素质和人文素养，培养学生独立思考和创新的能力。一方面，密切关注国家大政方针，挖掘具有教育意义的重大事件，积极开展以"社会主义核心价值观"为导向的主题宣讲活动。例如，在党的二十大召开之后，工作室精心组织开展党的二十大精神进校园活动，采用学生喜闻乐见的形式，向全校学生宣讲党的二十大精神，让学生参与其中，参与知识竞赛，让党的二十大精神入脑入心，激发学生的爱国情、强国志、报国行。另一方面，抓重大节日与纪念日主题教育，例如，在12月4日国家宪法日当天，开展"国旗下讲宪法"主题教育活动。

（二）红色研学，陶冶情操

每年春季学期组织学生开展校外研学旅行活动，在定向研学中点燃学习党团史的热情，让百年党史、团史"动起来""活起来"，让学生们深切感受到"身边的历史"。清明节来临之际，组织高一年级学生前往阆中烈士陵园，开展"缅怀革命先烈，弘扬爱国精神"主题系列活动，在实践中寻访红色足迹，传承红色基因，瞻仰英雄的光辉事迹，让每一位学生受到爱国、爱党之情的熏陶。

（三）植根乡土，履践致远

结合工作室部分成员地处乡镇学校的位置优势，组织学生开展关爱留守老人志愿服务活动；结合所学思政知识，组织学生参观乡镇柑橘农业合作社，让学生晓农事、解人情，将所学理论与实践相融合；在瓜果成熟时节，让学生在田间地头采摘的过程中体验丰收的喜悦。定期举办的特色活动，发挥了社会大课堂作用，让思政教育"内化于心，外践于行"。

撰稿人：任仔东、李奉英、唐婷

编辑手记 🖊

习近平总书记指出，"思政课是落实立德树人根本任务的关键课程"。推进思政课改革创新，是帮助学生"扣好人生第一粒扣子"，培养全面而符合时代要求的新时代新青年的重要举措。南充市中学政治任仔东名师工作室秉承"厚德蕴志 勤业博才"教育理念，团队协同，在教育教学实践中积极探索"立什么德""如何立德"策略，总结出了落实立德树人根本任务的特色思政育人模式，推进了立德树人从教学观念走向教学实践。

资阳市教育科学研究所　廖文鸿

言行有"礼" 心中有"爱"

达州市达川区逸夫小学（以下简称"逸夫小学"）以"礼·爱"为文化核心，秉承邵逸夫先生"达则兼济天下"的志向，遵行"逸思励学，明德至善"的校训，着力培养小学生具备"活力与激情、拼搏与奋进、开拓与创新、责任与担当"的精神。逸夫小学通过多年的实践，取得了明显的实践成效。2021年，学校的德育案例"'礼'为教本 道以'德'宏"被教育部评为典型案例。

一、明确指标

为引导学生树立社会主义核心价值观，学礼、懂礼、用礼，养成良好习惯，形成健康人格，促进全面发展，逸夫小学把"礼·爱"教育与社会主义核心价值观、学生核心素养、中学生行为准则整合起来，形成6年12个主题和60个行为的观测指标，这里，仅列举其中一、二年级4个主题的20个指标于下：

一年级，培养"有序、专注"的习惯。"有序"指标：①随手收拾；②随时保持使用过的地方干净整洁；③物有定位，物归原位；④按每样东西的用途来使用它；⑤物归原主。"专注"指标：①眼睛看着对自己说话的人；②身体和头部倾向发言的对方；③打断他人说话要有礼貌；④手上不做无关的动作，以免引起他人注意；⑤无论站与坐都要脚踏实地。

二年级，培养"诚信、守时"的习惯。"诚信"指标：①要告诉别人事情的真实情况；②不说假话，不欺骗别人；③犯错时勇敢承认，有错就改；④在表述事情的过程中不夸大也不扭曲事实。"守时"指标：①要在规定的时间内到达约定的地点，遵守共同的时间约定；②要预留足够的时间，避免迟到；③要在规定的时间内完成任务；④要认真遵守并执行"每日时间表"；⑤要"马上行动"，不拖延。

另外，三年级学生要理解"友善、感恩"的意义，养成友善、感念他人的意识。四年级学生要理解"勤奋、节俭"的价值，养成勤奋和节俭做事的习惯。五年级学生要明确"尊重、传承"的内涵，培养尊重和传承的能力。六年级学生要明确"爱国、责任"的内涵，培养爱国和担当的情怀。（每个年级各有 10 个指标，限于篇幅不再赘述）

二、实施路径

（一）课程育人，学科实施

自建"'礼'为教本、道以'德'宏""'爱'满逸园"等校本课程，融入学校的整体育人体系。方式是：①依托课堂，融入主题。每周一下午第三节课全校各班开展主题班队活动，每周都有训练内容。②线下互动，融入实践。每周结合课程内容设计"家校联系单"，引导家长参与孩子的主题教育。③整合资源，融入生活。学校自编的校本课程训练内容丰富，有公约（班级约定和家庭公约），家庭有序作息时间表，《弟子规》《三字经》《千字文》选读，《四字家训》专项训练，评价和阅读随笔等。

（二）文化育人，环境陶冶

1. 着力建设"两态文化"

一是精心打造区位静态文化，包括党建、师德中心区，操场、旗台中心区，校园楼层、廊道、屋顶花园核心区，逸夫楼底楼走廊传统文化区，课后服务社团中心艺术区，等等，每一处都充盈着德育内涵，积淀着"一草一木一艺术、一山一石一境界、一笔一画一情怀"的"五育"文化样态。二是形成以校园展示栏、校刊校报、校园广播、德育课堂等为依托的动态文化，使学生受到学校所倡导的文化内涵的熏陶。

2. 强化"班级文化"建设

班级文化牌和粘贴墙独具匠心，充分展示班主任寄语、班训班规和"礼·爱"约定。规范整齐的班级图书角陈列着孩子们爱读的图书，以"礼·爱"为核心的教育主题黑板报定期更换。成长树、成长藤、每周之星、荣誉栏、"我型我秀"等墙饰成为教室亮丽的风景线。

（三）活动育人，丰富体验

学校积极开展有益于学生健康成长的活动，融"礼·爱"教育于活动之中。

1. 培训

学校通过"请进来、走出去"的方式，开展教师"礼·爱"教育实操培训活动；德育处、少先队在每学期开学时对大队、中队干部进行培训。

2. 集会

主题鲜明的开学典礼、别具一格的升旗仪式、精细有序的集会管理，都是润泽学生的有效方式。

3. 四节

一是以读养"善"，办好读书节。二是以艺养"雅"，办好艺术节。三是以科养"索"，办好科技节。四是以体养"坚"，办好体育节。

4. 网络互动

学校利用网络平台引导学生共筑中国力量，感受众志成城的中华精神。64 篇"战疫"报道、67 篇"战疫"习作、200 多个"战疫"小视频、1000 多份"战疫"手抄报，彰显了学校"爱国、责任、勤奋"教育的实践效果。

5. 综合实践

一是以重大节日为载体的德育实践，如在清明节、劳动节、端午节、教师节、建队日、重阳节等，让学生参与实践活动，在参与中发现、感悟、积淀，习得"责任、诚实、感恩、坚持"的精神力量。二是研学旅行，如利用研学旅行日、研学旅行周开展红色研学活动、学农实践活动、文明劝导志愿服务、参观科学馆、人工智能课堂等，为学生提供成长所需的精神力量。

三、支持措施

学校把德育经费列入年度预算，保证经费投入。在广泛征求社会和家长意见的基础上制订计划，形成融合育人体系。构筑"学校、家庭、社会"三结合的"礼·爱"教育工作平台，定期召开家长代表大会，争取家庭、社会对德育工作的支持。坚持每期每班开设家长讲堂，让优秀家长来教育孩子。完善保障制度，理顺内部关系，形成联动机制。健全常规考评，实施"校园透视镜""育人罚单"等全员育人举措。

撰稿人：郑小玲

编辑手记 ✏️

该案例着眼于"礼"和"爱"，针对新学校德育工作存在的问题，把社会主义核心价值观、核心素养、行动准则整合为 12 个主题，以构建系列主题活动为核心，分年段明确育人目标，分学期确定育人指标，育人价值追求清晰，顶层设计务实。在实施路径的选择上，突出重点，与学校工作实际紧密结合，夯实学科实施、环境熏陶、活动育人 3 条路径，以增强德育实效，实现"知行合一"，不蔓不枝。在支撑保障方面，体现了治理理念，强调整合学校、家庭和社会力量，形成共同育人的新局面。

成都市龙泉驿区教育科学研究院　李明隆

校本课程融"五育" 春雨润"花"细无声

南充市涪江路小学校

南充市涪江路小学校以立德树人为根本任务，以"学会自律、自省、自信""养成雅言、雅行、雅少年"为育人目标，以校本课程融合"五育"为抓手，尊重儿童成长需求和选择，将"儿童站在课程正中央"的理念外化于行，自主构建"美德善行、人文通识、艺术审美、律动健身、实践探究"全育课程体系，使基础课程、拓展课程和特色课程相通相融，与国家课程结合形成立体育人态势，为学生全面可持续发展提供了多元可能。

一、美德善行课程：德育先行，打好儿童人生底色

（一）好习惯养成课程

"少若成天性，习惯成自然"，好习惯使人受益终身。一是以校园文化为切入点，营造氛围，注重习惯养成。二是以行为训练为手段，管理过程，规范习惯养成。三是以多元化活动为载体，知行合一，促进习惯养成。四是以家校合作为保障，及时反馈，激励习惯养成。

（二）少先队入队教育

少先队大队部以学校"课程育人"目标为指引，结合"好习惯养成课程"，组织开展少先队入队教育。通过入队教育，学生知道了少先队队名，认识了队旗、队徽及其所代表的意义，明确了少先队员的行为规范，以任务为驱动，结合学校编制的课程手册《养成好习惯，打卡100天》，用100天养成一个良好习惯。

（三）红领巾争章活动

为切实增强学校少先队员的光荣感和使命感，构建人人可行、天天可为、阶梯进

步的"红领巾特色争章"评价激励体系，学校开展"逐梦争章，领巾飞扬"红领巾争章活动。争章的过程就是战胜自我的过程，少先队员每争到一枚章，就是学会了一种技能、一种方法，更重要的是增加了一份自信。

（四）心理健康教育

学校分学段推出线上心理教育系列微课程，向所有家长传递科学的育人理念和方法，为培养学生健康全面成长提供有效的家校互动平台。定期开展心理健康讲座和心理健康培训会，开设心灵驿站，时刻关注学生的心理变化。

（五）"美习联储"激励项目

设置"美习储蓄银行"，开设以班级为单位的美习分行、总行的美习超市以及分行的美习超市。学生通过在努力学习、规范言行、团结互助等方面的优异表现获得美习印章，集齐 10 个印章，可以兑换 1 元美习币。阶梯式的"美习联储"激励体系，让学生在实践中增长才干、不断进步，在争章的过程中体验成功，在达标的过程中体验喜悦，产生道德体验，将道德认知内化为行为，最终实现了学生的自我管理和自我超越。"美习联储"激励项目已成为学校少先队的一项品牌特色活动。

二、人文通识课程：文化浸润，点亮儿童人生明灯

（一）传统节日课程

重视学生传统文化的学习与传承，开设节日主题课程，如清明节课程、端午节课程、中秋节课程、春节课程等。基于中国传统节日的文化内涵，探索出持续性、链条式、融合式传统文化学习路径，力求让每一个学生争做有根的中国人。以传统节日为抓手，把研究性学习、体验式学习和实践学习结合起来，既让学生学习了节日文化知识，又融合了自然教育与社会教育，实现了"五育"融合。

（二）阅读文化课程

围绕"书香中起飞 阳光下成长"主题，开展读书节系列活动。活动以年级为单位策划开展，形式多样的"共享资源，共读好书"跳蚤书市及读书节系列活动带动了教师、学生、家长参与，优化了校园文化环境，丰富了师生精神生活，让书香溢满校园。

三、艺术审美课程：静心修身，培养儿童高雅气质

（一）素养课程

学校将课后服务中的课业整理与素质养成有机整合，构建起独具特色的"素养课

程"体系，根据学生的个性化需求，进行专业的综合发展测评，给予个性化的课程指导及课程辅导。采用走班制，实行"一人一课表"，为学生素养发展助力。

（二）艺术社团

学校以社团、工作坊为载体，根据专业学科教师的艺术特长确立研究方向，成立了泥塑、书法、摄影、剪纸、合唱、拉丁舞等 58 个艺术社团，引领学生在自主、开放的课堂上绽放精彩，在璀璨典雅的艺术氛围中不断进步，达到以美育人、以文化人之目的。

四、律动健身课程：强健体魄，筑实儿童美好未来

（一）亲子体操比赛

亲子体操比赛是学校律动健身课程的重要载体，也是学校落实教育部"五项管理"中体质管理的举措之一。学校坚持"每天体育三个一，健康生活一辈子"的律动健身理念，将学生体质管理全方位、多角度融入学校体育教学中。亲子体操比赛活动的开展促进了家校协同育人，融洽了亲子关系，增强了学生体质，提高了集体凝聚力。

（二）篮球课程

篮球是学校传统体育项目之一，篮球课程是"律动健身"课程的主要内容。开展校园篮球联赛，是学校提高学生篮球水平、以体育人的重要途径，更是学校"律动健身"课程的重要载体。一系列丰富多彩的"律动健身"课程，激发了学生参加体育锻炼的主观能动性，培养和引导了学生热爱体育运动的情趣，促进学生养成了良好的运动习惯。

五、实践探究课程：从做中学，回归儿童生活世界

（一）研学课程

学校基于培养学生人文底蕴、科学精神、责任担当、创新思维、健康生活等核心素养，构建研学课程体系。学校利用"社会实践课程学习单"，针对各年段学生心理、知识基础特点，组织学生走出校园，让学生在课程中感知自然、触摸文化、体验科技。

（二）劳动实践课程

学校依据自身特点，开辟了劳动教育实践基地——清泉耕读园，旨在构建"家庭劳动、学校劳动、社会劳动"三位一体、"主题、项目式"双体系融合的综合劳动教育课程体系，实现以劳强体、以劳增智、以劳育美、以劳创新的育人目标。将劳动教育

与其他学科课程知识有机结合，构建劳动教育实践体系，让教育回归实际的劳动实践，用劳动教育践行立德树人的使命，用劳动教育为学生的幸福人生奠定好亮丽的底色。

撰稿人：蒲晓

编辑手记 ✏

《中共中央 国务院关于深化教育教学改革全面提高义务教育质量的意见》指出，要坚持"五育"并举，全面发展素质教育，培养德智体美劳全面发展的社会主义建设者和接班人。南充市涪江路小学校紧跟政策导向，严遵教育规律，狠抓"五育"关键，通过校本课程，将德智体美劳"五育"进行有效融合，逐步打造"五育"融合的育人课程体系。校本课程面向全体学生，让每位学生都受到关注，有更多的获得感，实现了学生德智体美劳的全面发展，同时也为"国家课程校本化，校本课程特色化"提供了很好的借鉴。

资阳市教育科学研究所　廖文鸿

用"心"矫正和塑造

——"一核四维"特殊教育模式

剑阁县东宝小学

地处经济欠发达的剑门山区农村的剑阁县东宝小学（以下简称"东宝小学"），受制于社会经济情况，学校里父母外出务工、单亲、离异家庭学生较多，而且存在较大规模的残障学生，这部分学生具有特殊的思想、心理和行为特征，是一群特殊儿童。为实现特殊学生的最大限度发展，让他们能够成为对国家有用的综合型人才，东宝小学探索育人路径，建构"一核四维"特殊教育模式，促进了特殊学生健康发展。

一、调研定标，明确特殊学生问题

每年九月开学对全校学生进行摸底调查，做好学生档案的整理工作。从 2022 年秋季学校入学调查数据来看，学生中留守儿童比例高达 62.7%，单亲家庭儿童占 26.5%，离异家庭儿童占 38.7%，"四残"儿童占 5.16%。这一部分学生的教育也面临着诸多难题。大部分特殊学生不愿与同学、老师和家长沟通，极易出现自卑、胆小、孤僻、封闭甚至是偏激的情况，不具备较强的心理承受能力；缺乏自控力，易怒易焦躁，易形成任性自私的性格等。

二、顶层设计，构建"一核四维"模式

为了促进特殊学生的健康发展，东宝小学构建了"一核四维"特殊教育模式。"一核"指以培养"全面的人"为核心。"四维"包括"决策保障、培养策略、成长途径、合作体系"四个培养维度。"决策保障"从学校的特教工作规划、制度设计、管理机构设立三个方面构建；"培养策略"从调研、三个步骤设计、"五育"并举内容设定三个方面构建；"成长途径"从课堂教学、活动开展、社会实践三个方面构建；"合作体系"

从家庭教育、学校教育、社会教育三个方面构建。

三、多元合作，设计合作育人策略

充分发挥家庭、学校和社会三大育人主体的育人作用，形成全员育人的合作体系。从学校的角度作出决策，制订"五育"并举工作方案，为特殊学生提供教育保障；开展课堂教学、社会实践活动，充分发挥教师教育和同学帮扶的作用。从家庭的角度，基于孩子身心健康和学习两个方面倡导家庭教育，同时配合学校教育，发挥家庭成员的示范、引导作用。从社会的角度，充分调动社会各部门参与教育的积极性，全方位保障特殊学生的权益。

四、模式推进，开展特教综合活动

（一）主体阵地，开展学校特色特教

建立健全学校特殊学生教育工作领导小组，以书记、校长为组长，副校长为副组长，团委、班主任为成员。学校为特殊学生配备专门的班主任和心理辅导老师，班主任负责学生的正常生活学习，心理辅导老师定期为学生做心理疏导。创建三类育人课程，挖掘课堂教学内涵，开展校内活动，推行社会实践三大育人阵地建设，实现课程育人、活动育人、实践育人。

（二）固本强基，开展家庭基础特教

定期对特殊学生家长进行培训，建立家校联系平台，设立家长日。家长进入学校课堂听课、参加校内活动，形成协同育人合力，从而增强特殊学生的亲情意识和责任感。定期开展家长问卷调查或举办座谈会，深化家长对特殊儿童的认识及重视度，培养学生自信、自强、自立的意识和能力。

（三）社会参与，开展社会协同特教

开发社会资源，协同关爱特殊学生。与政府相关部门建立良好的关系，依靠教育行政部门，联系社会服务部门，挖掘这些部门在政策支持、保障条件、社会实践平台等方面的资源。联系剑阁县民主建国会支持特殊学生教育，从 2020 年至今，县民主建国会共捐赠价值 10 万余元的物品（含 200 余册图书）。积极与广东四川商会照明电器分会形成爱心助学关系，该商会李朝富会长、王云富监事长、郭恩才秘书长长期资助东宝小学 17 名残障学生，其慰问特殊学生资金每年达 4 万余元。

五、"一核四维"模式育人成效显现

（一）站起来，残障学生变阳光

学校鼓励62名残障学生通过活动"站起来"，通过视力、记忆、感觉、语言、思维以及个性等方面的活动，教会这部分学生感知生活、熟悉环境、认知人际关系、了解社会环境、学习知识和技能。

（二）动起来，三类学生明事理

学校里父母外出务工、单亲、离异家庭子女这三类学生在肢体、智力上是正常的，但学校也将他们纳入特殊学生的教育范畴。学校鼓励这部分学生"动起来"，积极学习，给残障学生做榜样，培养他们明事理的能力。三年来，这三类家庭的学生没有发生任何安全事故和恶性纠纷，学校也因此连续三年被评为县级安全教育先进学校。

（三）跑起来，正常学生更优秀

对于正常学生，学校鼓励他们"跑起来"，不断向前，既让他们健康成长，又为特殊学生树立学习的榜样。同学们逐渐养成了守规矩、懂礼貌的良好习惯，同时也培养了关爱生命、热爱社会的热情。近年来，学校涌现出县级"德育标兵"50余人、"优秀学生干部"12人、"新时代好少年"3人。

撰稿人：伏勇、徐刚、罗昀雁

编辑手记 ✎

特殊教育要最大限度地满足社会的要求和特殊儿童的教育需要，发展特殊儿童的体力、智力和人格。要通过特殊的教育、教学与训练，最大限度地发挥受教育者的潜能，培养他们的生活自信、健康的自我意识、良好的品德，提高适应能力。剑阁县东宝小学积极开展育人路径探索，通过建构"一核四维"教育模式，以培养"全面的人"为核心，通过决策保障、培养策略、成长途径、合作体系四个培养维度，探索多元合作教育策略，深化特殊学生教育内涵，提升了特殊学生受教育水平，促进了特殊学生健康阳光成长。

资阳市教育科学研究所　廖文鸿

立人为本 履践致远

——新时代背景下的校本德育课堂体系探究

绵阳南山中学

结合新时期教育工作的要求，绵阳南山中学（以下简称"南山中学"）一直高度重视德育工作，把立德树人作为教育的根本任务，全面贯彻党的教育方针，深入践行社会主义核心价值观，认真开展德育工作，努力创建符合学校特色的德育模式，为学生健康成长保驾护航，营造健康文明、积极向上的良好校园环境。

一、体系规划

学校德育课堂体系依据"三新"背景下的高中德育现状，围绕高中学生的身心特点，聚焦"立"字，对高中学生三年的德育培养进行整体规划，从立德、立志、立命、立行四个角度，分单元开展主题德育班会活动，培养高中学子正确的价值观念、远大的生涯目标、笃定的责任担当、优秀的实践能力。"立德"主题德育课堂以弘扬社会主义核心价值观为核心，具体内容包括人际交往主题班会、面对挫折主题班会等；"立志"主题德育课堂以进行正确的生涯规划为核心，包括未来大学主题班会、未来职业主题班会等；"立命"主题德育课堂以树立正确的责任观为核心，包括家庭责任主题班会、社会责任主题班会、时代使命主题班会等；"立行"主题德育课堂以培养综合实践能力为核心，包括劳动教育主题班会、社会实践主题班会等。

二、体系内容

（一）以弘扬社会主义核心价值观为核心，开展"立德"教育

立德修身，为人之本。学生的"立德"教育是时下教育的核心目标，在高中开展

"立德"教育，可引导学生践行社会主义核心价值观，树立正确的历史观、民族观、国家观、文化观。基于此，本单元确定了"既要大国崛起，也要小民尊严""仰南山先贤，立爱国之情""文明交往用语，和谐人际关系"等班会课例作为实施先导。

以上三种班会设计，分别宣扬了社会主义核心价值观的不同内容。

"仰南山先贤，立爱国之情"以南山中学著名校友贺敬之创作中华人民共和国第一部歌剧《白毛女》的幕后故事，和马祖光毅然放弃高薪高职奔赴祖国东北创立激光学科的先进事迹，启迪学生学习其"爱国"与"敬业"精神。

"文明交往用语，和谐人际关系"从同学在交往中喜欢互相叫外号的小事入手，立足现实情境，通过外号的由来、外号的危害、使用文明交际语言三个步骤，引导学生将"文明"与"和谐"的观念根植心底。

（二）以规划正确生涯为核心，开展"立志"教育

伴随新高考的到来，对学生进行目标引领和生涯规划是当前的必要任务，提升学生的生涯规划意识成为当前高中育人课程的重要内容，因此南山中学开展"立志"教育。本单元选择"仰望南山，'志'存高远""我的医生经历，我的奋斗青春""揭秘栏目——小主播的自我救赎"等班会课例作为实施先导。

以上三种班会设计，对应的是生涯规划不同阶段的内容。"仰望南山，'志'存高远"通过挖掘南山优秀文化，以南山校友徐叙瑢创立我国发光学科以及张广学开创蚜虫学研究的真实故事，勉励学生在进行生涯规划时要树立正确的职业观，勇于响应时代召唤，回答学生"怎样进行生涯选择"的问题。

"我的医生经历，我的奋斗青春"系统地展示了一位医生从读书到工作的个人经历与心路历程，让学生对医疗职业有了更深的了解。

"揭秘栏目——小主播的自我救赎"揭示了当下大火的直播行业现状即头部主播与小主播的巨大落差，使学生进一步了解新兴产业也潜藏着一定危机。这两种和与其相似的一些班会设计，让学生了解了更多的行业，为以后的选科选课提供了一定的指引，回答了"生涯规划选什么"的问题。

（三）以树立责任意识为核心，开展"立命"教育

本单元立足责任教育，使学生在成年之际树立起正确的责任感与使命感。基于此，本单元选择"为自己拼一次！""学青年楷模，尚时代风范""天下兴亡，匹夫有责"班会课例作为实施先导。

以上三种班会设计，对应责任教育的不同方面。"为自己拼一次！"以一篇论文致谢开场，邀请因博士论文走红网络的南山校友黄国平进班演讲。黄国平以他自身永不

放弃、敢为人先的奋斗精神，展现了为人最基本的责任意识——对自身负责。

"学青年楷模，尚时代风范"聚焦 2020 年中国五四青年奖章获得者——南山校友魏嘉和赵海伶。前者治病救人，后者带领村民脱贫致富。班会课通过对二人故事的讲述，让学生知晓其在社会中应担当的角色，启迪他们树立社会责任感。

"天下兴亡，匹夫有责"与清明节纪念活动紧密结合。班主任带领学生走进南山烈士陵园，通过讲述烈士故事、朗读爱国诗词、献礼烈士陵墓等环节，集悼念与教育于一体，使得学生在庄严肃穆的氛围中明确了自身对于国家与时代应有高度的责任感与使命感。

（四）以培养实践能力为核心，开展"立行"教育

在前三类课程的基础上，"立行"教育课程鼓励学生将所学转化为日常所用，在实际运用中培育学生的综合实践能力，从而全方位提升学生素养，真正落实"五育"并举教育方针。因此，本单元课程选择"蓝衣风采——我是优秀志愿者！""探究华西秋雨的成因""请你当南山设计师"班会课例作为实施先导。

以上三种班会设计，立足真实情境，解决真实问题。"蓝衣风采——我是优秀志愿者！"带领学生深入校园各个角落，披上蓝色志愿服，充当校园保安、生活老师、食堂员工等，在志愿服务的过程中锻炼学生的组织、协调和表达能力。

"探究华西秋雨的成因"聚焦现实问题开展探究性学习活动，研究四川西部地区如绵阳在秋季多发夜雨的原因，引导学生运用地理、物理、化学等多门学科知识来解决问题，促进学科的融合与交叉，增强学生的探究能力。

"请你当南山设计师"则充分发挥南山校园特色优势，通过给校园小路命名、设计校门样式、设计录取通知书样式等，锤炼学生的创新能力，引领学生思维品质的提升。

撰稿人：梁雨、蔡晓军

编辑手记 ✎

随着四川省新高考的实施，学校怎样在帮助学生顺利完成书面考卷的同时，进一步完成他们对于人生试题的回答，是个需要反复斟酌和思考的问题。育人以德为先，立人以德为重。围绕立人教育，绵阳南山中学开发了"立人为本 履践致远"德育课堂体系，旨在培养学生努力践行社会主义核心价值观，树立远大理想，深层次体悟家国情怀，以更好地适应未来社会，实现个人人生价值。

全视界杂志　王渊

作文批语中的育人实践探索

简阳市教育研究培训中心　四川省简阳中学

作文批语在传递知识技能的同时，又能引领学生思考世间真情，如友情、亲情、师生情等，使学生感受到爱，学会去爱，更加阳光、自信，从而更加快乐地学习和生活。语文教师利用作文批语对学生进行德育浸润，协同班主任开展德育工作，能起到事半功倍的效果。

处于青春期的留守学生心灵较一般学生脆弱，如一个易碎的玻璃瓶，受到丁点儿挫折，就会在心湖激起层层涟漪，且久久不能平静。由于缺乏父母的爱，这部分学生内心多了一份对教师的依赖和信任。大多数留守学生都会通过文章（作文、周记、随笔）表现出面对升学的压力，发泄悲伤、怨恨等情绪，希望以此得到教师的安慰与鼓励。从这里看来，语文教师可以通过作文、周记、随笔等感受每个学生的内心世界。但在教学活动中，许多教师都忽略了作文批语这块情感"自留地"。

一、真情的流露

"一个人就是一个家，一个人想，一个人笑，一个人哭。在我很小的时候，父母出去打工了，他们一年才回来一次。我不知道什么是父母的爱，什么是亲情……"这是一个男生的随堂作文《渴望》中的一段话，作文中透露出他对亲情的强烈渴望。从文中的内容可知，该生是留守学生，所写内容真实、情感真挚。

通常作文批语是以文论质，就文章的字、词、句及谋篇、立意点评得失。大多数留守学生常把自己的内心独白、心路历程带到作文中来，将自己的烦恼在作文中宣泄出来，也希望以此得到教师的关注。教师应以文论文，以事论事，动之以情，晓之以理，让留守学生走出情感的低谷，感受到阳光般的生活，同时认识到自己的不足。

对这个学生的作文，我没有单从写作技法上给予评定，而是从写作内容、情感入手，给他多一些的宽容与等待，多一些的关心与慰藉："语言朴实，情感真挚。大人的不易，我们现在可能还无法明白，但血浓于水，亲情是割不断、忘不了的。其实除了亲情，你的周围还有很多爱，比如同学情、师生情、社会的关爱等，只要打开心扉，主动与父母、老师、同学交流，你会发现爱其实就在身边……"

二、自我的发现

"我的成绩特别差，考试从来都不及格，自信心就更不用说了。上学期我考了最后一名，这学期我不想考最后一名了。很多老师都不喜欢我，家长常年在外也不管我……就连写篇作文都写不好，我只能看着别的同学在班内精彩表演……"

另一个留守学生在作文《我》中不停地宣泄着自卑、抱怨的情绪，虽然消极，但都是真实的感受。如果教师认为这是学生随意写的，那就错了——这是学生的内心独白，是感情的自然流露，是压在内心深处的痛：难以改变自己的学习现状，又想做最好的自己甚至超越他人，这种现实与理想的巨大反差，让学生长期处于孤独无助、自卑自闭的状态中。

根据美国心理学家马斯洛的需求层次理论，我们知道人的基本需要分五种，由低级到高级依次排列成一定的层次，即生理的需要、安全的需要、归属和爱的需要、尊重的需要、自我实现的需要。自我实现既是在前四种需要基础上产生出来的一种高级的需要，也包括认识、审美和创造的需要。从学习心理的角度看，学生学习就是为了追求自我的实现。但广大留守学生由于缺失亲情，他们连低级的安全需要、归属和爱的需要都未得到充分满足，又何谈通过学习达到自我实现呢？对这部分学生，教师应该多些宽容，多些帮助，让他们感到教师发自内心的关爱，从而有爱的归依。从作文中可以看出，这个学生不是一味地宣泄，而是期待得到教师的关注与帮助。因此我的批语是："其实有些句子你写得相当精彩，情真意切。世上没有差生，只有差距，赶上去只是需要时间而已。老师希望你能走出自卑的心理，发现自己的闪光点，积极地表现自己，跟同学、老师多沟通。不经历风雨，怎能见彩虹？我和同学们都会一直支持你，相信你能做得更好，老师期待着你的进步。"

后来，这个学生主动走进教师办公室，与教师交心，增强了自信心，学习态度也改变了。通过作文批语，教师给予留守学生真心的鼓励与宽慰，既让他们走出低谷，感受到生活的阳光，也让他们认识到了自己的不足。这样既维护了他们的自尊心，又给予了他们成长的力量。

三、月下的思考

2023 年中秋，我让学生写一篇关于中秋的作文，他们起的标题有"一个人的中秋""烟花的寂寞""心不圆，月不'情'""期盼赏月"……一个个引人深思的标题，表现出学生对团圆的渴望与无奈。我班三分之二的学生都是留守学生。正如王维所说的"每逢佳节倍思亲"，每到团圆之日，留守学生的天空就会灰暗一次。看着别家的欢乐，他们的内心充满孤寂与落寞。针对这种情况，我在批改作文时尤其关注学生心理、情感的波动，尽量利用批语给予学生情感的慰藉，抚慰学生心灵，唤醒他们对生活的热爱，并建议他们将对父母的思念转化为学习的动力，让这些情感缺失的留守学生感受到教师发自内心的关爱，化解他们心中的情感淤积，祛除心理重荷，找到爱的归依。

批改留守学生的作文，除了让学生提高写作技能，还要给予他们更多的情感关怀，关注他们的生命成长。教师的作文批语不能是简单、生硬的说教，而应是倾心交谈，就像是渗入学生心田的一滴滴甘露，使他们的人格得以完善、精神得以舒展、心灵得以滋润。通过作文批语，教师把更多的爱和阳光洒向留守学生，使他们更健康、更快乐地成长。

撰稿人：朱文熙、彭建

(编)(辑)(手)(记)

以作文批语育人是一个老话题，但在作文批语中关注弱势群体生命的成长，提升作文的育人功能，让班主任和语文教师双重角色的教育融合相得益彰，是一个鲜活而崭新的话题。作文批改不宜挑剔，要多鼓励，多指出优点。留守学生在作文中表现出真挚的情感、真实的生活，是难能可贵的，也是课程育人的重要契机。作者对教育是具有敏感性的，是充满仁爱之心的，作者的作文批语不仅仅停留在写作技法的层面，而是利用作文批语对留守学生进行表扬、关怀与引导，使他们的情绪得以舒缓、心灵得以滋润。

资阳市教育科学研究所　廖文鸿

细心捕捉 洞悉需要 精准施教

四川省教育科学研究院附属实验小学　四川省教育科学研究院附属实验小学崇和分校

一、背景

作为班级的体育与健康任课老师，我曾注意到过一只"迷途的羔羊"—— 一位同学。有时候我甚至会觉得他很可怜，他总是一个人在角落里自娱自乐，从没有见过他跟任何一个同学一起玩耍，似乎班上所有同学都反感他，都不约而同地忽略掉他的言行举止，把他当成空气，即使他再怎么去表演，去吸引同学们的注意，大家都不把他当成班集体的一分子。他被边缘化了。为什么会发生这样的事情呢?

二、问题溯源

（一）家庭教育

他比较调皮，上课时常不听讲，搞小动作，因为一点小事就跟同学打架，排队的时候不是东看看就是西望望，惹得同学很反感。他养成这些不良习惯的原因主要是父母工作忙碌，平时基本无暇陪伴他，对他的教育心有余而力不足。

（二）深度剖析

由于父母迁就他，他从小养成了自由散漫、无拘无束的性格，贪玩、调皮；常常以自我为中心，不在乎周围人的感受。他的个性属于偏激型，个性刚强，暴躁易怒，缺乏自制力。

（三）课堂与日常

刚开始接触他时我也做了不少细致的工作，但效果都不太明显。直到有一次上排球课，我感受到了他有与上其他课不一样的情绪——他每一次都努力垫球，每一次都快速捡球后再加入同学中去练习，甚至每次上体育课前都会抱着我说："今天打排球可以吗？老师！"通过一段时间的观察，我发现他对感兴趣的运动项目的认真程度超越了大部分的同龄人。

三、教育策略和过程

（一）亲近信任他

作为任课老师，我不能从行为习惯上直接判定学生的好坏，更不能简单地认为他存在思想和品德问题，甚至粗暴地训斥、打骂。我首先向他了解了一些基本情况，消除了他在心理上的隔阂和障碍。然后让他认识到自己的优势，启发他应该而且完全可以拥有更好的成绩和未来，让他自发产生接受教育和自我提高的内在动力。

（二）利用同伴影响

如果他在排队时或课间扣分了，我就找他谈心，告知他他的行为影响了全班的荣誉，同时也让他明白集体荣誉需要每个人去维护。我利用他对排球的兴趣，向他提出明确的目标要求，指导他从行动上和同学合作去完成，掌握排球运动所必需的技能、方式和方法，明确如何正确地进行排球比赛，使他从"他律"向"自律"转变。

（三）帮助树立信心

我利用他对排球运动的兴趣，以及先天的身体优势，通过排球比赛和游戏帮助他发现自己的优点，确立奋斗目标，告诉他在哪些方面还能超越其他同学，有多大的进步空间，让他能从感兴趣到努力练习。最后他每堂课都认真完成课堂练习，逐渐树立了学习的信心。

（四）加强与家长沟通

作为一名教师，我深深了解到家校沟通的重要性以及班主任工作的繁杂程度，因此我在取得班主任的同意后，经常与他的家人沟通与互动。我常常利用微信或电话等向他的家人了解他在回家后的精神状态以及行为表现。利用放学与家长见面的机会，当着老师对他进行鼓励和表扬，让他能够获得充分的信心。功夫不负有心人，在长期的家校沟通和家校共育下。家长反馈说他从一开始的回家哭闹、不愿上学，慢慢转变为主动询问是否有体育课、问父母是否相信自己能够将排球打得很好。到后来，家长反映他性格变得开朗，每天期待上学，希望与同学相见。一次次当面和背后的鼓励让这名学生渐渐在迷雾当中认清自己的优势和专长，从只想自己玩，到想上体育课，再到想来学校上所有课，并能够利用自己的优势和专长给自己进行积极心理暗示，积极乐观地面对生活和学习中的种种小难题。

四、评析及启示

（一）评析

在集体生活和学习中，他内心渴望被同学和老师重视，所以会做出各种各样反常甚至过激的行为吸引大家的注意。但这不仅没有得到他期待的反馈，而且还让他处于被边缘化的状态，引发了他更加想被同学、老师及家长关注的期望，如此恶性循环，使得该生成了全校出名的后进生。

我通过观察他在体育课堂上的表现，发现他愿意为了自己感兴趣的排球运动去规范自身行为，主动进行学习。作为他的体育老师，我抓住这个兴趣点从以下三个层面进行深度教育，端正他的学习态度：

一是心理方面。在体育课堂上给予他更多关注，为他展示排球球技提供机会，满足他的展示欲，让他获得满足感和被认同感，从而积极勇敢地面对生活和学习中的困难，勇于展现自己。

二是环境因素。学校是群体生活的"小社会"，他频繁展示优秀的一面，改变了在这个"小社会"中其他参与者对他的看法，获得同学和老师的认可。这促使他更好地融入群体生活，融入这个天天都会步入的"小社会"，避免被边缘化。

三是学习因素。教师的细心发现与耐心指导，不仅提升了该名学生的运动技能，也提高了他对学校其他课程的兴趣，并能够利用在体育课上的成功经验克服其他学科上的种种困难，提升了学习水平。

（二）启示

他的发展变化，让我认识到观察学生、发现学生的特点和特长、培养学生的兴趣的重要性。当一个学生愿意为了自己的兴趣而纠正自身的不良行为时，作为学生在校第一责任人的老师，就应该要有敏锐的洞悉力发现学生的这种倾向，利用学生的行为特征进行心理干预和深度教育，帮助他们发现问题并解决问题，纠正自身不良的行为习惯。

撰稿人：向锐、吴光予、程正元

编 辑 手 记 🖊

教师的观察力是因材施教的依据，教师只有通过各种活动细心观察、细致了解每个学生在成长过程中的特点，分析研究学生心理和个性形成的原因，才能逐渐掌握学生的兴趣、专长、性格与脾气，采取不同的指导方式，使学生从不同的起点上都得到发展，都能有所进步和提高。这则案例中的教师正是通过敏锐的洞悉力发现了学生对排球运动的兴趣，利用学生的行为特征进行心理干预和深度教育，引导学生主动积极纠正自身不良的行为习惯，帮助学生发现问题并解决问题，为学生的身心健康发展作出了努力。

资阳市教育科学研究所　廖文鸿

家园互联共育 品格滋养成长

四川天府新区第六幼儿园

为落实立德树人任务，促进幼儿良好习惯与行为的形成，四川天府新区第六幼儿园（以下简称"六幼"）结合"三亲"园本课程文化与愿景，将学校、家庭和社区有效连接，从幼儿缺失的关键品格出发，挖掘日常生活中品格教育的价值，共同营造积极的品格教育氛围和环境，探索品格教育目标、内容及途径，构建品格教育课程。

一、推进品格课题深度研究

（一）构建品格教育"三向互联共同体"生态体系

幼儿园作为育人的重要场所，所有身处其中的人都应该起到示范作用。因此，六幼以幼儿品格活动为载体，建立教师与幼儿园、家庭、幼儿三向互联模式，即充分发挥教师与幼儿园、教师与家庭、教师与幼儿的联动力量，引用多种互动形式，交流品格活动内容、幼儿活动表现，有效推动品格教育研究，让品格教育延续到家庭、社会。

（二）"1＋N＋6"园本教研推动品格实践

六幼借鉴项目式教研设计，凝聚园所之力开展课题研究，通过园级大教研、年级组中教研、班际小教研、项目组同步研修、微型课题研究等研修实践，保障"一月一品格"研究持续推进。

"1"指以幼儿园日常活动为核心的相对固定的教研模式，即情境化主题教研。"N"指生成性的以项目为基础的教研活动，即通过搭建多样活动平台助力教研活动的拓展模式。"6"指基于项目教研的课程建构"六步走"，即理清园本教研的基本特征，把握项目式教研的核心要素，基于项目式教研将课程建构的过程从理论层面分为"解放思想、沟通对话、同伴互助、园际互动、问题情境、自主学习"六个步骤。

课题组借鉴这一模型，设想品格研究中的某一问题，组织教研，同时为教师提供研讨所需的组员、工具、信息资源等支持，通过小组研讨解决问题，并借助多种平台分享和推广，通过家庭、幼儿园、幼儿多主体评价进行反思和提炼，为品格教育提供实施途径。

二、形成品格教育生活化实施策略

（一）环境创设渗透品格教育

六幼以无声的环境育人，让环境"会说话"，影响幼儿的行为，支持幼儿核心品格养成。教师和幼儿一起创设饮水区、盥洗间等生活文化墙，幼儿以绘画的形式展现饮水、排队、如厕等行为动作。有了幼儿的参与，内容丰富的文化墙变得更加生动，也能更加有效地引领幼儿文明饮水、文明如厕等，帮助幼儿形成良好习惯。

（二）节日节庆整合品格教育

六幼利用传统节日节庆活动，融入品格教育，生成品格教育活动。以幼儿园"一月一节"为依托，开展"幼儿园是一家""'混'在一起的快乐""快乐帐篷日"等活动，让幼儿感知奉献、友爱、责任、互助的品质。

如"'混'在一起的快乐"活动，聚焦责任、友爱品格，通过以大带小的形式帮助大班幼儿认识和建构自我实现途径，促进小班幼儿友爱品格形成。活动中，大班幼儿通过"认领"弟弟妹妹，互动"串门"，以制作"结伴卡"、固定"结伴日"等形式相互熟悉；通过与弟弟妹妹一起过元旦节，促进幼儿责任品格养成……在这一系列活动中，大班幼儿责任品格得以培育，小班幼儿感受到哥哥姐姐的照顾，体验到友爱带来的温暖。

（三）主题活动挖掘品格教育

六幼通过主题活动整合多领域教育内容，推动幼儿各方面发展。通过挖掘主题活动中的品格教育内容，兼顾幼儿实际发展与幼儿园发展需要，合理设计与科学实施主题活动，培养幼儿良好的道德品质。从主题核心概念出发架设总目标，对幼儿认知、能力、情感目标做规划，对主题活动的课程内容进行审议，找到幼儿熟悉的、喜欢的且有利于建构新经验的内容。

（四）生活活动融合品格教育

六幼借助幼儿园每周劳动日开展的"个人物品整理""小志愿者进区域"等活动，让幼儿体验劳动带来的乐趣，学会自己的事情自己做，初步培养幼儿勤劳勇敢的品质。教师从生活细节入手，关注幼儿生活和行为的每一个细节，适时进行品格教育，鼓励幼儿持之以恒，学会礼貌、尊重、自主、自律等，帮助幼儿养成良好的生活习惯。

（五）家园共育实施品格教育

在"1＋N＋6"园本教研模式下，幼儿园全体教师探索家园共育策略，积极发动家庭力量，与家长达成教育共识，让家长亲近教育，共同促进幼儿良好品格的形成。

1. 家园共育"知品格"

六幼通过家长专题交流或家长开放日，开展品格教育相关主题活动，更新幼儿家庭教育观念，帮助家长逐步掌握家庭中品格启蒙的科学知识和方法，与幼儿园形成合力，为孩子的品格培养营造更为适宜的家庭教育环境。

2. 家园共育"评品格"

六幼将幼儿品格教育融入幼儿园"三亲"园本课程及专项研究活动中，将"亲历·亲遇·亲近"课程理念融入幼儿的家庭生活中，定期邀请家长预约入园体验，将幼儿品格教育与亲子共读、家教指导相融合。活动结束后，幼儿园通过问卷调查、沙龙互动、社交平台，帮助家长总结教育策略，了解生活中的品格教育在幼儿发展过程中的重要性。

3. 家园共育"养品格"

教师与家长密切配合，通过亲子运动会、线上线下互动等形式，定期向家长反馈幼儿在园活动，指导家长在明确的目标下对幼儿进行家庭品格教育，提升家长对幼儿品格教育的积极性。鼓励家长引导幼儿在家中做力所能及的事情，通过家庭丰富多彩的活动为幼儿品格教育提供丰富的教育资源，帮助幼儿学会用正确的方式表达情感，逐步建立积极的情感态度。

三、形成生活化品格课程内容序列

品格教育不同于学科教育，它没有量化指标，不能经由课堂演示，也不能靠诵读来增强记忆力。通过对家长、教师开展问卷调查，基于对幼儿的观察，六幼结合幼儿年龄特点，梳理出不同阶段幼儿生活化品格课程内容序列（见表1）。

表 1　不同阶段幼儿生活化品格课程内容序列

实施途径	年龄段	关键品格	品格主题确定
环境、生活活动、家园共育	小班	勇敢、好奇、守秩序、节俭、独立、能适应、耐心、有爱心	分析本班幼儿具体情况—课题组讨论—确定品格主题
	中班	责任、机智、分享、诚实、节制、礼貌、专注、自信	
	大班	感恩、友爱、创意、宽容、积极、抗挫、合作、慷慨	

四、形成阶段性研究成果

经过不断的实践探索，六幼品格教育研究已形成品格教育活动方案集、幼儿关键品格教育课程故事、教师论文等物化成果，获得多项市、区级奖项等荣誉。

不仅幼儿的内在精神品质得以发展，良好品格行为逐渐外显，教师的观念与行动也发生了转变，品格课程建设意识增强，形成了一定的品格教育实施策略。此外，家长积极认同品格教育理念，家庭与幼儿园有机结合，实现了品格教育在时空上的紧密衔接。

撰稿人：宋梅、乔桂花

编辑手记 ✏️

品格教育是一切教育的基础，建立在这个基础上的教育才能持久，才能让儿童终身受益。四川天府新区第六幼儿园将品格教育渗透于一日生活的方方面面——在环境中渗透，在课程中渗透，在日常生活、各类活动中渗透，也在家庭教育中渗透。品格教育是一个漫长的过程，只有让它润物细无声地存在于幼儿学习和生活的方方面面，抓住一切机会，捕捉每一次的品格教育机会，才能让好的品格陪伴幼儿一生的成长。

全视界杂志　王渊

向美而行 聆听石头开花的声音

江安县大妙镇中心小学校

一、案例背景

江安县大妙镇中心小学校距离县城 30 余公里，位于长江边上。江边造型奇特、色彩各异的石头是大自然的馈赠，经过爱石工匠的打磨，更加灵动可人。这里悠久的石文化成为校园美育的重要资源。学校有学生 800 多名，他们生在乡村，长在乡村，带着几分乡村的朴素味儿，正如未经打磨的石头。学生的简单和朴实就是教育发生的最佳切入点，学校要引导学生发现美、创造美、欣赏美，绘就童年的色彩。

二、主要做法

（一）投石问路，规划落实

一是抓师资建设。学校的美术教师通过自主钻研学习，理清探索实践基本思路。学校派美术教师外出学习，参观卵石绘画做得成功的学校，借鉴其他学校突出亮点，提升美术教师的专业能力。

二是抓活动开展。学校组织开展丰富多彩的石文化活动，让学生在潜移默化中将"奇石彩绘"特色学校文化内涵内化为自身的一种品质、一种学习和生活的习惯。

三是抓课程建设。学校开发"奇石彩绘"课程，引导学生发现和开发身边的石头等材料的内涵美，用艺术的眼光去发现生活中的美，从而陶冶学生的艺术情操。

（二）摸石过河，真抓实干

一是工作坊为学生铺场。学校成立奇石彩绘工作坊，抽调具有较高绘画水平的美术教师作为课余训练的师资队伍。各班根据实际，精心组织学生参加"石头画"活动。根据石头独特的造型设计，活动内容可以是花鸟虫鱼、山川日月，也可以是飞禽走兽、人物建筑。单独画一块石头可以，组合画几块石头也可以。一人单独完成能行，小组合作力量更大。

二是绘石展览让石头安家。随着工作坊的活动越来越多，学生的绘石作品也越来越丰富，数量已相当可观。在坊主和各班班主任的积极行动下，学生们将绘制的作品一一陈列，举办了不同主题的展览。缤纷的绘石展览让学生自信满满，同时也给这些精美的石头作品安了家。

三是实践园给校园添彩。学校在校内建设了一个行知综合实践园，又在学校背面新建了一个规模更大的实践场地。园内种有果蔬、鲜花，生机勃勃，大大丰富了校园环境。在大型实践园内，由鹅卵石堆砌的菜地别具一格，石头与菜地相结合，两种不同的元素相互融合，为实践园增添了不少色彩。

四是特色社团为学生赋能。学校在设立奇石彩绘工作坊的基础上，还增设了不少特色社团。这些社团风格各异，开设的活动丰富多彩，使学生从中获益良多，感受到校园生活的多姿多彩。

（三）以生为本，"五育"并举

一是以美育德。奇石彩绘创作既要针对石头的形状来设计，又要求绘者有绘画技能技巧，是较为丰富的艺术形式。制作材料虽简单，但可制作出精美的工艺美术品。教育活动既符合学生的兴趣，又能教给学生美学原理，有助于提升学生的审美能力。

二是劳逸结合。有趣的工作坊实践，让学生亲身参与石头挑选，搬动石材用于创造。学生在这一系列的劳作中，学习互相帮助，学会正确摆放绘石，学着在学业之余发展兴趣爱好，达到劳逸结合、愉悦身心、健康发展的目的。

三是助推智育。学生在两位坊主充满赏识的目光中，学会了清洗石头、构图创作、精描细绘、上色刷漆等。在每一件奇石彩绘作品身上，学生都经历了许多次失败和欣喜的情感体验，在无数个白昼和夜晚绞尽脑汁——这也正是奇石彩绘制作的真正魅力所在。

四是厚德载物。要想完整地呈现一件奇石彩绘作品，学生要有足够的耐心，要有协作意识，还要有爱石之心。绘画成品可以送给学校展览保存，也可赠予朋友或与家人共享，还可通过义卖帮助他人。奇石彩绘不再仅仅是绘画课，而是更多地包含了对学生德行的培育。

三、实践成效

（一）促进了师生素质发展

通过奇石彩绘创作活动，学校 90％ 以上的学生掌握了石头画创作技能，全面提高了学生的综合素质，实现了学生的主动发展。学校全体美术教师、班主任都参与到奇石彩绘活动中，提高了综合育人能力。

（二）构建了特色课程体系

学校运用奇石彩绘美育实践，形成了有特色的校本课程体系，既符合学生的兴趣，又贴近学生生活，有助于促进学校新课改的深入推进，提高学校整体办学水平。

（三）提升了素质教育成效

近三年来，在奇石彩绘文化带动下，全校师生在各级各类竞赛中获得表彰奖励的数量逐年递增。学生获省级艺术人才大赛一等奖 24 人、二等奖 56 人、三等奖 86 人，市级一等奖 7 人、二等奖 16 人，有 4 名教师获评省级优秀指导教师。

（四）助推了教育科研发展

奇石彩绘工作坊申报的科研课题"乡镇小学'以美育人'目标导向下的'五育'并举实践研究"成功立项为县级科研课题，为学校提升育人质量起到积极的推动作用。

四、社会影响

近三年来，中国陶行知研究会农村教育专委会理事长汤勇、四川省教育学会小学教育分会秘书长汪翼等多位专家深入学校调研，对学校推进奇石彩绘工作坊建设提出了建议。学校承研的四川省乡村教育专项课题"新时代背景下乡村学校'五育'并举实践研究"阶段性成果获四川省教科院 2022 年度阶段性成果评比三等奖。学校在四川省教育学会小学教育分会学术年会等省、市、县级研讨会上交流发言 3 次。四川教育新闻网、江安教育等媒体报道了学校各类文化活动。

撰稿人：陈开伍、罗庆兰、向元顺

编辑手记

距离县城 30 余公里的乡村小学教育资源相对匮乏，但是长江边上造型奇特、色彩各异的石头，是母亲河馈赠给生活在那里的人们的礼物，成为江安县大妙镇中心小学校实施美育的重要资源。学校挖掘教师人力资源优势，设立奇石彩绘工作坊；挖掘周边自然资源优势，开发奇石彩绘课程；整合石头课程资源，让全体美术教师参与石头课堂教学，所有班主任都参与了石头社团活动。边远山区小学在"一校一品"特色学校建设中突破资源不足的发展瓶颈，改变"千校一面"的局面，成为乡村温馨学校建设的典型案例。

成都市郫都区教育局　王朝贤

有温度的符号

——中班幼儿前书写活动的实践探索

乐至县幼儿园

一、活动缘起

学习了园本课程"小新的心情日记"后，大家分享了自己记录心情的方式，很多小朋友说可以用纸来画一天发生的事。接下来的美术课上发生了意外。这天，在小朋友们学画彩旗的过程中，锡锡画了很多圈圈点点。我悄悄问他："锡锡，彩旗是什么形状的呀？"锡锡有些谨慎地回答道："这不是彩旗，这是我的日记。"他指着纸上的圈圈点点说："这是今天的天气，这是我今天早上看的书，这是我的水杯，这是我们吃的橘子，这是老师在上课……"原来，他把今天早上从入园到美术课的活动，用符号和图画的形式记录了下来，并清楚地说了出来。在往后的活动中，我就开始有意识地引导幼儿通过符号的方式来记录故事和儿歌，鼓励他们用符号或者图画表达自己的想法和愿望。

二、活动过程：用符号书写和记录

（一）用符号"画"天气

在学习了"小新的心情日记"之后，小朋友们知道了写日记需要记录当天的天气。常见的天气有哪几种呢？我带领幼儿通过网络查找了日记中常用的几种天气：晴天、多云、雨天。他们用蜡笔在纸上练习了各种天气的画法，其中多云对于他们来说有点难，他们容易把表示多云天气的云朵的波浪线画成锯齿线。于是，在晨间练习线描画的时候，我就引导他们画起波浪线来。

（二）用符号"读"故事

在读故事《下雨了》这一活动中，我引导幼儿思考故事情节可以怎么利用符号的形式来画，小朋友们几乎都能用自己的语言来表达。当讲到小鸡在草坪玩时，小朋友们就开始分享草坪可以怎么画：有的小朋友说可以画一条直线表示草坪，有的小朋友说可以用一条一条的竖线表示草坪，还有的小朋友说可以用尖尖的符号表示草坪。当讲到摘了一片树叶的时候，小朋友们不知道该怎么来画"摘"这个动作，于是又开始"头脑风暴"。黛熙小朋友举手说："摘是用手的。"大家恍然大悟，可以画一只手来表示"摘"呀。小朋友们用自己最熟悉的绘画方式记下了故事内容，再讲故事时难度就减小了。表达能力较强的小朋友，能够通顺并且流利地表达故事内容；表达能力较弱的小朋友，也能通过识别图画符号，用简单的话语讲述故事内容。用符号"读"故事，增强了他们的表达欲望，丰富了他们的符号经验。

（三）用符号"写"观察记录

经过一段时间的练习后，幼儿开始通过自己的方式来记录了。看着观察角的洋葱叶越长越高，他们就用简短的图画记录洋葱的成长情况。刘刘说："洋葱要先放在瓶子里，这样才能长叶子。"他用箭头表示洋葱要放在瓶子里。有的小朋友说："上次看洋葱叶子只有两片，现在变多了。"于是他们总结出了画不同阶段的洋葱成长情况的方法。

（四）用符号"讲"故事

幼儿有了丰富的符号经验以后，开始用图谱记录的方式来讲述自己学过的故事。他们根据已有的经验来记录故事内容，并复述了故事《爱画画的公主》。即使遇到不会画的内容，他们也会动脑筋。比如，公主可以用什么符号？忘记带的东西可以怎么画？等等。通过思考之后，妃妃用皇冠表示公主，想想用裙子表示公主，妙妙用笑脸表示公主……他们的想法天马行空，但最终都学习了故事内容，并能进行讲述。

（五）用符号"写"提示语

这一天，我们班的植物角来了一个"不速之客"——蟋蟀。小朋友们对小生命兴趣十足，他们想要养这只小家伙。可是，他们不知道应该把它放在哪里，想了很久，他们准备把它装在观察盒里面，然后放在植物角旁边。可是，很快有其他班的小朋友来围观了。我们班的小朋友害怕蟋蟀会被他们吓着，纷纷出主意。一贯害羞的伊伊激动地告诉我："老师，我们给他做一个提示牌可以吗？"这个主意得到了所有小朋友的认可，于是他们开始思考，最后他们各自制作了温馨提示牌。

三、活动成效：促进了幼儿发展

（一）为幼儿书写汉字打下了基础

中班是幼儿行为习惯培养的关键时期，引导幼儿养成良好的书写姿势，有利于培养前书写能力。幼儿在涂涂画画的过程中，学会了用正确的方式握笔，为前书写做好了准备。

（二）促进幼儿养成思考和记录的习惯

在区角活动中，我们创设图加文的形式，引导幼儿理解其中的内容。幼儿学习了用符号和图画形式记录和表达之后，他们用这种方式来设计游戏规则。他们也能够通过图示来表达自己的想法。比如，爸爸要过生日了，孩子给爸爸写的生日贺卡；邀请其他小朋友来我们班参观足球比赛的邀请函；卖胶泥纪念品的宣传单；等等。

（三）促进了幼儿观察能力和动手能力的发展

遇到蟋蟀以后，幼儿通过猜测到亲自实践投喂，观察记录了蟋蟀爱吃的食物，发现蟋蟀喜欢吃水果类的食物。幼儿在运用图画或符号记录时，会对事物进行观察，通过观察积累相关的素材再进行记录，提高了幼儿的观察能力；同时，经过观察再记录，加深了幼儿对学习内容的理解和记忆。

（四）促进了幼儿口头表达能力的发展

通过符号书写，幼儿清楚自己需要表达的内容，从而能够有效表达。在读故事《下雨了》这个活动中，表达能力强的幼儿和个别表达能力较弱的幼儿都能根据符号记录的图谱进行讲述，都能顺利地表达出其中的内容，大多数幼儿表达意愿非常强烈。

撰稿人：梅红

编辑手记 ✏️

书写是人类文明的重要组成部分，也是幼儿发展中不可或缺的一环。书写作为一种重要的语言表达方式，对幼儿的发展具有重要的意义。幼儿时期是语言发展的关键时期，这个时期的语言能力对于后期的学习和社交具有重要影响。乐至县幼儿园梅红老师在阅读、观察、游戏等活动中，引导幼儿用图画和符号表达自己的认知、愿望和思考，帮助幼儿学习更多的语言知识，为汉字书写打下了基础，促进幼儿养成思考和记录的习惯，促进了幼儿观察能力和动手能力的发展，提高了幼儿的表达能力和沟通能力。

资阳市教育科学研究所　廖文鸿

看见"真"儿童：科学探究活动中的"本真教育"

乐至县幼儿园

《3-6岁儿童学习与发展指南》指出，要"真诚地接纳、多方面支持和鼓励幼儿的探索行为；支持幼儿自发的观察活动，对其表现表示赞赏等"。因此，坚持以"幼儿为本"，回归幼儿教育的本质，是科学探究活动的根本遵循。

一、桌上的影子

一个阳光明媚的早晨，晨间活动结束后，我发现杨杨小朋友正目不转睛地盯着桌面，我便走了过去。杨杨激动地说："陈老师，快看，这里有影子。"原来，一缕阳光照射在直直的防护栏上，形成了斜斜的影子并映射到了桌子上。一会儿，只见涵涵转身从玩具篮里拿了两个不同形状的水管玩具立在桌面上，在尝试用不同形状的玩具观察影子的变化。我问："涵涵，你有什么发现吗？"涵涵一边斜着头观察一边告诉我说："我发现直直的这个玩具的影子特别斜，矮一点的只有一点点斜。"我追问："为什么呢？"菲菲猜测："应该是直的这个玩具更高一点，所以影子更斜。"旁边的孩子被我们的谈论吸引了过来。此时，我适时引导："小朋友们，你们也许可以试试其他形状的材料，也许还有更多的发现哟。"于是，全班的孩子都参与了进来，在教室里寻找不同材料的身影，有的拿油画棒、有的拿玩具、有的拿盒盖……孩子们在有太阳光照射的地方，发现和观察着影子的变化。起初，因为人多，大家围在一起遮挡了阳光，还引发了小小的争执。不过很快，孩子们自主商量、讨论，最终达成共识：由几个孩子负责操作，其他孩子负责观察。负责操作的孩子在桌面的影子下不断地尝试着。"影子又变了！"一旁负责观察的宇宇发现了变化并指给大家看。还有的孩子高兴地拉着我说："陈老师，影子落在油画棒上，形状又不一样了。"随着探索材料的变化，影子也在发生着变化。

活动分析：活动的开展源于几名幼儿对影子产生的好奇心理，我顺应孩子们的兴趣，提供更多的探索时间、机会和材料支持，共同见证影子的神奇。活动中，我通过适时追问，把问题还给幼儿的方式，引发幼儿更深入地思考，带着问题去探究，通过亲身感知找到答案，这样的活动开展更具意义。这次活动，突破了幼儿原有的经验，让我感受到幼儿对生活充满强烈的好奇心。

二、影子真神奇

影子的变幻多样、神奇莫测带给了幼儿无限的思考和乐趣，也为幼儿提供了深度探究的可能。我萌发了带幼儿去户外寻找"影子"的想法。恰逢最近有户外活动的机会，我与孩子们商量，结束今天室内的影子探索活动，明天去户外的阳光下寻找更多会变化的影子。

第二天下午艳阳高照、晴空万里，孩子们充满期待地来到了后操场。"现在请你们找找操场上的影子，看看这里的影子和教室的影子一样吗？"话音刚落，孩子们迫不及待地就地取材，试着从不同的角度、用不同的材料在地面上、滑梯上、台阶上、轮胎上观察影子的变化。一一小朋友找来了足球放在地面上，他告诉一旁的同伴："足球影子的方向在右边，昨天在教室看到的影子都是在前面。"林林找来了跳绳和障碍桶，他一动不动地蹲在地上观察着障碍桶，似乎有了新发现。"林林，你有新发现了吗？"我问道。害羞的男孩用小小的声音告诉我："它的影子没有变化，正正地落在了前方，桶的样子也没有变化。"站在台阶上的言言大声呼喊着："你们快来看，影子在台阶上会拐弯，贴在了楼梯上面！"大家跑过去看后变得更加兴奋了。渐渐地，越来越多的孩子加入了台阶影子探索的队伍。

户外活动结束，我试着引导幼儿在发现、观察中思考："刚才你们发现影子在什么时候会拐弯？"柠檬激动地说："在台阶上！有时候影子在小房子上也会拐弯。"我又问："为什么呢？"大壮自信地回答："因为楼梯不是平的。"蹇末是我们班逻辑思维、语言表达能力等方面都很好的大姐姐，她慢慢地分析："因为台阶上有直直的角，影子落在它们上面，就会随着原来的形状拐弯了。"我追问："那什么时候影子不会拐弯呢？"这句追问唤起了孩子们的新经验，益益大声说："影子在操场的地面上就不会拐弯，只会变长。"

活动分析：生成性活动以幼儿为主体，注重对幼儿学习态度、情感、价值观念等的引导。在宽敞的户外场地，滑梯、台阶、轮胎都成了孩子们探索影子变化的"基地"，他们通过亲身体验探索影子的变化，发现影子的不同。教师通过适时引导，进一步帮助幼儿梳理、总结探索经验。

三、影子真快乐

活动深入开展，需要教师持续跟进与支持，而随手可得的低成本材料是本次活动深入进行的最佳支持物。在活动过程中，我发现幼儿前期专注于观察、探索，没有过多地感受影子游戏带来的快乐，时间一长，个别孩子的探索兴趣逐渐消退。于是，我再次利用区角活动时间，请孩子们去皮影坊进行皮影表演，享受影子带来的乐趣。孩子们拿着自己制作的皮影玩偶开始表演。教师也有了更多与幼儿合作进行皮影表演的机会。由于幼儿的原有经验有限，我通过表演他们不会的动物手势，为他们带来新的游戏体验，激发了他们的游戏兴趣，他们如痴如醉地沉浸于其中。

活动分析：利用皮影表演，我帮助幼儿了解了我国优秀的传统文化。教师是活动的观察者、支持者和合作者，随着游戏的深入开展，适时引导游戏活动的方向，发现幼儿的需要并巧妙地予以支持。

四、思考与感悟

通过影子现象引发的生成性教育活动，孩子们在有意与无意之间感受影子的奥秘，体验常见的光影现象，为后续的主题活动"跟着我！影子"的顺利开展奠定了基础。教师通过材料支持、空间变换、语言提示、以同伴身份介入等多种方式支持和引导幼儿对影子展开探究。孩子们通过自己的双手创造好玩的手影游戏，或与同伴商量，合作完成有趣的皮影表演。他们在亲身发现、探究过程中收获了经验，实现了生命的主动成长。

撰稿人：陈泓吟

编辑手记 ✏️

宽松、包容、接纳的教师支持性活动是幼儿发展的精神土壤。教师以适宜的方式为幼儿自主生成性活动提供支持，也是教师教育智慧的重要体现。乐至县幼儿园教师在影子生成性活动中，有目的、有意识地对幼儿施加干预与影响，基于幼儿的兴趣和个体差异，满足幼儿的心理需要，使幼儿在获得游戏的快乐与满足的同时以活动育人，在活动中融入思想道德教育、文化知识教育、社会实践教育，让幼儿在活动中探索、体验、交往，在行动中获得知识、情感和能力。

资阳市教育科学研究所 廖文鸿

关于"摆摆"的故事

宜宾市鲁家园幼儿园

一、案例背景

牛牛（小名）是我们班年龄较大的孩子。他语言表达能力好，总是很有自己的想法，说话经常像个小大人，逗得老师们捧腹大笑。他对幼儿园的一切事物都充满了好奇心，总是被周围新奇的事物吸引，喜欢到处翻老师的东西，爱和小朋友们争抢玩具。他觉得什么都是自己的，不愿意和其他小朋友分享玩具，入园时有严重的分离焦虑。他有很强烈的恋物情节，依恋自己的"摆摆"（一张有鱼图案的凉被），吃饭时要抱着，难过时要抱着，睡觉时也要抱着……

二、案例描述

（一）片段一：找"摆摆"做借口

区域游戏时，牛牛走到建构区，看见筐子里装的玩具，挨个将玩具倒在地上，然后赶紧跑掉。一会儿，他又转身往厕所的方向跑去，在跑去厕所的途中，手像开飞机一样展开，顺手把美工区柜子上摆好的材料全部推倒在地上。我喊住牛牛，蹲在地上一边捡玩具，一边对他说："你为什么要把东西推倒呢？来跟我一起把玩具捡起来好吗？"他赶紧跑掉，说找他的"摆摆"去了。

分析与思考：牛牛刚入园，不熟悉环境，家长担心他不适应，带来了他的"摆摆"，让他更好地适应幼儿园生活。牛牛因爸爸妈妈平时上班比较忙，主要由奶奶带，在家里想做什么就做什么，缺乏规则意识。我知道他想通过这些事情来引起我对他的关注，所以在他故意推倒玩具时，我没有过多批评他，而是帮他捡玩具，任由他去找"摆摆"。

（二）片段二：用"摆摆"做武器

牛牛吃饭时不能安静地坐下来，总是想离开位置，在活动室里乱跑。我提醒他时，他总是以要"摆摆"为借口，不把"摆摆"拿在手里就一直哭。他很挑食，不爱吃蔬菜，只要看到一点点绿色的东西，就不吃饭了。我一边喂他，一边对他说："吃光了才能长得高哦。"他立马回答我说："我就想矮一点。"

我转念一想，牛牛不是最喜欢"摆摆"吗？我又继续对他说："牛牛，要把饭菜都吃光哦，不然'摆摆'也不喜欢你了，它就不想陪你上幼儿园了。"牛牛连忙答应，赶紧开始吃饭了，而且很快把碗里的饭菜都吃光了。早上入园时，我问他把"摆摆"带过来没有，他赶紧说放在书包里不拿出来。中午睡觉的时候牛牛对我说："老师，我睡觉的时候悄悄抱着'摆摆'可以吗？"

分析与思考：牛牛在家就比较挑食，不喜欢吃蔬菜，在他比较抗拒的时候，说什么他都听不进去。我告诉他如果不好好吃饭，"摆摆"不会陪他了，也不想跟他到幼儿园来。他因为害怕失去"摆摆"而大口吃饭，把碗里的饭菜都吃了。这时候，他的依恋物"摆摆"成为他努力吃饭的动机，恋物情结发挥了正向作用。

（三）片段三：把"摆摆"忘记了

午餐过后，我让孩子们自己上床，将自己的鞋子和衣服裤子脱了休息。我帮牛牛解开了罩衣的绳子，对他说："你把'摆摆'放在床上吧，小朋友们不会要的。"他到床上休息时，额头上已经因为"摆摆"的包裹出现了汗水，却依旧不放手。我想把"摆摆"拿出来，但是他死死地拽住。起床以后，他好像没有睡醒的样子。我抱着他，陪着他玩，拉着他的手走进孩子们中间一起做游戏。他把"摆摆"丢在一边，好像忘记了一样，过了很长时间才想起。我心想，他终于可以忘记"摆摆"了。

分析与思考：恋物情结是很多孩子小时候都有的，牛牛就是典型的代表。我主动亲近牛牛，常常与他抱一抱，陪他聊聊天，帮助他解决一些问题，增强他对老师的依恋，减少对"摆摆"的依恋。经过这一段时间的努力，牛牛对我的心理认同度越来越高，从严重的"恋物"到可以适当放开对"摆摆"的需求，增强对我的心理需要了。

三、案例反思

在案例中，一开始，牛牛的行为习惯较差，路过区角时喜欢用手把柜子上的玩具推下来，不能与同伴很好相处，吃饭时很挑食。当他意识到我可能会批评他时，就用寻找"摆摆"来试图躲避我的批评教育。我抓住他对"摆摆"表现出的强烈恋物倾向，引导他养成良好的行为习惯；更加亲近孩子，增加他对我的亲近感，逐步摆脱对"摆摆"的依恋。

（一）正确认识幼儿的恋物倾向

恋物的源头，是安全感的缺失。幼儿的恋物行为很大程度上是因为内心需求得不到满足，从而缺乏安全感。2～3岁是孩子依恋感最强的时期，分离焦虑和新环境适应困难等因素让宝宝的恋物情结更加明显。

（二）合理利用幼儿的恋物倾向

我利用他需求"摆摆"的心理，让他学会克制自己的行为，与他建立规则联系，从而对他的行为进行有意识的规范，促使他养成良好的行为习惯，现在区角游戏时他已经不会再去搞破坏了。

（三）帮助幼儿摆脱恋物倾向

老师取得幼儿的信任，与幼儿建立依恋关系，是帮助幼儿摆脱恋物的重要步骤。

一是多观察，在师生间建立亲密的关系。当幼儿遇到问题时，老师不必迫不及待地帮助幼儿解决，可以先观察一下幼儿自己解决问题的能力。如当牛牛推倒玩具让区域里的孩子大哭时，我没有立马对他进行批评，而是看他会怎么做。

二是多引导，帮助幼儿建立自信，让幼儿摆脱恋物倾向。幼儿的社交能力、解决问题的能力是在一次次的冲突中不断提升的。当幼儿出现攻击行为时，我会与孩子们一起讨论这种行为存在的危害，帮助幼儿认识到错误，也促使其他幼儿树立正确的是非观。

三是多鼓励，培养幼儿自立意识，摆脱恋物倾向。当幼儿在游戏活动中自觉遵守活动规则，能够主动收拾玩具材料，与同伴友好相处，分享自己的玩具时，我会奖励他们一个小贴纸作为鼓励。幼儿获得了激励，保持良好的行为习惯的意识也进一步提高了。

撰稿人：罗媛媛

编辑手记 🖊

在本案例中，幼儿牛牛对"摆摆"的恋物情结，实际是内心需求得不到满足从而缺乏安全感的外在行为体现。三个片段，既是幼儿牛牛恋物情结的表现，也是老师指导幼儿行为转变的良策。在引导幼儿转变的过程中，正确认识恋物情结是基础，合理利用恋物情结是手段，帮助摆脱恋物情结是目的。老师取得幼儿的信任，与幼儿建立依恋关系，是帮助幼儿摆脱恋物的重要步骤。实现这个教育目标的有效路径，是对幼儿实施爱的教育。

成都市郫都区教育局　王朝贤

构建"五心"育人体系 让每个生命发出独特的亮光

广元市特殊教育学校

广元市特殊教育学校立足自身实际，不断改革学校教学工作，经过近年来的实践探索，构建了独特的"五心"育人体系，提升了办学质量。

一、目标导向——建"五心"学校

建"五心"学校是学校办学的方向定位。"五心"学校的"五心"包括学校用心、教师舒心、学生开心、家长安心和社会放心。

（一）学校用心

广元市特殊教育学校以用心呵护、听见成长的"心文化"作为办学的核心理念，指导学校一系列教学工作的开展，确定了"三风"，分别是"快乐相随、爱心相伴"的校风，"真心对话、匠心施教"的教风，"开心自信、勤习善练"的学风。学校扎实推进制度建设，打造兼顾艺术性、丰富性和关怀性的校园环境，用心做教育。

（二）教师舒心

学校从保障教师的工作环境、搭建教师成长平台和关爱教师身心健康三个方面着力，为教师创造舒心的工作氛围。

学校为每位教师配备现代化办公设备，提供整洁的办公环境，营造有温度的工作氛围，从而提升教师工作效率和教师职业获得感；多渠道关心关爱教师身心健康；多角度、全方位地搭建教师成长平台，为教师终身成长助力。

（三）学生开心

学生开心指的是让学生感受到生活和学习的快乐。学校为每位学生提供个别化教育，制订个别化教育计划，真正做到教育公平，让学生有所收获；开展有针对性的丰富的教学活动，让学生在活动中丰富自我、提升自我；践行知行合一的教育理念，让学生在实践中感受学习的乐趣。

（四）家长安心

让每一位家长能够从担心到安心，是学校办学的不懈追求。学校建立有效的沟通机制，实现事事有人管、时时有人管，家长和学校沟通无障碍。完备的安全管理和贴心的服务体系，更好地实现了家校共助、协同育人，让每一位家长放心地把孩子交给学校。

（五）社会放心

学校一步一个脚印，脚踏实地，不断进行教育改革，让社会看到学生成才与成人，特别是在四川省第十届残疾人运动会暨第五届特殊奥林匹克运动会中，学校承训的特奥队在特奥轮滑、特奥滚球、特奥乒乓球、特奥田径 4 个项目中共获得 10 金 13 银 11铜的成绩，在残运会五人制足球、羽毛球、跳绳、飞镖和聋人篮球等项目中获得 5 金1 银 3 铜的成绩，其中五人制聋人足球项目金牌的获得实现了广元市"三大球"在省运会金牌零的突破，这样的成绩使社会放心。

二、核心改革——创"五心"课程

以特殊儿童的身心现状和发展需求为依据，结合广元市当地的社会文化和市场需求，学校创造性地进行课程改革，创设的独特的"五心"课程体系，有效地实现了国家课程的校本化和生本化。

（一）心德课程：延伸生命高度

学校构建的心德课程包括品德与生活、品德与社会、心理健康、道德与法治、安全与卫生、主题成长、节日仪式等，引导学生树立正确的价值观、世界观和人生观，进而爱祖国、爱家乡、爱学校、爱家庭、爱他人和爱自己。

（二）心智课程：拓展生命深度

学校构建的心智课程包括生活语文、生活数学、益智棋类、生活适应、科学小实验等，注重开发学生语言表达能力、基础数理思维能力、社会参与和融入能力等，帮助学生掌握基本的和必需的知识，提高其生存能力。

（三）心体课程：聚焦生命强度

学校构建的心体课程包括乒乓球、田径、羽毛球、柔力球、特奥滚球、曲棍球、旱地冰壶、跳绳、课间操、康复、保健等，让特殊学生都能参与适宜的体育运动，增强自身体能，磨砺意志，在运动中发展自我价值感和自我认同感。

（四）心美课程：感悟生命温度

学校构建的心美课程包括工艺美术、掐丝画、剪纸、麻柳刺绣、舞蹈、合唱、非洲鼓、绘画、棕编、陶艺、中国传统文化等，旨在让学生感悟生命真谛，发现生活中的美好。

（五）心业课程：增强生命宽度

学校与广元市职高合作，共同开设烹饪、烘焙、电商、家政、洗车、美发、摄影、茶艺等职业课程。坚持以特殊学生为主体，培养特殊学生能适应、懂合作、担责任、有技能、善学习和知服从的六大职业生涯关键能力，帮助其树立良好的劳动意识和养成良好的劳动习惯。

三、动力保障——组"五心"团队

教师队伍是教育教学的核心力量，也是学校发展进步的不竭动力。学校高度重视教师队伍建设，致力打造一支具有爱心、耐心、恒心、细心和信心的"五心"教师团队。

（一）爱心：教书育人的敲门砖

教师把学校当作自己的家庭来呵护，把学生当作自己的孩子来爱护，把家长当作亲人来关爱。热爱教育，关爱学生及家长，教师用爱心化解阻碍，用真诚解决难题，书写了一例又一例家校合作的范例。

（二）耐心：师生相处的温度计

教师坚信，耐心让特殊教育工作充满了温情，耐心的教育工作者才能让特殊学生愿意接受教育。在教育教学中，教师会尊重学生个体差异，循序渐进，让学生在平等和尊重的学习氛围中取得进步。

（三）恒心：自我提升的动力机

学校以丰富多彩的展示活动展教师风采，促进教师自我提升，潜移默化地激励每位教师牢记教育使命，持之以恒，不忘初心，砥砺前行。

（四）细心：健康成长的保护伞

教师像爱护眼睛一样爱护学生，在教学中提供个性化支持，在生活中嘘寒问暖，在成长路上指点方向。正是有了教师如此细心的关注，学生才能更健康地成长。

（五）信心：学生前行的指南针

通过持之以恒的教育，每位学生都能成为更好的自己，这是教育的信心，也是每位教师的信心！学校注重通过亲身体验与经历，丰富学生的内在发展。学生在体验活动中学习与他人团结合作，提升自我沟通与表达能力，学会倾听，遵守活动规则，有效得到了锻炼，能力也得到了极大的提升。

四、结果追求——育"五心"学生

育"五心"学生是学校教育的结果追求，反映了学校的教育培养目标。学校通过建"五心"学校、创"五心"课程、组"五心"团队，由表及里、从内到外不断充实学校内核，提升教学质量。学校孕育出兼具自信心、自尊心、上进心、快乐心和友善心的"五心"学生。

（一）乐观向上、悦纳自我的自信心

让特殊学生积极悦纳自我、享受美好生活，培养他们的自信心，是学校始终坚持探索的重要方面。学校通过积极暗示、提供展示平台、合理强化，让学生感受到被肯定和被认可，增强他们的自我效能感，从而建立自信心。

（二）积极肯定、自我实现的自尊心

教师注重在课堂内外发现学生的闪光点，引导每位学生发现自己的兴趣和优势，展示自己的特长，认可自身的实力。职高班的创业学生也在各自的奋斗领域闪闪发光，每位学生的价值和潜能得到发挥，展现出教育最好的结果。

（三）奋发向上、努力进取的上进心

教师为学生量体裁衣，制订个别化教学目标，确定学生的最近发展区，让每位学生通过努力都能在学习区间有所进步。

（四）知足常乐、珍惜美好的快乐心

学校里时常充满欢声笑语，这得益于学校始终把学生的发展放在首位。可口的营养饭菜、整洁的校园服装、温馨的生活环境，让学生由心底感受到被呵护、被需要和被重视，快乐才会永远存在。

（五）亲近和睦、互帮互助的友善心

学生在学习和生活的过程中，感受到来自家长的无私奉献、学校教职工的全面关爱、社会各界爱心人士和企业团体的真诚帮助。学生在潜移默化中习得了感恩和友好的品质。学校毕业的学生，扎根于不同城市，从事不同的职业，为家庭生活、社会发展贡献自己的小小力量，用自己的友善之心建设更美好的明天。

撰稿人：李艳、屈明英

编辑手记 ✏️

　　广元市特殊教育学校结合教育对象的特点，整体设计学校育人的理念，具体确立"五心"育人目标，建设"五心"课程体系，培养"五心"育人教师，最终培养"五心"学生，这四个"五心"，一个环节紧扣一个环节，形成了立德树人的独特体系，创造了学校育人品牌，是用心做教育的榜样。

内江师范学院　　陈理宣

后记

　　立德树人是发展中国特色社会主义教育事业的核心所在，是培养德智体美劳全面发展的社会主义建设者和接班人的本质要求。2019 年四川省教育学会第四届理事会换届成立以来，以刘东同志为会长的新一届理事会，本着"学术立会"的理念，决定将"立德树人优秀创新实践案例的征集与展示"学术活动作为重要工作来抓，计划通过五至十年的努力，把该项活动打造成为具有广泛影响力的品牌学术活动，以期推动全省基础教育学校把立德树人根本任务落地、落实、落细。

　　自 2019 年起，四川省教育学会联合四川省教育科学研究院、中国德育杂志社，围绕课程育人、文化育人、活动育人、实践育人、管理育人、协同育人、整体育人等主题，连续开展了五届立德树人优秀创新实践案例征集活动、三次立德树人优秀创新实践案例展示活动。

　　为广泛宣传和推广四川省立德树人实践取得的优异成绩，进一步推动全省基础教育学校把落实立德树人根本任务引向深入，四川省教育学会秘书处组织陈理宣、朱远平、廖文鸿、李明隆、王朝贤、高玲、李萌芽、张文龙、沈媛元、陈敬、唐虹、邹密、黄欢、王渊等专家和专业编辑人员，将 2023 年评选出的一等奖案例进行重新审读、编辑与点评，最后结集由四川教育出版社出版。此书的出版，得到了中共四川省委教育工委副书记，教育厅党组成员、副厅长崔昌宏同志的关心和指导，得到了四川教育出版社、四川省教育融媒体中心（四川教育电视台）、《教育科学论坛》编辑部、全视界杂志的鼎力协助。为此，我们表示衷心的感谢！

　　未来，四川省教育学会还将继续把"立德树人优秀创新实践案例的征集与展示"学术活动征集评选的立德树人优秀创新实践案例编辑出版，不断向全省乃至全国推出四川基础教育全面落实立德树人根本任务的新鲜经验，助力四川基础教育高质量发展。

四川省教育学会

2023 年 7 月 31 日